한국고대사와
한중일의 역사왜곡

이 도서의 국립중앙도서관 출판시도서목록(CIP)은 서지정보유통지원시스템 홈페이지 (http://seoji.nl.go.kr)와 국가자료공동목록시스템(http://www.nl.go.kr/kolisnet)에서 이용하실 수 있습니다(CIP제어번호: CIP2018001723).

《한사군은 중국에 있었다》 후속편

한국고대사와 한중일의 역사왜곡

문성재(文盛哉) 지음

우리역사연구재단

한국고대사와 한중일의 역사왜곡

2018년 1월 20일 초판 1쇄 인쇄
2018년 1월 31일 초판 1쇄 발행

지은이 | 문성재
펴낸이 | 이세용
펴낸곳 | 우리역사연구재단
주　간 | 정재승
교　정 | 배규호
디자인 · 편집 | 배경태
출판등록 | 2008년 11월 19일 제321-2008-00141호

주　소 | 서울시 서초구 서초동 1689-2번지 서흥빌딩 401호
전　화 | 02-523-2363
팩　스 | 02-523-2338
이메일 | admin@koreahistoryfoundation.org
홈페이지 | http://www.koreahistoryfoundation.org

ISBN | 979-11-85614-04-5　93910

잘못된 책은 구입하신 서점에서 바꾸어 드립니다.
이 책의 저작권은 우리역사연구재단에게 있습니다.
우리역사연구재단의 허락 없이 내용을 인용하거나 발췌하는 것을 금합니다.

정　가 | 27,000원

발간사(發刊辭)

　인공지능과 로봇, 무인 자동차의 등장 등 제4차 산업혁명의 도래가 임박한 21세기 인류사회는 외향적 물질문명의 확장에만 열을 올릴 뿐, 인류 내면의 정신문화를 심화 발전시키는 데에는 여전히 무력해 보입니다.
　우리나라 역시 정신문화의 핵심인 인문학 연구가 매우 부실한 형편이며, 특히 한국인의 뿌리와 정체성을 밝혀 주는 고대사 연구가 해방 후 70년이 넘도록 제자리를 못 잡고 있을 정도로 낙후되어 있는 실정입니다.
　우리역사연구재단은 이 같은 현실을 직시하여 10년 전부터 우리역사의 뿌리를 밝히는 고대사 연구 자료들을 발굴, 정리하여 현대 한국인들에게 제공해 왔습니다.

　이번에 출간하는《한국고대사와 한중일의 역사왜곡》은 문성재 교수의 역저이자, 전작《한사군은 중국에 있었다》의 후속편으로서 한국인의 정체성과 직결되는 고대사의 여러 쟁점들을 망라하여 한 곳에 모아 그 하나하나를 세밀히 분석, 비판하고 과학적으로 추리, 검증하여 새로운 결론을 이끌어 내고 있습니다.
　특히 우리 고대사가 제자리를 못 잡은 가장 큰 원인을 해방 이후 친일 식민사학자들이 한국 사학계를 주도하여 일제식민사학을 그대로 계승한 강단 사학계를 양성해 온 데 있다고 보고, 강단 사학계의 고대사 관점들을 집중 비판하였습니다. 또한, 동북공정으로 대변되는 중국의 역사왜곡과 일본

식민사학의 많은 역사조작들을 상당 부분 새로운 관점과 증거들을 확보하여 이번 책에 처음으로 공개하였습니다.

《한국고대사와 한중일의 역사왜곡》을 읽다 보면 과연 우리 사학계와 정부가 해방 후 70년이 넘도록 국민에게 무슨 역사를 가르쳐 왔는지 새삼 그 잘못을 뼈저리게 반성하게 됩니다.

문성재 교수는 우리역사연구재단 책임연구원으로서 이미 《진시황은 몽골어를 하는 여진족이었다》, 《조선사연구》 상·하권, 《한사군은 중국에 있었다》 등 이 시대 한국 역사문화계에 깊은 울림을 주는 매우 전위적(前衛的)이며 새로운 고대사 지식들을 담고 있는 역작들을 출간한 바 있습니다.

이 책의 출간으로 한국고대사의 왜곡이 시정되고 그 역사적 진실이 밝혀지기를 충심으로 기원하며, 이에 우리역사를 사랑하시는 모든 독자분들께 일독을 권합니다.

2018. 1. 15.
우리역사연구재단 이사장 이세용(李世鏞)

들어가며

중국에서는 지난 2,000여 년 사이에 몇 십 개의 왕조가 흥망하였다. 언어나 문자만 놓고 보더라도 그 사이에 그 형질과 전통에는 이루 헤아릴 수 없을 정도로 많은 변형과 단절이 잇따랐다. 그래서 갑골문자(甲骨文字), 금문(金文)으로부터 한대의 언어인 '한문(漢文)', 또 당대 이래의 '백화(白話)'를 거쳐 현대의 중국어에 이르기까지, 한자를 매개로 한 역대 중국어에 대한 이해와 천착은 역사 연구에 있어 결정적인 역할을 한다고 해도 과언이 아니다. 언어를 제대로 알아야 기록을 제대로 이해할 수 있고, 기록을 제대로 이해해야 역사적 사실을 제대로 재구성할 수 있고, 역사적 사실을 제대로 재구성해야 역사적 진실에 성큼 다가설 수 있기 때문이다. 단적인 예를 한 가지 들어 보도록 하자.

玄菟

강단이든 재야이든 불문하고 국내 학자들은 이 두 글자를 읽을 때마다 당혹감을 금하지 못할 것이다. 어떤 학자는 두 번째 글자의 원래 발음이 "새삼 토"이므로 "현토"라고 읽어야 한다고 여긴다. 또 어떤 학자는 《옥편(玉篇)》에 "땅이름으로 읽을 때는 '도'로 읽는다"라고 나와 있으니 이 두 글자도 당연히 "현도"라고 읽어야 한다고 주장한다. 결론부터 말하자면 "현토"가 옳고 "현도"는 틀린 발음이다. 그 증거는 이것이다.

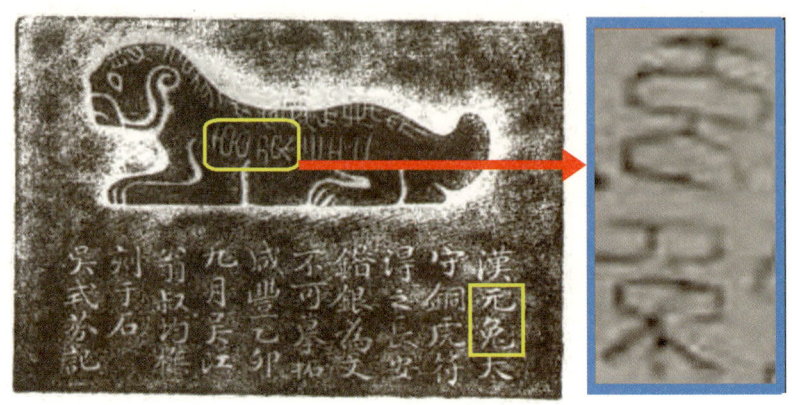

〈한대에 제작된 호부에 새겨진 "현토". "토"의 머리에 초두머리가 보이지 않는다〉

　이 유물은 청대 말기의 금석학자이자 소장가인 오식분(吳式芬: 1796~1856)이 소장했던 한나라 현토태수의 호부(虎符)이다. 원래 "호부"는 한대에 황제가 군의 수장인 태수(太守)나 주의 수장인 자사(刺史) 등에게 병력징발의 권한을 위임하는 뜻에서 하사하던 상징물이다. 그런데 실물을 탁본으로 뜬 위의 그림에서 범의 왼쪽 어깨 쪽에 내림쓰기로 쓰인 두 글자(확대사진 참조)를 보면 "현토(玄兔)"로 쓰여 있는 것을 확인할 수 있다. 여기에만 이렇게 쓰여 있는 것이 아니다.

　오식분은 중국에서 최초로 '봉니(封泥)'의 존재를 확인하고 이에 대한 체계적인 연구를 진행한 사람이다. 그는 청나라 광서(光緒) 30년(1904) 같은 금석학자이던 진개기(陳介祺: 1813~1884)와 함께 엮은 《봉니고략(封泥考略)》에서 중국 본토에서 발견된 2개의 "현토태수장(玄兔太守章)" 봉니를 소개하였다.[1] 이 두 봉니 중에서 온전한 것(왼쪽)은 진개기가 소장하고 파손

---

1) 오식분은 1856년에 죽었다. 따라서 이 호부는 그 이전에 소장한 것이었을 것이다. 나라마다 학자들 사이에 견해차가 존재하기는 하지만, 현토군의 위치로는 함경도 함흥을 주로 꼽고 있다. 그렇다면 현토태수의 호부와 봉니는 그중에서 최소한 하나만이라도 한반

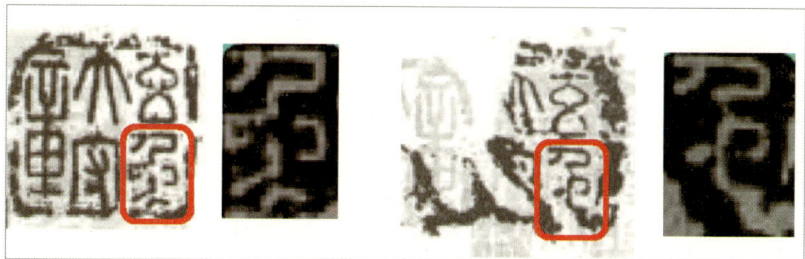

〈진개기와 오식분이 각각 소장한 "현토태수장" 봉니에 찍힌 '토'. 글자 형태가 조금씩 다르지만 둘 다 '토끼 토'임을 확인할 수 있다〉

된 것(오른쪽)은 자신이 소장하였다. 그런데 이 두 봉니에서도 앞서의 호부의 경우와 똑같이, 두 번째 글자로 "토끼 토(兔)"가 사용된 것을 확인할 수 있다. "한사군"이 설치되었던 한대만 해도 "현토"의 두 번째 글자로는 초두머리가 있는 "새삼 토(菟)"가 아닌 "토끼 토(兔)"를 쓴 것이다. 고대 중국에서는 역사나 문서의 기록을 권력자의 측근 인사가 담당했는데 대외적으로

도에서 출토되었어야 한다. 그러나 이 현토 관련 한대 유물들은 모두 한반도나 만주가 아닌 중국 본토에서 발견된 것으로 알려져 있다. 현토 유물 3개 모두 중국 본토에서 발견되었다는 것은 무엇을 의미하는가? 그것은 곧 국내외 학자들의 그간의 연구 결과와는 달리 현토의 자리가 중국 본토일 가능성이 높다는 것을 의미한다. 이 봉니와 호부는 나중에 오식분이 진개기(陳介祺)와 함께 광서(光緒) 30년(1904)에 펴낸《봉니고략(封泥考略)》에 소개되었다. 오식분은 중국에서 최초로 봉니를 발견하고 역시 최초로 연구를 시도한 학자이다. 세키노 다다시(關野貞)가 1918년 조선총독부의 의뢰로 한대 유물을 대량 구입하기 위하여 북경에 다녀온 후로 낙랑 봉니들이 쏟아져 나오기 시작한 1920년대보다 최소한 20년 전의 일이다. 일제강점기에 평양지역에서 발견된 봉니들은 많은 부분에서 위조 또는 조작의 의혹에 연루되어 있다. 개인적으로 볼 때, 그 의심스러운 봉니들은 어쩌면《봉니고략》으로부터 위조 또는 조작과 관련된 모종의 모티브를 얻었을 개연성도 배제할 수 없다고 본다. 평양을 낙랑군 자리로 못박아야 할 입장에 있었던 당시의 일본인들의 입장에서는 그보다 20년 전에 간행된 오식분의《봉니고략》같은 금석학 전문서들을 활용하여 자신들이 필요로 하는 고대 유물들을 몇 개 정도는 얼마든지 위조해 낼 수 있었을 것이다. 그러나 위당 정인보도《조선사연구》에서 문제를 제기했듯이, 평양에서(?) 발견된 이른바 "낙랑" 봉니들은 진위 여부는 논외로 친다고 해도 위조품으로 의심되는 구석이 한두 군데가 아니다. 1920년대 평양 봉니들에 대하여 정인보가 제기한 위조 의혹에 관해서는《조선사연구》를 참조하기 바란다.

기밀을 유지하기 위한 보안상의 이유 때문에 특정한 문장에서 원래의 글자와는 전혀 다른 글자를 쓰는 경우가 적지 않았다. 고문자학에서는 이처럼 맥락과는 전혀 엉뚱한 글자를 쓰는 것을 '통가(通假)'라고 한다. "菟"의 경우도 통가자로 들어간 것인데 필사본이 당대 이후에 목판본으로 진화하면서 원래의 글자 "兔"는 사람들의 뇌리에서 완전히 잊혀지게 된 것이다. 원래 글자는 "玄菟"가 아니라 "玄兔"였다는 소리이다. 그렇다면 그 발음은 당연히 "현도"가 아니라 "현토"로 읽어야 하는 셈이다.

이 밖에, 일본식 한자 표현인 '-별(別)'의 용례를 통하여 1993년 평양 정백동 고분에서 발견된 이른바 "낙랑호구부"가 가짜임을 밝혀 내고[2] '험(險)' 한 글자에 대한 분석을 통하여 왕험성 또는 험독현의 입지조건이 담기양 등의 주장과는 달리 해발 고도가 높은 산지임을 밝혀 내고, 《자치통감》의 "초(初)"자에 대한 분석을 통하여 장통(張統)이 모용외(慕容廆)에게 귀순한 시점이 313년일 수 없음을 밝혀 내는 등의 성과들도 역사 연구에서 언어 및 문자에 대한 천착이 얼마나 중요한 작업인지 잘 보여 주고 있다. 이처럼 한자의 서체, 용법, 차용이나 고문의 어휘, 구조, 문법 등을 자세히 탐구해 보면 우리가 지금까지 알지 못했던 역사적 진실이나 비밀들을 새로 발견할 수가 있는 것이다.

이렇듯, 역사를 연구하는 과정에서 언어학 또는 문자학적 천착은 역사학이나 고고학이 해결하지 못하는 문제들을 의외로 손쉽게 해결해 주기도 한다. 이번 책을 집필하는 과정에서 저자가 중국 정사 문헌 기사들의 '문리(文理)'에 이목을 집중시킨 이유도 바로 여기에 있다. 저자는 이 책에서 30년이 넘는 세월 동안 고대, 중세, 근세, 근대의 고문, 백화(白話)를 섭렵한 경험을 살려 중국의 각종 사서, 지리서, 연혁지, 문집, 지도, 사전을 다각적, 종합적으로 검토, 분석하였다. 그리고 그 과정에서 지금까지 역사학, 고고학 분과

---

2) 문성재, 《한사군은 중국에 있었다》, 제329-330쪽, 2017.

에서는 해결하지 못했던 각종 쟁점들에 대한 만족스러운 해답을 얻을 수가 있었다.

그렇다고 해서 언어가 모든 것을 다 해결해 줄 수는 없다. 문자기록들에 대한 천착으로도 해결되지 않는 문제들은 너무도 많기 때문이다. 그런 문제들에 봉착하면 능력과 시간이 허락하는 대로 지형, 천문, 수문, 고고 등 다양한 학문 분야의 자료와 정보들을 구하여 공부해 나갔다. 그리고 그런 과정을 거치면서 가급적 주관적 억측에 매몰되지 않고 객관적인 답안을 도출해 내고자 노력하였다. 그리고 역사적, 문헌적, 고고적, 과학적 접근을 통하여 그 "낙랑평양설"이 단순히 문헌상으로뿐만 아니라 역사, 고고, 지리, 지형, 수문 등 총체적으로 허구에 불과하다는 사실을 확인할 수 있었다. 말하자면, 이번에 선보이는《한국고대사와 중국.일본의 역사왜곡》은 "왕험성은 요동이고, 낙랑군은 평양"이라는 강단 사학계의 논리적 모순에 대한 저자의 대답인 셈이다.

이번 책에서는 다음과 같은 내용들을 담아 보았다.

먼저, 제1장에서는 패수(浿水)가 대동강이고 평양성이 지금의 평양시라는 강단의 주장에 대하여 문헌, 지리, 수문학적 측면에서 문제를 제기하였다. 그리고 후세 학자들에게 심대한 영향을 준 역도원(酈道元)의《수경주(水經注)》에 대한 검증도 시도해 보았다. 이와 함께 그동안 강단 사학계에서 원전을 오독하거나 왜곡하여 대중을 오도하는 경우가 많았다는 판단에 따라 근, 현대 중국 학자들과 조선시대 유학자들의 패수, 평양성 관련 주장들을 참고자료로 부록하였다.

제2장에서는 요수가 요하이고, 요동은 바로 이 요하의 동쪽지역을 가리키는 지리개념이라는 학계의 통설에 대하여 근본적인 문제를 제기하였다. 한-중 고대사에서 요동과 요수는 만리장성이 끝나는 종점이자 고조선의 영토가 시작되는 기점이었다. 저자는 이 문제의 해결을 위하여 "24사(廿四

史)"등 중국의 역대 정사, 문헌, 자료들은 물론, 조선시대 실록과 명청대 병서, 지리서, 17~19세기에 동서양에서 제작된 고지도들까지 두루 검토하였다. 그 결과 요수를 지금의 요하로 보거나 요동을 그 동쪽으로 보는 데에는 심각한 문제가 있다는 결론에 도달하였다. 요수는 지금의 난하와 청룡하이며, 요동은 그 동쪽 산해관(山海關) 이동지역을 두루 일컫는 지리개념인 것으로 드러났기 때문이다.

제3장에서는 낙랑, 대방 두 군과 관련된 역사학적 쟁점들에 대한 문헌고증에 역점을 두었다. 특히,《삼국사기(三國史記)》,《자치통감(資治通鑑)》,〈왕온 묘지명(王溫墓誌銘)〉등, 중한 사서, 문헌들에 대한 분석을 통하여 강단 학계가 역사적 진실이라고 주장하는 "낙랑교치설"이 과연 어디까지가 진실인지, 학자들의 오독이나 왜곡은 없었는지 조목조목 따져 보았다. 그 과정에서 강단의 기존 주장들이 대부분 사실무근이거나 과장된 주장임을 확인하였다.

제4장에서는 평안도(평양), 황해도(사리원) 등지에서 지금까지 발견된 유적, 유물들을 고고학, 금석학적으로 검증하는 데에 역점을 두었다. 강단에서는 세키노 다다시(關野貞) 등의 일본인들의 발굴조사가 있은 이래로 평양지역에서 100년 동안 발견된 유적, 유물들을 낙랑군, 즉 한나라의 고조선(한반도) 지배의 확실한 증거로 선전해 왔다. 그러나 각종 문헌, 자료들을 분석해 본 결과, 전반적으로 한나라의 특성보다는 오히려 북방문화적 요소들이 고르고 강하게 발현되는 등, 그 같은 인식에는 문제가 많다는 사실을 확인하였다. 더욱이, 금석학적 분석을 통하여 일본인들이 황해도를 대방군으로 판정하는 데 결정적인 근거로 이용한 "대방태수장무이전(帶方太守張撫夷磚)"과 "동수묘 묵서명(冬壽墓墨書銘)"등에서는 상식적으로는 납득할 수 없는 여러 가지 파탄들이 확인되었다. 이 같은 수상한 징후들은 평양이 낙랑이고 사리원이 대방이라는 기존의 학계 정설에 근본적인 회의를 품게 만들었다.

제5장에서는 중국 요령성 수중현(綏中縣)의 "갈석궁(碣石宮)"과 이른바 "요서해침설(遼西海浸說)" 문제를 주로 다루었다. 2016년 정인성 교수는 요령지역 학자들이 1982년 수중현 해안에서 발굴(?)했다는 진한대 유물과 대규모 유구를 근거로 그 자리가 진 시황의 행궁 터라고 주장하였다. 또, 윤용구 박사는 중국 학계 일각에서 제기된 "요서해침설"을 근거로 하북성 동북부, 즉 요서지역 전역이 200년 동안 바다에 잠겨 있었다고 주장하였다. 저자는 중국 측 자료, 논문들과 함께 최첨단 과학기술을 응용한 위성사진과 2,000년 전 해수면 시뮬레이션 분석을 진행하였다. 그 결과, "요서해침설"이나 수중현이 "진 시황 행궁 터"라는 두 사람의 주장이 실제로는 역사적 진실과 전혀 무관함을 과학적으로 확인할 수가 있었다.

이상의 각 장에서 진행한 논의, 분석, 고증을 통하여 저자는 다음과 같은 결론에 도달하였다. 패수와 평양성은 역사기록과 고고유적을 들먹일 필요도 없이 수억 년 전의 지구과학적 흔적들만으로도 중국에 존재했다는 사실이 자명해졌다. 강단 사학계에서 그동안 주장해 온 것과는 달리, 313년 낙랑군의 멸망이나 교치는 실제로 발생한 적이 없었던 것이다.

요수는 지금의 요하가 아니므로, 따라서 "요동"이라는 역사, 지리적 개념은 물론, 그 지역을 둘러싸고 발생한 역사적 사건과 장소들에 대한 고증은 원점에서부터 재고되어야 한다.

평양지역의 역사, 고고적 성격을 최초로 정의한 것은 일본인들이었다. 그들은 그 지역 유적(고분), 유물들을 최초로 '발견'하고 그것들을 낙랑의 것들로 '규정'하는 데서 그치지 않고, 그 같은 연구(?)결과들을 근거로 '한나라가 한반도를 식민지배했다'라는 타율성론(他律性論)을 '전파'함으로써 한국사의 본질을 '호도'하고 그 실체까지 '왜곡'하였다. 이 같은 그들의 행위들은 명백한 문화침략이자 '학술 사기(academic fraud)'였다.

그동안 민족사학 진영의 노력으로 그들이 100여 년 전에 답안을 미리 정해 놓고 조작해 놓았던 알리바이들이 서서히 드러나고 있다. 위성사진, 해수면 시뮬레이션 등 첨단 과학기술의 발전은 그것이 얼마나 가소로운 조작과 왜곡의 부산물들인지 똑똑히 보여 주고 있다. 평양지역 고고 유적, 유물들의 성격에 대한 '정명(正名)', 즉 제 이름 찾아 주기는 이제부터가 시작이다. 우리 역사를 우리 힘으로 찾아 나가는 그런 역사적인 현장에 설 수 있다는 것만으로도 큰 영광이 아닐 수 없다. 혹시라도 이 책에 오류가 있거나 미흡한 구석이 있다면 독자 여러분께서 언제든지 기탄없는 지적과 가르침을 주시기를 진심으로 바란다.

　이번 책을 내는 자리를 빌려 우리 역사의 진실을 찾는 작업에 각별한 애정을 가지고 언제나 관심과 지원을 아끼지 않으시는 우리역사연구재단의 이세용(李世鏞) 이사장님께 심심한 존경과 감사의 말씀을 올린다. 이사장님의 적극적인 관심과 지원이 있었기에 부족한 저자가 위당(爲堂) 정인보(鄭寅普) 선생의 《조선사연구》 등 역사에 길이 남을 명저들을 독자들께 선보이는 영광을 누릴 수 있었다. 이사장님의 그 같은 지원이 없었다면 우리 역사의 진면목, 나아가 우리 민족의 시원을 되찾는 작업에 더 많은 시간과 노력이 투여되어야 했을지도 모른다. 덧붙여, 이번 책을 준비하는 과정에서 독자들께도 떳떳하고 내용면에서도 당당한 기념비적인 책을 만들겠다는 일념으로 저자와 수시로 소통하면서 소중한 의견과 격려를 아끼지 않으신 정재승 이사님에게 무한한 감사의 말씀을 올린다. 이번 책이 내용에 걸맞은 세련되고 탁월한 옷을 입을 수 있도록 애써 주신 배규호, 배경태 두 선생님께도 깊이 감사드린다.

　아울러, 이번 책을 준비하는 과정에서 우리 고대사의 역사적 진실에 다가서는 데에 물심양면으로 크고 작은 가르침과 도움을 주신 인하대 고조선연구소의 복기대, 윤한택, 정태만, 남창희 등 여러 선생님과 한가람역사연구소의 이덕일, 황순종, 이주한 등 여러 선생님, 우당기념관의 이종찬 관장님, 미사협의 허성관 대표님, 유라시안네트워크의 이민화 이사장님께도 진심으로 감사의 말씀을 드린다. 끝으로 이번 책을 준비하는 지난 1년 동안 페이스북을 통하여 주요한 고대사 쟁점들과 관련하여 지속적으로 소통, 교류하고 때로는 희귀한 자료들을 직접 챙겨 주시면서 저자가 무사히 집필을 마칠 수 있도록 지지하고 성원해 주신 페친 및 블로거 여러분께도 고개 숙여 감사의 인사를 드린다. 여러분께서 계셨기에 부족하고 모자란 저자가 큰 용기를 내어 이 책을 마무리할 수가 있었다. 이 모든 분께 다시 한 번 진심으로 감사드린다.

무술년 정초에
서교동 조허헌(釣虛軒)에서
문성재

발간사   5

들어가며   7

제1장 패수, 그리고 낙랑군과 평양성

1. 《수경(水經)》   25
2. 《수경주(水經注)》   26
3. 《수경》과 《수경주》의 구성 비교   26
   1) 《수경》의 구성   26
   2) 《수경주》의 구성   29
   3) 고대사 학자들이 가장 주목하는 《수경주》 권14   29
   4) 패수를 대동강으로 보는 중국 학계   31
4. 《수경》을 통하여 재구성하는 '패수'의 위치   32
   1) 《수경》의 패수 소개   32
   2) 《설문해자》와 《십삼주지》를 통해 본 패수와 왕험성의 위치   34
   3) 패수가 한반도의 하천이 아니라는 지구과학적 근거   37
5. 역도원의 비과학적인 패수 고증   38
   1) 역도원은 수백 년간 검증된 전통적 해석을 불신하였다   41
   2) 역도원이 신뢰한 《한서》〈지리지〉 기록은 원문도 아니었다   46
6. 모순투성이인 중국 학계의 《수경》, 《수경주》 패수 고증   50
   1) 요령과 북한에 50여 개나 되는 하천이 존재한다   51
   2) 대동강보다 2배나 큰 압록강은 왜 《수경》에 없나   52
7. 《수경》의 패수는 한반도 지형과 부합되지 않았다   53

8. 패수 중하류는 저지대 평지를 흐르는 하천일 가능성이 높다　55

9. 역도원은 '천도'라는 중요 변수를 전혀 고려하지 않는다　61

10. 역도원의 패수는 평양성과 무관하다　64

11. 학자들의 패수 사료(史料) 오독　65

12. 역도원 당시 평양성은 지금의 요동반도에　73
　1)《위서》〈고구려전〉의 평양성　73
　2) 고구려 평양성은 요령성 요양이라는 최근 학설　78

13. 과연 낙랑군과 패수는 어디에 있었을까　80

14. 중국 기록 속 낙랑군 지형을 토대로 고증하는 속현 위치　88
　1) 누방현, 패수현, 임패현 – 패수 수계의 속현들　88
　2) 탄열현, 점선현, 열구현 – 열수 수계의 속현들　91
　3) 함자현, 둔유현, 대방현 – 대수 수계의 속현들　93
　4) 패수를 청천강, 열수를 대동강,
　　대수를 재령강으로 비정해 온 학계　95

〈부록1〉 중국 학자들의 한사군 연구

1. 근대 중국에서의 한사군 연구　98
2. 민국 시기의 한사군 연구　101
3. '신중국'의 한사군 연구　104
4. 1990년대 이후의 한사군 연구　108
5. 중국 학자들의 역사고증 및 해석의 근본적 문제점　112

6. 중국의 낙랑평양설과 패수대동강설의 이론적 한계　　113

　　7. 소결　　116

〈부록2〉 조선시대 학자들의 패수 연구

　　1. 조선시대 낙랑평양설과 패수대동강설의 배경　　123

　　2. 조선시대의 패수 인식　　127

　　　　1) 조선 초기 관찬 역사서들의 고대사 인식　　128

　　　　2) 조선시대 학자들의 패수론　　135

　　3. 소결 – 대동강설에서 요동설의 대두까지　　166

제2장 요동과 요수

　　1. 현대 중국에서의 '요동'과 '요서' 개념　　171

　　2. 요하와 요수는 별개의 하천이다　　174

　　3. 숨어 있는 요수를 찾아라　　178

　　4. '해내동경'이라는 제목의 의미　　183

　　5. 위당 정인보가 고증한 '요수난하설'　　188

　　6. 대요수는 하북성의 난하　　199

　　7. 소요수는 하북성의 청룡하　　202

　　8. '요동'의 출현　　207

　　　　1) 주발의 노관 토벌　　210

2) 요동의 지리적 위치	213
3) 요령 지역 장성의 본질	219

9. 역대 고지도를 통해 확인하는 '요동'의 범주 222
   1) 중국 고지도에서의 '요동' 224
   2) 조선실록 또는 고지도 속의 '요동' 230
   3) 유럽 각국 고지도 속의 '요동' 232

10. 일부 속현을 통하여 검증하는 요동군의 위치 239
   1) 양평현 239
   2) 도하현 250

11. 험독현은 요동반도에 있다? 262
   1) 지금의 손성자촌이 고대의 험독현(왕험성)인가? 262
   2) 왕험성, 평양성에 대한 국내 사서들의 지리고증 268
   3) 손성자촌은 2,000년 전의 험독현일 수 없다 276

제3장 낙랑과 대방의 진실
- 오독인가 은폐인가?

1. 낙랑군 교치 문제 284
   1) '낙랑교치'는 완전한 허구이다 284
   2) 김부식은 313년 낙랑이 멸망했다고 한 적이 없다 285
   3) 장통의 귀순이 곧 낙랑군 철폐는 아니다 290
   4) 장통은 애초부터 태수가 아니었다 294
   5) 장통의 귀순은 313년에 일어나지 않았다 299
   6) 왕준의 '역주행' 낙랑 피난은 언제 이루어졌나 308
   7) 왕준 일가가 정착한 낙랑군은 어디인가 316

8) 장통은 어떻게 모용외에게 갔을까　　　　　　　321
　　9) 기이한 종족 개념 – '낙랑인'　　　　　　　　　328
　　10) 낙랑 왕씨 왕온의 내력에 대한 학계의 오독　　335
　　11) '낙랑멸망' 또는 '낙랑교치'는 공상의 산물　　337

2. 대방군 위치 문제　　　　　　　　　　　　　　　340
　　1) 강단 학자들의 재미있는 '논증(?)'　　　　　　340
　　2) 중국 기록 속 대방군의 이모저모　　　　　　　343
　　3) 중국 최초의 방언사전《방언》에 기록된 조선의 위치　344
　　4)《삼국지》〈위지 동이전〉'한전'의 대방군 기록　　346
　　5) 중국 문헌 기록의 해양학적 추리　　　　　　　350
　　6)《한서》의 대방군 기록　　　　　　　　　　　　353
　　7)《삼국지》〈위지 공손전〉의 대방군　　　　　　354
　　8)《후한서》〈군국지5〉의 '요동속국' 위치 추정　　356

3. 대방, 삼한, 그리고 '방 4,000리'의 미스터리　　　359

4. 대방에서 구야한국까지의 거리는 7,000리　　　　365

5. 일본 학자들의 특이한 거리 측정법　　　　　　　372

6. 대방군은 한반도 밖에서 찾아야 한다　　　　　　379

7. 육로거리와 해로거리의 편차　　　　　　　　　　387

8. 대방군과 고구려　　　　　　　　　　　　　　　391
　　1) 둔유현 이남, 즉 대방군 지역이 황무지인가?　　391
　　2) 평주를 통해 추적하는 낙랑, 대방의 위치　　　393
　　3) 꼬여 있는 고구려 태조왕의 동선　　　　　　　401

제4장 강단 학자들이 절대
말해 주지 않는 고고적 진실

1. 일제 식민사학자들의 범죄 본능	410
1) 일본 학자들이 중국에서 자행한 문화침략 행위들	412
2. '신의 손' 세키노와 쌍벽을 이룬 '천리안' 하라다	417
3. '화동개진' 사건 - 일제의 계획적인 유물 조작	419
4. 갈수록 진화하는 '화동개진' 에피소드	426
5. 중국에서의 유물 조작은 '낙랑' 유물과 무관한가?	430
6. 이문신이 추가로 폭로한 일본인의 학술 사기 사건들	435
1) 일본도 조작 사건	435
2) 미나모토 요시쓰네를 칭기스칸으로 조작한 사건	436
3) 일본 신대(神代) 반경(磐境) 문화유적 조작	438
4) 최흔(崔忻) 착정기 각석(鑿井記刻石)	
- 중국판 '점제현신사비'의 밀반출	438
7. '낙랑교구'로 둔갑한 북방식 황금 버클	441
1) 황금 버클, 정말 낙랑 유물인가?	444
8. 평양 고분의 주인은 한나라 사람인가	464
1) 고분의 양식은 북방 계통	465
2) 고분의 유물 구성은 고조선 계통	471
3) 고분의 동복(銅鍑)은 북방민족의 유물	473
4) 고분의 마구 및 수레 관련 유물도 북방계	478
5) 평양 고분의 유물은 중국과의 문화교류의 결과	485

9. '대방군' 관련 유물들에 대한 금석학적 검증	494
10. 세키노가 발견한 '장무이묘' 전돌	500
1) 세키노 보고서의 문제점	504
2) 기상천외한 '대방태수'의 이름	505
3) 장무이에 대한 존칭 문제	509
4) 혼란스러운 기년 표기방식	515
5) 기년이 전부 "무"로 끝나는 전돌들	518
6) 들쑥날쑥한 명문 체제	519
7) 이유 없이 중단된 장무이묘 발굴조사	521
8) 장무이묘 전돌은 대방군의 증거가 될 수 없다	521
11. '동수묘' 묵서명의 미스터리	524
1) 안악 3호분의 묵서명	524
2) "영화 13년"의 미스터리	527
3) "낙랑상"의 미스터리	529
4) "도독제군사"라는 해괴한 직함	532
5) 듣도 보도 못한 "호무이교위"	534
6) "훙관"의 수수께끼	536
7) "도향후"와 도향의 문제	539

제5장 '갈석궁'과 '요서해침설'의 미스터리

1. 2016년 요서 답사 토론회 유감	543
2. 갈석궁과 갈석산은 지리적으로 다른 장소이다	547
1) 차례로 발견된 두 곳의 '갈석궁'	551
2) 수중현 '갈석'은 고대사의 '갈석'과는 무관하다	560

3. '요서해침'은 실제로 일어났는가   574
    1) '요서해침설'은 30년 전에 폐기된 낡은 가설   574
    2) 요서 지역의 해발고도   579
    3) 요서가 200년 동안 해침되면 벌어지는 현상들   582
    4) '갈석궁 터'의 해발고도   584
    5) 한반도 평양 지역의 해수면 상황   595

4. 고조선이 요서에 있었다는데 유물, 유적은 왜 없나   599
    1) 화산재 속에 묻힌 폼페이 유적   600
    2) 일곱 왕조의 도읍지 개봉 – 충적지형의 전형   602
    3) 북경 대흥 지역 – 또 다른 충적지형   608
    4) 하북성 노룡, 창려 지역과 개봉, 북경의 지형적, 고고적 특징   612
    5) 지하의 유적을 찾아내는 것이 고고학자의 본분   614

나오면서   616

찾아보기   635

제1장
패수, 그리고 낙랑군과 평양성

고조선, 한사군, 그리고 고구려 도읍을 흐르는 패수와 그것이 위치한 평양성의 위치를 비정할 때 대표적인 참고자료로 손꼽는 것이 《수경》과 《수경주》이다.

1. 《수경(水經)》

《수경》은 수로를 중심으로 중국의 지리를 해설한 최초의 지리서이다. 이 책은 137개 하천의 발원지-경유지-종착지 등에 관한 정보를 간략하면서도 비교적 체계적으로 소개하고, 말미에는 전국의 대표적인 명산들의 위치까지 부록해 놓고 있다. 그래서 전한으로부터 후한-위-진-남북조 시대까지의 중국의 하천 및 그 유역의 연혁을 연구하는 데에 상당히 유용한 자료라는 평가를 받고 있다.

이 책의 저자는 한동안 서진(西晉)의 학자 곽박(郭璞: 276~324)으로 알려져 있었다. 그러나 송대에 《신당서(新唐書)》가 편찬되면서 뒤늦게 상흠(桑欽: ?~?)이 지은 것으로 밝혀졌다. 상흠은 후한대 하남(河南) 낙양(洛陽) 사람으로 어려서부터 학문을 좋아하여 《시경(詩經)》을 배우고, 한대 이전의 언어로 작성된 《서경(書經)》에도 정통했던 것으로 알려져 있다.

청대의 《사고전서총목제요(四庫全書總目提要)》에서는 '광한(廣漢)'이 '광위(廣魏)'로, '진녕(晉寧)'이 '위녕(魏寧)'으로 되어 있는 점을 들어, 이 책이 서진(266~316)이 건국되기 직전인 삼국시대에 저술된 것이라고 보았다. 삼국시대 위나라(220~266) 또는 그보다 이른 후한 말기(184~220)에 저술되었을 수도 있다는 뜻이다. 그렇다면 대략 3세기에 지어진 것으로 볼 수 있는 셈이다.

2. 《수경주(水經注)》

"《수경》에 주석을 붙인 해설서"라는 뜻의 《수경주》는 상흠으로부터 200여 년이 지난 연창(延昌) 4년(515) 전후에 북위의 지리학자 역도원(酈道元: 466~527)이 《수경》의 체제를 그대로 유지하면서 중국의 지류 하천들, 관련 유적, 인물, 전설 등의 내용들을 새로 추가하여 완성한 본격적인 지리서이다. 이 책에는 총 1,252개나 되는 하천이 소개되어 있으니 분량만 놓고 본다면 원전인 《수경》보다 20배나 많은 40권으로 늘어난 셈이다.

3. 《수경》과 《수경주》의 구성 비교

1) 《수경》의 구성

《수경》은 전체 내용이 상, 하 두 권으로 구성되어 있다. 이 책에 소개된 하천들을 순서대로 소개하면 다음과 같다.

〈상권〉
황하 | 탑수(漯水) | 분수(汾水)-회수(澮水)-속수(涑水)-문수(文水)-원공수

(原公水)-동와수(洞渦水)-진수(晉水, 이상 산서) | 담수(湛水)-제수(濟水)-청수(淸水)-심수(沁水)-기수(淇水)-탕수(蕩水)-원수(洹水, 이상 하남) | 탁장수(濁漳水)-청장수(淸漳水, 이상 산서) | 역수(易水)-구수(滱水)-성수(聖水)-거마하(巨馬河)-습수(濕水)-습여수(濕餘水)-고수(沽水)-포구수(鮑丘水)-유수(濡水, 이하 하북)-대요수(大遼水)-소요수(小遼水) | 패수(浿水, 소재지 불명) | 낙수(洛水)-이수(伊水)-전수(瀍水)-간수(澗水)-곡수(穀水)-감수(甘水)-칠수(漆水)-산수(滻水)-저수(沮水, 이상 하남) | 위수(渭水, 섬서) | 양수(漾水, 감숙) | 단수(丹水)-여수(汝水)

〈하권〉

영수(潁水)-유수(洧水)-이수(溰水)-증수(潧水)-음구수(陰溝水)-변수(汳水)-저수(雎水)-호자하(瓠子河, 이상 하남) | 문수(汶水)-사수(泗水)-기수(沂水)-수수(洙水)-목수(沐水)-거양수(巨洋水)-치수(淄水)-문수(汶水)-유수(濰水)-교수(膠水, 이상 산동) | 면수(沔水, 섬서) | 잠수(潛水)-단수(湍水)-균수(均水, 이상 하남) | 분수(粉水, 호북) | 백수(白水)-자수(泚水)-회수(淮水)-치수(滍水)-육수(淯水)-은수(澧水)-구수(濯水)-친수(溵水)-무수(潕水, 이상 하남) | 운수(溳水)-유수(澓水)-기수(蘄水, 이상 호북) | 결수(決水, 호북안휘) | 비수(沘水, 하남) | 설수(泄水)-비수(肥水)-시수(施水, 이상 안휘) | 저수(沮水, 호북) | 장수(漳水)-하수(夏水, 이상 호북) | 강수(羌水)-부수(涪水)-재동수(梓潼水, 이상 사천) | 잠수(涔水, 섬서) | 강수(江水)-청의수(青衣水)-환수(桓水)-약수(若水)-말수(沫水)-연강수(延江水, 이상 사천) | 원유수(沅酉水, 호남) | 존수(存水)-온수(溫水, 운남사천귀주) | 엄수(淹水, 광동) | 엽유수(葉楡水, 사천운남귀주) | 이수(夷水)-유수(油水, 이상 호북)-예수(澧水)-원수(沅水)-은수(浪水)-자수(資水)-연수(漣水)-상수(湘水)-이수(漓水)-진수(溱水)-회수(滙水)-심수(深水)-종수(鍾水)-뢰수(耒水)-미수(洣水)-녹수(漉水, 이상 호남) | 유수(瀏水)-매수(潩水)-공수(贛水)-여수(廬水, 이상 강서) | 점강수(漸江水) | 근강수(斤江水, 광동월남)

여기에 소개되어 있는 하천들은 얼핏 무질서하게 나열된 것처럼 보인다. 그러나 그중 대부분은 특정한 체계에 따라 배열되어 있다. 그 체계란 바로 지역별 분류이다.《수경》을 분석해 본 결과, 상권에서는 여러 성을 관통하면서 흐르는 황하를, 중권에서는 하남, 산동, 산서, 하북, 섬서, 감숙, 사천 등지의 하천들을, 하권에서는 하남, 산동, (강소), 섬서, 호북, 안휘, 사천, 운남, 호남, 광동, 절강 등지의 하천들을 각각 소개해 놓은 것으로 확인되었다. 한중 고대사와 밀접한 관계가 있는 요수(대요수, 소요수)와 패수가 소개된 대목도 예외가 아니다.

《수경》에서 드러나는 이 같은 분류상의 체계에서 우리는 한 가지 사실을 발견할 수 있다. 요수와 패수를 제외한 모든 하천이 하남, 하북, 산동, 산서, 섬서, 사천, 호남, 호북, 안휘, 강소, 절강, 감숙, 운남, 광동의 하천들이라는 사실이다. 이 지역들은 바다로 막혀 있는 남쪽만 제외하면 공간적으로 서로는 감숙까지 북으로는 하북까지 동으로는 딱 산해관 이내까지로 국한된다. 우리가 통상적으로 '중원'이라고 일컫는 지역과 완벽하게 겹치는 것이다. 바꾸어서 말하자면, 요령, 길림, 흑룡강의 '동북 3성'과 신강, 티베트 등과 같이 몇 백 년 전인 명청의 근세에 와서야 뒤늦게 중국으로 편입된 '중원' 너머에 있는 하천들은 전부 제외되었다는 말이다.

어느 나라이건 간에 책은 저자가 속한 시대를 반영하기 마련이다. 그런 점에서는《수경》도 마찬가지이다. 책 속에 소개된 하천들은 그 자체만으로도 이 책이 저술되던 당시까지의 한나라 강역을 온전하게 반영하고 있기 때문이다. 모르긴 몰라도 상흠이 활동하던 3세기에 한나라의 영토가 이보다 더 넓었다면 그가《수경》에서 소개한 하천은 개수는 물론이고 지역적으로도 지금보다 더 넓게 확장되어 있었을 것이다. 그런데도《수경》에 소개된 137개 하천의 98% 이상이 전통적인 '중원'의 범주 내에 존재한다는 것은 곧 요수와 패수의 위치에 대한 학계의 기존 고증에 문제가 있다는 뜻이다. 어쩌면 요수와 패수조차 '중원' 내부에 있는 하천일 가능성이 높다.

2) 《수경주》의 구성

역도원의 《수경주》는 전체 내용을 40권으로 나누어 담고 있다. 그러나 각 권을 자세히 따져 보아도 그가 권을 시작하거나 끝내는 데에 이렇다 할 만한 특별한 기준이나 원칙이 적용된 것 같지는 않다. 요수와 패수의 경우를 예로 들어 보자.

두 하천은 습여수, 고수, 포구수, 유수에 이어서 권14에 함께 엮여 있다. 반면에 상흠이 당초 한 권에서 나란히 소개한 역수, 구수(滱水)(권12)나 성수, 거마하(권13), 그리고 그 앞의 두 권에 소개된 4개의 하천은 각각 다른 권으로 분산 배치되어 있다. 그런데 권14의 하천들을 중심으로 따져보면 요수와 패수를 제외한 10개의 하천은 하북 지방에 수원을 두거나 그 지역을 흐르는 것들이다.

그 뒤에 이어지는 하천들도 마찬가지이다. 낙수(洛水)(권15)로부터 저수(沮水)까지의 9개의 하천(권16)은 각자 다른 권에 분산되어 있지만, 사실 지역적으로는 예외 없이 하남 지방을 흐르는 하천들이다. 그 앞이나 뒤의 하천들 역시 마찬가지이다. 예외적인 경우가 없다고 할 수는 없지만, 대체로 같은 지역의 하천들끼리 모아 놓은 것이다.

3) 고대사 학자들이 가장 주목하는 《수경주》 권14

고대사 학자들이 《수경주》에서 가장 주목하는 대목은 권14이다. 한중 고대사에 대단히 중요한 지표(랜드마크)가 되는 습여수(濕余水), 고하(沽河), 포구수(鮑丘水), 유수(濡水), 대요수(大遼水)와 소요수(小遼水), 패수(浿水) 등 모두 7개의 하천이 소개되어 있기 때문이다. 물론 그중에서 학자들에게 최고의 관심사는 패수와 요수의 위치이다. 패수는 과연 지금의 어느 하천일까?

그것을 확인하려면 가장 먼저 역도원이 권14에서 소개한 하천들의 성격부터 파악할 필요가 있다. 그 하천들이 주로 어떤 특징들을 공유하고 있는지, 상흠은 또 어째서 그 하천들을 한꺼번에 권14에 몰아 놓았을까? 이 같은 의문들이 먼저 해결되면 패수의 성격이나 위치에 대해서도 어느 정도 가닥을 잡을 수가 있다.

이 책의 구성 특성상 두 하천도 당연히 앞권에서 소개한 하북 지방 하천의 연장선에서 소개된 것이거나 다음 권의 하남 지방 하천들의 일부로 소개된 것일 가능성이 높다. 그럴 경우 만일 이 하북과 하남 둘 중의 한 지역을 요수와 패수의 지리적 '귀속지'로 고려해야 한다면 아무래도 지리적으로나 현실적으로나 전자 즉 하북 지역이 가장 이상적인 선택일 수밖에 없다.

권14가 하북 지역 하천들만 집중적으로 소개한 대목이라는 점은 그 앞에 소개된 역수(易水), 구수(滱水)(이상 권11), 성수(聖水), 거마하(巨馬河)(이상 권12), 탑수(漯水, 권13) 등이 모두 하북 지방을 흐르는 하천들이라는 사

《서경》〈우공〉에 근거해 그린 '구주(九州)' 지도. 《수경》이 소개한 하천들은, 요수와 패수를 제외하면, 전부가 '구주', 즉 통상적인 '중원'의 범주를 벗어나지 않는다)

실을 통해서도 충분히 짐작할 수가 있다.

또, 패수 다음에 이어지는 권15에는 하남 지역의 하천들이 소개되어 있다. 이런 점들을 보더라도 역도원이《수경주》에서 인위적으로 권을 나누기는 했지만, 애초에《수경》의 저자 상흠이 한나라의 하천들을 권역별로, 또는 서로 이웃한 하천들끼리 모아서 순서대로 나열해 놓았음을 알 수 있는 셈이다.

4) 패수를 대동강으로 보는 중국 학계

현재 중국 학계에서는 '습여수'를 북경 지역을 흐르는 지금의 사하(沙河)와 온유수(溫楡河)로, '고하'를 북경 지역을 흐르는 지금의 해하(海河)로, '포구수'를 하북성 풍녕현(豊寧縣)의 구남자산(溝南子山)에서 발원하여 북경을 지나 바다로 유입되는 조백하(潮白河)로, '유수'를 하북성 동북부 곡역현(曲逆縣)에서 발원하여 동남쪽으로 흘러 천안(遷安)-천서(遷西)-난현(灤

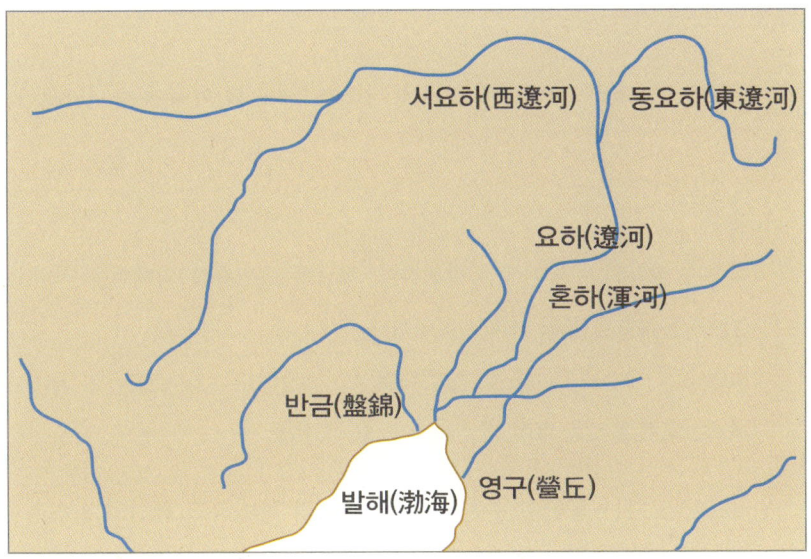

〈요령성 경내를 흐르는 요하와 혼하. 중국 학계는 이 두 하천을 각각 대요수, 소요수로 보고 있다〉

縣) 사이를 지난 후 바다로 유입되는 지금의 난하(灤河)로 각각 비정하고 있다.

문제는 그 뒤에 이어지는 대요수(大遼水), 소요수(小遼水)와 패수(浿水)이다. 중국에서는 '대요수'를 지금의 요령성 경내를 흐르는 요하(遼河)로, '소요수'를 역시 요령성 경내의 혼하(渾河)로 보는 경향이 강하다.

패수의 경우 역시 "지금의 한반도 평양 경내를 흐르는 대동강(大同江)의 옛 이름"이라고 주장하고 있다. 이 같은 지리 인식은 중국의 주장을 그대로 받아들이기 바쁜 국내 학계의 경우도 마찬가지이다. 그러나 양국 학계의 그 같은 주장은 역사적으로는 물론이고 지리적으로도 명백히 사실이 아니다.

4.《수경》을 통하여 재구성하는 '패수'의 위치

1)《수경》의 패수 소개

《수경》에서는 한중 고대사에 자주 등장하는 '패수'를 이렇게 소개하고 있다.

> 패수
> 패수는 낙랑의 누방현에서 발원한다. 동남쪽으로 흘러 임패현을 지나고 (다시) 동쪽으로 흘러 바다로 진입한다.
> 浿水
> 浿水出樂浪鏤方縣. 東南, 過于臨浿縣. 東, 入于海.

우리가 참고하는 문헌이 수천 년 전의 것이라 하더라도 하천의 발원지-경유지-종착지에 관한 아주 간단한 정보만 확보한다면 단 몇 줄만으로도 그 하천이 흐르는 지역의 지형을 어느 정도까지는 유추해 낼 수 있다. 물은

〈물은 고도가 같으면 호수가 되어 고이지만 고도가 달라지면 하천이 되어 흐른다〉

높은 곳에서 낮은 곳으로 흐르는 속성을 가지고 있기 때문이다. 물이 주위의 고도가 동일한 평지에 모이면 고여서 호수나 늪을 이룬다. 그러나 고도가 제각각인 산지에 모이면 중력의 법칙에 따라 골을 따라 낮은 곳으로 흐르면서 하천을 이루게 된다. 하천의 방향은 그 자체만으로도 땅의 높낮이를 암시해 준다.

따라서 이러한 물의 원리와 속성은 특정한 고대 하천의 위치를 찾아내는 데에는 말할 것도 없고, 그 하천과 관계가 있는 역사적인 장소를 찾아내는 과정에서도 매우 중요한 역할을 한다. 같은 논리로, 이 같은 인식에 따라 만일 우리가 중국의 지형적 특징만 잘 파악하면 이 패수가 대략 어느 지역의 하천인지 알 수가 있다.

상흠의 소개대로라면, 패수는 서북쪽의 누방현에서 동남쪽으로 흘러 임패현을 거치고 계속 동쪽으로 흘러서 동쪽의 바다로 진입한다. 간단하게 말하자면, 대체로 서북쪽에서 동남쪽 즉 4~5시 방향으로 흐르는 하천인 것이다. 지구상에서 특정한 하천이 서북쪽에서 동남쪽으로 흐른다는 것은 곧 그 하천을 품은 지역이 전반적으로 서쪽이 높고 동쪽이 낮은 지형에 속한다는 것을 의미한다. 즉, 전형적인 '서고동저(西高東低)' 지형인 것이다.

이에 대해서는 상흠도 패수가 서북쪽에서 동남쪽(4~5시 방향)으로 흐르고 다시 동쪽(3시 방향)으로 흐른다고 확인해 주고 있으므로 착오가 있을 수 없다. 앞서의 세 문헌이 전하는 패수와 관련된 파편화된 정보들을 정리해 보면 다음과 같은 사실을 확인할 수 있다.

① 낙랑군에서 패수현은 동북쪽(1~2시), 누방현은 동쪽(3시)에 있다.
② 패수는 패수현(또는 누방현)에서 동(남)쪽으로 흘러 바다로 진입한다.
③ 패수가 진입하는 바다는 낙랑군의 동쪽에 위치해 있다.
④ 패수의 물줄기가 동남(4~5시)에서 동쪽(3시)으로 변경되는 중류의 임패현은 패수(누방)의 동남쪽에 있다.
⑤ 누방현이 발원지이고 임패현이 경유지이며 종착지는 정동쪽이다.

2) 《설문해자》와 《십삼주지》를 통해 본 패수와 왕험성의 위치

그렇다면 《설문해자(說文解字)》[1]와 《십삼주지(十三州志)》[2]에는 패수와 관련하여 어떠한 정보를 얻을 수 있을까?

> 패는 물이름이다. (그 하천은) 낙랑군의 누방현을 나와 동쪽으로 흘러 바다로 진입한다. 물의 뜻을 따르고 '(조개) 패'의 발음으로 읽는다. 일설에는 패수현에서 나온다고도 한다.
> 浿, 水. 出樂浪鏤方, 東入海. 從水貝聲, 一曰出浿水縣.[3]
> 패수현은 낙랑군의 동북쪽에, 누방현은 그 군의 동쪽에 있다

---

1) 《설문해자(說文解字)》: 후한대의 훈고학자 허신(許愼: 58~149)이 처음으로 한자의 자형과 어원을 체계적으로 분석한 한자 자전으로, 서기 100~121년 사이에 저술되었다.
2) 《십삼주지(十三州志)》: 북위의 지리학자 감인(闞駰: ?~?)이 5세기에 저술한 지리백과전서. 현재 원서는 사라지고 여러 문헌에 인용된 편린으로만 남아 전한다. 이 책은 한대에 전국에 설치된 13개 주에 관한 비교적 정확한 정보들을 담고 있어서 당시 학자들로부터 자료로서의 가치를 높이 평가받았다.
3) 허신, 《설문해자》, 〈수부(水部)〉 '패(浿)'조.

浿水縣, 在樂浪東北, 鏤方縣在郡東.4)

우리는 이 두 기록을 통하여 패수가 동쪽(3시)으로 흐른다는 사실만 확인할 수 있다. 그러나《수경》의 소개를 통하여 허신(許愼)이 동남쪽으로 흐르다가 임패현에서부터 동쪽으로 흐르는 것을 간단하게 "동쪽으로 흐른다"라고 정리했다는 것을 짐작할 수 있다.《십삼주지》의 경우도 마찬가지이다.

패수현이 낙랑군의 동북쪽, 누방현이 낙랑군의 동쪽에 있다고 했으므로《설문해자》의 소개에 근거할 때 낙랑군에서 패수현은 누방현보다 서북쪽에 자리 잡고 있었던 셈이다. 여기서 패수현이 '동북', 누방현이 '동쪽', 임패현이 '동남'이라는 식의 좌표는 물론 낙랑군 치소인 조선현의 위치를 기준으로 한 것일 것이다.《설문해자》에서는 패수의 발원지와 관련하여 누방현과 함께 패수현도 언급하고 있다. 그렇다면 패수의 발원지는 누방현 서북쪽의 패수현이라고 보아야 옳은 것이다.

〈각종 문헌에 소개된 패수 방향〉

지명	방위	비고
패수현	동북	발원지
누방현	동	경유지1
?	동남	경유지2
임패현	동	경유지3
바 다	동	종착지

패수가 패수현에서 발원하여 임패현까지 동남쪽으로 흘러갔다는 것은 곧 지형적으로 볼 때 발원지인 패수현이 고도가 높은 산지에 있고, 임패현

---

4) 감인,《십삼주지》.

은 상대적으로 고도가 낮고 바다에 가까운 저지대 평지에 자리 잡고 있다는 이야기가 된다. 그런데 《설문해자》와 《수경》의 기록에 근거할 때, 낙랑군의 동쪽에는 바다가 위치해 있었음을 알 수가 있다. 그렇다면 이 바다는 서쪽 바다가 아니라 '동쪽' 바다라는 말이 된다. 즉, 서북쪽이 높고 동남쪽이 낮은 전형적인 '서고동저'의 경서지형인 것이다. 각 문헌들의 지리 정보에 근거해서 지도를 그려 보면 패수의 흐름은 대충 다음과 같을 것이다.

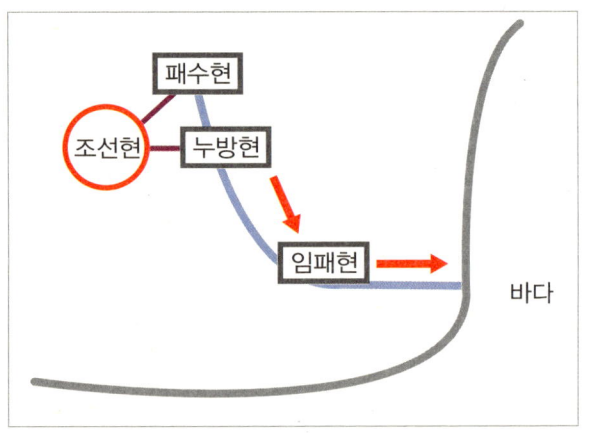

《《수경》, 《설문》, 《십삼주지》에 근거한 패수 유역 추정도》

이처럼 상흠 당시의 패수는 동쪽으로 흘러 바다로 진입하는 하천이었던 것이다. 그렇다면 적어도 1~5세기 사이의 패수를 품고 있었던 도시, 고구려의 평양성은 의심할 여지없이 서(북)쪽이 높은 반면 동(남)쪽은 낮은 지형, 즉 전형적인 '서고동저' 지형에 자리 잡고 있었을 수밖에 없다.

그리고 고조선의 왕험성(王險城), 나아가 고구려의 평양성(平壤城) 역시 그 지역에 깃들어 있었을 것은 자명한 사실이다. 이 점은 그 이전에 저술된 《설문해자》나 그 이후에 저술된 《십삼주지》의 기록을 통해서도 직간접적으로 뒷받침되고 있으니 이론의 여지가 있을 수 없다.

3) 패수가 한반도의 하천이 아니라는 지구과학적 근거

문제는 한반도에서는 '서고동저'의 지형을 가진 지역을 좀처럼 찾기 어렵다는 데에 있다. 한반도는 평균 고도가 433m이다. 그런데 전체적으로는 북위 40도 이북의 북동부 지역에 해발 2,000m 이상의 높고 험준한 산지 지형이 넓게 발달해 있고, 40도 이남의 남서부 지역에는 고도가 상대적으로 낮은 산지가 분포한다.5) 따라서 중부 지방의 경우는 동서 단면에서 태백산맥의 동해 쪽 경사면은 좁고 급하다. 반면에 서쪽 경사면은 제법 넓고 완만하다. 이 같은 비대칭적인 동서 단면은 그 축이 동해 쪽으로 치우친 요곡융기(撓曲隆起)에서 비롯되었다. 즉, 한반도는 평탄화되었던 중생대 백악기 이래로 신생대 제3기 중엽(6,640만 년~160만 년)부터 서서히 접히고 솟구쳐 오르기 시작한 것이다.6) 그렇다 보니 이 운동의 영향으로 한반도는 '백두대간(白頭大幹)'을 축으로 동쪽이 높고 서쪽이 낮은 전형적인 '동고서저'의 지형을 갖기에 이르렀다.

하천 역시 거의 대부분이 솟아오른 산맥의 골을 따라 흐르게 되었다. '동고서저'의 지형에서 하천들은 거의 대부분 서쪽으로 흘러서 서해 바다로 유입된다. 실제로 우리나라에서는 길이 400km 이상의 6대 하천 중 동해로 유입되는 두만강을 제외한 하천 모두가 서해와 남해로만 유입된다.

그런 점에서 우리가 주목해야 할 것이 패수가 흐르는 구역의 지형이다. 그 구역의 지형이 패수의 방향을 결정하기 때문이다. 패수가 흐르는 땅이 정말 한반도라면 그 물은 그 지형적 대세를 따라 당연히 동쪽에서 서쪽으로 흘러 서쪽 바다로 유입되었을 것이다. 그러나 앞서 보았듯이 실제의 패수는 학계가 패수라고 주장하는 대동강이나 청천강과는 전혀 상반된 방향으로 흐르고 있다.

---

5) 권동희,《한국의 지형》, 도서출판 한울, 제81쪽, 2012.
6) 권동희, 같은 책, 제85쪽.

그렇다면 대동강이나 청천강은 절대로 고대의 패수일 수가 없다. 패수가 대동강, 청천강 등 한반도의 하천일 수 없다는 것은 단순한 역사지리학적 가설이 아니라 엄연한 '과학적 사실(scientific fact)'이다. 이것이 과학적 사실임을 분명하게 보여 주는 증거가 바로 서기 1~5세기 사이에 저술된《설문해자》,《수경》,《십삼주지》의 패수 관련 기록들인 것이다.

이 같은 결과는 철저하게 객관적인 과학적 원리에 따라 도출된 것이다. 따라서 여기에 이설이 있을 수는 없다. 당시 패수가 흐르던 곳이 지각 변동으로 지축이 뒤틀려 방위가 바뀌거나 그 일대가 개발되면서 산지가 평지로 변하는 '천지개벽'이 발생하지 않는 이상 누구도 수십억 년 동안 형성된 지형을 거스를 수가 없다는 뜻이다. 그런데 그로부터 300년 후 역도원은《수경주》에서 이와는 전혀 상반된 주장을 제기하였다.

5. 역도원의 비과학적인 패수 고증

최근 중국과학원의 역사지리학자인 왕수춘(王守春)은 역도원의 패수에 대한 추론을 다음과 같이 격찬하였다.

> 논리적 추리에 근거하여 패수가 서쪽으로 흐른다고 생각하고 한반도에서 온 사신을 방문해서 자신의 판단을 입증하였다.[7]

물론, 역도원이 패수의 성격이나 위치를 규명하기 위하여 쏟은 노력과 공로는 높이 평가할 만하다. 그러나 그가 시도한 지리고증이 과연 정확한 것이었느냐, 논리적인 추론의 결과였느냐 하는 점에 대해서는 중국 학자들만큼 후한 점수를 주기 어렵다. 그의 추론은 논리적이지도 못했을 뿐 아니

---

7) 왕수춘(王守春),《역도원과 수경주 신해》, 제84쪽, 해천(海天)출판사, 2013.

라 고증에도 허점이 너무 많기 때문이다. 패수에 대한 고증은 그 대표적인 사례이다.

지난 수 세기 동안 국내외 학자들이 과학적 사실에 반하는 '패수=지금의 대동강'이라는 인식을 갖게 된 가장 결정적인 원인은 바로 역도원이 제공하였다. 그는 《수경주》에서 '패수'를 소개할 때 다음과 같은 주석을 붙였다.

> 허신은 "패수는 누방에서 나와 동쪽으로 흘러 바다로 진입한다"라고 했고, 일설에는 "패수현에서 나온다고 한다"라고 했으며, 《십삼주지》에서는 "패수현이 낙랑군의 동북쪽에 있고 누방현은 군의 동쪽에 있다"라고 했으니, 아마 그 현에서 나와 남쪽으로 흐르면서 누방을 거치는 것이리라. 옛날 연 땅 사람 위만이 패수의 서쪽으로부터 조선으로 갔다. … 한나라 무제 원봉 2년, 누선장군 양복과 좌장군 순체가 우거를 토벌할 때에는 우거를 패수에서 무찔러 마침내 조선을 멸망시키기에 이르렀다. 만일 패수가 동쪽으로 흐르는 강이라면 패수를 건넜을 리가 없다. 그 땅은 지금의 고구려의 도읍인데, 내가 그 나라 사신을 방문했더니 도성이 패수의 북쪽에 있다고 일러 주는 것이었다. 그 강은 서쪽으로 흘러 옛 낙랑군 조선현(즉, 낙랑군의 치소로 한무제 때 설치됨)을 경유하여 서북쪽으로 흐르는 셈이다. 그래서 《한서》〈지리지〉에서도 "패수는 서쪽으로 증지현에 이르러 바다로 진입한다"라고 한 것이다. 또, 한나라가 일어난 후 조선이 멀다고 여겨 요동의 옛 요새를 따라 패수에 이르러 경계로 삼았었다. 지금과 옛날을 고찰해 보건대 사적에 편차와 오류가 있으니 아마도 《수경》이 고증을 잘못한 것이 아닌가 싶다.
>
> 許愼云, 浿水出鏤方, 東入海. 一曰, 出浿水縣. 十三州志曰, 浿水縣在樂浪東北, 鏤方縣在郡東. 蓋出其縣南徑鏤方也. 昔燕人衛滿, 自浿水西至朝鮮. … 漢武帝元封二年, 遣樓船將軍楊僕, 左將軍荀彘討右渠, 破渠于浿水, 遂滅之. 若浿水東流, 無渡浿之理. 其地今高句麗之國治, 余訪蕃使, 言城在浿水之陽, 其水西流徑故樂浪朝鮮縣(卽樂浪郡治, 漢武帝置), 而西北流. 故地

理志曰, 浿水西至增地縣入海. 又, 漢興, 以朝鮮爲遠, 循遼東故塞至浿水爲界. 考之今古, 于事差謬, 蓋經誤證也.

위에서 보는 것처럼 역도원은 패수가 패수현에서 발원하여 남하하면서 누방현을 경유한다는 데에는 기존의 기록들과 일치하는 의견을 가지고 있었다. 그러면서도《한서》〈지리지〉를 근거로 패수가 동쪽으로 흐르는 하천이라는《수경》의 고증은 잘못된 것이라고 분명히 못을 박았다. 그 같은 결론은 아마 다음과 같은 추론 과정을 거쳐 얻어졌을 것이다.

패수는 동쪽으로 흐르는 하천이다 ⇒
현재의 고구려 도성은 패수 북쪽이다 ⇒
이 경우 패수가 동쪽으로 흐르면 강을 건널 수 없다 ⇒
따라서 패수는 서쪽으로 흐르는 강이다!

물론, 역도원이 "패수는 서쪽으로 흐르는 하천"이라는 결론을 내린 데에는 두 가지 근거가 결정적인 역할을 하였다. "패수는 서쪽으로 증지현을 지나 바다로 진입한다"라는《한서》〈지리지〉의 기록과 "고구려 도성이 패수 북쪽에 있다"라는 고구려 사신의 증언이다. 그는 이 두 가지 근거를 들어 패수가 서쪽으로 조선현을 거쳐 서북쪽에서 바다로 진입한다는 결론을 내렸다. "패수가 동쪽으로 흐른다"라는《수경》,《설문해자》,《십삼주지》의 설명과는 완전히 상반된 결론을 내린 것이다.

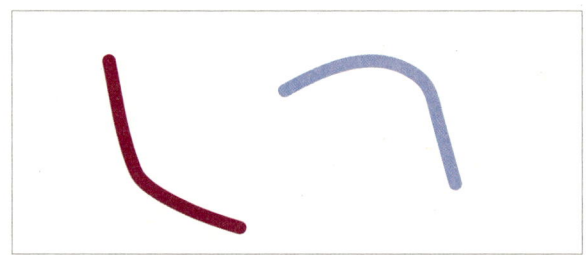

〈《수경》과《수경주》의 상반된 해석. 두 지리서는 패수의 방향을 정반대로 설명하였다〉

그러나 역도원의 이 같은 결론은 명백히 잘못된 것이다. 객관적이거나 과학적이라고 할 수도 없다. 그 이유를 구체적으로 따져보면 다음과 같다.

1) 역도원은 수백 년간 검증된 전통적 해석을 불신하였다

역도원은 패수와 평양의 위치를 고증할 때 초기 단계에서 이미 상당한 실수를 범하였다. 사실관계를 입증해 줄 근거 자료를 선택하는 과정에서부터 그러하였다. 그는 자신이 《설문해자》, 《십삼주지》를 각각 참고한 일을 '패수' 주석에서 밝힌 바 있는데, 그 인용한 내용들을 정리해 보면 다음과 같다.

① 《설문해자》 - 패수는 누방현(또는 패수현)을 나와 동쪽으로 흘러 바다로 진입한다
② 《수경》 - 패수는 누방현에서 동남으로 임패현을 지나 동쪽으로 흘러 바다로 진입한다
③ 《십삼주지》 - 패수현은 낙랑군의 동북쪽에, 누방현은 그 동쪽에 있다
④ 《한서》 - 패수는 서쪽으로 증지현에 이르러 바다로 진입한다
⑤ 고구려 사신 - 고구려 도성은 패수 북쪽에 있다

앞서 소개한 것처럼 《설문해자》는 후한대의 훈고학자 허신(許愼: 58~149)이 서기 100~121년 사이에 저술한 한자 자전이다. 《한서》는 그보다 한 세대 빠른 후한대 역사가 반고(班固: 32~92)가 편찬한 한나라 정사로, 장제(章帝)의 건초(建初) 5년(80)에 완성되었다. 《수경》은 3세기에 저술된 지리서이다. 《십삼주지》는 그보다 상대적으로 늦은 북위시대, 즉 5세기에 지리학자 감인(闞駰: ?~?)[8]이 저술한 지리백과전서이다. 이 책은 현재

---

8) 감인은 남북조시대 중국 북부의 왕조들 중 하나인 북량(北涼: 397~460)에서 상서(尙書)

원서는 사라지고 여러 문헌에 부분적으로 인용된 편린들로 그 흔적을 남기고 있다. 그러나 한대에 전국에 설치된 13개 주에 관한 비교적 정확한 정보들을 담고 있어서 당시 학자들로부터 자료로서의 가치를 높이 평가받았다. 역도원이 《수경주》에서 이 책을 100여 번이나 인용하고 있는 것이 그 증거이다.

문제는 이 자료들이 제시하는 패수 관련 정보가 다소 혼란스럽다는 데에 있다. 1세기의 《설문해자》, 3세기의 《수경》, 5세기의 《십삼주지》. 이 세 문헌은 적어도 패수 문제에 관한 한 일관된 정보를 제공하고 있다. 한결같이 패수가 동남쪽(4~5시) 또는 동쪽(3시)으로 흐른다고 소개한 것이다. 《설문해자》는 서기 100~121년 사이에 저술되었고, 《수경》은 그보다 100년 후인 위나라 때(200~266) 편찬되었다. 또, 자료적 가치는 상당히 낮지만 《한서》〈지리지〉의 '패수현' 주석 역시 대략 위진대에 작성된 것으로 보인다.

그런데 이 세 문헌이 공통적으로 패수의 발원지로 낙랑군을 꼽고 있는 것이다. 그렇다면 이 문헌들에 언급된 패수는 동일한 하천일 수밖에 없다. 그런데 《한서》〈지리지〉에서는 이와는 상반된 입장을 가지고 있었다. 패수가 서쪽으로 흐른다는 주장을 내놓은 것이다. 이럴 경우 학자는 다수파의 의견을 따르는 것이 순리이다. 특정한 사실을 증명하는 과정에서 상반된 증거들이 서로 대립할 경우 다수의 의견을 신뢰하는 것이 가장 안전한 방법이기 때문이다. 그리고 그 과정에서는 《한서》〈지리지〉가 어째서 다른 문헌들과는 전혀 상반된 주장을 하게 되었는지 면밀하게 따져 보는 검증 절차가 당연히 필요하다.

패수의 위치를 고증하는 경우도 그러하다. 1세기, 3세기, 5세기 등 서로 다른 연대의 서로 다른 학자들이 제시한 패수에 관한 정보들이 그 발원지-경유지-입해지를 이구동성으로 3~6시 방향, 즉 서(북)쪽에서 동(남)쪽으로

를 지내다가 나라가 북위에 멸망한 후 북위의 악평왕(樂平王) 탁발비(拓跋丕: ?~444)의 밑에서 종사중랑(從事中郎)을 지냈다고 하니 5세기에 활동한 셈이다.

지목하고 있다는 것은 그 정보가 수백 년에 걸쳐 안정적이고 일관되게 계승되어 온 것임을 의미한다. 충분히 신뢰할 수 있는 정보인 것이다. 오랜 기간을 거치는 동안 지속적으로 여러 사람들을 통하여 충분히 검증을 거친 것이다. 그런데도 역도원은 패수의 위치를 고증하는 과정에서 이 초기 자료들을 채택하지 않았다.

그는 문제의 기록이 《한서》의 원문이 아니라 수백 년 후의 정체불명의 주석일 뿐이라는 사실을 인지하고 있었을까? 그 사실을 알면서도 자신의 논지를 관철하기 위하여 《설문해자》, 《수경》, 《십삼주지》 등의 초기 자료들을 외면하고 문제의 기록을 의도적으로 고집한 것일까? 만일 그렇다면 그는 패수에 대한 《수경주》 지리고증의 가치와 신뢰성을 스스로 실추시킨 것과 다를 바가 없다.

물론, 그가 숫적으로나 시기적으로나 자료로서의 가치가 월등한 《설문해자》, 《수경》, 《십삼주지》의 정보를 신뢰하지 않은 데에는 그럴 만한 이유가 있었다. 위만이 조선왕 준(準)에게 귀순하는 경로가 미심쩍었던 것이다.

(위만이) 동쪽으로 패수를 건너 준에게 항복하였다.
(衛滿)東度浿水, 詣準降.9)

《삼국지(三國志)》〈위지동이전(魏志東夷傳)〉에서는 위만이 패수를 건넌 다음에 조선에 도착했다고 적고 있다. 그렇다면 왕험성은 패수의 동쪽, 패수는 왕험성의 서쪽에 위치해 있었다는 이야기가 된다. 위만이 조선에 입국하려면 패수를 건너야 한다는 뜻이다. 역도원은 위만이 조선으로 가기 위하여 동쪽(3시)으로 이동했으므로 패수는 그 이동 방향과 동일한 동쪽이 아니라 남북(6시)으로 흘러야 말이 된다고 생각했던 것 같다. 그러나 정말 그렇게 생각했다면 역도원은 역사지리학자로서는 융통성이 많이 부족한

---

9) 진수, 《삼국지》〈위지 동이전〉 '한(韓)'조.

사람이었던 듯하다. 패수가 정동쪽으로 흐른다면 위만이 그 강을 건너는 것이 불가능하지만, 방향이 동남쪽(4~5시)이라면 불가능한 일도 아니기 때문이다.

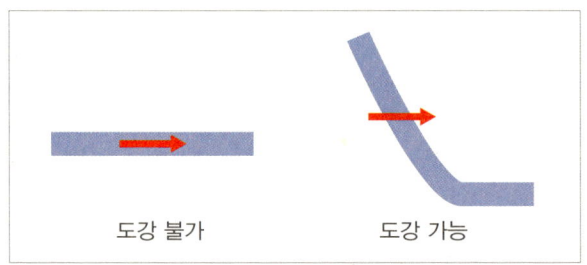

〈패수가 정동쪽으로 흐르는 하천이라면 도강이 불가능하지만, 동남쪽으로 흐른다면 충분히 가능하다〉

이 과정에서 역도원의 오판을 부추긴 것은 고구려 사신의 진술이었다. 때마침 고구려에서 사신이 내방했다는 소식을 들은 그는 사신을 찾아가서 "지금의 고구려의 국성[今高句麗之國治]"의 위치를 문의하였다. 그러자 그 사신은 "고구려 도성은 패수의 북쪽에 있다"라고 확인해 주고 있다.

사실 인간의 언어라는 것은 대단히 불완전한 소통도구이다. 개인과 개인이 대화를 나눌 경우 때로는 소통방식, 감정변화, 말투, 기억력에 따라 당사자들이 당초 기대했던 것과는 전혀 뜻밖의 결과를 초래하는 경우가 많다. 말을 꺼내는 쪽이 자기 의사를 아주 만족스럽게 표현했다고 하더라도 이를 받아들이는 쪽에서는 그 단어나 내용을 자신에게 익숙하거나 원하는 방향으로 이해하는 경우가 비일비재하다.

일본의 저명한 영화감독 구로사와 아키라(黑澤明)의 《라쇼몽(羅生門)》은 언어소통의 불완전성을 극단적으로 보여 준 영화이다. 같은 나라 사람들끼리도 서로 의사를 소통할 때에는 크고 작은 장애 요인들이 개재되기 마련이다. 하물며 언어와 문화가 다른 외국인과 대화하는 경우에는 쌍방이 서로의 언어에 미숙하다 보니 소통-이해의 과정에서 이런저런 문제가 발생할 수밖에 없다. 법정에서도 통역이나 증언은 중요한 증거로 인정되지 않는다. 항상 의외성이나 불완전성이 도사리고 있기 때문이다.

그런데 역도원은 뜻밖에도 문헌적 근거들이 다수 확보되어 있는 상황임에도 불구하고 외국인의 즉흥적인 진술을 판단의 절대적인 기준으로 신뢰하였다. 사신이 그 자리에서 정말 고구려 도성의 하천을 정확하게 "패수"라고 명시했는지, 역관이 중간에서 통역하는 과정에서 역도원이 사신의 설명을 잘못 이해했을 가능성은 없는지, 역도원이 고구려 사신과 면담하는 과정에서 서로 의사를 소통하는 데에 문제는 없었는지 등에 대해서는 확인할 길이 없다. 그러나 그가 사신의 그 진술을 결정적인 근거로 삼아 《한서》 '패수현' 주석의 소개를 좇아 최종적으로 패수가 서쪽으로 흐르는 하천이며, 따라서 "《수경》의 고증은 잘못된 것[蓋經誤證也]"이라는 결론을 내린 것은 분명한 사실이다.

문제는 역도원의 이 같은 결론이 결코 타당하지 않다는 데에 있다. 물론, 패수가 정확하게 3시 방향의 정동쪽으로 흐르는 하천이라면 서쪽에서 동쪽으로 건너는 것은 불가능했을 것이다. 그러나 이 세상에는 유역의 전 구간이 그런 식으로 흐르는 하천은 존재하지도 않을 뿐더러 존재할 수도 없다. 애초에 그는 《설문해자》와 《십삼주지》에 대한 교차분석을 통하여 패수가 "패수현에서 남쪽으로 누방을 거친다"라는 사실을 이미 인지하고 있었다.

이 점에 대해서는 그보다 수백 년 전 《수경》의 저자인 상흠 역시 분명히 "남동쪽으로 흐르다가 다시 동쪽으로 흘러 바다로 유입된다"라고 설명한 바 있다. 역도원 자신조차 그 점에는 원칙적으로 공감하고 있었다. 당시의 패수는 서북쪽에서 3~5시 방향 동남쪽으로 흐르다가 누방현 구간에서부터 정동쪽으로 흘러 바다로 유입되는 하천이 분명한 것이다. 그렇게 되면 위만은 조선으로 망명하는 과정에서 서북쪽에서 동남쪽으로 흐르는 구간에서 패수를 건너는 데에 전혀 문제가 없는 것이다.

이처럼 복수의 증거들이 존재하고 있음에도 불구하고 그는 패수의 위치를 판정하는 과정에서 무슨 이유에서인지《한서》〈지리지〉의 편을 든 것이다. 이 같은 그의 의외의 판정에 대해서는 조선 후기 강경한 '패수대동강설'의 추종자였던 정약용(丁若鏞: 1762~1836)조차 불편한 심기를 드러냈을 정도이다.

> … 상흠의 〈수경〉이 본래 편차나 오류가 없음에도 역도원이 괜히 의심을 하여 후세 사람들에 새로 엉뚱한 하천을 찾아 헤매게 만들었다. … 역도원은 자기 스승의 주장을 뒤엎고 서북쪽으로 흐른다고 했으니 이것이 어찌 된 일인가? 고구려 사신이 아무리 아둔하더라도 분명히 그런 식으로 말했을 리는 없다. 더욱이 위만과 순체는 애초에 대동강을 건넌 일이 없는데, 그 자취에만 매달려서 그 하천을 찾는다면 1년이 지나도 찾아내지 못할 것이다.[10]

말하자면, 상흠의《수경》이 설명한 패수의 위치와 흐름이 전혀 논리적으로 문제가 없는데도 역도원이《한서》〈지리지〉만 믿고 패수가 동쪽으로 흐른다는《수경》의 주장을 부정했다는 것이다. 그렇다고 해서《한서》〈지리지〉가 제시한 지리 정보가 완벽한 것도 아니었다.

2) 역도원이 신뢰한《한서》〈지리지〉기록은 원문도 아니었다

학자들은 그동안 역도원이 인용한《한서》〈지리지〉의 문제의 대목이 반고가 작성한 내용인 것처럼 주장해 왔다. 그러나 그것은 사실이 아니다. 그

---

10) 정약용,《여유당전서(與猶堂全書)》,《아방강역고(我邦疆域考)》〈패수변(浿水辨)〉, 제98-99쪽, 간행처/연도 미상. "浿水者, 平壤之大同江也. 桑欽之經, 本無差謬, 酈道元枉生疑感, 使後人別求他水. … 今平壤之大同江, 明出德川縣東, 南過於甑山縣東, 入于海, 漢書所謂浿水西至增地入海者, 此也. 雖其下流微近西南, 平壤以前, 本是南流, 直云南流, 未爲不可. 酈道元一反其師說, 乃謂之西北流, 抑何以哉? 蕃使雖荒, 必無是言. 嗟衛滿荀彘, 本不渡大同江, 執此跡而求此水, 將亦終年而不得矣."

〈역도원이 중요한 근거로 든 《한서》의 주석은 후대에 작성된 것이어서 정보로서의 가치는 크다고 할 수 없다〉

부분은 반고보다 한참 후의 학자들이 나중에 끼워 넣은 주석의 일부이기 때문이다. 이 같은 사실은 청대에 재간행된 '흠정사고전서(欽定四庫全書)' 판 《한서》를 보면 금방 확인할 수 있다.

이 《한서》 〈지리지〉의 해당 대목에서 큰 글씨는 반고가 직접 작성한 본문이다. 그러나 작은 글씨는 안사고(顔師古)를 포함한 역대 주석가들이 붙인 주석들을 상황에 따라 선별적으로 끼워 넣어 놓은 것이다. 그 부분이 주석의 일부라는 사실은 외형적으로 글씨가 작은 것에서뿐만 아니라 그 대목의 체제를 통해서도 충분히 짐작할 수 있다.

반고는 《한서》의 해당 대목을 집필할 때 낙랑군의 25개 속현의 이름만 열거하는 정도에서 그쳤을 것이다. 그 대목은 낙랑군에 '이러이러한 속현들이 있다'는 것을 보여 주는 데에 초점이 맞춰져 있기 때문이다. 그것을 각 속현의 연혁 사항들을 새로 조사한 후대의 누군가가 뒤늦게 추가해 놓았고, 다시 한참 세월이 흐른 후 역도원이 그것을 마치 '반고가' 직접 작성한 《한

제1장 패수, 그리고 낙랑군과 평양성 **47**

서》 원문인 것처럼 재차 인용한 것이다.

현재 《한서》에 대한 주석서로 가장 널리 알려져 있는 것은 당대 초기의 학자인 안사고(顔師古: 581~645)가 저술한 《한서주(漢書注)》이다. 그는 그 《한서》 해설서 첫머리에서 다음과 같이 밝히고 있다.

> 한서는 옛날에는 주해가 없었고 복건, 응소 등이 각자 '음의'를 붙인 정도가 고작이었다. … 사마씨의 진나라 때 진표가 한 부를 엮고 …《한서집주》로 불렀다. … 신찬이라는 자는 그 내력은 알 수 없으나 그 시대를 따져 보면 역시 서진 초기인데 여러 학자들의 음의를 모두 모으고 자신의 견해를 약간 보탰는데, … 지금의 '집해'니 '음의'니 하는 것은 그의 책이다. 후세 사람들은 그 책을 보고도 신찬의 작품인 줄 모르고 응소 등의 집해인 줄로만 알기 일쑤였다. …
>
> 漢書舊無注解, 唯服虔應劭等各爲音義, … 至典午中朝, 爰有晉灼, 集爲一部, … 號曰漢書集注. … 有臣瓚者, 莫知氏族, 考其時代, 亦在晉初, 又總集諸家音義, 稍以己之所見, … 今之集解音義則是其書, 而後人見者不知臣瓚所作, 乃謂之應劭等集解.… 11)

안사고가 소개한 것처럼, 중국에서 주석은 초기에는 '음의(音義)' 즉 사서나 경전 속 자구의 의미나 발음에 대한 해석이 위주였다. 그러다가 후한대 환제(桓帝), 영제(靈帝) 재위기간(132~189)에 연독(延篤), 복건(服虔), 응소(應劭) 등이 내용의 맥락이나 역사, 습속에 관한 배경을 설명하거나 해석하는 '새로운 개념의' 주석을 달기 시작했고, 위(200~266), 진(266~316), 남북조(420~589)시대에 진작(晉灼), 신찬(臣瓚) 등이 그 뒤를 이으면서 그 같은 사조가 크게 유행하였다.12)

---

11) 안사고, 《한서주(漢書注)》〈한서서례(漢書敍例)〉.
12) 제로 안사고가 〈한서서례〉에서 소개한 역대 주석가는 23명이나 되며, 그중 그가 《한서주》에서 거론한 인물만도 순열(荀悅), 위소(韋昭) 등 17명에 이른다.

반고 이래로 안사고의 시대까지 500여 년이 흐르는 동안 수많은 학자들이 《한서》에 주석을 달았다. 그 과정에서 학자들이 자신이 인용하는 기록의 출처를 제시하지 않거나, 처음 주석을 단 원래의 주석가가 누구인지 밝히지 않는 일도 허다하게 발생하였다. 그러다 보니 《한서》의 본문과 주석이 뒤섞여 분간이 되지 않거나 각 대목에 붙은 주석이 언제 어떤 사람에 의하여 처음으로 작성된 것인지는 모호해지게 되었다.13) 그렇게 본다면 역도원이 패수 고증에 중요한 논거로 인용한 《한서》〈지리지〉의 "패수는 서쪽으로 증지현을 지나 바다로 진입한다" 부분도 사실은 후한대 이후에 활동한 학자들 중 한 사람이 붙인 주석일 가능성이 높다. 1세기의 반고가 직접 작성한 《한서》의 원문이 아닌 것이다.

위의 사진에서도 큰 글씨 부분이 반고 당시에 작성된 원문(본문)이고 작은 글씨 부분은 그로부터 최소한 100~200년 후부터 붙기 시작한 주석이다. 이 큰 글씨(원문)와 작은 글씨(주석) 사이에는 적어도 100년, 많게는 500년이라는 큰 시차가 존재하고 있는 것이다.

역도원은 《수경주》에 "《한서》〈지리지〉에서도 '패수는 서쪽으로 증지현에 이르러 바다로 진입한다(水西至增地入海)'고 한 것이다"라고 주석을 붙였다. 그의 이 주석은 후대의 학자들이 '패수는 동쪽으로 흐른다'는 기존의 인식을 뒤엎는 데에 결정적인 단서로 작용하였다. 그러나 위의 《한서》 사진은 역도원이 《수경》의 패수에 대한 정보를 뒤집는 결정적인 근거가 된 문제의 기록이 사실은 《한서》의 원문이 아니라 후대에 누군가가 붙인 주석일 뿐을 보여 준다.

---

13) 중국 근대의 고증학자 왕선겸(王先謙: 1842~1917)은 《전한보주》 서례(前漢補注序例)》에서 안사고 이전의 대표적인 주석가로 복건, 응소, 진작, 신찬, 채모(蔡謨: 281~356)를 들고 있다. 이들 중 단순한 '음의' 차원의 주석이 아니라 역시, 지리, 풍속에 관한 구체적인 고증이 주로 누구에 의해서 이루어졌는지 확인할 길은 없다. 그러나 적어도 그 같은 주석들이 한대 이후에 붙여졌을 것이라는 점 정도는 짐작할 수 있겠다.

패수가 서쪽으로 흘러 증지현 인근에서 바다로 진입한다고 말한 것은 반고가 아니라 그로부터 최소한 100~500년 후의 '누군가'인 것이다. 과연 역도원이 이 사실을 사전에 인지하고 있었는지에 대해서는 지금으로서는 확인할 길이 없다. 그러나 문제의 기록이《한서》편찬 이후로 수백 년이 지나 뒤늦게 추가된 것이라면 그것이 전달하고자 하는 정보의 가치나 신뢰도는 당연히 상대적으로 낮을 수밖에 없다.

그 주석을 작성한 당사자의 배경도, 그것이 작성된 시점도 확인할 길이 없기 때문이다. 이왕이면 연대가 확실하고 출처가 분명한 정보를 선호하는 것은 인간의 본성이다. 학자들이 정신이 나가지 않고서야 자신의 주장을 개진하는 데에 '근본도 알 수 없는' 정보를 사용할 리는 없다. 이는 정보 자체의 진실성은 둘째 치고 학자 본인의 윤리 및 신뢰성과도 직결되는 문제인 것이다.

6. 모순투성이인 중국 학계의 《수경》, 《수경주》 패수 고증

현재 중국에서는 다양한《수경주》관련 저술들이 출판되고 있다. 그 책들은 고대 중국의 하천들을 소개할 때마다 어김없이 산해관(山海關) 너머의 요령-길림-흑룡강 세 지역의 하천들까지 함께 다루곤 한다. 모든 책이 한중 고대사에서 대단히 중요한 랜드마크인 '(대소)요수'를 요령 지역의 하천으로, '패수'를 한반도 북부의 하천으로 설명하는 것을 당연하게 여기고 있다. 그러나 그 같은 시각들은 100% 잘못된 것이다.

앞서 잠시 살펴본 대로, 물줄기의 방향을 근거로 유추해 보았을 때, '(대소)요수'가 요령 지역의 하천일 가능성은 낮다. '패수' 역시 한반도의 하천일 수가 없다. 물론, (대소)요수가 요령 지역의 하천이고 패수가 한반도의 하천이라는 '국내외 학자들'의 "역도원은 그렇게 주장한 적이 없다!"는 주장이 가능성이 전혀 없다고 잘라 말할 수는 없을 것이다. 그러나 그 같은 주장들이 설득력을 얻자면 다음의 의문부터 먼저 해소시켜 주어야 한다.

한반도 북부까지가 중국의 영토였다고 치자. 그렇다면 어째서 요령과 한반도의 나머지 하천들은 전혀 소개하지 않은 것인가?

1) 요령과 북한에 50여 개나 되는 하천이 존재한다

하얼빈지도출판사가 1995년에 낸 《중국수명사전(中國水名詞典)》에서는 요령성 경내의 하천으로 요하(遼河), 대릉하(大陵河), 소릉하(小凌河), 혼하(渾河), 쌍대자하(雙臺子河), 영나하(英那河), 여아하(女兒河), 요양하(繞陽河), 초자하(哨子河), 태자하(太子河) 등 21개소를 소개하고 있다.14) 이 숫자는 규모가 크거나 지명도가 높은 하천들만 센 것이다.

여기에 과거 '고려하(高麗河)'로 불린 구하(狗河) 등과 같이 작은 하천들까지 합치면 그 숫자는 수십 개가 넘는다. 한반도의 경우도 마찬가지이다. 평안도 이북에서 100km가 넘는 하천만 해도 압록강, 두만강, 청천강, 대동강, 금진강, 성천강, 금야강, 덕지강 등이 있다. 그렇다면 중국의 요령 지역과 한반도 북부를 통틀어 최소한 50개소에 이르는 하천이 존재하는 셈이다.

20세기에 들어와서 댐과 저수지를 건설하면서 물줄기가 말라 사라진 지천(支川)들까지 합치면 그 숫자는 이보다 훨씬 많아질 것이다. 따라서 당시 요령 지역과 한반도가 한대 이래 위-진-남북조시대까지 중국 영토의 일부였다면 50개가 넘는 이 하천들은 당연히 삼국시대 상흠의 《수경》이나 북위시대 역도원의 《수경주》 어느 한 쪽에라도 소개되었어야 한다. 하다 못해

---

14) 우어진(牛汝辰) 주편, 《중국수명사전(中國水名詞典)》, 제16쪽, 하얼빈지도(哈爾濱地圖) 출판사, 1995. 참고로, 명대에 간행된 《대명일통지(大明一統志)》에서는 '요동(遼東)' 경내의 하천으로 40여 개소를 소개하였다.

〈요령지역에서 한반도 북부까지는 수십개의 크고 작은 하천이 존재한다. 명색이 하천을 소개하는 지리서인데 그 중에서 3개만 소개한다는 것은 앞뒤가 맞지 않다〉

그 중에서 절반만이라도 말이다.

그런데 실제로는 "요동 지역에서는 대요수, 소요수, 한반도에서는 패수" 식으로 단 3개만 소개되어 있을 뿐이다. 이는 (대소)요수와 패수가 요령 지역이나 한반도의 하천이 아니고 사실은 하북 지역, 즉 산해관 안의 하천이라는 증거이다. 요령 지역과 한반도가 한나라의 영토가 아니었기 때문에 상흠이나 역도원도 그 지역의 수많은 하천을 아예 소개할 생각조차 하지 않았던 것이다.

2) 대동강보다 2배나 큰 압록강은 왜 《수경》에 없나

강단 학자들의 주장처럼 패수가 한반도의 하천이 분명하다면 그 '후보'로 거론되는 하천들의 리스트에는 당연히 압록강(鴨綠江)도 포함되었어야 한다. 압록강은 전체 길이가 803km로, 두만강(547km), 대동강(450km), 청천강(217km)보다 훨씬 길고 큰 하천이기 때문이다. 그런데도 압록강의 절반 수준밖에 되지 않는 짧은 하천인 대동강만 유일하게 한반도 북부를 대표하는 하천으로 소개되어 있는 것이다. 이것이 상식적인 일인지 의문이다.

7. 《수경》의 패수는 한반도 지형과 부합되지 않는다

또 하나, 그 하천을 품은 지역의 지형을 면밀하게 조사·분석해 보아도 패수는 한반도에 있다고 보기 어렵다. 하천이 패수처럼 흐른다는 것은 곧 그 유역의 해발 고도가 동쪽이 낮고 서쪽은 높다는 뜻이다.15) 지금까지 위에서 살펴본 것처럼, 1~3세기의 낙랑군 패수는 '서고동저' 지대를 흐르는 하천이었다. 이 점은 우리가 문헌적, 지리적 대조를 통하여 얼마든지 확인할 수 있는 '과학적 사실'이다. 그 지리적 지점이 중국인지 한국인지는 확실하지 않지만 '서고동저' 지대에 있다는 점에는 의심의 여지가 없는 것이다. 그렇다면 그 다음부터는 두 나라 경내에서 '서고동저' 지형을 가진 지역만 집중적으로 찾아보면 된다. 그곳이 바로 고조선과 한나라의 경계선이자 훗날 낙랑군의 경내를 흐르는 패수가 있는 자리일 것이기 때문이다.

한반도의 경우는 북쪽에서 남쪽으로 태백산맥과 소백산맥이 길게 뻗어내려오면서 대부분의 지역이 동쪽이 고도가 높은 산지, 서쪽이 고도가 낮은 평지이다. 전형적인 '동고서저' 지형인 것이다. 따라서 태백산맥을 축으로 바다로 이어지는 동해안 일부 지역을 제외하면 한반도에서는 '서고동저' 지

---

15) 지금까지 이야기한 내용들을 토대로 할 때, 패수와 평양의 위치를 고증하는 과정에서 역도원이 범한 가장 중대한 실수는 패수가 서쪽으로 흐르는 하천이라고 믿은 것이다. 물론, 그를 이 같은 잘못된 결론으로 이끈 결정적인 요인은 이웃나라 고구려, 그리고 고조선의 역사에 대한 그의 무지였다. 무지가 죄는 아니겠지만 그의 무지가 남긴 후과는 1,500여 년을 지나면서 이처럼 많은 학자들을 오도하여 부정적인 영향을 심대하게 끼친 것이다.

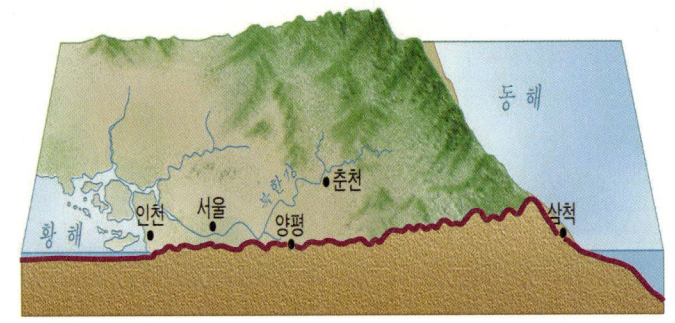

〈우리나라는 동해안 지역을 제외한 국토 대부분이 '동고서저' 지형에 속한다〉

대가 거의 존재하지 않는다고 해도 과언이 아니다.

그런 점에서 중국 북부의 지형 상황은 상당히 이채롭다. 지형적으로 서로 상반된 두 가지 특징인 '서고동저'와 '동고서저'의 두 지형이 병존하고 있기 때문이다.

시선을 중국 북부로 돌려 보도록 하자. 요령성의 중심부인 금주(錦州)를 기준점으로 할 때 거기서 동쪽으로 요동반도-압록강까지(요동)는 천산산맥(千山山脈)이 병풍처럼 높고 넓게 펼쳐져 있다. 한반도와 비슷한 전형적인 '동고서저'의 지형을 이루고 있는 것이다. 금주로부터 서쪽으로 시선을 움직이면 요령성 서부(요서)를 지나 하북성 동북(경동)까지는 북경 지역을 정북에서 정동까지 울타리처럼 감싸고 있는 연산산맥(燕山山脈)이 또 다른 축을 이루고 있다. 이 일대에는 고도가 높은 산지가 서쪽, 고도가 낮으면서 하천의 영향을 많이 받는 충적평야(沖積平野)가 드넓게 펼쳐져 있다. 전형적인 '서고동저'의 지형이다. 그렇다면 시야를 중국 북부로 국한시켰을 때

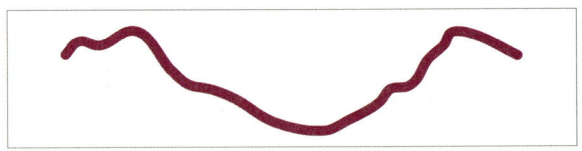

〈서고동저 지대와 동고서저 지대. 고대사 속의 패수는 이 중 어디에 존재했을까?〉

'서고동저' 지대는 역사적으로 '요서'로 일컬어져 온 하북성 동북부(경동)와 요령성 서남부(요서) 일대 뿐인 셈이다. 따라서 만일 패수가 역사적으로 한국과 중국 사이의 어디인가에 존재했다면 그 수원지와 경유지-입해지는 자연히 모두 중국 땅, 그것도 보다 정확하게는 요서 지역에 위치해 있을 수밖에 없다고 하겠다.

8. 패수 중하류는 저지대 평지를 흐르는 하천일 가능성이 높다

역도원은 고구려 사신과 면담을 가진 후 《한서》가 편찬되고 100년 이상 지나서 새로 추가된 '패수현' 주석을 참고하여 다음과 같은 결론을 내렸다.

> … 그 강은 서쪽으로 흘러 옛 낙랑군 조선현을 경유하여 서북쪽으로 흐르는 셈이다. 그래서 《한서》〈지리지〉에서도 '패수는 서쪽으로 증지현에 이르러 바다로 진입한다'고 한 것이다. …

그의 이 결론을 그림으로 예시하면 아마 다음과 같을 것이다.

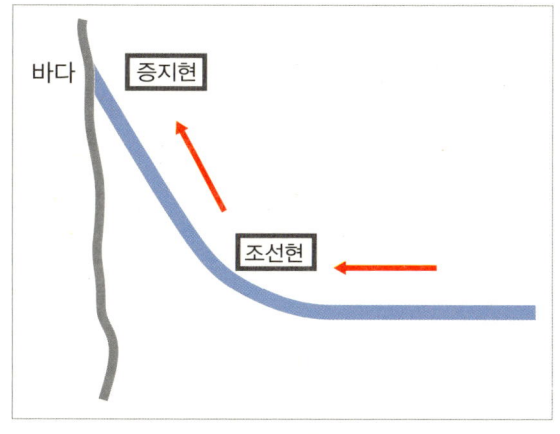

〈《한서》'패수현' 주석에 근거한 패수 유역 추정도〉

그의 추론대로라면 패수는 서쪽(9시)으로 흐르다가 조선현을 지나면서 서북쪽(10~11시)으로 방향을 바꾸며, 바다로 진입하는 하류 지역인 증지현(增地縣)은 조선현보다 북쪽에 있다. 그런데 고구려 사신은 패수가 서쪽으로 흘러 바다로 진입한다고 하였다. 그렇다면 당시 고구려의 국성이던 평양성은 '동고서저' 지형에 자리 잡고 있었던 셈이다. 《수경》의 패수와 《한서》 및 사신의 증언 속의 패수는 전혀 다른 하천이라는 뜻이다.

그러나 《수경》, 《설문해자》, 《십삼주지》에서는 패수의 흐름을 이와는 정반대로 설명하였다. 이 문헌들은 패수현, 누방현, 임패현 각자의 위치, 패수가 흐르는 방향 등을 비교적 자세히 소개하고 있다. 따라서 패수의 발원지-경유지-입해지에 대한 지리 정보를 그런 대로 정연하게 재구성할 수가 있다. 그런데 이 문헌들이 패수가 동남쪽으로 흘러 동쪽 바다로 진입한다고 일관되게 주장하였다.

같은 하천을 놓고 어째서 이처럼 전혀 상반된 기록이 남겨진 것일까? 만일 이 패수가 고대의 패수와 동일한 하천이고, 《한서》〈지리지〉의 주석이 정확한 것이라면 우리가 상정할 수 있는 가능성은 하나뿐이다. 패수의 중하류가 해발 고도가 낮은 저지대 평지를 흘렀을 가능성이다.

만일 패수가 삼협(三峽) 구간을 지나는 장강이나 강원도의 동강처럼 산악지대를 흐르는 산지하천(A)이라면 유역의 변동이 거의 발생할 일이 없다. 물이 흘러가는 유역 좌우로 높이 솟은 산지가 병풍처럼 물줄기의 방향을 고정시켜 주는 역할을 하기 때문이다.

그러나 요령성의 대릉하나 요하, 전라도의 영산강 등과 같이 고도가 낮고 사방이 개방된 저지대 평지를 흐르는 평지하천(B)의 경우는 상황이 다르다. 물줄기의 방향을 잡아 줄 장벽이 없으므로 유량이나 유속, 또는 준설 여부에 따라서는 그 방향이 동쪽에서 서쪽, 또는 서쪽에서 남쪽 하는 식으로 변동되는 일이 빈번하기 때문이다. 지리학에서는 이런 유형의 하천을 물줄기가 마음대로 변경된다고 하여 '자유곡류하천(自由曲流河川)'이라고 부

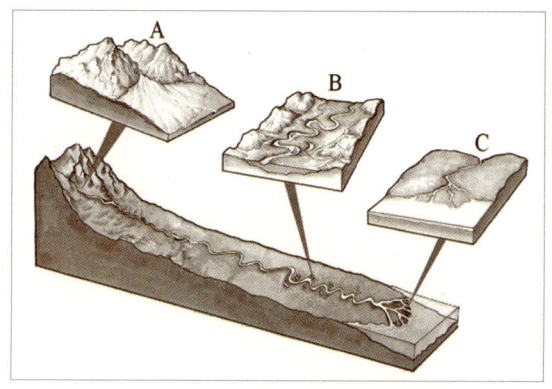 

〈산지하천(A)과 평지하천(B). (C)는 하천이 바다로 진입하는 어귀에 형성되는 삼각주. 하북 지역을 흐르는 난하는 하류에 이르러 자유곡류하천으로 특성이 바뀐다〉

른다.16)

   중국 북부에서는, 위의 예시도에서 볼 수 있듯이, 상류에서는 양쪽 산지가 병풍처럼 둘러싸서 물줄기의 방향이 고정된 채 흐르는 산지하천(A)이다가 중하류에 이르러 그 특성이 평지하천(B)으로 전환되는 경우가 많다.17) 선상지(扇狀地)나 범람원(汎濫原) 같은 지형 조건의 평지에서는 고도가 낮고 사방이 개방되어 있어서 유량이나 유속에 따라 물줄기의 방향이 수시로 변하는 일도 빈번하다. 그 단적인 예가 바로 황하와 난하(灤河)이다.

   황하는 진-섬(晉陝) 협곡을 지나는 중류는 협곡이 벽처럼 늘어서 있어서 수천 년 전과 비교할 때 그 물줄기에 큰 변동이 발생하지 않는다. 그러나 하남성 정주(鄭州) 도화욕(桃花峪)에서 바다로 진입할 때까지의 하류 지역에서는 그 물줄기의 방향이 수시로 요동쳤다. 중국 황하수리위원회(黃河水利委員會)의 통계에 따르면, 황하는 기원전 602년부터 1938년까지 1,300여

---

16) 권혁재,《지형학(地形學)》, 제90-94쪽, 법문사, 2006(제4판). 때로는 뱀이 기어가는 것처럼 구불구불 흐른다고 해서 '사행하천(蛇行河川)'이라고 부르기도 한다.

17) 지구상 대부분의 하천은 호수가 아닌 이상 반드시 해발이 높은 산지에서 흘러내려 해발이 0m인 바다로 유입되기 마련이다.

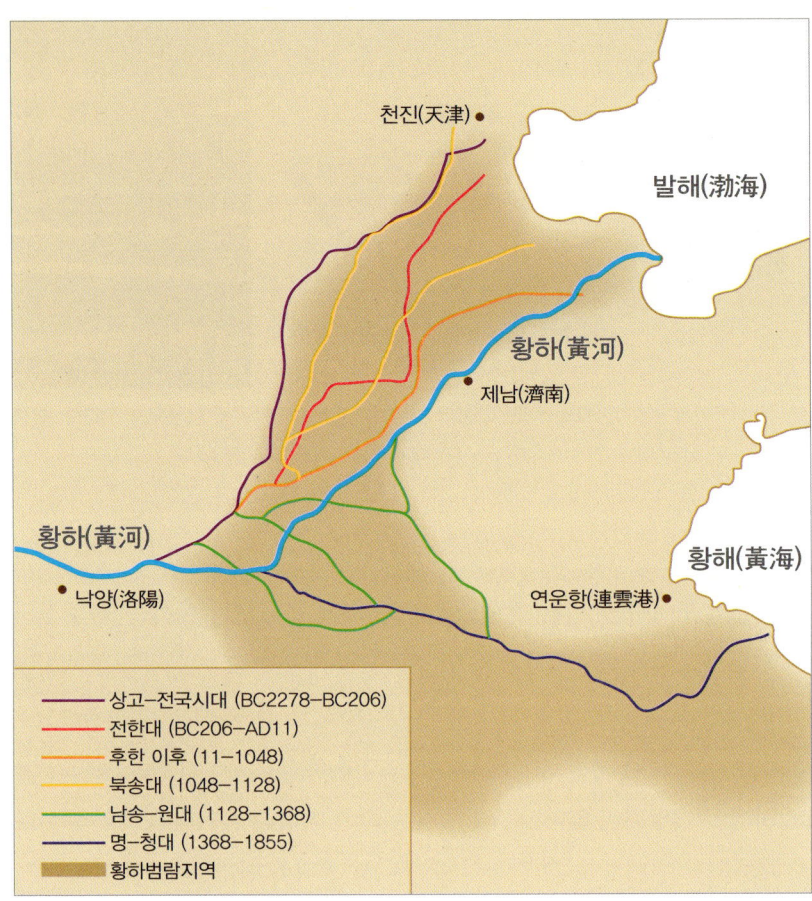

〈황하는 1,300여 년 동안 26번이나 물줄기의 방향이 바뀌었다. 패수 역시 하류에서는 황하처럼 변동이 잦았을 가능성이 높다〉

년 사이에 이 구간에서 모두 26차례나 방향을 바꾸었다고 한다.

　황하가 바다로 진입하는 방향과 지점이 이처럼 수시로 변동하는 결정적인 이유는 그 하류가 하남, 하북, 산동에 걸쳐 광대하게 펼쳐져 있는 이른바 화북 충적평야지대를 지나기 때문이다. 이 지역은 지대가 낮고 사방이 개방된 평야지대이다. 그렇다 보니 황하도 자연히 물줄기가 수시로 방향을 바꾸었던 것이다.

난하 역시 그러하다. 하북성 경내에서 대표적인 하천인 난하는 하류에서 바다로 진입하는 과정에서 그 물줄기의 방향이 6세기 북위시기에는 동남쪽이었지만 그보다 몇백 년 전인 후한대에는 이와는 정반대인 서남쪽에서 바다로 진입한 것으로 밝혀졌다.[18]

이 경우는 역사 기록을 통하여 밝혀진 것이지만 기록에 남지 않은 방향 변경의 사례들은 이보다 훨씬 많았을 것이다. 이처럼 난하가 바다로 진입하는 입구가 때로는 서남쪽, 때로는 동남쪽으로 극단적으로 바뀌었다는 것은 곧 하북 동부 일대가 선상지, 범람원, 삼각주 등 저지대 평지에서 볼 수 있는 전형적인 지형적 특성을 공유하고 있다는 것을 의미한다.

《수경주》를 엮은 역도원도 상류가 산지하천, 하류가 평지하천에 속하는 하천의 방향을 오판한 실례가 있다. 그것은 지금은 '영정하(永定河)'로 불리는 탑수(㶟水)의 경우이다. 상흠은 《수경》에서 하북지방의 탑수에 관하여 원래 이렇게 소개하였다.

> 탑수는 안문관 음관현의 동북쪽으로 나와서 … 광양군 계현의 북쪽을 지난다.
> 㶟水出雁門陰館縣東北, … 過廣陽薊縣北.

그런데 이것을 본 역도원은 동시대의 지리서인 《위토지기(魏土地記)》를 인용하여 이렇게 반박하고 나섰다.

> 탑수는 다시 동북쪽으로 흘러 계현 옛 성의 남쪽을 거친다. 《위토지기》에서는 "계현 현성 남쪽 7리 지점에 '청천수'가 있지만 그 북쪽을 거치지 않는다"라고 한 것을 보면 《수경》의 고증이 잘못된 것으로 보인다.
> 㶟水又東北逕薊縣故城南,《魏土地記》曰薊城南七里有淸泉水, 而不逕其

---

18) 진길여(陳吉余) 주편, 《중국 해안지대 지형(中國海岸帶地貌)》, 제128쪽, 해양(海洋)출판사: 북경, 1995.

北, 蓋經誤證矣.19)

역도원은 누수에 대한《수경》의 소개를 잘못된 고증이라고 비판했지만 정작 잘못을 범한 것은 자신이었다. 북경에서 진황도(秦皇島)에 이르는 하북성 동북쪽 즉 고대의 유주(幽州), 평주(平州) 일대에는 해발이 낮고 평탄한 평지가 1,000리나 펼쳐져 있다. 그렇다 보니 연산(燕山)산맥에서 발원한 하천들의 경우, 평지의 하류에 이르러 이처럼 물줄기의 방향이 바뀌는 현상은 '중원(中原)'으로 일컬어지는 화북평야나 요령성 중부 지역에서는 보편적인 현상이라고 해도 과언이 아니다.20) 그런데 명색이 중원의 하천을 분석한 지리서를 새로 정리한다는 그가 하북 지방 하천들에서 공통적으로 나타나는 이 같은 보편성을 간과한 것이다. 그가 통찰력을 갖춘 역사지리학자였다면 평지를 흐르는 하천들에게서 통상적으로 나타나는 이같은 지형학적 특성, 동일한 하천이라도 수백 년이라는 세월이 흐르는 사이에 물줄기의 방향이 바뀔 수 있다는 가능성에 주목했을 것이다. 그런데 그는 그런 점들은 아예 예상하지도 않고 엉뚱하게도 애먼 상흠만 탓한 셈이다.

《수경주》에는 이처럼 역도원의 착각이나 무지에서 비롯된 부정확한 소개나 잘못된 고증이 여러 군데에 도사리고 있다. 따라서 그 내용에 대한 면밀한 검증은 필수적이다. 그가《수경주》에서 패수에 대하여 내린 결론 역시 마찬가지이다. 패수에 대한 역도원의 고증은 그 열정과 노력에도 불구하고《수경주》가 얼마나 허점이 많은 책이며, 지형학이나 역사지리에 대한 이해가 없는 지리고증이 얼마나 공허한 결과를 초래하는지 스스로 입증하고 있다.

그렇다면《수경주》의 원전인《수경》의 기록을 신뢰할 것인가, 그보다 300년 후 역도원이 내린 상반된 해석을 지지할 것인가? 이런 상황에서는

---

19) 역도원,《수경주》권14 '탑수'조.
20) 황하만 하더라도 고대에는 하북성으로 흘러 바다로 유입되었지만 지금은 산동성의 교주반도(膠州半島) 위를 통하여 바다로 유입되고 있다.

당연히 《수경》을 따를 수밖에 없을 것이다. 역도원의 《수경주》가 제공하는 하천 및 지역에 관한 정보들이 상세하고 체계적인 것은 사실이지만, 그럼에도 불구하고 그 정보들에는 크고 작은 문제점들이 존재하고 있기 때문이다. 물론, 여기에는 그의 지리 정보들이 한 대(BC202~AD220)로부터 300년이나 지난 시점에서 뒤늦게 수집된 것들이라는 점도 한몫 했다고 본다. 여러 경로를 통하여 풍부하게 입수되기는 했겠지만, 《수경주》의 지리 정보들은 어디까지나 북위시대(386~557)에 관찰된 정보들이기 때문이다. 참고 자료로서는 유용할지 모르나 절대적인 판단 기준은 될 수 없는 것이다. 따라서 정말 한대의 중국 강역과 외국과의 국경선, 나아가 고조선의 강역 또는 한 사군의 위치 등에 관한 정보가 궁금하다면 우리는 당연히 《수경주》보다는 《수경》의 정보들을 더 신뢰할 수밖에 없다.

9. 역도원은 '천도'라는 중요 변수를 전혀 고려하지 않았다

역도원이 패수의 위치를 고증하는 과정에서 범한 가장 큰 실수는 '천도(遷都)'라는 중요한 변수를 전혀 고려하지 않은 데에 있었다. 《수경주》가 저술된 시기는 북위의 연창(延昌) 4년(515)-효창(孝昌) 3년(527) 사이로 알려져 있다. 이때라면 고구려 제22대왕인 안장왕(安臧王: ?~531)의 재위 기간에 해당한다. 제20대왕 장수왕(長壽王: 394~491)이 평양성으로 천도한 436년으로부터 약 100여 년이 지난 시점이다. 그렇다 보니 역도원은 어쩌면 자신이 태어나기 이전에 고구려가 다른 곳으로부터 당시의 평양성으로 천도한 사실을 전혀 인지하지 못했을 가능성이 높다.

그가 고구려 사신을 면담한 후 최종적으로 《수경》의 지리고증이 잘못되었다는 판단에 따라 그 경위를 주석에 소상하게 밝힌 것도 그 같은 이유 때문이었을 것이다. 그러나 그가 그 같은 변수를 고려하지 않았다고 해서 엄연히 발생한 역사적 사건을 무시할 수는 없는 일이다. 고구려는 역사적으로 기원전 37년 동명성왕(東明聖王) 고주몽(高朱蒙: BC58~BC19)이 졸본(卒本)에 도읍을 정한 이래로 660년 멸망할 때까지 여러 차례 천도하고 있다.

그중에서 유리명왕(瑠璃明王) 22년(3)에 첫 도읍 졸본에서 국내성(國內城)으로 천도한 것을 시작으로, 3세기인 산상왕(山上王) 13년(209)에는 국내성에서 환도성(丸都城)으로 천도하였다. 그 후, 동천왕(東川王: 209~248)이 재위 16년 되던 242년에 위나라 요동의 서안평(西安平)을 공격했다가 2년 후 유주자사(幽州刺史) 관구검(毌丘儉: ?~255)이 고구려를 침공하여 당시 도읍이던 환도성을 함락시키는 대사건이 발생한다.

가까스로 전란을 극복한 동천왕은 247년 폐허로 변한 환도성을 포기하고 새로 축조한 평양성으로 천도하였다. 그 후로 고국원왕(故國原王: 331~371) 때 '평양성 ⇒ 환도성 ⇒ 평양성(동황) ⇒ 국내성' 등으로 수시로 거처를 옮기다가 장수왕 15년(427)에 이르러 정식으로 평양성으로 천도하게 된다. 그 이후로는 한동안 천도 관련 기록이 없다가 그로부터 160여 년 후인 평원왕(平原王) 28년(586)에 최종적으로 장안성(長安城)으로 천도했다는 것이다. 이러한 고구려의 천도 상황을 정리해 보면 다음의 〈표〉와 같다.

〈표〉 역사적으로 알려져 있는 고구려의 천도 사례

왕 명	재위	서기	도 읍	비 고
동명성왕	원	BC37	졸 본	4년 서성산서 건도
유리명왕	22	AD 3	⇒ 국내성	위나암성 축조
산상왕	13	209	⇒ 환도성	환도성 축조
동천왕	21	247	(백성, 종묘)	평양성 축조
장수왕	15	427	⇒ 평양성	양원왕, 장안성 축조
평원왕	28	586	⇒ 장안성	

앞의 〈표〉에서 보듯이, 고구려가 1세기에 국내성으로, 3세기에 환도성으로, 5세기에 평양성으로 각각 천도한 것이 사실이라면 역도원의 평양성 고증에는 중대한 문제가 발생하게 된다.

역도원은 북위의 헌문제(獻文帝) 천안(天安) 원년(466)에 태어나 효명제(孝明帝) 효창(孝昌) 3년(527)에 죽었다. 그가 활동하던 5세기 중엽부터 6세기 초기까지 고구려에서 재위한 것은 장수왕(長壽王: 413~491), 문자명왕(文咨明王: 491~519), 안장왕(安臧王: 519~531)의 세 사람이었다. 고구려는 이 중에서 장수왕 때 최대의 전성기를 맞이하면서 도읍을 평양으로 옮기는데 그 시점이 재위 15년째 되는 해인 427년이었다. 그렇다면 역도원이《수경주》'패수' 주석에서 언급한 "지금의 고구려 도읍"은 당연히 장수왕이 천도한 평양성과 동일한 장소인 셈이다.

그렇다면 그는 패수의 위치를 고증하는 과정에서 중대한 오류를 범한 셈이다. 왜냐하면 당시의 평양성은 물리적으로 위나라 지리학자 상흠이《수경주》의 원전인《수경》을 저술하던 당시, 즉 3세기의 평양성과는 같은 도시일 수가 없기 때문이다. 설사 3세기《수경》당시의 고구려 도읍 역시 같은 이름('평양')을 사용했다고 하더라도 그 지리적인 위치는 엄연히 그와는 다른 곳일 수밖에 없다.

우리는 위의 〈표〉에서 장수왕이 "지금의 고구려 도읍"으로 천도하던 해로부터 적어도 420년 전인 서기 3년 무렵부터는 고구려의 도읍이 국내성이었고, 220년 전인 209년 무렵에는 도읍이 환도성이었다는 사실을 확인할 수가 있다. 그렇다면 "패수는 누방현에서 동남쪽으로 흘러 임패현을 지나 동쪽으로 흘러 바다로 진입한다"라고 소개한 3세기《수경》이나, "패수는 누방현(또는 패수현)을 나와 동쪽으로 흘러 바다로 진입한다"라고 소개한 1세기《설문해자》에 소개된 '패수'나 그 하천이 흐르는 도시는 역도원이《수경주》'패수' 주석에서 소개한 '패수'나 그것이 흐르는 도시와는 별개의 장소였다는 말이 된다.

《설문해자》가 저술된 시점은 후한 화제(和帝) 영원(永元) 12년에서 안제(安帝) 건광(建光) 원년까지, 즉 서기 100~121년 사이이다. 이 무렵은 유리명왕이 국내성으로 천도한 지 100년이 넘은 시점이었다. 또,《수경》이 저술된 시기는 3세기로 고구려 산상왕, 동천왕 시기에 해당한다. 고구려가 위나라의 압박으로 국내성에서 환도성으로 천도할 즈음인 셈이다.

그러므로 역도원의 주장과는 달리 "패수"와 "지금의 고구려 도읍"은 동일한 공간에 존재할 수 없는 셈이다. 마찬가지로 1~3세기의《설문해자》,《수경》속의 패수는《사기》〈조선열전〉에 소개되었던 고조선의 국경 역할을 한 바로 그 패수와 동일한 하천이라고 보아도 무방하다.

반면에 300년 후 역도원이 "지금의 고구려 도읍", 즉 6세기 고구려의 도읍인 평양성을 흐른다고 한 그 하천은 역사적, 지리적, 상식적으로 원래의 고조선 또는 낙랑군의 패수와는 전혀 관계가 없는 곳이다. 그럴 경우 "지금의 고구려 도읍"은 평양성이라고 치더라도, 낙랑군의 패수가 이 평양성과 같은 공간이 아니라 그 이전의 도읍, 즉 역사적으로 알려져 있는 국내성과 환도성 둘 중 한 곳이라는 것은 삼척동자라도 알 수 있는 사실인 것이다.

10. 역도원의 패수는 평양성과 무관하다

국내성과 환도성. 이 두 곳 중에서 패수가 흘렀을 땅은 아마 전자였을 것이다. 왜냐하면《사기》〈조선열전〉을 제외하면 패수의 위치를 처음으로 언급한 것은 허신의《설문해자》이기 때문이다. 허신이《설문해자》를 저술한 시점은 서기 100~121년 사이이다. 고구려의 유리명왕이 도읍을 졸본성에서 국내성으로 옮긴 지 100여 년 지난 때이며, 이어서 새로 도읍이 되는 환도성으로 천도하기까지는 다시 100여 년을 더 기다려야 하는 시점이었다.

바꿔서 말하자면,《설문해자》앞뒤로 100년 사이에는 패수와 그것이 흐르는 도시의 위치에 어떠한 변동도 발생하지 않은 것이다. 상흠은 후한(25~220)과 위나라(220~266) 사이에 활동한 것으로 알려져 있다. 그의 《수경》이 후한 말기에 이미 저술되고 있었던 셈이다. 《수경》의 패수 관련 정보는 고구려가 국내성에서 환도성으로 천도하는 전후에 작성되었을 것이며, 그 내용을 작성하기 위한 현지 조사는 그보다 더 일찍 이루어졌을 것이다.

그렇게 본다면 《수경》 속의 패수는 《설문해자》 속의 패수와 동일한 하천으로 보아도 무방한 것이다. 그 지역 역시 기본적으로 서로 일치했으리라. 고조선 이래로 중국 문헌에 등장하는 패수와 그 하천이 흐르던 낙랑군은 거리상으로 고구려 국내성이 있는 곳과 아주 가까운 장소 또는 동일한 장소에 자리 잡고 있었다는 말이 된다.

이렇게 되면 1~3세기의 패수와 낙랑군이 적어도 지금의 대동강과 평양시일 수가 없다는 점은 굳이 고고학자가 땅을 파서 고고 유물, 유적들을 찾아 헤매지 않아도 얼마든지 확인할 수 있는 셈이다.

11. 학자들의 패수 사료(史料) 오독

"솜씨 없는 장인이 연장 탓한다"라는 옛말이 있다. 강단 학자들이 걸핏하면 1차 사료 타령을 하기에 하는 소리이다. 그런데 실상을 가만히 보면 그렇게 1차 사료 타령을 해대는 강단 학자들이 정작 그 사료들을 이해하는 능력에는 상당히 문제가 많은 것 같다. 여러 가지 사례가 확인되고 있지만 여기서는 패수 고증 과정에서 속출하는 '원전 오독'에 관해서만 이야기해 보자. 노태돈은 역도원이 《수경주》에서 언급한 패수와 관련하여 이렇게 기술한 바 있다.

… 이 시기의 패수는 대동강을 지칭한다는 데는 이의가 없다. 당시 고구려의 수도는 지금의 평양시 동편의 대성산 기슭의 안악궁터 자리이며, 그 서남쪽의 대동강 남녘, 오늘날의 남평양 일대에는 많은 고분과 한대의 토성이 존재하고 있어, 이 기사는 고고학 자료와 그대로 부합한다. … 이에서 주목하고자 하는 점은 5세기 말 6세기 초에 있었던 고구려 사신의 증언이다. 그는 당시 패수의 북안에 있었던 고구려 수도의 서쪽 강가에 옛적의 낙랑군 조선현이 있었다고 하였다. 그의 증언은 연-진-한대의 만리장성의 동쪽 끝에 대한 고찰과 부합한다. … 이상에서 살펴보았듯이 낙랑군 조선현이 평양 지역에 설치되었다는 것은 분명한 사실이다.[21]

노태돈은 자신의 논문에서 패수가 대동강이라는 데에는 이의가 없다고 단정하고 그 근거를 두 가지 제시하였다. 즉, ① 고분, 토성 등의 고고학 자료들이 존재한다는 점, ② 역도원 당시, 즉 5~6세기 고구려 사신의 증언이 그것이다. 그는 이 두 증거를 근거로 평양 지역이 조선현임이 "분명한 사실"이라고 판정한 셈이다.

그러나 우리가 위에서 살펴본 바에 근거할 때 그가 "분명한 사실"이라고 단언한 내용들은 전혀 '사실(fact)'이 아니다. 그 단서들은 지금의 평양과 고구려의 평양성, 나아가 고조선의 왕험성 또는 낙랑군 조선현의 역사적 상관관계를 전혀 증명할 수 없기 때문이다.

실제로 강단의 고고학자 정인성도 최근의 학술발표를 통하여 지금의 평양은 고고학적으로 고조선의 왕험성과 전혀 무관한 곳임을 인정한 바 있다.[22]

---

21) 노태돈, 〈고조선 중심지, 만주인가 평양인가〉, 《역사비평》, 제169-170쪽, 역사비평사, 1991.8.
22) 정인성, 〈고고학으로 본 위만조선 왕검성과 낙랑〉, 《고고학으로 본 고조선》, 국립중앙박물관, 2017.11.3. 당일 학술대회 분위기에 관해서는 오종홍, 〈한국고고학회, 강단식민사학계와 결별하나, "왕검성 평양이 아니다"〉, 《코리아히스토리타임스》, 2017.11.05.

다음으로, 고구려 사신의 증언을 짚고 넘어가야 할 것 같다. 노태돈은 역도원이 면담한 고구려 사신이 "당시 패수의 북안에 있었던 고구려 수도의 서쪽 강가에 옛적의 낙랑군 조선현이 있었다"라고 증언했다고 말하였다. 그러나 그것 역시 사실이 아니다.

"고구려 수도의 서쪽 강가에 옛적의 낙랑군 조선현이 있었다"라고 한 것은 '고구려 사신이 아니라' 역도원이기 때문이다. 패수는 서북쪽에서 동남쪽으로 흐르고 다시 동쪽으로 흐른다는 《수경》의 소개 내용에 의문을 품은 그가 고구려 사신을 만나 그에게서 들은 말은 다음과 같았다.

> 만일 패수가 동쪽으로 흐르는 강이라면 패수를 건넜을 리가 없다. 그 땅은 지금의 고구려의 도읍인데, 내가 그 나라 사신을 방문했더니 도성이 '패수의 북쪽에 있다'고 일러 주는 것이었다. 그 강은 서쪽으로 흘러 옛 낙랑군 조선현(즉, 낙랑군의 치소로 한무제 때 설치됨)을 경유하여 서북쪽으로 흐르는 셈이다. …
>
> … 若浿水東流, 無渡浿之理. 其地今高句麗之國治, 余訪蕃使, 言城在浿水之陽, 其水西流徑故樂浪朝鮮縣, 而西北流. …

말하자면 역도원이 사신으로부터 확인한 사실은 "(고구려) 도성이 패수의 북쪽에 있다"라는 것뿐인 것이다. 그러면 "패수가 서쪽으로 흘러 옛 낙랑군 조선현을 경유하여 서북쪽으로 흐르는 셈이다"라고 한 부분은 무엇인가? 그것은 고구려 사신의 증언 내용이 아니라 "도성이 패수의 북쪽에 있

및 이진욱, 〈평양성, 고조선 수도 '왕검성' 될 수 없는 곳〉, 《노컷뉴스》, 2017.11.3 등의 기사를 참조하기 바란다. 지난 몇 년 간 강단의 '왕검성재평양설'을 추종해 온 매체들 중의 하나로 재야를 공격해 온 〈한겨레신문〉은 이 학술대회가 있은 후 한 달이 지나서야 〈고조선 수도는 평양 아닌 요동 – 고고학계 100년 통설에 '반란'〉(2017.12.7)이라는 제목으로 학술대회 동정과 발표내용을 기사화하였다. 〈한겨레신문〉이 어째서 한달이 지난 후 뒤늦게 학술대회 동정을 게재했는지, 어째서 갑자기 당초의 논조와는 다른 그런 전향적인 기사를 썼는지에 대해서는 알 길이 없다.

다"라는 사신의 증언을 근거로 역도원이 개인적으로 분석을 통하여 얻어낸 그의 '주관적인 판단'일 뿐이다.

문제는 역도원의 이 같은 판단이《수경》당시의 기타 문헌들의 패수에 관한 기술 내용과는 완전히 상반된 것일 뿐만 아니라 완전히 잘못된 것이라는 데에 있다. 따라서 노태돈이 역도원의 주석을 근거로 "낙랑군 조선현이 평양 지역에 설치되었다는 것은 분명한 사실"이라고 한 것은 명백한, 그리고 대단히 중대한 오독으로, 원점에서부터 재고되어야 옳다.

노태돈이 역도원의 주장을 근거로 "그의 증언은 연-진-한대의 만리장성의 동쪽 끝에 대한 고찰과 부합한다"라고 한 부분 역시 마찬가지이다. "패수가 서쪽으로 흘러 옛 낙랑군 조선현을 경유하여 서북쪽으로 흐른다"라는 말 자체가 애초부터 고구려 사신의 증언이 아니라 역도원이 '추정한' 내용이다. 따라서 과학적, 객관적인 추론과는 거리가 먼 이 같은 막연한, 그리고 다분히 주관적인 억측(臆測)을 근거로 패수의 지리적 형세가 "연-진-한대의 만리장성의 동쪽 끝"의 형세와 부합한다고 단정하는 것은 무리일 수밖에 없는 것이다.

설사 "패수가 서쪽으로 흘러 옛 낙랑군 조선현을 경유하여 서북쪽으로 흐른다"라는 말이 역도원의 추정이 아닌 고구려 사신의 증언이었다고 치자. 그렇더라도 그것을 근거로 당시의 패수를 지금의 대동강으로 보기는 어렵다.

《수경》의 기록이 진실에 부합한다고 가정해 보자. 현재의 평양시는 '서고동저' 지형이 아니므로 자연히 고대의 평양성일 수가 없다. 마찬가지로《한서》〈지리지〉'패수현' 주석의 정보가 진실에 부합한다고 치자. 그렇더라도 대동강은 동북쪽에서 계속 서남쪽으로 흘러내리는 하천이므로 평양시는 역시 고대의 평양성일 수가 없는 것이다.

그렇다면 역도원이《수경주》를 엮던 6세기는 말할 것도 없고, 그 이전의 문헌들에 등장하는 평양성 역시 그 소재지는 한반도 바깥에서 찾아야 옳은 것이다.《수경》등에 근거할 때, 흐르는 방향이 패수와 유사한 하천은 중국

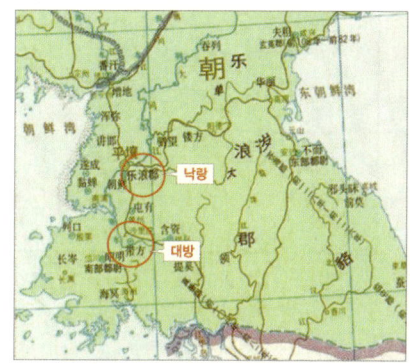 

《《수경》을 따를 때 담기양 역사지도(좌)와 동북아재단 역사지도(우)는 명백히 잘못된 것이다〉23)

과 한국을 통틀어 몇 개를 넘지 않는다. 그리고 그 몇 개가 대부분 중국 하북 지역에 집중되어 있다.

즉, 고대 중국인들이 난하(灤河)의 한 지류를 패수로 오인했거나 '그보다 더 동쪽의' 하천일 가능성이 높다는 뜻이다. 그런데 중국의 역사지리학자 담기양(譚其驤: 1911~1992)이 제작한 중국역사지도와, 국내 강단학자 40여 명이 달라붙어 제작한 동북아역사지도를 보면 낙랑군은 한반도의 서부에, 그 동쪽에는 임둔군이 자리 잡고 있는 것으로 그려져 있다. 《설문해자》와 《수경》의 소개 내용과 전혀 부합되지 않는 것이다.

평양시를 흐르는 대동강이 한반도의 특수한 '동고서저' 지형구조 때문에 동북쪽에서 서쪽으로 흐르는 것은 사실이다. 그러나 그 유역 전 구간을 면밀하게 따져보면 대동강이 흐르는 방향은 역도원이 추정한 패수의 흐름과는 엄연히 구분된다.

국내외 학계에서는 여기서 역도원의 패수를 대동강으로 보는 시각이 지배적이다. 말하자면 대동강이 흐르는 방향이 고구려 사신의 증언이나 《한

---

23) 그런 의미에서 볼 때, 《수경주》를 엮은 역도원이 정작 패수 및 평양의 위치를 찾아내는 데에 이 같은 하천의 특성을 제대로 활용하지 못한 것은 여간 아쉬운 일이 아닐 수 없다.

〈금강과 대동강의 유역도. 한반도에서 서북방으로 흐르는 하천은 금강이지 대동강이 아니다〉

서》 '패수현' 주석의 소개 내용과 부합된다는 논리인 것이다. 그러나 현재 국내의 사학자들이 낙랑군의 소재지로 주장하고 있는 한반도는 동쪽이 높고 서쪽이 낮은 '동고서저'의 경동지형(傾動地形)이다.

《수경》,《설문해자》,《십삼주지》에서 설명한 패수의 입지 조건과는 완전히 상반되는 지형인 것이다. 대동강이 흐르는 방향과 역도원이 추정한 패수의 방향이 정반대라는 뜻이다. 국내 한국학중앙연구원이 운영 중인《한국민족문화대백과》사이트에서는 대동강의 진행 방향을 다음과 같이 소개하고 있다.

> … 대동강은 낭림산맥의 동백산(東白山)과 소백산(小白山)에서 발원하여 대체로 요동(遼東) 방향의 산계(山系)를 따라 남서류한다. … 북창 부근에 이르러 지질구조선(地質構造線)을 따라 급전하면서 남류한다. 순천 부근에서 장선강(長鮮江), 성천 부근에서 비류강(沸流江)을 합류하면서 다시 남서방향으로 흐른다. 중·하류에 이르러 … 대하천이 되고 주변에 넓은 평야가 발달한다. 하류에서는 황주천(黃州川)·재령강(載寧江)과 합류하여 남포 서쪽에서 황해로 흘러 들어간다.[24]

---

24) 〈대동강 개관〉,《한국민족문화대백과》사이트, 한국학중앙연구원.

위의 소개처럼, 동북쪽의 평안남도 백산(白山)에서 발원하는 대동강은 "남서 ⇒ 남 ⇒ 남서 ⇒ 서" 식으로 여러 번 방향을 틀면서 남서쪽(7~8시)으로 흘러서 평안남도 남포(南浦)에서 최종적으로 바다로 진입한다. 앞서의 대동강 유역도를 살펴보면 굳이 위의 고도표를 참고하지 않더라도 전형적인 '동고서저'의 지형임을 확인할 수 있다. 도중에 강줄기의 방향이 여러 차례 꺾이는 것은 해당 구간에서 해발고도의 변동이 크다는 것을 의미한다. 청천강(淸川江)도 굴곡은 상대적으로 덜하지만 서남쪽으로 흘러 바다로 진입하는 것은 대동강과 마찬가지이다.

이처럼 한반도 북부와 중국 북부에도 서쪽으로 흐르는 하천은 더러 보인다. 그러나 여기에는 문제가 하나 있다. 역도원의 설명처럼 서쪽으로 흐르다가 특정한 지점에서 "서북쪽으로" 꺾어서 바다로 진입하는 하천은 존재하지 않는다는 것이다. 그동안 '한사군'의 소재지로 지목되어 온 한반도 북부는 말할 것도 없고 중국에서도 마찬가지이다.

그래도 굳이 '패수'와 비슷하게 흐르는 하천을 예로 든다면 충청남도의 금강(錦江)을 들 수 있을 것이다. "패수가 서쪽으로 흘러 옛 낙랑군 조선현을 경유하여 서북쪽으로 흐른다"라는 말처럼 서쪽으로 흐르다가 특정 지점에서 서북쪽으로 꺾어서 바다로 진입하는 하천은 한반도 북부와 남부를 통틀어서 금강이 유일하기 때문이다.[25]

위의 금강과 대동강 두 하천의 유역도를 비교해 보자. 발원지까지 포함하여 도중에 서북쪽으로 흐르는 하천은 대동강이 아닌 금강임을 분명하게 확인할 수 있다. 금강은 전라북도 장수군에서 발원하여 정북으로 흐르다가

---

25) 이 경우 패수가 서쪽으로 흐르다가 조선현에서 다시 서북쪽으로 흘러 바다로 진입한다고 한 그의 주장은 고구려 사신이 패수의 위치와 방향을 잘못 알려 주었거나, 사신은 제대로 설명했지만 통역 과정에서 역도원이 잘못 이해했거나, 통역은 제대로 이루어졌으나 역도원이 마지막 추론 과정에서 《한서》〈지리지〉 '패수현' 주석에 집착하는 바람에 철저한 분석을 거치지 않고 갑자기 튀어나왔을 가능성이 높다.

대전 방면의 대청호(大淸湖)에서 서북으로 방향을 꺾어 흐르다가 논산 구간에서 서남쪽 7시 30분 방향으로 흘러 군산만(群山灣)을 통하여 서해로 진입한다. 유역의 전 구간이 역도원이《수경주》에서 묘사한 패수의 흐름과 거의 일치하는 것이다. 대동강과 금강의 이 같은 흐름은 2,000여 년 전인 고조선 당시는 변동이 거의 없었다고 보아야 한다. 그렇게 볼 때 역도원의 논리대로 서북쪽으로 흐르는 하천을 패수로 판정해야 한다면 금강이야말로 유일한 답안인 셈이다.

문제는 이 금강은 대동강보다 1,000리나 남쪽에 있는 하천이라는 데에 있다. 노태돈의 주장대로 역도원의 추정이 역사적 사실이라면 우리는 "연-진-한대의 만리장성의 동쪽 끝"이 금강 유역까지 내려와 있었다고 믿어야 한다는 뜻이다. 그렇게 되면 같은 논리로 낙랑군 조선현도 금강이 흐르는 지금의 충청남도 논산시 근처라는 소리가 된다. 상식적으로 이것이 말이 되는가?

따라서 한반도의 지형을 감안할 때, "패수가 서쪽으로 흘러 옛 낙랑군 조선현을 경유하여 서북쪽으로 흐른다"라는 것은 고구려 사신의 증언이 아니라 "(고구려) 도성이 패수의 북쪽에 있다"라는 고구려 사신의 증언을 토대로 역도원이 막연한 억측에 따라 아무 근거도 없이 내린 결론임을 알 수 있는 것이다. 적어도 지형학적으로 따져 보았을 때, "패수가 서쪽으로 흘러 옛 낙랑군 조선현을 경유하여 서북쪽으로 흐른다"라는 것은 고구려 사신의 증언이 아니라 역도원의 막연한 추정이었다.

또, 그 하천 역시 흐르는 방향을 염두에 둘 때, 금강일 가능성은 고려해 볼 수 있으나 대동강일 가능성은 거의 없다고 단언할 수 있겠다. 그렇다면 패수는 산해관 너머가 아닌 '관내(關內)' 즉 중국 경내의 하천일 가능성이 훨씬 높은 셈이다!

12. 역도원 당시 평양성은 지금의 요동반도에

1) 《위서》〈고구려전〉의 평양성

이와 관련하여 우리가 또 한 가지 명심해야 할 것이 있다. 1~3세기 문헌들에 등장하는 낙랑군은 역도원 당시, 즉 6세기의 '평양성'일 수 없다는 사실이다. 그렇다면 역도원 당시의 평양성은 지금의 어느 곳에 자리 잡고 있었을까? 이에 관한 정보는 《위서(魏書)》〈고구려전(高句麗傳)〉에서 확인할 수 있다.

> … 세조 때, 쇠의 증손 연이 사자 안동을 파견하여 표를 올리고 방물을 진상하면서 국휘를 부여해 주기를 요청하였다. 세조가 그의 성의를 가상히 여겨 그 나라에 황실 외에서 사용할 휘를 내리도록 이르고, 원외 산기시랑 이오를 파견하여 연을 도독요해제군사, 정동장군, 영호동이중랑장, 요동군개국공, 고구려왕에 배수하였다. 이오가 왕이 있는 평양성에 이르러 그 나라의 연혁을 여쭈자 이렇게 답했다고 한다. "요동 남쪽으로 1,000여 리를 가는데, 동으로는 책성에 이르고 남으로는 작은 바다에 이르며 북으로는 옛 부여 땅에 이른다. 민호들은 조씨의 위나라 때보다 3배로 늘어났다. 그 땅은 동서로 2,000리, 남북으로 1,000여 리나 된다. …"
>
> … 世祖時, 釗曾孫璉始遣便者安東奉表貢方物, 并請國諱, 世祖嘉其誠款, 詔下帝系外名諱于其國, 遣員外散騎侍郎李敖拜璉爲都督遼海諸軍事, 征東將軍, 領護東夷中郎將, 遼東郡開國公, 高句麗王. 敖至其所居平壤城, 訪其方事, 云, 遼東南一千餘里, 東至柵城, 南至小海, 北至舊夫餘, 民户參倍于前魏時. 其地東西二千里, 南北一千餘里. … [26]

---

26) 위수(魏收), 《위서》〈고구려전〉.

이 기사는 고구려 장수왕의 요청으로 그에 대한 책봉을 위하여 고구려 평양성을 방문한 북위 사신 이오(李敖)가 현지에서 전해 들은 고구려 관련 정보들을 소개하고 있다. 중국 측 정사《위서》와《북사》에는 이 사건이 북위 태무제 태연(太延) 원년, 즉 서기 435년에 발생한 일로 소개되어 있다. 김부식의《삼국사기》'장수왕 23년'조에도 같은 내용이 소개된 것을 보면 역사적 사실임에는 틀림이 없는 셈이다. 장수왕 23년, 즉 435년이라면 한반도 남부에 대한 고구려의 대규모 남진정책이 본격화되기 이전이다.[27] 당시 북위의 동쪽에서는 쇠퇴해 가는 부여가 있었다. 반면에 그 남쪽의 고구려는 바야흐로 잃었던 땅(요서)의 회복, 즉 "다물(多勿)"을 표방한 광개토대왕(廣開土大王: 374~412)과 그 뒤를 이은 장수왕의 영토확장 정책에 힘입어 사방으로 강역을 넓혀 가고 있었다. 이오가 당시 황제에게 보고한 내용은 몇 가지 중요한 정보를 제공하고 있다.

① 고구려는 요동에서 남쪽으로 1,000여 리 떨어져 있음
② 강역이 동으로는 책성, 북으로는 옛 부여 땅, 남으로는 "작은 바다"까지 이름
③ 그 면적은 얼추 동서로 2,000리, 남북으로 1,000여 리임
④ 민호는 삼국시대(위) 때보다 3배가 증가함

이 기사의 정보들은 거의가 사실(fact)이라고 보아야 한다. 전부 이오가

---

27) 물론 장수왕 28년(440), 42년(454), 56년(468), 57년(469)에도 신라, 백제와의 접경지대에서 군사충돌이 간헐적으로 발생한 것은 사실이다. 그러나 응징이나 보복 차원의 전쟁을 치렀을 뿐 큰 전쟁으로 발전하지는 않는다. 고구려의 남진이 본격적으로 이루어지기 시작한 것은 백제 개로왕의 도전에 대한 응징이 이루어진 재위 63년(475)부터이다. 이 해에 장수왕은 직접 3만 병력을 이끌고 당시 백제 도읍이던 한성(漢城)을 함락시키고 개로왕을 살해한 후 남녀 포로 8,000명을 잡아갔다고 한다. 이로써 고구려는 한반도 중부까지 영토를 확장하게 된다. 북위 사신 이오가 고구려의 강역을 소개한 태연 원년(435)으로부터 정확하게 40년 후의 일이다.

당시의 고구려 당국으로부터 '직접' 전해 들은 정보들이기 때문이다. 고구려인들이 자국의 인문지리 현황을 이웃나라 사신에게 소개하면서 잘못된 정보를 주었을 리는 없다. 그 점에 있어서는 이오의 경우도 마찬가지이다.

목이 달아날 생각이 아니고서야 거짓 정보를 황제에게 보고했을 리는 없다. 설사 국부의 규모나 강역의 크기를 놓고 양자 간에 약간의 과장이나 축소가 있었을 수 있을지는 모르겠다. 그러나 북위로부터의 거리나 고구려 동서남북의 경계에 대한 정보는 잘못된 것일 이유가 없는 것이다.

'책성(柵城)'이라면 1~2세기의 태조왕 이래로 고구려 동북부의 중요한 군사적 요충지로 간주되었던 성이다. 학계에서는 현재 그 위치를 두만강 하류인 중국 길림성 훈춘(琿春)의 온특혁부성(溫特赫部城) 또는 살기성(薩其城) 인근으로 비정하고 있다. 또, 기원전 2세기경부터 494년까지 중국 동북방에 존속한 부여(夫餘)의 경우, 역사서들은 "서로는 오환-선비와 접하고, 동으로는 읍루와 맞닿아 있으며 남으로는 고구려와 이웃하고 서남으로는 요동과 이어진다"라고 전하고 있다. 여기서 주목을 끄는 것은 고구려의 남쪽 경계에 대한 언급이다.

그동안 강단 학계가 제작한 장수왕 시기 고구려 강역도를 보면 남방한계선이 어김없이 바다가 아닌 한강, 즉 한반도 중부로 표시되어 있었다. 그런데 이오는 그 남쪽 경계가 "작은 바다에 이른다[至小海]"라고 보고하고 있다. 이 말은 고구려의 남방한계선이 바다에서 끝난다는 뜻이다.

《위서》에 소개된 고구려 강역이 잘못된 것이 아니라는 사실은 또 다른 정사인 《북사》에서도 똑같이 "남으로 작은 바다에 이른다"라고 소개하고 있는 데서도 확인할 수 있다. 만일 그 내용에 조금이라도 문제가 있었다면 당시의 사관이나 후대 학자들이 주석을 달아 잘못된 부분을 정정했을 것이다. 관련 정보가 수정되거나 새로운 주석이 달리지 않았다는 것은 당시 사람들은 물론 후세 사람들도 모두 고구려가 "남으로 작은 바다에 이른다"라는 사실에 동의하고 있었다는 뜻이다.

중국 북부에서 바다가 남쪽에 위치한 지역은 천진(天津) 인근의 발해만(渤海灣)을 기점으로 동쪽으로 지금의 요동만(遼東灣)을 거쳐 한반도의 평안도 안주(安州) 앞바다까지의 구간이다. 이 사이의 어딘가에 장수왕 시기 고구려 강역의 남방한계선이 숨어 있는 것이다.

그런데《위서》와《북사》모두 "작은 바다"라고 말한 것을 보면 발해만이나 안주 인근보다는 요동만(遼東灣)이 그런 대로 그 내용과 일치한다고 하겠다. 그렇다면 당시의 고구려 강역은 대체로 다음과 같은 위치에 형성되어 있었을 공산이 크다. 바꿔서 말하면, 장수왕 시기에 고구려의 국성이었던 '평양성'은 지금의 평양시가 아니라 그보다 훨씬 서북쪽에 있는 어느 한 지점이었다는 뜻이다.

이오의 보고와 고구려 측 인사의 소개가 정확한 것이라면 장수왕이 천도한 '평양성'은 이 사이에서 찾을 수밖에 없다. 즉, 지금의 평양시가 아닌 요동반도 쪽에서 찾는 편이 훨씬 합리적이라는 뜻이다.

이에 비하여 적어도《위서》,《북사》의 기사에 비추어 볼 때, 지금의 평안남도 평양시는 고구려라는 북방제국 강역의 중심에서 한참 외진 변방에 자리 잡고 있다. 고구려는 2세기에는 관구검(毌丘儉), 3세기에는 모용황(慕容皝: 297~348)의 대규모 침공을 받고 국성을 유린당한 바 있다. 그런 큰 곤욕을 몇 번이나 치른 고구려가 평양시처럼 멀고 외진 변두리에 국성을 둔다는 것은 상식적으로 있을 수 없는 일이다.

더욱이 고구려의 남방한계선이 "작은 바다"라고 분명히 밝힌《위서》,《북사》두 정사의 기록과도 부합되지 않는다. 물론, 당시 장수왕이 한반도로 남진정책을 펴고 한반도의 한강 인근까지 영토를 확장한 것은 분명한 역사적 사실이다. (시간적으로 볼 때 장수왕의 대규모 남진은 북위 사신 이오가 태무제에게 고구려의 연혁과 동향에 관한 보고를 올린 이후, 즉 장수왕 23년[435] 이후에 본격화된다.) 그러나 국성은 곧 나라의 중심이다. 단순히 한 나라의 정치적 중심지에서 그치지 않고 온 나라의 재부, 인력, 물산을 효율적으로

《위서》기록을 토대로 재구성한 5세기 중기의 고구려 강역(추정도). 고구려의 본격적인 남진은 이 이후에 이루어진다

결집시킬 수 있는 지리적 중심이기도 한 것이다. 또, 나라의 중심을 통제가 대단히 불편한 외곽 지역에 둔 경우도 인류 역사상 좀처럼 그 유례(類例)를 찾아보기 어렵다.

그런데 5세기 당시 건국 이래 최고의 전성기를 구가하고 있던 고구려가 그 도읍을 한쪽으로 치우치고 외진 평양시에 두고 있었다는 것은 앞뒤가 맞지 않는 소리이다. 최근 강단 일각에서는 평양시가 지리적으로 제국의 중심으로 어울리지 않는다는 점에 뒤늦게 생각이 미쳤던지 중국 길림성 집안(輯安)이 이 시기의 평양성이었다는 주장이 새로 제기되고 있다고 한다. 그러나 집안은 지리적으로 사방이 막힌 깊은 산 속에 위치해 있어서 동북방의 제국이었던 고구려의 위상에는 전혀 어울리지 않는 협소한 공간이다. 앞서의 두 정사에서 언급한 고구려 국성의 모습과도 전혀 부합되지 않는 것은 두말할 나위도 없다.

2) 고구려 평양성은 요령성 요양이라는 최근 학설

따라서 《위서》, 《북사》의 기록이 정확한 것이라는 전제하에서, 평양성의 자리로 가장 이상적인 장소는 역시 고구려 강역의 중심부라고 할 수 있는 요동반도 일대일 수밖에 없다. 최근 복기대, 남의현, 윤한택 등의 학자들은 이 시기 고구려의 '평양성'이 지금의 중국 요령성 요양(遼陽)이라는 새로운 주장을 내놓았다. 이제부터 이들의 주장이 어느 만큼이나 신빙성이 있는지 검토해 보도록 하겠다. 최첨단 과학기술을 동원한 위성지도인 구글어스(google earth)를 활용하여 '평양성' 후보지인 요양을 기준점으로 요동반도 일대의 지형을 등고선으로 표시하면 대략 아래의 지도와 같다.

아래의 지도에서 요양을 기준점으로 한 요동 지역이 동쪽은 높고 서쪽은 낮은 형세를 보여 주고 있는 것을 확인할 수 있다. 전형적인 '동고서저' 지형이다.

평양성이 요동반도에 있는 도시였다는 증거는 명대의 병서인 《등단필구(登壇必究)》를 통해서도 확인할 수가 있다. 이 병서는 명나라 무장인 왕명

〈등고선으로 표시한 요동 지역의 지형〉

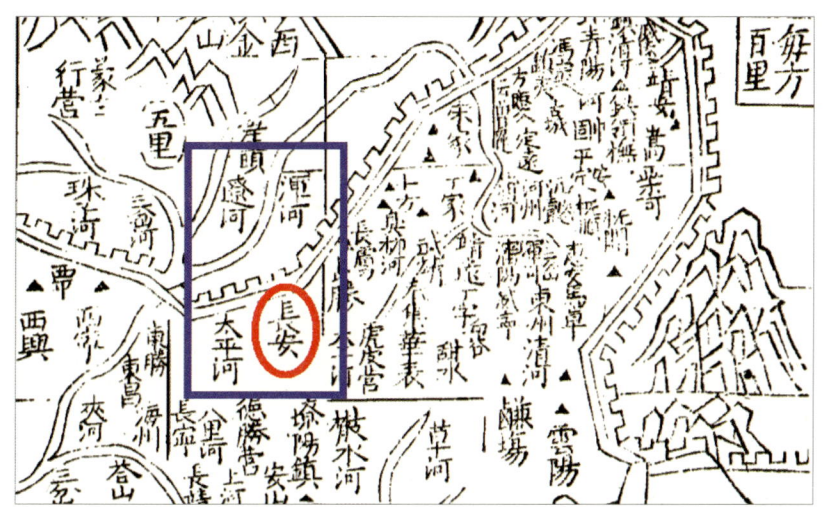

〈명대 병서 《등단필구》의 요동 지도에 보이는 '장안'. 요하와 혼하 부근에 위치한 것으로 그려져 있다. 중국 인터넷에서는 이 지명과 관련된 어떠한 정보도 찾을 수가 없다〉

학(王鳴鶴)이 송-원-명 3대에 걸쳐 축적된 문헌 자료들을 토대로 만력(萬曆) 27년(1599)에 편찬한 것이다. 이 책의 〈북로(北虜)〉편에는 요동 지역의 군영을 소개한 〈요동변도(遼東邊圖)〉라는 군사 지도가 수록되어 있는데, 거기에 '장안(長安)'이라는 지명(동그라미 부분)이 보인다.

고구려 역사 속의 '장안'은 평원왕(平原王)이 재위 28년 되던 서기 586년에 새로운 도읍으로 정한 장안성(長安城)을 가리킨다. 이 성은 거리상으로 평양성과 가까운 위치에 3중으로 성벽을 둘러 수비의 효율성을 높였다고 전해진다. 일설에 따르면, 면적상으로도 과거의 다른 고구려 도성들보다 압도했으며, 당시 당나라 도읍이던 장안(長安)에 버금갈 정도로 넓었다고 한다.

위의 〈요동변도〉를 자세히 살펴보면, 서쪽에는 요하(遼河), 동쪽에는 혼하(渾河)가 흐르는 명나라 장성 남쪽에 장안이 자리 잡고 있고, 동남쪽에는 요양(遼陽)이 위치해 있는 것을 확인할 수 있다. 최근 '요양평양설'을 제기한 복기대, 남의현 등의 주장과도 부합되는 셈입니다.[28] 그 위치는 앞서 북위 사신 이오의 보고를 토대로 재구성한 5세기 고구려의 영역도와도 대체로 일치하고 있다. 만일 우리가 5세기 이오의 보고 내용이나 복기대 등의 연구 결과에 주목한다면, 이 〈요동변도〉 속의 '장안'을 고구려 말기의 장안성과 동일한 지역으로 이해해도 큰 문제는 없을 것이다.

그리고 만일 《수경주》, 《위서》, 《북사》에 등장하는 평양성이 요동반도의 요양이라면 그보다 300년 전 《수경》에 소개된, 장수왕의 천도가 이루어지기 전의 초기 고구려 도읍, 나아가 패수가 흐르던 고조선 또는 낙랑군의 위치는 당연히 거기서 훨씬 서쪽, 즉 요서 지역에서 찾을 수밖에 없다. 강물이 동남쪽으로 흘러 동쪽 바다로 유입되는 3세기의 패수와 그 하천을 품은 왕험성(평양성)이 속한 지형은 전형적인 '서고동저' 지형인데, 그 지형이 존재하는 지역은 '경동(京東)' 즉 하북성 동북부뿐이기 때문이다.

13. 과연 낙랑군과 패수는 어디에 있었을까

뒤에서 자세히 따져 보겠지만, 중국 정사에 나오는 수많은 태조왕 관련 기사들은 1~2세기만 하더라도 패수가 흐르는 낙랑군과 그 후에 세워진 고구려의 도읍은 아주 가까운 거리 사이에 있었다는 것을 방증해 준다.

고구려가 지리적으로 패수로부터 멀어지게 되는 것은 그 이후이다. 위나라 관구검(?~255)의 침공, 전연 모용황(297~348)과의 각축 과정에서 고구려가 일순간 군사적으로 열세에 몰리면서 산상왕(山上王), 동천왕(東川王) 등에 의하여 몇 차례 천도가 이루어지게 된다.

---

28) 이에 대한 자세한 논의는 인하대 고조선연구소에서 펴낸 연구총서2 《고구려의 평양과 그 여운》에 수록된 복기대, 〈고구려 후기 평양 위치 관련 기록의 검토〉, 남의현, 〈의 평양성, 그리고 압록수와 압록강의 위치에 대한 시론적 접근〉 등의 논문을 참고하기 바란다.

〈패수의 추정 위치(노란 마름모)와 초기 고구려(1-2세기)의 추정 영역(흰 동그라미). 고구려의 국내성과 환도성은 아마도 이 인근에 존재했을 것이다.〉

그 과정에서 고구려의 거점이 요서에서 점차 동쪽으로 이전하다가 언젠가부터 지금의 요동반도 인근에 자리 잡게 된 것이다. 물론, 이는 고구려가 도읍을 이전했다는 것만 설명해 줄 뿐이다. 고구려의 강역이 축소되었다는 말이 아니라는 뜻이다.

역사적으로 산상왕이 환도성을 축조하고, 동천왕이 평양성을 축조하는 등, 3세기 이래의 전기 고구려의 왕들이 국난을 겪은 것은 사실이다. 그런 급박한 상황에서도 백성과 종묘만 평양성으로 옮겼을 뿐이지 고구려의 왕과 조정은 환도성에 그대로 머물렀다. 그 후 전연에 일시적으로 굴복한 상황에서도 왕이 환도성과 국내성과 평양성을 수시로 오가면서 머물고 있다. 이런 일련의 사건들은 고구려가 평양성으로 천도하기 전까지는 그 서쪽의 환도성(또는 국내성)이 도읍으로서의 기능을 그대로 수행하고 있었다는 것을 방증해 준다. 그러다가 장수왕 15년 정식으로 후기 고구려의 도읍으로 확정된 것이다.

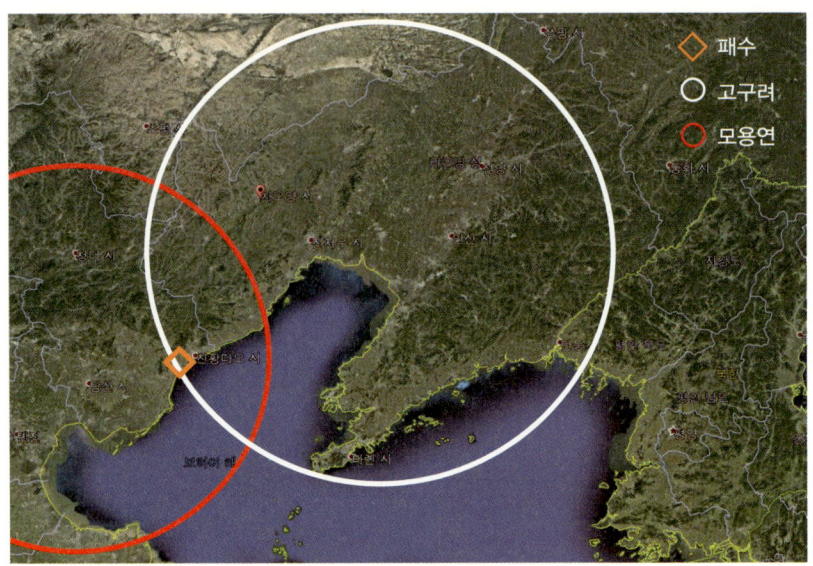

〈2~4세기 위나라, 전연의 침공과 고구려의 동천. 빨간 동그라미와 흰 동그라미의 교집합은 전연과 고구려의 군사충돌이 벌어진 전선 또는 완충지대로 볼 수 있을 것이다. 한중 양국 학계는 흰 동그라미 부분까지 전연의 영역으로 주장하고 있다〉

역도원이 고구려 사신에게서 전해 들은 "지금의 고구려 도성"이란 바로 이 당시의 평양성을 가리킨다. 앞서 소개한 것처럼, 역도원은 장수왕의 천도로부터 100년 이후인 5~6세기에 활동한 인물이다. 게다가 중국 정사에서 고구려가 그 사이에 다른 곳으로 천도했다는 기록을 찾을 수도 없다.

그 후로 역도원이 죽고 60년이 더 지난 서기 586년 즉 평원왕(平原王) 28년에 마지막으로 장안성 천도가 이루어지고 있다. 그렇다면 역도원은 태어나서 죽을 때까지 장수왕의 평양성만 알고 있었을 가능성이 높다.

물론, 역도원 당시의 고구려 도읍은 평양성이었지만, 앞서 소개한 것처럼 그 자리는 1~3세기의 '서고동저' 지대(즉, 지금의 경동과 요서 일대)가 아니었다. 국내성 ⇒ 환도성 ⇒ 평양성을 거치면서 "지금의 고구려 도읍"은 당초의 국내성보다 훨씬 더 동쪽으로 옮겨져 있었기 때문이다.

그리고 역도원이 《수경주》 '패수' 주석에서 언급한 바에 근거할 때, 그 위

〈5~6세기 광개토-장수왕의 전성기의 고구려 강역. 장수왕 때의 도읍의 입지 환경으로는 평양시보다 요양이 더 잘 어울린다. 역도원이 고증에 혼란을 겪은 것은 이때의 평양성 위치가 1~2세기 패수에서 멀어져 있었기 때문이다. 이때의 평양성은 이미 '서고동저' 지대에서 '동고서저' 지대로 옮겨져 있었다〉

치는 강이 서쪽으로 흐르는 지형, 즉 전형적인 '동고서저' 지대인 것으로 확인된다. 이는 그보다 100여 년 전인 태무제(太武帝) 때의 이오가 고구려 사행에서 돌아와 황제에게 올린 보고를 통하여 입증되므로 이의가 있을 수 없다. 즉, 장수왕 때의 평양성은 요동반도 인근에 있었다는 뜻이다.

좀 시간적 간격은 넓지만, 명대의 병서 《등단필구》의 군사 지도인 〈요동변도〉에 표시된 '장안'이 고구려의 장안성과 같은 곳이라면, 우리가 생각하는 평양성의 위치도 지리적 편차가 그리 크지 않을 것임을 확인할 수 있었다. 따라서 장수왕으로부터 평원왕 때까지 고구려 도읍의 정확한 위치는 평안도 평양시가 아닌 요동반도 요양 인근에서 찾아야 한다는 뜻이다. 요동반도의 지형이 중국 북부에서 유일한 '동고서저' 지대에 속한다는 사실은 앞서 누차 설명하였다.

어쩌면 《수경》에 주석을 붙일 당시의 역도원은 자신이 태어나기 전, 즉 5세기 이전의 고구려가 여러 가지 우여곡절을 거쳐 도읍을 요동반도까지 옮겨간 일을 누구에게서도 전해 듣지 못했던 것이 분명하다. 직접 면담했다는 고구려 사신으로부터도 그런 연혁까지 확인할 수는 없었을 것이다. 역도원이 천도 여부를 의식적으로 문의하지 않은 이상 고구려 사신이 그 일에 관하여 시시콜콜하게 장광설을 늘어놓을 일은 없었으리라.

그렇다고 해서 중국 정사를 뒤져 본다고 한들 그 사이의 300년이나 되는 '잃어버린 고리(missing link)'를 언급한 관련 기록이 남아 있을 리가 없다. 중국에서는 사마씨(司馬氏)가 삼국의 혼란기를 수습하고 중원을 통일한 후 얼마 지나지 않아 다시 '5호 16국(五胡十六國)'으로 분열된다. 이 천하대란이 수백 년간 지속되는 바람에 각 왕조는 자신들의 정사조차 제대로 편찬할 여력이나 겨를이 없었다.

그런 상황이었으니 고구려 사신이 천도 사실을 소상하게 알려 오지 않는 이상 자신들 동쪽에 고구려라는 나라가 있다는 사실만 알 뿐이지 그 나라가 도읍을 옮겼는지, 북위와 고구려 사이에 모용연이라는 나라가 존재했었는지조차 이미 '잊혀진 과거'가 되어 있었을 것이다. 그런 상태에서 《수경》에 주석을 붙이던 그가 막상 패수에 관하여 소개하려니 '멘탈'이 붕괴되지 않을 수 없었으리라.

자신이 듣고 아는 고구려 도읍은 분명히 '동고서저' 지대에 있고, 그 하천 역시 도성 남쪽으로 흐르는 것으로 알고 있는데 삼국시대 이전의 사서들에는 한결같이 '서고동저' 지대에 패수가 있다는 생뚱맞은 소리만 나와 있었

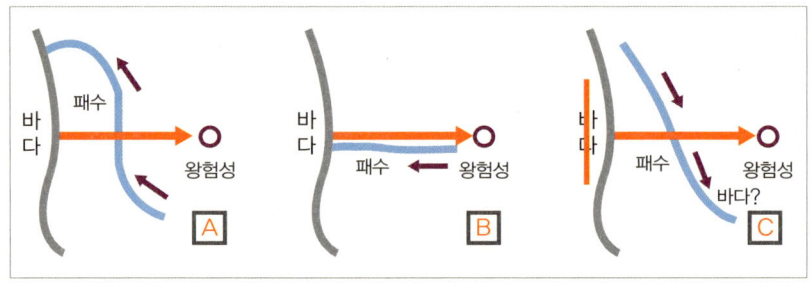

〈역도원이 생각한 패수와 왕험성의 위치〉

으니 말이다.

역도원이 결정적인 순간에 연대가 이르고 다수파 의견이기까지 한 《설문해자》, 《수경》, 《십삼주지》의 정보들을 불신하고 그보다 100년 이상 늦게 작성된 《한서》 주석과 고구려 사신의 진술만을 따른 데에는 이 같은 내막이 있었다. 그리고 그 결과가 바로 "패수는 서쪽에서 서북쪽으로 흘러 바다로 진입한다", 그러므로 "《수경》의 고증은 잘못되었다"라는 역도원의 결론인 것이다.

물론, 역도원의 이 두 결론은 모두 오판이었다. 그가 인지하고 있던 5~6세기의 '패수'는 1~3세기의 낙랑군의 패수가 아니었기 때문이다. 그가 문제 삼은 《수경》의 '패수' 관련 정보는 전혀 문제가 없는 정확한 '사실(fact)'이었다.

어쩌면 역도원이 《수경주》에 남긴 '패수' 주석은 5~6세기 사람으로서 300년 전인 1~2세기의 상황을 상상조차 할 수 없었던 그가 필연적으로 봉착할 수밖에 없는 난관이었을 것이다. 1~3세기 낙랑군 및 패수의 위치와 역도원 당시, 즉 5~6세기 평양성 및 또 다른 '패수(?)'의 위치를 한 그림에 표시하면 그 차이는 확연하게 드러난다.

지형적으로 서로 상이한 특징을 보여 주는 이 두 역사의 무대를 구글어스로 살펴보면 대략 다음과 같이 나타난다.

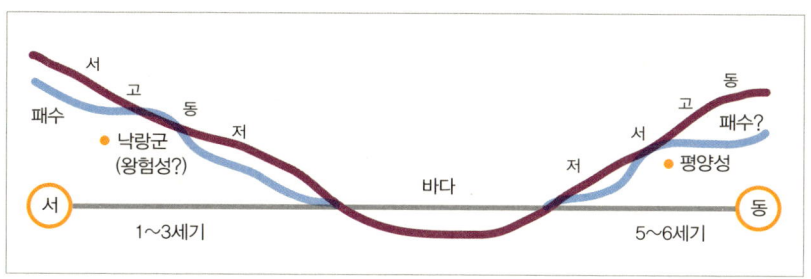

〈1~3세기 낙랑 패수와 5~6세기 평양성 위치. 전자는 '서고동저' 지대, 후자는 반대로 '동고서저' 지대에 위치해 있었을 것이다〉

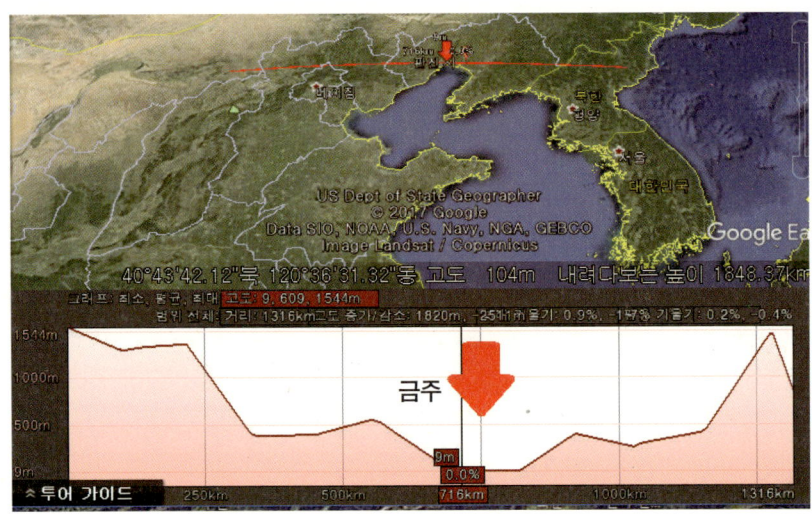

〈중국 북부의 지형을 등고선으로 표시한 지도. 화살표(금주)를 기준점으로 '서고동저' 지대가 요서 지역, '동고서저' 지대가 요동 지역과 북한임을 확인할 수 있다〉

위의 지도에서 중국 요령성의 중심부에 있는 금주(錦州)를 기준점으로 할 때 중국 북부의 경우 그 동쪽은 한반도와 마찬가지로 '동고서저' 지형에 속하는 반면, 그 반대편은 서쪽 하북성에 장벽처럼 버티고 있는 연산산맥 때문에 서쪽으로 갈수록 높아지는 전형적인 '서고동저' 지형을 이루고 있는 것을 확인할 수 있다.

실제로 중국 지도를 펴 놓고 북방을 살펴보면 하천이 서북쪽에서 동남쪽으로 흐를 수 있는 지형을 가진 지역은 하북성과 요령성 사이에 연산산맥이 가로지르고 있는 발해 북쪽뿐이다. 중국의 경우 바다로 유입되는 하천들 치고 '서북쪽으로' 흘러나가는 하천은 존재하지 않는다. 중국의 서북쪽으로는 대륙만 수천, 수만 리 끝없이 이어진다. '서쪽 바다'가 존재하지 않는 것이다.

이러한 '서고동저'의 중국과는 정반대로 우리나라는 동쪽이 높고 서쪽이 낮은 전형적인 '동고서저'의 지형에 속한다. 우리나라는 신생대 제3기에 일

〈중국 북부에서 물줄기의 방향이 《수경》의 소개와 어느 정도 부합되는 지역은 '동고서저'의 요서뿐이다〉

어난 비대칭 요곡운동으로 인하여 서쪽보다 동쪽이 높게 형성된 경동지형(傾東地形)에 해당하기 때문이다. 그렇다 보니 두만강, 성천강, 형산강 같은 몇몇 경우를 제외하면 거의 대부분의 하천은 자연히 동쪽에서 서쪽으로 흐른다.

중국에서 이 같은 경동지형이 두드러지게 발현되는 지역은 요동반도를 따라 동북방으로 이어지는 지역 정도뿐이다. 따라서 만일 패수에 대한 상흠의 소개가 정확한 것이라면 패수가 있을 곳은 하북성 동북부의 이 연산산맥 일대뿐인 셈이다. 반면에 중국의 요동반도나 국내의 평안도 일대는 전형적인 '동고서저' 지형이다. 여기에는 상흠이 소개한 것과 같은 방향으로 흐르는 패수가 존재할 수 없다는 뜻이다.

〈국내 주요 하천도. '동고서저' 지형으로 인하여 국내 하천은 대부분 서쪽으로 흐른다〉

14. 중국 기록 속 낙랑군 지형을 토대로 고증하는 속현 위치

《한서》〈지리지〉 등 중국의 정사나 문헌의 기록들을 잘 활용하기만 하면 낙랑군의 주요한 속현들의 위치를 확인할 수 있다. 아울러 그동안 국내외 학자들이 시도한 속현 위치에 대한 고증들이 얼마나 진실에 부합되는지에 대해서도 검증이 가능하다.

1) 누방현, 패수현, 임패현 – 패수 수계의 속현들

후한대 학자 허신의 《설문해자》에서는 패수(浿水)를 설명할 때 그 발원지와 관련하여 다음과 같이 소개하고 있다.

(패수는) 낙랑군의 누방현에서 나와서 동쪽의 바다로 진입한다. … 일설에
는 패수현에서 나온다고 한다.
(浿水)出樂浪鏤方, 東入海. … 一曰出浿水縣.

비슷한 시기에 저술된 상흠의 《수경》과 몇 세기 후 북위시대에 저술된 《십삼주지》에서도 다음과 같이 소개하고 있다.

패수는 낙랑의 누방현에서 나와서 동남쪽으로 임패현을 지나 동쪽 바다로
진입한다.
浿水出樂浪鏤方縣, 東南過臨浿縣, 東入於海.

패수현은 낙랑군 동북쪽에 있고, 누방현은 (낙랑)군의 동쪽에 있다.
浿水縣在樂浪東北, 鏤方縣在郡東.

이상의 기록들에 따르면, 패수가 발원하는 누방현은 낙랑군의 동쪽, 즉 시계의 3시 방향쯤에 있다는 것을 짐작할 수 있다. 패수현은 낙랑군의 동북쪽에 있다고 했으므로 1~2시 방향에 있는 셈이다. 그렇다면 패수현은 위도상으로는 낙랑군 동쪽에 위치한 누방현보다는 좀 더 북쪽에 있었다고 보아야 한다.

문제는 패수현과 누방현 둘 중의 어느 쪽이 패수가 발원하는 곳이냐 하는 것이다. 《설문해자》와 《수경》의 기록에 근거할 때, 패수는 북쪽에서 동남쪽으로 흘러 바다로 진입하고 있다. 북쪽이 고도가 높고 바다가 가까운 동남쪽이 상대적으로 고도가 낮은 저지대 평지일 가능성이 높은 것이다. 그렇다면 패수는 동북쪽(1~2시 방향)의 패수현에서 발원하여 그보다 남쪽인 '군 동쪽' 누방현을 거친 후 계속 동남쪽(4~5시 방향)으로 흐르다가 임패현 쯤에 이르러 동쪽으로 방향을 틀어 바다로 진입한 것으로 보는 것이 합리적이다. 이를 지도로 표시하면 다음과 같을 것이다.

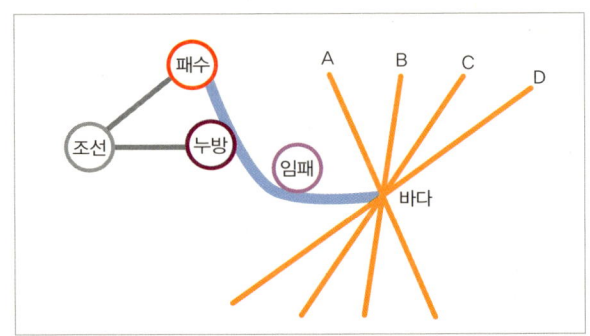

〈패수 수계의 속현들. A~D는 바다와 접한 육지의 예상 가능한 방향이다〉

말하자면, 패수의 물줄기를 따라 '패수현 ⇒ 누방현 ⇒ 임패현 ⇒ (동쪽) 바다'의 순서로 3개 속현이 차례로 위치해 있고, 임패현 동쪽에 바다가 있는 셈입니다. 그런데 중국의 역사지리학자인 담기양(譚其驤)은 《중국역사지도집(中國歷史地圖集)》에서 이 속현들을 정반대 방향으로 표시해 놓았다. 지도의 맨 위에 패수현이 있고 그 서남쪽에 증지현을 표시한 것이다. 반면에 누방현은 패수, 증지 두 현보다 남쪽에 따로 표시되어 있다. 문제는 담기양 지도에 표시된 낙랑군 속현들의 위치는 중국 정사 및 동시대 문헌들에서 소개하고 있는 패수와 낙랑군 속현들의 위치와는 큰 차이를 보인다는 데에 있다

① 패수가 발원하는 패수현(과 증지현)이 패수가 경유하는 누방현과 서로 별개의 수계에 위치해 있는 것으로 표시되어 있다
② 누방현을 지난 패수가 동쪽의 바다로 진입하기 전에 경유하는 임패현을 지도에서 누락시켰다
③ 패수가 중국 기록들과는 달리 서남쪽으로 흘러 바다로 진입하는 것으로 왜곡되어 있다

그러나 패수현, 누방현, 임패현, 증지현은 모두 패수 수계에 속한 현들이

다. 그 위치 역시 패수가 흐르는 방향을 따라 순서대로 자리 잡고 있었던 것으로 추정된다. 이 속현들은 모두 패수 물줄기를 따라서 한 줄로 연결되어 있어야 하는 셈이다. 그런 의미에서 본다면, '패수현 ⇒ 증지현 ⇒ (서쪽)바다'와 '누방현(⇒ 임패현 ⇒ 바다?)'을 각자 다른 수계에 따라 분리해 놓은 담기양의 지도는 고증이 완전히 잘못된 엉터리 지도인 셈이다.

그런데 최근에 강단 학자들에게 국민 혈세 47억 원을 지원하여 제작했다는 '동북아 역사 지도'는 이 같은 중국 학자들의 오류들을 바로잡기는커녕 오히려 똑같은 오류를 답습하고 있다. 담기양 지도를 그대로 베꼈다는 항간의 문제 제기대로 그 위치가 거의 판박이 수준인 것이다. 이 지도에도 패수현은 누방현과 서로 다른 수계로 분리되어 있다. 패수가 바다로 진입하기 직전에 거친다는 임패현이 아예 빠져 있는 것도 똑같다.

2) 탄열현, 점선현, 열구현 – 열수 수계의 속현들

이 세 속현은 한결같이 열수(列水)의 수계에 차례로 위치해 있다. 《한서》〈지리지〉에서는 낙랑군의 속현인 '탄열현(呑列縣)'을 소개하는 대목에 다음과 같은 주석이 붙어 있다.

> 분려산은 열수가 나오는 곳으로 서쪽으로 점선현에 이르러 바다로 진입하는데 전체 길이가 820리이다.
> 分黎山, 列水所出. 西至黏蟬, 入海, 行八百二十里.

《한서》의 이 기록에 근거하자면, 열수는 탄열현에 자리 잡고 있는 분려산(分黎山)에서 발원하는 하천이다. 열수는 서쪽(9시 방향)으로 흘러 점선현을 경유한 후 (서쪽)바다로 진입한다. 이에 비하여 '열구(列口)'는 열수가 바다로 진입하는 지점에 있는 현이다. 그렇다면, 열수가 발원하는 분려산을 기점으로 '탄열현 ⇒ 점선현 ⇒ 열구현 ⇒ (서쪽)바다' 식으로 3개 속현이 차례로 위치한 셈이다. 이를 지도에 표시하면 다음과 같을 것이다.

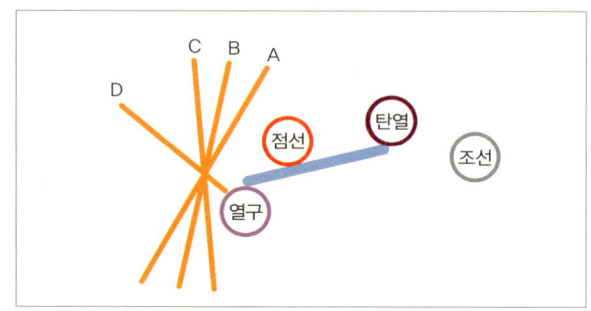

〈열수 수계의 속현들. A~D는 바다와 접한 육지의 예상 가능한 방향이다〉

《한서》등 중국 측 문헌들에 분명하게 기록되어 있듯이 패수와 열수는 물줄기의 방향이 서로 정반대이다. 패수는 북쪽에서 동(남)쪽으로 흘러 (동쪽)바다로 진입하지만, 열수는 이와는 상반되게도 북쪽에서 서쪽으로 흘러 (서쪽)바다로 진입하는 것이다. 이는 곧 패수 수계의 속현들이 남쪽으로 갈수록 동쪽으로 위치하는 것과는 정반대로 열수 수계의 속현들은 남쪽으로 갈수록 서쪽으로 치우쳐 있다는 뜻이다.

패수와 열수가 이처럼 상반된 방향으로 흘러 각각 동쪽 바다와 서쪽 바다로 흘러든다는 것은 곧 낙랑군 중심부의 고도가 가 주변에 비하여 상대적으로 높다는 것을 의미한다. 문제는 한반도 북부에는 이 같은 지형을 가진 지역이 어디에도 존재하지 않는다는 데에 있다.

한반도는 국토 면적의 70% 이상이 '동고서저' 지형이다. 북부의 경우는 더더욱 그러하다. 따라서 서로 상반된 방향으로 흐르는 패수와 열수의 지리적 조건을 충족시켜 줄 수 있는 지역은 중국에서 찾을 수밖에 없다. 패수와 열수의 흐름에는 다음의 세 가지 가능성이 있을 수 있다.

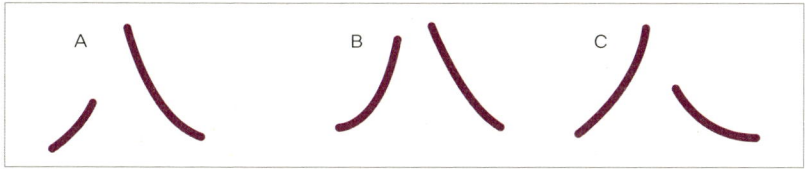

〈패수-열수 수계 위치 가능성 추정도〉

3) 함자현, 둔유현, 대방현 - 대수 수계의 속현들

《한서》〈지리지〉의 '함자'조에서는 다음과 같이 소개하고 있다.

> 대수는 서쪽으로 대방현에 이르러 바다로 진입한다
> 帶水, 西至帶方, 入海.

이 기록에 근거하면, 대수(帶水)는 함자현(含資縣)에서 발원하여 서쪽으로 흐르다가 대방현을 지나면서 (서쪽)바다로 진입하는 하천이라는 말이 된다. '대방군'은 대방현을 포함하여 낙랑군 남부의 7개 현을 합쳐서 설치한 군이다. 그렇다면 함자현의 정확한 위치는 알 수가 없다고 해도, 대수가 패수보다 남쪽을 흐르는 하천이었다는 사실만은 충분히 짐작할 수 있다.

이상의 분류에 따라 패수, 열수, 대수를 수계별로 표시하면 '대체로' 다음

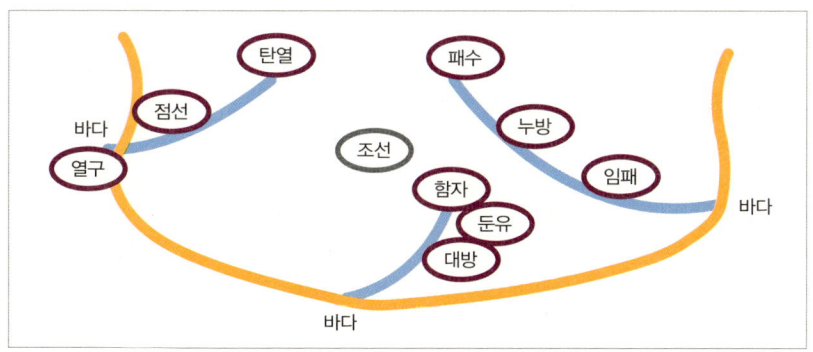

〈패수-열수-대수 수계의 총집 추정도〉

과 같을 것이다. 이를 바탕으로 각 하천의 연선에 위치해 있는 낙랑군 속현들의 위치를 가늠해 보는 것도 충분히 가능해진다.

담기양은 《중국역사지도집》에서 대수가 발원하는 함자현이 황해도 내륙 지역에 위치해 있는 것으로 표시하였다. 대수가 '함자현 (⇒ 둔유현) ⇒ 대방현 ⇒ (서쪽)바다' 식으로 서쪽으로 흘러 바다로 진입하는 것으로 이해한 것이다. 이 점은 담기양 지도를 베낀 강단 학계의 동북아역사지도에서도 똑같이 반복된다.

다만, 동북아 역사 지도의 경우는 대수의 발원지인 함자현의 위치가 대방현보다 서쪽, 즉 대수의 물줄기 방향을 고려할 때 하류에 위치한 것으로 표시되어 있다. 더욱이 이 지도에서 강단 학자들은 고대의 해안선 상황을 반영하여 고대의 해수면이 지금보다 10~20m 정도 높았던 것으로 보았다. 그러다 보니 대수의 발원지인 함자현이 당시에는 바닷물 속에 잠겨 있는 것으로 표시되어 있다.

강단 학자들이 동북아 역사지도에서 ① 대수의 발원지와 하류인 함자현과 대방현의 위치를 뒤집어 놓고, ② 한대 당시의 해수면을 반영한답시고 지금보다 10~20m 정도 해수면을 높게 추정하면서 함자현이 바다 한가운데에 떠 있는 (또는 바닷가에 걸쳐 있는) 것으로 표시한 것은 북한의 지형을 전혀 고려하지 않은 무성의, 무개념의 산물이다.

즉, 담기양 지도를 일방적으로 베꼈음을 그들 스스로 보여 주고 있는 셈이다. 만일 강단 학자들이 자신들이 연구한 결과에 충실하게 지도를 그렸다면 대수의 발원지인 함자현을 대방현보다 낮은 지역에 비정하고 바다 한가운데에 표시할 리가 없기 때문이다.

물은 높은 데에서 낮은 데로 흐른다. 이것은 역사이기 이전에 '과학적 사실(scientific fact)'이다. 따라서 대수가 발원하는 함자현이 대수를 해발 고도가 0m인 바다로 흘려보내려면 해발고도는 대방현보다 높아야 한다. 그런데 강단 학계에서는 대방군이 지금의 황해도 봉산군(鳳山郡) 일대에 존재했다고 주장하는 것이다. 이 지역은 전반적으로 낮은 산과 구릉들이 분포하는 산지로 고도 500m 미만의 지역이 90%를 넘고 200m 미만의 언덕-평야지대만 보아도 62.1%를 넘는다.

대방군의 치소로 간주되어 온 사리원(沙里院)의 고도가 50m 내외이다. 그런데 그 인근에서 대수에 해당하는 하천은 재령강(載寧江)뿐이다. 재령강은 황해도 신천군과 벽성군 사이의 지남산(指南山)에서 발원하는데 해발고도는 623m로 알려져 있다. 만일 대수가 재령강이라면 함자현은 고도가 몇 백m 이상 되는 고지대에 위치해 있었다는 소리가 된다.

그런데도 해수면이 10~20m 정도 올라간 상태로 제작된 동북아 역사 지도에서는 발원지인 함자현은 해발 0m인 바닷속에 잠겨 있는 것으로 그려 놓은 반면 하류인 대방현은 거꾸로 그보다 고도가 훨씬 높은 산지로 갖다 놓았다. 바닷속에 잠겨 있는 현에 어떻게 사람이 살 수 있겠는가? 또, 해발고도가 0m인 상태에서 어떻게 대수가 발원해서 그보다 훨씬 높은 산지까지 거슬러 올라간다는 말인가? 그 당시에 펌프가 있었다고 하더라도 현실적으로 어불성설이다. 이러한 모순들만으로도 담기양 등 중국의 역사지리학자들과 국내 강단 학자들의 지리고증이 얼마나 부실한 것인지, 또 얼마나 문제가 많은지 알 수 있는 셈이다.

이런 엉터리 역사 지도를 47억 원이나 되는 국민 혈세까지 쏟아부어서, 거기다 세계적인 명문대학교인 하버드 대학교까지 끌어들여서 만들어 놓고도 적반하장으로 추가 지원까지 요구하는 것은 '학술 사기(academic fraud)'와 다를 것이 없다

4) 패수를 청천강, 열수를 대동강, 대수를 재령강으로 비정해 온 학계

한반도는 전형적인 '동고서저'형 지형이므로 국내의 하천은 거의 모두 동북쪽에서 발원하여 서(남)쪽으로 흘러 서쪽 바다로 진입할 수밖에 없다.

지형적으로 동쪽이 서쪽보다 해발고도가 높기 때문이다. 그렇다 보니 하천도 자연히 서쪽으로 흐를 수밖에 없는 것이다.

그러나 청천강이 패수일 수는 없다. 이는 그 대상을 대동강, 재령강, 나아가 한반도의 모든 하천으로까지 확대해 보아 마찬가지이다. 적어도 지형학적으로 보았을 때에는 '동쪽으로' 흐르는 패수의 특성 때문에 패수, 열수, 대수가 흐르는 지역은 한반도일 수가 없다. 물줄기의 방향이 서로 상반된 고대의 패수, 열수, 대수가 공존할 만한 지역은 중국밖에 없는 것이다. 중국 북부에서 ① 바다가 동쪽과 서쪽 양면으로 (심지어 남쪽까지) 동시에 개방되어 있으면서 ② 물줄기의 흐름이 정반대인 하천이 공존할 수 있는 지역은 세 군데 정도뿐이다.

아래의 지도에서 중국에서 물줄기 방향이 상반된 하천들이 공존할 수 있는 지형 조건을 갖춘 곳은 하북성 동부('요서'), 요령성 중부, 요동반도 정도뿐이다. 이 중에서 요동반도는 경내 하천이 동서 양쪽으로 바다로 진입하기는 하지만 전체 길이가 '800리' 이상 되는 하천은 존재하지 않는다.

반면에 요령성 중부에는 요하나 유수(楡水)처럼 전체 길이가 800리 이상

〈중국에서 물줄기 방향이 상반된 하천들이 공존할 수 있는 지형 조건을 갖춘 곳은 하북성 동부, 요령성 중부, 요동반도 정도이다〉

되는 하천이 많은 편이다. 패수처럼 동쪽으로 흘러 바다로 진입하는 하천도 더러 확인된다. 다만, 패수의 경우는 유역의 동서 양쪽이 대체로 고도가 낮은 저지대 평지여서 바다로 진입하는 과정에서 강물이 때로는 동쪽(임패현)으로 흐르기도 하고 때로는 서쪽(증지현)으로 흐르기도 한다.

그러나 요령성 중부의 경우 패수와 비슷한 속성을 지닌 유수 등의 하천은 그 유역 왼쪽에 중국의 알프스 산맥이라고 할 수 있을 정도로 고도가 높은 연산산맥이 버티고 있다. 유수가 바다로 진입할 때에는 동쪽으로 흘러드는 경로밖에 존재하지 않는 셈이다. 패수, 열수, 대수가 공존할 수 있는 가장 이상적인 입지 조건을 갖춘 곳은 하북성 동부뿐이다.

아래의 지도에서 볼 수 있듯이 하북성 동부는 중국 북부에서 하천 물줄기의 방향이나 바다로의 진입 방향이 가장 복잡한 지역이다. 물줄기 방향이나 바다로의 진입 방향이 이처럼 제각각인 이유는 이 지역이 지형적으로 선상지(扇狀地), 범람원(汎濫原), 삼각주(三角洲)가 골고루 발달된 전형적인 충적평야 지대이기 때문이다. 이 지역이야말로 서로 진행 방향이 다른 고대의 패수, 열수, 대수가 공존할 수 있는 최적의 입지 조건을 가지고 있는

〈중국 북부에서 하북성 동부는 하천 물줄기의 방향이나 바다로의 진입 방향이 가장 복잡한 지역이다. 분홍색 부분은 여러 하천이 범람한 상황을 시뮬레이션으로 나타낸 것이다〉

셈이다.

〈부록 1〉
중국 학자들의 한사군 연구

1. 근대 중국에서의 한사군 연구

　한중 양국에서 '한사군' 및 고조선의 강역 또는 위치와 관련된 연구는 원·명대부터 중국의 역사에 부속된 오랑캐 또는 번속국(藩屬國)에 대한 연구의 일환으로 소개 형식으로 초보적으로 이루어졌다. 관련 연구가 지리고증을 중심으로 보다 구체적이고 상세하게 진행되기 시작한 것은 청대 말기부터라고 할 수 있다. 당시 왕사탁(汪士鐸: 1802~1889)은 《이십오사 보편(二十五史補編)》(중화서국, 1955), 정겸(丁謙: 1843~1919)은 《봉래헌 여지총서(蓬萊軒輿地叢書)》(절강도서관, 1915)을 통하여 한사군에 대한 초보적인 고증을 시도하였다. 그러나 고조선 및 한사군에 대한 상세한 고증·분석을 통하여 중국에서의 한사군 연구를 본 궤도에 올려놓은 것은 양수경(楊守敬: 1839~1915)과 왕선겸(王先謙: 1842~1917)이었다.

　양수경은 1900년 역사지리 연구서인 《회명헌고(晦明軒稿)》에 고조선의 도읍인 왕험성(王險城)과 패수(浿水)의 위치를 주로 고증한 〈왕험성 고찰(王險城考)〉와 왕사탁의 지리고증에 대한 반박의 일환으로 한사군의 위치를 추정한 《한서》〈지리지〉에 대한 왕사탁의 지리고증을 반박한다(汪士鐸 漢志釋地駁議)등의 글을 수록하였다. 여기서 그는 고구려의 천도 과정을 소

〈근대 중국의 역사지리학자 양수경과 왕선겸. 두 사람 다 일본에 왕래하거나 지리고증 과정에서 일본 자료를 다수 참조하였다〉

개하면서 평양과 관련하여 다음과 같이 주장하였다.

조선이 멸망한 후 고(구)려가 비로소 흥하여 환도성을 도읍으로 삼았다(환도는 압록강 동북방에 있었다). 삼국시대에 관구검에게 대파당하매 왕이 남옥저로 달아났다가 위군이 물러가자 그제서야 도읍을 평양으로 옮겼다(《조선사략》 참조). 당시 낙랑과 대방은 모두 위나라의 속군이었으니 고(구)려가 본국이 쇠락하는 틈을 타 그 낙랑군의 치소를 빼앗도록 용납하지는 않았을 테니 여기서의 평양성은 왕험성이 아니었음을 알 수 있겠다. 수·당대에 이르러서도 고(구)려는 똑같이 평양을 도읍으로 삼고 있었다. 그런데 위왕과 장회(태자)가 이를 살피지 못하고 결국 위만의 왕험성을 같은 곳으로 여긴 것은 잘못인 것이다.[29]

---

29) 양수경, 〈왕험성고(王險城考)〉, 《양수경집5(楊守敬集五)》, 제1139쪽, 호북인민(湖北人民)·호북교육(湖北教育) 출판사, 1997. "自朝鮮滅後, 高麗始興, 都丸都城(丸都在鴨綠江東北). 至三國時爲毌丘儉所破, 王奔南沃沮, 魏兵退始移都平壤(見《朝鮮史略》). 其時樂浪帶方皆爲魏屬郡, 不容高麗以喪敗之餘奪其樂浪郡治也, 是平壤城非王險城審矣. 至隋

… 지금의 평양성 남쪽에 임진강이 있는데 … 이 열수가 지금의 임진강임에 의심의 여지가 없다. … 누방현은 지금의 조선 영흥군의 남쪽에 있어야 할 것이 아닌가 싶다. … 대방 고성은 …《조선사략》에서도 '북으로 패하에 이르고 남으로는 웅천에서 끝난다'라고 한 것처럼 이 대방은 낙랑의 남쪽에 있었음을 알겠다.30)

한사군과 관련하여 양수경이 두 글에서 개진한 주장을 정리하면 다음과 같았다.

① 패수는 대동강이지만 그 북쪽이 고구려의 도읍 평양인 반면 고조선의 도읍 왕험성 및 낙랑군 치소 조선현은 그 남쪽에 있었다. 즉, 왕험성(또는 낙랑군 조선현)과 평양은 동일한 장소가 아닌 것이다.
⑥ 《조선사략(朝鮮史略)》에서 '북으로 패하에 이르고 남으로는 웅천에서 끝난다'라고 한 것처럼 대방군은 낙랑 남쪽에 있었을 것이다.
⑦ 열수는 지금의 평양성 남쪽에 있는 임진강이다.
⑧ 누방현은 지금의 함경남도 영흥군 남쪽에 있어야 옳다.

그와 비슷한 시기에 활동한 또 다른 역사지리학자인 왕선겸은 《한서보주(漢書補注)》와 《후한서집해(後漢書集解)》를 저술하여 한사군에 대한 자신의 견해를 피력하였다.

이처럼 양수경, 왕선겸으로 대표되는 근대의 중국 학자들의 고조선, 한사군에 대한 역사인식이나 평양·패수에 관한 지리인식은, 양수경도 언급하

唐, 高麗並都平壤. 魏王章懷不考, 遂以衛滿之王險城合而爲一, 誤矣."
30) 양수경, 《한서》 〈지리지〉에 대한 왕사탁의 지리고증을 반박한다(汪士鐸漢志釋地駁議), 같은 책, 제1161-1164.쪽 "… 今平壤城南有臨津江, … 是列水爲今臨津江無疑. … 疑鏤方縣當在議論今朝鮮永興郡之南. … 帶方故城, …《朝鮮史略》亦言'北至浿河, 南限熊川', 是帶方在樂浪南審矣."

고 있듯이 본질적으로 명대 만력(萬曆) 연간에 조선에서 유입된《조선사략(朝鮮史略)》을 통하여 정형화되었다고 할 수 있다. 고조선의 영역과 한사군의 위치를 찾는 데에 중요한 랜드마크가 되는 "패수가 대동강"이라거나 "지금의 평양이 고조선의 도읍 왕험성"이라는 지리인식은 그 전형적인 예들이라고 할 수 있다.

《조선사략》은 조선 초기에 간행된《동국사략(東國史略)》이 명대 말기에 중국에 알려지면서 새로 붙여진 제목으로, 고려 말기-조선 초기 조선 정부의 역사인식을 잘 반영하고 있다. 즉, 본질적으로 조선 초기 학자들의 '소중화(小中華)'적 역사관을 결정적인 모티브로 삼고 있는 것이다.《조선사략》이후로 조선에서의 고조선·한사군 관련 연구는, 적어도 일제 강점기 직전까지만 해도, 계속해서 진화를 거듭하여 '실사구시(實事求是)'를 표방한 박지원 등 실학자들을 중심으로 '반도설에서 요동설로' 업그레이드(진보)가 이루어졌다. 문제는 중국에서는 이웃나라 또는 번속국가의 역사에 대한 무지와 편견으로 말미암아 조선에 대한 역사인식이나 지리고증이 답보, 심지어 곡해로 치달았다는 것이다.

조선 학자들은 시간이 흐르면서 '북학(北學)'의 영향으로 요동설의 가능성을 제기하는 수준까지 진화하였다. 이와는 대조적으로 중국에서 조선의 역사에 대한 인식은 조선 초기《동국사략》식의 '소중화'적 역사관에서 한 치도 진전된 것이 없었다. 이는 물론 번속국가 조선에 대한 무지와 편견의 발로였다. 문제는 조선 역사에 대한 양수경, 왕선겸 등의 잘못된 역사인식과 지리고증이 20세기를 거쳐 21세기인 지금의 중국 학계에도 고스란히 대물림되었다는 데에 있다.

2. 민국 시기의 한사군 연구

1920년대 이래 일제는 "만주와 조선은 역사적으로 지나의 영토가 아니었다"라는 취지의 '만선사관(滿鮮史觀)'과 중국은 오로지 본토에 대해서만 통치권을 가진다는 이른바 '중국본부론(中國本部論)'을 고취하였다. 물론 그들의 저의는 중국 내지와 조선, 만주, 몽골 등 변강 이민족 사이의 분열을 조장하는 데 있었다.

　1931년 만주사변(滿洲事變), 1937년 중일전쟁 등은 일제가 이 같은 역사인식에 따라 자신들의 대륙 침략을 정당화하기 위하여 벌인 전쟁이었다. 중국 학계에서는 이에 대한 반발로 1934년 '우공학회(禹貢學會)'를 창립하고 중국고대사를 역사지리적으로 고증함으로써 일제의 역사침략 행위에 대응하려 하였다. 그러나 당시 중국 학자들은 일제의 그 같은 강압적이고 자의적인 역사인식에 반발하면서도 정작 조선에 대해서는 한국사의 시원이 되는 고조선의 부용성(附傭性)과 비자주성(非自主性)을 강조하는 이중성을 보였다.

　1938년 고힐강(顧頡剛: 1893~1980)과 사염해(史念海: 1912~2001)는 ① 전국시대 연-진과 고조선의 경계선을 한반도 내로 끌어내려 각각 압록강과 대동강 하구로 비정하면서 ② 전한대에 대동강 남안에 도읍을 두었던 위만조선이 멸망하면서 그 자리에 낙랑군이 설치되었다는 '낙랑평양설'을 주장하였다. 비슷한 시기에 김육불(金毓黻: 1887~1962) 역시 고조선이 기원전 4세기 말~3세기 초의 진개(秦開) 침공 이전에는 요동 일부까지 진출한 적이 있으나 기자조선 이후로 그 정치적 중심은 한반도의 대동강 이남으로 축소되었다고 주장하였다. 진개의 침공을 계기로 연나라 장성의 동단이 대동강 북안까지 이르렀다는 주장은 범문란(范文瀾: 1893~1969) 등에 의해서도 제기되었다.

　당시 거의 모든 학자들이 '낙랑평양설'을 신봉하는 가운데 1934년 여사면(呂思勉: 1884~1957)은 특이하게도 '중심이동설'을 제기하였다.

  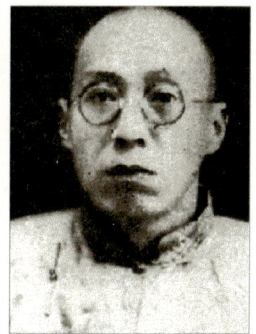

〈민국시기의 대표적인 역사학자. 고힐강(좌), 김육불(중), 여사면(우)〉

기자가 조선에서 나라를 세운 곳과 관련하여, 옛날 사람들은 모두가 지금의 조선 땅이라고 여기고 있지만 근래에는 이를 의심하면서 기자가 최초에 책봉된 곳은 광녕 부근이어야 옳다고 주장하는 학자도 나오기 시작하였다. 나는 조선의 초기 땅이 도대체 어디에 있었는지는 매우 답변하기 어렵다. 다만 지금의 조선 땅에 존재하지 않은 것은 확실하며 그 대체적인 정황을 헤아려 보건대 응당 연의 동북방에 존재했을 것이고 맥족과 섞여 살았을 것이다.31)

광녕현(廣寧縣)은 요나라 때 처음으로 설치된 행정구역으로, 지금의 요령성 북진시(北鎭市) 일대에 해당한다. 말하자면 그는 지금의 요령 지역에서 건국된 기자조선이 일정한 기간이 지나자 그 중심을 한반도의 평양으로

---

31) 여사면, 《중국민족사(中國民族史)》, 세계서국, 1934. "箕子立國朝鮮, 昔人皆以爲卽今朝鮮之地, 近始有疑之者, 謂箕子初封, 當在廣寧附近. 予謂朝鮮初地, 究在何處, 殆難質言. 然必不在今朝鮮境, 度其大較, 當在燕之東北, 與貊雜居." 이 부분은 1996년에 출판된 동방출판사판 제152쪽에서 인용하였다. 중국에서는 광녕현의 위치를 요령성 북진시로 비정하고 국내에서도 많은 학자들이 이 주장을 따르고 있다. 그러나 그 정확한 위치는 하북성 동북부 '경동' 지역일 가능성도 배제할 수 없다. 여기서는 일단 기존의 주장을 따랐다.

이전한 것으로 해석한 셈이다.[32] 물론, 그의 이 같은 고대사 인식은 기자(箕子)가 동방으로 갔다는 민간설화를 역사적 진실로 받아들인 결과였다.

3. '신중국'의 한사군 연구

한사군 관련 연구는 '신중국(新中國)' 수립 이래 대약진운동(大躍進運動)·반우파투쟁(反右派鬪爭)·문화대혁명(文化大革命) 등 일련의 정치투쟁의 소용돌이 속에서 수십년간 중단되었다. 그러다가 등소평(鄧小平)이 개혁-개방 정책을 진행하면서 1980년대 이후로 서서히 재개되었다.

장박천(張博泉: 1926~2000)은 여사면의 '중심이동설'에 착안하여 기씨조선이 기원전 12세기~2세기 초까지 내몽고 객좌(喀左) 중심의 대릉하(大陵河) 유역 ⇒ 요동 중심의 요하(遼河) 유역 ⇒ 한반도 평양 중심의 대동강 유역으로 차례로 이동하면서 1,000년 동안 존속했다고 보았다.[33] 이 과정

---

[32] 여사면의 이 같은 '중심이동설'은 1990년대에 내몽고·요령 일대에서 이루어진 고고조사·발굴을 근거로 한 장박천·염해(閻海) 등에 의하여 재차 개진되었다. 그러나 곧 '낙랑재평양설'을 지지하는 대부분의 학자들의 거센 비판에 직면해야 하였다. 이 논쟁의 대표적인 예로는 염해의 2001년 논문인 〈기자가 동쪽의 조선으로 간 원인 탐구(箕子東走朝鮮探因)〉와 그 반박으로 장벽파(張碧波)가 2002년 발표한 〈기자가 동쪽의 조선으로 간 문제에 관한 논쟁 ― 염해선생과의 토론(關於箕子東走朝鮮問題的論爭 ― 與閻海先生商榷)〉 등이 참고할 만하다.

[33] 장박천, 《동북역대강역사(東北歷代疆域史)》, 제24-25쪽, 길림인민(吉林人民)출판사, 1981. 장박천이 1973년 요령성 객좌현(喀左縣) 북동촌(北東村)에서 출토된 은대 유물 '기후방정(箕侯方鼎)'을 근거로 '요서설'을 주장하게 된 경위 및 논쟁에 관해서는 기수연의 〈중국학계의 한사군 연구 동향과 분석〉《고조선단군》, 제23호, 2010. 제1152-1153쪽)을 참조하기 바란다. 이건재와 장박천은 그 후로도 각자의 주장을 굽히지 않았는데 최근까지도 '한반도북부설'이 우세를 유지하는 상황에서 '이동설'이 틈틈이 제기되고 있다. 그러나 이들이 기자의 초기 정착지를 어디로 보든 간에 최종적인 정착지를 한반도 북부로, 한국사의 시작을 기자조선으로 보고 있는 점에서는 동일하다. 물론, 장박천과 이건재로 대표되는 중국 학계가 이처럼 동일한 결론에 도달하는 것은 어찌 보면

〈'중심이동설'을 주장한 장박천. 그리고 《중국역사지도집》의 제작을 지휘한 담기양과 그 제자 주진학(좌)과 갈검웅(우)〉

에서 그는 낙랑군의 조선현이 지금의 평양 대동강 남안 서남쪽 1리 반 지점의 토성 터에 있었다고 보았다.

그러나 그를 제외한 거의 모든 학자는 양수경, 왕선겸의 선행 연구 및 지리고증으로부터 심대한 영향을 받고 있었다. 패수가 대동강이고 왕험성 또는 낙랑군은 평양에 있었으며 고조선의 중심지는 평양이고 그 강역도 압록강을 넘지 못한 채 한반도 서북부에 고착되어 있었다고 본 것이다.

우선, 담기양은 낙랑군 치소인 조선현은 위만조선의 왕험성과 동일한 장소로 지금의 평양 서남쪽 1리 지점의 토성동(土城洞)이며, 낙랑군 북쪽 경계인 패수는 청천강으로 비정하였다. 그러면서 대동강이 '패수'라는 이름으로 불린 것은 삼국시대 이후이며 한대에 패수로 불린 것은 청천강이라는 주장을 내놓았다.34)

"한국사에서의 기자조선 문제를 부각시키고 은나라 사람이었던 기자로 인해 한반도의 역사가 시작되고 문명 단계에 들어섰다는 것을 강조하기 위한 의도가 깔려 있는 것"(기수연, 제1154쪽)으로 해석할 수 있겠다.

34) 담기양 주편,《중국역사지도집 석문회편-동북권》, 제47-48쪽, 중앙민족학원(中央民族學院)출판사, 1989. 1987년 길림대 교수 동동(佟冬: 1905~1996)이 길림문사(吉林文史)출판사를 통하여 출판한《중국동북사(中國東北史)》는 그 입장이 담기양의 위치 고증과 대체로 일치한다. 다만, 낙랑군의 치소 조선현을 평양의 남쪽 즉 대동강 남안으로 보았는데 이 부분에서는 양수경의 주장을 따른 것으로 보인다.

〈부록 1〉 중국 학자들의 한사군 연구 105

몇몇 하천이 일찍이 패수로 불려졌다. 한대의 이른바 '패수'는 한대 이후 수당대까지의 패수와는 다른데, 후자는 지금의 대동강을 말하지만 전자는 지금의 청천강을 말한다. … 어떤 문헌은 한대의 패수가 지금의 대동강이라고 착각하였다. … 한대 말기 또는 삼국시대부터는 '패수'라는 강 이름은 더 이상 청천강을 가리키지 않고 지금의 대동강을 가리키는 이름으로 전환되었다. … 열수가 대동강이고 … 대수는 지금의 재령강이다.[35]

이 같은 그의 주장은 조선시대에 '청천강설'을 주장한 한백겸(韓百謙: 1552~1615) 등의 영향을 받은 것으로 보인다.

손진기(孫進己: 1931~)와 왕면후(王綿厚: 1945~)는 청동기시대에 산융(山戎)은 중국 요령성의 대릉하 유역, 동호(東胡)는 서요하(西遼河) 유역, 예(濊)는 요동에서 활동했다는 전제하에 요령 지역의 '십이대영자 문화(十二大營子文化)'를 동호, 요동의 비파형 동검 문화를 예족 등, 서로 별개의 민족 및 문화 계통으로 구분하였다. 낙랑군의 북쪽 경계를 청천강, 남쪽 경계를 대수(帶水) 즉 지금의 임진강(臨津江)으로 보는 한편, 그 치소의 위치를 대동강 동쪽과 열수 즉 지금의 재령강 북쪽으로 보았다.[36]

최근 역사지리학자인 주진학(周振鶴: 1941~)은 '열수'를 대동강으로 비정하고 조선현을 지금의 평양 대동강 남안의 토성동(土城洞) 일대로, 패수는 지금의 청천강으로 보기도 하였다.[37]

---

35) 담기양 주편, 같은 책, 제47-48쪽.

36) 손진기·왕면후, 《동북역사지리》, 제331쪽, 흑룡강인민출판사, 1989.

37) 주진학, 〈한무제 조선 4군 고찰(漢武帝朝鮮四郡考)〉, 《주진학자선집(周振鶴自選集)》, 제59-60쪽. 그는 이 과정에서 《수서(隋書)》·《신당서(新唐書)》의 관련 기록들을 근거로 평양의 대동강이 '패수'로 불리게 된 것은 진대(晉代) 이후라고 보았다. 즉, 대동강은 진대 이후부터 '패수'로 불리기 시작했으므로 그 이전, 즉 《사기》나 《한서》에 등장하는 고조선의 '패수'와는 무관하다는 것이다. 엄밀한 의미에서 볼 때 그의 이 같은 결론은 사실 "패수는 어디까지나 한반도의 하천"이라는 오랜 선입견에서 도출된 것이어서 정답이라고 할 수는 없지만, 그가 제시한 문헌적 근거만으로도 "대동강과 고조선의 '패수'는

〈'동북공정'의 선봉장 역할을 하고 있는 중국 학자들. 유자민(좌), 장벽파(중), 손진기(우)〉

반면에 이건재(李健才: 1920~2006)는 장박천의 '이동설'을 신랄하게 비판하면서 고조선의 강역은 아무리 크게 잡아도 압록강을 넘지 못했다는 입장을 고수하였다. 그는 이동설의 근거가 된 '고죽국(孤竹國)'과 고구려를 동일시한《수서(隋書)》〈배구전(裵矩傳)〉등의 후대 문헌들이 고구려와 고죽국을 계승관계에 있는 것으로 오도했고, 여기에 평양의 기자조선 기록이 결합되면서 그 같은 착오가 발생한 것으로 보았다.

그러면서 기자가 '조선성(朝鮮城)' 즉 지금의 하북성 노룡현(盧龍縣)에 책봉되었다는 송대 지리서《태평환우기(太平寰宇記)》'하북도 평주 노룡현(河北道平州盧龍縣)'조 기사에 대해서는 기원후 313년 이후 평양의 낙랑군이 이곳으로 옮겨지면서 발생한 일종의 '착시(錯視)'라고 일축하였다.38)

중국 학자들의 이 같은 주장은 본질적으로 지금의 평양시가 고대의 평양성이라는 잘못된 역사인식에서 비롯된 것이다. 만일 지금의 평양이 고대사 속의 조선-낙랑-고구려의 도읍지와 동일한 장소라고 주장하려면 지금의 평양시에서 어째서 고조선-고구려의 유물, 유적은 하나도 보이지 않는지부

전혀 별개의 하천"이라는 사실인식만은 정확하다고 할 것이다.
38) 이건재,《동북사지 고략(東北史地考略)》.

터 먼저 해명해야 옳다고 본다.[39]

상식적으로 낙랑군보다 몇 백 년 뒤에나 조성된 고구려의 유물, 유적이 비율상으로 전무하다시피 한 것은 도무지 납득이 되지 않는 일이다. 또, 과거 낙랑의 것으로 분류되었던 평양 지역의 유물, 유적들 상당수는 고조선 또는 고구려의 것들을 실수로 오인하거나 의도적으로 끼워 넣은 것일 개연성도 부정할 수 없다. 고대사 속의 평양은 장수왕이 도읍을 옮기는 재위 15년(427) 이전의 장소이므로, 장수왕이 천도한 그 이후의 평양과는 결코 동일한 공간일 수가 없다. 즉, 지금의 평양시와는 다른 어느 지역이라는 뜻이다.

복기대는 장수왕이 천도한 후의 평양이 지금의 요령성 요양(遼陽)이라고 보았다.[40] 그렇다면 《수서》〈배구전〉, 《태평환우기》 등 중국의 각종 정사, 지리서들의 기록에 근거할 때 장수왕 이전의 평양성, 나아가 고구려 도읍들은 그보다 서쪽에 위치해 있었을 수밖에 없다.

4. 1990년대 이후의 한사군 연구

1990년대 중국 측의 고조선 관련 연구의 동향을 보면 주요 명제가 '중심이동설'에 대한 '평양중심설'의 반격이었다. 그러다가 '평양중심설'이 차츰 정설로 자리 잡게 된다. 그리고 이 무렵 남북한·일본 등 외국 학계의 기존 고대사 연구 성과들에 대한 번역, 소개가 활발하게 이루어지면서 1990년대 말부터 '동북공정(東北工程)'의 연구 성향을 노골적으로 드러내기 시작

---

39) 저자가 본 장의 원고를 완성한 후 7개월 후인 2017년 11월 3일 고고학자 정인성은 전국고고학대회 발표에서 평양시에서는 고조선의 유적, 유물이 전혀 확인되지 않았다는 고고적 소견을 내놓았다. 저자의 추론이 사실로 판명된 셈이다.

40) 복기대, 〈고구려 후기 평양 위치 관련 기록의 검토〉, 같은 책, 제82쪽.

하였다. 강단 학자들은 '동북공정'이 2,000년대에 들어서면서 시작된 것이라고 주장하지만 그것은 하나만 알고 둘은 모르는 소리이다.[41]

중국 학계는 이때부터 기존의 '기자조선-위만조선-한사군'의 삼단계 역사체계에 새로 고구려를 추가하고 고구려 문제에 공격적으로 대응하기 시작하였다. 그리고 급기야 고구려사를 연결고리로 삼아 한민족사 인식체계 전반의 훼손과 왜곡을 시도하기에 이르렀다. 이 과정에서 중국 학계는 사료를 자의적으로 해석하거나 충분한 논거를 제시하지 않은 채 고구려사를 '중국고구려사(中國高句麗史)'로 편입시키고 그 외연을 고조선사·부여사·발해사로까지 확장해 가는 양상을 보인다. 이 시기에는 리지린·윤내현 등이 제시한 남북한의 '난하설' 또는 '요서설'에 대한 반박논리가 적극적으로 개발되고 그에 대한 대응도 강경해지기 시작했다.

기존의 고대사 연구에 문제의식을 가진 남북한의 일부 학자는 ㉠《사기집해(史記集解)》에서 "서광(徐廣: 362~425)이 '창려는 험독현에 있다'라고 하였다.《사기색은(史記索隱)》에서 위소(韋昭: 204~273)는 '옛 고을이다'라고 하고, ㉡ 응소(應劭: 153~196)가〈지리지〉에서는 요동에 험독현이 있는데 조선왕의 옛 도읍이다'라고 했고, ㉢ 서진(266~316?)의 신찬(臣瓚: ?~?)이 '왕험성은 낙랑군 패수의 동쪽에 있다'라고 주장한 것과 ㉣ 당대에 이현(李賢)이 주석을 붙인 일[42]에 근거하여 낙랑군이 요서에 있었다는 주장을 제기한 바 있다.

1990년대부터 중국 학계는 국내 학계 일각에서 제기한 '요서설'에 대하여 보다 적극적으로 반응하기 시작하였다. 그들은 1970년대 이래로 낙랑군

---

41) 기경량,〈47억짜리 지도? 독도가 없긴 왜 없나–이덕일의 사기가 먹혀들다〉,《기량의 백지 채우기》=http://kirang.tistory.com/733?category=115988
42) 이현은《후한서》〈광무제기 하(光武帝紀下)〉의 "처음에 낙랑인 왕조가 군에 할거하면서 복종하지 않자 가을에 낙랑태수 왕준을 보내 공격하였다(初, 樂浪人王調據郡不服. 秋, 遣樂浪太守王遵擊之)" 기사에 "낙랑군은 옛 조선국으로 요동에 있었다(樂浪郡, 故朝鮮國也, 在遼東)"라고 주석을 붙였다.

이 요동에 있었다는 주장이 '이웃나라'[43]에서 제기되면서 역사 논쟁의 양상이 한층 복잡해졌다고 주장하였다. 그러면서 낙랑군 치소가 한반도 평양 부근 토성리 고성에 자리 잡고 있었다는 것은 "중국 학술계와 일본, 나아가 한국의 일부 학자들에게서 보편적인 인식"이라고 보았다. 그러면서 "이 같은 주장이 현재로서는 유일하게 합리적인 인식으로, 그 근거가 되는 대량의 역사 기록이 남아 있을 뿐만 아니라 이를 입증할 대량의 고고 자료들도 남아 있기 때문에 더 이상 고증할 필요가 없을 정도"라고 잘라 말하였다.[44] 요즘 강단 학계에서 입버릇처럼 떠드는 소리가 알고 보면 1990년대에 중국 학자들의 목소리였던 셈이다.

동북사범대(東北師範大) 중문과 출신의 유자민(劉子敏: 1938~2011)은 기자조선-위만조선-한사군의 낙랑군은 모두 지금의 평양 지역에 존재했다고 주장하고 나섰다. 즉, 위씨조선의 북쪽 경계는 지금의 북한 함경남도 북쪽의 마천령과 청천강을 넘지 않았으므로 한사군의 관할지도 위씨조선의 북쪽 경계를 넘어설 수 없다는 것이다. 그러면서 하북-요서에 존재했다는 윤내현 등 국내 학계 일각의 주장은 황당무계하다고 일축하였다. 그러나 그의 논증이야말로 대부분이 "전혀 근거 없는 상상"의 산물일 뿐이다.[45]

마대정(馬大正: 1938~) 역시 "《수경주》에서 낙랑군의 치소 조선현이 평양에 있었다고 분명하게 적고 있다"라면서 그 가능성을 부정하였다. 또, ① 《한서》에 대한 응소의 주석은 모순되어 신찬, 안사고(顏師古)가 이의를 제기했고, ② 조선의 정약용이 《아방강역고(我邦疆域考)》〈조선고(朝鮮考)〉에

---

[43] 북한과 남한을 가리킨다. 북한에서는 이미 1950년대에 리지린이, 남한에서는 1970년대에 윤내현이 각각 고조선과 '한사군'이 난하 유역을 중심으로 한 하북-요령 일대에 자리 잡고 있었다는 '요서설'을 제기했으며 그 후로 이덕일, 심백강, 홍문종, 이주한 등 재야 학자들에 의하여 지속적으로 공론화되어 왔다.

[44] 마대정·이대룡·경철화·권혁수,《고대중국 고구려 역사속론》, 제90쪽, 중국사회과학출판사, 2003.

[45] 유자민,《고구려 역사연구》, 연변대학출판사, 1996.

서 "험독이 요동군의 속현이라면 어떻게 위만이 도읍으로 정할 수 있겠는가"[46]라고 반문하는가 하면, ③ 당대의 '요동'은 한대의 '요동군'과는 위치가 달랐다는 이건재의 주장과 함께 ④ 평양에서 '낙랑' 명문의 와당 등의 유물들이 발견된 점 등을 들어 "낙랑군 조선현이 평양에 있었다는 역사적 사실로 분명하게 입증됐음에도 불구하고 일부 '학자'들이 과학적인 태도를 취하지 않고 다른 속셈을 품고 승복하려 하지 않는 것 뿐"[47]이라면서 애써 그 의미를 축소하였다.

장벽파(張碧波: 1930~)는 평양 대동강 서남안의 한대 고성 터에서 발견된 고분, 화폐, 청동기, 봉니들을 근거로 그 일대가 낙랑군 조선현이라고 주장하였다. 덧붙여 지금까지 진번의 영역으로 여겨졌던 낙랑군 남쪽에는 대방군이 있었으며 대수는 지금의 북한강, 열수는 재령강이라고 보았다.[48]

왕배신(王培新)은 지금까지 한반도에서 발견된 낙랑문화 유적들이 북으로는 청천강, 남으로는 재령강 중상류, 서로는 황해, 동으로는 용흥강(龍興江) 유역까지 분포하는 점을 근거로 낙랑문화 유적의 중심지가 평양 일대

---

46) 정약용(丁若鏞), 《아방강역고(我邦疆域考)》〈조선고(朝鮮考)〉: "險瀆旣是遼東屬縣, 安得爲衛滿所都."

47) 마대정, 같은 책, 제91-92쪽. 그러나 마대정 등이 이상에서 제시한 반론이라는 것은 본질적으로 지금의 평양이 고구려가 천도한 바로 그 '평양'과 동일한 장소라는 전제하에서만 성립할 수 있는 명제들이다. 즉, 지금의 평양이 고구려의 평양과 별개의 장소라면 그들의 논증은 무의미한 것이 되는 것이다. 문제는 장수왕이 평양으로 천도한 것은 427년 이기 때문에, 중국 학자들이 그 이전의 역사적 사실을 논증한 응소의 지리인식을 '오류'라고 주장하는 것은 잘못이라는 것이다. 정약용의 반문 역시 지금의 평양이 고대의 평양 또는 고조선의 왕험성, 낙랑군의 조선현이라는 전제하에서 나온 것이어서 역시 잘못된 명제이다. 평양에서 발견된 '낙랑' 명문이 들어가 있는 유물들이 조작된 것임은 이미 정인보 등 여러 학자들이 논증한 바와 같다. (와당, 봉니의 조작 의혹에 대해서는 정인보 《조선사연구》(상권)을 참조하기 바란다.) 이 같은 문제들도 제대로 확인 또는 검증해 보지 않은 그들의 반박이야말로 "과학적인 태도를 취하지 않고 다른 속셈을 품고 승복하려 하지 않는" 행태가 아닐 수 없다.

48) 장벽파, 〈한사군고석〉, 《학습과 탐색(學習與探索)》, 1998.제1기, 제137쪽.

의 대동강 하류와 재령강 유역에 있었다고 주장하였다.[49]

이 밖에도 조홍매(趙紅梅), 묘위(苗威) 등의 소장 학자들이 차례로 한사군 관련 주장과 저술을 내면서 저술 활동을 활발하게 벌이고 있다. 그러나 내용면에서는 그다지 새로울 것이 없는 것이 중국 학계의 한사군 연구 실정이다.

5. 중국 학자들의 역사고증 및 해석의 근본적 문제점

중국 학자들은 ① 패수가 대동강이며, ② 왕험성 또는 조선현이 지금의 평양이었다는 점, 또 ③ 고조선의 강역이 한반도 북부에 고착된 채 아무리 크게 잡아도 압록강을 넘지 못했다는 점에서는 대부분 의견의 일치를 보이고 있다. 여기에는 여사면, 장박천 등의 '이동설' 주장자들도 예외가 아니다.

이 같은 그들의 논리는 본질적으로 한사군 문제에 대한 《동국사략》의 소중화적 '반도사관(半島史觀)'과 《수경주》의 패수 관련 지리고증에서 큰 영향을 받은 것이다. 당연한 이야기이겠지만, 궁극적으로 조선시대 학계에서 유행한 낙랑평양설 및 패수대동강설과도 그 맥을 함께한다. 그러나 이들의 고대사 주장들은 모두가 태생적으로 결정적인 결함을 안고 있다. 이들의 주장들은 철저한 문헌적, 지리적 검토를 통하여 직접 입증된 것이 아니기 때문이다.

이들의 주장은 100여 년 전 양수경, 왕선겸의 지리고증에서 한 치도 벗어나지 않는다.[50] 애초에 양수경, 왕선겸의 지리고증 자체가 조선 초기 소중

---

49) 왕배신, 《낙랑문화 – 묘장을 중심으로 한 고고학 연구》.
50) 이상의 소개를 통하여 볼 때, 최근 100년 사이의 중국 학계의 한국 고대사에 대한 역사 인식 및 지리고증은 100년 전의 양수경, 또는 조선 초기 〈조선사략〉의 단계에 정체되어 있는 상태라고 해도 과언이 아닐 것이다.

화적 역사관에 충실한 《동국사략》의 지리고증에서 크게 영향을 받았고, 패수 고증 역시 역도원의 잘못된 고증과 결론에서 결정적인 영향을 받은 것이었다.

따라서 그 같은 전근대적인 고증 결과에 충실하다는 것은 그 자체만으로도 그들의 역사 고증 및 해석은 근본적인 결함을 안고 있을 수밖에 없는 셈이다.

중국에서는 양수경, 왕선겸 이래로 패수, 평양에 대한 고증을 시도한 학자가 수도 없이 많았다. 그럼에도 불구하고 기자동래, 패수대동강설, 낙랑평양설의 허점 또는 의혹을 간파하고 문제를 제기한 사람이 단 한 사람도 없었다. 이는 아이러니를 떠나서 불가사의한 일이 아닐 수 없다.

그런데 어떻게 이 주석을 평양이 낙랑군, 왕험성이라는 유력한 근거로 왜곡하고 이용할 수 있는가? 평양에서 '낙랑' 명문의 유물이 발견된 것도 그렇다. 고고학적 견지에서 볼 때 현지에서 발견된 유물들은 한결같이 특수성, 의외성만 보일 뿐 보편성은 결여되어 있다.

그 유물들은 참고 자료는 될지 몰라도 고고적 판정에 결정적인 영향을 미치는 중요한 단서는 될 수가 없다는 뜻이다. "고고학은 문헌사학의 보조학문일 뿐"이라는 태생적 한계를 감안할 때, 고고 유물은 50%의 가능성만 보장할 수 있을 뿐이다. 나머지 50%는 문헌 등 기타 학문적 검증을 통하여 입체적, 교차적으로 입증될 수밖에 없다.

6. 중국의 낙랑평양설과 패수대동강설의 이론적 한계

이상에서 살펴본 것처럼, 중국에서 근대로부터 현재까지 학자들이 주장해 온 '낙랑평양설'과 '패수대동강설'은 양수경의 역사지리적 주장으로부터 비롯되고 있으며, 양수경의 고조선 및 낙랑군에 대한 역사지리적 인식은 본질적으로 중국으로 흘러 들어간 《조선사략》에서 유래한 것이라고 해도 과언이 아니다. 그 이후로 민국 시기, '신중국' 시기를 거치면서 학자들마다 세부적인 부분에서는 조금씩 변주가 나타났다. 고조선의 전개 문제와 관련하여 한반도 북부 평양 지역을 중심으로 하여 한번도 압록강을 넘은 적이 없다거나 전성기에는 요동까지 진출했다는 주장과 함께 오히려 요서에서 평양으로 점차 이동한다거나 패수를 어디에 비정할 것인가의 문제를 놓고 대동강과 청천강이 대립구도를 형성하였다.

양수경을 위시한 중국 학자들의 이론적 한계는 그들이 '낙랑평양설'과 '패수대동강설'을 역사지리적으로 전혀 입증하지 못했다는 데서 찾을 수 있다. 그들의 지리고증은 '패수=대동강', '낙랑군=평양'의 관계를 그대로 보여 주는 확실한 문헌적 근거나 과학적인 검증, 그리고 그 가능성을 보여 주는 고고 유물들을 통하여 객관적이고 과학적으로 명명백백하게 증명된 것이 아니라는 뜻이다.

중국 사서에 대한 문헌 고증이나 지방지 등에 대한 대조-검증에 근거할 때 100년 사이에 중국 학자들이 고수한 주장들은 거의 100%가 그 전제부터가 잘못된 것이었다. 양수경 등 중국 학자들이 입론의 근거로 활용한 《조선사략》의 지리인식은 어디까지나 '조선=한반도'라는 그릇된 도식에서 출발한 것이기 때문이다.

중국 학자들이 요동설이 등장하는 조선 후기의 연구 성과들을 전혀 참고하지 않은 것은 중대한 패착들 중의 하나이다. 애초에 조선 초기에 기세를 떨치던 대동강설은 기자가 동래했다는 가정과 고조선이 지금의 한반도, 평양이 지금의 평양이라는 기본 전제가 충족될 때 성립될 수 있는 이론이다. 그러나 사실은 그렇지가 않다는 것이다.

애초에 기자조선이나 위만조선이 평양(한반도)에 세워졌다는 주장부터가 확실한 증거가 전혀 확보되지 않은 무책임한 주장이다. 즉, 기자나 위만이 지금의 평양에 조선을 세웠다고 분명하게 적시하고 있는 사서나 문헌은 전혀 존재하지 않는 것이다. 대부분의 사람들, 심지어 신중에 신중을 거듭해야 할 전문가들조차 한반도 전역을 통치한 이씨조선이라는 오래전에 받아들인 선입견 때문에 기자조선이나 위만조선 역시 한반도에 존재했을 것이라는 막연한, 그러나 전혀 근거가 없는 생각을 품다 보니, 여기에 등장하는 고대의 평양 역시 지금의 평안도 평양이라고 성급하게 단정한 것뿐이다.

양수경 이하 중국 학자들은 《수경주》에서 역도원이 패수의 위치와 관련하여 내린 결론, 즉 패수가 동으로 흐른다는 《수경》의 기록은 잘못된 것이고 실제의 패수는 서쪽으로 흐른다는 입장을 절대적으로 신뢰하는 경향이 있다. 그들은 절대신뢰라는 전제하에서 한사군·고조선의 위치와 강역에 대한 고증을 시도해 온 것이다.

그러나 역도원, 그리고 거의 모든 중국 학자들은 장수왕이 도읍을 평양으로 옮기던 427년 이전에 몇 군데의 역사 기록에 이미 '평양'이라는 지명이 언급되고 있고, 심지어 장수왕의 평양조차 한반도의 평양과는 엄연히 다른 장소라는 점, 따라서 《수경》의 패수 관련 소개를 오류라고 본 역도원의 주장이야말로 오류라는 점에는 애써 모르쇠로 일관해 왔다.

지금의 평양이 '평양'이라는 이름을 가지게 된 것은 다른 곳을 가리키는 이름을 '멋대로 갖다 붙인 것'일 뿐, 그 이름이 문헌에 등장하는 시점은 그 상한선을 아무리 높게 잡아도 고려시대 이상을 올라가지 못한다. 지금의 평양시는 대부분의 경우 다른 이름으로 불렸을 가능성이 높은 것이다.

조선시대 학자들, 심지어 정약용조차도, 기자나 위만의 조선이 한반도이고, 고조선-고구려의 평양이 지금의 평양이라고 믿어 의심하지 않았다. 물론 그 같은 신념은 고대의 조선을 당시의 조선과 '동일시'한 데 따른 필연적인 결과인 것이다. 그들로서는 '조선'이라고 하면 자신들이 살고 있는 이씨조선 이외의 어떠한 장소도 상상조차 할 수 없었던 것이다. 그렇게 본다면 그 이후에 역사 속에 등장하는 낙랑군이 평양에 실치되었다는 주장 역시 자연히 지금의 평양과는 전혀 상관이 없는 일인 셈이다.

설사 그 지역에서 중국계 고대 유물, 유적들이 아무리 무수하게 쏟아져 나오고, 심지어 '낙랑' 두 글자가 박혀 있더라도 그것은 우연의 일치이거나 누군가가 어떤 불순한 동기에서 의도적으로 벌인 조작의 결과일 뿐인 것이다.

기자가 동쪽으로 왔다는 주장 역시 마찬가지이다. 거기서의 '동쪽' 또는 조선이 한반도라는 것을 분명하게 적시한 어떠한 문헌적, 고고적 근거도 존재하지 않는다. 실제로 역대 사서, 지방지, 지리지 등 중국의 기존 문헌 자료들에는 중국, 특히 산해관(山海關)을 넘지 않은 '관내(關內)' 지역 도처에 기자묘(箕子墓), 기자성(箕子城) 등 기자 관련 유적들에 관한 기록들이 넘쳐나고 있다. 그 연대적 상한(上限)은 심지어 한대까지 거슬러 올라가기도 한다.

하북성 노룡현의 기자성, 북경 외곽의 기자성, 산서성 태곡현(太谷縣)의 기자성, 하남성 서화현(西華縣)의 기자독서대(箕子讀書臺), 몽현(蒙縣)의 기자묘, 산동성 조현(曹縣)의 기자묘 등은 그 대표적인 증거들이다. 특히 조선이 있었다고 전해지는 지금의 천안-노룡-창려 일대에는 기자 관련 유적이나 전승설화들이 도처에 남아 있다.

기자 관련 유적이나 전승으로 따지자면 중국도 우리나라 못지않은 것이다. 그 유적 또는 기록의 진위 여부는 둘째 치고 중국인들은 일단 기자를 자신들의 위인, 자신들의 역사로 인식하고 있는 것이다. 게다가 다소 논란이 있기는 하지만, 요령성에서 발견된 기자+(우물)정은 조작의 의혹이 훨씬 강하다고 보지만, 그런 고고적 유물들도 한둘이 아니다. 즉, 그 주장은 고려시대에 정치적 목적에 따라 '인위적으로 만들어진' 설화일 뿐인 것이다.

7. 소결

한사군 연구는 그 자체의 연구로만 그치는 것이 아니라 고조선의 위치, 강역 및 그 역사적 성격을 탐구하는 데에도 중요한 단서들을 제공한다. 따라서 적어도 이 점을 놓고 본다면 대단히 중요한 연구과제가 아닐 수 없다.

중국에서 한사군에 관한 연구는 청말 정겸, 왕사탁, 양수경 등이 그 서막을 열었고, 여사면, 김육불 등의 근대 사학자들이 체계화시켰다. 이 중에서 낙랑군이 평양에, 한사군이 북한지역에 있었다는 양수경, 김육불의 주장과, 조선이 요서 지역에서 평양으로 중심지를 이전했다는 여사면의 주장은 그 후 중국에서의 한사군 연구에서 양대 축을 이루면서 관련 연구에 적지 않은 영향을 주었으며, 이 흐름이 구중국 ⇒ 1980~1990년대 ⇒ '동북공정'의 단계를 차례로 거치면서 주변국의 학술 성과나 고고발굴 등을 통한 수정과 보완이 이루어지면서 접근 방법이나 세부 내용에서 조금씩 특색과 진화가 이루어져 왔다.

양수경 이래 100여 년 사이에 이들의 지리고증 역시 최근으로 가까워질수록 그 방법이나 논리가 보다 상세하고 정교해지는 양상을 보인다. 그러나 '중심이동설'을 주장한 여사면의 경우를 논외로 치면, 고조선-한사군-패수의 위치와 관련하여 기존의 '낙랑평양설'과 '패수대동강설'은 양수경 당시와 비교할 때 크게 달라진 것은 없어 보인다.

물론, 담기양, 손진기, 왕면호, 주진학 등이 패수를 지금의 청천강으로 본다거나 양수경, 왕사탁, 장박천, 주진학, 장벽파, 조홍매 등은 왕험성과 평양성의 구체적 위치를 대동강 남안으로 보는 등 세부에서는 더러 이견을 보이기도 하였다. 그러나 고조선의 왕험성, 고구려의 평양성, 한나라의 낙랑군이 지금의 평양이라는 데에는 양수경, 왕사탁 등으로부터 김육불, 여사면, 장박천, 담기양, 손진기, 왕면후, 주진학, 이건재, 장벽파, 유자민, 마대정-이대룡-경철화-권진혁, 조홍매, 묘위 등에 이르는 중국 학자들 전원이 조금의 의심조차 품지 않는 것이 실정이다.

게다가 일제강점기에 일본인 식민사학자들이 독점적으로 진행한 고고발굴과 그 결과 '발견'된 유적, 유물들은 그들의 기존의 주장들 – 낙랑평양설과 패수대동강설을 뒷받침해 주는 더할 나위 없이 훌륭한 물증 역할을 하였다. 그 과정에서 기존 학설에 대한 그들의 자신감과 집착은 거의 신앙에 가까운 수준으로 발전되었다.

그렇다 보니 한중일 세 나라의 학자들은 누군가가 이 통설들에 이의를 제기하기라도 하면 번번히 "이미 100년 전에 결론이 났다", "학계의 정설이다", "의심의 여지가 없게 되었다", "다시 거론할 필요가 없을 정도이다" 하면서 매번 제동을 걸어 왔다. 중국 역시 마찬가지이다. 중국에서 명-청대 이래 지금까지 역대 학자들의 '낙랑평양설' 및 '패수대동강설'에 대한 인식은 국내 강단 학계와 '이란성 쌍둥이'라고 해도 과언이 아닐 것이다.

그들은 이 같은 점들을 근거로 '낙랑평양설'과 '패수대동강설'이 이미 "역사적 사실로 분명하게 입증됐음에도 불구하고 일부 '학자'들이 과학적인 태도를 취하지 않고 다른 속셈을 품고 승복하려 하지 않는 것 뿐"이라면서 국내 학계 일각에서 진지하게 제기한 요서설의 학술적 의미를 애써 축소하려 하기 일쑤이다.

그러나 조금만 유심히 살펴보면 그들이 난공불락이라고 믿고 있는 철옹성이 수많은 허점과 의혹들에 싸여 있다는 것을 발견할 수 있다. 그리고 우리가 조금만 주의해서 중국 정사와 고고 발굴들을 파헤쳐 보면 그들이 신앙처럼 떠받드는 통설들이 얼마나 황당한 오독과 오류들로 점철되어 있는지 알 수가 있다.

고조선, 한사군 문제와 관련하여, 조선시대에 수많은 학자들이 수백 년에 걸쳐 격렬한 논쟁을 벌여 왔다. 그러나 그 수많은 학설과 논쟁들은 모두가 소중화적 '반도사관'을 극복하지 못한 탓에 고대의 역사적 진실에 다가설 수 없었다. 중국의 경우도 마찬가지이다. 그들 역시 명청대를 거쳐 지금 이 순간에 이르기까지 수많은 학자들이 역시 수백 년 동안 한사군의 위치를 둘러싸고 수많은 주장과 논쟁을 벌여 왔다.

그러나 그들 역시 중국 특유의 중화주의 세계관과 역도원의 잘못된 지리 고증에 따른 혼돈에서 헤어나지 못하였다. 설상가상으로 최근에는 '동북공정'의 족쇄까지 차게 되면서 역사의 진실에 다가서는 데에 번번이 실패하고 있다. 그런 점에서는 일본도 예외가 아니다. 그들은 그들대로 '황국식민사관(皇國植民史觀)'을 토대로 기존의 조선, 중국에 대한 잘못된 역사연구 및 지리고증의 결과물을 가지고 양국의 고대사를 연구해 왔다. 더욱이 고고적으로는 자신들에게 유리하게 고고적 유적, 유물들을 조작하거나 위조하는 만행까지 버젓이 자행하였다. 그러니 이들이 역사적 진실에 다가서기를 기대한다는 것은 하늘에서 별을 따는 것만큼이나 어려운 일인 셈이다.

"첫 단추를 잘 끼워야 한다." 이 말은 매사에서 시작이 얼마나 중요한가를 간단명료하게 설명해 준다. 어떤 일을 진행할 때 시작이 잘못되거나 허술하면 당사자가 전혀 예상조차 하지 못한 결과를 초래하는 경우가 많다. 단추야 무심코 끼우다가 잘못 끼운 것을 발견하면 얼마든지 새로 바르게 끼울 수 있다.

그러나 기승전결이 있는 세상사에서는 한번 벌어진 일은 절대로 만회가 불가능하다. 역사를 기록하거나 연구하는 것 역시 마찬가지이다. 한번 기록되거나 결론을 내린 것은 책으로 찍혀 나오는 순간 당사자가 아무리 바로잡으려 해도 돌이킬 수가 없게 된다. 조선시대에 정약용을 위시한 수많은 학자들의 역사연구와 지리고증을 전부 헛수고로 만들어 버린 것은 바로 '기자동래(箕子東來)'라는 허구의 전승설화 위에 구축된 반도사관과 당시 학계에 만연되어 있던 소중화적 세계관이었다.

양수경, 왕선겸 이래의 중국 학자들이 수십 년 동안 심혈을 기울여 얻어진 지리고증을 순식간에 폐지더미로 만들어 버린 것은 역도원의 《수경주》에서 시도한 잘못된 고증과 판단, 그리고 그들의 뇌리를 지배하고 있던 중화주의적 세계관과 동북공정이라는 시대착오적인 역사이념 때문이었다.

일본 역시 마찬가지이다. 그들은 한때 아시아에서 가장 먼저 근대적인 서구 문물을 도입하여 문명국가로 자부했으나 조선과 중국에 대한 잘못된 역사연구, 그리고 그들의 뇌리에 각인된 황국식민사관과 도를 넘는 탐욕에

얽매이는 바람에 남의 나라 고대 유적, 유물을 조작, 위조하거나 역사를 왜곡하는 만행을 자행하여 이웃나라에 씻을 수 없는 원죄를 짓고 말았다.

이처럼 한중일 세 나라의 기존 역사 연구는 각자 정도의 차이는 있을지 모르나, 저마다 심각한 문제를 안고 있는 것이다. 그렇다고 해서 그 연구들을 원점으로 되돌릴 수가 있을까? 기존의 연구는 이미 역사가 돼 버리고 말았다. 돌이킬 수가 없게 돼 버린 것이다. 그렇다면 그 연구들은 깨끗이 포기하고 처음부터 다시 연구를 시작하는 수밖에 없다. 한중일을 막론하고 학자들이 진심으로 고대의 역사적 진실에 다가서고 그 실체를 보고자 한다면 지금부터라도 각자가 가진 특정한 편견이나 이념들을 과감하게 떨쳐 버리고 철저하게 학자 본연으로 양심으로 되돌아가 처음부터 새로 연구를 해야 할 것이다.

또, 양수경 등은 '한대의 임둔군이 지금의 강원도 지역'이라고 여겼지만 1993년 중국의 고고조사단이 '임둔태수장(臨屯太守章)' 봉니를 발견한 곳은 뜻밖에도 '요서'지역에 속한 중국 요령성 호로도(葫蘆島)의 태집둔(邰集屯)이었다. 일제 식민사학자들이 범한 착오와 범죄 역시 대단히 심각하다. 그들이 "한사군은 한반도에 있었다"·"평양이 바로 한대의 낙랑군이다"라는 식의 주장을 입증하는 데에 유력한 증거로 삼았던 '점제현신사비(秥蟬縣神祠碑)'·'대방태수장무이전(帶方太守張撫夷)' 등의 유물은 지금 수많은 중국 학자들이 "한사군은 한반도에 있었다"고 주장할 때에도 매번 유력한 물증으로 이용되지만, 사실 그것들은 당시 누군가가 외지에서 몰래 조작해서 반입한 것일 가능성이 높은 것이다.

중국 학계가 이처럼 중국 중심의 역사관을 고수하고 정치성이 농후한 자신들의 '동북공정' 논리를 옹호하기 위하여 일제시대 식민사학자들의 잘못된 고증과 주장들조차 서슴없이 이용하는 행태는 한중 고대사의 역사적 진실에 다가서는 데에 엄청난 방해 요인으로 작용할 수밖에 없다.

따라서 중국 학계의 100여 년간의 한사군(및 고조선, 패수) 관련 연구는 이처럼 의혹들이 제대로 해결되지 않은 채 남겨져 있다. 따라서 과거에 종결된 지리고증은 당연히 처음부터 다시 이루어져야 하며 착오나 조작이 있었다면 반드시 전면적인 수정이 이루어져야 한다고 본다.

〈한사군-고조선-주요 하천에 대한 중국 학자들의 견해〉

	낙랑군	진번군	임둔군	현토군 (옥저성 ⇔ 고구려현)		주요 하천
양수경	평양 (대동강남)	경기도	강원도	함흥	신빈현	패수 - 대동강 열수 - 임진강
김육불	평양	진한 서북	강원도	함흥	?	
여사면	평양	낙랑 이북	강원도	함흥	?	
장박천	평양 (대동강남)	낙랑 이북	강원도 (원산)	함흥	신빈현	
담기양	평양	낙랑 이남 (황해 및 경기 북부)	강원도 (강릉)	함흥	신빈현 ⇒ 심양	패수 - 청천강 열수 - 대동강 대수 - 재령강
손진기 왕면후	평양	낙랑 이북 (흑룡강성 영안)	강원도 (강릉)	함흥	함흥	패수 - 청천강 열수 - 대동강 대수 - 임진강
주진학	평양 (대동강남)	낙랑 이남 (서울)	강원도 (강릉)	함흥	신빈현	패수 - 청천강 열수 - 대동강
이건재	평양	낙랑 이남	강원도	함흥	신빈현 ⇒ 심양	
장벽파	평양 (대동강남)	낙랑 이북 (흑룡강성 우의현)	강원도	함흥	신빈현	패수 - 대동강 열수 - 재령강 대수 - 북한강
유자민	평양	낙랑 이남	강원도	함흥	신빈현	
마대정 이대룡 경철화	평양	낙랑 이남 (한반도 남부)	강원도 (원산)	함흥	신빈현	
조홍매	평양 (대동강남)	낙랑 이남 (황해 및 경기 북부)	강원도 (강릉)	함흥	신빈현 ⇒ 심양	

* 고조선의 위치와 관련하여 여사면, 장박천 등 소수는 고조선이 위만 이후로는 한반도에 고착되었으나 기자 당시에는 중국 요서지방에 존재했다는 '중심이동설'을 주장했다

〈부록 2〉
조선시대 학자들의 패수 연구

1. 조선시대 낙랑평양설과 패수대동강설의 배경

 강단에서는 무슨 대단한 이론처럼 떠들어 대지만 지금 와서 곰곰이 따져 보면 조선시대의 고대사 논의는 과학적, 객관적인 논쟁이었다고 할 수 없다. 그들의 논쟁은 '소중화(小中華)'적 세계관과 '반도사관(半島史觀)'의 한계를 극복하지 못한 것이었기 때문이다. 그들의 논쟁에서 우리가 배워야 하는 것은 그 논쟁 자체나 그들이 내린 결론이 아니라 역사적 진실에 다가서기 위하여 그들이 다양한 목소리로 끊임없이 노력하고 분투한 '백가쟁명(百家爭鳴)'의 학술 정신이다.
 이 뒤에서 자세하게 보게 되겠지만, 그들의 논쟁은 지금의 기준으로 보자면, 상당히 단순하고 무미한 것이었다. 게다가 국내 강단에서는 그들의 주장을 마치 역사적 사실이고 대단한 발견인 것처럼 선전하고 있지만, 그들의 논쟁은 상당 부분이 오류와 편견으로 점철되어 있다.
 그로부터 수백 년이 지난 이 시점에서 그들의 주장이나 논쟁을 가지고 왈가왈부 한다는 것 자체가 어리석은 시간낭비일 뿐이다. 따라서 여기서는 언제 어떤 학자들이 어떤 식의 사유를 하고 어떤 식의 주장을 제시했으며, 어떤 식의 결론을 내렸는가를 시대순으로 차례로 살펴보면서 간단하게 촌평을 더하는 식으로 구성해 보았다.

그들은 수백 년간 사상적으로는 사대주의(소중화주의), 지리적으로는 역도원(酈道元)의《수경주(水經注)》를 충실히 따랐다. 문제는 이미 방금 위에서 확인한 것처럼, 그들의 중요한 논거들 중 하나인《수경주》의 역사 해석이나 지리고증이 근본적으로 잘못된 것이라는 사실이다. 이 때문에 그들이 수백 년간 논쟁한 것은 대부분 객관적이지도 과학적이지도 못한 시대적 한계를 안고 있다. 모두가 잘못된 고증인 것이다.

본서에서 조선시대의 패수 논쟁을 소개하는 것은 그들의 주장을 반영하자는 것이 결코 아니다. "고조선과 한사군이 한반도"라느니 "패수가 대동강"이라느니 하는 고정관념에서 해방되지 않은 상태에서 이루어진 지리고증은 그 주장자가 정약용(丁若鏞)이 아니라 그 누구이더라도 무의미할 수밖에 없으며, 그 결과 역시 부정확할 수밖에 없다.

실제로 대부분의 학자들의 위치 비정은 부정확한 것일 수밖에 없다. 우리가 그들로부터 본받아야 할 것은 정신적, 자료상으로 한껏 제한되었던 열악한 학술 환경 속에서도 고조선, 한사군, 패수의 위치와 범위에 관한 해답을 찾으려는 그들의 분투와 열정, 그리고 추론 과정인 것이지 강단처럼 그 시대의 주장을 100% 수용하자는 것은 결코 아니며 그래서도 안 된다고 본다.

고대사 지리고증에 국한시켜 볼 때, 지금의 학술 환경이 조선시대보다 훨씬 훌륭하고 효율적이기 때문이다. 아울러 우리가 여기서 눈여겨보아야 할 것은 조선시대의 고대사 논쟁에서 어느 쪽의 주장이 대중의 주목을 받느냐 하는 것이다. 초기에 대세로 여겨지던 '낙랑평양설', '패수대동강설'이 시간이 흐르면서 '낙랑요동설', '패수요하설'로 대체되고, 점차 소수파 의견으로 전락하는 것은 수백 년 사이에 확보된 새로운 문헌 자료와 지리 정보들을 통하여 고조선, 낙랑군 및 패수가 한반도 너머의 중국에 존재했을 개연성이 높다는 데에 공감하는 지식인이 날로 늘어갔다는 것을 의미한다.

'낙랑평양설' 및 '패수대동강설'의 도태 과정은 19세기의 유명한 과학자

찰스 다윈(Charles Darwin: 1809~1882)의 '적자생존(適者生存)'의 법칙을 연상하게 한다. 왕조 초기에 조선의 정치적 목적에 따라 역설되었던 '낙랑평양설'과 '패수대동강설'이 시간이 흐를수록 지식인층으로부터 외면당하고 급기야 "다산 정약용 등 한반도 중심의 입장은 이들에게 그다지 주목을 받지 못하였다."[51] 오랜 논쟁과 연구를 통하여 "목이 짧은 기린"(낙랑평양설과 패수대동강설)은 생존경쟁에서 새로 나타난 "목이 긴 기린"(낙랑요동설과 패수요하설)에 밀려 역사 연구의 마당에서 자연스럽게 도태되어 갔던 것이다.

수백 년간의 논쟁과 검증의 과정에서 결국 학자들로부터 외면받고 마지막 불씨가 사그라들고 있던 이 두 학설을 다시 관 속에서 끄집어 낸 것은 바로 일본인 식민사학자들이었다. 이들은 학설로서 이미 생명력을 상실한 두 학설을 하루아침에 정설로 둔갑시켰다. 아울러 평양 지역의 고고 유적, 유물들을 근거로 이를 역사적 진실인양 호도하였다.

송호정 등은 고조선, 낙랑군, 패수가 중국에 있었다고 믿거나 주장한 학자들에 대해서는 "환상"이라느니 "비과학적인 견해들"이라면서 그 대척점에 있었던 정약용은 "학풍이 매우 과학적"이고 "매우 합리적이고 논리적인 해석"[52]을 한 진보적인 역사학자인 것처럼 분위기를 몰고 간다. 그러나 이 같은 수사법은 본질을 호도하는 행위이다.

그 글이 정약용 개인의 학술 역정에 관한 논문이라면 적당한 호평은 불가피한 일이라고 이해하고 넘길 수도 있다. 그러나 그것이 조선 후기 실학자들 전체를 대상으로 한 논문이라면 한쪽은 비하하고 한쪽은 미화하는 그런 식의 흑백논리는 공정하지 못하며, 학자 개인의 주관적인 편견을 정약용이라는 아이콘에 억지로 이입하고 독자들에게 그 같은 평가를 따르기를 강

---

51) 송호정, 〈실학자들의 역사지리관과 고조선, 한사군 연구〉, 《한국고대사연구》 제62집, 제51쪽, 2011.6.
52) 송호정, 같은 글, 제44쪽.

요하는 부당한 처사라고 할 수밖에 없다.

학자는 연구 과정에서 항상 3인칭 관찰자의 시점을 견지해야 한다. 어떠한 역사적 사실에 대해서도 주관적인 감정이나 사사로운 이해관계를 개입시켜서는 안 된다는 것은 학술 연구의 기본이다. 송호정 논문의 문제는 중립적인 입장을 견지해야 할 학자가 정약용을 선으로, 반대자들을 악으로 상정하고 논리를 전개함으로써 독자들로 하여금 은연중에 편견을 갖게 만든다는 데에 있다.

게다가 어떤 논문들이든 관례적으로 넣게 되어 있는 정약용의 주장에 대한 최소한의 비판조차 보이지 않는다. 송호정에게 중요한 것은 정약용이 "낙랑이 요동에도 있었다고 하는 당시 조선의 유자들"을 비판한 사실이지 그가 "낙랑은 압록강 이서지역에는 없었다고 못 박고 조선 유자들이 요동에 낙랑이 있다고 한 주장"을 비판한 근거가 무엇인지 확인하는 작업이 아니다.

그렇다 보니 정약용의 논리와 관련하여 당연히 있어야 할 비판이나 분석은 전부 빠져 있다. 게다가 정약용은 전기 고조선의 패수는 압록강으로 보았지만 후기 고조선과 한사군의 패수는 대동강으로 보았음에도 불구하고 정약용이 고조선 연구에서 패수를 압록강으로 보았다고 애매하게 얼버무리기까지 하고 있다. 물론, 정약용의 주장을 일방적으로 편드는 송호정의 이 같은 논리 전개가 전혀 이해가 안 되는 것은 아니다.

송호정을 포함한 강단 학자들은 정약용을 지지하는 것이 아니라 '낙랑평양설'을 지지하고 있기 때문이다. 정약용은 그들에게 있어 한낱 수단에 불과한 것이다. 그들이 정약용을 들먹이고 미화하는 것은 정약용이 자신들이 주장하는 '낙랑평양설'을 지지했기 때문이지 그가 예뻐서 그를 미화한 것이 아니라는 말이다. 만일 정약용이 '낙랑평양설'을 주장하지 않았다면 그들은 아마 정약용은 무시하고 '낙랑평양설'을 주장하는 또 다른 실학자를 찾아내서 미화하려 들었을 것이다.[53]

고조선, 낙랑군, 패수가 중국에 있다고 주장한 학자들은 사행(使行)이나 유학 등의 방식으로 중국에서 새로운 문물과 정보들을 접하고 그것들을 토대로 고조선, 낙랑군, 패수 등 지금까지 누구나 믿어 의심치 않았던 고대사의 쟁점들에 대하여 학자로서의 당연한 문제 제기를 했던 것이다.

반면에 정약용은 적어도 역사연구나 역사인식에서만큼은 한낱 '우물 안 개구리'에 지나지 않았다. 여전히 구태의연한 세계관에만 매몰되어 또 다른 가능성에 대한 회의나 전향을 거부했고, 그렇다고 해서 방법론에 있어서도 그다지 합리적이라고 할 수도 없는 논증에 매달리는 경향이 강하였다. 그런 상황에서 낙랑평양설을 주장한 학자들에게만 무조건 '합리적이고 논리적'이라는 왕관을 씌워 주는 것은 공정한 처사라고 하기 어렵다.

여기서는 조선시대에 수백 년 동안 진행되었던 고대사 논쟁을 주요 학자들을 중심으로 시대순으로 살펴보고 과연 조선시대에 '낙랑평양설'의 위상이 어떠했는지, 그리고 시간이 흐르면서 어떻게 변해 갔는지 살펴보도록 하겠다.

2. 조선시대의 패수 인식

강단에서는 재야 학계가 식민사관을 비판하기만 하면 그때마다 "재야에서 마치 식민사관의 산물인 것처럼 비판하는 '낙랑재평양설'이나 '패수대동

---

53) 송호정이 자신의 글 제49쪽에서 이마니시 류, 시라도리 구라키치나 이병도를 "소박한 합리주의적 역사 서술을 하는 부류"로 호평하는 황당한 주장을 한 것도 이 같은 맥락에서 이해할 수 있다. 그가 얼마나 일제 식민사관에 호의적인지는 "이병도를 포함한 일인 학자의 연구는 근대 사학에서 요구하는 우리 역사의 독자성과 개별성을 근대적으로 재구성하려는 노력 속에서 수행되었다. 그리고 그 연구 성과가 일본의 역사 인식과 대치되는 면을 고려치 않고 그저 객관적이고 합리주의적 서술만을 추구했던 것으로 보인다"(제50쪽)라는 레토릭을 통해서도 충분히 알 수가 있다.

강설'도 사실은 조선시대 실학자들이 주장한 것이다. 재야의 논리대로라면 정약용도 식민사학 추종자인가" 하는 볼멘소리를 해 왔다. 그러나 재야의 비판에 대하여 강단에서 이런 식으로 반응하는 것은 전혀 논리적이지 못한 대처법이다.

정약용을 비롯한 조선 학자들은 애초부터 식민사학을 추종한 적이 없거니와 또 그것을 밥벌이로 이용한 적도 없기 때문이다. 그럼에도 불구하고 강단에서는 지금 21세기의 고대사 논쟁에 '난데없이' 정약용 등의 조선 학자들을 들먹이기 시작하였다. 심지어 일부 학자는 당시 학자들의 논지를 교묘하게 왜곡하여 전혀 상반된 결론을 내리고 원전에서 멀리 있는 대중을 기만하는 징후까지 보인다. 그 같은 '학술 사기(academic fraud)'에 현혹되지 않고 그들의 주장이 과연 어디까지가 진실이고 어디까지가 거짓인지 확인하기 위해서는 조선시대의 한사군 논쟁을 간략하게나마 살펴볼 필요가 있을 것 같다.

1) 조선 초기 관찬 역사서들의 고대사 인식

조선시대 한사군 논쟁은 패수의 위치를 찾는 데에 역점을 두었다. 패수는 위만이 조선으로 망명하는 과정에서 건너간 하천으로, 그 존재 자체가 한나라와 조선 두 나라의 국경선으로 인식되었기 때문이다. 당시 학자들은 패수의 건너편부터가 조선의 강역으로, 조선이 멸망한 후 한사군이 설치된 지역이라고 인식하고 있었다. 따라서 그들이 패수의 위치를 주된 관심사로 삼는 것은 당연한 일이었다.

(1)《동국사략》의 관점

조선에서 간행된 사서들 중에서 최초로 '패수'를 언급한 것은《동국사략(東國史略)》이었다. 이 책은 태종(太宗) 3년(1403) 조선의 개국공신이던 하륜(河崙), 권근(權近), 이첨(李詹) 등이 왕명에 따라 편찬한 관찬 역사서로, 삼국의 역사를 주로 다루고 있다고 해서 《삼국사략》으로 불리기도 하였다. 그런데 이 책에서는 한중 고대사의 주요 키워드들을 다음과 같이 소개하고 있다.

단군
… 국호를 조선으로 하고 평양에 도읍을 두었다가 백악으로 옮겼다. …
檀君
… 國號朝鮮, 都平壤, 徙白岳. …

기자
주무왕이 상나라를 멸망시키매 기자가 중국인 5,000명을 이끌고 조선으로 들어가니 무왕이 그것을 계기로 그를 (조선후로) 책봉하였다. 평양에 도읍을 두니 이것이 '후조선'이다. …
箕子
周武王克商, 箕子率中國人五千入朝鮮, 武王因封之. 都平壤, 是爲後朝鮮. …

위만
연국 사람 위만이 노관의 반란(한 고조 때 연왕 관이 반란을 일으켰다)을 계기로 망명해 와 패수를 건너더니(바로 지금의 대동강) 기준을 현혹한 후 축출하고 왕검성(바로 지금의 평양)에 자리 잡고 예전처럼 '조선'으로 일컬었다. …
衛滿
燕人衛滿因盧綰(漢高祖時燕王綰亂)亡命, 來渡浿水(卽今大同江), 誘逐箕準, 據王儉城(卽今平壤), 仍號朝鮮. …

사군
한무제가 우거를 토벌하고 그 땅을 나누어 낙랑(평양), 임둔(동□현, 지금의 강릉), 현토(동옥저성, 지금의 함경도 땅), 진번(뇌현[54])으로 삼았다.

四郡

漢武帝討右渠, 分其地爲樂浪(平壤), 臨屯(東□縣, 今江陵), 玄菟(東沃沮城, 今咸鏡地), 眞蕃(雷縣).

이부

한소제가 평나와 현토군을 평주도독부로, 임둔과 낙랑군을 동부도독부로 삼았다.[55]

二府

漢昭帝以平那玄菟郡爲平州都督府, 臨屯樂浪郡爲東府都督府.

위에서 볼 수 있는 것처럼, 《동국사략》의 편찬자들은 '패수'를 지금의 대동강으로, '왕검성'을 지금의 평양으로 각각 인식하고 있었다. 말하자면 이른바 '패수대동강설'은 《동국사략》이 간행되던 조선 건국 초기부터 이미 그 단초가 마련된 셈이다. 《동국사략》의 '패수대동강설' 또는 '낙랑평양설'은 그 후에 간행되는 관찬서(官撰書)에서도 지속적으로 거론되었다.

(2) 《고려사》의 관점

'패수대동강설' 및 '왕험평양설'은 문종(文宗) 원년(1451)에 간행된 관찬

---

54) 진번의 치소로는 '뇌현(雷縣)'으로 비정했는데, 이는 아마도 '잡현(霅縣)'을 잘못 기재한 것일 것이다. '잡(霅)'은 얼핏 보기에 글자 형태가 '뇌(雷)'와 비슷하기 때문이다.

55) 이와 관련하여 한 가지 특이한 것은 '이부(二府)'조에서 한소제가 한사군을 개편한 일을 소개하면서 평나군과 현토군을 '평주'도독부로, 임둔군과 낙랑군을 '동부'도독부로 통합했다고 적고 있다는 점이다. '평나'는 진번을 뜻하는 이름일 것으로 보이는데, 글자 형태로 보면 양자가 그다지 공통점이 없어서 어떤 근거로 다르게 적었는지 알 수가 없다. 우리 고대사에서 '나(那)'가 보통 '땅'을 뜻하는 글자임을 염두에 둔다면 '평나'는 곧 '평지'라는 의미로서 '평주'와 통한다. '평나'는 주로 《삼국유사》 계열의 문헌에서 등장하는데, 이것이 정확한 문헌기록에 의거한 기록이라면 진번군과 현토군은 중국 하북성 평주 즉 지금의 노룡(盧龍), 창려(昌黎) 두 현 일대에 위치해 있었음을 시사해 주는 셈이다.

역사서인 《고려사(高麗史)》에도 그대로 반영되었다. 이 책의 "서경유수관 평양부(西京留守官平壤府)"조에서는 평양의 연혁을 다음과 같이 소개하고 있다.

> 본래 세 조선의 옛 도읍이다. … 41세손 (기)준에 이르렀을 때 연국 사람 위만이 망명해서 도당을 1,000여 명 끌어모은 후 와서 준의 땅을 빼앗고 왕험성【'험'은 '검'으로 쓰기도 하는데, 평양이다】에 도읍을 정하니 이것이 위만조선이다. … 왕험을 낙랑군으로 삼았다. 고구려 장수왕 15년, 국내성으로부터 이곳에 옮겨와 도읍으로 정하였다. 보장왕 27년, 신라 문무왕이 당나라와 협공하여 멸망시키매 그 땅이 마침내 신라에 편입되었다.
>
> 태조 원년, 평양이 황폐해지자 염주-백주-황주-해주-봉주 등 각 고을 백성들을 이주시켜 그 땅을 채우고 '대도호부'로 삼았고 이윽고 '서경'으로 삼았다.[56] 광종 11년, '서도'로 개칭하고 성종 14년, '서경유수'로 일컫다가 목종 원년, '호경'으로 개칭하였다. … 몽고가 서경을 '동녕부'로 삼고 관리를 두는 한편 자비령을 국경으로 획정하였다. 충렬왕 16년, 원나라가 우리에게 서경과 여러 성을 반환하매 드디어 다시 '서경유수관'을 두었다. 공민왕 18년, 만호부를 설치했으며 나중에 '평양부'로 개칭하였다.
>
> 대동강【즉, '패강'으로, '왕성강'이라고도 한다. 강 하류는 구진약수이다】이 있다. … 옛 성터 두 곳【하나는 기자 때 지은 것이고 … 하나는 고려 성종 때 지은 것이다】, 기자묘【부성 북쪽 토산에 있다】, 동명왕묘【부의 동남쪽에 있는데 … 대대로 동명성제의 사당으로 전해진다】가 있다. …[57]

---

56) 당시 개경은 '북경(北京)'으로 일컬어졌으므로 방위상으로 볼 때 그보다 북쪽에 있는 평양을 '서경(西京)'으로 불렀다는 것은 다소 납득이 되지 않는 부분이다. 이는 문제의 '서경'이 지금의 평양이 아니라 '제3의' 평양이어야 이해가 가능해진다.

57) 《고려사》 권58, 〈지리3-북계(北界)〉. "本三朝鮮舊都. 唐堯戊辰歲, 神人降于檀木之下, 國人立爲君, 都平壤, 號檀君, 是爲前朝鮮. 周武王克商, 封箕子于朝鮮, 是爲後朝鮮. 逮四十一代孫準時, 有燕人衛滿, 亡命聚黨千餘人, 來奪準地, 都于王險城【險一作儉, 卽平壤】, 是爲衛滿朝鮮. 其孫右渠, 不肯奉詔, 漢武帝元封二年, 遣將討之, 定爲四郡, 以王險

(3) 《세종실록》〈지리지〉의 관점

3년 후인 단종(端宗) 2년(1454)에 간행된 《세종실록(世宗實錄)》〈지리지〉에서는 패수와 관련하여 다음과 같은 주석을 붙이고 있다.

> 신이 따져보오니 《문헌통고》에서 "한나라가 일어났으나 멀어서 지키기 어렵다고 여겨 도로 요동의 옛 요새를 보수하고 패수에 이르러 국경으로 삼았다"고 하는가 하면 "위만이 패수를 건너 조선왕 준을 쳐서 무찔렀다"고 하더이다. 또, 김부식의 경우를 따져보오니 《당서》에서 '낙랑군이다. 산세를 따라 구불구불 성곽이 둘러져 있고 남쪽으로는 패수와 마주보았다'라고 하는가 하면 '등주에서 동북방을 향하여 해로를 항행하다가 남쪽에서 해변을 따라 가서 패강 어귀의 초도를 지나면 신라 서북쪽에 당도하게 된다'고 했고 수양제는 요동에 출정할 때 내린 조서에서 '창해를 1,000리 항행하여 패강을 가로지르고 평양을 새로 건설하리'라고 하였다"라고 하더이다. 이를 근거로 아뢰오면 지금의 대동강은 패수임이 분명하온 즉, 《문헌통고》에서 패수를 국경으로 삼았다고 한 것은 아마도 압록강을 패수로 여긴 것 같은 바, 어쩌면 잘못 전해 들은 것이 아닌가 싶나이다.58)

조선 정부에서 편찬한 《동국사략》, 《고려사》, 《세종실록》〈지리지〉의 관

爲樂浪郡. 高句麗長壽王十五年, 自國內城, 徙都之. 寶藏王二十七年, 新羅文武王, 與唐夾攻, 滅之, 地遂入於新羅. 太祖元年, 以平壤荒廢, 量徙鹽・白・黃・海・鳳諸州民, 以實之, 爲大都護府, 尋爲西京. 光宗十一年, 改稱西都. 成宗十四年, 稱西京留守. 穆宗元年, 又改鎬京. … 蒙古以西京爲東寧府, 置官吏, 畫慈悲嶺爲界. 忠烈王十六年, 元歸我西京及諸城, 遂復爲西京留守官. 恭愍王十八年, 設萬戶府. 後改爲平壤府. 有大同江【卽浿江, 又名王城江. 江之下流, 爲九津溺水】. … 古城基二【一, 箕子時所築, … 一, 高麗成宗時所築】. 箕子墓【在府城北土山上】. 東明王墓【在府東南, … 世傳東明聖帝祠】.

58) 臣按《文獻通考》云: "漢興, 爲遠難守, 復修遼東故塞, 至浿水爲界." 又云: "衛滿渡浿水, 擊破朝鮮王準." 又按金富軾曰: "《唐書》云: '樂浪郡也隨山屈繞爲郛南涯浿水.' 又云: '登州東北海行南傍海壖, 過浿江口椒島, 得新羅西北.' 又隋煬帝東征, 詔曰: '滄海航千里, 橫絶浿江, 逕造平壤.'" 以此言之, 今大同江爲浿水明矣. 則《通考》以浿水爲界, 似指鴨綠江爲浿水, 蓋傳聞之誤.

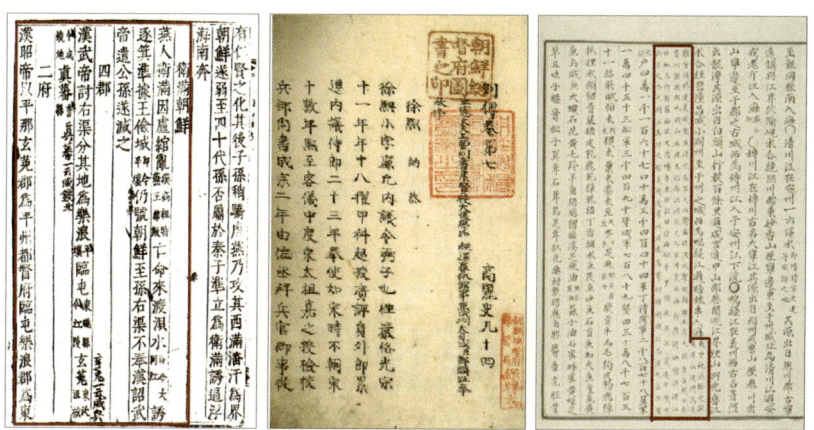

〈조선 초기의 역사관을 반영한 역사서들. 《동국사략》(좌), 《고려사》(중), 《세종실록지리지》(우)〉

런 기사들을 살펴볼 때, 조선 초기의 학자들은 '왕험성'을 지금의 평양으로, '패수(패강)'를 지금의 대동강으로 인식하고 있었던 셈이다. 특히 《세종실록》〈지리지〉에서는 《당서(唐書)》와 수양제(隋煬帝)의 조서를 근거로 《문헌통고(文獻通考)》에서 압록강을 패수로 비정한 것은 잘못이며 대동강이야말로 패수가 확실하다는 입장을 견지하였다.

현존하는 고려시대 역사서가 없기 때문에 그 사실 여부를 확인할 길이 없다. 그러나 《세종실록》〈지리지〉 편찬자들이 왕험성과 패수를 각각 평양과 대동강으로 비정한 데에는 아무래도 '기자동래(箕子東來)'를 역사적 진실로 믿어 기자성(箕子城), 기자묘(箕子墓) 등의 유적을 조성하고 국가 차원에서 제사 등 기념 사업을 벌인 고려시대 이래의 역사인식이 결정적인 영향을 미쳤을 것이다.

문제는 왕험성 또는 낙랑군과 패수를 한반도 내에 있는 것으로 보게 되면 한중 고대사에서 그 위치나 영역을 이해하는 과정에서 적잖은 혼선이 발생한다는 데에 있다.

(4) 《신증동국여지승람》의 관점

그러나 성종 12년(1481)에 간행된 《신증동국여지승람(新增東國輿地勝覽)》의 경우는 이와 입장이 좀 달랐다. 이 관찬 지리서에서는 고증 과정에서 나타나는 이 같은 모순을 해결하기 위하여 새로운 대안인 '3패수(三浿水)'설을 제안하였다.

> 지금 사마천의 〈열전〉을 따져 보건대, "한나라가 일어나 요동의 옛 요새를 보수하고 패수에 이르러 국경으로 삼았다"고 하는가 하면 "위만이 망명하여 동쪽으로 달려 변방을 나가 패수를 건너 왕험에 도읍을 정하였다"고 했으니 압록강을 패수로 여겼던 것이리라. 또, 《당서》에서 "평양성은 한나라의 낙랑군이다. 산세를 따라 구불구불 성곽이 둘려져 있고 남쪽으로는 패수와 마주보았다"라고 했으니 지금의 대동강을 가리키는 것이다. 또, 《고려사》에서는 "평산부의 저탄을 '패강'이라고 한다"고 했으니 백제의 시조는 북쪽으로는 패강을 국경으로 삼은 셈이다. "당나라 황제가 패강의 서포에 배를 댄 후 돈을 깔고 육지에 내려 송악군에 이르렀다"고 한 것은 아마 저탄을 가리키는 듯하다. 이를 근거로 살펴보건대, 우리나라 경내에는 본래 패수가 세 군데 있으되, 예나 지금이나 모두가 잘 아는 것은 오직 대동강뿐인 것이다.[54]

말하자면, 고대사에 등장하는 패수로 ① 압록강, ② 대동강, ③ 저탄(猪灘)을 차례로 상정한 셈이다. 그러면서도 《신증동국여지승람》은 대동강이 패수라는 기존의 인식을 여전히 통설로 인정하였다. 중기의 윤두수(尹斗壽: 1533~1601)나 오운(吳澐: 1540~1617)도 이와 비슷한 의견을 개진하고 있다. 이를 통하여 조선에서는 17세기 초까지만 해도 대동강설이 통설로 자리를 지키고 있으면서 '3패수'설도 동시에 유행했음을 알 수 있다.

---

59) 今按, 司馬遷〈列傳〉"漢興, 修遼東古塞, 至浿水爲界. 衛滿亡命, 東走出塞, 渡浿水, 都王

이상에서 보는 바처럼, 조선 초-중기에 '패수대동강설'이 통설로 자리 잡는 데에는 ① 중국 사서에 등장하는 기자가 조선으로 동래했다는 기록과, ② 평양이라는 지명, 그리고 거기에 ③ 민간에서 전승되던 전설 등이 주요한 근거로 작용했다는 것을 알 수 있다.

즉, 단순히 기자가 조선후로 책봉되어 조선으로 왔다는 역사인식에 따라 이씨조선을 기자조선과, 고구려 평양성을 조선의 평양부와 직관적으로 동일시한 것이 바로 '패수대동강설'의 원형인 셈이다. 물론, 이는 일종의 '착시'의 산물일 뿐 역사적 인과관계를 근거로 지속적인 사유와 토론을 통하여 객관적으로 산출된 결과가 아니었다.

2) 조선시대 학자들의 패수론

이제부터 조선시대의 대표적인 학자들의 주장들을 중심으로 패수 및 왕험성(평양성) 관련 견해들의 추이를 시대순으로 살펴보도록 하겠다.

(1) 박상, 유희령 – 대동강설

이씨조선 초기에 대동강설을 주장한 것은 박상(朴祥: 1474~1530), 유희령(柳希齡: 1480~1552) 등이었다. 그 후로 대동강이 패수라는 '패수대동강설'은 안정복(安鼎福), 유득공(柳得恭), 한진서(韓鎭書), 정약용(丁若鏞), 홍경모(洪敬謨), 윤정기(尹廷琦), 이유원(李裕元) 등에게로 차례로 이어지게 된다.

險", 則以鴨綠江爲浿水矣. 又,《唐書》"平壤城, 漢樂浪郡也. 隨山屈繚爲郛, 南涯浿水", 則指今之大同江也. 又,《高麗史》"以平山府猪灘爲浿江", 則百濟始祖北以浿江爲界. 及"唐帝泊浿江西浦布錢下陸, 到松岳郡"者疑指此也. 以此觀之, 本國境內自有三浿水, 而古今衆所的知者, 則獨大同江也.

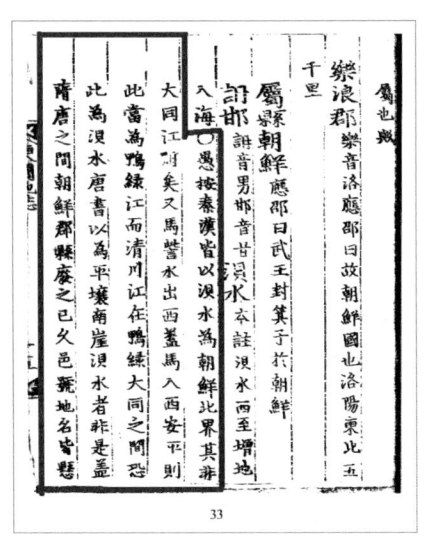

〈한백겸이 저술한 《동국지리지》의 패수 고증 대목〉

(2) 한백겸 – 청천강설

조선시대에 한사군 논쟁과 관련하여 가장 독특한 주장을 제시한 것은 한백겸(韓百謙: 1552~1615)이었다. 그는 패수의 위치와 관련하여 다음과 같은 의견을 개진하였다.

> 패수
>
> 본래 주에는 "패수가 서쪽으로 흘러 증지에 이르러 바다로 유입된다고 한다"라고 되어 있다. ○내가 진나라와 한나라의 경우를 따져 보건대, 두 나라 모두 패수를 조선의 북쪽 경계로 삼았으니 그 패수는 대동강이 아님이 분명하다. 또, "마자수가 서개마에서 나와 서안평으로 들어간다"면 압록강이 되어야 옳겠지만 청천강은 압록강과 대동강 사이에 있으니 이것이 패수인지도 모르는 것이다. 《당서》에서 "평양성은 남쪽으로 패수를 접하고 있다"라고 한 것은 옳은 말이 아닌 바, 아마 수당대에는 조선의 군현이 폐지된 지 오래되어 고을 이름이며 지명들이 모두 전승 과정에서 잘못 전해

지거나 원형을 상실하게 되었던 것일 테니 지금은 《한서》의 고증이 맞다고 보아야 옳을 것이다.[60]

한백겸은 ① 중국의 진나라와 그 뒤를 이은 한나라가 패수를 조선의 북쪽 경계로 삼은 점과, ② 청천강이 압록강과 대동강 사이에 있는 점에 주목하여 청천강을 고대의 패수로 보았다. 그가 청천강을 패수로 본 결정적인 근거는 그 인근에 위치한 증산(甑山)의 존재였다.

내가 청천강을 따져 보건대, 영유와 증산 사이에 이르러 바다로 유입된다. 그런데 '증(甑)'과 '증(增)'은 서로 비슷하니 당연히 패수가 증지로 들어간다고 한 기록과도 서로 맞아 떨어지는 셈이다.[61]

말하자면 낙랑군의 속현인 증지현의 이름자인 '증'이 그 독음이나 형태에 있어 증산현의 '증'과 비슷하다는 주관적인 판단에 따라 그렇게 주장한 셈이다. 그러나 역사언어학적으로 따진다면 이 같은 주장은 전혀 근거가 없는 말이다. 문헌적으로도 양자간의 상관성을 뒷받침해 줄 만한 근거는 전혀 찾을 수가 없다. 그래서 18세기에 신경준은 이 주장을 이렇게 일축하였다.

증지현
《동국지리지》를 살펴보니 "'증'과 '증'이 서로 비슷하다"라는 이유 하나 때문에 지금의 증산이 증지가 아닐까 넘겨짚던데 대부분 견강부회이다.[62]

---

60) 한백겸, 《동국지리지》, 〈낙랑군〉. "浿水, 本註浿水西至增地入海. 愚按秦漢, 皆以浿水爲朝鮮北界, 其非大同江明甚矣. 又, 馬訾水出西蓋馬入西安平, 則此當爲鴨淥江. 而淸川江在鴨淥大同之間, 恐此爲浿水. 唐書以爲平壤城南涯浿水者, 非是. 蓋隋唐之間朝鮮郡縣廢之已久. 邑號地名, 皆懸聞錯傳, 多失眞. 今當以漢書爲正."
61) 한백겸, 같은 책, 같은 대목. "愚按淸川江, 至永柔甑山之間入海. 增甑相類, 當與浿水入增地互相參驗."
62) 신경준, 《시암전서(始庵全書)》 권4 〈강계고(疆界考)〉 "낙랑군 증지현". "增地縣 – 按東國地理志, 以甑增相類, 遂疑今甑山爲增地, 多見其附會也."

과학적, 문헌적으로 전혀 근거가 없는 한백겸의 이 주장이 나중에 '패수 대동강설'의 적극적인 지지자인 안정복, 정약용에 의하여 자신들의 주장을 입증하는 데에 중요한 근거로 활용된 것은 아이러니가 아닐 수 없다.[63]

(3) 홍여하 – 요하설

현존 자료들을 살펴볼 때 조선시대에 패수가 요동에 있었다는 주장을 가장 먼저 주장한 것은 임진왜란 직후의 홍여하(洪汝河: 1621~1678)였던 것으로 보인다.[64] 그는 1672년 간행된《동국통감제강(東國通鑑提綱)》에서 다음과 같이 주장하였다.

> 패수를 고찰해 보건대, 요양성의 요서에는 하천이 매우 많은데 패수도 그 중 하나였을 것이다. 요동은 수천 리나 되는 땅이므로, 지금의 8개 주에 해당하는 땅은 예전에는 조선에 속했던 곳으로 모두 기씨가 점유했던 것을 주나라 말기에 연나라가 공략해 취한 후로 관리를 두고 장새를 구축하였다. 진나라 때에는 그 땅을 비우고 외요에 귀속시켰는데 한나라가 흥하면서 조선에 환속되어 다시 패수를 경계로 삼기에 이르렀다. 동국 사람들이 대동강을 일컬을 때 '패수'로 부르기도 하는 것은 아마도 평양이 본래 요양의 옛 이름을 기씨의 도읍을 일컫는 이름으로 전용한 것이기 때문이리라. 그렇다면 패수 역시 대동강을 일컫는 이름으로 전용되었다고 할 수 있는 것이다.[65]

---

63) 그는 이 같은 추론에 따라 최치원(崔致遠)의 '마한-고구려, 변한-백제, 진한-신라'설과 권근(權近)의 '변한-고구려, 마한-백제, 진한-신라'설을 부정하고 삼한이 한강 이남에 위치해 있었다는 주장을 펼침으로써 그 공백인 한강 이북에 한사군을 안착시키는 데에 결정적인 역할을 하였다. 삼한의 공백을 한사군으로 채워 버린 것이다. 그리고 그의 이 주장을 받아들인 다른 학자들이 한사군을 압록강 이남과 한강 이북 사이에 비정하는 지금의 강단의 통설이 확고하게 자리 잡게 만들었다.

64) 신운용, 〈조선시대의 패수 논쟁과 그 의미〉, 《국학연구》 제20집, 제138쪽, 2016.

65) 홍여하, 《동국통감제강(東國通鑑提綱)》 권1 〈조선기 하(朝鮮紀下)〉. "按浿水, 在遼陽省

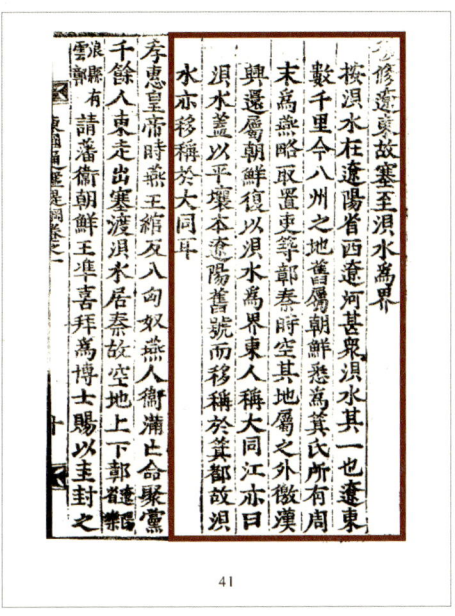

〈홍여하의 《동국통감제강》의 패수 고증 대목〉

국내의 오영찬은 2012년 논문에서 홍여하가 《동국통감제강》에서 패수를 비정하지 않았다고 주장하였다.66) 물론, 홍여하는 고대의 패수가 정확하게 당시의 어느 하천인지 직접 밝힌 일이 없다. 그러나 위 대목의 맥락을 더듬어 볼 때 한반도가 아닌 요동, 대동강이 아닌 요동의 어떤 하천(요하)이라고 인식하고 있었다는 것은 충분히 짐작할 수 있다.

말하자면, 본래 요양의 옛 이름이던 '평양'이 엉뚱하게 "기씨의 도읍" 즉 지금의 평양을 일컫는 이름으로 바뀐 것처럼, '패수' 역시 사실은 요양 지역을 흐르는 하천인 요하(遼河)이던 것을 우여곡절을 거쳐 대동강을 부르는

西遼河甚衆, 浿水其一也. 遼東數千里, 今八州之地, 舊屬朝鮮, 悉爲箕氏所有, 周末爲燕略取置吏築鄣. 秦時空其地, 屬之外徼. 漢興, 還屬朝鮮, 復以浿水爲界. 東人稱大同, 亦曰浿水, 蓋以平壤本遼陽舊號."

66) 오영찬, 〈조선 후기 고대사 연구와 한사군〉, 《역사와 담론》 제64집, 제28쪽.

이름으로 전용한 것이라는 것이다. 즉, '평양'은 지금의 요양이고 '패수'는 지금의 요하라는 것이다.

그의 주장은 한사군의 지리적 공간을 한반도 이내로 묶어 두려 했던 기존의 한사군 연구에 근본적인 변화를 몰고 온 획기적인 사건이었다. 다만, 그가 평양 지역을 (위만)조선의 중심지로 본 것을 보면 그런 그조차 '소중화'적 세계관과 반도사관을 완전히 떨쳐 버리지는 못했던 것으로 보인다.

(4) 이익 – 압록강설

조선 중기의 학자 이익(李瀷: 1681~1763)은 《요사(遼史)》〈지리지〉를 참고하여 고조선의 역사에 대한 천착을 통하여 단군조선(단국)과 기자조선(기국)의 강역이 순(舜)이 당초 설정했던 12개 주 이내에 존재했으며, 만주의 요동, 심양 일대가 그 중심지라고 인식하였다. 아울러 기자조선의 강역과 관련해서는 요동, 심양을 중심으로 남쪽은 한강 북안까지 미쳤다고 보았다.[67] 또, 낙랑군에 대해서는 처음에는 요동에 설치되었다가 나중에 지금의 평안도, 강원도 일대로 이전된 것으로 해석하였다. 17세기의 홍여하와 흡사한 그의 이 같은 역사지리인식은 "당시의 통념을 뒤엎는 매우 파격적인 주장"[68]이었다. 그는 패수의 위치와 관련해서는 '압록강설'을 견지하였다.

> 조선 지방
> … 연나라가 장군 진개를 보내 그 서쪽을 공격하고 2,000여 리의 땅을 얻어 만번한에 이르러 경계로 삼으매 이로써 조선이 드디어 약해졌다. 그렇다면 처음 봉한 경계는 사실상 연과 근접해 있었고, 지금 만리장성 밖으로

---

67) 이익, 《성호사설(星湖僿說)》〈천지문-조선4군(天地門-朝鮮四郡)〉.
68) 한영우, 《역사학의 역사》, 제186쪽, 지식산업사, 2002.

〈이익은 《성호사설》에서 압록강을 패수로 보았다〉

요심의 지역이 모두 그 영토 안에 있었던 셈이다. 이른바 '만번한'이 어디를 가리키는 것인지는 알 수가 없으나, (그렇게 되면) 연나라 동쪽으로는 그다지 넓은 땅이 없다. 지금 의주에서 산해관까지는 1,400리에 불과하다. … 우리나라의 강계 밖과 백두산 큰 줄기의 서쪽이 모두 연나라가 다스리는 곳이었는데도 오히려 패수를 연나라와의 국경으로 삼았다면 여기서의 '패'는 '취'의 잘못일 테니 바로 압록강인 것이다. … 69)

우거

《한서》를 살펴보니, '위만이 패수를 건너 진나라의 옛 공지인 상하장에서

---

69) 이익, 《성호사설》〈천지문-조선지방〉. "朝鮮地方 - … 燕乃遣將秦開攻其西取地二千餘里, 至滿潘汗爲界, 朝鮮遂弱, 則其始封之界, 實與燕接近. 今長城外遼瀋之地, 皆域內也. 所謂滿潘汗, 不知何指. 而燕東無許大地. 今自義州至山海關不過千四百里. … 我邦江界之外, 白頭大幹之西, 皆爲燕人所統也. 然猶與燕以浿水爲界, 此所謂浿恐沮之誤, 卽鴨綠水也. 衛滿渡浿, 幷有上下鄣, 是卽檀箕故地.

〈부록 2〉 조선시대 학자들의 패수 연구

살았다'고 되어 있다. 그 주에 '낙랑에 운장이 있고 패수는 요새 너머에서 나와 남쪽으로 낙랑에 이르러 서쪽으로 바다로 흘러들어간다'고 되어 있으니, 이는 압록강을 가리키는 것이다. 더우기, 《삼국지》에 분명히 '위만이 격수를 건너갔다'라고 되어 있는데, 이는 글자를 잘못 쓴 것이다. 상하장은 지금의 평안도 경내이다. 또, 옛 진나라의 땅이라고 한 것은 그 지배력이 미치는 곳이었을 것이다.[70]

이익은 연나라 진개(秦開)가 조선을 2,000리 밖으로 몰아내고 만번한(滿番汗)을 경계로 삼았다는 점을 들어 압록강을 '패수'로 본 것이다. 정말 그렇다면 진번군은 압록강 이남에 있다고 보아야 정상이다. 그러나 그는 "요하 이서로 중국 본토에 가장 가까운 곳"이라는 주장을 내놓았다.

또, 그는 "낙랑 군치는 조선현이므로 그 읍거가 아무리 요동에 있어도 평양 서쪽지방은 모두 그 속현이었다"[71]면서 위만조선의 수도 왕험이 요동에 있었을 가능성을 고려하기도 하였다. 그의 주장처럼 왕험성과 낙랑군 치소 조선현이 요동에, 진번은 요하 서쪽에 있었다면 패수는 자연히 요동에서 찾는 것이 정상이다. 그러나 그는 패수를 압록강으로 비정함으로써 논리적 모순을 자초하였다.

그러나 황윤석이 패수의 위치를 문의했을 때에는 "패수를 어찌 반드시 우리나라에서만 구하겠소? 대개 우리나라에서는 '저탄'이라고 하기도 하고 '압록강' 두 강을 패수라고 하기도 했습니다. 그러나 실제로는 바로 요동에 있었지요. 바로 니하가 옛 패수가 되어야 하기 때문입니다."라고 대답하고

---

70) 이익, 《성호사설》〈경사문-우거(經史門-右渠)〉. "右渠 – 東國通鑑載, 衛滿朝鮮事多疎略. 按漢書, 衛滿渡浿水, 居秦故空地上下鄣. 注樂浪有雲鄣, 浿水出塞外, 南至樂浪西入海. 此指鴨綠也. 且三國志分明說渡浿水, 則字之誤也. 上下鄣, 卽今平安道境內而謂之秦故者, 必其威令所及也. 然箕準逐於滿而入海, 則非空地. 此遷固之不察耳."

71) 이익, 《성호사설》〈천지문-조선4군〉.

있다. 이런 정황을 보면 그가 역사지리적 접근을 통하여 내중에는 요동의 이하(泥河, 어니하)가 '패수'의 가장 이상적인 자리인 것으로 최종적으로 입장을 정리한 것으로 보인다.

압록강설을 주장한 학자들이 패수를 압록강에 비정하면서도 대체로 고조선의 강역을 그 너머의 요동까지로 인식한 것은 상당히 흥미로운 일이다. 이익의 이 같은 역사관은 나중에 안정복(安鼎福), 홍봉한(洪鳳漢), 이긍익(李肯翊), 이종휘(李種徽) 등에게도 영향을 주게 된다.[72]

(5) 신경준 - 어니하설

신경준(申景濬: 1712~1781)은 패수의 위치와 관련하여 다음과 같은 의견을 제시하였다.

> 《성경지》에서는 '어니하는 해성현 서남쪽 65리 지점에 있다'고 하였다. 《요사》를 살펴보면 요양현의 한나라 패수현 북쪽에 있고, 패수는 '어하'라고도 하며 일명 '헌우락'이라고도 하였다. 《명일통지》가 그것을 좇으면서도 조선 대통강을 패수라고 한 것이다.[73]

신경준은 요양이 패수현 북쪽에 있고 패수는 '이하'라고 불리기도 했다는 《요사》의 기록과, 어니하가 해성현 인근에 있다는 《성경지(盛京志)》의 기록에 주목하였다. 그 결과 가는 고대의 패수가 바로 요령성 해성현(海城縣)의 어니하라는 결론을 내렸다. 그는 이 같은 판단에 따라 압록강, 청천강, 대동강을 모두 고대의 패수로 인식한 기존의 이른바 '3패수'가 사실은 근거가 없다고 보았다.

---

72) 조동걸, 《한국의 역사가와 역사학》(상), 제243-244쪽, 창작과 비평사, 1994.
73) 신경준, 《시암전서》 권4, 〈강계고〉 '패수'. "盛京志淤泥河在海城縣西南六十五里. 按遼史遼陽縣, 在漢浿水縣北, 浿水亦曰泥河, 一曰軒芋濼, 水多芋之草. 明一統志從之乃又以朝鮮大通江爲浿水."

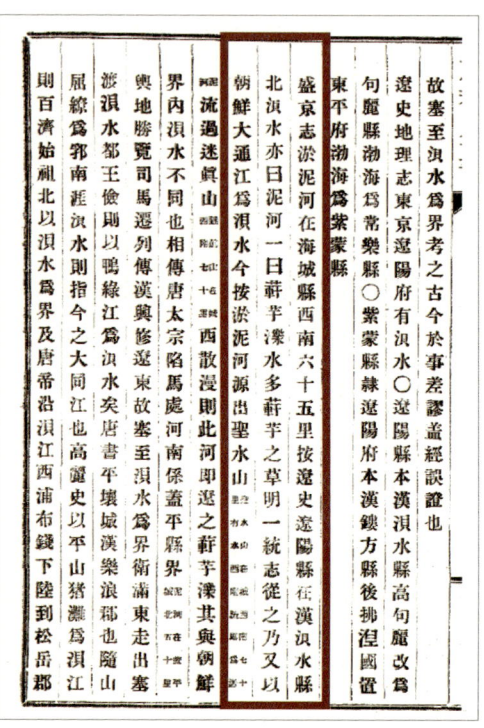

〈신경준이 패수를 언급한 《시암전서》의 〈강계고〉〉

살펴보건대 역씨가 《수경》의 패수가 동쪽으로 바다로 유입되었다고 한 것을 틀리다고 한 것이 옳다면, 정말로 위만이 패수에서 조선의 도읍 왕험성에 이르렀다면 왕검성은 패수의 남쪽에 있었던 셈이다. 또, "성이 패수 북쪽에 있어서 옛 조선현을 거쳐 서북쪽으로 흐른다"고도 했으니 왕험성은 패수 북쪽에 있었던 셈이다. … (우리나라의 지리지에 압록강은 마자수이지 패수가 아니라고 한 것이 옳다면) 대동강이 패수가 아니라 청천강이 패수라는 것은 잘못된 말인 셈이다. … 그렇다면 압록강은 따로 두 강이 더 있는 것이다. 또한 역사지리지들을 살펴보니 압록이 패수라고 한 것을 증명할 수 있는 것이 하나도 없는데, 《여지승람》에서 그렇게 말한 것은 무엇 때문인가? 한나라의 경계가 압록강에 이르렀다고 하면서도 압록강이 한나라의 경계가 아니라는 것을 모르기 때문이 아니겠는가?

《요사》에 이른바 요양부의 땅이 있다는 것은 타당한 말이다. 그리고 패수현은 한나라로부터 고구려, 발해를 지나 요나라에 이르기까지 연혁과 명칭이 분명히 밝혀져 있기에 믿을 만하다. 반한이 요나라의 경내에 있는데도 한나라가 멀어서 지키기 어렵다고 했다면, 하물며 어떻게 (그보다 더 먼) 압록강을 경계로 삼고, 심지어 또 청천강을 경계로 삼았겠는가? 현재 평양은 청천강에서 그다지 멀지 않으니 만일 한나라가 청천강을 경계로 삼았다고 한다면 연나라 때 관리를 두고 만든 장새나 번한의 현들은 모두 청천강 이남에 있어야 하며, 평양 역시 조선이 도읍한 곳이 될 수 없었을 것이다. … 만일 위만이 패수를 건넜다면 한나라는 패수를 경계로 삼았을 것이고, 한나라 사신 섭하가 경계인 패수에 이르러 섭하를 전송하는 자를 죽였다면, 이는 요양에 패수가 있음을 가리키는 것이다.[74]

신경준의 주장은 다음과 같이 정리할 수 있을 것이다.

① 패수는 위만이 건너간 강이므로 왕험성 북쪽에 있다. 따라서 역도원은 '패수'가 세 곳이라는 사실을 몰랐다. 그가 말한 '패수'는 대동강이다.
② 압록강이 패수라면 청천강, 대동강은 패수일 수 없다.

---

74) 按酈氏, 以水經浿水東入海爲誤者, 是矣. 而旣而衛滿自浿水至朝鮮都王險城, 則是王儉城, 在浿水之南也. 又曰, 城在浿水之陽, 逕故朝鮮縣而西北流, 則是王儉城在浿水之北也. … 〈東國志之以鴨綠江爲 馬訾水而非浿水者是矣.〉而以大同江爲非浿水, 淸川江爲浿水者, 誤矣. … 然則, 鴨綠與別爲二水, 且考之史志, 鴨綠之爲浿, 無一可證. 而輿覽之云然者何也? 謂以漢之界至於鴨綠而殊不知鴨綠之非漢界矣. … 史所謂在遼陽府地者, 得之而且浿水縣自漢歷高句麗渤海至遼, 沿革名號, 班班可徵, 則尤可信也. 番汗在遼陽而漢猶以爲遠難守, 則況可以鴨綠江爲界乎? 又, 況以淸川江爲界乎? 今自平壤距淸川江不甚相遠, 若漢以淸川江爲界, 則燕時置吏築鄣, 及番汗之縣, 當皆在於淸川江以南, 而平壤將不得爲朝鮮所都矣. … 此指在遼陽之浿水也.

③ 《사기》와 《위략》에 따르면, 패수는 변한 서쪽 한나라의 땅에 가까웠다. 따라서 《여지승람》 등에서 압록강이 패수라고 한 것은 잘못된 말이다.
④ 패수현이 요 땅에 있었다는 사실은 누대에 걸쳐 이미 밝혀진 사실이므로 패수는 요 땅에 있는 셈이다.
⑤ 청천강이 패수라면 그 밑으로는 한사군을 모두 수용할 만한 공간이 존재할 수 없다.
⑥ 섭하가 건넌 강은 패수이고 《수서》와 《삼국사기》의 패수는 대동강으로 위만이 건넌 패수가 아니다.
⑦ 지금의 평양은 위만조선의 도읍지가 아니다.

신경준은 이상의 근거들을 토대로 고대사 속의 패수가 요동의 어니하라는 결론을 내렸다. 그의 주장은 이처럼 철저한 문헌고증과 문제의식을 바탕으로 얻어진 것이었다. 과거의 문헌기록을 무비판적으로 수용하거나 역사지리적 인과관계도 고려하지 않은 채 그저 우연의 일치에만 주목했던 기존의 주장들과는 확연히 구분된다. 때문에 그의 주장은 조선 후기의 학자들은 물론 《동국문헌비고》의 역사인식에도 상당한 영향을 주었다.

《동국문헌비고(東國文獻備考)》가 영조(英祖) 대에 조선 조정에서 편찬한 관찬서임을 감안할 때 신경준 류의 역사인식이 조선 후기 조정의 공식 입장으로 격상되었다고 해도 무방할 것이다. 아울러 조선 건국 이래 '패수대동강설'이 불가침의 정설로 받들어지던 조선 학계에서 소수파 의견이던 요동설이 조선 후기 관찬서의 공식 입장으로 자리 잡는 전기를 마련했다고 할 수 있다.[75]

---

[75] 신경준은 한사군의 위치에 관해서도 독특한 주장을 많이 개진하였다. 즉, 진번군이 만번한으로 요동의 동쪽, 현토의 서쪽으로 현토군의 위치를 북으로 요양, 남으로 서개마현(西蓋馬縣), 동으로 동옥저(東沃沮)에 걸쳐 있고, 함경도 너머 중국의 영고탑(寧古塔) 근처로 비정함으로써 한사군의 영역이 중국까지 펼쳐져 있다고 인식하였다. 그러나 그

(6) 안정복 – 대동강설

안정복(安鼎福: 1712~1791)은 《동사강목(東史綱目)》을 통하여 패수를 어니하(淤泥河)로, 낙랑군을 요양(遼陽) 동북쪽 150리 지점으로 각각 비정한 《요사(遼史)》의 주장을 부정하였다. 아울러 그는 역도원이 《수경》의 '패수' 고증에 문제를 제기한 일에 주목하고 한사군이 대동강 이남, 패수가 대동강이라고 확신하고 상하장(上下障)의 위치도 지금의 해서(海西) 지방으로 비정하였다.[76] 또, 평양 문제에 관해서는 다음과 같이 주장하였다.[77]

> 지금의 평양은 기자가 도읍을 정한 곳이다. 그런데 지금의 한양 역시 '평양'이라는 이름이 있다. 《삼국사기》〈신라기〉를 보니 "김헌창의 아들이 평양에 도읍을 두었다"라고 되어 있다. 같은 책 〈지리지〉에 "백제의 근초고왕이 고구려 남쪽 평양을 취하여 도읍하였다"라고 되어 있다. 이 모두가 지금의 한양을 가리킨다. 한양을 또 평양이라고 칭한 이유는 무엇 때문일까? 생각건대 전국시대 말기에 기씨가 그 땅을 잃고 동쪽으로 지금의 한양으로 와서 살게 되면서 옛 이름을 그대로 일컫게 된 것뿐이다. 그렇다면 위만이 도읍으로 삼은 평양은 역시 지금의 평양이기도 한 것이다. 만일 그러하다면 패수가 지금의 대동강임은 믿을 만하다고 하겠다. 또, 《한서》〈지리지〉를 따져 보건대, 모두 당대에 전벌 및 강역과 경계가 정해졌을 때 편찬된 것이어서 그 글이 모두 진실되고 검증된 것으로 멀리서 잘못 전해들은 말은 아니라고 하겠다.[78]

런 그도 소중화적 세계관과 반도사관을 완전히 극복하지 못하고 임둔군은 강릉으로, 낙랑군 치소는 평양으로 보는 한계를 보였다.

76) 그러나 상하장이 해서 지방이고 삼한이 한강 이남이라면 한사군은 대동강 이남 한강 이북에 설치되어야 하는데 이 지역에 한사군을 모두 수용한다는 것은 사실상 불가능하다.
77) 아울러 대동강이 패수라면 진번(眞番)은 그 이남에 있어야 한다. 그런데 그는 압록강 너머의 영고탑으로 비정하는 자가당착(自家撞着)을 범하였다.
78) 안정복, 《동사강목(東史綱目)》, 같은 책. "今平壤爲箕子所都. 而今漢陽亦有平壤之名. 據

안정복은 평양이 기자의 도읍지라는 전통적인 역사인식을 가지고 있었다. 그래서 그는 한양(서울)이 평양으로 일컬어진 적이 있다고 주장하면서 위만의 도읍 '평양'과 지금의 평양시는 같은 곳이며, 따라서 '패수' 역시 대동강일 수밖에 없다는 주장을 하였다.[79)]

(7) 박지원 – 난수설

영·정조 시기의 대표적인 실학자인 박지원(朴趾源: 1737~1805)은 패수와 관련하여 다음과 같이 주장하였다.

> 우리나라 선비들은 그저 지금의 평양만 아는 탓에 기자가 평양에 도읍했다고 해도 믿고, 평양에 정전이 있다고 해도 믿으며, 평양에 기자묘가 있다고 해도 믿는다. 그러나 만일 봉황성이 바로 평양이었다고 하면 크게 놀랄 것이고, 만일 요동에도 평양이 있었다고 하면 해괴한 소리를 한다고 나무랄 것이다. 그러면서도 그들은 정작 요동이 사실은 조선의 옛 땅이며 숙신-예-맥 등 동이의 여러 나라가 모두 위만의 조선에 예속되었던 일을 알지 못할 뿐더러 오랄, 영고탑, 후춘 등지가 사실은 고구려의 옛 땅이라는 것을 알지 못한다. 아아! 후세 사람들이 지리에 밝지 못한 탓에 멋대로 한사군의 땅을 전부 압록강 안쪽으로 몰아 놓고 사실을 억지로 짜맞추거나 자잘하게 나누고 나서 다시 패수를 찾으면서 누구는 압록강을 패수라고 하고 누구는 청천강을 패수라고 하고 누구는 대동강을 패수라고 하는 격

三國史新羅記金憲昌之子, 立都于平壤. 地志百濟近肖古王取高句麗南平壤都之, 皆指今漢陽也. 漢陽之又稱平壤者, 何意者? 戰國之末, 箕氏失地, 東遷今之漢陽而遂稱舊號耳. 然則衛滿所都之平壤, 亦今平壤也. 若如此, 則浿水之爲今大同信然矣. 又, 考漢志, 皆當時戰伐及疆理經界時所定. 其文皆眞實踏驗之語, 非遠外傳聞之誤耳."

79) 게다가 안정복은 김륜(金崙)의 주장을 따라서 진번을 영고탑으로 보았는데, 이 역시 대동강설 대로라면 진번은 대동강 이남에 위치해 있어야 정상이라는 점에서 앞뒤가 맞지 않는 고증이다.

〈박지원이 패수를 억지로 압록강 남쪽으로 집어넣으려 하는 학자들의 억지 해석을 개탄한 《열하일기》의 〈도강록〉〉

이니, 이것은 고조선의 옛 땅을 싸움 한 번 하지 않고 자진해서 줄이려 드는 꼴이다. 이런 〈어리석은〉 짓을 하는 까닭이 무엇인가? 평양을 한 곳에 고정시켜 놓고 패수만 앞으로 당겼다 뒤로 물렸다 하면서 그때그때 상황에 따라 끼워 맞추기 때문이다.[80]

박지원이 패수를 특정한 적은 없는 것으로 보인다. 그러나 평양성(왕험

---

80) 박지원, 《열하일기》〈도강록〉'(1780년 6월)28일 을해'조. "吾東之士只知今平壤, 言箕子都平壤則信, 言平壤有井田則信, 言平壤有箕子墓則信. 若復言鳳城爲平壤則大驚, 若曰遼東復有平壤則叱爲怪駭, 獨不知遼東本朝鮮故地, 肅愼濊貊東彛諸國盡服屬衛滿朝鮮. 又不知烏剌寧古塔金春等地, 本高句麗疆. 嗟乎, 後世不詳界地, 則妄把漢四郡地盡局之於鴨綠江內, 牽合事實區區分排, 乃復覓浿水於其中. 或指鴨綠江爲浿水, 或指淸川江爲浿水, 或指大同江爲浿水. 是朝鮮舊疆, 不戰自蹙矣. 此其故何也? 定平壤於一處而浿水前卻, 常隨事跡."

〈부록 2〉조선시대 학자들의 패수 연구 149

성)에 대해서는 요동에 있었다는 입장을 견지하였다. 그는 왕험성의 위치를 지금의 평양으로 고정시키고 패수조차 국내로 비정함으로써 이웃나라가 강제하지 않아도 알아서 자국 영토를 줄이기에 급급한 당시 학자들의 행태에 개탄을 금치 못하였다.[81]

박지원의 이 같은 선진적인 역사관은 김경선(金景善: 1788~1853)에 의하여 다시 한 번 개진되었다.

> … 나는 전부터 한사군 땅은 요동뿐만 아니라 여진도 포함시켜야 된다고 생각해 왔다. 어째서 그런가?《한서》〈지리지〉에 현토, 낙랑만 있고 진번, 임둔은 보이지 않기 때문이다. … 그렇기 때문에 고조선과 고구려의 옛 강역을 찾으려면 먼저 여진까지 그 국경 안에 포함시킨 다음 요동에서 패수를 찾아야 된다고 하는 것이다. 패수만 확정되면 강역이 밝혀지고 강역만 밝혀지면 고금의 사실이 전부 맞아 떨어질 것이기 때문이다. …《요사》에서 "발해 현덕부가 본래 조선 땅으로서 기자를 봉한 평양성인데, 요가 발해를 치고 동경이라 고친 것이 바로 지금의 요양현"이라고 하였다. 이로 미루어 보건대 요양현은 또 하나의 평양이 되는 셈이다. … 그런데 지금의 평양만 평양이라고 하는 사람은 대동강을 '패수'라고 하는가 하면 평안, 함경 두 지역 사이에 있는 산을 '이것이 개마대산이다'라고 한다. … 어느 것이 옳은지 모른다고는 하지만 굳이 지금의 대동강만 패수라고 우기는 것은 자진해서 자기네 강토를 줄이려 드는 꼴일 뿐이다. … 그러니 한나라의 낙랑군 치소가 요동에 있었다는 것은 지금의 평양이 아니라 바로 요양의 평

---

81) 당시 '낙랑평양설' 주장자들의 행태는 이론적 허구성과 역사 조작의 실상이 드러나고 있는 지금에도 여전히 일제의 유물인 '낙랑평양설'에만 집착하는 강단의 실태와 닮은 부분이 많다. 특히 "조선의 강토를 싸움 한 번 하지 않고 자진해서 줄이려 든다"라고 개탄한 대목은 작금의 국내 강단 학계의 '역사 파시즘'적 실태를 떠올리게 만든다.

양이었다는 의미인 것이다.[82]

이상의 주장을 정리해 보면 다음과 같다.

① 고대사 속의 평양을 현재의 평양으로 고정시켰다.
② 패수의 위치가 확정되면 고조선의 강역이 결정된다.
③ 발해 현덕부가 본래 기자를 봉한 평양성으로 지금의 요양현이다.
④ 낙랑군의 치소는 요양의 평양이다.
⑤ 따라서 평양이 요동에 있었다면 패수도 요동에 있는 것이 옳다.

김경선은 이처럼 박지원의 주장을 보다 논리적이고 구체적으로 논증하고자 노력하였다. 그 과정에서 그는 고대사 속의 평양을 지금의 요양으로 비정하고, 패수는 '난수(灤水)' 즉 지금의 난하라는 결론을 내렸다. 이 같은 그의 역사 인식은 한사군 연구의 1차 사료인 《사기》, 《한서》의 기록을 역사 논리적으로 충족시킴으로써 패수 및 한사군 연구에서 일대 '혁명'을 가져왔다.[83]

(8) 유득공 - 대동강설

안정복보다 더 급진적인 '패수대동강설' 지지자는 유득공(柳得恭: 1748~1807)이었다. 당시는 《요사》의 기록을 근거로 요양의 패수가 진정한

---

82) 김경선, 《연원직지(燕轅直指)》 권1 〈출강록-봉황성기(出疆錄-鳳凰城記)〉. "嗟乎, 後世不詳地界則妄把漢四郡地盡局之於鴨綠江內! … 是朝鮮舊疆, 不戰自蹙矣. 此其故何也? 定平壤於一處而浿水前卻, 常隨事跡. 吾嘗以爲漢四郡地, 非特遼東, 當入於女眞. 何以知其然也? 漢書地理志有玄菟樂浪而眞番臨屯無見焉. … 故欲尋古朝鮮高句麗之舊域, 先合女眞於境內, 次尋浿水於遼東, 浿水定, 然後疆域明, 疆域明, 然後古今事實合矣. … 遼史渤海顯德府, 本朝鮮地, 箕子所封平壤城, 遼破渤海, 改爲東京, 卽今之遼陽縣是也. 以此推之, 遼陽縣爲一平壤也. … 而以今平壤爲平壤者, 指大同江曰此浿水也. 指平安咸鏡兩界間山曰此蓋馬大山也. … 雖未詳孰是, 然必以今大同江爲浿水者自小之論耳. … 漢樂浪郡治在遼東者, 非今平壤乃遼陽之平壤."

83) 신운용, 〈조선시대 '패수(浿水)' 논쟁과 그 의미〉, 《국학연구》(제20집), 제148쪽, 국학연구소, 2016.12.

한나라 때의 패수라는 주장이 대세를 이루고 있었다.《발해고》의 저자이기도 한 그는 이에 대하여 《사기》,《한서》,《수경주》,《주서(周書)》,《수서(隋書)》,《당서(唐書)》,《대명일통지(大明一統志)》,《사기정의(史記正義)》,《대청일통지(大淸一統志)》,《수도제강(水道提綱)》 등의 문헌 자료를 동원하여 다음과 같이 반박하였다.

(《문헌비고》는)《요사》를 인용하여 "요양의 패수야말로 진짜 한대의 패수"라고 했는데 그것은 그렇지 않다.《요사》는 요양부를 평양으로 지목하려다 보니 어쩔 수 없이 특정한 어떤 하천을 패수로 지목하지 않을 수 없었을 것이다. 그러나《요사》가 편찬되기에 앞서《당서》에서 이미 "평양이 남쪽으로 패수를 마주보았다"라고 밝히고 있는 데다《요사》〈지리지〉는 기사의 태반이 멋대로 지어낸 이야기이니 어찌 믿을 수가 있겠는가? 우리나라 사람들이 말하는 '고기'나《요사》〈지리지〉는 둘 다 근거로 삼아서는 안 된다. 그래야만 우리나라의 역사지리를 분명히 비정할 수 있게 되기 때문이다. 저탄을 패수라고 하는 것은 애초부터 (딴 곳의) 이름을 빌린 것이기에 검증을 할 필요도 없다. 그렇다면 평양부의 패수 한 곳만 남을 뿐인 것이다. 우리나라 사람들은 견문이 부족한 탓에《사기》를 읽다가 연나라와 진나라의 동쪽 경계가 너무 먼 것을 의아하게 여기는가 하면 위만이 건넌 것이 대동강은 아니지 싶다고 의심하기도 하니 이것이 바로 '3패수'설이 나오게 된 까닭이다. 연나라, 진나라의 동쪽 경계가 어디서 그치는지에 관하여 현재로서는 확실히 믿을 수가 없는 것이 실정이다. 그렇다면 차라리 한나라에서 멀지 않은 곳의 하천을 믿고,《수경주》및《주서》,《수서》,《당서》에서 이미 논증한 평양성 남쪽의 하천을 패수로 보는 편이 차라리 확실하지 않을까 싶다.84)

---

84) 又, 引遼史云, 遼陽浿水, 眞漢之浿水也, 此則不然. 遼史以遼陽府爲平壤, 又不得不指一水作浿水, 遼史未撰之前, 有唐書明言, 其南涯浿水故也. 遼史地理志太半杜撰, 惡可信乎?

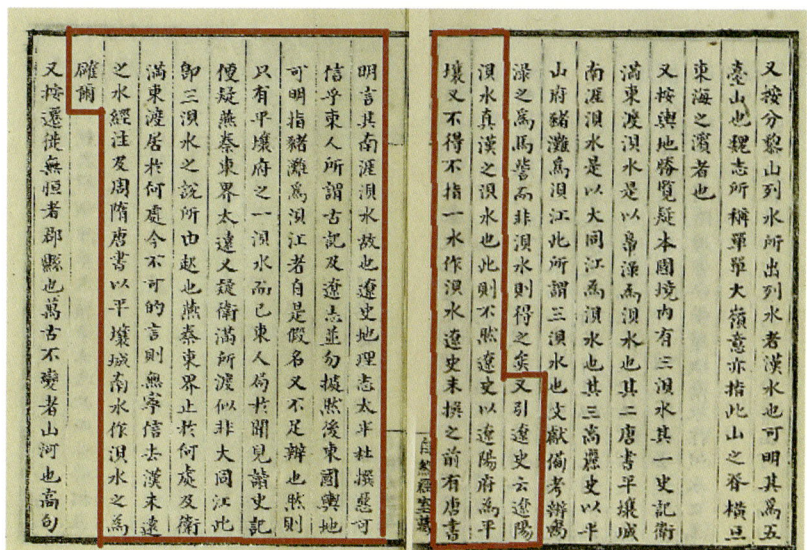

〈《요사》〈지리지〉의 고증을 불신한 유득공의 《사군지》 해당 대목〉

말하자면 유득공은 ①《요사》이전에 《당서》에서 이미 "평양은 남쪽으로는 패수와 마주보았다"고 했고, ②《요사》〈지리지〉의 기사 태반이 "지어낸 이야기[杜撰]"임을 내세워 '3패수'설과 요동 패수의 존재 가능성을 일축하고 대동강을 유일한 패수로 인정하였다.

이와 함께 그는 안정복이 해결하지 못한 괴리와 모순을 타개하기 위하여 ③ 왕험성의 구체적인 위치를 대동강 남쪽의 토성리로 제안하는 한편, ④ 열수를 한강으로 비정하였다.[85] 그러면서 그는 정확한 지리고증을 위해서

東人所謂古記及遼志, 幷勿據. 然後東國輿地可明指. 猪灘爲浿江者, 自足假名, 又不足辨也. 然則, 只有平壤府之一浿水而已. 東人局於聞見讀史記便疑燕秦東界太遠, 又疑衛滿所渡, 似非大洞江, 此卽三浿水之說所由起也. 燕秦東界, 止於何處, 今不可的信, 則無寧信去漢未遠之水. 水經注及周隋唐書已平壤城南水作浿水之爲確爾.

85) 유득공,《사군지(四郡志)》,〈건치연혁(建置沿革)〉. 그러면서도 그는 진번을 흥경(興京)으로 비정했는데 이는 대동강설의 한계를 스스로 드러낸 것이었다.

는 "고기(古記)"나《요사》〈지리지〉의 기록을 신뢰해서는 안 된다고 강조하였다. 그러나 그의 이 같은 주장은 역사지리적 검증을 거쳐 얻어진 결과가 아니었다. 더욱이 기존의 '낙랑평양설'과 '패수대동강설'을 그대로 답습하는 한계를 넘어서지 못하였다. 패수와 낙랑군의 위치를 모두 요동에서 찾고 있는《요사》의 지리고증에 대해서도 근거 없는 편견을 남겨 후학들에게 부정적인 영향을 끼쳤다.

그의 주장들은 100여 년 후 세키노, 이병도 등의 식민사학자들이 평양 지역 고고 유적, 유물들과 결부시켜 왕험성 등의 위치를 확정할 때 악용되었으며 지금까지도 학계 일각에서 그대로 인습되고 있다.

(9) 한치윤 – 대동강설

조선 후기 실학자 한치윤(韓致奫: 1765~1814)은 자신의 조카 한진서(韓鎭書: 1777~?)와 함께 저술한《해동역사(海東繹史)》를 통하여 패수 및 고조선, 한사군에 관한 자신의 주장을 피력하였다.《해동역사》는 고조선부터 고려시대까지의 역사를 다룬 역사책이다.

그는 낙랑군 멸망 이후 요동 출신의 장통(張統)이 1,000여 가를 이끌고 모용외에게 귀순하자 그 보상으로 유성(柳城)에 낙랑군을 설치해 주었다는《자치통감(資治通鑑)》의 기사를 근거로 '낙랑교치(樂浪僑治)'를 처음으로 제기하였다. 그는 평양에 설치되었던 낙랑군이 고구려에 귀속된 후 모용외가 새로 설치한 낙랑군은 당초의 이름만 모칭했을 뿐 원래의 낙랑군과는 무관하다고 보았다.

그는 또 훗날 북위가 요서 지역에 설치한 낙랑군과 대방군 역시 '교군'으로 우리나라 역사와는 무관한 사건으로 이해하였다. 그는 이 같은 역사인식에 따라《요사》,《원사(元史)》,《대청일통지》,《성경통지(盛京通志)》등에서 요동의 여러 현이 한대의 낙랑 지역이라고 소개한 것은 잘못이라고 보았다. 한사군의 위치를 요동에서 찾으려 하는 당시 조선 학자들의 주장들에 대해서도 비판적인 입장을 고수하였다.

강단 학자들은 '낙랑교치'와 관련된 한진서의 이 같은 해석을 "지금까지도 유효한 탁견"[81]이라고 높이 평가하고 있다. 그러나 한진서의 역사 해석은 사료가 부족하고 지리학적 지식이 결여된 상태에서 '소중화'적 세계관과 반도사관에 투철한 사람이 필연적으로 직면할 수밖에 없는 한계이자 참사였다.

(10) 성해응의 관점 – 소요수(혼하)설

정약용과 같은 시기에 '패수'에 관한 여러 가지 문헌과 학설을 섭렵한 성해응(成海應: 1760~1839)은 패수가 '소요수(小遼水)'라는 주장을 개진하였다. 현재 학계에서는 소요수를 요령성과 길림성의 경계를 흐르는 요하(遼河)의 지류인 '혼하(渾河)'로 보기도 한다. 그는 역사지리적 고찰을 통하여 패수가 압록강, 대동강일 수 없는 근거를 다음과 같이 제시하였다.

> … 여기서의 '3패수'는 모두 당나라 때 지금의 대동강을 패수라고 한 것이 아니라 소요수이다. ① 무릇 연나라, 진나라의 옛 요새 치고 압록강을 넘은 것이 없었다면 한나라가 어찌 거기다 보수를 하고 대동강을 요새로 삼을 수 있었겠는가? 또, ② 위만이 평양에 도읍을 정한 것이 (평양이) 대동강 위였다면 거기서 또 대동강을 건너 어디에 있을 수 있었겠는가? 또, ③ 섭하가 국경지대로 갔다면 평양을 떠나 변새지대로 간 셈인데, 어떻게 대동강에 임하여 배웅하던 사람을 죽이는 것이 가능할 수 있겠는가? ④ 정말 대동강에 임하여 그를 죽였다면 섭하는 요동 동부도위로서 변새에서 한참 먼 곳이었을 텐데 우거가 무슨 수로 그를 공격해 죽일 수 있었을 것이며, 더욱이 그 강역 내에서 풀어 주고 죽이지 않을 수 있겠는가? 이로써 한나라가 수리한 요새가 위만이 건넌 곳이요 섭하가 임한 곳임을 알 수 있는 것

---

86) 오영찬, 같은 책, 제17쪽.

이며, (마찬가지로) 지금의 대동강이 아니라 어쩌면 압록강을 두고 한 말일 수도 있음을 분명히 알 수 있다. 그러나 압록강이 마자수라는 것은 한대 이래로 바뀐 적이 없었다.

그러면서 고대사 속에 등장하는 패수는 소요수라는 결론을 내리고 그 근거를 다음과 같이 제시하였다.

> … 지금 소요수는 '혼하'라고도 하는데. 한나라 때 '패수'로 불렀으며《장령》에서 발원하여 영액 변문으로 들어가 요양주에 이르고 서북쪽으로 흘러 태자하와 합류한 다음 요주 땅에 이르러 바다로 유입된다. 장령은 곧 변새 밖으로 진번의 옛 경계이고 요주 땅은 바로 낙랑군 서쪽으로 요동의 영역 안이다. 안사고는 주에서 '섭하가 요새로 달아나 들어갔다는 곳은 평주의 유림관'이라고 했는데, 그 경로를 따져 보니 지금의 마자수 상류를 통하여 개원 철령을 나와 요서에 이른다. 아마도 옛날에 조선으로 통하던 길이 그러했을 것이며, 지금처럼 연 땅으로 갈 때 의주를 지나는 길과는 다른 것이다. 게다가 연나라와 진나라의 요새는 요동의 서쪽 지역을 넘지 않았으니 소요수를 경계로 삼았던 것이 분명하다. 그렇다면 한나라가 보수한 곳, 위만이 건넌 곳, 섭하가 임한 곳이 바로 여기인 것이다.

이처럼 그는 한나라가 연, 진 두 나라의 옛 요새가 있던 곳, 위만이 조선으로 망명할 때 건너간 하천, 섭하(涉河)가 배웅을 받아 귀환하면서 건넌 하천을 모두 소요수로 보았다.

또,《한서》〈지리지〉에서 '패수현의 물이 서쪽으로 증지에 이르러 바다로 유입된다'고 했고, 허씨는《설문》에서 '패수가 낙랑현 누방을 나와 동쪽으로 흘러 바다로 유입된다'고 했는데, 이것이 곧 지금의 대동강이다. 대동강은 수원이 둘인데, 하나는 영원에서 나오고 다른 하나는 양덕에서 나와 용강에 이르러 바다로 유입된다. 패수현은 지금의 양덕 땅이고, 누방현은 지금의 영원 땅이며, 증지는 지금의 용강 땅이다. 수나라와 당나라의 교체기에도 그 이름을 인습하여 고치지 않았으므로 아마도 한사군을 설치한 곳일 것이다. …82)

성해응의 주장을 정리하면 다음과 같다.

① 위만이 건넌 패수는 한대의 패수이지 당대의 패수가 아니다.
② 연나라 옛 요새는 압록강을 넘지 못했으며 압록강은 마자수이다. 따라서 대동강은 위만이 건넌 패수일 수 없다.
③ 《위략》의 '만번한'은 번한이며 번한은 곧 진번군이다. 즉 패수는 진번군에 있었던 셈이다.
④ 이 한대의 패수는 소요수로 지금의 '혼하' 또는 '심하'로 불리는 하천이다.

그는 이 같은 지리인식에 따라 진번군(眞番郡)을 압록강 북쪽 흥경(興京) 지역으로 비정하고 위만조선의 강역을 한강 이북에서 요동 지역까지로 비

---

87) 성해응,《연경재전집(研經齋全集)》권15 〈패수변(浿水辨)〉. "… 此三浿水皆非唐之指今大同江爲浿水而卽小遼水也. 夫燕秦故塞, 未嘗越鴨綠, 則漢何得復修而至大同爲塞? 又, 衛滿都平壤, 卽大同江上也. 更渡大同而居何所乎? 又, 涉河去界上則想離平壤而至邊界也. 何得臨大同而刺殺送者? 苟得臨大同而殺之則有爲遼東部都隙距邊界甚遠, 右渠尚能攻殺之? 況在其域中而縱之不殺乎? 是知漢之所修, 衛滿所渡, 涉河所臨, 明知非今大同江則或謂之鴨綠江. 然鴨綠江卽馬訾水也, 自漢以來未之 有改也. … 又, 按魏略, 朝鮮與燕界於浿水. … 今小遼水, 一名渾河, 漢所稱浿水也. 源出長嶺, 入英額邊門, 至遼陽州, 西北會太子河, 至耀州界入海. 長嶺卽塞外而眞番舊界, 耀州境卽樂浪縣西而遼東界中也. 顏師古注, 涉何渡馳入塞之文曰, 入平州楡林關, 想其取道, 由今馬訾之上流, 出開原鐵嶺, 以達于遼西, 盖古時通朝鮮之路則然, 不似今之入燕由義州路也. 且燕秦之塞, 不過於遼東西之境, 以小遼水爲界者固也. 然則浿之所修, 衛滿所渡, 涉河所臨, 卽是也. 又, 漢書地理志 "浿水縣水西至增地入海, 許氏說文曰"浿水出樂浪鏤方, 東入海", 此卽今人同江也. 有二源, 一出寧遠, 一出陽德, 至龍崗入海. 浿水縣, 今陽德界也, 鏤方縣, 今寧遠界也, 增地, 今龍崗界也. 隋唐之際, 亦因其名而不改, 盖漢之設置四郡也"

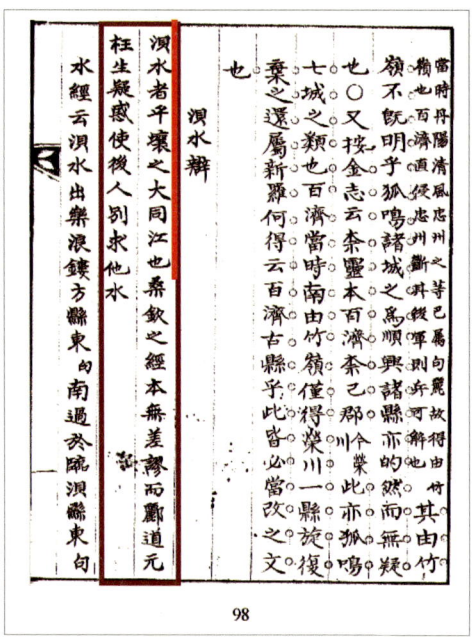

〈"패수는 대동강"이라고 굳게 믿었던 강경파 정약용의 《아방강역고》〈패수변〉 부분〉

정하였다.88)

(11) 정약용 – 압록강/대동강설

조선시대의 대표적인 실학자로 꼽히는 정약용(丁若鏞: 1762~1836)은 조선 후기 '패수대동강설'의 적극적인 지지자였다. 패수 및 낙랑군의 위치와 관련하여 그가 자신의 《여유당전서(與猶堂全書)》 곳곳에서 피력한 주장은 그가 얼마나 '패수대동강설'을 적극적으로 지지하고 있는지 잘 보여 준다.

'패수'란 평양의 대동강이다. … 지금 평양의 대동강은 명백히 덕천현 동쪽에서 나와 남쪽으로 증산현 동쪽을 지난 후 바다로 유입되는 바,《한

---

88) 그러나 그 역시 소중화적 세계관을 완전히 탈피하지 못하고 현토군을 함흥, 임둔군을 강릉, 낙랑군을 평양으로 각각 비정하는 혼란스러운 모습을 보였다.

서》에서 "패수는 서쪽으로 증지에 이르러 바다로 유입된다"라고 한 것이 이것이다. 그 하류가 약간 서남쪽에 가깝지만 평양에 다다르기 전의 구간은 사실 남쪽으로 흘러서 그대로 '남류'한다고 해도 무방할 정도이다.[89]

정약용이 〈패수변(浿水辨)〉에서 평양의 대동강을 패수로 비정한 결정적인 근거는 평안도 덕천현(德川縣) 동쪽에서 발원하여 서남쪽의 증산현(甑山縣) 동쪽을 지난 후 바다로 진입하는 대동강의 강 흐름이 "패수는 서쪽으로 증지에 이르러 바다로 진입한다"고 한 《한서》 '패수현' 주석의 설명과 거의 부합된다는 것이었다. 그 과정에서 그는 중국 정사, 지리서에서 패수를 언급한 기사들을 유력한 논거로 활용하였다.

이 이후의 사서나 문헌에 기록된 것들은 모두 대동강을 패수로 본 것으로 이설이 없다.

○《북사》에서 "고구려는 평양에 도읍을 두고 있는데 산세를 따라 구불구불 이어지고, 남쪽으로는 패수와 마주보았다"(《수서》,《당서》도 마찬가지) ○《수서》에서 "좌익위대장군 내호아가 강회의 수군을 이끌고 바다를 건너 먼저 패수로 진입하여 평양으로부터 60리 지점에서 오랑캐(고구려군)와 맞닥뜨렸다" ○《당서》에서 "소정방이 오랑캐군을 패강에서 무찌르고 마읍산을 빼앗으매 마침내 평양을 포위하게 되었다" ○《일통지》에서 "대통강은 평양성 동쪽에 있는데 옛 이름이 '패강'이다. … ○김부식이 "패수는 대동강이다. 어찌 그것을 아는가 하면,《당서》에서 '평양성은 한대의 낙랑군인데, 산세 … 마주보았다', 또 〈지리지〉에서 '등주 … 서북쪽에 닿게 된다', 또

---

89) 정약용,《여유당전서》,《아방강역고》〈패수변〉, 제98-99쪽. "浿水者, 平壤之大同江也. 桑欽之經, 本無差謬, 酈道元枉生疑感, 使後人別求他水. … 今平壤之大同江, 明出德川縣東, 南過於甑山縣東, 入于海, 漢書所謂浿水西至增地入海者, 此也. 雖其下流微近西南, 平壤以前, 本是南流, 直云南流, 未爲不可. 酈道元一反其師說, 乃謂之西北流, 抑何以哉? 蕃使雖荒, 必無是言. 嗟衛滿荀彘, 本不渡大同江, 執此跡而求此水, 將亦終年而不得矣. ○又按許愼說文, 亦似誤讀水經, 其失與酈氏同也."

수양제가 요동으로 출정할 때 내린 조서에서 '창해 … 평양'이라 했으니 이로써 말하자면 지금의 대동강이 패수임이 자명한 셈이다." ○(약)용이 따져 보건대,《삼국사기》에서 언급되는 '패수'는 모두 대동강이다. (103)**90)**

이처럼 정약용은《북사》,《수서》,《당서》,《대명일통지》및 김부식《삼국사기》등, 그 이후의 사서나 문헌들에서 일관되게 언급되는 기록들을 근거로 '패수'나 '패강'이 대동강이라고 믿어 의심하지 않았다. 그는 이 같은 지리인식에 따라 낙랑의 치소인 조선현을 지금의 평양시로 비정하였다.

(약)용이 '낙랑군의 치소는 본래 조선현에 있었다'는 대목을 따져 보건대, 이 현은 바로 지금의 평양이며, '패수'란 지금의 대동강과 접한 땅이다. **91)**

'낙랑'이란 지금의 평안과 황해 두 도의 땅이다.**92)**

그는 전통적인 '패수대동강설'을 그대로 답습하여 평양을 조선현(낙랑군)으로, 대동강을 패수로 비정하는 한편, 지금의 평안도와 황해도를 낙랑군의 영역으로 보았다. 그는 "낙랑군 치소는 본래 조선현에 있었다"라는 중국 문헌의 기록을 근거로 조선현을 지금의 평양, 패수를 지금의 대동강으로 각각 비정하고, 낙랑군의 영역 역시 평안도와 황해도 두 지역에 해당한다고 주장하였다.

물론, 이처럼 군건한 '패수대동강설' 지지자인 그에게도 현실적인 딜레마가 남아 있었다. 만일 패수를 대동강으로 비정한다면 1~4세기의 역사 상황

---

90) 정약용, 같은 책,〈패수변〉, 제106-107쪽. "○ … ○鏞案,
91) 정약용, 같은 책,〈낙랑고〉, 제13쪽. "鏞案, 樂浪郡治本在朝鮮縣. 縣卽今之平壤也, 浿水者, 今大同江之沿地也."
92) 정약용, 같은 책, 같은 대목, 제12쪽. "樂浪者, 今平安黃海二道之地也."

과 패수의 위치가 명쾌하게 해명되지 않았다. 그래서 그는 초기 패수의 위치에 한해서는 기존의 '패수대동강설' 지지자들과도 입장을 달리하였다.

○(약)용이 연나라가 조선과 패수로 국경을 획정한 일을 따져 보건대, 만일 대동강을 이 패수로 본다면 (또 다른) 조선이 새로 생기는 격이 아니겠는가? '왕험'이란 평양이다. 위만이 기왕에 대동강을 건넌 후 돌아가지 않고 평양을 도읍으로 삼았다면 (앞서의) 패수가 압록강일 것은 자명하지 않은가?

○또, 장수절이 "'낙랑현'이란 평양이다"라고 한 말을 따져 보건대, 대동강은 평양의 동쪽에 있는데 장수절이 '패수는 낙랑현 서쪽에 있다'고 한 것 역시 압록강을 패수로 본 경우인 것이다. … 우거의 궁성은 패수 서쪽에 있고 패수와 코앞에 있는데 섭하가 어찌 (조선을) 떠나 국경지대로 가서 패수를 만날 것이며, 또 어떻게 패수를 건너자마자 말을 달려 요새로 뛰어들 수가 있겠는가? 〈그러니 (여기서) '패수'란 압록강인 것이다.〉 (103)**93)**

정약용은 《사기》에서 패수가 연나라와 고조선의 국경선 역할을 한 일과, 《사기정의(史記正義)》에서 장수절이 "패수는 낙랑현 서쪽에 있다"고 한 점에 주목하였다. 그는 이 두 경우 대동강이 패수라면 이 두 가지 역사적 사실이 해명되지 않는다는 판단에 따라 《사기》에 언급된 위만조선 이전의 패수는 압록강으로 비정하는 것이 합리적이라는 결론을 내렸다. 기존의 패수대동강설 지지자들과는 달리, 《북사》이래의 국내외 사서들에 보이는 '패수'들은 그대로 대동강으로 보되, 《사기》에 등장하는 위만조선 이전의 패수는 압록강으로 비정하는 절충안을 제안한 셈이다.

---

93) 정약용, 같은 책, 〈패수변〉, 제103쪽. ○又按, 張守節所云'樂浪縣者, 平壤也', 大同江在平壤之東, 張旣以浿水在樂浪縣西, 則亦以鴨綠爲浿水者也. … ○鏞案, 右渠宮城, 在浿水之西, 臨浿水. 涉何案得去至國界而臨浿水, 又案得渡浿水而馳入塞乎? 浿水者, 鴨淥也."

송호정은 2011년 논문에서 정약용이 "역사상에 나타난 패수를 압록강으로 보았으며, 현재 국내 학계의 대부분의 연구자들도 정약용의 '패수압록강설'을 따르고 있다"고 밝혔다.[94] 물론, 정약용이 한사군 이전 시기의 패수를 압록강으로 본 것은 사실이다. 그러나 한사군부터는 대동강으로 비정했는데 그 이후에도 압록강설을 주장한 것처럼 해석하는 것은 잘못이다. 송호정은 정약용이 한사군의 패수도 압록강으로 보는 것이 "학계 대부분의 연구자들이 취하고 있는 입장"이라고 했는데, 그의 말이 '사실(fact)'인지 궁금하다.

2012년 오영찬이 논문에서 정약용이 《강역고》에서 패수를 대동강으로 보았다고[95] 한 것을 보면 송호정의 주장도 학계 내에서는 그다지 공감을 받지 못하는 듯싶다. 정약용이 주장한 것이 정확하게 무엇인지도 모르는 상황에서 어떻게 그의 학풍이 과학적이고 객관적인지 안다는 것인지 정말 알다가도 모를 일이다. 아무래도 이 부분은 송호정이 《강역고》를 오독하고 정약용의 논지를 자의적으로 단장취의한 것이 분명하다.

정약용은 '전기 패수=압록강', '후기 패수=대동강'이라는 인식에 따라 당시까지 조선에 유행한 이른바 '4패수(四浿水)'설에 대하여 부정적인 입장을 노골적으로 드러내었다.

> 정리하자면, 패수는 네 곳이 있다. 첫 번째 두 번째 것은 앞서 다룬 것이다. 세 번째 것은 요동의 헌우락으로, 역시 '패수'라는 이름을 가지고 있는 것이다. … 그 네 번째 것은 지금의 평산에 있는 저탄수로, 역시 우리나라 역사서에서는 때로 '패수'라는 이름을 갖다 붙이기도 한다. … 그런데 이것이 패수와 무슨 상관이 있단 말인가? (107)

---

94) 송호정, 같은 책, 제44쪽, 2011.6.
95) 오영찬, 같은 책, 제28쪽, 제30쪽 표.

○또, 따져 보건대, 지금 사람들 중에 어떤 자들은 이 대목에 집착한 나머지 거류하(대요수)를 패수라고 하는데 더더욱 큰 잘못이다. 한나라가 일어난 후 요동의 옛 요새를 다시 보수했다는 것은 (그들이) 요수를 건너온 상태라는 뜻인데, (그 상황에서) 어찌 다시 요수를 국경으로 삼을 수가 있겠는가? 요하와 압록강 사이에는 큰 하천이 더 이상 없으니 (이때의) '패수'란 압록강인 것이다. (101-102)[96]

정약용은 저탄수에 대하여 '패수'로 불리기는 했지만 사실은 마음대로 그 이름을 갖다 붙인 것이지 고대사 속의 패수와는 무관하다고 보았다. 요동의 헌우락을 패수로 보는 관점에 대해서도 '큰 잘못'이라고 일축하고 나섰다. 말하자면, 그는 당시 학자들 사이에서 유행하던 '4패수'설에 대하여 압록강이 전기 패수, 대동강이 후기 패수라는 점은 인정하면서도 저탄수와 헌우락은 고대사 속의 패수와는 무관한 하천이라고 확신했던 것이다.

이 같은 지리인식에 입각하여 그는 낙랑이 "지금의 평양, 황해 두 도의 땅"이며 낙랑의 치소 조선현은 지금의 평양에 있었다는 자신의 입장을 고수하였다.

〈패수변〉과 〈낙랑고〉를 통한 정약용의 패수 및 낙랑 위치 고증은 날로 위축되어 가던 '패수대동강설'과 '낙랑평양설'을 신봉하던 당시의 학자들에게는 말할 것도 없고 그 후로 일제 식민사학자, 나아가 현재의 강단 학자들에게도 지대한 영향을 끼쳤다. 그러나 그의 주장은 대동강이 패수라면 고조선의 왕험성은 지리적으로 당연히 그 남쪽에 자리 잡고 있어야 한다는 문제

---

96) 정약용, 같은 책, 〈패수변〉, 제101-102쪽. "又, 史記朝鮮列傳所載浿水, 明以今鴨綠江, 謬指爲浿水, 不當以時代之較先信此疑彼. … ○鏞案, 燕與朝鮮畫浿爲界, 若以大同江當此浿水, 豈復有朝鮮乎? 王險者, 平壤也. 衛滿旣渡大同, 自不得復, 都平壤, 浿水之爲鴨綠, 不旣明乎? ○又按, 今人或執此文, 又以巨流河(大遼水)爲浿水, 尤大謬也. 漢興, 復修遼東故塞, 則旣度遼矣. 旣度遼, 寧復得以遼水爲界乎? 遼河鴨水之間, 更無大水. 浿水者, 鴨淥也."

가 해명되지 않는 딜레마를 안고 있다.

그의 패수에 대한 고증은 '고증 그 자체'만 놓고 본다면 나무랄 데가 없이 완벽하다. 문제는 그가 고증 과정에서 시종일관 반도사관과 기자동래설의 굴레에서 헤어나지 못했다는 점이다.[97] 게다가 그가 패수를 고증하는 과정에서 역도원의 《수경주》를 오독한 것도 중대한 실수였다.

그는 패수를 대동강으로 고증하면서 《수경》을 저술한 상흠도 그렇게 말한 것처럼 기술하고 있다. 그러나 그것은 사실이 아니다. 상흠은 말할 것도 없고 《수경》에 주석을 붙인 역도원도 "패수가 평양의 대동강"이라고 말한 적이 없다. 애초에 역도원은 패수를 고증할 때 '평양성'을 언급한 것뿐이다. 그 평양성이 지금의 평양시이고 그 패수가 지금의 대동강이라고 '단장취의(斷章取義)'한 것은 정약용이다.

역도원도 말한 적이 없으니 300년 전의 상흠은 더욱 그런 말을 했을 리가 없다. 따라서 그가 아무리 "엄밀한 사료 비판을 통해" 과학적이고 객관적으로 고증을 시도했든 간에 "패수는 대동강"이라는 명제 자체가 잘못된 것으로 원천적으로 성립되지 않기 때문에 그가 내놓은 답안도 자연히 잘못된 것일 수밖에 없는 것이다.

오영찬은 정약용이 패수와 한사군의 위치를 한반도 이내로 비정하는 데에 강박적으로 매달린 것이 "당시 남인 학자들이 고대사의 무대를 요동으로 확장시키면서 한국사를 청의 역사에 해소시켜 청나라에 부용된 위치로 전락시키는" 현실에 반발하여 "한국사를 독자적인 역사로" 파악하고자 하여 "유교적 명분론이나 정통론보다는 종족적인 요소와 영토를 강조하였다"

---

97) 심지어 그는 제대로 된 논거가 상당히 부족한 상태에서 《북사》, 《수서》, 《당서》, 《삼국사기》 등의 기록을 근거로 삼아 청천강설을 제시한 한백겸이 내놓은 증지-증산현설을 대동강설을 뒷받침하는 유력한 근거로 역이용함으로써 고대사 속의 패수는 대동강이며, 《사기》〈조선열전〉과 《한서》〈조선전〉의 패수에 관한 기록을 근거 없는 '두찬'이라고 폄하하면서 대동강설을 고수하는 데에 급급하여 급기야 1차 사료인 《사기》, 《한서》의 기록조차 전면 부정하는 무리수까지 두었다.

[98)]라고 해석하고 있다.

그러나 앞서 본 것처럼, 조선에서 패수나 한사군을 중국에서 찾으려는 노력은 이미 중기의 홍여하 때부터 시도되고 있으며, 그를 위시한 요동설 지지자들이야말로 "유교적 명분론이나 정통론"을 탈피하고 고조선의 역사를 중국과 구분되는 "독자적인 역사로" 인식하고 있었다고 해야 옳다.

(12) 김정호 - 어니하설

《동국문헌비고》 이후로 신경준의 어니하설을 이론적으로 뒷받침해 준 이는 지리학자이던 김정호(金正浩: 1804~1866)였다.

> 패수현
> … ○수, 당이 모두 대동강을 패수로 본 것은 고구려가 붙인 새 이름을 따른 것이다. 예컨대 압록강을 패수라고 한 것이나 저탄을 패수라고 한 것이나 둘 다 나중에 그 이름을 멋대로 붙인 경우인 것이다.[99)]

김정호는 《수서》의 관련 기사를 근거로 패수 지역이 고구려 때에는 구려현, 발해에서는 환주 영현으로 바뀐 것을 지적하면서 《요사》, 《원사》의 〈지리지〉를 근거로 패수가 요동의 어니하(淤泥河)이며, 압록강, 대동강, 저탄수는 고구려가 나중에 임의로 '패수'라고 부른 것이라고 분명하게 선을 그었다. 아울러 낙랑군 치소가 지금의 평양이라는 주장에 대해서도 고대사의 '평양'이라는 이름을 후대에 멋대로 갖다 붙인 결과라고 비판하였다.

그는 한사군에 관해서도 독특한 주장을 선보였다. 즉, 어니하가 패수라는 인식에 따라 평안도로 비정한 임둔군을 제외하고는 현토군은 중국의 성경

---

98) 이상 오영찬, 같은 책, 제9쪽.
99) 浿水縣 … ○隋唐皆以大同江爲浿水者, 從高句麗之新號也. 如鴨綠之浿, 猪灘之浿, 皆後之冒其名也.

(盛京, 지금의 심양) 동북과 영길주 경내에서, 진번군 역시 압록강 너머에서 찾았다.

3. 소결 – 대동강설에서 요동설의 대두까지

조선시대에 패수 및 왕험성의 위치, 영역을 둘러싼 이상의 관점들을 통하여 우리는 다음과 같은 사실을 알 수가 있다. 조선시대 초기 《동국사략》, 《고려사》, 《세종실록》 〈지리지〉 등, 조선 정부의 공식 입장을 대변하는 관찬 역사서와 지리서들은 패수를 대동강으로, 왕험성을 지금의 평양으로 비정했으며, 시대에 따른 모순을 해결하기 위하여 '3패수'설[100]이 거론되기도 하였다.

이 같은 관점들은 알고 보면 '기자동래'를 역사적 진실로 받아들이고 정부 차원에서 기자성, 기자묘, 기자제 등 기자 관련 사업을 대대적으로 전개한 고려시대의 역사인식을 그대로 계승한 것이었을 것이다. 이 같은 역사를 가진 대동강설과 평양설은 그 후에도 박상, 유계령 윤두수, 오운, 안정복, 유득공, 한진서, 정약용, 홍경모, 윤정기, 이유원 등에게도 계속 영향을 주었다. 그러나 한중 고대사에 등장하는 패수가 지금의 어느 하천인지 정확하게 알고자 한다면 가장 먼저 충족되어야 할 기본 전제가 패수는 수직이든 비스듬하든 간에 북에서 남으로 흐르는 하천이어야 한다는 것이다. 그래야만 위만이 동쪽으로 패수를 건넜다는 명제가 성립할 수 있기 때문이다.

그런 점에서 본다면, 현재 강단의 거의 대부분의 학자들이 이구동성으로 정설로 믿어 의심치 않는 패수대동강설은 근거가 상당히 박약하다. 왜냐하

---

100) '3패수설(三浿水說)'은 패수가 3개 있었다는 것을 인정하는 것이 아니라 단순히 그 세 하천을 예시한 후 자신이 주장하는 하천(대동강)을 지지하는 입장이어서 3패수의 인정과는 무관하다.

면 현재의 평양시는 지리적으로 대동강 위쪽에 자리 잡고 있기 때문이다. 한나라의 위만이 패수를 건너서 조선으로 망명했다는 것은 학자들이라면 공지하는 사실이다. 그렇다면 위만이 조선으로 망명하기 위해서는 패수의 위치가 조선보다 앞서 자리 잡고 있어야 한다.

즉, 패수가 대동강이라고 전제할 때, 대동강은 지리적으로 평양시의 서쪽이나 북쪽에 자리 잡고 있어야 하는 것이다. 그러나 실제로는 평양시가 대동강 위쪽에 자리 잡고 있기 때문에 이 전제 조건은 성립되지 않는다. 즉, 《사기》의 기록처럼 "위만이 패수를 지나서 조선(왕험성)으로 들어갔다"는 기본 전제를 충족시키자면 위만이 한반도 남쪽인 황해도 쪽에서 대동강을 건너 평양시로 진입하는 수밖에 없는 것이다.

따라서, 패수대동강설은 이 같은 기본 전제를 충족시켜 주지 못하기 때문에 정설은커녕 가설로도 성립될 수가 없는 셈이다. 상황이 이러함에도 불구하고 대동강설을 주장하는 학자들은 시종일관 "평양은 기자조선의 도읍, 패수도 평양의 하천, 평양의 하천은 대동강"이라는 도식에만 얽매이는 바람에 이론적으로는 그 이상의 진전을 보여 주지는 못하였다.

이 때문에 초기에 우세하던 대동강설 및 평양설은 고증 과정에서 필연적으로 이론적 한계에 부딪칠 수밖에 없었다. 홍여하 등이 중기부터 요동설을 제기하고 나선 것은 바로 이 같은 역사적 배경 속에서 이루어진 것이며, 나중에는 고대사 연구에서의 풍향을 바꾸는 데에 중대한 역할을 한 셈이다.

그리고 후기인 영조대에 《동국문헌비고》의 간행을 계기로 요동설 진영에서는 홍여하의 요하설을 위시하여 신경준, 김정호의 어니하설, 박지원, 김경선의 난수설, 성해응의 소요수설 등으로 다양하게 분화하면서 치밀한 분석과 다각적인 접근을 통하여 보다 현실적이고 호소력 있는 주장을 개진했으며, 그 결과 궁극적으로 소중화적 세계관에 사로잡혀 한반도를 벗어나지 못하는 대동강설은 '소수파 의견'으로 전락하고 요동설이 조선 정부에 공식적인 역사인식으로 확고하게 자리 잡기에 이르렀다.[101]

이 같은 인식의 변화가 조선 학자들의 전통적인 한반도 중심의 영토인식과 고대사에 대한 역사인식에 근본적인 변화를 가져왔고, 역사 해석에도 새로운 전기를 마련하는 계기가 되었다. 한사군 고증에서는 논리적 한계에 도달한 반도사관을 대체할 새로운 가설(요동설)이 대두하는 기반을 마련해 준 셈이다.

이 새로운 가설의 기세가 어느 정도였는지는 당시 대동강설 및 평양설을 주장하는 학자들이 한사군의 영역을 설정하는 데 있어 기존의 한반도 북부를 탈피하고 압록강 너머 요동지역까지 그 범위를 넓히는 작업을 고민해야 할 정도였다는 점에서도 충분히 짐작할 수가 있다.

이 같은 연구 기조는 일제가 조선을 강점하기 직전인 대한제국 시기까지 지속되었다. 어떤 의미에서 보자면, 다양한 형태로 전개된 이 요동설의 제기는 대동강설/평양설 일변도의 무미건조하기 짝이 없던 고대사 연구 풍토에 다양성과 역동성을 불어넣어 줌으로써 역사 해석과 관련하여 다양한 가능성을 모색해 볼 수 있게 해 주었다.

이처럼 조선시대의 고조선, 한사군 연구(낙랑군, 패수 고증)는 요동설 주장자들은 물론 국내파들조차도 중기 이후로 위만조선의 강역을 한강 이북에서 압록강을 넘어 요동 지역까지 넓게 인식하게 함으로써 역사 논쟁을 보다 역동적이고 풍성하게 만들었다.

분명히 말하지만, 대동강설은 세계관이나 접근 방법에 있어 현실적으로 요동설을 능가할 수 없는 태생적인 한계를 안고 있다. 그럼에도 불구하고 아이러니하게도 조선에서의 고대사 연구에서 이런 자연적인 신진대사를 방해하고 그 학술적 생명력이 다하여 역사의 저편으로 사라져 가던 대동강설 및 평양설의 생명을 인위적으로 연장시킨 것이 바로 일본 제국주의 어용학자들이었다.

---

101) 신운용, 같은 책, 제152쪽.

이들은 조선 학계에서의 수백 년에 걸친 고대사 논쟁 및 검증의 과정에서 생명력과 타당성을 상실하고 '소수파 의견'으로 전락한 대동강설/평양설이 자신들의 식민통치와 역사왜곡 목적에 부합된다고 판단했음이 분명하다. 그래서 여기에 다시 면류관을 씌워 주고 일제 강점기 내내 정설처럼 떠받들고 선전하고 가르쳤다. 그리고 그로부터 100년 만에 고조선의 강역을 우격다짐으로 압록강 이남 대동강 이북에 우겨 넣으려고 하는 이 같은 식민사관의 논리는 국권을 회복한 후로도 한국 사학계의 주류가 되고 무오류의 절대진리로 둔갑하더니 재야의 주장을 불구대천의 이단이나 유사사학으로 비하하는 혹세무민(惑世誣民)을 일삼고 있다.

제2장
요동과 요수

　한중 고대사에서 지명을 고증하는 과정에 쟁점이 되는 문제들 중의 하나가 중국 사서들에 등장하는 '요동(遼東)'을 어떻게 이해할 것인가 하는 것이다. '요동'이라는 지역명은 선진시대에 중국 문헌에 처음 등장한 이래로 2,000여 년 동안 지속적으로 사용되었다. 그러나 그 이름의 의미나 유래에 관해서는 지금까지도 이설이 분분한 것이 실정이다. 어떤 학자는 '요동'이 "요원한 동쪽"이라는 의미라고 단정적으로 말하기도 한다.[1] 다른 학자는 그것이 "요수의 동쪽"[2]이라는 의미라고 주장하기도 한다. 또 어떤 학자는 아예 역사적으로 그 위치와 범위가 시대나 상황에 따라 변했다는 주장을 하기도 한다. 그 성격에 대해서는 대체로 다음과 같이 인식하고 있는 듯하다.

　① 중원(산해관)을 기준으로 그 동쪽의 이민족 활동 지역
　② 그 지역에 설치된 지방 행정 단위로서의 군의 이름

　이 중 어느 쪽이든 간에 '요동'이라는 단어가 일정한 공간적 위치나 범위

---

1) 송진, 〈전국 진-한시기 요동군과 그 경계〉, 《한국고대사연구》(제76집), 제56쪽, 2014. 12.
2) 장수절(張守節: 7~8세기), 《사기정의(史記正義)》: "요동군은 요수의 동쪽에 있었다. 시황제가 긴 장벽을 요수까지 쌓았으며 서남쪽으로는 바다까지 이르렀다(遼東郡, 在遼水東. 始皇築長城東至遼水, 西南至海)"

를 상정하고 있는 것은 분명하다. 그리고 학자들 중 어느 쪽 주장이 사실에 가까운지 알자면 일단 그 단어가 사용된 문헌들을 비교-분석하는 작업이 선행되어야 할 필요가 있다.

1. 현대 중국에서의 '요동'과 '요서' 개념

중국의 대표적인 포털 검색 사이트인 빠이뚜(百度)의 백과사전에서는 '요동'을 다음과 같이 정의하고 있다.

> 요동
> 본래는 '9주(九州)[3]'의 동방을 가리킨다. 연나라가 요동군을 설치한 후로는 또 요하의 동쪽 지역을 가리키게 되었는데, 지금의 요령성 동부와 남부, 그리고 길림성의 동남부 지역이며, 하요하평원, 요동의 산지구릉 및 요동반도의 3대 구역을 포함한다. 그중에서도 요동 산지구릉은 주봉을 포함하는 장백산맥이 뻗어나간 주맥의 하이라이트가 되는 부분이다.
> 전국·진·한으로부터 남북조시대까지 요동군이 설치되었다. 또한, 군진의 명칭으로 사용되기도 해서, 명대 초기에 설치되었고 관할 지역은 지금의 요령성 대부분과 길림성 일부 및 조선의 일부까지에 해당하였다. 관할한 도시로는 대체로 심양시·대련시·안산시·무순시·단동시·영구시·반금시·철령시·요양시·본계시·통화시·백산시 등을 포함한다.
> 그러나 광의의 요동 지역에는 이 밖에도 길림·흑룡강 두 성과 러시아 극

---

3) '9주(九州)'는 《상서(尙書)》〈하서·우공(夏書·禹貢)〉에 최초로 등장하는 지역명이다. 중국 고대의 명군인 우(禹) 임금이 치수에 성공한 후 천하에 예주(豫州), 청주(靑州), 서주(徐州), 양주(揚州), 형주(荊州), 양주(梁州), 옹주(雍州), 기주(冀州), 연주(兗州)의 아홉 개의 고을[州]을 두었다는 전설에서 유래한 지역명으로, 후대에는 '중원' 지역을 두루 일컫는 대명사로 사용되었다.

동 지역 및 한반도 대동강 이북까지 포함한다.

遼東

本指九州之東方, 燕設遼東郡後又指遼河以東地區, 今遼寧省的東部和南部與吉林省東南部地區. 包括下遼河平原, 遼東山地丘陵以及遼東半島三大區域. 其中, 遼東山地丘陵是長白山脈包括主峰在內所延伸的主脈精華部分.

戰國, 秦, 漢至南北朝設遼東郡. 又爲軍鎭名, 明初設置, 轄境相當於今遼寧省大部分和吉林省一部分以及朝鮮的一部分. 下轄城市大致包括: 瀋陽市, 大連市, 鞍山市, 撫順市, 丹東市, 營口市, 盤錦市, 鐵嶺市, 遼陽市, 本溪市, 通化市, 白山市等.

而廣義上的遼東地區, 還包括吉林, 黑龍江兩省和俄羅斯遠東地區以及朝鮮半島大同江以北.[4]

또, '요서'에 관해서는 다음과 같이 설명하고 있다.

요서

요하의 서쪽 지역을 가리키는데, 지금의 요령성 서부 및 하북성 진황도시 산해관구이다. 전국, 진, 한으로부터 남북조시대까지 요서군이 설치되었다. 해방 후(1949)에는 (요서)성이 설치되었다가 1954년에 철폐되고 산해관시는 진황도시로 귀속되어 산해관구가 되었으며, 그 나머지 지역은 요동성에 합병되었다가 다시 요령성이 설치되었다.

遼西

指遼河以西的地區, 今遼寧省的西部以及河北省秦皇島市山海關區域. 戰國, 秦, 漢至南北朝設郡. 解放後(1949年)設省, 1954年撤銷, 山海關市劃歸秦皇島市, 設山海關區, 其餘地區與遼東省合併, 復設遼寧省[5]

---

4) 〈요동(遼東)〉, 《빠이뚜 백과》.
5) 〈요서(遼西)〉, 《빠이뚜 백과》.

〈현대 중국인의 뇌리에 인식된 요서와 요동. 두 지역을 구분하는 기준은 요하이다〉

　요하는 지금의 요령 지역을 대표하는 최대의 하천으로, 전체 길이가 1,345km에 이른다. 하북성 평천현(平泉縣) 칠로도(七老圖) 산맥의 광두산(光頭山)에서 발원하여 하북, 내몽고, 길림, 요동의 4개 지역을 거친 후 발해로 진입한다. 현재 중국인들은 이 하천을 축으로 그 동쪽(지금의 요령성 동부와 남부, 그리고 길림성의 동남부 지역)을 '요동', 그 서쪽(요령성 서부 및 하북성 진황도시 산해관구)을 '요서'라고 부르고 있다. 말하자면 '요동'(또는 '요서')이라는 지역명의 유래를 요하라는 하천에서 찾고 있는 셈이다. 이 같은 지리인식은 중국인에게만 한정된 것이 아니다. 일본은 물론이고 국내 강단의 거의 모든 학자들까지 여기에 동조하고 있기 때문이다.[6]

　그러나 이 같은 주장은 역사적 사실로 받아들이기 어렵다. 왜냐하면 요

---

[6] 이병두,《중국고대군현위치고 - 요동·낙랑·현토군에 대하여》, 단국대석사논문, 제20쪽, 1987. 이병두에 따르면, 국내 학자들 대부분은 '요동'을 "현재의 요하 동쪽만을 가리키는 것"으로 이해하고 있다고 한다.

제2장 요동과 요수　**173**

동과 요서를 소개한 초기의 사료들에서 그 기준점으로 언급한 것은 '요하'가 아니기 때문이다.

2. 요하와 요수는 별개의 하천이다

중국 학자들 중에는 자국의 난하(灤河)[7]가 고대의 유수(濡水)라고 인식하거나 주장하는 경우가 적지 않다. 그러나 '유수'는 엄밀하게 보면 요동과는 무관한 하천이다. 후한대 학자 허신은《설문해자》에서 '유수'와 관련하여 다음과 같이 소개하였다.

> 유
> 하천 이름. 탁군 고안에서 발원하여 동쪽의 칠속으로 합류된다. 물의 의미를 따르고 독음은 '수'를 따랐다. '인'과 '주'의 반절이다.
> 濡
> 水. 出涿郡故安, 東入漆涑. 從水需聲, 人朱切.[8]

'고안(故安)'은 지금의 하북성 고안현(固安縣)에 해당한다. 허신의 설명에 따르면, 유수는 하북의 탁군(涿郡) 지역을 흐르는 하천이다. 그런데 국내외 학계에는 이 하천의 성격과 위치가 잘못 알려져 있다. 많은 학자가 유수를 지금의 난하로 착각하고 있는 것이다. 청대의 고증학자 단옥재(段玉裁:

---

7) 난하(灤河): 중국 화북 지방을 흐르는 강. 고대에는 유수(濡水)로 불렸으며, 하북성 북부 몽골 고원 남부에서 발원하여 북으로 내몽골자치구까지 흐르다가 다시 방향을 남동쪽으로 돌려 급류를 이루며 연산(燕山)산맥을 가로질러 발해(渤海)로 유입되는데 전장은 약 885km이다. 주로 하북성 경내를 흐르면서 무열하(武烈河), 청룡하(靑龍河) 등의 지류를 가지고 있는데 만리장성을 가로질러 희봉구(喜峰口)를 지난다.
8) 허신(許愼),《설문해자(說文解字)》〈수부(水部)〉 '유(濡)'조.

1735~1815)는 《설문해자주(說文解字注)》에서 이 유수가 사실은 역수가 범양현(范陽縣)에서 합류하는 하천으로서, 단옥재 당시의 '북역수(北易水)'라고 보았다. 아울러 "현수가 동쪽의 유수로 합류한다(玄水東入濡水)"의 "유(濡)"는 사실 알고 보면 역도원의 착오로, 원래는 "난(灤)"이어야 한다는 것이다.9) 그렇다면 그의 고증을 통하여 여기서의 '유수'가 요동과는 무관한 하천임을 확인할 수 있는 셈이다. 아울러 '난수(灤水)', '난하(灤河)' 등의 이름은 5세기 이후에나 등장한다는 것을 알 수 있다. '유수'는 고대사에 출현하는 요수가 아닌 것이다.

주요 하천을 중심으로 그 출현 시기를 〈표〉로 예시하면 다음과 같다.

〈표〉 중국 정사에 등장하는 하천들의 이름표

하천명	한서	삼국지	후한서	진서	북사	위서	송서	수서	당서	자치통감	신오대사	요사	금사	원사	명사	청사고
요수	+	+	+	+			+	+	+			+	+			
유수	(+)			+	+	+	+		+			+			+	+
난하								+			+	+			+	+
난수								+	+			+		+		
요하												+	+	+	+	+

위에서 보다시피 '24사(二十四史)'로 범주를 국한시켰을 때, 이 다섯 개의 하천 이름은 출현 시점이 서로 다르다. 예컨대, '요수'라는 이름은 진한대 문헌에서부터 이미 등장하고 있는 것을 확인할 수가 있다. 반면에 '요하'라

---

9) 단옥재(段玉裁), 《설문해자주(說文解字注)》: "出涿郡故安, 東入涞. 涞, 各本作漆涷二字, 今正. 戴先生曰, 易水篇注云, 許愼曰, 濡水入涞. 涞, 卽巨馬之異名, 與巨馬河注, 巨馬河卽涞水也, 正合. 今水經注涞謁深, 說文涞謁漆涷二字, 皆字之誤耳. … 濡水, 今在易州北, 卽北易水也. … 人朱切. … 師古注漢書於故安下云濡乃官反, 殊誤. 漁陽郡白檀下, 濡水出北蠻夷中, 遼西郡肥如下, 玄水東入濡水, 濡水南入海陽. 此則酈注濡水篇所謂濡難聲相近‧今謂之灤河者, 音乃官反是矣. 其字, 葢本作灤, 譌而爲濡."

는 이름의 출현은 이보다도 한참 후의 일이다. 그 이름이《요사(遼史)》에서 처음으로 언급되고 있기 때문이다. 요나라의 역사를 다룬《요사》는 원나라 재상 톡토(脫脫: 1314~1356) 등이 편찬한 기전체(紀傳體) 사서로, 지정(至正) 3~4년(1343~1344) 만에 완성되었다. '요하'라는 이름이《당서(唐書)》나《송사(宋史)》에는 보이지 않는 것을 보면, 그 하천의 이름은 요나라의 중원 진출과 함께 모습을 나타낸 셈이다.

'유수(濡水)'라는 이름은 후한대의《한서》이후부터 출현하기 시작한다. 반면에, '난하'라는 이름은 요수나 유수보다는 출현 시점이 상대적으로 늦다. 이보다 수백 년 후인 당나라 정사인《당서(唐書)》에서부터 관련 용례들이 확인되기 때문이다. 물론, 정사가 아닌 경우에는 그 연대가 9세기 당대까지 거슬러 올라간다.

현재 문헌 기록만 따지더라도 '요수'(또는 '요동')라는 이름은 이미 한대 이전, 즉 기원전 7세기 제 환공(齊桓公) 때부터 그 사례가 확인된다. 그리고 그 후로도 사마천(司馬遷) 이전의《회남자(淮南子)》, 그 이후의《양자법언(揚子法言)》,《전한기(前漢紀)》등에서도 일관되게 모습을 드러내고 있는 것이다.

> 무엇을 '6대 하천'이라고 하는가? 하수, 적수, 요수, 흑수, 강수, 회수이다.
> 何謂六川? 河水, 赤水, 遼水, 黑水, 江水, 淮水.10)

> 제 환공이 고죽국을 북벌할 때, … 왼쪽으로 건너서 10리를 가니 정말 강이 있는데 '요수'라고 하였다. 거기에 표시를 하기를 '왼쪽으로 건너면 물이 복사뼈까지 차고 오른쪽으로 건너면 무릎까지 찬다'고 적었다.
> 齊桓公北征孤竹, … 從左方渡, 行十里果有水, 曰遼水. 表之, 從左方渡至踝,

---

10) 여불위(呂不韋),《여씨춘추(呂氏春秋)》〈유시람(有始覽)〉; 유안(劉安),《회남자(淮南子)》〈추형훈(墜形訓)〉

從右方渡至膝.[11]

산을 자르고 골짜기를 메우면서 임조로부터 요수까지 이르렀다.
塹山堙谷, 起臨洮, 擊遼水.[12]

한나라가 일어난 후 그 땅이 멀어 지키기 어렵다고 여겨 요수를 요새로 삼았다.
漢興, 以爲其遠難守, 故遼水爲塞.[13]

요산은 요수가 발원하는 곳으로 서개마 상은대에 있다.
遼山, 遼水出, 西蓋馬上殷台.[14]

학자들은 지리고증 과정에서 요수와 유수를 서로 다른 하천으로 보는 경향이 있다. 그러나 실제로는 그렇게 단정할 근거가 없다. 〈표〉를 보면, 요수(遼水), 유수(濡水), 난하(灤河), 난수(灤水), 요하(遼河) 이 다섯 개의 하천 이름들은 그 출현 시점이 각자 다르다. 이 중에서 요수가 시기적으로 가장 먼저 사용되기 시작했다는 사실을 알 수 있을 것이다. 그리고 현재 사용되고 있는 '난하', '난수' 등의 이름은 당대 이후부터 비로소 사용되기 시작했다는 사실을 확인할 수 있다. '유수'의 경우는 《한서》에 관련 용례가 있어서 요수와 동시대인 한대부터 이미 사용되었다고 보기 쉽다. 그러나 해당 부분을 찾아보면 그 문장 속의 '유(濡)'는 원래 형태가 비슷한 '난(灤)'자가 들어가야 할 자리임을 알 수 있다. 실제 '유수'라는 이름은 5세기 북위시기 이후에나 출현하는 셈이다.

---

11) 유향(劉向),《설원(說苑)》〈변물(辨物)〉
12) 양웅(揚雄),《양자법언(揚子法言)》〈연건(淵騫)〉
13) 순열(荀悅),《전한기(前漢紀)》〈효무황제기5(孝武皇帝紀五)〉
14) 범엽(范曄),《후한서(後漢書)》〈군국지5(郡國志五)〉

'요수'라는 이름의 경우, 이 〈표〉는 정사만 조사한 것이다. 다른 문헌들까지 조사하면 그 사용 연대는 훨씬 더 올라간다. 이에 비하여 《요사》에서 처음 출현하는 '요하'라는 이름은 아무리 멀리 거슬러 올라가도 14세기에 머물고 있다. '요수'와 '요하' 둘 사이에 거의 1,000년에 가까운 공백이 존재하는 것이다. 그 사이에 간행된 문헌들 중에서 '요하'와 '요수' 사이의 상관관계를 언급한 사례는 하나도 없었다는 뜻이다.

당대의 학자 두우(杜佑: 735~812)가 저술한 《통전(通典)》〈주군5(州郡五)〉 '고기주(古冀州)'조에서는 다음과 같이 소개하고 있다.

유성군	柳城郡
동으로 요하까지 480리	東至遼河四百八十里
남으로 바다까지 260리	南至海二百六十里
서로 북평군까지 700리	西至北平郡七百里
북으로 거란 땅까지 50리	北至契丹界五十里

그러나 여기서의 '요하'를 지금의 요하로 인식하고 이 리수(里數)를 방위별로 각각 대입해 보면 상당한 편차가 존재한다는 것을 발견하게 된다. 지금의 요하라고 보기 어려운 것이다. 따라서 고대의 요수가 지금의 요하와 동일한 하천이라는 학계 일각의 주장, 그리고 그런 주장을 액면 그대로 받아들이는 것은 대단히 경솔하고 무모한 선택일 수밖에 없다. 요동과 요서의 정확한 위치를 알기 위해서는 우선 요수와 요하가 동일한 하천인지에 대한 검증부터 시도하는 것이 순서라고 본다.

3. 숨어 있는 요수를 찾아라

고대사 속의 요수가 요하와 난하 둘 중 어느 하천인가가 중요한 이유는 양자 사이의 거리가 1,000리 이상 떨어져 있어서 고조선 또는 한사군의 정확한 위치를 비정하는 데에 대단히 중요한 기준점이 되기 때문이다. 고대사 속의 요양이 지금의 요양과 같은 곳을 말한다고 하더라도 여기서 별반 달라질 것은 없다. 지금의 요양이 연나라 영토의 최동단이라면 진시황의 만리장성도 여기서 끝나는 셈이다. 고조선의 강역도 마찬가지이다. 자연히 그 요양의 동쪽 즉 요동반도에서부터 시작된다는 말이 된다. 이와 비슷한 기록은 당대의 두우도 남긴 바 있다.

> 안동대도호부
> 순이 청주를 쪼개서 '영주'로 삼고 목사(관리)를 두었다고 하니 요수의 동쪽에 있다고 보아야 옳다. 춘추 및 전국시대 공히 연나라에 속해 있었고 진 2세와 한나라 때에는 '요동군'으로 불렸는데 동쪽으로는 낙랑과 연결되었다.
> 安東大都護府
> 舜分青州爲營州, 置牧. 宜遼水之東是也. 春秋及戰國並屬燕, 秦二漢曰遼東郡, 東通樂浪.15)

자신이 저술한《통전》'안동도호부'조에서 이렇게 소개한 그는 다음과 같은 주석을 덧붙이고 있다.

> 낙랑은 본래의 조선국이다. 한무제 원봉 3년, 조선인들이 그 왕의 목을 베고 투항하매 그 땅을 낙랑, 원토(현토) 두 군으로 삼고, 다시 또 대방군을 설치했는데 모두 다 요수의 동쪽에 있었다.
> 樂浪本朝鮮國, 漢武帝元封三年, 朝鮮人斬其王而降, 以其地爲樂浪,元菟郡, 復又置帶方郡, 並在遼水之東.

---

15) 두우(杜佑),《통전(通典)》〈주군10(州郡十)〉'안동도호부(安東都護府)'조.

두우의 지리인식에 따를 때, 낙랑, 현토, 대방 등 이른바 '한사군'은 "요수의 동쪽"에 설치된 것이었다. 즉, 요수가 지금의 요하라고 하더라도 지금의 압록강 남쪽으로 내려가기 훨씬 서쪽인 요동반도에 낙랑, 현토, 대방 등의 군들이 자리 잡고 있었다는 것이다. 그렇다면 요수의 위치만 찾아내면 한중 고대사의 쟁점이 되고 있는 요동군은 말할 것도 없고 낙랑, 대방, 현토 등의 위치도 알아낼 수 있다는 뜻이다.

만일 요수가 지금의 요하가 아니라 하북성에 있는 어떤 하천이라면 한사군의 위치는 이보다 훨씬 서쪽 즉 요서 지방까지 끌어내어야 한다는 이야기가 된다. 지금까지 한중 두 나라 사학계가 정설로 고수해 온 '낙랑평양설'과는 엄청난 차이가 나는 셈이다. 중국의 빠이뚜에서 '요수(遼水)'를 검색해 보면 다음과 같은 설명이 나온다.

> 요수는 곧 지금의 요하의 옛 이름이다. 요수는 중국 고대의 '6대 하천' 중의 하나로, 그 이름은 《산해경》〈해내동경〉에 최초로 등장한다. 요수의 의미는 '먼 곳의 강'이다. …
>
> 遼水, 卽今遼河的古稱. 遼水爲我國古代六川之一, 其名最早見於山海經海內東經. 遼水之內涵爲遼地之水. …

말하자면, 중국인들은 '요수'를 고대인들이 지금의 요하(遼河)를 일컫던 이름이라고 인식하고 있는 셈이다. 국내에서도 대부분의 학자가 지금의 요하를 고대의 요수로 알고 요동군을 그 동쪽에서 구하며, 심지어 이병도의 경우처럼 아예 한반도 북부까지 들어와 평안도 박천군에까지 이르렀다고 보는 자들도 적지 않다.16) 과연 이 같은 지리인식은 역사적 사실과 부합되는 것일까?

"요수가 요하이고 요하가 요수"라는 주장의 진위 여부를 확인하려면 가

---

16) 이병두, 같은 논문, 제21쪽.

장 확실한 방법은 고대 문헌들을 뒤져서 '요수'와 '요하' 두 이름이 출현하는 시점과 그 지역을 대조·분석하는 작업이다. 먼저, 빠이뚜에서 근거로 제시한《산해경(山海經)》〈해내동경(海內東經)〉의 설명부터 살펴보자.

> 요수는 위고의 동쪽에서 발원하여 동남쪽의 발해로 흘러든다. 요양으로 들어간다.
> 遼水出衞皋東, 東南注渤海. 入遼陽.17)

이 설명에 따르면, 요수는 중국 서북쪽에 자리 잡은 위고산(衞皋山)의 동쪽으로부터 동남쪽(4~5시 방향)으로 흘러서 발해로 진입하는 하천이다. 하천이 서북쪽에서 동남쪽으로 흐른다는 것은 곧 그 하천이 지형적으로 서북쪽이 높고 동남쪽이 낮은 지형을 흐른다는 것을 의미한다. 즉, 전형적인 '서고동저(西高東低)'의 지형의 하천인 것이다. 게다가《산해경》은 이 하천의 종착지가 발해라고 명시하였다.

현재 중국에서 '발해'는 통상적으로 하북, 산동, 요령 세 성에 걸쳐 있는 중국 북부의 내해(內海)로서 소개되고 있다. 그러나 발해에 대한 고대 중국인들의 지리인식은 이 사진이나 현재의 통념보다는 상대적으로 작았다. 산동반도에서 하북과 요령 두 성의 경계 지역까지의 바다를 '발해'라고 일컬었다고 보는 것이 합리적이라는 뜻이다.

당시의 발해가 요동반도까지 아우르는 넓은 의미의 지리 개념이 아니라는 사실은《산해경》의 소개 내용에서 이미 자명하게 드러나 있다. "요수가 동남의 발해로 흘러든다"라고 한 것이 그 증거이다. 앞서 언급했듯이, 지형학적 견지에서 볼 때 요수는 '서고동저' 지형 내를 흐르는 하천이다. 그런데

---

17)《산해경(山海經)》〈해내동경(海內東經)〉, 곽박(郭璞) 주, 명대 숭정(崇禎, 1628~1644) 연간 간행본.

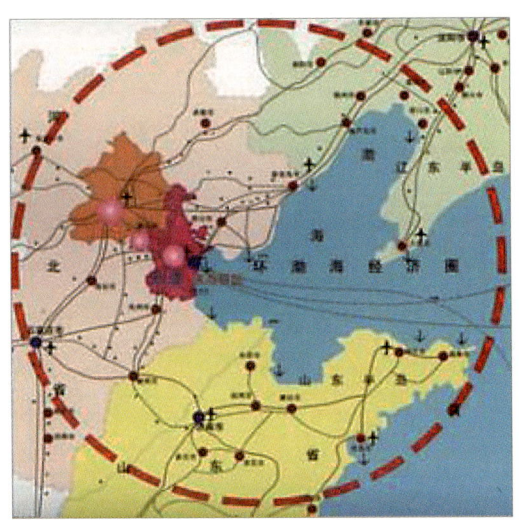
〈현대 중국에서의 '발해'의 지리적 범주. 요동반도까지 포함된 것으로 그려져 있다〉

이 책의 제1장 패수의 장에서 이미 살펴보았듯이, 하북성과 요령성 전역을 통틀어서 '서고동저' 지형은 하북성 동북부에서 요령성의 금주(錦州) 인근까지만 해당된다.

또, 요수가 진입하는 바다인 발해가 '동쪽 바다'가 되자면 그 후보지는 역시 이 일대일 수밖에 없다. 요하가 흐르는 심양(瀋陽)-요양(遼陽)-영구(營口)로 이어지는 요동반도는 한반도와 마찬가지로 전형적인 '동고서저'의 지형에 속한다. 최근 복기대, 황상일, 윤순옥, 등의 연구에 따르면, 그 중간에 위치한 '금주-부신(阜新)-심양-영구'의 사각지대는 지세(地勢)는 말할 것도 없고 2,000년 전에는 바닷물이 수시로 들락거리는 배후습지(背後濕地) 등이 발달된 늪지대였다.[18] 사람이 집을 짓고 살 수 있는 지역이 아니었던 것이다. 그렇다면《산해경》이 설정한 동남쪽으로 흘러 발해로 진입해야 한

---

18) 윤순옥, 김효선, 지아지엔칭, 복기대, 황상일,〈중국 요하 하류부 고대 요택의 공간 분포와 Holocene 중기 이후 해안선 변화〉,《한국지형학회지》제24권 1호, 제56-60쪽, 2017.3.

다는 지리 조건을 충족시켜 줄 수 있는 하천은 하나도 존재할 수 없다. 게다가 '서고동저'의 지형에서 그 하천의 종착지가 발해이므로, 그 발원지인 위고산은 당연히 발해에서 북상하여 서북쪽에서 찾을 수밖에 없다.

중국 지도에서 발해의 서북쪽에 있는 것은 하북 지방을 병풍처럼 겹겹이 둘러싸고 있는 연산산맥(燕山山脈)이다. 그렇다면 요수가 발원하는 위고산은 이 산맥 속의 어느 한 구역에 존재할 수밖에 없는 것이다. 그 위고산이 정확하게 어느 산이냐는 앞으로 학자들이 지혜를 모아 풀어나가야 할 숙제이다. 그러나 위고산이 연산산맥 속에 자리 잡고 있을 것이라는 점은 부정할 수 없는 '과학적 사실(scientific fact)'이다.

4. '해내동경'이라는 제목의 의미

여기서 우리가 또 한 가지 주목해야 할 부분이 '해내동경'이라는 제목이다. '해내(海內)'는 언어학적으로 풀면 '바다 안쪽'으로서 바다의 반대말인 육지라는 뜻이다. 그런데 정치학적으로 접근하면 영토 개념이 추가되면서 '해외(海外)'의 반대말로 받아들여진다. 실제로 중국에서는 예로부터 '사해지내(四海之內)'를 줄인 말로, 이 두 글자 자체가 '중국의 영토', '중국 경내'의 의미로 사용되어 왔다.

《한사군은 중국에 있었다》에서도 이미 언급한 것처럼, '해내(海內)'는 '사해지내(四海之內)'를 줄인 말로, 글자 그대로 풀이하면 '바다 안쪽에 위치한 육지'라는 뜻이다.[19] '해내'가 자국의 강역을 가리키는 용어라는 것을

---

19) 문성재, 《한사군은 중국에 있었다》, 제130쪽. 중국의 입장에서 보자면 서쪽은 서역을 거쳐 중앙아시아, 더 나아가 아라비아로 이어져서 '서해'가 존재하지 않고 '남해'는 남월(南越) 등 남만(南蠻)의 영역으로 치부된 반면 '동해'는 중국인들의 주요한 활동무대였기 때문에 각종 문헌기록에서 자주 언급되곤 하였다. 그래서 고대 문헌에서 '해내'라고

염두에 둔다면 '해내동경'이 곧 당시 중국 영토의 동부, 즉 동중국의 각종 인문지리 정보들을 모아놓은 대목이라는 것을 금세 눈치챌 수가 있을 것이다. 마찬가지로, 이 〈해내동경〉에 요수가 소개되고 있다는 점을 통하여 '요수, 위고(동), 발해, 요양'이 모두 '해내동' 즉 동중국에 소재한 하천, 바다, 지역임을 짐작할 수 있다.

《산해경》에서 '해내'와 대척점에 있는 지역적 개념을 담고 있는 용어가 '해외(海外)'와 '대황(大荒)'이다. 이 점을 염두에 둔다면 이 말이 무슨 의미인지 금방 이해할 수 있을 것이다. 실제로 〈해내동경〉에 소개된 산천들 중 중국 서부에 관한 한 일부분을 제외하면 대부분이 동부의 산천들과 관련된 내용들이다.

여기서 한 가지 문제가 대두된다. 《산해경》에는 "요수가 동남쪽의 발해로 흘러든다"라고 한 문장 뒤에 "요양으로 들어간다(入於遼陽)"라는 구절이 뒤따르고 있다. 과연 이 대목을 어떻게 이해해야 할 것인가. 발해로 흘러든 요수가 만유인력과 중력의 법칙을 무시하고 다시 요양으로 거슬러 올라간다고 이해해야 할 것인가?

이 대목을 그렇게 이해하는 것은 문제가 있다. 위의 자료 사진에서 볼 수 있듯이, 명대 숭정(崇禎) 연간(1628~1644)에 간행된 《산해경》에는 "요양으로 들어간다"라는 부분이 본문처럼 큰 글자로 작성되어 있다. 그리고 그 아래에 작은 글자로 "요양현은 요동군에 속해 있다(遼陽縣屬遼東)"라고 되어 있는 부분은 서진(西晉)의 학자 곽박(郭璞)이 붙인 주석이다.

하천의 생명은 바다에 진입함으로써 끝난다. 그런데 바다에 흡수된 하천이 다시 요양으로 역류해서 흐른다? 한번 바다로 진입한 하천이 발해 조류를 타고 요양까지 가서 해발고도 0m에서 도로 수백 m가 넘는 산속으로 상

하면 동해에서 안쪽, 즉 동해 이서의 육지, 다시 말해서 중원을 가리키기 때문에 고대 중국에서는 이 단어 자체가 '강역, 영토'라는 의미로 사용되곤 하였다.

〈명대 숭정(崇禎) 연간(1628~1644)에 간행된 《산해경》의 '요수' 부분〉

승한다? 이것이 자연이나 과학의 법칙에 어긋난다는 것은 누구라도 다 알 수 있는 일이다. 《산해경》 원문에 끼어들어간 이 부분은 곽박보다 이른 시기에 활동한 또 다른 학자가 남긴 주석이었을 것이다. 민간에 전승되는 과정에서 《산해경》의 원문처럼 섞여 들어갔을 가능성이 높다.

설사 "요양으로 들어간다"라는 부분이 《산해경》의 원문이라고 하더라도 큰 변동은 발생하지 않는다. 하천이라는 것은 산에서 그 생명이 시작되어 바다로 진입하는 순간 끝나는 법이다. 그렇다면 발해가 요수의 종착지이므로 여기서 그 밖의 제3의 장소를 상정할 이유가 없다. 2,000년 전에 고성능 펌프가 존재한 것도 아닌데 해발고도 0m로 내려와 발해와 하나가 되어 버린 요수가 도로 해발 수십 m 이상의 육지로 역류할 수는 없기 때문이다. 이

제2장 요동과 요수 **185**

같은 과학 법칙을 염두에 둘 때, 발해가 요수의 해상 종점이라면 요양은 요수의 육상 종점인 셈이다. 따라서 〈해내동경〉 원문에서 "요양으로 들어간다"는 실제 "요양을 거친다"라는 의미로 이해될 수밖에 없다. 즉, 요수가 경유하는 순서를 따져보면 요양 땅을 거쳐서 발해로 유입되는 식이다.

그렇게 본다면 요수와 요양은 필연적으로 둘 다 모두 근거리, 즉 하북 경내에 존재한다고 볼 수밖에 없다. 또, 요수의 종착지인 발해를 기준점으로 삼을 경우 요수가 발해에 유입되기 직전에 거치는 요양은 필연적으로 발해에 도달하기 직전의 하북 지방에서 찾는 것이 옳다. 그렇다면 지금까지 언급한 사항들을 종합해 볼 때 요수를 요령성의 요하로 보는 것보다 하북성의 난하로 보는 편이 훨씬 합리적일 것이다. 학자들 중에는 간혹 이 선후관계를 무시한 채 〈해내동경〉의 해당 구문을 억지로 "요수는 발해로 유입된 후 요양으로 들어간다" 식으로 비틀어서 번역한 후 이를 근거로 발해를 경유지, 요양을 종착점으로 해석해서 요양이 발해의 동쪽인 요령성에 있다고 비정하는 경우도 있으나, 문법적으로도 억지 해석일 뿐 아니라 과학적으로 보더라도 명백히 무리한 설정에 불과하다. 전한대 초기에 저술된 《회남자(淮南子)》에서는 만리장성에 관하여 이렇게 기술하고 있다.

> (진 시황이) 이 일이 계기가 되어 병졸 50만을 차출하여 몽공과 양옹자로 하여금 지휘하게 하여 긴 성을 쌓으니, 서쪽으로는 유사와 이어지고 북으로는 요수까지 닿으며 동으로는 조선과 접하게 되었다.
> 因發卒五十萬, 使蒙公·楊翁子將, 築修城, 西屬流沙, 北擊遼水, 東結朝鮮.

이 책의 공식적인 저자는 회남왕(淮南王) 유안(劉安: BC179~BC122)이다. 그의 고증이 정확하다면, 진 시황의 만리장성은 서쪽 끝이 유사(流沙), 북쪽 끝이 요수, 동쪽 끝이 조선과 맞닿아 있었던 셈이다. 여기서 '유사'는 고유명사라기보다는 사막을 일컫는 보통명사로, 당시 중국 서북쪽의 사막

지대를 가리킨다. 만일 조선이 산해관 인근에 있었다고 가정할 때 이 같은 입지 조건에 가장 잘 어울리는 지점은 하북성 일대이다.

그러나 만일 여기서의 요수를 요령성의 요하로 보면 만리장성을 중심축으로 한 이 같은 방위 설정은 실제와는 어긋나게 된다. 조선은 동쪽(3시)이 아닌 남쪽 또는 동남쪽(5시)에 위치하고 있는 셈이기 때문이다. 이 같은 불일치는 조선을 기준으로 따져 보더라도 그대로 재연된다. 강단에서 주장하는 것처럼 만일 조선이 지금의 평양시라면 서쪽도 상황은 마찬가지이다. 그 서쪽에 있는 것은 푸른 서해 바다뿐이기 때문이다. 억지로 서쪽에 무엇을 끼워 넣자고 기를 써도 눈에 들어오는 것은 대련시(大連市) 정도뿐이다.

그러나 대련은 지형적으로 '유사'의 특성과는 무관한 곳이다. 무엇보다도 결정적인 문제는 북-요하, 동-평양, 서-유사(?)로 좌표를 구성할 때 그 북쪽에서는 장성의 흔적이 발견되었다는 고고 보고가 있었지만, 서쪽이나 동쪽의 한반도 북부에서는 이렇다 할 만한 만리장성의 흔적이 확인된 바가 없다는 데 있다. 이런 점들을 감안하면 이 일대는 만리장성이 축조된 곳일

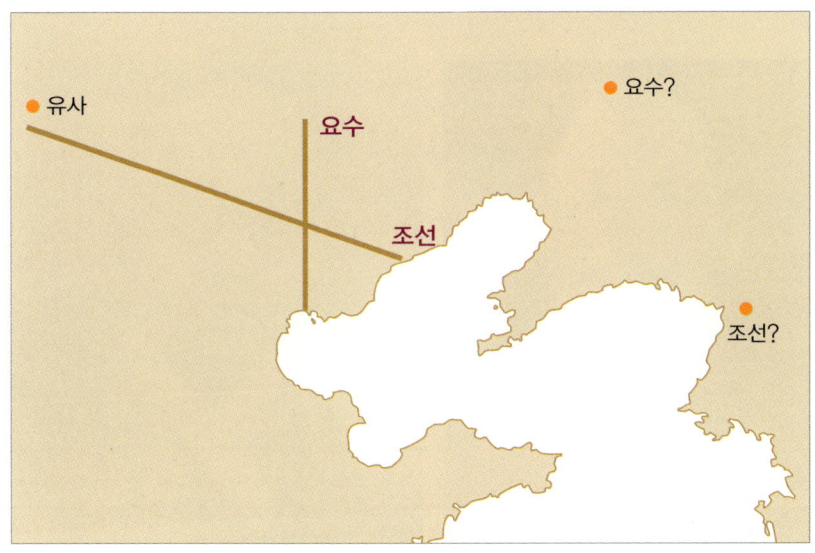

〈만일 요하가 '요수'이고 평양이 '조선'이면 《산해경》의 내용과 맞지 않게 된다〉

수가 없는 것이다. 좌표를 하북성으로 옮기면 상황은 달라진다. 북쪽의 요수를 지금의 난하로 보고 그 동쪽을 조선의 자리로 보면 전체적으로 중국 정사 문헌의 기록들과도 대체로 일치하기 때문이다. 따라서 고대의 요수를 지금의 요하와 동일시하는 지리고증은 가설로서의 신뢰성은 고사하고 명제 자체가 성립될 수 없는 셈이다.

5. 위당 정인보가 고증한 '요수난하설'

요수가 난하라는 주장을 국내에서 최초로 개진한 것은 단재(丹齋) 신채호(申采浩: 1880~1936)이다. 그는 자신이 저술한 《조선상고사(朝鮮上古史)》에서 이 같은 주장을 개진하였다. 그러나 당시 신채호의 개인적인 사정으로 이 같은 주장은 문제를 제기하는 정도에서 그쳤다. 그리고 이에 대한 고증은 신채호의 역사관을 지지하는 위당(爲堂) 정인보(鄭寅普: 1893~1950)에 의하여 본격적으로 이루어졌다.

〈'요수난하설'은 신채호가 처음 제기한 후로 정인보에 의하여 본격적인 고증이 이루어졌다.〉

정인보는 요동과 요서를 구분하는 중요한 지형지물인 요수를 난하로 보았다. 그가 근거로 삼은 것은 《사기》〈시황본기(始皇本紀)〉와 〈몽염전(蒙恬傳)〉, 〈흉노전(匈奴傳)〉의 기사이다.

북으로는 황하에 기대어 요새로 삼고 음산과 나란히 요동까지 이른다.
北據河爲塞, 幷陰山, 至遼東.

임조【감숙성 민현(岷縣)】에서 시작되어 요동까지 이른다.
起臨洮, 至遼東.

그는 《사기》의 이 기사들을 근거로 만리장성이 끝나는 지점이 요동이라고 보았다. 시대에 따라 이름이 변경되기 일쑤인 하천이나 산과 비교할 때 장성은 그 터가 지금도 그대로 남아 있어서 확실한 기준점 역할을 한다는 것이다.[20] 이처럼, 〈시황본기〉, 〈몽염전〉, 〈흉노전〉에서 한결같이 만리장성이 요동에서 끝난다고 적고 있으니 고대의 요동은 당연히 지금의 산해관(山海關)[21] 너머로 보아야 정상이다. 고대 이래로 명청대까지 일관되게 '요동'의 기점 역할을 한 것이 산해관이었음은 이미 앞서 각종 기록과 지도들을 통하여 충분히 살펴보았다.

만일 '요동'이라는 지역명이 '요수의 동쪽'이라는 의미를 담고 있다면, 요수는 요동과 요수를 구분하는 지형지물이므로 당연히 요서지역, 보다 구체적으로 말하자면 요령성 서부와 하북성 동북부의 어느 한 구역을 흐르는 하천이라는 소리이다. 그렇다면 고대의 요수는 지금의 어느 하천일까? 8세기 당나라 학자 두우(杜佑)가 저술한 《통전(通典)》에서는 이와 관련하여 다

---

20) 정인보, 《조선사연구》(상권), 제269-270쪽, 문성재 역주, 우리역사연구재단, 2012.
21) 산해관(山海關): 중국 하북성 진황도(秦皇島)시에 있는 만리장성 유적. 북서쪽으로는 연산산맥(燕山山脈), 동쪽으로는 발해만(渤海灣)이 자리 잡고 있는데, 만리장성 동쪽 끝에서 만날 수 있는 최초의 관문이다. 한대에는 '임유관(臨渝關)'으로 불렸다.

음과 같이 적고 있다.

> 갈석산
>
> 한대의 낙랑군 수성현에 있다. 진나라 때의 (만리)장성이 동쪽으로 요수를 가로지르며 여기에서 시작되는데【또는 그치는데】 그 터가 아직도 남아 있다.
>
> 碣石山
>
> 在漢樂浪郡遂成縣, 秦長城, 東截遼水, 起【卽終】於此, 遺址尙存.

정인보는 이 기록이 옳다는 전제하에서 다음과 같은 결론을 내렸다.

① 진 시황의 만리장성은 갈석산【진황도(秦皇島) 앞바다】에서 끝난다
② 만리장성이 동쪽으로 가로지르는 하천이 요수이다
③ 그 일대에서 이 조건에 부합되는 하천으로는 난하가 유일하다

정인보는 갈석산 인근에서 만리장성이 동쪽에서 '열 십[十]' 자로 가로지르는 하천은 지금의 난하밖에 없으므로 이 난하가 바로 고대의 요수라는 결론을 내렸다. 그는 난하가 요수라는 증거를 고대 문헌에 언급된 단어들의 지역성에서 찾았다. 그가 이 과정에서 활용한 것은 고죽군(孤竹君)과 요서태수 염번(廉翻)의 일화이다.

《사기》에서는 이렇게 전하고 있다: 고죽군의 두 아들 백이와 숙제가 여기서 나라를 양보하고 수양산에서 굶어 죽었다. 한나라 영제 때 요서태수 염번의 꿈을 해몽해 준 이가 내게 (이렇게) 이야기해 주었다. "나는 고죽군의 아들 백이의 아우인데 요해에 내 관곽이 떠다니고 있다. 듣자니 그대는 어질고 착하다고 하던데 수습해 장사를 치러 주기를 바란다." 다음 날, 현장을 살펴보니 물 위에 뜬 관이 있었다. 관리들 중에 (그 이야기를) 비웃은 자들은 모두 이렇다 할 병도 없이 죽는지라 그의 관을 다시 장사

지내 주었다.

史記曰: 孤竹君之二子伯夷叔齊, 讓國于此, 而餓死于首陽. 漢靈帝時, 遼西太守廉翻夢人謂己曰, 余, 孤竹君之子, 伯夷之弟, 遼海漂吾棺椁, 聞君仁善, 願見藏覆. 明日視之, 水上有浮棺. 吏嗤笑者皆無疾而死, 于是改葬之.[22]

이 일화는 동진(東晉)의 학자 왕은(王隱: 317년 전후)이 저술한《진서지도지(晉書地道志)》에도 소개되었다.

요서 사람이 요수에 떠 있는 관을 발견하고 그것을 부수려고 하자 (그 관이) "나는 고죽군이다. 네가 내 관을 부수려고 하는 것은 무슨 까닭인가?" 라고 하는 것이었다. 그 일이 계기가 되어 그곳에 사당을 세우게 되었다. 사당은 산 위에 있으며, 산 옆 비여현 남쪽으로 12리 지점이 물 합류하는 곳이다.

遼西人見遼水有浮棺, 欲破之, 語曰, 我孤竹君也. 汝破我何爲. 因爲立祠焉. 祠在山上, 在山側肥如縣南十二里水之會也.

또,《수신기(搜神記)》권16에서는 다음과 같이 부연하고 있다.

한나라 불기현에는 고죽성이 있는데 옛날 고죽군의 나라이다. 영제 광화 원년에 요서 사람이 요수 한가운데에 뜬 관이 있는 것을 발견하고 도끼로 그것을 부수려 하자 관 속의 사람이 말하였다. "나는 백이의 아우로 고죽의 임금이다. 바닷물이 내 관곽을 상하게 만들어 표류하기에 이르렀는데 네가 내 관을 부수어 어쩌자는 건가?" 그 사람이 겁이 나서 감히 부수지 못하였다. 그 일이 계기가 되어 사당을 세우고 제사를 지냈는데, 관리든 백성이든 그 관을 열어 보려 드는 자들은 모두 병도 없이 죽고 말았다.

漢不其縣, 有孤竹城, 古孤竹君之國也. 靈帝光和元年, 遼西人見遼水中有浮

---

22) 역도원(酈道元),《수경주(水經注)》'유수(濡水)'조.

〈명대 숭정 연간에 간행된 《수신기》의 해당 부분〉

棺, 欲斫破之, 棺中人語曰, "我是伯夷之弟, 孤竹君也. 海水壞我棺槨, 是以 漂流. 汝斫我何爲?" 人懼, 不敢斫, 因爲立廟祠祀. 吏民有欲發視者, 皆無病 而死.

《수신기》는 고대의 민간전설이나 귀신이야기들을 모아 놓은 소설집으로, 동진(東晉)의 소설가 간보(干寶: ?~351)가 엮은 것이다. 그렇다면 이 책은 적어도 4세기에 완성된 셈이다. 그런데 이 일화는 후한 영제(靈帝) 광화(光和) 원년(178)에 요서군에서 발생한 실화에 근거한 것이다.

앞서의 《진서지도지》 기사와 비교할 때 《수신기》의 것은 시점을 후한 광화 원년, 장소를 한나라 불기현(不其縣)23), 등장인물 고죽군을 백이(伯夷)

---

23) 중국 학계에서는 '불기현'의 위치를 지금의 산동성 즉묵(卽墨)이나 청도(靑島) 부근으로

의 아우로 분명하게 밝히고 있다.

　이 일화의 줄거리는 오랜 세월 동안 여러 사람과 여러 저술을 거치면서 그 내용이 점차 재미있고 기이한 소설적 줄거리를 갖추어 가는 것을 확인할 수 있다. 여기서 우리가 주목해야 할 대목은 이 전승설화의 내용이 아니라 여기에 언급된 인물이나 지명이 하북과 요령 어느 지역에 속한 것인가 하는 것이다. 위에 열거한 모든 저술에서 공통적으로 등장하는 주요 어휘로는 '요서, 영지, 고죽, 요수, 비여'를 들 수가 있다.

　중국의 대표적인 검색 엔진인 빠이뚜의 설명에 따르면, '요서'는 "요하 이서지역, 즉 지금의 요령성 서부 및 하북성 진황도시 산해관구(今遼寧省的西部以及河北省秦皇島市山海關區)"에 대한 지역 명칭이고, '영지'는 고대에 지금의 천안(遷安), 천서(遷西), 난현(灤縣) 일대에 존재했던 북방민족의 국가이고, '고죽'은 고대에 당산(唐山) 일대에 존재했던 북방민족의 국가이며, '비여'는 고대에 지금의 하북성 노룡현 서북쪽 일대를 일컫던 이름이다. 즉, 이 네 곳 모두가 지금의 북경 이동, 즉 '경동(京東)'에 있었던 나라나 도시를 일컫던 이름인 것이다.

　요수를 지금의 요하로 인식하고 있는 사람에게는 요서, 고죽, 비여가 요령 지역과 무슨 상관이 있는가 하고 반문할지도 모른다. 그러나 우리가 만일 요수를 하북지방의 하천으로 이해한다면 그 이름이 요서, 고죽, 비여와 동시에 거론된 것도 전혀 이상하게 생각되지 않을 것이다. 실제로 만일 당시 사람들이 요수가 지리적으로 요서, 고죽, 비여와 무관하다거나 거리가 상당히 먼 곳이라고 인식했다면 그 당시에 바로 이 같은 불균형에 대하여 문제를 제기하고 요수와 요서, 고죽, 비여의 관계와 관련하여 주석을 달아

비정하고 있다. 그러나 이 세 글자가 '영지현(令支縣)'으로 나와 있는 판본들도 적지 않다. 게다가 고죽성의 위치에 대한 학계의 통설이나 한대 요서군의 영역, 백이숙제의 연고지 등을 종합해 볼 때, 그 정확한 위치는 당연히 산동이 아닌 하북에서 찾는 것이 순리일 것이다.

〈요수가 요서, 고죽, 비여와 결부되는 곳은 요령이 아니라 경동이다〉

서 해명했을 것이다.

그런데 서진의 간보로부터 북위의 역도원에 이르기까지 수백 년 동안 어떠한 학자나 저술들도 이와 관련된 어떠한 이의나 의심도 제기하지 않았다. 그 이유는 그들 모두가 요수가 요서, 고죽, 비여와 동일한 지역, 백번 양보해서 그곳들로부터 그다지 멀지 않은 위치에 자리 잡고 있다는 지리인식을 공유하고 있었기 때문이다. 중국인들은 수백 년 동안 요수는 요서, 고죽, 비여가 있는 하북 지방에 있는 하천이라는 점에 전혀 이의가 없었던 것이다.

이런 점들을 보면 이 일화는 후한대에 실제로 발생한 사건을《수신기》에서 소설 소재로 활용하고, 그 다음에《진서지도지》에서 다시 소개한 것으로 이해할 수 있을 것 같다. '고죽군, 비여현, 요서, 요수' 등의 키워드가 모두 하북 지역과 관계가 있다는 사실을 확인시켜 주는 또 하나의 문헌이 바로 악사(樂史: 930~1007)의《태평환우기(太平寰宇記)》〈하북도19(河北道十九)〉'평주-노룡현(平州盧龍縣)'조의 관련 기사이다.

《수 도경》에서는 이렇게 전하고 있다: "고죽성은 한나라 영제 때 요서태수 염번의 꿈을 해몽해 준 이가 내게 (이렇게) 이야기해 주었다. '나는 고죽군의 아들 백이의 아우인데 요해에 내 관이 떠다니고 있다. 듣자니 그대는 어질고 착하다고 하던데 수습해 장사를 치러 주기를 바란다.' 다음 날, 강 끝에서 나루에 뜬 관을 발견하고 그것을 거두어 다시 장사 지내 주었다. 관리들 중에 비웃는 자들은 모두 이렇다 할 병도 없이 죽어 버렸다." 지금 당시 다시 장사지낸 자취가 그대로 남아 있고 사당도 산 아래의 높은 바위 위에 있다.

隋圖經云:"孤竹城, 漢靈帝時, 遼西太守廉翻夢人謂己曰, '孤竹君之子, 伯夷之弟, 遼海漂吾棺, 聞君仁善, 願見藏覆.' 明日, 水際見浮棺於津, 收之, 乃爲改葬, 吏人嗤笑者, 皆無疾而死." 今改葬所尙存, 祠在山下極岩.[24]

악사는 북송대 지리학자로 서기 930년에서 1007년까지 생존했던 사람이다. 그런데《태평환우기》에 수나라(581~618) 때 중원의 산천을 소개한 지리서인《수 도경(隋圖經)》을 인용하여 앞서의 고죽군과 요서태수의 일화를 그대로 전하면서 자신이 생존해 있던 10세기 당시에도 한대에 고죽군의 관을 이장한 유적과 그 사당이 온전하게 남아 있다고 밝히고 있다. 이를 통하여 고죽군과 요서태수 염번의 일화가 후한대로부터 도중에 단절되는 일 없이 그대로 서진-동진-북위-수-당-송까지 거의 900년 동안 전승되어 왔다는 것을 확인할 수 있다. 이와 함께, 고죽군, 요서, 요수와 관련된 이 일련의 이름들이 하북 지역의 것이 확실하다는 사실은 그가 이 관련 정보들을 〈하북도〉에서 다룬 것을 통해서도 충분히 알 수 있는 셈이다.

이상의 사서, 문헌의 기록들은 요수가 요서군 경내를 흐르는 하천이라는 사실을 확인할 수 있다. 그리고 거기서 발견된 고죽군의 관을 그 인근인 비

---

24) 악사,《태평환우기》〈하북도19〉'평주-노룡현'조.

여현의 한 산 위에 안치하고 사당을 지었으며, 그 산 옆으로 비여현 남쪽 12리 되는 지점에서 요수가 다른 하천과 합류한다는 사실도 알 수 있다. 비여현이라면 지금의 하북성 노룡현(盧龍縣)이다. 그렇다면 고죽군의 사당은 노룡현에 있는 산 위에 세워졌던 셈이다. 그런데 그 현에서 남쪽으로 12리 떨어진 곳에서 요수가 다른 하천과 합쳐진다는 것이다. 노룡현에서 남쪽으로 12리 떨어져 있는 곳은 지금의 당산시 난현(灤縣)에 해당한다. 정인보는 《수경주》와 《진서지도지》 등의 기록을 근거로 다음과 같은 결론에 도달하였다.

> 후한대에 요서태수의 치소는 양락현이었다. 양락은 원위(북위)시대에 영지와 함자를 병합한 땅으로 지금의 해양 서남쪽에 있던 옛 성이었다. 양락의 요서태수가 밤에 그 꿈을 꾸고 이튿날 물에 뜬 관을 발견한 강이 요수였다면 그 요수는 고죽 지역을 흐르는 요수일 수밖에 없다. 꿈속의 예언이야 지어낸 이야기라 하더라도 관이 떠가던 강이 요수이고 태수의 치소가 그 부근이라는 데에는 틀림이 없으니 지금의 금주와 봉천 사이를 흐르는 요하와는 별개의 하천이 분명하다. 그렇다면 연나라 왕 희가 거두었다고 전해지는 '요동'은 지금의 요하 동쪽이 아니라 난하 이동 지역인 셈이다.[25]

이 같은 일련의 추론을 통하여 그는 고대의 요수가 요령 지방을 흐르는 지금의 요하가 아니라 하북 지방의 난하라고 결론을 내렸다. 그의 논지를 간단히 정리하면 다음과 같을 것이다.

① 요수에서 관이 발견되었다
② 알고 보니 고죽군의 관이었다

---

25) 정인보, 《조선사연구》(상권), 제272쪽, 문성재 역주, 우리역사연구재단, 2012.

③ 그의 사당이 부근(비여현)의 산 위에 세워졌다
④ 요수는 비여현 남쪽 12리 지점에서 다른 하천과 합류한다
⑤ 고로 요수는 하북성의 하천이다

반면에, 여기에 언급된 '요수'를 지금의 요령지방을 흐르는 요하로 보게 되면 해명되지 않는 부분이 한둘이 아니게 된다. 《진서지도지》에서는 고죽군의 관이 요수에서 발견되었고, 그 현장에서 가까운 어떤 산 위에 그의 사당이 세워졌다고 밝히고 있기 때문이다. 즉, 비여현은 하북성 노룡현의 옛 이름이므로, 고죽군의 사당은 물론이고 그의 관이 최초에 발견된 요수 역시 노룡현, 즉 하북성 경내를 흐르는 하천이라는 말이다.

빠이뚜 백과사전에 따르면, 고대 중국에서 고죽국(孤竹國)은 기원전 1,600년경 동이계의 북방민족이 세운 고대 국가이다. 그 영역과 관련하여 빠이뚜 백과사전에서는 "고죽국은 영역이 광대하여, 대략 오늘날의 태행산 이동, 내외몽고 및 동북과 한반도까지 포함한다(孤竹國, 範圍廣袤, 約含槪今 天太行山以東, 內外蒙古以及東北和朝鮮地區)"[26]라면서 대국이라도 되는 것처럼 소개해 놓았다. 서로는 북경으로부터 동으로는 요하 서쪽 조양(朝陽)과 내몽고 동남부까지 포함하는 1,000~2,000리나 되는 대국으로 부풀려 놓은 셈이다.

그러나 여기에 등장하는 '요수'를 지금의 요하로 보게 되면 그 위치가 요령 지역으로 이동할 수밖에 없다. 그렇게 되면 그 하천의 위치에 대한 고증은 무난히 넘어갈지 모르나 고죽군이나 비여현과의 관계는 전혀 해명되지 않는다. 따라서 실제로는 100리 안팎의 소국이었다고 보는 것이 합리적이다.[27] 중국 학계 일각에서는 그 위치를 대체로 지금의 하북성 당산시(唐山

---

26) 고죽국(孤竹國), 빠이뚜 백과사전.
27) https://tieba.baidu.com/p/2006222909?red_tag=2475846515

市) 일대로 비정하고 있기 때문이다.

　고죽국은 내몽고나 요령 지역은커녕 하북 지역조차 벗어나지 못했다는 말이다. 이 사실은 고죽군의 관이 발견된 지점이 비여현 즉 지금의 노룡현 인근이라는 데에서도 충분히 입증된다. 양락의 요서태수가 밤에 그 꿈을 꾸고 이튿날 물에 뜬 관을 발견한 강이 요수였다면 그 요수는 고죽 지역을 흐르는 요수일 수밖에 없다. 꿈속의 예언이야 지어낸 이야기라 하더라도 관이 떠가던 강이 요수이고 태수의 치소가 그 부근이라는 데에는 틀림이 없는 것이다. 그런 상황에서 여기에 등장하는 요수를 지금의 요하로 보게 되면 관이 발견된 장소가 요령 지역인데 사당은 거기서 최소한 수백 km나 떨어진 하북 지역에 세웠다는 소리가 되기 때문에 앞뒤가 맞지 않는 것이다.

　또, 양락현(陽樂縣)은 진 시황 22년(BC225)에 요서군의 속현으로 설치되었는데, 현재 중국 학계에서는 그 위치를 지금의 요령성 금주(錦州) 의현(義縣) 인근으로 비정하고 있다. 그러나 양락은 북위(北魏)시대에 영지(令支), 함자(含資) 두 지역을 병합한 땅이다. 게다가 영지현은 춘추시대에 영지국(令支國)이 자리 잡고 있었던 곳으로 지금의 천안(遷安), 천서(遷西), 난현(灤縣)의 북부 지역에 해당한다. 만일 양락을 의현 인근으로 비정하면, 함자현은 논외로 치더라도, 현 하나가 우리나라의 충청-전라-경상 3개 도를 합친 것만큼이나 거대해지는 모순이 발생한다. 따라서 상식으로 생각하면, 양락현을 요령성 의현으로 비정한 중국 학계의 주장에는 문제가 많으므로 그 자리는 당연히 하북성의 모 지역으로 보아야 옳은 것이다.

　정인보는 양락현을 "지금의 해양(海陽) 서남쪽"[28]으로 비정한 바 있다. 중국 학계 일각에서도 해양현의 위치를 "지금의 하북성 난현 서남쪽"[29]으로 비정한 사례가 있으므로, 그 인근으로 비정하는 것이 합리적이다. 그렇

---

28) 정인보, 같은 책, 문성재 역주, 제272쪽.
29) http://www.guoxuedashi.com/diming/47191j/

다면 여기서의 요수는 자연히 난하일 수밖에 없다. 고대사 속의 요수가 지금의 요하와는 별개의 하천이라는 증거는 그 일대의 산천에 대한 지리적 검증을 통해서도 찾아낼 수 있다.

6. 대요수는 하북성의 난하

후한대에 이르러 요수는 '대요수(大遼水)'로 일컬어지기도 하였다. 반고(班固)가 편찬한《한서(漢書)》〈지리지(地理志)〉에서는 다음과 같이 소개하고 있다.

> 대요수는 요새 너머에서 발원하여 남쪽의 안시현에 이르러 바다로 진입하는데 전체 길이가 1,250리이다.
> 大遼水出塞外, 南至安市入海, 行千二百五十里.

이를 통하여 후한대에는 '대요수'가 만리장성의 노룡새(盧龍塞) 너머에서 남쪽으로 흘러 안시현(安市縣)에 이르러 바다로 진입했다는 사실을 확인할 수가 있다. 여기서는 안시현이 대요수의 동남쪽에 있는지 서남쪽에 있는지 밝히지 않았다. 그러나 대요수가 요수와 동일한 하천이라면 안시현은 당연히 요수보다 동남쪽에 있을 것임에는 의심의 여지가 없다. 반고는 "대요수"가 "요새 너머에서" 발원한다고 하였다. 그런데 중국 고대사에서 언급되는 '요새[塞]'는 고대에는 일반적으로 노룡새를 가리킨다.

따라서 "요새 너머"에서 발원한다는 것은 곧 요수가 만리장성 너머에서 발원하여 그 장벽을 너머 남쪽으로 흐른다는 의미로 이해할 수 있는 셈이다. 또, 대요수의 전체 길이가 "1,250리"라고 하였다. 한대에는 1리가 425m 정도였다. 그러므로 1,250리라면 531.25km 정도인 셈이다. 문제는 지금의 요하는 전체 길이가 1,345km이라는 데 있다. 《한서》〈지리지〉의 "대요수"보다 2~3배나 큰 하천인 것이다. 2,000년 사이에 그 유역에 변화가 발생했을 개연성을 염두에 두더라도 길이가 이 정도로 큰 차이를 보인다는 것은 두 하천이 서로 동일한 하천이 아님을 시사해 준다.

이에 비하여 난하는 전체 길이가 877km이다. 《한서》〈지리지〉에 소개된 전체 길이보다는 350km 정도 길지만 800km나 더 긴 요하보다는 훨씬 더 가능성이 높은 셈이다. 2~3세기에 삼국시대의 상흠(桑欽)이 저술한 《수경(水經)》에서는 요수를 대요수(大遼水)와 소요수(小遼水)로 구분하고 다음과 같이 소개하고 있다.

> 대요수
> 변새 밖 위백평산[30]에서 발원한다. 동남쪽으로 변새를 들어와 요동군의 양평현을 지나, 다시 동남쪽으로 방현의 서쪽을 지나고, 다시 동쪽으로 흘러 안시현을 지난 후 서남쪽으로 흘러 바다로 진입한다. 또 하나, 현토군 고구려현에는 '요산'이 있다.
> 大遼水
> 大遼水出塞外衛白平山. 東南, 入塞, 過遼東襄平縣. 又東南, 過房縣西. 又東, 過安市縣. 西南, 入于海. 又, 玄菟高句麗縣有遼山.

> 소요수
> 소요수는 발원지에서 서남쪽으로 요수현에 이르러 대요수로 합쳐진다.
> 小遼水

---

30) 여기서 '위백평산(衛白平山)'은 《산해경》에 언급된 '위고산(衛皐山)'과 같은 산이다. '위고'를 세로로 쓸 경우 공간을 잘못 안배하거나 그 대목을 읽는 사람이 오독하면 '위백평'으로 읽을 수도 있다. 《산해경》은 선진시대부터 작성되고 전한대에 완성되었다. 반면에 《수경주》는 후한대 말기에서 삼국시대 위나라 초기에 완성된 것으로 알려져 있다. 《수경주》가 《산해경》보다 적어도 수백 년 전부터 전승된 셈이다. 따라서 역도원이 '고(皐)'를 '백평(白平)'으로 오독했을 가능성이 높다.

〈청대 순치(順治) 3년(1646)판 《설부(說郛)》에 수록된 《수경》의 '대요수' 및 '소요수' 부분〉

小遼水所出, 西南, 至遼隧縣, 入于大遼水也.[31]

대요수와 소요수의 물줄기의 방향을 자세히 고찰해 보면 한 가지 중요한 사실을 발견할 수 있다. 대요수는 서북방(위백평산)에서 동남쪽(4~5시 방향) 다시 동남쪽(4~5시)으로 흐르고 또다시 동쪽(3~4시?)으로 흐른 후 마지막 단계에서 서남쪽(7~8시 방향)으로 흘러 바다로 진입한다. 일반적으로 하천의 발원지는 해발고도가 높은 고지대 산지에 자리 잡고 있고 바다로 진입하는 하류는 반대로 고도가 낮은 저지대 평지이다. 바꿔서 말하자면, 이 하천은 그 발원지가 서북방이고 바다로 진입하는 하류는 동(남)쪽인 것이다. 그렇다면 대요수가 흐르는 공간은 전형적인 '서고동저'의 특징을 가

---

31) 상흠(桑欽), 《수경(水經)》, 청나라 순치(順治) 3년(1646)판 《설부(說郛)》.

지고 있는 지역 "이어야" 하는 셈이다. 앞서 패수의 장에서 이미 언급한 것처럼, 중국 북부에서 하천이 동(남)쪽으로 흐를 수 있는 '서고동저'의 지형을 가진 지역은 병풍처럼 둘러쳐진 연산산맥을 이고 있는 하북성 북부뿐이라고 해도 과언이 아니다.

7. 소요수는 하북성의 청룡하

소요수의 경우는 다소 차이가 있다. 위에서 본 것처럼, 《수경》에서 상흠은 소요수가 서남쪽으로 흐르다가 요대현(遼隊縣)에 이르러 대요수에 합류된다고 소개하였다. 그렇다면 대요수에 비추어 볼 때, 소요수의 경우 그 발원지인 요산(遼山)은 '동고서저'의 지형에 속해 있다고 볼 수 있다. 그런데 도중에 요대현에 이르러 대요수와 합류한다고 했으니 그 다음부터는 대요수와 같은 방향으로 흐르는 셈이다. 정리하면 소요수는 발원지인 요산에서 요대현까지는 서남쪽으로 흐른 후 요대현에서부터는 동(남)쪽으로 흐르다가 마지막 구간에서 서(남)쪽으로 바다로 진입하는 것이다. 이는 곧 소요수의 발원지인 요산이 가장 높고 요대현이 상대적으로 낮으므로 요산-요대현 구간은 '동고서저' 지형이고 요대현-바다 구간은 '서고동저' 지형이라는 뜻

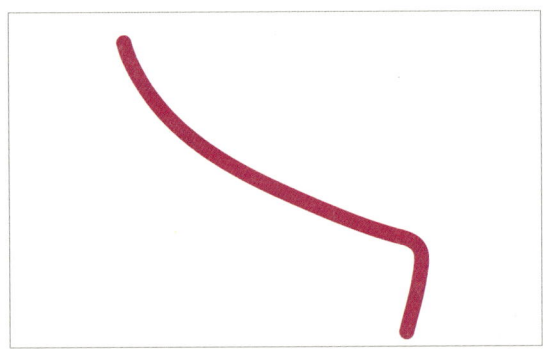

〈대요수 물줄기 방향 추정도〉

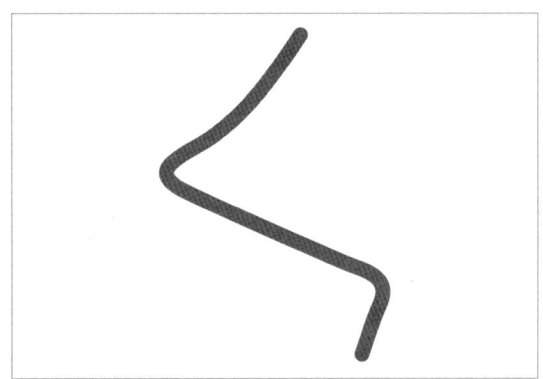

〈소요수 물줄기 방향 추정도〉

이다. 따라서 소요수의 유역 자체를 그림으로 그려 보면 대체로 다음과 같을 것이다.

만일 대요수가 지금의 난하라면 소요수는 난하와 비교적 가까운 구역을 흐르는 하천일 것이다. 역도원의 고증에 근거하면, 소요수는 서남쪽으로 흐르다가 대요수와 합류하기 때문이다. 그렇다면 소요수가 흐르는 지역은 역시 하북성 경내일 수밖에 없다. 그런 의미에서 하북성 경내에서 소요수로 가장 유력한 하천이라면 난하의 동쪽에 있는 청룡하(青龍河)일 가능성이 높다.

중국의 빠이뚜에서는 '청룡하'와 관련하여 다음과 같이 소개하고 있다.

> 청룡하는 난하의 중요한 지류로서 전체 길이는 246km이며 하북성 평천현 대두산향에서 발원하여 하북과 요령 두 지역을 흐른다. 하북 경내에서는 승덕, 진황도, 당산 세 도시를 경유하면서 도중에 많은 하천이 합류되고 마지막에는 노룡현에서 난하에 합쳐진 후 발해로 진입한다.
>
> 青龍河是灤河的重要支流, 其干流總長246公里, 發源于河北省平泉縣臺頭山鄉, 流經河北遼寧兩省, 在河北流徑承德, 秦皇島, 唐山三市, 沿途百川滙聚, 最終在盧龍縣滙流灤河入渤海.

〈빠이뚜의 청룡하 설명에는 문제가 있다. 청룡하는 실제로는 저렇게 흐르지 않기 때문이다〉

　　빠이뚜의 이 설명은 그다지 좋은 설명이 아니다. 청룡하의 연혁에 대한 소개가 부족하다는 점은 둘째치고, 그 하천의 흐름에 관한 정보가 상당히 애매하다. 구글어스를 이용하여 해발고도를 따져 보면, 평균적으로 평천현(平泉縣)은 580m, 승덕(承德)은 330m, 진황도(秦皇島)는 90m, 당산(唐山)은 28m, 노룡(盧龍)은 70m 정도이다. 그런데 빠이뚜의 설명을 읽다 보면 자칫 청룡하가 "평천 ⇒ 승덕 ⇒ 진황도 ⇒ 당산 ⇒ 노룡 ⇒ 발해" 방향으로 흐른다는 선입견을 가질 수 있다.

　　빠이뚜 사이트가 어째서 이렇게 이상한 설명을 해 놓았는지 알 수는 없다. 그러나 실제의 청룡하는 동북쪽에서 서남쪽(7~8시 방향)으로 흐르다가 노룡현 근방에서 서북쪽에서 흘러내려 온 난하와 합류한다. 그 흐름을 단순화시켜서 설명하면 난하와 함께 거의 'Y'자를 이루면서 바다로 진입하는 셈이다. 이 같은 청룡하의 흐름은 20세기 이전에 제작된 복수의 동서양 지도에서도 분명히 확인할 수가 있다.

　　청룡하와 난하의 이 같은 흐름은 구글어스가 제공하는 위성지도를 통해

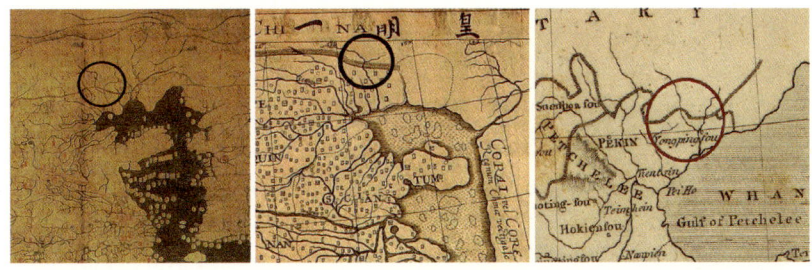

〈근세 동서양 고지도에 표시된 청룡하. 전통적인 제작법으로 제작된 《혼일강리역대국도지도(混壹彊理歷代國都之圖)》(조선, 1402), 《황명일통방여비람》(명, 1625)와 근대적인 제작법으로 제작된 미국인 루이스 새뮤얼(Samuel Lewis)의 중국 지도(1804). 청룡하가 세 지도 모두에서 동북쪽에서 서남쪽으로 흐르다가 만리장성 인근에서 난하와 합류하고 있다〉

서도 확인할 수 있다.

　이번에는 청룡하의 연혁에 대해서 살펴볼 필요가 있을 것 같다. 중국에서 출판된 《중국수명사전(中國水名詞典)》에서는 청룡하를 다음과 같이 소개하고 있다.

　　청룡하 (Qinglong He)
　　'노수'라고도 부른다. 요령성 능원현 대두산에서 발원하여 구불구불 남쪽으로 흘러 하북성 관성현으로 들어가서 청룡, 노룡, 천안 등의 현들을 거쳐 노룡현 호두석 인근에서 난하에 합쳐진다. 전체 길이는 223km이다. … 청룡하는 옛날에는 '칠하'라고 불렀다. 강물이 검푸르고 물줄기가 산지를 용처럼 구불구불 흐르기 때문에 '청룡하'라고 부르게 되었다.[32]

　이 사전의 설명에 따르면, 청룡하는 원래 강물이 검푸른 색을 띠기 때문에 옛날에는 '칠하(漆河)'로 불려졌다. 그러다가 물줄기가 용처럼 구불구불 흐르는 것에 착안하여 최근에서야 현지 사람들이 '청룡하'라고 부르기 시작

---

32) 우여진(牛汝辰), 《중국수명사전(中國水名詞典)》, 제20-21쪽, 하얼빈지도(哈爾濱地圖) 출판사, 1995.

〈구글어스를 통하여 확인되는 난하(노란 동그라미)와 청룡하(하얀 동그라미)의 유역도. 동그라미 부분에는 현재 대형 댐이 건설되어 있다〉

한 셈이다. 그렇다면 '노수(盧水)'라는 이름은 또 어떻게 붙여진 것일까? 이 부분은 북송대의 악사(樂史)가 편찬한 지리서《태평환우기(太平寰宇記)》에서 그 내력을 찾아볼 수 있다.

> 노수
> '대저수'라고도 하며 지금은 '소유수'라고 부른다. 북쪽의 영주 유성현 땅에서 흘러 든다.《수경주》에서는 "현수는 비여현 북쪽에서 나오는데 '현자계'라고도 부른다."
> 盧水
> 一名大沮水, 今名小濡水. 水經注云, 玄水出肥如縣北, 一名玄子溪.

이를 통하여 청룡하가 고대에는 '노수', '현수(玄水)', '대저수(大沮水)', '소유수(小濡水)' 등의 이름으로 불린 사실을 확인할 수 있다. 고대에 요수는 때로 '유수'로 불린 적이 있다. 그런데 청룡하가 한때 '소유수'로 불리기도 했다는 것은 이 하천이 고대의 '소요수'였음을 입증해 주는 셈이다.

8. '요동'의 출현

중국 문헌에서 '요동'이라는 단어가 처음으로 등장하는 것은 춘추전국시대부터이다.

> 관자가 대답하였다. "보통 초나라는 여, 한의 금을 가졌고 제나라는 거전의 소금을 가졌으며 연나라는 요동의 자염을 가졌다고 합니다. 이 세 가지도 무왕의 이재술에 비길 수 있을 것입니다."
> 管子對曰, 夫楚有汝漢之金, 齊有渠展之鹽, 燕有遼東之煮. 此三者亦可以當武王之數.[33]
>
> (소진이) 북상하여 연나라 문후를 설득하였다. "연나라 동쪽에는 조선과 요동이 있고 북쪽에는 임호와 누번이 있고 서쪽에는 운중과 구원이 있고 남쪽에는 호타하와 역수가 있습니다. …"
> 北說燕文侯曰, 燕東有朝鮮, 遼東, 北有林胡, 樓煩, 西有雲中, 九原, 南有呼沱, 易水.[34]

《관자(管子)》는 춘추시대 제(齊)나라의 명재상인 관중(管仲: ?~BC 645)이 지었다고 전해지며, 《전국책(戰國策)》은 한대의 사상가인 유향(劉向:

---

[33] 관중(管仲), 《관자(管子)》〈지수(地數)〉. '염(鹽)'과 '자(煮)'는 둘 다 '소금'을 말하지만, 전자는 바닷물을 태양광으로 증발시켜 만든 천일염이고, 후자는 바닷물을 불로 졸여서 만든 인공염이다.
[34] 유향, 《전국책》〈연문공〉.

BC77~BC6)이 지은 것으로 알려져 있다. 실제의 저자와 저술시기에 대해서는 논란이 있지만 인물과 사건들은 모두 춘추전국시대의 것들이다. 이 두 사례에서 각자 '요동'을 언급하고 있는 인물은 춘추시대의 관중과 전국시대의 외교가인 소진(蘇秦: ?~BC284)이다.

두 발언은 춘추전국시대 사람들의 '요동'에 대한 지리인식을 반영하고 있는 셈이다. 이들의 증언에 따르면, 춘추전국시대의 '요동'은 지리적으로 연나라의 동쪽, 보다 정확하게 말하자면, 연나라와 조선을 지난 동쪽에 있었다. 연, 진 등 중원 왕조의 영토 확장에 따라 전국시대 중기 이후로 이 지역은 중국의 행정구역의 하나로 편입된다.

> 연나라도 긴 장벽을 축조했는데, 조양으로부터 양평에까지 이르렀다. 상곡, 어양, 우북평, 요서, 요동군을 설치하고 오랑캐(흉노)를 막았다.
> 燕亦築長城, 自造陽至襄平. 置上谷, 漁陽, 右北平, 遼西, 遼東郡, 以拒胡.[35]

> 요동군
> 진나라 때 설치하였다. 유주에 속해 있으며, 현은 18개로 양평, 신창, 무려, 망평, 방, 후성, 요대, 요양, 험독, 거취, 고현, 안시, 무섬, 평곽, 서안평, 문, 번한, 답저이다.
> 遼東郡
> 秦置. 屬幽州, 縣十八, 襄平, 新昌, 無慮, 望平, 房, 候城, 遼隊, 遼陽, 險瀆, 居就, 高顯, 安市, 武次, 平廓, 西安平, 文, 番汗, 沓氏.[36]

사마천의 고증에 따르면, '요동'이 중국의 행정구역으로 정식으로 편성된

---

35) 사마천,《사기》〈흉노열전〉.
36) 반고,《한서》〈지리지〉.

것은 전국시대 연나라 때부터이다. 연나라가 '오랑캐(흉노)'를 막기 위하여 변방에 설치한 특수한 행정구역으로서의 '군(郡)'의 하나였다. 그것이 진나라를 거쳐 한나라 때까지 존속하면서 18개 현을 거느린 큰 군으로 발전한 것이다. 문제는 학자들이 '요동'이라는 지역명에 대한 이해조차 정확하지 않은 상태에서 지리고증을 시도하는 경우가 많다는 것이다. 그렇다 보니 결과적으로 학자들이 얻는 것도 현실과는 동떨어진 지리인식과 결론일 수밖에 없다.

> … 그러나 후한 말에 이르러 이곳이 한의 영토 범위 밖으로 벗어남에 따라, 새로운 '요동' 개념이 발생하고 '요동' 개념의 공간적 광역화 현상이 뚜렷이 나타나게 되었다. 한말에 요동군뿐만 아니라 낙랑군과 현도군 등 한대의 동방 군현을 모두 아우름과 동시에 고구려와 오환을 쳐서 그 영토의 일부를 빼앗고 대방군을 개설하여 광범한 지역의 패자가 되었던 공손씨가 '중국'에 대항하여 "내가 요동에 왕 노릇 한다"《삼국지》〈공손도전〉)라고 자칭함으로써, 이제 '요동'은 요동군역 뿐만 아니라 그 주변의 광범한 지역을 모두 총칭하기에 이르렀다. 당시에 중국을 지배한 조위와 강동의 손오 역시 공손씨 연국의 지배 대상을 가리켜 '요동'이라고 지칭하였다. 원래《한서》〈지리지〉에 보이는 한대 요동군의 속현들은 요하 이서의 일부와 요하 중하유역 및 요동반도 일대에 분포해 있었으나, 공손씨의 '요동'은 산해관에서부터 한반도 서북부까지의 광역을 모두 포괄하였다.[37]

김한규의 주장은 이렇다. 한대까지 지방 행정구역으로서의 요동군은 당초 그 관할 범위가 ① 요하를 기준점으로 그 서쪽의 일부 지역과 중하류, 나

---

37) 김한규, 〈요동을 매개로 한 한중 관계사〉,《한국사시민강좌》(제28집), 제198쪽, 일조각, 2001.

아가 요동반도 일대에 이르렀다. 그런데 후한대에 요동의 군벌이던 공손씨 (公孫氏)의 활약으로 ② '요동'의 영역이 산해관으로부터 한반도 서북부까지의 광대한 범위까지 확장되었다는 것이다. 그는 공간적으로 최대로 확장된 이 '요동'의 개념을 ③ 한나라의 영토 범위 밖까지 확장된 "새로운 '요동'의 개념" 즉 "광역의 '요동'"으로 정의하였다. 이 같은 그의 결론은 물론 한중일 세 나라 학자들의 연구에 근거해 내려진 것이다.

문제는 '요동'에 대한 이 같은 범위 설정 자체가 다분히 작위적이라는 것이다. 역사적 진실과는 상당한 거리가 있다는 뜻이다.

1) 주발의 노관 토벌

중국의 역대 사서, 문헌들 그 어디에도 요동의 공손씨가 한반도 서북부까지 영향력을 행사했다는 기록은 없다. 시선을 요령지역으로 돌리더라도 마찬가지이다. 그 증거는 일련의 문헌 기록들을 통해서도 확인할 수가 있다.

> 연왕 노관이 반란을 일으키매 주발은 상국의 신분으로 번쾌를 대신하여 부대를 이끌고 계현을 함락시켰고, … 상란에서 노관의 군대를 대파하고 다시 저양에서 노관의 군대를 격파한 후 (그들을) 추격하여 만리장성까지 가서 상곡군의 12개 현, 우북평군의 16개 현, 요서와 요동 두 군의 29개 현, 어양군의 22개 현을 평정하였다. …
>
> 燕王盧綰反, 勃以相國代樊噲將, 擊下薊, … 破綰軍上蘭, 復擊破綰軍沮陽, 追至長城, 定上谷十二縣, 右北平十六縣, 遼西, 遼東二十九縣, 漁陽二十二縣. …[38]

---

38) 사마천(司馬遷), 《사기(史記)》〈강후 주발세가(絳侯周勃世家)〉.

이 《사기》〈강후 주발세가(絳侯周勃世家)〉를 보면 한나라 초기, 주발(周勃: ?~BC169)은 연왕(燕王) 노관(盧綰)이 반란을 일으키자 조정의 토벌 명령에 따라 노관이 다스리던 연국(燕國)39)으로 달려갔다. 반란의 현장에 도착한 그는 먼저 그 도읍인 계현(薊縣)을 함락시키고 노관의 측근들을 체포하였다. 이어서 상란(上蘭)과 저양(沮陽)에서 차례로 노관의 군사들을 격파한다. 그는 그 여세를 몰아 만리장성까지 잔당을 추격하고 상곡, 우북평, 요서, 요동, 어양의 다섯 군을 모두 평정하는 데에 성공하였다.

현재 중국 학계는 주발이 가장 먼저 장악한 계현을 지금의 하북성 천진시(天津市) 정북쪽의 계주구(薊州區)로 비정하고 있다. 그리고 상란은 지금의 하북성 장가구시(張家口市) 외곽에 있는 회래현(懷來縣) 동남쪽, 저양은 회래현 경내의 관청(官廳) 댐 남쪽 대고성(大古城) 일대로 각각 비정하고 있다. 마지막으로 요동군의 남쪽 도시인 번한(番汗)에 대해서는 한중일 세 나라 학계 모두 지금의 평안도 박천군(博川郡) 인근으로 비정하고 있는 것이 실정이다. 이 같은 기존의 고증을 근거로 주발이 이끄는 토벌군의 편도 동선을 도식화해 보면 다음과 같다.

계현(천진) ⇒ 상란/저양(장가구) ⇒ 장성(평안도 박천)

계현을 함락시키고 장가구 방면의 상란과 저양을 평정한 후 그 길로 만리장성을 따라가면서 노관의 잔당을 일일이 찾아내 격파한 셈이다. 천진시에서 평안도 박천군까지는 직선거리만 해도 1,200km가 넘는다. 도중에 산이나 하천을 만났을 때 우회하는 거리까지 더하면 이동거리가 그보다 1.5~2배 이상 더 늘어날 수도 있다. 실제의 이동거리는 최소한 2,000~

---

39) 중국 고대사에서 연나라와 연국은 똑같이 '연(燕)'으로 소개된다. 그러나 우리 책에서는 편의상 춘추전국시대의 나라는 '연나라'로, 한나라가 건국된 후 최초에는 유방(劉邦)과 성씨가 다른 이성(異姓) 제후에게, 나중에는 같은 성씨의 동성(同姓) 제후에게 분봉(分封)된 나라는 '연국'으로 구분하였다.

〈주발의 토벌 경로 추정도. 장가구에서 박천군까지는 직선거리만도 1,200km가 넘는다. (검은선은 장안에서 계현까지의 출정 경로, 분홍선은 계현–상란–저양–박천까지의 통설상의 토벌 추정 경로, 빨간선은 실제의 토벌 추정 경로〉

2,500km도 넘을 수 있다는 뜻이다. 이 이동거리는 만리장성을 길게 잡으면 길게 잡을수록 더 급격히 늘어날 것이다.

당시 주발의 토벌군은 아마 기병대가 주력이었을 것이다. 일반적으로 기병은 보병보다 2~4배 속도가 빠른 것으로 알려져 있다. 칭기즈 칸 당시 몽골 기병은 하루에 100km를 주파했던 것으로 전해진다. 더욱이 몽골 기병들이 달린 도로는 유라시아의 평탄하고 넓은 초원 길이었던 데다가 말도 4~5필씩 바꿔 가면서 달렸다. 그런데 칭기즈 칸으로부터 1,200년 이상 거슬러 올라가는 한나라 초기, 거기다가 험준하고 꼬불꼬불한 연산산맥의 첩첩 산중을 다 돌아간다면 주파 거리는 그보다 한참 줄어들 수밖에 없다. 편의상 주발의 기병대가 하루에 50km를 주파했다고 치자. 그렇더라도 주발의 토벌군이 만리장성의 끝까지 주파하자면

$$2,000 \div 50 = 40$$

장가구에서 박천군까지는 편도만 해도 거의 40일이나 소요되는 셈이다. 토벌을 마친 주발은 귀환할 때에도 이 구간을 역순으로 지나갔을 것이다. 이 정도면 쉬엄쉬엄 돌아간다고 하더라도 왕복으로 100여 일이 소요되었을 것이다. 만일 토벌군의 주력이 보병이었다면 그 이동 속도나 거리는 더 많이 늘어났을 것이다. 물론, 이 거리와 기간은 주발이 토벌대를 이끌고 당시 한나라 도읍이던 장안(서안)에서 최초의 전장인 계현까지 가는 구간의 거리(1,120km)는 포함시키지도 않은 값이다.

만리장성의 끝을 전통적으로 알려져 왔던 대로 산해관(山海關)으로 본다고 치자. 장가구에서 산해관까지는 험준한 연산산맥을 관통해야 한다. 현재 고속도로 거리로 따지더라도 대략 500km나 되는 먼 거리이다. 2,000년 전이라면 우회거리까지 포함시킨다면 실제 거리는 이보다 1.5~2배 이상 더 멀었을 것이다. 이 정도만 이동해도 엄청난 물력, 재력, 인력이 투입될 수밖에 없다. 문제는 당시 한나라는 건국된 지 얼마 되지 않는 상황이었다는 데에 있다. 당시까지만 해도 정국이 상당히 불안한 상황이었다. 한신(韓信) 등의 제후들은 도처에서 반란을 일으키고 국경 너머에서는 흉노제국이 한나라를 호시탐탐 노리고 있었다. 그런 위기상황에서 많은 병력의 토벌군을 5,000리가 넘는 먼 한반도까지 파견할 여력이 있었을지 의문이다.

2) 요동의 지리적 위치

요동의 지리적 범위와 관련하여 또 하나 주목해야 할 대목은 각 군의 속현 수이다. 《한서》〈지리지〉에 따르면, 한대의 요동군은 양평(襄平), 신창(新昌), 무려(無慮), 망평(望平), 방(房), 후성(候城), 요대(遼隊), 요양(遼陽), 험독(險瀆), 거취(居就), 고현(高顯), 안시(安市), 무섬(武剡), 평곽(平廓), 서안평(西安平), 문(文), 번한(番汗), 답저(沓氏)의 18개 현을 거느리고 있었다. 반면에 요서군은 차려(且慮), 해양(海陽), 신안평(新安平), 유성(柳城), 영지(令

支), 비여(肥如), 빈종(賓從), 교려(交黎), 양락(陽樂), 호소(狐蘇), 도하(徒河), 문성(文成), 임유(臨渝), 류(絫)의 14개 현을 거느리고 있었다. 관할 속현의 수만 따진다면 요동과 요서는 규모면에서 큰 차이가 나지 않는 셈이다. 그런데 앞서 《사기》의 〈강후 주발세가〉에서는 주발의 토벌군이 요동과 요서의 29개 현을 평정했다고 언급하였다. 이 '29개 현'이 요동군과 요서군의 속현의 총합인지 《한서》〈지리지〉에 소개된 두 군의 32개 현 중에서 주발이 평정한 현만 따진 것인지는 확인할 길이 없다. 어쨌거나 요서와 요동 두 군을 통틀어 그 속현이 모두 29~32개 사이였다고 보면 될 듯하다. 요서와 요동 두 군을 통틀어 그 정도의 규모라면 한대의 요동군은 그다지 큰 군이 아니었던 셈이다. 그 근거는 요동 주변의 다른 군들이 거느린 속현의 수를 통해서도 얼마든지 확인할 수 있다.

군명	속현 수		세대 수	인구 수
	지리지	주발세가		
요동	18	29	55,972	272,539
요서	14		72,654	352,325
상곡	15	12	36,008	117,762
어양	12	22	68,802	264,116
우북평	16	16	66,689	320,780

간단히 요동, 요서와 규모가 비슷한 우북평의 경우만 예로 들어 보자. 《한서》〈지리지〉에 따르면, 우북평군은 평강(平剛), 무종(無終), 석성(石成), 정릉(廷陵), 준미(俊靡), 서무(徐無), 토은(土垠), 백랑(白狼), 석양(夕陽), 창성(昌城), 여성(驪成), 광성(廣成), 취양(聚陽), 평명(平明)의 16개 현을 거느린 것으로 확인된다. 속현 수에 있어서는 18개 현의 요동군, 14개 현의 요서군과 별 차이가 없는 셈이다. 물론, 요동, 요서의 경우,《한서》〈지리지〉와는

〈중국에서 제작된 요동군 지도. 고대의 요동군과 요서군에 대한 한중일 3국 학자들의 지리 인식은 기본적으로 동일하다〉

달리《사기》〈강후 주발세가〉에서는 두 군의 속현 총합에서 3개 정도 차이가 나지만 이 정도는 무시할 수 있는 수치이다. 세대 수나 인구 수에서도 마찬가지이다. 6만 6,689호에 32만 780명을 보유하고 있어서 규모면에서도 "요동군＜우북평군＜요서군" 순으로 대체로 두 군과 대등했던 셈이다. 문제는 담기양이 제작한《중국역사지도집》의 지도를 통하여 대조해 볼 때 이 세 군이 상당히 큰 차이를 보이고 있다는 데에 있다.

위의 지도에 표시된 우북평군과 요동군을 비교해 보아도 비슷한 결론이 나온다. 위의 지도를 보면 당시 총 16개 현을 거느리고 있던 우북평군이 왼편에 아주 작은 면적으로 그려져 있다. 이에 비하여 요동군은 18개 현, 요서군은 14개 현을 거느렸다. 이웃한 우북평군과 거의 대등한 규모인 것이다. 그런데 위의 지도를 보면 속현의 수에 있어서 우북평군은 요동-요서 두 군보다 1/2 수준이지만 면적에서는 육안으로 보기에도 거의 1/9배나 작은 것으로 그려져 있다. 앞서〈표〉에서 확인한 것처럼, 우북평군은 규모면에서

제2장 요동과 요수 **215**

요동군, 요서군과도 대체도 대등하였다. 그렇다면 지도에서의 면적 역시 대체로 비슷하게 그려져야 정상이다. 지형만 놓고 보면 더더욱 그러하다. 우북평군은 험준한 산지가 많은 지형에 자리 잡고 있었다. 반면에, 요서군과 요동군은 산지와 함께 비교적 넓은 평지를 보유하고 있었다. 따라서 인구 규모와 속현 수를 근거로 할 때, 요동과 요서 두 군은 면적이 우북평군보다 작으면 작았지 절대로 그보다 클 이유가 없다. 동서와 고금을 막론하고 인구는 험준한 산지보다는 상대적으로 활동과 이동이 편리한 평지에 집중되기 마련이기 때문이다. 그렇게 본다면 요동군의 위치와 범위를 담기양의 중국역사지도처럼 넓고 크게 비정할 이유가 없는 것이다. 상식적으로 접근할 때, 요동군은 아무리 크게 잡더라도 지금의 요동반도를 넘어설 수는 없다는 말이다.

이 같은 추론을 뒷받침해 주는 단서는 또 다른 정사 기록에서도 찾을 수 있다. 《신당서》는 이보다 다소 후대의 기록이기는 하지만 '요동'의 위치에 관한 보다 가시적인 정보를 확인할 수 있다.

> … 발해, 구하의 북쪽에서 한나라의 하간, 탁군, 광양 및 상곡, 어양, 우북평, 요서, 요동, 낙랑, 현토, 고북연, 고죽, 무종, 구이의 나라를 확인할 수 있다. (천문도의) 미성에 해당하는 영역은 운한의 말파로서 거북과 물고기가 아름다우며, 구하의 하류에 해당하는데 발해와 갈석산 끝자락에 있고 모두 북기가 끝나는 곳이다. 기성은 남두 6성과 가까우며, 요수의 북쪽으로 조선과 삼한의 땅 전체인데 오나라와 월나라의 동방에 있다.
> … 自渤海, 九河之北, 得漢河間, 涿郡, 廣阳及上谷, 渔阳, 右北平, 遼西, 遼東, 樂浪, 玄菟, 古北燕, 孤竹, 无從, 九夷之國. 尾得雲漢之末派, 龜, 魚卵焉, 當九河之下流, 濱于渤碣, 皆北紀之所窮也. 箕與南斗相近, 爲遼水之陽, 盡朝鮮三韓地, 在吳, 越東.

역대 중국 정사에서의 〈천문지(天文志)〉는 기본적으로 왕조의 정통성과 통치 이데올로기를 강조하기 위하여 '28수(二十八宿)'에 정치적 의미를 부여하는 경향이 강하였다. 고대 중국인들은 언제나 그 자리를 지키고 있는 북극성을 황제의 별로 인식하고 이를 중심으로 공전하는 주위의 별들을 신하로 인식하여 각각에 어울리는 관직 이름을 붙였다. 아울러, 이 같은 천문 인식에 따라 지상의 '9주'를 천상의 별들에 대입시켜 공동운명체로 인식하기도 하였다. 《진서(晉書)》〈천문지〉를 보면 그 전형을 확인할 수 있다.

별 이름	대응 국가	대응 고을	해당 지역
각(角), 항(亢), 저(氐)	정(鄭)	연주(兗州)	산동 서부
방(房), 심(心)	송(宋)	예주(豫州)	하남 일대
미(尾), 기(箕)	연(燕)	유주(幽州)	하북 일대
두(斗), 우(牛), 녀(女)	오월(吳越)	양주(揚州)	강소 남부
허(虛), 위(危)	제(齊)	청주(靑州)	산동 동부
실(室), 벽(壁)	위(衛)	병주(幷州)	산서 일대
규(奎), 루(婁), 위(胃)	로(魯)	서주(徐州)	강소 북부

고대 중국인들은 천상의 별들을 이런 식으로 각 지역에 대응시키고 해당 별에 이상 징후가 보이면 그 별에 대응되는 지역에서 발생할 변고를 예측하곤 하였다.[40] 그렇다 보니 이 같은 천문인식은 전반적으로 천문과학적 해석으로는 보기 어려울 정도로 다분히 막연하고 황당한 부분이 많았다. 그런 점에서는 위의 《신당서》〈천문지〉의 기사도 예외가 아니다. 다만, 그 중간에 언급된 일부 내용은 경우가 좀 다르다. 위에서는 "발해, 구하의 북쪽에서 한나라의 하간, 탁군, 광양 및 상곡, 어양, 우북평, 요서, 요동, 낙

---

40) 노앙(盧央), 《중국고대천문학(中國古代天文學)》, 제316쪽, 중국과학기술출판사, 2007.

랑, 현토, 고북연, 고죽, 무종, 구이의 나라를 확인할 수 있다"라고 소개하고 있다.

적어도 이 부분은 〈천문지〉 편찬자의 주관적인 해석이 아니라 당시 중국인들에게 보편화되어 있던 지리인식이라고 할 수 있다. 여기서의 '발해(渤海)'는 물론 지금의 발해 바다를 말한다. 또, '구하(九河)'는 원래 우(禹) 임금 때 황하(黃河)의 지류들을 일컫는 말로, 일각에서는 이를 황하의 하류 지역을 두루 일컫는 말로 사용하기도 한다. 빠이뚜 백과사전에서는 '구하'의 위치를 이렇게 설명하고 있다.

우 임금 때의 '구하'는 덕주 이북에 있는 하간의 수백 리 땅일 것이다.
禹時九河, 自當在德州以上, 河間數百里之地.

구글어스에 표시된 바에 근거하자면, 중국에서 발해의 북부는 북위 39.02°, 하간이 38.14°, 덕주는 37.19° 지점에 자리 잡고 있다. 따라서 "덕주 이북"이라면 북위 37.19° 이북의 땅이 되는 셈이다. 《신당서》〈천문지〉의 설

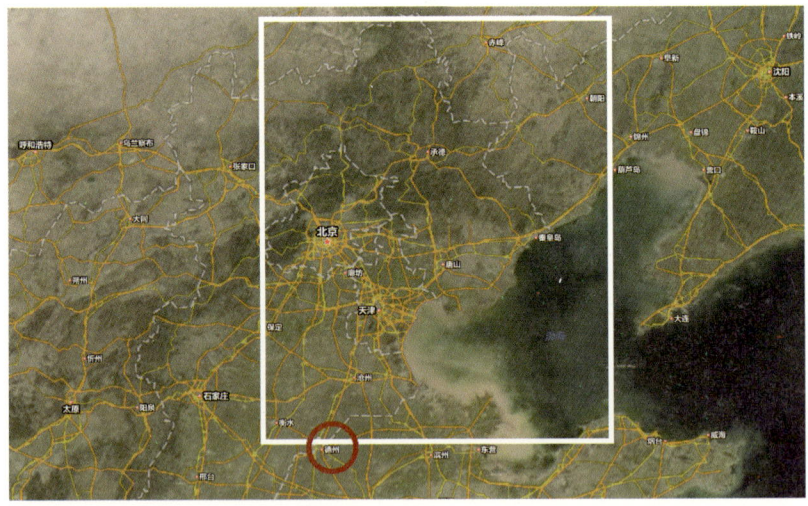

〈"발해, 구하 지역"을 최대치로 해석한 덕주 이북 지역. 낙랑, 현토는 물론이고 요동군도 이 속에 있었을 것이다. 동그라미 부분은 "덕주"지역〉

〈연나라 장성으로 전해지는 구간. 한중일 세 나라 학계는 이 장성이 황해도 수안까지 축조되었다고 주장한다〉

명대로라면, 당대까지만 해도 하간, 탁군, 광양, 상곡, 어양, 우북평, 요서, 요동, 낙랑, 현토, 고북연, 고죽, 무종, 구이의 나라가 모두 이 발해와 구하의 북쪽에 분포하고 있었다는 이야기가 된다. 낙랑과 현토는 말할 것도 없고 요서와 함께 요동 역시 이 사이의 "수백 리 땅"에 자리 잡고 있었던 것이다.

이런 점들을 감안해 본다면, 한대의 요동군을 지금의 요동반도, 나아가 한반도 서북부까지로 늘여 잡는 것은 그 비슷한 이름을 근거로 한 막연한 억측일 뿐, 어떠한 객관적, 역사적 근거도 없다고 하겠다. 요동반도까지만 해도 무리한 설정인데, 하물며 한반도 서북부까지가 요동군이라는 논리는 그야말로 공상과학소설에서나 가능한 설정이다.

3) 요령 지역 장성의 본질

흉노는 본질적으로 기마민족이다. 따라서 군사편제는 기본적으로 기병을 중심으로 삼았을 것이다. 만리장성이 평지에 축조될 경우 이 같은 기병들을 방어하자면 최소한 높이가 2m, 폭도 2m는 넘었을 것이다. 승마를 기준으로 할 때 사람이 말을 탄 상태에서 뛰어넘을 수 있는 높이가 1.7m, 폭이 3~4m 정도이다.[41] 그렇다면 그들의 침입을 막는 장애물이 제 기능을 하기 위해서는 그 규모가 최소한 그보다 더 커야 한다는 이야기가 된다. 높이가 2m, 폭이 최소한 4m는 넘어야 하는 것이다. 1.7m 정도의 높이는 가뿐하게 뛰어넘는 기병들의 침입을 저지하는 과정에서 그 높이 이하의 장애물은 아무 의미나 가치가 없다.

  연산산맥 쪽의 산지 및 요동반도에서 황해도 수안군까지의 산지의 구간은 논외로 치더라도, 내몽고(적봉)로부터 요동반도(요양)까지의 지역은 지금의 고속도로 직선거리로만 따지더라도 거의 400km나 된다. 학자들의 기존의 주장대로라면, 연나라는 흉노의 남하를 저지하기 위해서는 이 긴 지역에 높이 2m, 폭 4m의 장벽을 최소한 400km에 걸쳐 축조한 셈이다. $2 \times 4 \times 400 = 3{,}200 km^3$. $1m^3$짜리 바위를 최소한 320만 개나 운반해야 이 정도의 장벽을 1열 횡대로 쌓을 수가 있다. 망루나 전각, 봉수탑 등의 부속 건물들은 모두 생략하고 장벽만 염두에 두었을 경우이다. 요동반도에서 황해도 수안까지의 구간은 계산에 포함시키지도 않은 길이가 이 정도이다. 문제는 내몽고에서 요동반도 초입까지는 400km 전 구간이 해발고도가 낮으면서 평원으로 이어져 있는 곳이라는 데에 있다.

  성채를 축조하는 작업은 어린아이들 소꿉장난이 아니다. 장벽을 쌓는 데에 유용한 바위를 수백만 개나 준비하자면 현지에서는 조달이 불가능하고 다소 거리가 떨어져 있는 하북성, 요동반도 동부 등지로부터 운반해 와야 한다는 뜻이다. 장벽을 쌓는 용도의 바위들을 구하기도 어려울 뿐만 아니라, 설사 충분한 바위를 확보한다고 하더라도 그것을 장벽을 쌓는 현장까지 운반하는 일조차 만만하지 않았을 것이다. 장성을 축조하는 주요 소재가 돌

---

[41] 상주 국제승마장 승마 교관의 조언.

이 아니라 흙인 경우라고 해도 마찬가지이다. 흙으로 장벽을 쌓자면 중간중간에 장시간에 걸쳐 장벽을 견고하게 다지는 토축작업이 전 구간에 걸쳐 이루어져야 한다. 게다가 석성은 축조에 시일이 많이 걸리는 대신 거의 반영구적으로 사용할 수 있지만, 토성은 조성 시일은 상대적으로 적게 드는 대신 수시로 보수, 유지에 주의를 기울이다 보면 거기에 투여되는 인력과 물량은 석성의 경우와 별 차이가 나지 않는다.[42] 이 같은 상황은 만리장성의 길이가 길어지면 길어질수록 더 열악해진다. 따라서 고대사 학자들은 만리장성과 연-진-한 세 왕조의 영토만 넓게 늘여 놓을 것이 아니라 이 같은 세부적인 문제들까지도 동시에 고려해야 옳다.

진 시황의 만리장성, 그리고 공손씨의 '요동'이 한반도까지 뻗어 있었다

〈적봉에서 요양 인근까지는 고도가 낮은 평원이 이어진다. 연나라 장성의 터로 일컬어지는 돌무지. 기병의 침입을 막을 수 없는 이런 식의 돌무지는 '장벽'으로서의 의미가 전혀 없다〉

---

42) 만일 그런 토성의 장벽이 400km 길이로 구축되었다면 비슷한 시기의 옥문관(玉門關)이나 양관(陽關) 정도로 장벽이 높지는 않더라도 최소한 1~2m 정도 높이의 장벽이 전체 구간 중 한두 군데라도 남아 있어야 한다.

는 주장은 어디까지나 후대, 그것도 20세기 전후의 근현대에 이르러 일본인 학자들에 이어 중국, 한국의 학자들이 떠들기 시작한 것이다. 그리고 그들의 그 같은 주장을 받쳐 주는 중요한 물증이라고는 요령, 내몽고 일부 지역에서 발견되는 둔덕이나 돌무지들뿐이다. 이 둔덕이나 돌무지들이 인공적으로 조성된 것은 분명하다. 그러나 이런 둔덕이나 돌무지가 몇 km 확인되었다고 해서 그것을 연-진-한대에 축조된 만리장성과 결부시키는 것은 무리이다. 이런 형태의 둔덕이나 돌무지들은 일종의 국경선이나 영역 표시로서 조성된 것으로 보아야 정상이다. 이것이 굳이 장벽의 흔적으로 해석해야겠다면 명대 토성의 흔적으로 보는 편이 그나마 합리적이지 않을까 싶다. 명나라가 산해관으로부터 요동 지역에 걸쳐 토성을 쌓았다는 기록은 명나라는 물론이고 조선에도 몇 군데에 보이기 때문이다.[43]

9. 역대 고지도를 통해 확인하는 '요동'의 범주

'요동'의 지리적 범위는 중국 문헌에 처음으로 그 모습을 드러낸 춘추전국시대로부터 100여 년 전 까지만 해도 큰 변동이 없었다. 이 같은 사실은 중국과 한국의 역대 문헌, 지도들을 통해서도 쉽게 확인할 수 있다. 요동과 요서에 대한 한중일 세 나라 학자들의 잘못된 지리인식은 김육불(金毓黻: 1887~1962) 등 중국 학자들에 의하여 가속화되었다고 해도 과언이 아니다.

---

43) http://sillok.history.go.kr/id/kka_10401011_002 중종실록(中宗實錄) 7권, 중종 4년(1509) 1월 11일 갑진 2번째 기사: "… 윤대를 들었다. 사복 부정인 이식이 아뢰었다. "평안도의 장성은 기지가 이미 갖추어졌사옵니다. 아직 쌓지 않은 구간은 민력의 피곤함을 염려하기 때문입니다. 신이 중국으로 가면서 보았더니, 요동에서 산해까지 토성을 쌓았는데, 민간인을 번거롭게 하지 않고도 수졸들로 하여금 구획을 나누어 자력으로 쌓게 하니 일이 아주 쉽다고 합니다.(… 聽輪對. 司僕副正李軾曰, "平安道長城, 基址已定. 而未築者, 慮民力之困也. 臣往見中朝, 自遼東至山海關, 築土城, 不擾民間, 而令戍卒, 分授自築, 事甚便易.)"

원명대 이래로 산해관 이동의 땅이 요동이라 칭하여진 것은 요서의 이름이 오래 전에 철폐되었기 때문이지만, 후한과 조위시대에 요하 이서, 산해관 이동의 땅을 요동속국으로 만들고, 산해관 이내, 난하 이동의 땅을 요서라 하였던 사실을 살펴보면, 요동이란 말의 광대함이 사실은 한위대에서 시작되어 원명대 이후 이를 따라 바꾸지 않았기 때문임을 알 수 있다.[44)]

김한규는 김육불 식의 지리인식에 착안하여 새로운 지리개념인 "광의의 '요동'"을 제안하였다. 역사상 '요동' 개념은 전국시대에 출현한 이후, 두 가지의 개념이 동시에 전개되었다. 그 하나는 '중국'에서 성립된 국가들의 군현이나 군정기관 혹은 그 관할 영역을 의미하였고, 또 다른 하나는 '관외' 혹은 '관동'의 광범위한 지역을 가리키기도 하였다. 전자는 요하 유역이나 요동반도만을 지칭한 경우가 많았기 때문에 협의의 '요동' 개념이라고 할 수 있다면, 후자는 산해관 이동, 한반도 북부 이서와 이북의 광역을 지칭하기 때문에 광의의 '요동' 개념이라 할 수 있을 것이다. 이 두 가지 '요동' 개념은 한 시기에 동시에 존재하기도 하였지만, 상황과 시기에 따라 문헌 사료에 등장하는 빈도가 각각 달랐다.[45)]

김한규는 원래의 '요동', 즉 협의의 요동을 "요하 유역이나 요동반도"만으로, 광의의 요동을 "산해관 이동, 한반도 북부 이서/이북까지의 광역"으로 이해한 것으로 보인다. 물론, 이 같은 요동 인식이 전혀 황당한 제안은 아니다. 중원 왕조의 강역 확장과 동반하여 요동의 지리적 영역이 후대로 갈수록 점차 확장되어 간 것은 사실이기 때문이다.

그러나 고대사, 특히 한대의 요동(군)이 한반도 북부까지 확장되었다거나 최초의 요동(군)이 요하 유역이나 요동반도에서 시작되었다는 인식에는

---

44) 김육불, 《동북통사(東北通史)》, 제144쪽.
45) 김한규, 같은 책, 제201쪽.

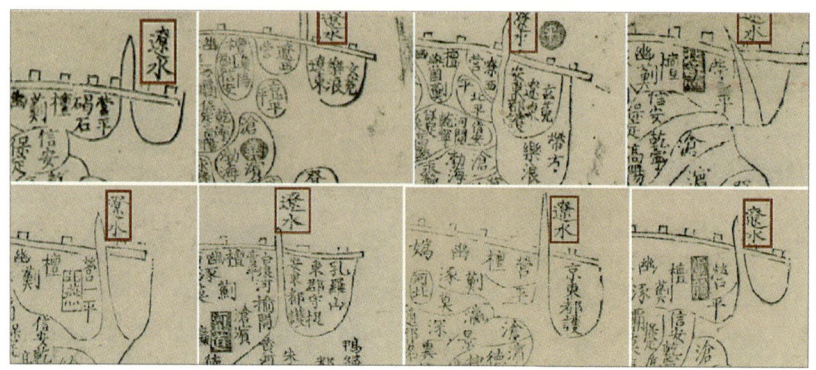

〈요수가 표시된 각종 고지도들. 모든 지도에서 공통적으로 만리장성을 북쪽에서 남쪽으로 관통하는 것으로 그려져 있다〉

수긍할 수 없다. 그 같은 역사-지리 인식은 명백히 잘못된 것이기 때문이다. 그것은 그릇된 오독과 상상의 산물일 뿐이다. 그런 상황은 실제로 일어난 적이 없는 것이다.

1) 중국 고지도에서의 '요동'

역대 중국의 고지도에는 많은 경우 만리장성과 교차하면서 남쪽으로 흐르는 요수가 표시되었다. 그러나 연대가 이른 초기의 지도들은 중국 북부 지역을 상당히 단순화, 간결화해서 표시하는 것이 보통이었다. 그래서 지도에는 분명히 표시되고 있지만 현재의 동북부 지역과는 지형이 다르게 그려져 있어서 그 지점이 정확히 어디쯤인지 분간이 되지 않는 경우가 많다.

요수의 위치와 관련하여 우리에게 가장 가시적이고 명쾌한 답안을 제시해 주는 것은 남송대 순우(淳祐) 7년(1247)에 남송 학자 황상(黃裳)이 그린 《지리도(墜理圖)》이다.[46] 원래는 청석(青石)에 제작된 이 지도는 송나라와

---

46) 이《지리도》의 위쪽 오른편에는 요나라 쪽의 하천이 표시되어 있고, 그 안에 "소요수(小遼水)"라는 글자가 적혀 있는 것을 확인할 수 있다. 그 옆에는 "동경(東京)"이 보이는데

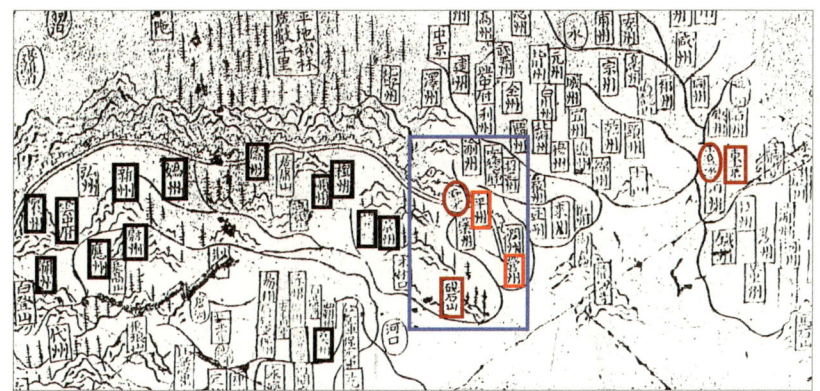

〈남송의 황상이 그린 《지리도》(1247). 네모 속에 평주, 영주와 함께 요수와 갈석산이 그려져 있다. 오른쪽의 관외에는 동경(지금의 요양) 서쪽을 흐르는 소요수가 보인다〉

요나라의 주요한 행정구역과 산천들이 상세하게 그려져 있다.

　이 지도를 자세히 살펴보면, 위쪽의 만리장성의 장벽을 중심으로 요나라가 후진(後晉)으로부터 할양받은 "연운 16주(燕雲十六州)"가 표시되어 있다. 그리고 발해 쪽, 즉 하북성 동북부에는 황하가 바다로 진입하는 하구(河口)와 그 동쪽에 갈석산(碣石山)이 보인다. 그 북쪽에는 평주(平州), 영주(營州)와 함께 평주 왼쪽에 하천을 나타내는 타원형 안에 '요수'라는 글자가 적혀 있는 것을 확인할 수 있다. 그 위치도 역대 정사, 문헌들에서 설명한 대로 만리장성의 장벽과 '열 십[十]'자로 교차하면서 새외(塞外)로부터 장벽을 관통하여 남쪽으로 흐르고 있다.

　그런데 발원지로부터 경유지-종착지까지의 전체 유역의 방향을 현재의 "연운 16주" 지도와 대조해 보면, 그 하천이 지금의 난하(또는 청룡하)와 완

요나라의 동경은 지금의 요양시이다. 그렇다면 이 "소요수"는 요양시 서쪽을 흐르는 요하임에 틀림이 없는 셈이다. 실제의 요하는 전체 길이가 난하보다 길다. 그런데 여기에 "소요수"라고 이름을 붙인 것은 그것이 오랑캐인 요나라의 하천이기 때문이며, 《수경주》에 소개된 "소요수"와는 무관해 보인다. 《수경주》의 "소요수"는 대요수와 합류한다고 소개되어 있으므로 지금의 청룡하(靑龍河)로 보아야 옳다. 이 자리를 빌어 귀중한 지도 관련 정보를 챙겨 주신 김기완, 김범수, 향고도, 김봉렬 선생님께 감사 말씀을 드린다.

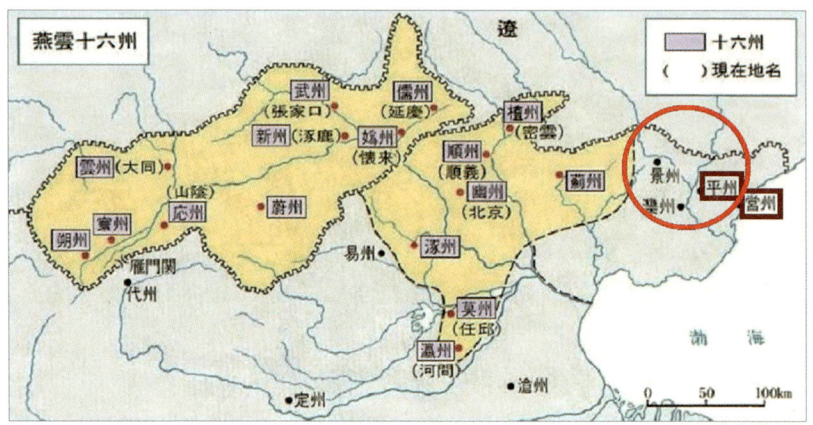

〈현대에 그려진 〈연운16주도〉. 오른쪽 동그라미 부분은 황상 《지리도》의 요수가 있는 자리〉

벽하게 일치한다는 사실을 발견하게 된다. 또, 그 요수가 흐르는 지역이 하북성 동북부, 즉 산해관 인근이라는 사실 역시 확실히 파악할 수가 있다. 그렇다면 13세기 중국에서 제작된 고지도들을 통하여 요하는 지금의 요하인 반면 요수는 지금의 난하라는 결론을 내릴 수 있는 셈이다. 즉, 고대사 속의 요수와 요하는 별개의 하천인 것이다.

이 같은 지리인식은 16세기 명대 지도에서도 분명하게 확인할 수 있다. 명나라 가정(嘉靖) 43년(1564)에 간행된 백과사전의 일종인 《중간 인자수지(重刊人子須知)》에는 〈연산도(燕山圖)〉라는 지도가 수록되어 있다.

지도의 제목에서 짐작할 수 있듯이, "연산(燕山)"은 원래 중국 하북성 북부를 병풍처럼 겹겹이 둘러싸고 있는 산맥의 이름이다. 그런데 이것이 지역명으로 사용되면 북경지역을 중심으로 그 산맥이 위치한 하북성 북부를 두루 가리키는 이름이 된다. 말하자면, 〈연산도〉는 북경과 하북성 북부를 중심으로 하면서 사방의 인근 지역을 함께 표시한 지도인 셈이다.

그런데 지도를 보면 중간 부분을 만리장성 장벽이 가로지르고, 그 오른쪽에서 장성을 관통하여 남쪽으로 흐르는 요수가 보인다. 이 지도를 통하여

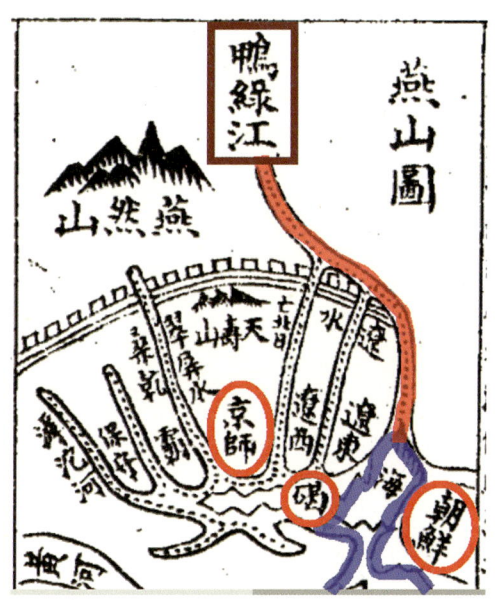

〈명대 중기에 저술된 《중간 인자수지(重刊人子須知)》의 수록된 〈연산도〉〉

요서와 요동을 구분하는 지표가 되는 것이 요수임을 가시적으로 확인할 수 있다. 물론, 이것만 보면 요수가 지금의 요령성의 요하이고 요동은 그 동쪽 즉 지금의 요동반도가 아닐까 하는 의구심이 들기도 한다. 그러나 이 지도에 표시된 몇 가지 정보는 이 요수가 요하가 아니라는 확신을 갖게 해 준다.

　① 요수가 바다로 진입하는 출구에 갈석산이 보인다
　② '연산'은 하북성 북부의 대명사이다
　③ 요수 북쪽에 내몽고에서 발원하는 압록강이 있다

지도를 통해서 확인할 수 있는 정보만으로도 여기에 표시된 요수는 요령성의 요하일 수가 없으며, 요동 역시 지금의 요동반도가 될 수 없다는 것을 알 수 있는 것이다. 요수가 흘러서 바다로 진입하는 출구 인근에 갈석산(碣石山)이 자리 잡고 있다는 것은 곧 요서와 요동의 분계지점이 요령성이 아

제2장 요동과 요수　**227**

니라 하북성임을 의미한다. 게다가, 지도의 제목 역시 요수, 요동, 요서가 자리 잡고 있는 지리적 공간이 요령이 아니라 하북성임을 선명하게 암시해 주고 있다.

또 하나 중요한 단서는 '압록강(鴨綠江)'의 존재이다. 위의 〈연산도〉에서는 '압록강'은 내몽고에서 발원하여 하북성 북부와 내몽고지역을 거쳐 고전적인 의미의 '요동'보다 동쪽의 바다로 진입하고 있다. 한눈에 보기에도 이 '압록강'은 우리가 알고 있는 그 압록강이 아닌 것이다. 우리가 알고 있는 압록강은 내몽고가 아니라 백두산(白頭山)의 천지(天池)에서 발원하여 길림성과 북한의 국경지대를 흘러 단동(丹東)과 신의주(新義州) 지점에서 서해로 진입하는 하천이기 때문이다.

실제로 〈연산도〉를 자세히 보면 지도에서 남쪽으로 흐르는 '압록강'과는 별도로 오른쪽 하단의 조선 부분에서 서해로 통하는 하구(河口)가 하나 더 그려져 있다. 이 하구가 바로 지금의 압록강이 서해로 진입하는 출구이다. 그렇다면 이 '압록강'의 정체는 무엇일까?

〈연산도〉에 표시된 이 '압록강'은 두말할 필요도 없이 바로 지금의 요하이다. '요하'는 서요하와 동요하를 통틀어 일컫는 이름이다. 이 중에서 서요하(西遼河)는 내몽고자치구를 마주보는 하북성 북단 평천현(平泉縣) 일대에 펼쳐진 칠로도(七老圖) 산맥 속의 광두산(光頭山)에서 발원한 후 동쪽으로 하북-내몽고-요령-길림을 두루 거치면서 1,345km를 흘러 최종적으로 발해(渤海)로 진입한다. 고전적인 지도답게 대충 그려지기는 했지만, 〈연산도〉에 표시된 '압록강'의 발원지-경유지-종착지와 전반적으로 모두 일치하는 것이다. 여기서 오른쪽 하단의 중국과 조선의 국경지대를 흐르다가 서해로 진입하는 출구 부분을 확대해 보자.

이 부분을 확대해 보면 〈연산도〉의 '압록강'(B)이 우리가 알고 있는 한반도 최북단의 그 압록강(A)과는 엄연히 다른 하천임을 다시 한 번 확인할 수가 있다. 현대에 제작된 지도와 대조해 보면, 〈연산도〉의 '압록강'이 지금의

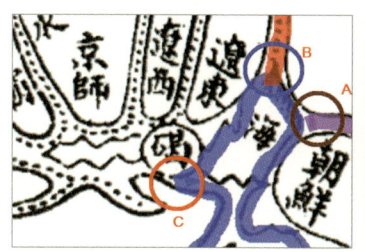 

〈《연산도》에서 '압록강(B)'의 하구를 확대한 그림과 실제의 위치. 지금의 압록강(A), 요하(B), 난하(C). 이 세 하천은 발원지도 서로 다르다〉

요령성을 흐르는 요하라는 데에는 이의가 있을 수가 없다.

이 〈연산도〉를 통하여 지금의 요하가 고대의 요수가 아니라는 사실을 알 수 있는 셈이다. 이 지도 속의 '압록강'이 요하이며 '요수'는 제3의 하천이라는 뜻이다. 그렇다면 하북성 북부에서 발원하여 갈석산 인근에서 바다로 진입하면서 그 동쪽을 요동, 그 서쪽을 요서로 구분하는 지표가 되는 지도 속의 '제3의 하천'은 자연히 난하(또는 청룡하)일 수밖에 없다.

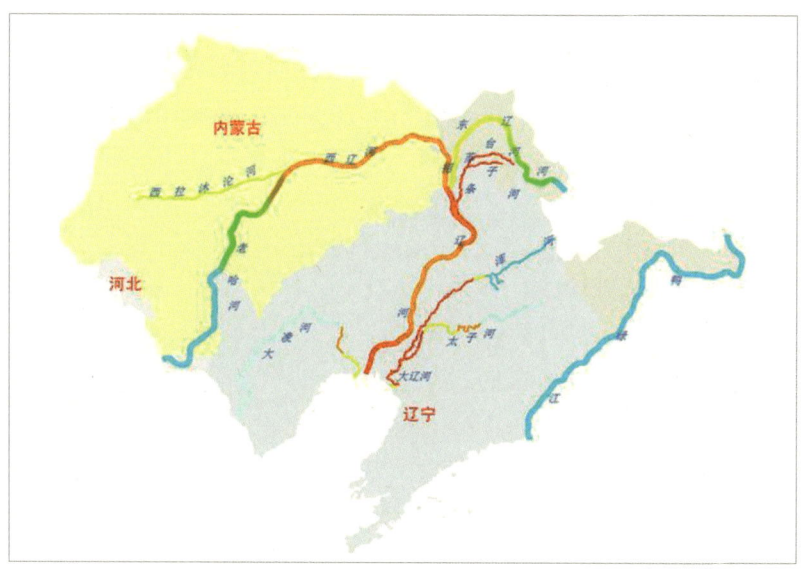

〈발원지의 방향이 서로 다른 요하와 압록강(오른쪽 아래)의 유역도〉

제2장 요동과 요수 **229**

2) 조선실록 또는 고지도 속의 '요동'

'요동'이 산해관 동쪽부터 시작된다는 것은 조선시대 사람들에게도 보편적인 지리인식이었던 것으로 보인다. 이 같은 지리인식은 《조선왕조실록》에서 수시로 확인할 수가 있다.

(1) 정조사(正朝使) 오백창(吳伯昌)의 장계

"또 애양의 보루는 요충지인데도 요동과 거의 이레 거리나 됩니다. 그런 까닭으로 총병 대인이 늘 지키고 있으며, 그 나머지 여러 보루들은 그다지 멀지 않은 까닭으로 1명의 대인이 2개의 보루를 겸해 관리합니다.'라고 하였습니다."

且靉陽堡要害之地, 而距遼東幾至七日程, 故摠兵大人常鎭守, 其餘諸堡, 不甚相遠, 故一大人兼管二堡.[47]

(2) 진위사(陳慰使) 황헌(黃憲)의 보고

황헌은 아뢰기를, "신이 요동의 형세를 살펴보니, 산해관에서 오랑캐 지역까지는 겨우 40여 리의 거리이며, 그 밖의 25위도 그들과 접경해 있었습니다.

黃憲曰: "臣見遼東形勢, 自山海關距㺚子地界, 僅四十餘里, 而其外又有二十五衛, 與彼人連境.[48]

(3) 시독관(侍讀官) 김개(金鎧)의 상소

"… 궁내에 있는 말 가운데 마마께옵서 타실 만한 말이 한 필도 없어서 3년

---

47) 《성종실록(成宗實錄)》 1권, 성종 즉위년(1469) 12월 5일 갑인 4번째 기사.
48) 《중종실록(中宗實錄)》 80권, 중종 30년(1535) 11월 16일 계유 2번째 기사.

후에는 선왕들의 능에 참배를 가시려 해도 도무지 타실 만한 말이 없게 되었습니다. 신의 생각엔 중국 기북의 말이 천하에서 가장 좋은 말인데, 지금의 요동 등이 바로 그 지역입니다. 우리 나라와 중국 사이에는 유통되지 않는 물화가 없는데 유독 말만 교역하지 않는 것은 잘못된 계책인가 하옵니다."

"是以內廐所立, 無一可當御乘者, 三年後, 雖有拜陵之擧, 頓無可當之馬. 臣之意, 冀北之馬, 天下最良, 今之遼東等地, 則其地也. 我國於中國, 物貨無不通, 而獨於馬不貨., 恐非得計."49)

중종에게 올린 황헌의 보고를 통해서도 '요동'의 지리적 범위를 어느 정도 짐작할 수가 있다. 그는 명나라가 '요동'에서 여진족(만주족)과 대치하고 있는 상황을 보고하면서 그 기점으로 산해관을 들고 있다. 이는 명대-조선시대 중기까지만 해도 우리나라 사람들이 산해관을 기점으로 그 동쪽을 요동으로 인식하고 있었다는 것을 말해 준다. 우리가 현재 생각하고 있는 것처럼 요동을 요동반도 또는 요하의 동쪽지역으로 인식하고 있지 않았던 것이다.

명종 때의 상소 역시 마찬가지이다. 이 상소에서 김개(金鎧)는 명종이 탈 만한 어마로 중국 기북(冀北)의 말을 추천하고 있다. 이때 그는 "지금의 요동 등이 바로 그 지역"이라면서 중국의 '기북'과 등치시키고 있다. '기북'은 기주의 북부를 말하며 통상적으로 하북성 지역을 두루 일컫는 지역명으로 사용된다. 그런데 기북(유주)과 요동을 나란히 언급하고 있다는 것은 두 지역이 서로 경계를 맞닿아 있다는 의미로 해석할 수 있는 것이다.

실제로, 명대 실록 등, 이 시기의 중국측 기록들을 찾아보면, "계요독무(薊遼督撫)"의 경우처럼, 계진(薊鎭, 유주)과 요진(遼鎭, 요동)을 동시에 거

---

49) 《명종실록(明宗實錄)》 5권, 명종 2년(1547) 1월 21일 갑술 1번째 기사

론하거나 두 지역을 아우르는 직책의 관직명이 수시로 등장하고 있다. 이런 점을 보더라도 기주(또는 유주)와 요동은 '산해관을 경계로' 그 서와 동을 함께 일컫는 지역명임을 알 수 있는 셈이다. 만일 요동이 지금 알려진 것처럼 요하 이동의 요동반도 지역만 한정한 지역명이라면 하북을 가리키는 계진, 기주(기북), 유주 등의 지역명들과 함께 사용할 이유가 없는 것이다.

산해관 이동 지역부터 '요동'으로 일컫는 사례는《조선왕조실록》에서 수시로 찾아볼 수 있다. 이를 통하여 조선시대-명대까지 한중 두 나라 사람들의 인식 속의 '요동'이 지금과는 달리 산해관 이동지역을 두루 일컫는 용어였음을 확인할 수 있는 셈이다.

3) 유럽 각국 고지도 속의 '요동'

'요동'의 시작이 산해관 이동 지역부터라는 지리인식을 가지기는 17~19세기의 유럽인들도 마찬가지였다.

〈헤르만 몰(Herman Moll)의 중국 지도(1714). 요동이 '레오퉁(Leotung)'으로 표기되어 있다〉

〈드 기욤(de Guillaume)의 중국 지도(1730). 요동이 '레아오통(Leaoton)'으로 표기되어 있다〉

〈런던에서 제작된 조선 지도(Sea of korea, 1782). 요동이 '꽌통 또는 랴우통(Quantong or Lyautong)'으로 표기되어 있다〉

제2장 요동과 요수 233

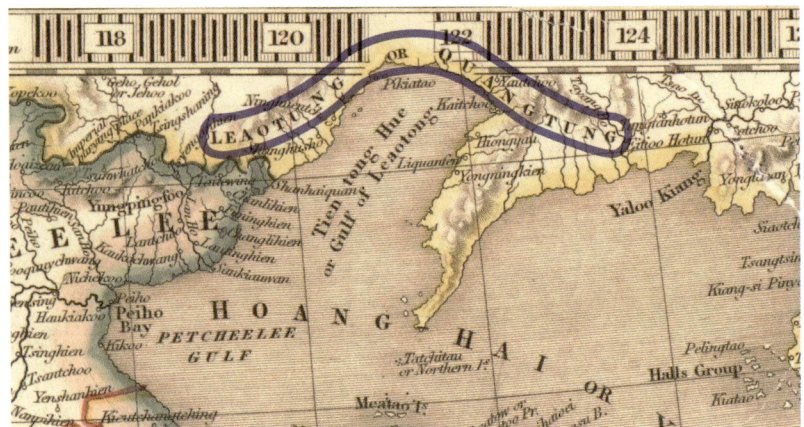

〈시드니 홀(Sidney Hall)의 중국 지도(1828). 요동이 '레아오퉁 또는 꽌퉁(Leaotung or Quantung)'으로 표기되어 있다〉

〈R. 마틴(R. Martin)과 J. 탈리스(J. Talis)의 중국 지도(1851). 요동이 '레아오퉁(Leaotung)'으로 표기되어 있다〉

300년이 넘는 이 기간 동안 유럽에서 제작한 중국 지도에는 지금의 요령성에 해당하는 지역에 "Leaovung, Laotung, Leaotung, Leaton, Leaotong" 등의 이름이 적혀 있다. 이 이름들은 두말할 것도 없이 '요동'에 대한 당시의 중국식 발음인 '랴오뚱(Liaodong)'을 영어 알파벳으로 표기한 것이다.

지도들 중에는 해당 지역을 "Quantong or Leaotong, Quan-tong or Lyautong"이나 "Leaotung or Quangtung" 식으로 소개하고 있는 것들도 더러 보인다. 물론, "Quantong, Quan-tong, Quangtung" 등은 '관동'의 중국식 발음인 '꽌뚱(Guandong)'을 각자 알파벳으로 표기한 것이다.

'관동'은 '관문의 동쪽'이라는 뜻인데, 여기서 말하는 관문은 다름 아닌 산해관(山海關)이다. 일부 지도는 '랴오뚱'을 "(Leao)vung, Leaton, Quang(tung)" 식으로 표기한 경우도 보인다. 이런 경우는 현지의 지명 정보를 수용하는 과정에서 당시 중국인이 불러 주는 발음을 잘못 듣거나 잘못 표기한 결과이다. 동일한 발음이 지도마다 각자 다르게 표기된 것은 그 지도를 제작한 주체가 속한 나라, 언어, 시기에 따라 발생하게 된 편차이다.

이처럼 17~19세기에 유럽 각국에서 제작된 중국 지도들에서 지금의 요령성에 해당하는 지역이 "관동 또는 요동", "요동 또는 관동" 식으로 소개되어 있다는 것은 무엇을 의미하는가? 이 300여 년, 또는 그보다 훨씬 오래 전부터 "관동"과 "요동"이라는 두 단어가 중국인들에게 동일한 지역을 연상하게 만드는 단어로 인식되고 사용되었다는 뜻이다. 이는 산해관 이동에서 압록강 이서(요동반도)에 걸친 지역 즉 지금의 요령성에 해당하는 지역을 당시 사람들이 "요동" 또는 "관동"으로 부르거나 이 둘을 혼동해서 사용하곤 했다는 사실도 뒷받침해 주는 셈이다. 당시 사람들이 "요동"과 "관동"을 같은 지리개념으로 인식하고 있었다는 뜻이다. 말하자면, 당시의 유럽인들, 나아가 그들에게 지리정보를 제공해 준 당시의 중국인들은 '요동'을 지금 한중일 세 나라의 대부분의 학자가 굳게 믿고 주장하는 것처럼 "요동반도 일대" 즉 요동뿐만 아니라 요하의 서쪽 기슭으로부터 산해관 이동 지역까

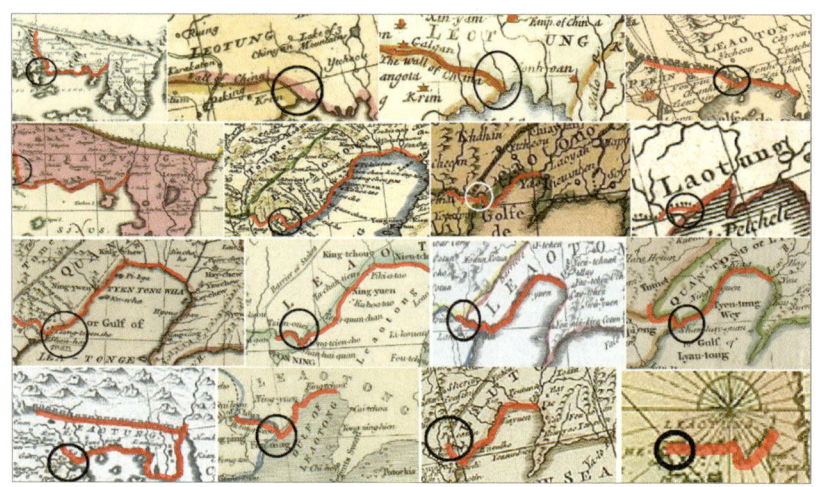

〈17~19세기에 유럽에서 제작된 중국 지도들은 100% 모두 '요동'의 기점을 산해관으로 잡고 있다. 각 지도의 검은 동그라미 부분이 산해관이며 빨간 선은 요하 이서 지역을 나타낸 것이다〉

지의 통상적으로 "요서"로 일컬어지는 지역까지를 통틀어서 "요동"으로 인식하고 있었다는 뜻이다. 실제로 저자가 확인한 17~19세기 유럽 각국의 지도들은 100% 모두 요동의 시작을 만리장성 성벽 즉 산해관 동쪽에서부터로 그리고 있다.

17~19세기 중국인들은 요서와 요동을 나누는 기준점이 요하가 아니라 산해관 또는 요수라고 인식하고 있었던 것이다.

이러한 사실은 '요동'이라는 지역명이, 그동안 우리가 생각했던 것과는 달리, 요령성의 요하를 기준점으로 해서 만들어진 것이 아님을 보여 준다. 만일 요하가 요동과 요서를 나누는 기준점이라면 요하의 동쪽을 '요동'이라고 한 것은 어느 정도 예상이 가능한 일이다. 그러나 요하의 서쪽까지 '요동'의 범주에 포함시킨 것은 도저히 납득할 수 없는 일이다. 상식적으로 볼 때 '요하의 서쪽'을 당연히 '요서'라고 불렀어야 옳기 때문이다. 이 같은 양상은 물론 청대에 제작된 유럽 지도들에서도 공통적으로 확인할 수 있다.

그렇다면 중국에서 전통적으로 사용된 지역명인 '요동'이 '요동'이도록 그 성격을 특징짓는 요소는 요하가 아니었던 셈이다. 명청대 유럽 지도에서 요동이 '관동'으로도 표시되었던 것은 '요동'의 지역명을 결정짓는 지표가 요하가 아니라 산해관이었음을 분명하게 증명해 준다.

이상의 중국 지도들은 대부분이 선교를 목적으로 중국에 체류 중이던 기독교 선교사나 통상을 목적으로 중국을 내왕하던 상인들에 의하여 제작된 것들이다. 그런데 살펴본 이 역대 각국의 지도 및 문헌들에는 하나의 공통점이 있다. 그것은 거의 모든 자료들이 일관되게 '요동'의 기점을 산해관의 동쪽으로 잡고 있다는 사실이다. 지금의 요령성, 보다 정확하게 말해서 지금의 산해관 동쪽으로부터 압록강 서쪽까지의 지역이 16~19세기까지 "관동" 또는 "요동"으로 일컬어졌다는 것은 또 다른 의미에서 시사하는 바가 크다. 그것은 "요수의 동쪽"이라는 의미를 가진 '요동'이라는 지역명이 어느 방향으로 확장되어 갔는지 그 궤적을 잘 보여주기 때문이다.

이 300여 년 동안의 지도들을 살펴볼 때 '요동'이라는 지역명이 유래하고 또 기점이 된 지점은 학자들이 그동안 통상적으로 주목해 온 요동반도가 아니라 산해관 인근이었다는 이야기가 된다. 즉, '요동'이라는 지역명은 요하 동쪽의 요동반도 지역에 대한 이름이다가 나중에 점차 산해관 동쪽지역까지 그 영역을 확장되어 간 것이었다. 오히려 산해관 동쪽에서 요하 서쪽까지의 지역을 가리키는 이름이던 것이 중원왕조의 영토 개척과 연동되어 그 외연이 동쪽으로 압록강까지 확장된 경우인 것이다.

말하자면, 요동과 요서를 구분하는 하천은 '요하'가 아니었던 셈이다. 이는 곧 요수와 요하는 전혀 다른 별개의 두 하천이라는 뜻이다. 그렇다면 적어도 요동과 요서를 구분하는 '요수'는 지금의 요동반도에서 찾을 이유가 없는 셈이다.

〈'요동'이라는 지역명은 기존의 통념과는 반대로, 서쪽(산해관)에서 동쪽(요동반도)으로 확장된 것이다. 즉 그 출발점(기점)은 요서인 것이다. 검은 별은 요하, 노란별은 요동과 요서를 나누는 요수의 추정 지점〉

앞서의 유럽의 지도들에 표시된 각 지역의 명칭들은 기본적으로 당시까지의 중국인들의 지리인식을 반영한다. 말하자면, 중국에서는 19세기까지만 해도 요동이 현재 한국 또는 중국의 학자들이 주장하는 요동반도의 동쪽 지역에만 한정된 것이 아니었다. 그 서쪽의 하북성의 최동단이라고 할 수 있는 산해관 동쪽지역까지 '요동'이라는 지리적 범주에 포함되었던 것이다. 이는 지금까지의 학계의 주장들과는 달리 '요동'의 지리적 범주가 주변 지역으로 확장되건 아니건 간에, 그 중심축 또는 무게중심은 항상 요서, 즉 지금의 요령성 서부지역에 놓여 있었다는 사실을 방증해 준다고 하겠다.

이 지도들의 제작자는 유럽인들이었다. 그러나 그들이 17~19세기까지 300여 년 사이에 제작한 이 지도들이 반영하고 있는 지역명과 지리인식은 온전히 당시, 즉 명청대 중국인들의 것이라고 보아야 옳다. 그렇게 본다면,

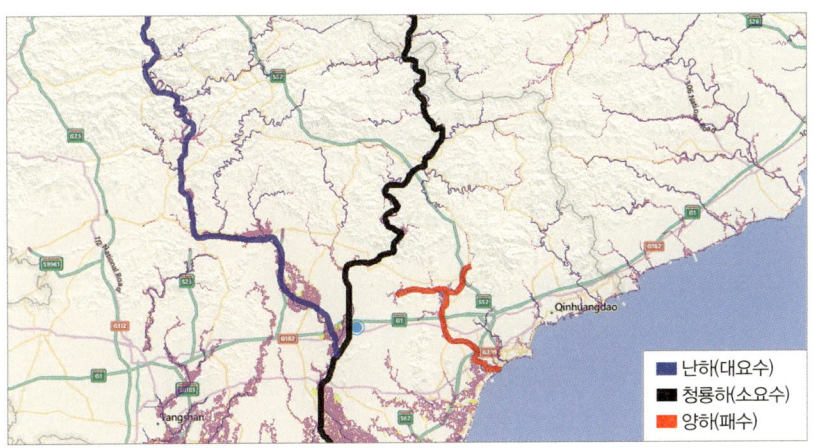

〈중국 측 문헌 기록들을 종합해 볼 때 요동과 요서를 나누는 기준점이 되는 요수는 지금의 난하와 청룡하로 추정된다〉

적어도 명대부터 근대까지 중국인들에게 각인된 '요동'이라는 지역은 그 지리적 위치와 영역이 기존의 학계 통설과는 편차가 상당히 컸다고 할 수밖에 없다. '요동'의 개념은 근세에도 고대의 정의에서 크게 달라진 것이 없었다. 요동은 요동반도 일대가 아니라 산해관 동쪽 지역을 두루 일컫는 역사지리개념이었던 것이다. 이로써 요동과 요서의 기준점인 요수가 지금의 요하가 아님은 자명해진 셈이다.

10. 일부 속현을 통하여 검증하는 요동군의 위치

1) 양평현

중국의 대표적인 포털 사이트 빠이뚜의 백과사전에서는 '양평성(襄平城)'을 다음과 같이 소개하고 있다.

양평성은 기원전 284년 전후에 세워진 연나라 장성의 동부 보루로서, 원래는 동호, 산융 또는 기자조선의 중요한 도시였다. 성은 흙을 쌓아 만든 방형의 성채로 사면으로 문이 나 있었다. (중국) 건국 이후로 고고조사와 사료고증을 통하여 그 성의 터가 지금의 요양시 중심 구역임이 증명되었다. … 전국시대 연 소왕 때 연나라 장수 진개가 있었는데 동호의 땅에서 연나라의 볼모로 있었는데 동호인들이 매우 신임하였다. 진개는 귀국한 후 군사를 일으켜 동호를 습격하여 대파하니 "동호가 1,000여 리를 물러났다." 그 결과 연나라의 국경선이 동쪽으로 1,000여 리가 확장되면서 연나라의 강역이 크게 개척되었으며 연나라 또한 즉시 북장성을 쌓기 시작하였다. 북장성은 서쪽으로는 조양(지금의 하북성 장가구시 선화현 동북방)으로부터 시작하여 동쪽으로는 양평성(지금의 요령성 요양시 북면)까지 이르렀다.

襄平城是前284年左右興建的燕長城的東部堡壘, 本爲東胡, 山戎或者箕子朝鮮的重要城市. 城爲土築方城, 四面設門. 經建國後考古調查和史料證明, 城址在今遼陽市區中心. … 戰國燕昭王時, 有燕將秦開, 在東胡作爲燕國的人質, 東胡人很信任他. 秦開歸國後, 起兵襲擊大破東胡, "東胡却千餘里", 結果燕國邊境向東推進了一千多里, 大大開拓了燕國的疆域, 而燕國亦隨卽開始修築北長城. 北長城西端起自造陽(今河北省張家口市宣化縣東北), 向東到達襄平城(今遼寧省遼陽市北面).**50)**

그러나 이 같은 설명은 명백히 잘못된 것이다. 중국 정사들 중에서 연나라 장수 진개의 영토 개척을 처음으로 소개한 것은 사마천의 《사기》이다. 그 책의 〈흉노열전(匈奴列傳)〉에서는 양평과 관련하여 다음과 같이 소개하였다.

---

50) https://baike.baidu.com/item/%E8%A5%84%E5%B9%B3%E5%9F%8E/5461560

그 후로 연나라에 현명한 장수 진개가 있었는데 오랑캐(흉노) 땅에 볼모로 있었는데 오랑캐들이 그를 매우 신임하였다. (그는) 귀환한 후 동쪽 오랑캐(동호)를 습격하여 무찌르고 몰아내니 동쪽 오랑캐가 1,000여 리를 물러갔다. … 연나라 역시 긴 장벽을 쌓아 조양으로부터 양평까지 이르렀는데, (그 일대에) 상곡, 어양, 우북평, 요서, 요동군을 설치하고 오랑캐를 막았다.
其後, 燕有賢將秦開, 爲質於胡, 胡甚信之. 歸而襲破走東胡, 東胡卻千餘里. … 燕亦築長城, 自造陽至襄平. 置上谷, 漁陽, 右北平, 遼西, 遼東郡以拒胡.

이를 통하여 앞서 빠이뚜 백과사전이 소개한 내용은 〈흉노열전〉의 기록과는 상당한 차이가 있다는 사실을 알 수 있다. 그 차이는 다음과 같다.

① 사마천은 동호가 1,000리 물러난 방향을 밝힌 적이 없다
② 사마천은 양평이 위치한 곳의 방향을 밝힌 적이 없다
③ 사마천은 양평이 지금의 요령성 요양이라고 밝힌 적이 없다

말하자면, 진개의 영토 확장을 최초로 언급한 사마천은 진개의 영토 개척으로 연나라 영토가 1,000리나 확장된 방향이나 양평이 위치한 방향을 밝힌 적이 없다는 것이다. 사마천의 의도와는 전혀 상관없이, 후대의 학자들이 멋대로 동호가 물러간 1,000여 리 땅이 동쪽이라고 억측한 것이다. 양평 역시 그 "연나라 동쪽 1,000리" 이내에 있다고 오독했을 뿐인 것이다.

이 같은 오독은 물론 학자들이 《사기》에서 진개의 공격을 받은 상대방이 "동쪽 오랑캐(동호)"라는 사실에 과도하게 의미를 부여했기 때문에 발생한 것이다. 동쪽의 오랑캐를 공격했으니 그들이 물러난 1,000리의 땅 역시 동쪽의 땅이라고 섣불리 믿은 것이다. 물론, 진개의 공격을 받은 것이 '동쪽' 오랑캐인 것은 사실이다. 그러나 그렇다고 해서 그들이 물러난 방향이 '동쪽'이었다고 단정한다는 것은 대단히 위험한 선입견이라고 하지 않을 수 없다.

아닌 게 아니라 동쪽 오랑캐를 물리치고 1,000여 리의 땅을 장악한 연나라는 그 땅을 영구히 점유하기 위하여 장성을 쌓은 것이다. 만일 그들이 확보한 땅과 그들이 물리친 오랑캐가 동쪽에 있었다면 연나라의 장성은 당연히 동쪽으로 쌓았어야 정상이다. 그러나 역대 역사 기록이나 현재 국내외 학자들이 연나라가 장성을 쌓은 방향과 관련하여 이구동성으로 북쪽에 쌓았다고 소개하고 있다.[51]

장벽을 북쪽으로 쌓았다는 것은 무엇을 의미하는가? 연나라가 막아야 할 적이 북쪽에 있었다는 뜻이다. 그래서 이것을 연나라의 "북장성" 또는 "북변장성"이라고 부르는 것이다. 그렇다면 이를 근거로 연나라의 진개가 개척한 동쪽 오랑캐의 1,000리 땅은 연나라의 동쪽이 아니라 북쪽 또는 동북쪽에 있었다고 보는 것이 합리적이다. 말하자면 고래로 중원과 북방의 요충지에 있는 노룡새(盧龍塞) 이북으로 동쪽 오랑캐를 몰아내고, 그들이 다시 그 땅을 차지하지 못하도록 북쪽을 마주보고 장벽을 쌓았던 셈이다. 이 같은 추론이 가능한 것은 중국 전한대, 심지어 위진-남북조시대까지만 해도 동부에서 중원과 북방이 왕래할 수 있는 통로가 고작 2~3개밖에 되지 않았기 때문이다.

우리는 연나라가 동쪽으로 영토를 확장했다고 하면 진황도-산해관 옆으로 해서 수중현-호로도-금주-요양까지 이어지는 해안도로를 통하여 막히지 않고 쾌속으로 거침없이 이동한 것으로 생각하기 쉽다. 그러나 적어도 2,000년 전에는 그렇게 할 수가 없었다. 중국 북부 하북성과 요령성 일대는 연산산맥, 조-난하 곡지(潮灤河谷地) 등과 같이 대규모 융기운동으로 인하여 중원지역에서 요동 방면으로 이동한다는 것이 대단히 어려운 일이었기 때문이다.

---

51) 〈전국-진한대에 요동군과 그 경계〉, 제65쪽. 한중일 학계의 많은 학자가 이렇게 인식하고 있다. 그러나 지면 관계로 더 이상의 소개는 생략하기로 한다.

중국에서 고대에 하북 지역으로부터 요령지역으로 이동할 때 이용할 수 있는 육로는 2~3개에 불과하였다.

① 노룡도(盧龍道)
　　북경 ⇒ 계현 ⇒ 준화(遵化) ⇒ 노룡구(盧龍口) ⇒ 평천(平泉) ⇒ 능원(凌源) ⇒ 대릉하(大凌河) ⇒ 조양(朝陽) ⇒ 요동반도 방면
② 고북구도(古北口道)
　　북경 ⇒ 순의(順義) ⇒ 밀운(密雲) ⇒ 고북구 ⇒ 난평(灤平) ⇒ 난하(灤河) ⇒ 이손하(伊遜河) ⇒ 승덕(承德) ⇒ 평천 ⇒ 영성(寧城) ⇒ 황수(潢水) ⇒ 파림좌기(巴林左旗) ⇒ 대흥안령(大興安嶺) ⇒ 흑룡강 방면
③ 방해도(傍海道, 해안도로)
　　북경 ⇒ 노현(潞縣) ⇒ 삼하(三河) ⇒ 계주(薊州) ⇒ 옥전(玉田) ⇒ 석성(石城) ⇒ 난주(灤州) ⇒ 노룡(盧龍) ⇒ 창려(昌黎) ⇒ 무녕(撫寧) ⇒ 산해관 ⇒ 수중(綏中) ⇒ 흥성(興城) ⇒ 금주(錦州) ⇒ 북진(北鎭) ⇒ 심양(瀋陽) ⇒ 흑룡강/한반도 방면[52]

위의 세 노선 중에서 중원 지역에서 북방 지역으로 이동하는 데에 사용된 육로는 노룡도와 고북고도였다. 이 중 노룡도는 고대부터 중원과 북방이 소통하는 데에 널리 사용된 가장 오래된 노선으로, 고대 사서에서 등장하는 "변새[塞]"는 대개 이 노선 중간에 자리 잡고 있는 노룡새를 가리키는 것이 보통이다. 반면에, 고북구도는 고대에도 사용되기는 했지만 거란(契丹)의 중원 진출과 함께 본격적으로 개발되기 시작한 노선으로, 내몽고나 흑룡강 방면으로 이동하는 데에 주로 사용되었다.

하북성 산해관으로부터 요령성 금주까지의 구간은 지형적으로 북쪽으로는 연산산맥의 고산지대를 이고 남쪽으로는 발해 바다를 끼고 있다. 말하자

---

52) 이효총(李孝聰), 《중국구역역사지리(中國區域歷史地理)》, 제410-415쪽, 북경대학(北京大學)출판사, 2014.

면 중국판 '동해안 7번 국도'라고 할 수 있다. 이 구간은 우리나라 동해안이 그러하듯이, 위로는 석산이 광범하게 발달되어 있고 아래로는 바로 발해에 돌출되어 있다. 연안류(沿岸流)와 조류(潮流)에 의한 퇴적운동이 순조롭지 못하다 보니 토사가 쌓여 육지가 형성되기 어려운 지역인 것이다. 따라서 설사 육지가 형성되더라도 사람 하나가 가까스로 지나갈 수 있을 정도로 폭이 상당히 좁았다. 그렇다 보니 간단한 행장을 휴대한 소수의 여행자에게는 큰 문제가 없을지 모르지만, 행장이 비교적 많고 인원이 상당히 많은 군대에게는 대단히 불편하고 비효율적인 길이었다. 더욱이 여름철에서는 폭우로 인하여 연산산맥에서 홍수로 들이닥쳐 그나마 형성되어 있던 육지조

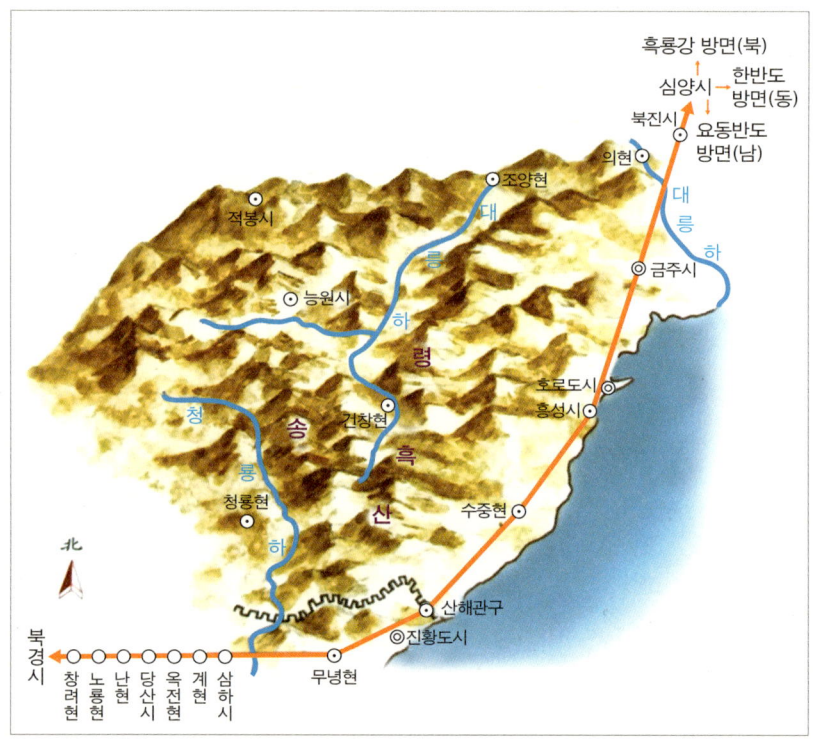

〈동해안 7번 국도와 지형이 비슷한 산해관–수중–금주–심양 구간의 해안도로('요서주랑')가 상시적으로 사용되기 시작한 것은 송금대부터이다.〉

차 다 씻겨 내려가거나 진창으로 변해 버려서 거의 통행이 불가능할 정도였다. 그래서 이 구간은 2,000년 전에는 이동경로로 거의 사용되지 않았으며, 해안가 바닷물이 얼어붙는 겨울에만 일시적으로 통행이 가능할 정도였다고 한다. 후한대에 조조가 오환(烏桓)을 정벌할 때에도 이 길을 통하여 북방으로 진군하려 했으나 갑작스러운 홍수로 가뜩이나 좁은 길이 진창으로 변하자 결국 이 노선을 포기하고 현지 주민이던 전주(田疇)의 도움으로 노룡도를 통하여 북상했다고 한다.[53]

그러다가 요동만과 송령(松嶺)-흑산(黑山) 사이의 해안평원에 좁기는 해도 수레 한 대가 지나갈 수 있을 정도의 폭을 가진 해안도로가 형성되면서 남북간의 통행이 가능해지게 된 것은 수당대 이후 즉 7세기 전후부터였으며, 본격적인 통행은 12세기 금대 이후부터였다.[54] 바꿔서 말하자면, 7세기 이전에는 하북성에서 요령성 방면으로 육로로 이동할 경우 '전통적인 방식', 즉 노룡도 또는 고북구도의 두 경로를 통한 통행만 가능했다는 뜻이다. 즉, 노룡새나 고북구를 지나서 수십 겹으로 포개져 있는 연산산맥을 넘어서 구불구불 조양 방면으로 가는 길밖에 없었던 것이다.[55]

한중일 세 나라 학자들 중 상당수는 진개의 활약으로 연나라의 강역이 산해관을 넘어 요동반도까지 확장되었다고 믿는다. 어떤 학자는 스스로 이 "5군의 정확한 지리적 범위를 알 수 없다"라고 밝히면서도 "요동군의 치소는 오늘날 요양"이라고 단언하기까지 한다.[56] 그러나 그 같은 주장은 학자들의 희망사항일 뿐 전혀 역사적 사실이 아니다.

아무 생각 없이 책상에서 지도 위에 자를 들이대고 직선거리로 1,000리

---

53) 이효총, 같은 책, 제414쪽.
54) 임영(林穎), 이리(李莉), 《계료주랑(薊遼走廊)》, 제108쪽, 세계도서(世界圖書)출판사, 2014.
55) 이효총, 같은 책, 제411쪽.
56) 〈전국-진한대의 요동군과 그 경계〉, 제63쪽.

를 그으면 당연히 요동반도까지 연나라의 영토로 만들 수 있다. 그러나 그렇게 되면 연나라 영토를 확장시킨 것은 진개가 아니라 학자들이라고 하는 것이 맞는 표현이다. 터널, 교량이나 운하 같은 효율적인 교통 인프라가 건축되기 시작한 것은 그 역사가 고작해서 200년을 넘지 못한다. 따라서 그 이전에는 하천이나 바다는 배를 타고 이동하지 않는 이상 100% 모두 산, 골짜기, 하천을 한참이나 지그재그로 우회해서 돌아가야 했다는 사실, 그리고 고대 문헌 속의 리수는 평지거리가 아닌 이상 현재보다 적어도 1.5~2배 가량 더 되는 거리일 가능성이 높다는 점에 각별히 유념할 필요가 있다.

현재 고대사 연구에서 가장 큰 문제는 한중일 세 나라 학계가 이구동성으로 요동군 양평현을 지금의 요령성 요양시로 비정하고 있다는 데 있다. 앞서 《사기》〈흉노열전〉에서는 연나라가 조양으로부터 양평까지 만리장성을 쌓았다고 그 영역을 분명하게 밝히고 있다. 조양에서 양평까지가 연나라가 동호를 공격하면서 새로 개척한 영토인 것이다. 연나라가 조양에서 양평까지 장성을 쌓았다는 것은 곧 연나라가 이때 설치한 5개 군이 모두 이 범위 안에 존재한다는 의미이다. 고고학자들의 소견은 이와 다를지 모른다. 그러나 문헌 기록을 근거로 따져 본다면 이렇게 이해할 수밖에 없다는 것이다.

그 직후에 연나라가 설치하는 상곡, 어양, 우북평, 요서, 요동의 5개 군은 연나라가 만리장성을 쌓은 조양에서 양평까지의 새로운 영토 내에 설치되었다고 이해할 수 있는 셈이다. 왜냐하면 양평은 요동군의 치소인 동시에 만리장성의 동쪽 끝이기도 하기 때문이다. 따라서 양평이 만리장성의 끝이라면 요동군 역시 양평 인근에서 끝난다는 뜻이 된다. 그런데 그 양평을 지금의 요양시로 비정하면 앞뒤가 맞지 않게 된다. 만리장성은 지금의 산해관처럼 바다나 산맥으로 외적의 침입을 막는 장벽이 되어 주어야 비로소 그 존재 가치가 드러나게 된다. 그런데 장성의 동쪽 끝이 요양시라는 것은 상식적으로 납득이 되지 않는 일이다. 장성의 장벽이 거기에서 끝난다는 것은 마치 대문을 활짝 열어 놓은 것과 다를 바가 없기 때문이다. 외적이 그 남쪽

〈중원 동북방의 진산인 의무려산. 의무려산이 하북성에 있는 산이라는 주장도 있다〉

을 통해서 얼마든지 장성 안으로 침입할 수가 있는 것이다.

　복기대, 황상일, 윤순옥 등의 최근의 연구에 따르면, 서기(西紀)가 시작되는 예수 탄생 시점에는 금주(錦州)-부신(阜新)-안산(鞍山)-영구(營口) 라인이 낮은 해발고도 탓에 바다 밑에 가라앉았거나, 거대한 배후습지(背後濕地)의 발달로 사람이 살 수가 없었다고 주장하여 국제 학술계의 주목을 받고 있다.57)

　만일 이 주장을 감안한다면 만리장성의 장벽은 금주나 부신 근처에서 끝나야 정상이다. 금주나 부신의 이동지역은 어차피 사람이 살 수가 없는 늪지대가 광대하게 형성되어 있기 때문이다. 그것만으로도 충분히 자연적인 장벽 역할을 하는 셈이다. 게다가 금주와 부신 사이에는 지금의 의무려산(醫巫閭山)이 길게 자리 잡고 있어서 그것 역시 천혜의 장벽이 되어 주고 있다. 그런데 양평을 지금의 요양시로 비정하면 연나라와 진 시황이 150km나 되는 광범한 늪지대에 장벽을 쌓았다는 말이 된다. 이는 해적을 막겠다

---

57) 윤순옥, 김효선, 지아지엔칭, 복기대, 황상일, 〈중국 요하 하류부 고대 요택의 공간 분포와 Holocene 중기 이후 해안선 변화〉,《한국지형학회지》제24권 1호, 제56쪽, 2017.3.

면서 바다 밑바닥에 성벽을 쌓는 것과 다를 바가 없는 일이다. 따라서 기어이 양평현을 요령성에서 찾아야 한다면 금주나 부신이 요양보다 훨씬 타당하다는 것이다.

요동군의 양평현이 지금 정설로 알려져 있는 요양시 일대가 아니라는 사실은《후한서》를 통하여 문헌적으로 증명된다. 1606년 명나라 만력 연간에 국자감(國子監)을 통하여 간행된《후한서》의〈원소전(袁紹傳)〉에서는 '양평'과 관련하여 다음과 같이 소개하고 있다.

> 양평현
> 요동군의 옛 성에 속한다. 지금의 평주 노룡현 서남쪽에 있다. …
> 襄平縣
> 屬遼東郡故城. 在今平州盧龍縣西南. …

하북성 동북부에 자리 잡고 있는 노룡현은 고대에는 고죽국(孤竹國)의 도읍으로서 은나라에 대한 절개를 지키면서 수양산(首陽山)에서 굶어 죽었다는 백이(伯夷)와 숙제(叔齊)가 살았다고 전해지는 역사도시이다. 이 도시는 동쪽으로는 해안도시인 진황도와 53km, 서쪽으로는 당산과 68km 떨어져 있으며, 무녕(撫寧), 창려(昌黎), 난현(灤縣), 천안(遷安), 청룡(靑龍)의 5개 현과 이웃해 있다. 중국 역사에서 요동이나 양평, 유성(柳城) 등의 지명은 그 위치를 놓고 지금까지도 논쟁이 그치지 않고 있지만, 노룡현만큼은 학계의 인식이 일치하였다. 이는 바꿔서 말하자면,《후한서》〈원소전〉에 소개된 '노룡현'이 지금은 물론 1,600년대에도 동일한 장소였다는 뜻이다. 그렇다면 명대에 간행된 이《후한서》의 주석에 근거할 때 요동군의 치소였던 양평현의 위치는 현재 정설화된 요령성의 요양시가 아니라 하북성의 노룡현 서남쪽이라는 말이 된다.

양평현이 지금의 노룡현 서남쪽을 일컫는 이름이었다는 사실을 밝히고 있는 것은 이 국자감본《후한서》뿐만이 아니다. 현재까지 저자가 20세기 이

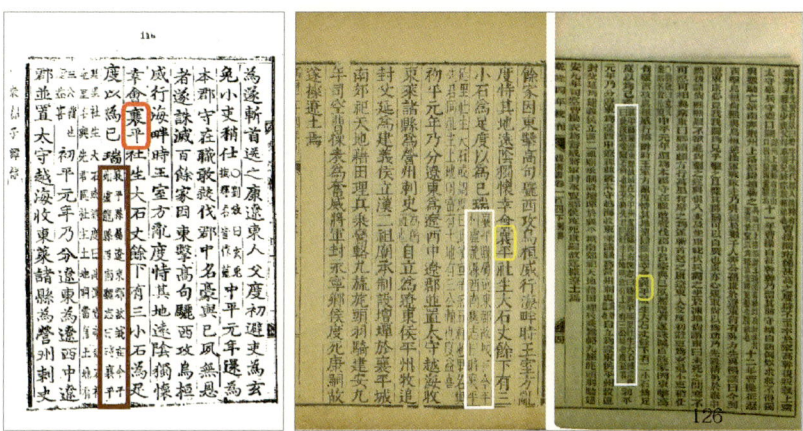

〈수백년 전 한, 중 두 나라에서 간행된 《후한서》〈원소전〉. 조선 선조 22년(1567, 좌), 명 만력 24년(1596, 중), 청 건륭 4년(1739, 우) 각각 조정에서 간행한 세 판본에서 한결같이 후한대의 요동군 '양평현'이 지금의 하북성 '노룡현' 서남쪽이라고 소개하고 있다. 현재 중국에서 출판되거나 인터넷에 소개된 《후한서》〈원소전〉에는 이 주석이 빠져 있다〉

전의 판본들을 직접 확인해 본 결과, 국자감본보다 40년 정도 빠른 조선조 선조(宣祖) 22년(1567)에 간행된 《후한서》의 같은 대목에도 똑같은 주석이 붙어 있었다. 문제의 주석은 청나라 건륭(乾隆) 4년(1739)에 초간되고 광서(光緒) 14년(1888)에 중간된 《후한서》에도 그대로 붙어 있었다. 이는 곧 당나라 태자 이현(李賢)이 주석을 붙인 이래로 청대 말기인 1888년까지도 중국인들은 요동군의 치소 양평현이 지금의 노룡현이라는 지리인식을 가지고 있었다는 뜻이다.

《후한서》를 읽거나 연구하는 그 누구도 이 주석 내용의 정확성, 신빙성에 이의를 제기한 적이 없었던 것이다. 만일 양평현에 대한 이현의 주석이 잘못된 고증의 결과물이었다면 그 이후로 1,000여 년이라는 긴 기간을 전승되는 동안 역대 학자들이 검증을 통하여 비판되거나 수정되거나 아예 삭제되었을 것이다. 따라서 양평현이 요양시가 아닌 노룡현이라는 것은 1,000여 년 동안 충분한 검증을 통하여 역사적 사실로 공증된 셈이다. 그렇게 본다면 전국시대 연나라 때 쌓았다는 만리장성의 동쪽 끝은 바로 이 노룡현 인근에서 끝나는 셈이다. 지금까지 알려져 있던 요양시 인근까지 뻗어 있다는 것은 연나라나 진나라의 만리장성이 아니라 명나라 때 강역의 확장과 함께 새로 쌓은 만리장성이라는 뜻이다. 지금까지 소개한 정보들에 근거할 때, 한대 요동군이 요령 지역을 넘어 한반도 서북부까지 뻗어 있었다는 한중일 세 나라 학계의 기존의 주장은 폐기되어야 옳다.

2) 도하현

중국 고대사에서 '도하(徒河)'의 위치가 어디인가 하는 문제는 대단히 중요한 의미를 가진다. 왜냐하면 그 정확한 위치가 밝혀져야 춘추시대 북방민족의 하나인 도하(屠何)의 행방을 알 수 있게 되고, 마찬가지로 선비족(鮮卑族) 모용씨(慕容氏)의 중원 진출의 궤적이 어느 정도 규명될 수 있기 때문이다.

(1) 문헌적 검토

현재 중국의 빠이두에서는 '도하'와 관련하여 다음과 같이 소개하고 있다.

> 도하
> 전한대의 요서군, 후한대의 요동속국의 속현 이름. 오랜 기간 동안 사학계에서는 도하와 도하가 (요령성) 금주의 전신으로, 춘추시대와 한대에 금주 지역에서 차례로 계승된 성채라는 데에 의견의 일치를 보여 왔다.
>
> 徒河
> 前漢遼西郡, 後漢遼東屬國的一個屬縣名稱. 長期以來, 史學界一致認爲屠何與徒河是爲錦州前身, 系存在于春秋·漢代錦州區域內前後傳承的兩座城池.

그러나 이 같은 설명은 역사적 진실이 아니다. 《한서》〈지리지〉의 '요서군'조를 보면 '도하'와 관련하여 다음과 같이 소개하고 있다.

요서군
진나라 때 설치되었고 … 유주에 속한다. … 속현이 14개로 차려, … 해양, … 신안평, … 유성, … 영지, … 비여, … 빈종, … 교려, … 양락, 고소, … 도하[왕망 때 '하복'이라고 일컬었다], … 문성, … 류

遼西郡
秦置 … 屬幽州 … 縣十四: 且慮, … 海陽, … 新安平, … 柳城, … 令支, 肥如, … 賓從, … 交黎, … 陽樂, 狐蘇, … 徒河莽曰河福, … 文成, … 纍.

이 대목을 자세하게 살펴보면 도하와 함께 유성-영지-비여-양락-류 등, 앞서 살펴보았던 하북계 지명들이 다수 보인다. 이 정도면 대개는 도하가 지금의 하북성에 존재했던 현 나아가 북방민족의 땅이라는 것을 짐작할 수가 있는 셈이다. 그러나 현재 중국 학계에서는 엉뚱하게도 이 도하의 위치를 요령성 중부에 위치한 금주시(錦州市) 인근으로 보는 주장이 정설로 인정받고 있다.

중국역사지도집 총서를 총지휘한 담기양(譚其驤)과 이건재(李健才)를 고문으로 내세우고 손진기(孫進己)와 풍영겸(馮永謙)이 편찬한 《동북역사지리(東北歷史地理)》는 중국 동북 즉 요령성-길림성-흑룡강성 세 지역의 고대 역사 및 지리에 대한 고증을 시도한 책으로 중국 사학계의 역사인식을 엿볼 수 있다.

1993년 요령성 금주시 태집둔 소황지촌의 토성에서 비파형 동검, '임둔태수장(臨屯太守章)' 봉니, 한대 와당 등 일련의 고대 유물들이 발견되었다. 당시 발굴 작업에 참여한 중국 학자 주영강과 왕립신은 "이미 학자들이 문헌에 기록된 지리적 위치에 입각하여 '태집둔의 한대 성은 요서군 도하현의 것'임을 고증해 내었다"고 전제하면서 현지에서 확인된 산성과 관련하여

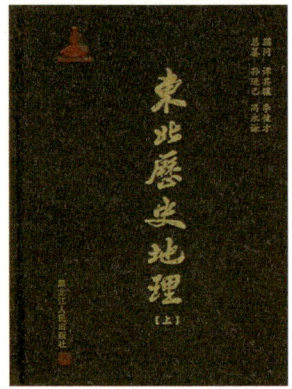

〈담기양이 직접 지휘한《중국역사지도집》과 학술고문으로 참여한《동북역사지리》.《중국역사지도집》도 고증에 문제가 많지만《동북역사지리》는 하북 지역의 지명과 연혁을 억지로 요령 등지로 끌어내는 등 왜곡이 심하다. 중국은 이렇게 공격적으로 '동북공정'을 자행하고 있는데 국내 학계는 거꾸로 그들이 조작한 역사로 자국민을 기만하기에만 바쁘다〉

"당연히 도하현의 전신이자 선진시대 도하의 옛 땅"이라는 결론을 내렸다.[58] 당시 그들이 그 같은 결론을 내리는 데에 결정적인 영향을 준 것은 바로《동북역사지리(東北歷史地理)》에서 "태집둔의 한대 고성은 요서군 도하현의 것"이라는 손진기와 왕면후(王綿厚)의 지리고증[59]이었다.

두 사람은 "도하를 왕망 때에 '하복'이라고 했다(徒河, 莽曰河福)" 및 "호소현(狐蘇縣)"조의 "당취수는 도하에 이르러 바다로 진입한다(唐就水至徒河入海)"라고 한《한서》〈지리지〉기사에 착안하고, 진례(陳澧) 등 청대 이래의 학자들이 요서의 소릉하(小凌河)를 '당취수'로 보고 도하현이 소릉하 하류인 금주(錦州) 일대에 위치해 있다고 비정한 점에 주목하였다.[60] 두 사람

---

58) 자세한 내용은 문성재,《한사군은 중국에 있었다》, 제365~369쪽을 참조하기 바란다.
59) 손진기, 왕면후,《동북역사지리》(제1권), 제308쪽, 흑룡강인민출판사, 1989. 손진기와 왕면후의 관련 고증 내용에 관해서는 전작인《한사군은 중국에 있었다》에서 이미 소개한 바 있으므로 여기서는 관련 고증의 문제점을 중심으로 이야기하기로 하겠다.
60) "당취수(唐就水)" 또는 "팽로수(彭盧水)"를 요령 지역의 하천인 소릉하(小凌河)로 보는

〈청 강희 3년(1662)에 편찬된 《대청일통지》. 오른쪽의 《가경중수일통지》는 《대청일통지》의 체제를 따랐으나 내용에 변동이 많고 19세기에 간행된 것이어서 그 이전 지리정보의 신뢰도는 그다지 높다고 할 수 없다〉

은 이와 함께 청대에 편찬된 《가경일통지(嘉慶一統志)》도 인용하고 있다. 이 지리서에서는 도하현과 관련하여 다음과 같이 소개하였다.

　　도하현의 옛 성이 금현 서북쪽에 있다.
　　徒河故城在錦縣西北.

"금현(錦縣)"은 지금의 요령성 금주의 옛 이름이다. 두 사람은 이 기사와 앞서의 진례 등의 고증 결과를 근거로 도하현을 흐르는 하천을 지금의 여아하(女兒河)로 단정하고 "근래에 금서현에서 발견된 태집둔 한대 고성은 이러한 조건에 완벽하게 부합된다"면서 태집둔 일대를 한대 요서군의 도하현이 확실하다고 주장하였다. 《가경일통지》라면 청대 말기인 가경 25년(1820)에 강희(康熙) 3년(1662)에 편찬된 《대청일통지》를 증보하여 다시 펴냈다 하여 《가경중수일통지》로도 불리는 대형 지리서이다.

주장은 지금도 중국에서 설득력 있는 통설처럼 받들어지고 있는 듯하다. 그러나 그것은 명백히 잘못된 고증의 결과이다. "당취수(원래 '당룡수')" 또는 "팽로수"는 하북 지역의 하천인 청룡하(靑龍河)로 보아야 옳다.

또, 진례(陳禮: 1810~1882)는 청대 말기의 유명한 학자이지만《가경일통지》가 편찬될 무렵에 태어났다. 그렇다면 청대 이래의 중국 학자들이 고대사 속의 '도하현'을 모두 지금의 금주로 비정한 것은《가경일통지》의 영향을 받은 결과라고 해도 과언이 아닌 셈이다. 그러나《가경일통지》나 청대 학자들의 주장은 전한대로부터 시기적으로 1,900년이나 지나서 비로소 제기된 것이다.

엄밀하게 말하자면, 고증 자료로서의 가치나 공신력이 거의 없는 것이다. 아마 1차 사료의 중요성을 종교처럼 신앙하는 국내 사학자들이라면 이 같은 청대의 주장은 일언지하에 '사기극'이라며 흥분을 했을지도 모르겠다. 더욱이 '도하현'이 지금의 금주 일대라는 주장은《가경일통지》이전에는 그 누구도 또 그 어떠한 역사서나 문헌들에서도 단 한마디조차 언급한 적이 없었다. 결국 두 학자의 유일한 논거는 위에 제시된《한서》〈지리지〉의 두 곳의 기사뿐인 것이다. 그런 상황에서 그들이 이 같은 단정을 내린 것은 학자로서 그다지 현명한 판단은 아니었다.

그러나 손진기, 왕면후의 지리고증의 가장 치명적인 결함은 두 사람이 청대 이전의 사서, 문헌은 전혀 인용하지 않았다는 데에 있다. 두 사람은《한서》〈지리지〉의 두 곳의 기사에 등장하는 "요서군 도하현"이 지금의 요령성 금주시 태집둔임을 입증하기 위하여《가경일통지》의 기사만 근거로 제시했지만, 정작 그 이전의 지리서나 연혁지의 존재에 관해서는 전혀 언급을 하지 않은 것이다. 그러나 중국에는《가경일통지》보다 적어도 수백 년 전에 간행된 문헌, 자료들이 다수 존재한다. 그리고 그 문헌, 자료들은 두 사람과는 전혀 상반된 고증을 하고 있다. 먼저,《태평환우기(太平寰宇記)》의 경우를 예로 들어 보자.

이 지리서는 당-오대의 혼란기에 군벌들이 각지에서 할거하면서 발생한 지명, 연혁상의 오류들을 바로잡을 목적으로 북송의 학자 악사(樂史: 930~1007)가 태평흥국(太平興國) 4년(979)부터 몇 년에 걸쳐 저술한 것이다. 총 200권에 각지의 연혁, 영역, 호구, 풍속, 인물, 고적, 토산품, 군사시설 등에 관한 방대한 지리정보를 담고 있어서 중국지리학 발전사에 있어 대단히 중요한 책으로 평가받고 있다. 그런데 바로 이 책에서는 '도하'와 관련하여 손진기, 왕면후가 요긴하게 이용한《가경일통지》의 기록과는 전혀 상반된 정보를 전하고 있다.

팽로수
'노하수'라고도 부르는데 바로 '당룡수'이다. 후위의《여지도풍토기》에서는 "강물이 도하에 이르러 바다로 진입하는데 땅과 같이 평평하다고 해서 '평로'라고 부른다. 지금은 말이 와전되어 '팽로수'가 되었다"라고 소개한 바 있다.
彭盧水
一名盧河水, 卽唐龍水也. 後魏輿地圖風土記云, "水至徒河入海, 與地平, 故曰平盧. 今語訛爲彭盧水."

도하성
한대의 현으로 황폐한 성이 있는데 지금의 (유성)군 동쪽에 소재해 있다. 북쪽으로는 '청산'이라는 산이 있는데, 동북쪽으로 90리 지점에 있다.
徒河城
漢縣, 有廢城, 在今郡東. 北有山曰靑山, 在東北90里.

극성
바로 전욱의 터이다. 군의 동남쪽 170리 지점에 있다.
棘城
卽顓頊之墟也, 在郡東南一百七十里.[61]

---

61) 이상은 악사,《태평환우기》〈하북도20(河北道二十)〉 '영주-유성현(營州柳城縣)'조.

이 책에서 이들 지역을 소개 내용에 포함시킨 것은 당연히 당시 송나라 사람들이 이 지역이 자신들의 영토라는 영토의식과 역사인식을 가지고 있었기 때문이다. 당시 송나라 강역에는 속하지 않았지만 "연운16주"의 연혁을 내용에 포함시킨 것도 그 지역이 모두 역사, 문화적으로 중원의 땅이라는 인식 때문이었다. 만일 '도하'나 '유성' 등지가 정말 요령 지역의 땅이었다면 아마 그 지역의 연혁은 아예 소개되지 않았을 것이다. 당송대까지만 해도 산해관 너머는 미개하고 야만적인 오랑캐의 땅으로 치부되었기 때문이다.

실제로 산해관 너머는 당시 사람들의 뇌리에는 역사, 문화적으로 중원의 한족과는 무관한 공간으로 분명하게 각인되어 있었다.

그로부터 600여 년 후인 명대 말기의 학자 조학전(曹學佺: 1574~1646)은 《대명일통명승지(大明一統名勝志)》 '천안현(遷安縣)'조에서 '도하성'과 관련하여 다음과 같은 기사를 소개하고 있다.

○도하산
(천안)현의 서쪽 경내에 있으며, '도하성'이라는 성이 있다. (도하현은) 한대에 설치한 현인데 지금은 철폐되었다. 팽로수가 여기서 발원하며, '노하수'라고도 하는데 바로 '당룡수'이다. 《후위여지기》에서는 "물이 도하에 이르러 바다로 진입한다. 땅처럼 편평하게 흘러서 '평로'라고 하는데 민간에서는 '팽로수'로 와전되었다"라고 소개한 바 있다.

徒河山
在縣西境. 有城曰徒河城. 漢縣, 今廢. 彭盧水出焉, 一名盧河水, 卽唐龍水也. 後魏輿地記云, 水至徒河入海, 與地平, 故曰平盧, 俗訛爲彭盧水.[62]

---

62) 조학전, 《대명일통명승지》〈직예명승지(直隸名勝志)〉 '천안현'조.

〈도하현과 팽로수가 하북 지역의 지명이라고 밝힌 《대명일통명승지》. 팽로수는 '노수'로 고대의 소요수, 지금의 청룡하이기도 하다. 현재 한중일 학계는 '도하현'을 태집둔진, '팽로수'를 소릉하라고 주장하고 있다〉

　　조학전이 저술한 《대명일통명승지》 '천안현'조에서 이미 한대의 도하현은 지금의 하북성 천안현 일대라고 분명히 밝히고 있다. 더욱이 그보다 600여 년 전에 편찬된 송대의 지리서 《태평환우기》 '평주(平州)'조에도 이와 비슷한 내용이 언급되어 있다. 그렇다면 연대나 내용을 근거로 할 때 《대명일통명승지》의 기사는 《태평환우기》를 토대로 작성된 것으로 이해할 수 있는 셈이다. '도하산(徒河山)'의 경우도 마찬가지이다. 조학전이 소개하는 '도하산'에 관한 정보는 기본적으로 앞서의 《태평환우기》에서 '팽로수'와 '도하성'에 관한 소개 내용을 토대로 수정, 보완한 것이다. 여기서는 도하의 '청산(靑山)'이 '도하산'으로 이름이 바뀌어 있을 뿐이다.[63]

---

63) 그로부터 400년 후 근대적인 역사연구법을 배웠다는 손진기 등의 《동북역사지리》식의

그러나 이 두 지리서의 기사를 통하여 요서군의 도하현과 팽로수가 지금까지 알려져 있던 것과는 달리 실제로는 모두 하북 지역의 장소임을 확인할 수 있는 셈이다. 악사와 조학전 두 사람 모두 이 장소들이 하북 지역의 것이라는 공통된, 그리고 확고한 지리인식에 입각하여 이 대목을 작성했기 때문이다.

여기서 우리가 또 하나 주의 깊게 살펴보아야 할 것이 '평로(平盧)'에 관한 정보이다. 중국 역사에서 '평로'는 당나라 개원(開元) 7년(719)에 설치된 군사 거점으로 영주(營州)를 치소로 삼은 바 있다. 현재 중국 학계에서는 영주의 위치를 지금의 요령성 조양시(朝陽市)로 비정하고 있다. '평로' 역시 그 일대로 인식하고 있다는 뜻이 되는 셈이다. 그런데《태평환우기》와《대명일통명승지》에서는 이 '평로'가 요령성 조양시가 아니라 하북성의 천안현 서쪽에 있었다고 분명하게 밝히고 있는 것이다. 게다가 두 책은 손진기, 왕면후는 아예 언급조차 하지 않았던《후위여지기(後魏輿地記)》를 인용하여 '평로'의 어원까지 소상하게 소개하면서 이 평로수가 도하, 즉 천안현에 이르러 바다로 진입한다고 소개하고 있다.

《후위여지기》는 북위의 학자 이의휘(李義徽)가 저술한《후위여지도풍토기(後魏輿地圖風土記)》를 말한다. 악사와 조학전은 이를 통하여 평로수가 팽로수로 와전되었으며 때로는 노하수, 당룡수로도 불리기도 했다고 증언해 준 것이다.[64]

앞서 손진기와 왕면후는《동북역사지리》에서 도하의 위치를 고증하면서 그 근거로 '당취수'를 언급한 바 있다. 그런데 이 두 책의 소개에 근거할 때,

---

부실하고 엉성한 지리고증이 다 무색해질 정도이다. 자신들에게 불리한 조학전 등 송대, 명대의 자료는 모두 은폐하고 부실한 청대 이후의 문헌 자료들만 짜깁기해서 자신들에게 유리한 결론을 끌어내리려 애쓴 손진기 등에 대한 치명적인 반박이 아닐 수 없다.

64) 도하 - http://baike.baidu.com/item/%E5%BE%92%E6%B2%B3/10744560?-fr=aladdin

두 사람이 증거로 든 '당취수'가 바로 '당룡수'임을 알 수 있다. 한자에서 '용 룡(龍)'자는 초서로 쓰면 글자 형태가 '나아갈 취(就)'와 흡사하다. 17세기 사람인 조학전이 '당룡수'를 알고 있었던 것을 보면 5세기 북위시대부터 명 대 말기까지는 '당룡수'라는 원래의 이름 그대로 온전하게 전승되었음을 알 수 있다. 그랬던 것이 청대에 들어와서 어느 시점에 이르러 누군가에 의하 여 '당취수'로 와전되면서 그 하천의 정체성('옛날의 어느 강인가?')은 말할 것도 없고 그 역사성('어느 지역의 강인가?')까지 완전히 단절되고 말살된 것이다.

여기서 도무지 이해가 되지 않는 것이 있다. 중국 학자들의 부실한 지리 고증이다. '용 룡'자를 초서로 쓰면 그 형태가 '나아갈 취'와 거의 흡사하다 는 정도의 한자 지식은 서예가들에게는 기본 상식이다. 특히 중국인들은 매 일 쓰는 것이 한자이므로 굳이 문사철(文史哲)에 박식하지 않더라도 이 두 글자의 차이 정도는 금방 분간할 수가 있다.

손진기와 왕면후는 어째서 '용'과 '취'를 분간하지 못했는지, 북송대와 명대의 두 책에 분명하게 언급되어 있는 '당룡수'를 '당취수'로 오독하고, 나아가 '도하'의 위치와 관련하여 잘못된 정보를 소개했는지에 대하여 그 경위는 확실히 알 길이 없다. 다만 이를 통하여 확실히 알 수 있는 것은 두 사람의 '도하'에 관한 지리고증이 상당히 문제가 많다는 사실이다. 도 하현을 지금의 태집둔진 인근으로 비정한 19세기 이후의 문헌이나 학자들

〈'용 룡'과 '나아갈 취'는 초서로는 형태가 비슷하다〉

의 주장은 굳이 신뢰할 이유는 없다고 본다. 그 주장들은 시기적으로《태평환우기》나《대명일통명승지》보다 한참 후대의 것일 뿐만 아니라 고증 역시 정확하지 못하기 때문이다. 고증의 기본도 제대로 지키지 않은 부실한 고증의 결과는 신뢰할 이유가 없다.

그런 의미에서 북송대《태평환우기》와 명대《대명일통명승지》가 시도한 지리고증이 정확한 것인가의 여부는 둘째치고, 손진기와 왕면후가 두 책의 존재, 그리고 거기에 소개된 '도하' 관련 정보들의 존재에 대하여 일언반구도 언급하지 않고 은폐한 것은 학자로서의 양심을 저버린 부도덕한 행위라고 하지 않을 수 없으며, 이를 통하여 한중 고대사와 관련된 그들의 지리고증이 얼마나 부실하고 문제가 많은 것일지 충분히 짐작할 수 있는 셈이다.

(2) 지형적 분석

현재 한중 양국 학계에서는 한대의 도하현을 지금의 요령성 호로도시(葫蘆島市) 태집둔진(邰集屯鎭)의 소황지촌(小荒地村) 일대로 비정하고 있다. 소황지촌은 1990년대에 "임둔태수장(臨屯太守章)" 봉니가 수습된 장소이기도 하다. 문제는 그 위치가 바다에서도 한참 안쪽으로 들어와 있는 곳이고, 해발고도도 바다 쪽으로 가면 10m 정도의 저지대가 나오기도 하지만, 태집둔진 일대는 대체로 60~70m 정도의 고도를 유지하는 지역이라는 데 있다. 북위의《여지도풍토기》에서는 당룡수가 도하에 이르러 바다로 진입한다고 소개하고 있다.

그렇다면 이 지리서가 편찬되던 북위(北魏: 386~534) 시기에는 도하 바로 앞까지 바닷물이 들어와 있었다는 이야기가 된다. 만일《여지도풍토기》의 고증이 잘못된 것이 아니라면 한대의 도하현이 지금의 태집둔진이라는 중국 학계의 고증은 잘못된 것이 된다. 왜냐하면 지금의 태집둔진은 발해 바다로부터 직선거리만 해도 27km 이상 떨어져 있는 내륙도시이기 때문이다. 인터넷의 〈플러드 맵스(Flood maps)〉가 제공하는 데이터는 태집둔진이

〈해수면이 60m 상승했을 때 태집둔진과 주변 상황. 지도의 흰 원이 태집둔진〉

도하현이 아닐 가능성이 높다는 또 다른 근거이다. 이 사이트가 제공하는 해수면 상승 시뮬레이션을 동원하여 분석해 본 결과, 태집둔진까지 바닷물이 들어오려면 해수면이 지금보다 60m 이상 상승되어야 하는 것으로 확인되었다.

문제는 그 다음부터이다. 해수면을 60m 상승시킴으로써 태집둔진까지 바닷물이 들어오는 것은 확인할 수 있다. 그러나 눈길을 하북성으로 돌리면 해수면 위로 남는 땅이 거의 없다.

위의 위성지도를 보면 해수면이 60m 상승하면 하북성 동북부는 거의 모든 지역이 바닷물에 잠긴다. 담기양이 지리고증을 통하여 제작한 중국역사지도(오른쪽)에서 육지로 표시되어 있는 지역들 중 대체로 빨간 줄 위만 해수면 위에 존재하게 되는 것이다. 그렇다면 담기양의 역사지도는 명백히 잘못된 것인 셈이다. 중국 학계에서는 둘 중 한 가지를 택해야 할 것이다. 지금의 요령성 태집둔진을 한대의 도하현으로 해석하는 대신 하북성 동북부 대부분 지역에 대한 담기양의 지리고증을 부정할 것인가, 아니면 담기양

제2장 요동과 요수 **261**

〈해수면이 60m 상승했을 때 하북성 동북부는 거의 바닷물에 잠기고 빨간 줄 위만 육지로 남을 뿐이다. 빨간 네모는 각각 천안, 당산, 악정, 진황도의 상황이다〉

의 지리고증을 인정하는 대신 태집둔진을 도하현으로 해석한 자신들의 지리고증을 부정할 것인지 말이다.

11. 험독현은 요동반도에 있다?

1) 지금의 손성자촌이 고대의 험독현(왕험성)인가?

중국 요령성의 고고조사단은 1957년 경내의 대안현 손성자촌에서 다수의 도기, 벽돌, 기와 파편들과 일부 병기, 화폐들을 발견하였다. 발굴조사가 종결된 후 이들은 이 지역을 전한대 요동군 험독현의 유적지로 선포하였다. '문화대혁명'의 소용돌이가 중국을 휩쓸고 지나간 후인 1982년. 이번에는 요령성 안산시(鞍山市)의 연합문물조사단이 이번에도 손성자촌으로 달려가 현장조사를 진행하고 그 결과 1957년과 비슷한 유물들과 함께 유적지 서북쪽 300m 지점에서 다수의 벽돌로 축조된 '한대(?)' 묘를 발견하였다. 그들은 이 유물과 묘의 성격에 대하여 역시 1957년과 같은 결론을 내렸다. 즉, 그것들이 고조선의 것들이며 따라서 손성자촌은 요동군 험독현의 자리라는 것이다.

그러나 손성자촌에서 더 이상의 고고학적인 진전은 없었던 듯하다. 왜냐하면 도기, 벽돌, 와당, 병기, 화폐 등, '공간 이동'이 가능한 유물들만 다수 출토되었을 뿐 유적은 더 이상 발견되지 않았기 때문이다. 현장이 험독현임을 입증할 수 있는 '험독'이라는 지명이 찍힌 유물도 단 하나도 나온 적이 없다. 중국 학자들을 당혹스럽게 만드는 이 같은 상황은 2014년까지도 계속된 것으로 보인다.

지금 대안현 내 신개하진 이요촌의 손성자둔(손성자촌)에 위치한 험독현성 유적지에는 겨우 6만 m³ 가까운 면적에 동서 길이 230m, 남북 너비 250m의 흙 둔덕뿐이다. 그러나 그 위에서 출토된 대량의 한대 도기, 병기, 화폐, 벽돌, 기와 등은 의심의 여지없이 요서와 요동의 요충지에 자리 잡았던 이

---

65) 당시 조사단이 해당 묘의 연대를 '한대'로 단정한 것은 묘의 축조양식을 근거로 삼았다기보다는 인근에서 '출토(?)'된 한대의 것으로 추정되는 도기, 기와, 벽돌 등의 파편과 한대의 화폐, 병기 등의 유물을 근거로 한 것이었을 것이다. 고고학자들은 일반적으로 특정한 고분을 발굴조사할 때 그 '내부에서 수습된' 유물들을 피장자의 무덤에 부장된 것으로 간주하여 그 유물들을 통하여 편년을 결정한다. 이 과정에서 고분에서 연대를 추정할 수 있는 문자나 명문이 새겨져 있다면 연대 추정이 한결 수월하지만 그렇지 않은 경우에는 작업의 진행이 순탄하지 않으며 때로는 학자들 사이에서 분분하게 이견들이 제기될 수도 있다. 그런데 이 손성자촌의 유물들의 성격은 상당히 애매하다. 그것들은 묘 안에서 출토되었다기보다는 그 인근의 땅바닥에서 '채집'된 것들이기 때문이다. 그것들이 묘 안에 부장, 또는 공반(共伴)된 것들이라고 보아야 할 필연적인 근거가 없는 것이다. 현재까지 확인해 본 결과, 현장에서 '험독' 두 글자가 찍힌 유물이 확인되었다는 소식은 전혀 없었다. 따라서 엄밀한 의미에서 말하자면, 손성자촌 일대에서 '채집'된 유물들이 한나라의 것, 또는 한나라의 특성을 담고 있다고 하더라도 그것을 근거로 이 묘를 동일한 국적(한나라 요동군), 동일한 연대(기원 전후 1세기)로 결부시킬 만한 논리적 근거나 맥락은 어디에도 존재하지 않는다.
중국 학계는 중국과 전혀 친연성이 없는 유물이 출토되더라도 그것을 '메이드 인 차이나'로 둔갑시킬 수 있는 노하우를 몇 가지 가지고 있다. 그중 대표적인 것이 그 유물의 편년 과정에서 추정 연대를 공인된 서기로 소개하지 않고 "한대의 것", "당나라 정관 연간의 것" 식으로 소개함으로써 그 대목을 읽는 사람이 저도 모르는 사이에 그것들을 '한나라' 또는 '당나라'의 것들로 기정사실화 하게 만드는 방법이다.

고성이 겪은 전란들의 산 증인이 되어 주고 있다.

如今, 位於臺安縣申開河李窯村孫城子屯的險瀆縣城遺址, 僅爲一座占地近6萬平方米, 東西長230米, 南北寬250米的土丘. 不過, 其上出土的大量漢代陶器, 兵器, 錢幣和磚瓦等, 毫無疑問地見證了這個處在遼西與遼東鎖喉之間的古城所經歷的兵家之爭.[66]

최초의 발굴조사가 이루어진 1957년부터 이 책이 출판된 2014년까지 거의 60년 동안 흙 둔덕 위에서 공간이동이 가능한 유물들만 다수 출토되었을 뿐 새로운 유적은 전혀 발견되지 않은 것이다. 실상이 이러함에도 불구하고 중국 학계의 이 같은 억지 주장은 마치 역사적 사실인양 기정사실화되어 중국인들에게 영향을 미치기 시작하였다. 단적인 예를 한번 찾아보자. 중국의 대표적인 포털 사이트인 빠이뚜의 백과사전에서는 현재 '험독(險瀆)'을 다음과 같이 소개하고 있다.

험독현

한대 군현의 이름. 유적지는 대안현 현성 동남쪽 11km 지점의 신개하진 경내에 있다. 신개하진 이요촌에 있는 손성자·강가촌 등 3개 마을이 만나는 지점이다.

이 유적지는 '서고동저' 지형에 위치해 있는데, 동서 길이가 230m, 남북 너비가 250m이며 면적은 대략 5.7m³ 정도이다. 현재는 밭으로 사용되고 있는데 지표면에서는 줄무늬 기와나 벽돌 파편들을 확인할 수 있다. 역사가 벌써 2,000여 년이 흘렀지만 왕년의 호성하(해자)는 여전히 깊이가 3~4m나 된다. 현지인들은 이를 '노요구'라고 부르는데 깊고 험하다는 뜻이다.

사료 기록에 따르면, 전한대에는 이곳에 험독현이 설치된 바 있다.《한서》

---

66) 임영, 이리,《계료주랑》, 제132쪽.

〈지리지〉에서는 '험독현'조에 주석을 붙여 "(험독)현은 물이 험한 입지조건에 기대어 있어서 '험독'이라고 부르게 되었다"라고 설명하고 있다. 손성자 유적지는 요하와 유하 두 하천 사이에 자리 잡고 있으니 그야말로 "현이 물이 험한 입지조건에 기대어" 있는 셈이다. 이곳은 현급 문물보호지역이며, 이 밖에 평양보 유적지 · 명대 성벽 등이 있다.

險瀆縣

漢代郡縣名, 遺址位於臺安縣城東南11公里新開河鎭境內. 在新開河鎭李窑村的孫城子, 康家村等三個自然屯連接處.

該遺址西高東低, 東西長230米, 南北寬250米, 面積約5.7萬平方米. 現爲農田, 地表到處可見繩紋的磚瓦殘片. 雖然歷史已經過去兩千多年了, 但當年的護城河依然有三四米深, 當地人稱之爲"老鵠溝", 爲深險之意.

據史料記載, 西漢時期這裏設過險瀆縣. 在《漢書.地理志》中記述"險瀆"條下注解說: "縣依水險, 故曰'險瀆'". 孫城子遺址地處遼柳二河之間, 正所謂"縣依水險". 此地爲縣級文物保護單位. 另還有平陽堡遺址, 明代邊牆等.

말하자면, 중국 학계에서는 요령성 대안현 동남쪽에 자리 잡고 있는 손성자촌 등을 험독현, 그 이전에는 고조선의 도읍 왕험성이었던 자리라고 주장하고 있는 셈이다. 그러면서 《한서》〈지리지〉에서 험독현이 "물이 험한 입지조건에 기대어 있다"라고 한 대목을 확대해석하여 요하와 유하 사이에 자리 잡고 있는 손성자의 입지환경에 대입시키고 그 곳이 험독현이 있었던 곳이라고 확신하고 있다. 중국 학계의 이같이 그릇된 역사인식과 논리는 아무 여과 없이 국내 학계에까지 영향을 끼치고 있다. 그러나 사실상 중국 학계의 이 같은 문헌, 지리 고증은 정상적인 역사고증이라고 하기 어렵다.

① 먼저 요동군에 대한 기존의 지리고증에 문제가 많다
②《한서》〈지리지〉 "물이 험하다"라는 표현이 두 하천 사이에 있는 도시의

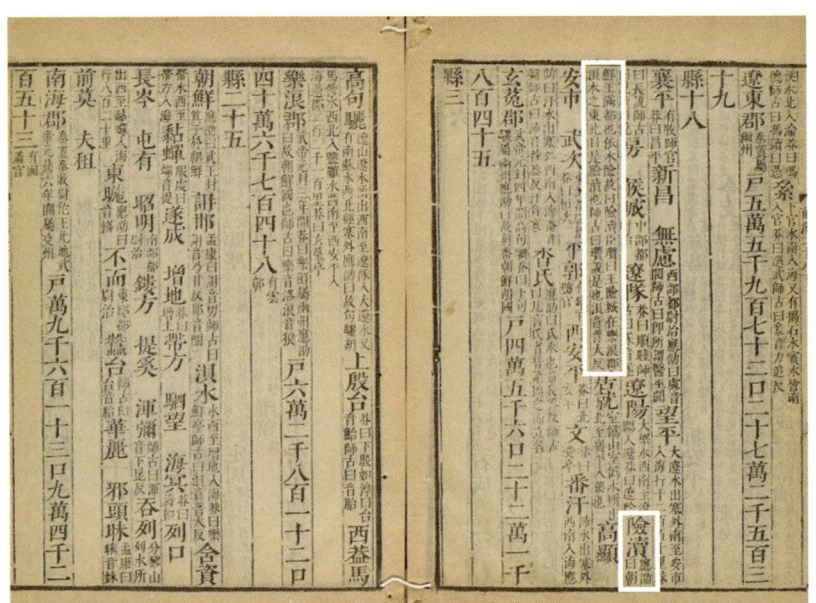

〈《한서》〈지리지〉 '험독현'조 기사. 험독현이 "물이 험한 곳에 자리잡고 있다"라고 소개하고 있다. 그 위치가 평지가 아니라 고지대임을 짐작할 수 있다〉

입지환경과 어떻게 결부되는지에 대한 논리적인 해명이 없다

③ 설사 그 같은 가정이 타당하다 하더라도 손성자촌이 분명한 험독현 자리라는 것을 입증할 수 있는 직접적인 근거가 없다

중국 학계의 험독현에 대한 지리고증은 이런 기본적인 물음에 대해서조차 객관적이거나 논리적인 해답을 내놓지 못하고 있다. 그런 상황에서 그들의 고증 결과를 액면 그대로 추종한다는 것은 자기 역사에 대한 해석권을 남에게 넘겨 주는 것과 다를 바가 없는 행위이다. 국내 학계에서 외국 학자들의 주장, 고증에 대하여 자주적인 여과나 감시를 전혀 하지 않은 탓인지 알 수는 없으나, 중국의 출판물들은 심지어 역사적 사실에 대한 왜곡까지 보란 듯이 자행하고 있는 것이 현실이다.

험독은 곧 전한대에 설치한 험독현으로 유주의 요동군에 속하였다.《한서》〈지리지〉의 기록에서는 "(험독)현은 물이 험한 입지조건에 기대어 있다. 요·유 두 하천 사이에 있기 때문에 '험독'이라고 부른다"라고 하였다. 이는 험독현의 현성이 요하와 유하 사이에 자리 잡고 있어서 강물이 둥그렇게 감싸고 흐르는 까닭에 수시로 수해의 위협에 직면해야 했던 일을 가리킨다.

險瀆, 卽爲西漢時期所置的險瀆縣, 屬幽州的遼東郡. 據漢書地理志載: "縣依水險, 於遼柳之間, 故曰險瀆." 是指險瀆縣城位於遼河與柳河之間. 河環水繞, 時時面臨水患威脅之意.[67]

《한서》〈지리지〉에서는 "현이 물이 험한 입지조건에 기대어 있다"라고만 소개했을 뿐이다. 그런데 이 책에서는 마치 "요하와 유하 두 하천 사이에 입지해 있기 때문에 '험독'이라고 부른다"라는 말까지《한서》〈지리지〉에 나와 있는 것처럼 왜곡한 것이다. 물론, 이 같은 내용은 '손성자촌 = 험독현'이라는 자신들의 논리를 기정사실화하려 한 것으로 해석된다. 이 같은 주장은 문헌적 기록이나 고고적 증거들, 심지어 과학적 근거조차 결여된, 대단히 자의적이고 주관적인 억측일 뿐이다. 이것이 왜 사실무근의 문제투성이 고증인지 이제부터 확인해 보도록 하자.

2) 왕험성, 평양성에 대한 국내 사서들의 지리고증

고려(高麗)의 역사가 김부식(金富軾: 1075~1151)이 왕의 명령에 따라 편찬한《삼국사기(三國史記)》권17 '동천왕(東川王) 21년'조에서는 고조선의 도읍과 관련하여 다음과 같이 소개하였다.

---

67) 임영, 이리, 같은 책, 제132쪽.

평양성은 본래 선인인 왕검의 처소이다. 어떤 이는 '그 임금이 되어 왕험에 도읍을 정했다'고 말하기도 하였다.
平壤城, 本仙人王儉之宅也. 或云, 王之都王險.

그로부터 1세기 후에 고려의 학자인 일연(一然: 1206~1289)은 자신이 저술한《삼국유사(三國遺事)》'고조선(古朝鮮)'조에서 고조선 도읍의 연혁을 보다 구체적으로 소개하고 있다.

《위서》에서 이르기를, "지금부터 2000년 전에 단군왕검이 있어 아사달【《경》에는 '무엽산'이라고 하고, '백악'이라고도 하니 백주 땅에 있다. 어떤 사람은 개성의 동쪽에 있다고 하는데 지금의 '백악궁'이 이것이다】에 도읍을 정하고 나라를 열어 '조선'이라고 부르니 중국의 요 임금과 같은 때이다"라고 하였다.《고기》에 이르기를, "… (단군왕검은) 중국의 요임금이 즉위한 지 50년 만인 경인년에 평양성에 도읍을 정하면서 비로소 '조선'이라고 불렀다. 또한 도읍을 백악산의 아사달로 옮겼는데, 이곳에서 1500년 동안 나라를 다스렸다. 주나라 호왕이 즉위한 기묘년에 기자를 조선에 봉하니, 단군은 곧 장당경으로 옮겼다. 나중에 돌아와 아사달에 은둔하다가 산신 되었는데 나이가 1,908세였다"라고 하였다.《당서》〈배구전〉에 이르기를, "고려는 본래 고죽【지금의 해주】으로, 주나라가 기자를 조선에 봉하였다. 나라 때 이를 쪼개어 세 군을 두고 현토, 낙랑, 대방으로 불렀다"라고 하였다.

魏書云, 乃往二千載有檀君王儉, 立都阿斯達【經云無葉山 亦云白岳 在云州地 或云在開城東 今白岳宮是】, 開國號朝鮮, 與高同時. 古記云, … 以唐高卽位五十年庚寅, 都平壤城, 始稱朝鮮. 又移都於白岳山阿斯達, … 御國一千九百年, 周虎王卽位, 己卯封箕子於朝鮮, 檀君乃移於藏唐京, 後還隱於阿斯達爲山神, 壽一千九百八歲. 唐裵矩傳云, 高麗本孤竹國【今海州】, 周以封箕子爲朝鮮, 漢分置三郡, 謂玄樂浪帶方.

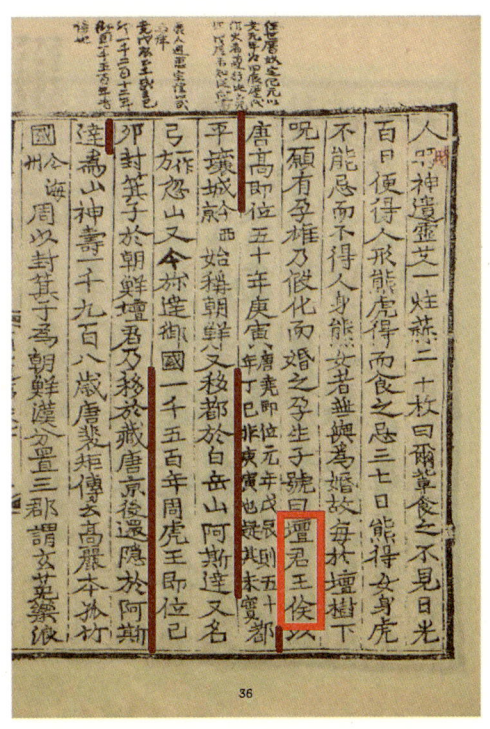

〈《삼국유사》〈기이편〉의 단군조선 관련 기사. 단군왕검이 평양성에 도읍을 정했다고 소개하고 있다〉

　　김부식과 일연의 주장을 종합해 볼 때, 시조인 단군왕검(檀君王儉)이 '조선(朝鮮)'을 세우고 도읍으로 삼은 아사달(阿斯達)은 평양성(平壤城)의 '다른 이름'인 셈이다. 물론, 나중에는 주 무왕(周武王: BC1085~BC1041)이 '조선후(朝鮮侯)'로 책봉한 기자(箕子)가 조선 땅을 점유하자 도읍을 장당경(藏唐京)으로 옮기게 된다. 그러나 단군왕검이 건국과 함께 도읍으로 삼았던 아사달과 평양성은 동일한, 또는 서로 멀지 않은 거리에 있는 장소라는 사실에는 변함이 없다. 《삼국사기》나 《삼국유사》의 기록을 종합해 볼 때 그렇게 볼 수밖에 없다는 뜻이다. 실제로 김부식은 그로부터 얼마 후 제삼자의 주장을 빌려 단군조선의 최초의 도읍인 평양성이 왕험임을 확인시켜

제2장 요동과 요수　**269**

주고 있다. 단군조선의 도읍인 평양성은 왕험과 동일한 장소이며, '기자' 당시까지 1,900여 년 동안 한 지점에 있었다는 말이 된다.

그럴 경우 중국 측 정사인 사마천(司馬遷) 《사기(史記)》의 〈조선열전(朝鮮列傳)〉에 등장하는 기원전 2세기 전후 위만조선의 도읍인 '왕험성'도 지리적으로는 단군왕검이 나라를 세우고 첫 도읍으로 삼은 평양성과 거의 완전히 부합하는 셈이다. 즉, 단군조선의 평양성, 위만조선의 왕험성, 그리고 고구려의 평양성(초기)은 시대와 지배집단에 따라 이름만 조금씩 바뀌었을 뿐 거의 원래의 그 자리를 그대로 지키고 있었다는 이야기가 된다.

서울을 예로 들어 보자. 이 도시는 백제에서는 위례성(慰禮城), 신라에서는 한산(漢山), 고려에서는 양주(楊州), 조선에서는 한양(漢陽), 일제강점기에는 경성(京城) 식으로 시대별로 다른 이름으로 불렸다. 그러나 그 위치는 2,000년 전이나 지금이나 변함없이 북위 37도 동경 126도 지점을 지키고 있는 것이다.

그렇다면 거의 2,000년 동안 한 자리를 지키고 있었던 이 '평양성=왕험'은 지금의 어디쯤일까? 국내 강단의 학자들은 거의 모두가 《삼국사기》, 《삼국유사》 등 국내 사서의 기록들을 근거로 지금의 평안도 평양시 일대로 비정하고 있다. 그러나 이 같은 지리 고증에는 상당히 문제가 많다. 중국의 역대 정사인 '24사' 그 어디에도 지금의 평양시가 고조선의 도읍 왕험성의 자리라는 기록은 보이지 않기 때문이다.

이 중국 학자들은 '조건반사적으로' 손성자촌에서 출토된 유적과 유물들을 모두 고조선 또는 요동군의 것과 결부시키고 있다. 그러나 중국 학자들의 이 같은 주장은 일종의 '착시(錯視)'일 뿐이다. 문헌적 기록이나 과학적 근거들을 종합적으로 검토한 결과 도출된 것이 아니라는 뜻이다. 물론, 그들의 이 같은 그릇된 역사인식은 대부분 《중국역사지도집》을 지휘한 역사지리학자 담기양(譚其驤: 1911~1992)의 지리인식에서 비롯된 것이다. 담기양은 1982년 출판한 《중국역사지도집 석문회편-동북권(中國歷史地圖集

〈담기양이 그린 요동군 지도. 그리고 현재 '험독현' 자리로 추정되는 요령성 손성자촌 유적지. 그러나 험독현이 포함된 빨간 동그라미 부분은 2,000년 전에는 바다와 소택지였기 때문에 유적, 유물이 존재할 수 없다는 것이 과학적 결론이다〉

釋文滙編-東北卷)》에서 '험독현'에 관하여 다음과 같이 고증하였다.

9. 험독 지금의 요령성 대안현 동남쪽 20리 지점의 손성자

… 험독은 후한대에는 요동속국에 새로 소속되었다. 그런데 요동속국 관할 하의 각 현들은 모두 요하 이서지역에 존재했으니 험독 한 현만 먼 조선반도(한반도)에 있었을 리는 없다. 험독과 왕험성은 확실히 서로 별개의 장소인 것이다. 응소는 이를 같은 곳으로 착각한 것이다. 신찬은 (험독과 왕험성이) 별개의 두 장소라는 것은 분명히 판별해 내었으나 험독이 어디에 있는지는 밝히지 못하였다.

… 호삼성은 "황수는 마땅히 한나라 요동군의 험독현에 있어야 한다"라고 주석을 붙인 바 있다. 그러나 모용인이 "동쪽의 평곽으로 귀환하는" 과정을 살펴보건대, 황수는 아마 요하 하류의 어느 한 지류였거나 아니면 요하 하류 자체를 지칭했던 것일 것이다. 지금 대안현 동남쪽 20리 지점 손성자촌의 동성자강에서 한대 고성의 유적지가 발견되었는데 그 현장은 동쪽으로 요하까지 8리, 서쪽으로 유하까지 2리 떨어져 있으니 험독의 유적지임에

틀림이 없다.

9. 險瀆　今遼寧省臺安縣東南20里孫城子

… 險瀆, 後漢改屬遼東屬國, 而遼東屬國所隷各縣, 都在遼河以西, 不可能單有險瀆一縣遠在朝鮮半島. 險瀆與王險城, 顯然是兩個地方, 應劭誤爲一地, 臣瓚雖已辨明爲兩地, 但未指出險瀆究在何處.

… 胡注:"黃水當在漢遼東郡險瀆縣." 從慕容仁"東歸平郭"的行程看, 黃水可能是遼河下遊某一支流或卽指遼河下遊. 今臺安縣東南20里孫城子村東城子崗發現了漢代古城遺址, 其地東距遼河8里, 西距柳河2里, 當卽險瀆遺址.[68]

담기양이 이 책에서 1982년 손성자촌을 험독현으로 선포한 근거를 정리하면 다음과 같다.

① 험독현은 요동속국의 속현이었다
② 요동속국의 속현들은 모두 요서 이서 지역에 소재했다
③ (왕험성은 평양에 있었다)
④ 고로 (응소의 주장과는 달리) 험독과 왕험성은 서로 다른 장소이다
⑤ 응소의 주장과 달리 신찬은 두 도시를 각자 다른 곳으로 인식했다
⑥ 황수는 요하 하류 지역이다
⑦ 손성자에서 한대 유적이 발견되었다
⑧ 고로 손성자가 바로 한대의 요동군 험독현 자리이다

역사지리학자로서의 담기양의 이 같은 소견은 1989년 흑룡강인민(黑龍江人民)출판사를 통하여 출판된 《동북역사지리(東北歷史地理)》에도 그대로

---

68) 담기양 주편, 《중국역사지도집 석문회편-동북권》, 제11쪽, 중앙민족학원(中央民族學院)출판사, 1988.

반영되었다.

5. 험독

《후한서》〈군국지〉 '요동속국'조에는 '험독현'에 관한 소개가 있다. 전한대의 '험독'은 방현, 무려현과 함께 요동군에 속해 있다가 후한대에는 나란히 요동속국으로 소속이 바뀌었다. 이로써 유추해 보건대, 험독현은 마땅히 전한대에는 요동군의 서부에 있었고 후한대에는 요동속국의 동부에 있으면서 무려현, 방현과 이웃해 있었다고 보아야 한다. 전한대에 이미 험독현이 지금의 요중현 동남쪽 손성자 고성에 있었다고 고증했으므로 후한대에도 당연히 그대로 그 자리에 있어야 옳은 것이다.

5. 險瀆

《後漢書》〈郡國志〉遼東屬國下有有險瀆縣. 前漢時"險瀆"與房, 無慮均屬遼東郡, 後漢均改屬遼東屬國. 以此推之, 險瀆應在前漢遼東郡西部, 後漢遼東屬國之東部, 與無慮, 房相鄰. 前漢已考險瀆在今遼中縣東南孫城子古城, 後漢當仍在其地.[69]

손진기 등의 주장을 정리하면 대체로 다음과 같다.

① 험독현은 전한대에는 요동군, 후한대에는 요동속국에 속하였다
② 고로 그 위치는 요동군의 서부, 요동속국의 동부였던 셈이다
③ 함께 소속이 이동되었던 방현, 무려현은 험독현과 이웃해 있었다
④ 전한대에 이미 손성자촌을 험독현으로 지명한 바 있다
⑤ 그렇다면 험독현은 후한대까지 그 자리를 지키고 있었던 셈이다

---

69) 손진기, 풍영겸, 왕면후 주편,《동북역사지리》, 제385쪽, 흑룡강인민(黑龍江人民)출판사, 1989.

이 역사지리 연구서는 중국에서 "국가 '7.5' 기획 과학연구 프로젝트"의 일환으로 기획된 것으로, 이른바 '동북 프로젝트(東北工程)'의 선봉장 격인 손진기(孫進己: 1931~), 풍영겸(馮永謙: 1935~), 왕면후(王綿厚: 1945~)가 주편(主編)을 맡았으며, '동북 프로젝트'의 역사이론을 구축한 담기양과 이건재(李健才: 1920~2006)가 고문을 맡은 것이었다.

'동북 프로젝트'를 누가 기획하고, 어떻게 이끌어 갔는지에 대해서는 굳이 문제 삼을 이유가 없다. 다만 여기서 한 가지 짚고 넘어가야 할 것은 담기양이 '험독현'에 대한 지리고증 과정에서 중대한 사실왜곡을 범했다는 사실이다. 그는 《중국역사지도집 석문회편-동북권》에서 서진(西晉: 266~316)의 주석가 신찬(臣瓚)이 왕험성과 험독현이 지리적으로 동일한 장소라고 한 후한대 학자 응소(應劭: 153?~196)의 주장에 이의를 제기하면서 두 도시가 실제로는 서로 별개의 땅이라고 주장한 것처럼 말하였다. 그러나 그것은 전혀 사실이 아니다. 신찬은 왕험성의 위치를 상세하게 소개하면서 오히려 응소의 주장을 뒷받침해 주려 했기 때문이다. 그 증거는 그가 붙였다는 문제의 주석에서도 찾아낼 수 있다.

> 王險城, 在樂浪郡浿水之東, 此自是險瀆也.

담기양은 이 주석의 내용을 이렇게 이해한 듯하다.
> 왕험성은 (이곳이 아니라) 낙랑군 패수(현?)의 동쪽에 있었다. 이곳은 예로부터 '험독'이었다.

즉, 낙랑군 패수(현?)의 동쪽에 위치한 왕험성과 요동군의 험독현을 지리적으로 서로 별개의 도시로 이해했을 가능성이 있는 것이다. 그러나 이 같은 번역은 고대 한문 문법에 전혀 부합되지 않는다. 정상적으로 풀이한다면 이 부분은 원래는 다음과 같이 번역해야 한다.

왕험성은 낙랑군 패수(현?)의 동쪽(즉 이곳)에 있었다. (그런데) 이곳은 이때부터 '험독'으로 되었다.

신찬은 담기양의 주장처럼 "왕험성과 험독현이 서로 다른 두 곳에 있다"라고 주장한 것이 아니다. 정반대로 원래는 지리적으로는 같은 곳이었는데 고조선이 멸망하고 그 자리에 한나라가 이른바 '한사군'을 설치하면서 그 이름만 '왕험성 ⇒ 험독현' 식의 변동을 겪었다고 설명을 한 것뿐이었다. 응소의 주장에 반박한 것이 아니라 그 주장에 보충설명을 한 것인 셈이다. 보충설명이 어떻게 반박일 수가 있는가? 신찬의 주석 정도라면 문법 구조가 그다지 복잡한 한문이 아니다. 따라서 담기양이 정말 신찬의 의도를 몰랐을 리가 없다. 그런데 이런 식으로 180도 다른 해석을 내놓았다는 것은 '왕험성 = 험독현'이라는 역사적 진실을 의도적으로 은폐하고 '왕험성 ≠ 험독현'으로 역사적 사실을 왜곡하려 한 것이라고 밖에 볼 수가 없다.

물론, 그가 '왕험성 = 험독현'을 인정할 수 없었던, 그래서 신찬의 논지를 왜곡할 수 밖에 없었던 데에는 그럴 만한 이유가 있었다. 만일 그가 응소와 신찬 모두 '왕험성 = 험독현'임을 인정했다고 인정하면 고조선의 도읍지와 한사군 등 중국이 설치했다는 군현들은 모두 중국에 있었다는 것을 인정하는 꼴이 된다. 그 같은 난처한 상황을 모면하기 위한 궁여지책이었을 가능성이 높은 것이다. 이 대목의 해석을 놓고 그가 논리적으로 딜레마에 빠져 있었다는 징후는 앞서 그가 《중국역사지도집 석문회편-동북권》에서 토로한 사실, 즉 "요동속국 관할하의 각 현들은 모두 요하 이서지역에 존재했으니 험독 한 현만 먼 조선반도(한반도)에 있었을 리는 없다"라는 고민을 통해서도 충분히 짐작할 수 있는 일이다. 상황이 그렇다 보니 궁여지책으로 왕험성과 험독현을 분리시켜 고조선의 도읍지(또는 낙랑군?)는 그대로 평양시에 남겨 놓고 요동군의 험독현만 지금의 요령성 대안현 손성자촌으로 갖다 놓은 것이다. 그러나 그의 고대사 인식, 그리고 그로부터 비롯된 지리고증은 100% 완벽한 조작이다. 이 같은 사실은 과학적으로 증명할 수 있다. 그 열쇠는 요령 지역에 대한 지형학적 접근이다.

3) 손성자촌은 2,000년 전의 험독현일 수 없다

담기양이 그린 요동군 지도를 보면 지금의 반산(盤山), 요중(遼中), 그리고 험독현이 있었다는 대안(臺安) 등지가 모두 육지로 표시되어 있다. 그 지도를 보면 역사적으로 정말 이 지역에 험독현, 그리고 다수의 속현이 분포하고 있었던 것같이 느끼게 된다. 그러나 그것은 역사적 진실이 아니다. 고조선의 도읍 왕험성의 자리로 전해지는 험독현이 있는 자리가 중국 정사의 기록과는 전혀 부합되지 않는 장소이기 때문이다.

구글어스를 이용하여 요령성 중부 일대를 분석해 보면 담기양을 위시한 중국 학자들의 지리고증이 얼마나 문제가 많은지 깨닫게 된다. 이 지역의 해발고도는 40m 이하이고 심지어 하구(河口) 부근은 고도가 2m까지 내려가며 지표면의 경사는 대단히 완만한 편이다.[70] 험독현의 자리로 비정된 손성자촌(孫城子村)에 대한 이들의 역사 해석과 지리고증이 그 증거이다.

이 작은 마을이 자리 잡고 있는 요령성 대안현 일대는 대체로 해발고도가 5~10m 안팎의 저지대 평지에 해당한다. 고도는 여기서 내륙으로 들어갈수록 높아져서 심양(瀋陽) 인근까지 가면 대략 40~50m 정도로 높아진다. 반면에 여기서 요동만(遼東灣) 쪽으로 나올수록 고도는 현격하게 낮아진다. 심지어 대안현과 요동만의 중간지점에 위치한 중형 도시인 반금시(盤錦市)의 경우, 평균 고도가 3~4m 정도에 불과하다. 즉, 요동만에서 대안현까지는 직선거리가 80km 정도인데 이 일대가 대부분 평균 고도 3~4m 정도라고 이해하면 된다.

---

70) 윤순옥, 황상일, 복기대 등, 같은 논문, 제54쪽.

앞서 몇 가지 자료에서 살펴본 것처럼, 담기양 등 중국 학자들은 "왕험"과 "험독"의 '험(險)'을 손성자촌이 요하와 유하 사이에 자리잡고 있는 입지환경에 빗대어 해석하였다. "험독현이 물이 험한 입지조건에 기대어 있다(依水險)"라는《한서》〈지리지〉의 기록을 '해발고도가 높은 고지대에 자리잡은 도시'라는 가장 상식적인 의미로 이해하지 않고 '두 개의 하천 사이에 자리잡은 도시'라는 확대해석을 해 버린 것이다. "한사군"이 설치된 한대의 허신이 저술한《설문해자》에서 "험"을 찾아보면 다음과 같이 설명하고 있다.

【험】

지세가 험하여 다니기 어려운 것을 말한다. '구릉'이라는 의미를 따르고, '첨'의 소리를 따랐다. '허'와 '검'의 반절이다.

【險】

阻難也. 形聲. 从阜, . 僉聲, 虛檢切.

여기서 "'구릉'이라는 의미를 따르고, '양쪽'이라는 의미를 따랐다"는 것은 곧 "험"이 "양쪽이 다 구릉으로 이루어진 지대"라는 의미를 가진 글자라는 뜻이다. "양쪽이 다 구릉으로 이루어진 지대"라는 것은 좌우 양쪽이 깎아지른 듯이 높은 산들로 막혀 있는 고지대를 말한다. 적어도 허신이 활동하던 서기 1세기 전후, 즉 한대만 해도 "험"은 해발고도가 평지보다 상당히 높고 가파른 산지를 형용하는 글자로 인식되고 사용되었던 것이다. 사실 우리가 "험" 하면 떠올리는 "험준(險峻)", "험난(險難)", "위험(危險)" 등의 단어의 다양한 의미 역시 바로 이 깎아지른 듯 가파르고 높은 산지라는 의미에서 파생된 것들이다. 따라서《한서》〈지리지〉에서 왕험성의 후신인 험독현을 "물이 험한 입지조건에 기대어 있다(依水險)"라고 소개했다면 그 지리적 입지환경으로는 당연히 해발고도가 높고 경사가 가파른 산지를 떠올리는 것이 정상이다. 즉, 험독현은 높은 산지에 있는 도시인 것이다. 높은 경사 때문에 거센 물살을 이루며 흐르는 하천을 거대한 해자(垓子)로 삼아 외적의 침입으로부터 도시를 지키기 위하여 험준한 산 속에 건설한 도시였던 것이다.

이처럼, "험"은 《설문해자》에서 보았듯이, 높은 산지를 뜻하는 글자이며, 《한서》〈지리지〉에서도 "물이 험한 입지조건에 기대에 있다", 즉 경사가 가파른 산지를 흐르는 하천을 끼고 있다고 분명히 밝히고 있다. 하다 못해 국내에 널리 알려져 있는 《옥편(玉篇)》만 뒤져봐도 "높을 험"으로 나와 있다. 글자의 무게중심은 "높다"이지 "낮다"가 아닌 것이다. 그런데 담기양 등 중국 학자들은 이를 "두 하천이 흐르는 지역에 자리잡고 있다"라는 전혀 엉뚱한 의미로 곡해하였다. 그리고 점입가경으로 한대 요동군 험독현의 위치를 고도 4-5m밖에 되지 않는 저지대 평지에 자리잡고 있는 대안현 손성자촌으로 비정하였다.

한대에 저술된 《설문해자》 어디에서도 "험"을 평지라고 주장한 적이 없고, 《한서》〈지리지〉 어디에서도 험독현이 두 개의 하천이 흐르는 지역에 자리잡고 있다고 소개한 적이 없다는 이야기는 일단 접어 두자. 중국 학자들 주장처럼 좌우로 큰 하천이 흐르는 입지환경에 도시를 만들면 그 도시는 어떻게 될까? 아마 호우가 쏟아지는 계절만 되면 두 하천이 시도 때도 없이 범람하고 번갈아 (극단적으로는 양쪽에서 동시에) 물난리가 나서 이재민이나 익사자가 속출했을 것이다. 더욱이 해발고도가 4-5m밖에 되지 않으므로 그 일대는 번번이 온통 물바다로 변해 버렸을 것이다. 입지환경이 이처럼 열악하다 보니 한대에는 이 일대에서 도시는커녕 아예 인적(人跡)조차 찾아보기 어려웠을 것이다.

우리가 고조선의 통치자이거나 험독현의 현령이라면 과연 해마다 몇 번이나 크고 작은 수해를 당하는 그런 물바다에 도시를 만들거나 유지할 수 있을까? 아예 다른 곳으로 행정중심을 이전했을 것이다. 그런데도 담기양 등 중국 학자들은 험독현을 손성자촌 같은 저지대 평지에 비정했고, 국내 강단 학자들은 또 그같은 비정을 조금의 의심이나 여과도 없이 그대로 역사적 진실로 신봉하고 있는 것이 실정이다. 저자는 담기양 등이 한자 독해력이 딸려서 《한서》〈지리지〉의 험독현 관련 설명을 그렇게 기이하게 이해했다고는 생각하지 않는다. 불순한 의도를 가지고 험독현, 나아가 왕험성의 위치를 조작하기 위하여 "험"의 본래 의미까지 억지로 왜곡하는 무리수를

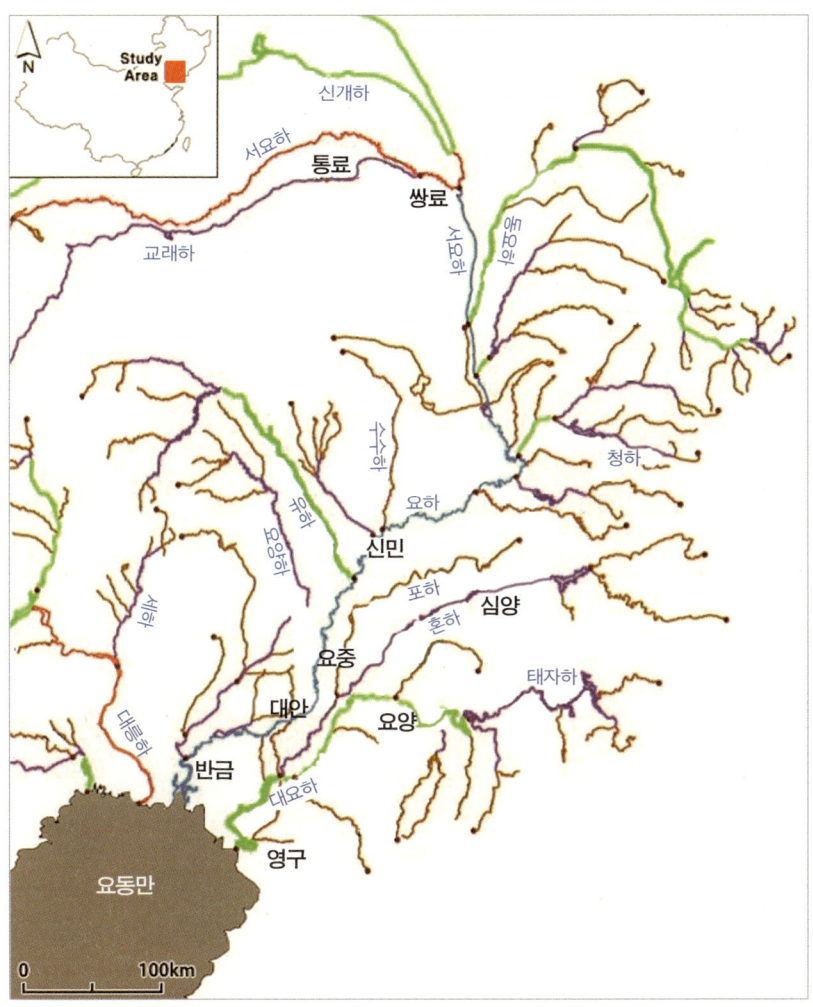

〈대안현 안쪽으로는 하천에서 흘러온 풍부한 양의 담수가 고이면서 초대형 배후습지('요택')이 발달되어 있었다. 한마디로 사람이 살 수 없는 지역이었다〉

둔 것이라고 본다. 중국 학자들이야 자국의 이익을 위하여 진실을 왜곡해야 할 이유라도 있어서 그랬다고 이해를 할 수가 있다. 정작 신기한 것은 우리 나라 강단 학자들이다. 그 같은 엉터리 지리고증을 조금도 의심하거나 여과 하지 않고 100% 철석같이 신봉하기 바쁜 그 사람들은 도대체 무엇일까? 그들에게 통찰력이라는 것이 있기나 한 것일까?

한중일 세 나라 학자들이 이구동성으로 험독현 자리로 비정하고 있는 손성자촌 일대가 고대에는 아예 사람 살 곳이 못 되었다는 점은 과학적으로도 얼마든지 입증이 가능하다. 실제로, 중국 과학계에서는 2,000년 전만 해도 의무려산이 있는 북진시(北鎭市)에서 대안현(臺安縣)을 거쳐 안산시(鞍

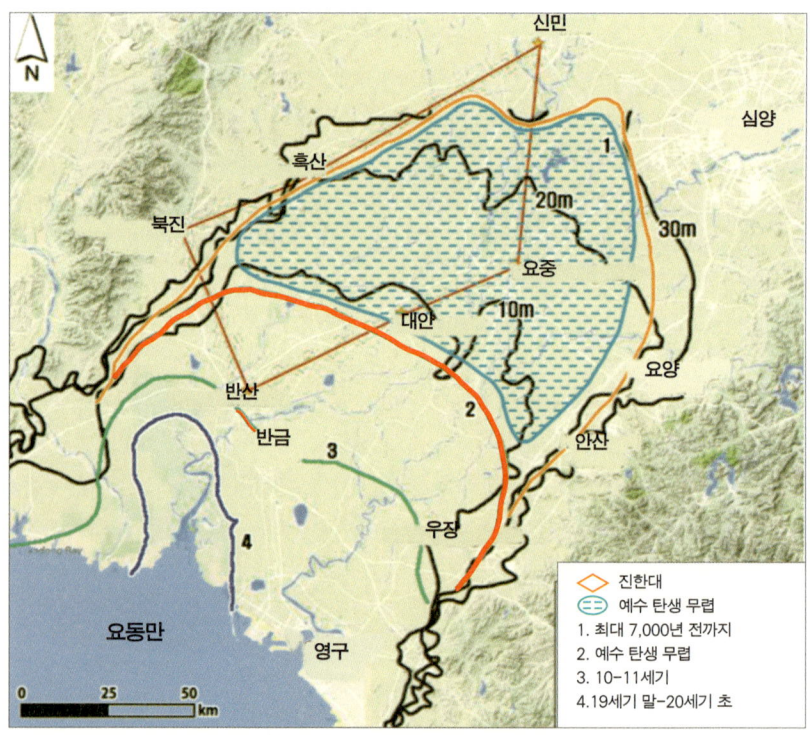

〈험독현 등 요동군이 있었다는 이 일대는 고도가 낮고 다수의 하천이 발달해 있어서 2,000년 전에는 해안선이 대안현 부근에서 형성되어 있었다〉

山市)까지는 바닷물이 진출해 있었다는 것이 학계의 보편적인 인식이기 때문이다. 말하자면, 북진-대안-안산 라인이 해안선을 이루고 있었던 셈이다. 따라서 북진-대안-안산 라인 바깥으로 요동만까지의 구역에 현재 존재하고 있는 반금(盤錦)이나 우장(牛莊), 영구(營口) 등 다수의 도시들은 당시에는 바다 밑에 가라앉아 있었다. 물론, 북진-대안-안산 라인 안쪽이라고 해서 사람들이 살기 쾌적한 환경을 가지고 있었던 것은 아니다.

북진-대안-안산 라인 안쪽으로는 해발고도 10m에서 최대 30~40m의 육지가 자리 잡고 있다. 따라서 북진-대안-안산이 요양(遼陽)-흑산(黑山)으로 연결되는 대단히 넓은 지역은 바다로부터의 파도, 해일, 조석의 영향으로부터 자유로웠다. 그러나 전반적으로 충적평야의 속성을 가지고 있는 이 일대는 저지대 평지가 드넓게 펼쳐져 있다. 그러면서도 위에 소개한 요령 중부에서의 하천 유역도에서 볼 수 있듯이, 이 일대에는 요하(遼河), 수수하(秀水河), 청하(淸河), 류하(柳河), 요양하(繞陽河), 포하(蒲河), 세하(細河), 혼하(渾河), 태자하(太子河) 등 다수의 하천이 집중되어 있다. 이 때문에 이 하천들에서 흘러 들어온 풍부한 양의 담수가 이 일대에 고이면서 초대형 배후습지(背後濕地)가 형성되었다.

일반적으로 '요택(遼澤)'으로 일컬어지는 이 초대형 습지에는 대릉하, 소릉하, 요하를 비롯하여 요동만으로 유입되는 혼하, 태자하, 대요하, 요양하 등의 범람원(汎濫原)과 조차에 의하여 형성된 간석지(干潟地)로 이루어진 대규모 소택지(沼澤地)가 어우러져 분포한다. 또, 대하천의 하류 쪽에는 하천과 파도의 작용으로 하천 자연제방(自然堤坊) 배후와 해안 부근에 소택지가 있고, 요하의 하류 쪽은 밀물과 썰물 사이의 조차(潮差)가 거의 4m나 나면서 하구와 해안을 따라 거대한 간석지가 길게 형성되어 있다.[71] 우리나라에서 비슷한 사례를 찾아보면, 부산의 낙동강 하구언 습지(을숙도)나

---

71) 윤순옥, 황상일, 복기대 등, 같은 논문, 제56쪽.

전남의 순천만 습지 등과 대단히 유사하다. 다만, 요동 지역의 간석지, 소택지는 그 규모면에서 하구언 습지나 순천만 습지보다 거의 수백 배까지 컸다고 할 수 있다.

그렇다 보니 요동만에서 신민(新民)과 심양(瀋陽) 근처까지의 140km에 이르는 거대한 면적이 늪과 물바다로 채워지게 된 것이다. 요동만에서 대안현까지 80km 지점까지가 바다에 지배되고 있었다면 대안현에서 신민-심양 연선까지의 60km 지점까지는 하천들에 지배되고 있었던 셈이다. 예수가 태어나던 2,000여 년 전에는 이 일대가 사람이 살 수 있는 환경을 갖추지 못했다는 뜻이다. 이 점에 대해서는 최근의 윤순옥, 황상일, 복기대 등은 말할 것도 없고 그 이전의 학자들도 거의 모두 역사적 사실로 인정하고 있는 바이다.[72] 이 같은 점들을 고려할 때, 요동군의 험독현이 요령성 대안현 손성자촌 일대에 설치되었다는 담기양 등 중국 학자들의 주장은 신뢰하기 어렵다. 더 나아가 요대현, 방현 등 요동군의 여타 속현들 역시 이곳에서 존재했을 가능성이 0%에 가깝다고 하겠다. 따라서 지금의 요하 이동 지역, 그리고 북진-신민-심양-요양 라인 이하 지역을 요동군으로 설정한 한중일 세 나라 학계의 기존의 주장은 역사적으로 진실이 아니므로 이에 대한 고증은 처음부터 다시 이루어져야 옳다.[73]

---

72) 이와 관련된 여러 나라의 다양한 논의들에 관해서는 윤순옥, 황상일, 복기대 등의 논문과 참고문헌을 참조하기 바람.
73) 본 장의 내용 중 지형학적 연구는 한국진흥사업단의 AKS-2014-KFR-1230006과 한국연구재단의 NRF-2014S1A5B4072398의 지원을 받은 인하대 고조선연구소로부터 학술자문을 받았음을 밝히는 바이다.

〈해안선 변동이 전혀 반영되지 않은 중국 역사지도. 고대 "요택"의 존재를 감안할 때 적어도 험독, 요대, 방, 안시 등의 현은 2,000년 전에는 존재할 수 없었다. 따라서 요동군에 대한 국내외 학계의 지리고증은 처음부터 새로 이루어져야 옳다〉

제3장
낙랑과 대방의 진실
- 오독인가 은폐인가?

1. 낙랑군 교치 문제

1) '낙랑교치'는 완전한 허구이다

강단 학자들은 지금까지 평양의 낙랑군이 서기 313년, 즉 고구려 미천왕 (美川王: ?-331) 14년에 멸망하고 그 행정체제가 그대로 지금의 요령성 중부인 금주(錦州) 지역으로 철수한 후 새로운 낙랑군을 설치했다고 주장해 왔다. 이것이 그 유명한 '교군설(僑郡說)' 또는 '교치설(僑治說)'이다. 그러나 그들이 "대동강 유역에서 요서 지역으로 교치"되었다는 자신들의 주장을 뒷받침해 주는 결정적인 근거로 내세우고 있는 문헌기록은 두 가지뿐이다.

미천왕이 313년 낙랑군을 침범하여 남녀 2,000명을 포로로 끌고 왔다는 《삼국사기》의 기사와 낙랑, 대방을 근거지로 삼은 장통(張統)이 고구려의 압박을 피하고자 백성 "1,000여 가"를 데리고 모용외(慕容廆)에게 귀순했다는 《자치통감(資治通鑑)》의 기사가 바로 그것이다. 그러다가 2000년 후로는 1990년대에 중국 낙양(洛陽)에서 발견된 '왕온 묘지명(王溫墓誌銘)'을 '낙랑평양설'과 '낙랑교치설'을 뒷받침하는 또 다른 물증으로 활용하기 시작하였다.

강단 학자들은 이 단 세 가지의 짧은 기록을 근거로 "평양의" 낙랑군이 멸망 또는 축출되고 금주로 교치되었으며, 그 시점은 4세기 전반 즉 장통이 모용외에게 귀순하는 313~314년 사이라고 단정하였다. 그러나 그 같은 주장은 1차 사료를 오독한 강단 학자들의 망상이 만들어 낸 허구에 불과하다. 역사적 진실이 아닌 것이다. 이제부터 그들의 주장이 어째서 허구인지 따져 보도록 하겠다.

2) 김부식은 313년 낙랑이 멸망했다고 한 적이 없다

강단 학자들이 주장하는 '교군(僑郡)' 또는 '교치설'이 무모한 넘겨짚기에 불과하다는 것은 국내의 1차 사료인 《삼국사기》의 두 기사를 통해서도 금

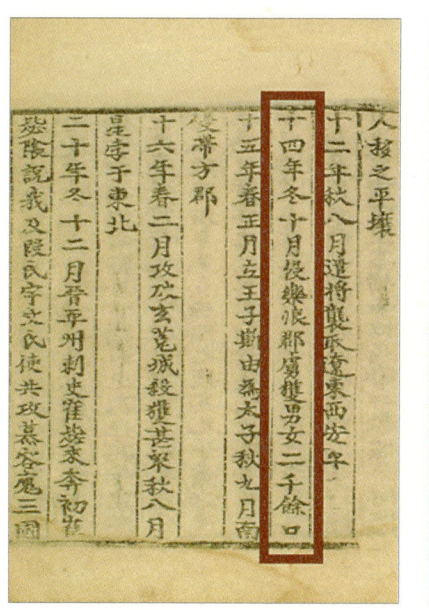 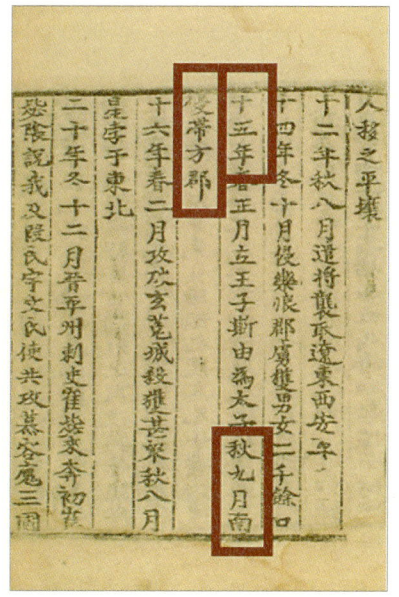

〈《삼국사기》 '미천왕 14~15년'조 문제의 기사. 이 단 몇 줄의 짧은 기사가 강단 학계가 떠받드는 '낙랑평양설'의 근거이다〉

방 확인할 수 있다.

> (미천왕) 14년 겨울 10월, 낙랑군을 침범하여 남녀 2,000명을 포로로 사로 잡았다.
> 十四年冬十月, 侵樂浪郡, 虜獲男女二千餘口.

> (미천왕) 15년 … 가을 9월에 남쪽으로 대방군을 침공하였다.
> 十五年 … 秋九月, 南侵帶方郡.

강단 학계에서는 이 두 기사를 근거로 313년에 "평양의" 낙랑군이 멸망하고 중국으로 교치되었고, 이듬해인 314년 가을 9월, 즉 양력으로 치면 11월경에는 "황해, 경기지역의" 대방군 역시 고구려에 의하여 멸망했다고 주장해 왔다. 즉, 314년 11월 현재 대방군 북쪽에는 낙랑군이 사라지고 그 자리를 고구려가 장악한 상태였다는 것이다. 그러나 원문에서 보는 바와 같이, '미천왕 14년'조에는 고구려군이 낙랑군을 침범하여 남녀 2,000명을 포로로 끌고 온 일만 언급되어 있을 뿐이다. 그 뒤에 이어지는 '미천왕 15년'조에서는 314년 가을 고구려가 대방군을 침공한 일만 언급되어 있다. 이 두 공격으로 낙랑, 대방 두 군이 멸망했다는 말은 《삼국사기》 어디에도 존재하지 않는 것이다.

기사의 한자 표현을 놓고 보더라도, "침범했다[侵]"라고 했을 뿐 "멸망시켰다[滅]"라고 한 것은 전혀 아니다. 그렇다고 해서 점령한 것 같지도 않다. 또, 그 뒤에는 "포로로 사로잡았다[虜獲]"라는 표현이 나오는데, 이를 통하여 낙랑군이 멸망하지 않았음을 짐작할 수가 있다. 고구려군이 313년 자신들이 침범한 낙랑군을 점령한 후 그 땅을 모두 고구려 영토로 흡수했다면 굳이 그 주민들을 '포로'로 사로잡을 이유가 없기 때문이다.

포로라는 것은 남의 땅에 사는 백성들을 강제로 자기 땅으로 끌고 간다는 전제하에서 사용하는 용어이다. 만일 313년에 미천왕이 낙랑군을 완전히 멸망시켰다면 그 땅은 자연히 고구려 영토로 흡수되었을 것이다. 그렇다면 고구려의 입장에서는 굳이 주민들을 본국으로 끌고 가는 고생을 할 필요 없이 그 땅에 계속 살면서 조세와 국역의 부담만 지게 해도 충분하다.

그럼에도 불구하고 이 기사에 "침범했다", "포로로 사로잡았다" 정도의 표현밖에 사용되지 않았다는 것은 313년에는 낙랑군이 멸망하고 그 땅이 고구려 영토로 흡수되는 사건은 아예 발생하지 않았음을 방증해 주는 셈이다. 314년 기사의 경우도 마찬가지이다. 고구려군이 대방군을 "침범" 또는 "침공"했다는 말만 있을 뿐 어디에도 "멸망"시켰다는 표현이나 암시가 없다. 이 기사도 대방군이 314년에 멸망했다는 강단의 주장을 전혀 입증하지 못하는 셈이다.

실상이 이러함에도 불구하고 강단 학자들은 지난 수십 년 동안 저 몇 줄의 기사만을 근거로 313년에 낙랑군이 멸망했다고 주장하고 있다. 현재 국사편찬위원회가 인터넷 공간에서 운영하고 있는 〈한국사 데이터베이스〉 사이트에서는 '미천왕 14년'조와 '미천왕 15년'조에 각각 "낙랑군을 축출하다", "대방군을 축출하다"라는 표제를 붙여 놓았다. '미천왕 14년'조의 경우를 예로 들면, 해당 기사의 주석에서 이 표제와 관련하여 다음과 같이 설명하고 있다.

> 【주091】이때 낙랑군은 반도 내에서 완전히 소멸되었는데 그에 대하여 《자치통감》 권88 효민황제(孝愍皇帝) 상(上) 건흥(建興) 원년(元年) 4월조에는 다음과 같이 적혀 있다. "遼東張統據樂浪, 帶方二郡, 與高句麗王乙弗利相攻, 連年不解, 樂浪王遵說統帥其民千餘家歸(慕容) 廆之置樂浪郡, 以統爲太守, 遵參軍事".

국사편찬위원회가 운영하는 사이트에서 붙인 표제와 주석이라면 전국의 대학교수 등 강단 주류 학계의 입장을 조율해서 반영한 것이라는 뜻이다. 그런데 그런 상징성과 공신력을 가진 사이트의 해석이 역사적 진실을 전혀 반영하지 않고 있는 것이다. 《삼국사기》 기사에서 낙랑의 몰락을 암시하는 그 어떤 표현도 사용되지 않은 단 한 줄의 기사를 근거로 "낙랑 멸망 ⇒ 축출 ⇒ 교치"식으로 확대 해석하는 것은 대단히 무책임한 행위가 아닐 수 없다.

고구려군이 낙랑을 공격한 것이 낙랑군의 축출, 나아가 교치와 무슨 필연성이 있는가? 남녀 2,000명을 고구려로 끌고 온 것이 낙랑군 소멸과 무슨 상관이 있는가? 그 과정에서 낙랑태수를 살해하거나 붙잡은 것도 아니고 낙랑군 전역을 완전히 장악했다는 이야기도 보이지 않는다. 그런 상황에서 '실증'을 중시한다는 학자들이 어떻게 아무 근거도 없이 그런 상상의 나래를 펼 수 있는지 이해가 되지 않는다.

그 공격으로 낙랑군 또는 대방군의 현이 점령되거나 소멸되었다고 한다면 그 정도는 납득이 가능할 수도 있다. 《진서》〈지리지〉'평주(平州)'조를 참조하면 그런 상황을 얼마든지 상정할 수 있기 때문이다.

> 평주
> 따져 보건대 … 한대에는 우북평군에 속하고 후한 말기에는 공손도가 '평주목'을 자처하였다. … 위나라가 동이교위를 설치하고 양평을 치소로 삼되 요동, 창려, 현토, 대방, 낙랑 다섯 군을 쪼개어 '평주'로 삼고 나중에 도로 합쳐서 '유주'가 되었다. 함녕 2년 10월, 창려, 요동, 현토, 대방, 낙랑 등의 군국 다섯을 쪼개어 '평주'를 설치하였다. 26개 현, 18,100호를 통괄하였다.
> 창려군 – 2개 현, 900호를 통괄하였다. 창려, 빈도
> 요동국 – 8개 현, 5,400호를 통괄하였다. 양평, 문, 거취, 낙취, 안시, 서안평, 신창, 역성
> 낙랑군 – 6개 현, 3,700호를 통괄하였다. 조선, 둔유, 혼미, 수성, 누방, 사망

현토군 - 3개 현, 3,200호를 통괄하였다. 고구려, 망평, 고현

대방군 - 7개 현, 4,900호를 통괄하였다. 대방, 열구, 남신, 장잠, 제해, 함자, 해명

〈편의상 원문을 생략함〉

서기 313년으로부터 37년 전인 진나라 함녕(咸寧) 2년(276)까지 평주는 낙랑, 현토, 대방, 창려(昌黎)의 4개 군과 요동의 1개 국의 총 26개 현 1만 8,100호를 관할한 것으로 나와 있다. 관할지역 내의 인구를 순서대로 살펴보면 창려군이 900호, 요동국이 5,400호, 낙랑군이 3,700호, 현토군이 3,200호, 대방군이 4,900호이다. 그 규모가 '요동국 〉 대방군 〉 낙랑군 〉 현토군 〉 창려군'의 순서였던 셈이다. 그런데 6개 현을 관할하는 3,700호의 낙랑군의 경우, 한 세대(호)당 식구를 평균 7명으로 쳐도 전역에 2만 5,900명의 주민을 보유하고 있었던 셈이다. 그렇다면 당시 낙랑군에는 인구가 1만 명을 넘는 큰 현도 있었겠지만 상대적으로 규모가 작아서 인구가 수천 명에 불과한 현도 얼마든지 있었을 것이다.

만일 고구려군이 그런 작은 현을 공격하고 2,000명의 주민을 끌고 갔다면 초토화된 그 현은 사후에 복구되지 않은 이상 황폐해져서 소멸되었을 것이다. 어쩌면 그 현 자체가 이 해에 새로운 영토로 고구려에 편입되었을 수도 있다. 그러나 313년의 몇 차례 침공으로 낙랑군이라는 행정구역 자체가 완전히 멸망했다고 주장하는 것은 1차 사료 기록이나 맥락을 완전히 무시한 자의적인 해석이다. 당시의 고구려군이 지금처럼 토마호크 미사일, 핵폭탄을 보유하고 있어서 그것으로 낙랑군 전역을 집중 공격한 것도 아니기 때문이다.

13세기라면 대포라도 있어서 한 도시를 초토화시킬 수 있었겠지만, 4세기에 그런 선진적인 무기가 존재했을 리가 없다. 그저 칼싸움 몇 번 하고 몇 군데 불 지르고 포로 2,000명만 끌고 간 것이 다였을 것이다. 그런 치고 빠

지기식 게릴라 전술에 한 군이 와해될 정도라면 진나라는 아마 수도 없이 망했을 것이다.

당시의 낙랑군이 아무리 약체이고 통제력이 약화되어 있었다고 해도 면적이 평안도만큼이나 큰 행정구역이 고구려의 공격 몇 번에, 또 주민이 몇 천 명 포로로 잡혀 갔다고 해서 붕괴되었을 리가 없다. 그렇게 붕괴될 낙랑군이라면 이보다 훨씬 전에 벌써 붕괴되었을 것이다.

실제로 4세기 이전의 상황만 보더라도, 낙랑군은 고구려에게 태수가 살해당하는 등 여러 차례 크고 작은 공격을 당하고 있다. 따라서 313년 당시 실제로 어떤 상황이 벌어졌는지 분명히 알 수는 없겠지만, 저 한 줄의 기사만으로 낙랑군이 멸망당하거나 축출되었다고 단정하는 것은 너무 자의적인 확대 해석이라고 하지 않을 수 없다. 낙랑군이 313년에 미천왕에게 멸망했다는 것은 어디까지나 '낙랑평양설'을 사수하겠다는 강단 학자들의 집단 무의식이 만들어낸 환상일 뿐 역사적 진실과는 무관하다는 뜻이다.

3) 장통의 귀순이 곧 낙랑군 철폐는 아니다

이 같은 추론이 허황된 소리가 아니라는 것은 《자치통감》의 그 유명한 기사가 잘 뒷받침해 주고 있다. 《자치통감》의 이 대목은 그동안 강단 학계가 낙랑교치설을 주장할 때마다 《삼국사기》 '미천왕 14년' 기사와 함께 결정적인 근거로 활용해 온 기사이다. 낙랑 연구 전문가로 통하는 오영찬은 이 대목을 다음과 같이 번역하였다.

> 요동의 장통은 낙랑, 대방 두 군을 근거로, 고구려왕 을불리와 여러 해 계속 싸웠다. 낙랑 왕준은 백성 1,000여 가를 거느리고 모용외에 귀속하니, 모용외가 그곳에 낙랑군을 설치하고 장통을 태수로, 왕준을 참군사로 임명하였다.

〈서기 313년 장통이 평양에서 요령성 금주로 망명하던 같은 시점에 왕준은 거꾸로 평양으로 '피난'했다는 것은 앞뒤가 맞지 않는다〉

　　遼東張統據樂浪, 帶方二郡, 與高句麗王乙弗利相攻, 連年不解. 樂浪王遵
　　說統帥其民千餘家歸廆, 廆爲之置樂浪郡, 以統爲太守, 遵參軍事.

　오영찬의 번역은 문장 자체만 놓고 보면 전혀 문제가 없는 것처럼 보인다. 그러나 이 번역은 엄연한 오역이다.《자치통감》의 원문을 배배 꼬아서 전후 관계를 왜곡해 놓았기 때문이다. 이 부분은 다음과 같이 번역해야 옳다.

　요동인 장통은 낙랑, 대방 두 군을 근거지로 삼고 있었는데, 고구려의 왕 을불리와 서로 공격하면서 해가 바뀌어도 해결될 기미를 보이지 않았다. 낙랑인 왕준의 설득으로 (장통이) 그 백성 1,000여 가를 이끌고 모용외에게 귀순하니 모용외가 그를 위하여 낙랑군을 설치해 주고 그 일이 계기가 되어 장통을 태수로 삼고 왕준에게는 군사 관련 참모를 맡게 하였다.

어쩌면 오영찬은 이 기사를 제대로 이해하지 못한 듯하다. 중요한 단서가 되는 글자들의 의미를 제대로 이해하지 못한 탓에 번역까지 군데군데 오독과 오역으로 점철되어 있다. 이 기사를 읽는 과정에서 그가 범한 오역들 중에서 가장 정도가 심각한 것은 두 가지이다.

① "세(說)"의 번역을 누락시켜 "백성 1,000여 가를 거느리고 모용외에 귀속"한 주체를 왕준으로 둔갑시켰다
② "지(之)"를 잘못 이해하여 "모용외가 새로 설치한 낙랑군"의 대상이 아닌 "위치"로 해석하였다

저자의 번역에서 확인할 수 있는 것처럼, 이 기사에서 "백성 1,000여 가를 거느리고 모용외에 귀속"하는 행위의 주체는 왕준이 아니라 장통이다. 요동의 군벌 장통이 측근인 왕준의 설득을 받아들여 백성 1,000여 가를 거느리고 모용외에게 귀순한 것이다. 만일 여기서 왕준이 주체가 되면 모용외가 장통을 태수로 삼아야 할 이유가 없게 된다. 그는 이 관계를 오인하고 이 사건의 사실관계와 인과관계를 오독했고, 그 결과 위와 같은 어이없는 오역을 범한 것이다. 1차 사료에 대한 이해에서부터 이처럼 오독, 오역이 발생하다 보니 급기야 "낙랑군은 멸망 직전까지 요동 세력인 장통을 중심으로 고구려에 저항했으며, 최후까지 저항하던 왕준을 비롯한 일파들은 1,000여 가를 이끌고 모용외에게 귀부하였고, 낙랑군을 점령하는 과정에서 고구려는 남녀 2,000여 명을 노획한 것으로 전해진다."[1]라는 기상천외한 결론을 내리게 된 것이다.

---

1) 오영찬,《낙랑군연구》, 제237쪽, 사계절, 2006.

《《자치통감》〈진기10〉 기사 원문. 영조 연간(1724~1776) 판본〉

장통은 고구려에 저항하다가 장렬하게 산화하고 왕준 일파만 1,000여 가를 데리고 탈출에 성공했다는 것이다. 물론, 이것은 명백한 오독이며, 결과적으로 모용외에의 귀순 과정에서 장통과 왕준의 역할, 그리고 귀순 대가의 귀속 문제를 놓고 사람들이 "1,000가를 이끌고 모용외에게 귀순한 건 왕준인데 태수 벼슬은 왜 장통이 받았을까" 하는 혼선을 일으키게 만들고 있다. 어쨌든 우리는 이 기사를 통하여 다음과 같은 사실들을 확인할 수가 있다.

① 요동인 장통이 낙랑, 대방을 근거지로 삼았다
② 장통이 고구려왕 을불리와 여러 해 동안 싸웠다
③ 낙랑인 왕준이 모용외에게 귀순하도록 장통을 설득하였다

④ 장통이 그 조언을 따라 1,000여 가를 데리고 귀순하였다
⑤ 모용외가 그 대가로 낙랑군을 설치하고 장통을 태수로 임명하였다

말하자면, 장통이 자신의 추종자 1,000여 가를 데리고 모용외에게 귀순하자 모용외가 그 대가로 낙랑군을 설치하고 그를 태수로 임명한 것이 이 사건의 본질인 것이다. 그런데 강단 학계에서는 지난 수십 년 동안 이 몇 줄의 기사를 평양의 낙랑군이 중국 요서 지역(금주)으로 교치되었음을 입증하는 결정적인 증거라고 주장해 왔다. 과연 그럴까? 전혀 그렇지 않다. 이 기사는 "평양"의 낙랑군이 "멸망했다"는 증거도 될 수 없고, 낙랑군이 "교치되었다"는 증거도 될 수가 없기 때문이다.

4) 장통은 애초부터 태수가 아니었다

현재 강단 학계는 장통과 "1,000여 가"의 (낙랑군) 탈출을 곧 낙랑군의 멸망으로 해석하고 있다. 이 같은 인식은 장통이 당시 낙랑, 대방 두 군의 실질적인 통치자였다는 전제하에서 도출된 것이리라. 그러나 《자치통감》의 기사에 근거할 때, 장통은 낙랑군 또는 대방군의 태수였다고 보기 어렵다. 문제의 기사에서는 그의 본향인 "요동"만 언급했을 뿐 관직명은 전혀 언급되어 있지 않기 때문이다. 중국 사서에서는 조정에서 정식으로 파견된 관리들에 대해서는 통상적으로 "낙랑태수 아무개", "현토태수 아무개" 하는 식으로, 지역명과는 별도로 공식 직함을 당사자 이름 앞에 명시하게 되어 있다. 그런데 장통의 경우는 그 이름 앞에 어떠한 공식적인 직함도 달고 있지 않은 것이다.

장통이 조정에서 파견된 태수나 자사가 아니었다는 사실은 이 기사에 사용된 표현을 통해서도 눈치 챌 수 있다. 편찬자인 사마광(司馬光: 1019~1086)이 그와 낙랑, 대방의 관계를 소개하면서 "근거지로 삼았다[據]"라고

표현한 것이 그 증거이다. 당시 기록들은 물론이고 '24사'를 통틀어 대부분의 중국 정사에서는 조정에서 정식으로 특정 지역으로 파견된 관리에게는 "다스리다[治]", "살피다[知]", "관장하다[管]" 등의 관용적인 표현을 사용하는 것이 보통이다.

반면에 "근거지로 삼다"식의 표현은 군대의 지휘자가 특정 지역을 장악하거나 군사를 주둔시키는 경우가 아니면 보통은 반란을 일으킨 자가 특정 지역을 무단으로 점거했을 때 사용하는 경향이 강하다. 즉, 정식 관리에게는 거의 사용되지 않는 것이다. 중국 정사 기록에서 이런 사례는 얼마든지 찾아볼 수 있다.

ⓐ 상주 유민 두도가 장사를 거점으로 삼고 반란을 일으켰다(湘州流人杜弢據長沙反)

ⓑ 제국 내사 장철이 … 청주를 거점으로 반란을 일으켰다(齊國內史蔣喆 … 據青州反)

ⓒ 진동대장군 관구검 등이 회남을 거점으로 반란을 일으켰다(鎭東大將軍毋丘儉等據淮南叛)

ⓓ 맹씨가 반란을 일으키고 남강을 거점으로 삼았다(孟氏叛, 據南疆)

ⓔ 장우가 분노하여 허창을 거점으로 삼아 반란을 일으켰다(遇怒, 據許昌叛)

ⓕ 서평인 위림이 또 군을 거점으로 삼아 반란을 일으켰다(西平人衛絲又據郡叛)

ⓖ 초숭은 … 당초 무리를 이끌고 옹주를 거점으로 삼았다(焦嵩 … 初率衆據雍)

ⓗ 병력을 거두어 역양을 거점으로 삼았다(收兵據歷陽)

위의 사례들에서 보듯이, 장통을 소개하는 과정에서 관리들에게 사용하는 관용적인 표현들 대신 "근거지로 삼다"라는 표현이 사용되었다는 것은 그가 조정에서 정식으로 파견한 태수나 자사가 아니라 특정한 지역을 무단으로 점거하고 자력으로 세력을 키운 군벌이나 비적, 그것도 아니라면 유민의 우두머리일 뿐이었음을 시사해 준다.

그의 대외적인 신분이 태수나 자사가 아니었다는 것은 《자치통감》에서 그의 활동 범위를 "낙랑, 대방"으로 소개한 데서도 확인할 수 있다. 강단 학자들의 주장대로라면, 낙랑과 대방이라면 평안도와 황해도, 나아가 경기도를 포괄하는 넓은 지역이다. 정말 그렇다면 그 넓은 지역을 전부 혼자서 관할할 수는 없는 일이다. 실제로 한대 이래로 태수나 자사는 원칙적으로 하나의 군이나 주를 관할하는 것이 원칙이었다. 관할 지역이 너무 크면 통제력이 약화될 수밖에 없는 데다, 무엇보다도 당사자가 마음먹기에 따라서는 얼마든지 세력을 키워 군벌화할 우려가 있기 때문이다.

당시 역대 중원 왕조가 낙랑과 대방에 별도로 태수를 파견한 사실은 정사 기록 곳곳에서 확인할 수 있다. 그런 상황에서 장통이 "낙랑과 대방을 근거지로 삼았다"는 것은 그가 낙랑이든 대방이든 아니면 둘 다이든 간에 그 지역을 실질적으로 통치하는 행정 관리는 아니었다는 사실을 방증해 준다. 장통을 때로는 낙랑, 때로는 대방에서 출몰하거나 낙랑과 대방 사이에 할거하던 군벌 또는 비적의 수령으로 이해하는 편이 차라리 합리적이라는 뜻이다.

한대 이래로 태수나 자사에게는 관할 지역에 대한 행정권과 군사권이 함께 위임되었다. 관할 지역 백성들을 상대로 마음만 먹으면 얼마든지 강제력을 발동하여 그들을 조직하고 병력으로 동원할 수 있었다는 뜻이다. 25개 현을 다스리던 초창기와 비교할 때 당시의 낙랑군은 고작 6개 현으로 그 규모가 대폭 축소되어 있었다.

그러나 이웃한 대방군과 공조한다면 (실제로 정사 기록들을 찾아보면 낙랑군과 대방, 현토, 나아가 요동군과도 수시로 공조하고 있는 것을 확인할 수 있다) 적어도 1만 명 정도의 병력은 얼마든지 동원할 수 있었을 것이다. 한 군의 행정장관인 태수가 마음먹기에 따라서는 경내를 침노하는 외적들에 대한 즉각적인 대응이 얼마든지 가능했을 것이라는 말이다.

그러나 장통의 경우는 전혀 그렇게 하지 않았다. 장통은 고구려가 여러 차례 경내를 침범하고 노략질을 일삼아도 거기에 제대로 대응하기는커녕 당시 대방군을 포함하여 8,600호나 되는 백성들 중에서 고작 "1,000여 가" 만 데리고 그곳을 탈출까지 한 것이다. 그가 정말 현지의 행정장관이라면 누가 보더라도 납득이 되지 않는 해괴한 상황이 아닐 수 없다. 따라서 이 기사 하나만으로도 장통은 태수나 자사가 아닌 일개 지방 군벌에 불과했음을 잘 알 수 있는 셈이다.

그가 데리고 탈출한 "1,000여 가" 역시 낙랑, 대방의 백성들이 아니라 자기 휘하의 부하 또는 추종자들이었을 가능성이 높다. 같은 맥락에서 《자치통감》의 기사에서 장통에게 "낙랑태수"라는 공식적인 직함이 처음으로 부여되는 대목이 그가 모용외에게 귀순한 다음부터라는 점에 주목해야 할 것이다. 그렇게 본다면, 낙랑군은 장통의 이탈과는 무관하게 그 자리에 계속 존재하고 있었다고 볼 수밖에 없다.

강단 학자들이 생각하기에도 "1,000여 가"의 이탈만으로 낙랑군이 붕괴했다는 것이 궁색한 논리라는 생각이 들었던지 최근에는 전술을 바꾸어 이렇게 둘러댄다.

> … 장통이 데리고 간 천여 가와 8,600여 호의 차이는, 이덕일 등이 주장하는 엄청난 괴리와는 거리가 멀다. 8,600여 호 가운데 천여 가가 도망갔다면 충분히 많이 도망간 것이고 이들로 군을 설치해 '교군'이라 했다는 것도 상식적으로 납득할 수 있는 일이다.[2]

---

2) 젊은역사학자모임, 《한국고대사와 사이비역사학》, 제289쪽, 역사비평사, 2017.

이런 식의 주장은 객관적이거나 과학적인 논증이 아니라 너무도 가소롭고 수준낮은 말장난일 뿐이다. 논증은 실종되고 무성의한 말장난과 악의적인 언어폭력, 구차한 자기합리화만 난무하는 그런 책이 영향력 있는 출판사를 통하여 버젓이 활자화된다는 것 자체가 국내 인문학이 왜 빈사 상태로 치닫고 있는지 여실하게 보여 주고 있다고 본다.

앞서 인용했듯이,《진서》〈지리지〉'평주'조에 제시된 함녕 2년(276)의 호구 데이터에 근거할 때, 낙랑군은 당시 3,700호를 보유하고 있었다. 한때 속현이었던 4,900호의 대방군보다 더 쪼그라들어 있었던 셈이다. 그 호구수가 장통 때에 이르러 다시 증가했는지에 관해서는 관련 데이터가 없으니 확인할 길이 없다. 그러나 3,700호가 그대로 유지되었다고 해도 장통이 그중에서 "1,000여 가"를 데리고 낙랑군을 이탈했다면 1호당 10명으로 칠 때 거의 1만 명에 육박하므로 "충분히 많이 도망간 것"은 확실하다. 그러나 그렇다고 해도 그것이 평양의 낙랑군을 붕괴시킬 정도로 결정적인 타격 요인이 되었다고 단정하기에는 역부족이다.

장통의 "1,000여 가"가 낙랑군을 탈출했다고 하더라도 그 인원을 제외한 3,700호는 그 자리에 그대로 잔류한 셈이다. 모용외에게 귀순한 장통은 당시 낙랑 인구의 25%밖에 되지 않는 "1,000여 가"를 데려가고도 "낙랑태수"가 되었다. 그런데 그보다 거의 3배가 많은 2,700호가 낙랑군에 그대로 남아 있었다면 진나라 조정이 굳이 멀쩡한 군을 강제로 없앨 이유가 없는 것이다. 역사적으로 한 군의 백성들이 조정에 맞서서 반란이라도 일으켜서 그 죗값으로 군이 철폐되고 백성들이 다른 곳으로 뿔뿔이 안치되는 경우는 비슷한 사례를 더러 찾아볼 수 있다. 그러나 장통의 탈출은 그런 경우도 아니다. 이 경우는 적국인 고구려의 공격을 받다가 극히 일부만 군을 탈출한 경우일 뿐인 것이다.

더욱이 장통은 당시 현직 관리도 아니어서 낙랑군이나 대방군에 대하여 실정법상으로 아무런 대표성이나 실권도 가지지 않은 인물이었다. 그런 인물이라면 1,000여 가가 아니라 그 주민 전부를 다 데리고 탈출한다고 해도 낙랑, 대방 두 군의 존폐에 아무런 영향력도 행사할 수가 없었을 것이다. 장통의 망명 자체가 곧 낙랑군의 멸망, 또는 낙랑군의 교치라는 논리는 한마디로 어불성설일 뿐이다. 그런 상황에서 진나라 조정이 아직도 2만 7,000명 가까운 인구가 남아 있는 낙랑군을 강제로 철폐한다는 것이 말이 되는 소리인가?

또, 아무리 가세가 기울었더라도 행정적 생명력이 붙어 있는 기존 군의 존재를 무시하고 난데없이 거기서 수천 리나 떨어진 곳에 따로 '교군'을 둔다는 것도 앞뒤가 맞지 않는 소리이다. 그렇게 따진다면 원래의 낙랑군 백성들은 허깨비라도 된다는 이야기인가? 그런 의미에서 장통의 망명 이후에도 3만에 가까운 인구가 그대로 남아 있는 상황에서 당초의 군을 없애고 그보다 1/4 수준의 "1,000여가"만으로 똑같은 이름의 '교군'을 따로 설치했다는 주장이 "상식적으로 납득할 수 있는 일"이라고 여기는 강단 학자들의 발상이야말로 상식적으로 납득하기 어렵다.

5) 장통의 귀순은 313년에 일어나지 않았다

낙랑군의 위치 또는 교치 문제를 연구하는 과정에서 학자들이 각별히 유념해야 할 것이 있다. 그것은 1차 사료나 문헌자료들을 번역, 이해하는 과정에서 오독이나 오역이 발생할 소지를 없애는 일이다. 정사의 원문을 잘못 이해하거나 잘못 번역하게 되면 자칫 역사적 사건의 인과관계나 전후 맥락을 전도시킬 수 있다. 그렇게 되면 역사를 해석하는 과정에서 자신도 모르게 엄청난 왜곡을 범할 수도 있다. 첫 단추를 제대로 끼워야 한다는 말도 그래서 나온 것이리라.

'단장취의(斷章取義)'라는 한자성어가 있다. 글쓴이의 당초 의도와는 다르게 어떤 글에서 필요한 부분만 인용을 하거나 자기 본위로 멋대로 해석하는 것을 두고 하는 말이다. 《자치통감》의 해당 부분을 정독한 결과, 강단학자들이 장통 귀순 기사에서 '단장취의'를 저질러 이 부분의 맥락을 자신들에게 유리하게 멋대로 조작했다는 사실을 알게 되었다. 이 문제의 본질을 똑바로 알려면 장통 귀순과 관련된 《자치통감》의 문제의 기사 즉 〈진기 10(晉紀十)〉 '효민황제 상-건흥 원년(孝愍皇帝上-建興元年)'조 부분을 다시 한 번 확인할 필요가 있다.

그동안 강단 학자들은 대부분 자신의 낙랑평양설과 낙랑교치설을 증명할 때마다 이 기사를 인용해 왔다. 물론, 그 내용만 놓고 말한다면 웬만한 사람들은 모두 이 기사가 낙랑군의 존폐를 화두로 삼은 기사라고 확신할 것이다. 저자도 처음에는 책마다 이 부분만 인용하기에 이 기사가 313년 낙랑군의 멸망과 교치를 주제로 다룬 기사인줄 알았다.

그러나 그것이 아니었다! 기사의 원문을 직접 확인해 본 결과, 장통의 귀순은 313년에 발생하지도 않았고, 사마광이 그 부분을 언급한 의도 역시 엉뚱한 데에 있었다. 먼저, 해당 기사의 구성을 살펴보면 대략 다음과 같다.

춘 정월 - 유총이 서진 회제에게 푸른 옷을 입히고 술을 따르게 함
    2월 - 유총이 회제를 살해하고 대사면을 내림
    3월 - 유총이 황후를 책봉하고 난유를 서이교위로 임명함
하 4월 - 민제가 즉위하자 석륵이 업성을 공격함
      〈당초1〉, 〈당초2〉
    5월 - 일련의 군사작전. 유총이 석륵을 시중, 정동대장군으로 삼음
    6월 - 유곤이 의로와 함께 유총 공격을 모의하고 오환은 왕준에 반기를 듦
추 7월 - 일련의 군사작전. 민제가 사마예에게 중원에서 회합할 것을 명함
    8월 - 사마예가 공무를 핑계로 북벌을 회피함

〈당초3〉, 〈당초4〉

　9월 - 일련의 군사작전.

동 10월 - 도간이 패전하자 왕돈이 그 직책을 박탈함

　11월 - 왕준이 모용외를 두둔하는 한함을 죽인 후 세력이 약화됨

　12월 - 왕자춘이 왕준에게 황제로 즉위할 것을 권하고 석륵의 속임수에 넘어간 왕준은 그를 신임하다가 붙잡혀 죽음을 당함 …

이 기사에서는 '건흥 원년' 한 해 동안 유총(劉聰)이 진나라 회제(懷帝)를 죽이고 황제가 되고 그 휘하에 있던 석륵이 독자 세력을 키워 나가던 중 당시 동북방 최대의 실세이던 왕준을 살해하는 과정이 차례로 소개되고 있다.

편년체(編年體) 정사의 성격에 걸맞게 이 해의 각 달에 발생한 사건, 상황들이 시간 순서대로 제법 상세하게 소개되어 있다. 이 기사에는 4월과 8월 부분에서 각 달의 본문과는 별도로 "당초에[初]"로 시작되는 내용이 두 대목씩 추가되고 있다. 장통 귀순 관련 내용이 다루어져 있는 대목은 4월 기사 속에 삽입된 〈당초2〉 부분이다.

여름인 4월, …

… 왕준은 조숭을 보내 군사들을 독려하면서 역수에 주둔하게 한 후 단질육권을 불러 그와 같이 석륵을 칠 생각이었다. 그런데 질육권이 오지 않자 왕준은 화가 나서 거액으로 탁발의로를 매수하는 한편 모용외 등에게 격문을 보내 질육권을 함께 토벌할 것을 요청하였다. 탁발의로는 우현왕 육수를 파견하여 병력을 거느리고 그와 회동하게 했으나 질육권에게 패하였다. 모용외는 모용한을 파견하여 단씨를 공격하고 도하, 신성을 얻고 양락에 이르렀으나 육수가 패했다는 소식을 듣고 귀환하고 모용한은 그 일로 남아 도하의 벽청산에 주둔하였다.

■ 당초에 중원의 사대부와 백성들 중에서 난리를 피하려는 이들은 북쪽

의 경우 왕준에게 의탁하는 경우가 많았으나 왕준은 그들은 남기고 어루만지는 데에 능하지 못한 데다 정사와 법률이 서지 않은 탓에 사대부와 백성들은 매번 다시 그를 떠나는 일이 많았다. 단씨 형제는 그저 무예와 용맹만 숭상한 탓에 사대부를 예우하지 않았다. 오로지 모용외만은 정사에 밝고 인재들을 아꼈던지라 사대부나 백성들 다수가 그에게 귀순하곤 하였다. …

배억은 다스림에 철학이 있어서 창려태수가 되었고 형 배무는 현토태수가 되었다. 배무가 죽자 배억은 조카 배개와 함께 형의 시신을 운구해 돌아가는 길에 모용외의 본거지를 지나게 되었는데 모용외가 그를 경건하게 예우하고 떠날 때에는 노자까지 후하게 보태 주었다. 요서까지 갔을 때 길이 통하지 않자 배억이 발길을 돌려 모용외에게 투신하기로 결심하였다. … 도착하자 모용외가 몹시 기뻐하였다.

양탐은 청렴하고 강직한 데다 침착하고 민첩하여 요서태수가 되었다. 모용한이 단씨를 양락에서 무찌르고 그를 사로잡았는데 모용외가 그를 예우하여 중용하였다.

유수, 방이, 송석은 모두 일찍이 창려태수를 지냈는데 황홍과 함께 계에서 피신했다가 나중에 모용외에게 귀순하였다.

왕준이 여러 번 친서를 써서 유수의 형 유창을 부르기에 … 마침내 그를 따랐으나 결국 왕준과 함께 죽고 말았다.

송해는 평원 출신 두군, 유상과 함께 처음에는 왕준에게 의탁했다가 다시 단씨에게 의탁했지만 모두가 의탁하기에 미흡하다고 여기고 객지 생활을 하는 여러 인사들을 이끌고 함께 모용외에게 귀순하였다.

동이교위 최비는 황보급을 '장사'로 초빙하려고 깍듯한 말투로 설득했으나 도무지 그를 불러들일 방법이 없었다. 그러다가 모용외가 그를 부르자 황보급은 아우 황보진과 즉시 함께 달려갔다.

요동인 장통은 낙랑, 대방 두 군을 근거지로 삼고 있었는데, 고구려의 왕

을불리와 서로 공격하면서 해가 바뀌어도 해결될 기미를 보이지 않았다. 낙랑인 왕준의 설득으로 (장통이) 그 백성 1,000여 가를 이끌고 모용외에게 귀순하니 모용외가 그를 위하여 낙랑군을 설치해 주고 그 일이 계기가 되어 장통을 태수로 삼고 왕준에게는 군사 관련 참모를 맡게 하였다. ■
夏, 四月, …

… 王浚使棗嵩督諸軍屯易水, 召段疾陸眷, 欲與之共擊石勒. 疾陸眷不至, 浚怒, 以重幣賂拓跋猗盧, 并檄慕容廆等共討疾陸眷. 猗盧遣右賢王六修將兵會之, 爲疾陸眷所敗. 廆遣慕容翰攻段氏, 取徒河, 新城, 至陽樂, 聞六修敗而還, 翰因留鎭徒河壁靑山.

■ 初, 中國士民避亂者, 多北依王浚, 浚不能存撫, 又政法不立, 士民往往復去之. 段氏兄弟專尚武勇, 不禮士大夫. 唯慕容廆政事修明, 愛重人物, 故士民多歸之. …

裴嶷淸方有干略, 爲昌黎太守, 兄武爲玄菟太守. 武卒, 嶷與武子開以其喪歸, 過廆, 廆敬禮之, 及去, 厚加資送. 行及遼西, 道不通, 嶷欲還就廆. … 旣至, 廆大喜.

陽耽淸直沈敏, 爲遼西太守. 慕容翰破段氏于陽樂, 獲之, 廆禮而用之.

游邃, 逄羨, 宋奭, 皆嘗爲昌黎太守, 與黃泓俱避地于薊, 後歸廆.

王浚屢以手書召邃兄暢, … 邃從之, 卒與浚俱没.

宋該與平原杜群, 劉翔先依王浚, 又依段氏, 皆以爲不足托, 帥諸流寓同歸于廆.

東夷校尉崔毖請皇甫岌爲長史, 卑辭說諭, 終莫能致, 廆招之, 岌與弟眞卽時俱至.

遼東張統據樂浪, 帶方二郡, 與高句麗王乙弗利相攻, 連年不解. 樂浪王遵說統帥其民千餘家歸廆, 廆爲之置樂浪郡, 以統爲太守, 遵參軍事. ■

이 부분을 자세히 보면 장통의 귀순이 발생한 해는 우리가 그동안 알고 있었던 '건흥 원년' 즉 서기 313년이 아니라는 사실을 눈치챌 수 있다. 위의 인용 내용은 '건흥 원년' 4월 기사의 한 부분이다. 문제의 장통 관련 내용은 "당초에[初]"로부터 시작되는 대목의 맨 마지막 부분에서 언급된다. 여기서 분명히 알아야 할 것은 "당초에"로부터 "장통을 태수로 삼고 왕준에게는 군사 관련 참모를 맡게 하였다"까지, 즉 "■ … ■"로 표시된 부분의 내용은 313년에 발생한 사건들과는 전혀 무관하다는 사실이다!

여기서 사용된 "처음 초(初)"의 성격에 관해서는 《좌전(左傳)》〈은공 원년(隱公元年)〉조의 기사인 "당초에 정나라 무공이 신나라에서 부인을 맞았는데, 이름이 '무강'이었다(初, 鄭武公娶于申, 曰武姜)"에 대한 학자들의 주석을 통하여 확인할 수 있다. 후한대 경학자이자 천문학자였던 가규(賈逵: 174~228)는 "처음 초"의 성격에 관하여 다음과 같이 설명하였다.

'당초'라고 하는 경우는 모두 일이 발생한 해가 지나서 나중에 어떤 식으로든 결과가 나오면 그것으로 결론을 내린다는 뜻에서 '당초'라고 한다.
凡言初者, 隔其年後有禍福, 將終之, 乃言初也.

서진의 학자이자 정치가였던 두예(杜預: 222~285) 역시 "처음 초"에 대하여 "그 일로 거꾸로 돌아가는 경우는 모두 '당초'라고 한다(凡倒本其事者 皆言初也)"라고 설명하였다. 1993년 중국 각지의 1,000여 명의 전문가들이 참여해 편찬된 중국 최대의 한자어 사전인 《한어대사전(漢語大詞典)》에서도 이렇게 사용된 "처음 초"에 관하여 다음과 같이 소개하고 있다.

지난 일을 돌이켜 기술하는 데에 사용하는 표현으로, 문장 앞머리에 사용한다.
用作追敘往事之詞, 用於句首.

말하자면, "처음 초"는 그 기사가 작성된 시점이 아니라 그보다 이전에 발생한 사건을 회상하는 대목에서 관용적으로 사용하는 표현인 것이다. 그렇다면 이렇게 추가되는 내용들은 일종의 '후일담'이나 '에피소드' 형식으로 삽입된 것으로 이해해야 한다. 즉, 보통은 본문의 내용과 무관하게 편찬자(사마광) 개인이 본문에 언급된 사건에 대하여 사견을 피력한다거나 그 사건의 배경을 설명하거나 맥락을 부연하는 기능을 수행하는 셈이다. 그렇다 보니 각 달의 기사 본문과는 확연하게 구분된다.

이 정도 설명을 하면 눈치가 빠른 사람들은 무슨 말인지 금방 감을 잡을 것이다. 그렇다. 《자치통감》 '건흥 원년' 조의 4월 기사는 "당초에" 직전의 것들인 것이다. 왕준(王浚: 251~314)이 석륵(石勒)을 치기로 하고 단질육권(段疾陸眷)을 호출했으나 호응하지 않자 탁발의로(拓跋猗盧)에게 단질육권 토벌을 요청하고, 그 결과 탁발의로는 단질육권에게 패한 반면, 모용외는 모용한(慕容翰)을 보내 단씨의 도하(徒河), 신성(新城)을 얻고 양락(陽樂)까지 진출한 후 도하의 벽청산(壁青山)에 주둔한다. 이 일련의 사건들은 모두 건흥 원년 4월에 발생한 역사적 사실임이 분명하다.

그러나 "당초에"로 시작되는 〈당초2〉 부분, 즉 "■ … ■"로 표시된 부분은 그 성격이 상당히 다르다. 이 부분에 등장하는 인물들과 그 일화들은 사마광이 모용외의 '명군(名君)'으로서의 이미지를 부각시키려는 자신의 의도에 따라 건흥 원년 4월의 사건들을 다룬 본문과는 별도로 새로 삽입한 '에피소드' 또는 '후일담'이다. 대부분이 '건흥 원년'에 발생한 사건들이 아닌 셈이다.

10여 명의 인물이 출중하고 포용적인 모용외에게 귀순하는 일화들과 함께 장통의 귀순을 언급한 〈당초2〉의 주안점은 백성들을 사랑하고 사대부들을 중용하는 '명군(明君)'으로서의 모용외의 이미지를 소개하고 부각시키는 데에 맞추어져 있다. 단순히 낙랑의 멸망이나 교치라는 역사적 사실을 기술하는 데에 있지 않은 것이다. 실제로, 당시 유주 지역에서 막강한 세력을 구축하고 있었던 왕준이 석륵에게 죽음을 당한 시점은 건흥 2년 즉 314년으로,《자치통감》의 기사보다 1년이 지나서였다. 또, 위에서 유수(游邃), 방이(逄羨), 송석(宋奭) 등과 함께 언급된 황홍(黃泓) 역시 유주, 즉 계 땅에 피신한 시점은 "영가 연간의 난리"가 발생한 영가(永嘉) 5년(311)으로, 건흥 원년보다 2년 전이었다.

모용외의 측근이 되는 배억(裴嶷)의 경우도 마찬가지이다. 당시 창려태수이던 그는 현토태수이던 형이 죽자 현토로 가서 그 형의 시신을 운구하여 귀향하던 중 모용외의 인품에 감동하여 요서까지 갔다가 도로 돌아와 귀순했다고 알려져 있다.

강단 학계에서는 당시의 현토군을 지금의 요령성 무순(撫順) 지역으로, 모용외의 근거지는 요령성 금주(錦州) 일대로 비정한다. 그렇다면 배억이 현토군에서 운구를 시작한 날로부터 모용외에게 최종적으로 귀순할 때까지 발생하는 모든 상황은 절대로 한 달 내에 완료될 수 없다. 현재 무순에서 금주까지의 고속도로 직선거리가 282km이다. 만일 '요서'를 지금의 하북성 풍윤(豐潤) 정도로 잡을 경우 금주에서 풍윤까지의 거리는 326km이다.

그렇다면 배억은 '요서'에서 도로 금주로 되돌아와서 귀순한 셈이 되므로 여기에 새로 326km를 추가하면 그는 운구일로부터 귀순일까지 적어도 934km를 이동한 셈이다. 삼국시대(위)에는 1리가 435m 정도였으므로 934km라면 대략 2,147리 정도 된다. 당시에는 터널이나 교량 따위는 아예 존재하지 않았다. 따라서 우회해서 이동한 거리까지 합치면 실제로 그가 이동한 거리는 아마 2,147리보다 최소한 1.5~2배 먼 3,000~4,000리는 족히 되었을 것이다.

《한서》〈남만서남이열전(南蠻西南夷列傳)〉에 따르면, 한대에는 군대가 하루에 30리를 이동했다고 한다. 이 데이터를 적용하면 배억은 이동하는 데에만 133일, 즉 꼬박 4개월이나 되는 시일을 소요한 셈이다. 그럴 경우 설사 그의 귀순이 4월에 이루어졌다고 하더라도 그가 현토군을 출발한 시점은

313년 연초이거나 그보다 더 이른 312년 연말이었다는 소리가 된다. 배억의 경우만 그런 것이 아니다. 이 기사에 함께 언급된 다른 인물들도 모용외에게 귀순하기까지는 물리적으로 소요되는 시일이 한 달 이상이나 된다. 이런 식으로 따지면 "■ … ■" 부분에 언급된 내용들이 건흥 원년 4월에 한꺼번에 일어났을 가능성은 상당히 낮을 수밖에 없다.

물론, "■ … ■" 부분에 언급된 인물들이 모용외에게 귀순하기 직전에 각자 체험한 상황들은 건흥 이전의 사건들이더라도 모용외에의 귀순이 모두 건흥 원년에 발생했을 개연성이 전혀 없는 것은 아니다. 백번 양보해서 10명이 넘는 이들의 귀순이 건흥 원년 4월에 동시에 완료되었다고 하더라도 문제는 여전히 남는다.

단 한 달 동안 배억, 양탐, 유수, 방이, 송석, 황홍, 유창, 송해, 두군, 유상, 황보급 형제, 장통과 왕준 등 10명이 차례로 모용외에게 귀순했다고 해도 거의 사흘 간격으로 한명씩 귀순했다는 이야기가 되기 때문이다. 그러나 상식적으로 따질 때 그 같은 상황이 발생했을 가능성은 거의 제로에 가깝다. 따라서 그들의 귀순은 '영가 연간의 난리'가 발생한 영가 5년(311)부터 건흥 원년 직전, 즉 영가 6년 말(313) 사이에 일어났을 가능성이 높다.

그렇다면 장통의 귀순도 313년이 아니라 그보다 이전에 이루어졌다고 보는 것이 순리이다. 즉, 장통이 모용외에게 귀순한 사건은 《삼국사기》 '미천왕 1년'조의 내용과는 서로 별개의 사건으로 이해해야 하는 것이다.[3] 낙랑의 멸망 또는 교치와 연결시키려야 연결시킬 수가 없다는 뜻이다. 그렇다면 장통이 모용외에게 귀순한 사건은 낙랑군의 멸망 또는 교치와는 아무 상관이 없는 별개의 사건일 수밖에 없다. 같은 맥락에서 그가 탈출했다는 낙랑군 역시 평양이라고 보아야 할 당위성도 없는 셈이다.

---

[3] 같은 맥락에서 낙랑군의 멸망 또는 교치와 장통의 귀순 사이의 관계 역시 이 기사를 오독한 강단 학자들의 자의적인 확대 해석이자 망상일 뿐 역사적 진실과는 무관하다고 보아야 **옳다**.

6) 왕준의 '역주행' 낙랑 피난은 언제 이루어졌나

《자치통감》에서 장통이 왕준의 조언에 따라 모용외에게 귀순하는 시점은 이보다 약간 뒤인 313~314년 사이라는 것이다. 이 시점에 관한 한 강단 학자들의 입장은 대단히 확고해 보인다.

> 미천왕 14년(313) 겨울 10월에 낙랑군을 침범하여 남녀 2,000여 명을 포로로 잡았다. … 15년(314) 가을 9월에 남쪽으로 대방군을 침범하였다.[4] … 이는 … 고구려가 장통의 낙랑군, 대방군 세력을 제압한 사실을 전해준다. 장통은 왕준의 설득도 있었지만, 고구려의 남진에 압박을 받아 모용선비에 귀부하였던 것이다. … 이상을 통해 살펴본 것처럼 낙랑군은 4세기 전반 대동강 유역에서 요서 지역으로 교치되었고, 5세기 전반 요서 지역에서 롼허강 유역으로 교치되었다. 그러므로 후대의 문헌에서 낙랑군 또는 그와 관련된 지명이 롼허강 유역에 보인다고 해서 이를 한사군과 직접 연관시키기는 어렵다.[5]

그들은 '평양의' 낙랑군이 고구려에 멸망한 것이 313~314년 무렵, 그리고 대동강에서 요서 지역으로 낙랑군이 교치되는 시점은 "4세기 전반"이라고 당당하게 주장하고 있다. 문제는 313년 멸망과 4세기 전반 교치라는 주장이 무슨 근거에 입각해서 도출된 것인지 알 수가 없다는 것이다. 저자가 그동안 뒤지고 조사해 본 바에 따르면, 그 같은 강단 학계의 논리는 전혀 사실무근이다. 그들끼리 책상 밑에서 자기들 멋대로 허구해 낸 '공상소설'일

---

4) 《삼국사기》 권17 〈고구려본기5〉.
5) 젊은역사학자모임, 같은 책, 제108쪽.

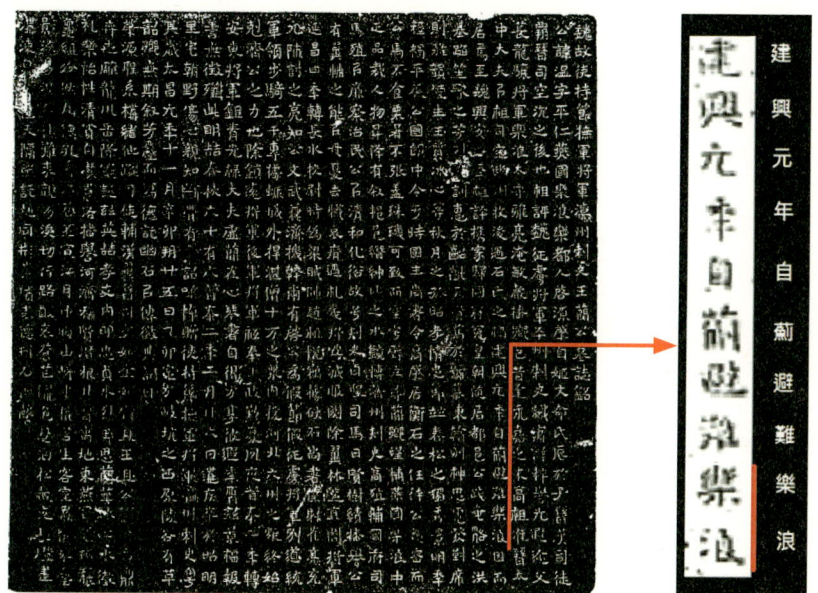

〈왕준 일족의 낙랑 '역주행' 사실을 소개한 왕온의 묘지명. 확대된 부분에는 왕준 일족이 "건흥 원년에 계현에서 낙랑으로 피난했다"고 적혀 있다〉

뿐인 것이다. 그들의 주장이 역사적 사실이 아니라 그저 공상의 산물이라는 것을 뒷받침해 주는 물증은 '왕온 묘지명(王溫墓誌銘)'이다.

왕온 묘지명은 5~6세기 북위의 명장인 왕온(王溫)이 생전에 세운 업적을 기리기 위하여 만든 것으로, 1989년 중국 낙양 망산(邙山) 조양향(朝陽鄉) 서구촌(西溝村)에서 일련의 부장품들과 함께 발견되었다. 이 묘지명의 첫머리에는 왕온 집안의 내력이 아주 상세하게 소개되어 있었다.

> 공은 휘가 온이고 자가 평인으로 연나라 낙랑군 낙도 사람이다. 가계는 희씨 성의 주나라 문왕으로부터 비롯되고 자씨 성의 진나라 때부터 분파되었다. 한나라 사도 패, 진나라 사공 침의 후예이다. 조부 평은 (북)위의 정로장군, 평주자사를 지내고 … 부친 장은 용양장군, 낙랑태수를 지냈다. … 지난날 영가 연간의 난리를 만났을 때 고조부 준은 진나라의 태중대부였

는데 그 조부인 사공 유주목 준이 석씨로 말미암아 재앙을 당하매 건흥 원
년에 계현으로부터 낙랑으로 피난했다가 그 일이 계기가 되어 그곳에 정
착하였다. (북)위 홍안 2년에 조부인 평이 가솔을 이끌고 귀국하여 조정에
서 요직을 맡으면서 (그를) 따라서 도읍에 정착하기에 이르렀다. …

公諱溫, 字平仁, 燕國樂浪樂都人. 啓源肇自姬文, 命氏分于子晉. 漢司徒霸,
晉司空沉之後也. 祖評, 魏征虜將軍平州刺史. … 父蕇, 龍驤將軍樂浪太守.
… 昔逢永嘉之末, 高祖准, 晉太中大夫, 以祖司空幽州牧浚遇石氏之禍, 建興
元年自薊避難樂浪, 因而居焉. 至魏興安二年, 祖評携家歸國, 冠冕皇朝, 隨居
都邑. …

그 내용에 따르면, 북위 연국 낙랑군 낙도현 출신인 왕온은 6대조로 3세
기 말부터 진나라에서 사공(司空), 유주자사(幽州刺史) 등을 지내고 동북방
의 실세이던 왕준이 건흥 원년에 석륵에게 죽음을 당하자 그 손자로 왕온
의 고조부 되는 또 다른 왕준(王准)이 고향이던 계현에서 낙랑군으로 피난
한 것이 계기가 되어 거기에 정착하면서 "낙랑 왕씨"로 분파했다고 한다. 그
로부터 200년이 지난 북위 흥안 2년(452)에 왕온의 조부인 왕평(王評)이
북위의 문성제(文成帝) 탁발준(拓跋濬: 440~465)의 회유를 받아들여 다시
중원 지역으로 돌아와 북위의 도읍이던 낙양에 정착했던 것으로 보인다.

묘지명에 등장하는 왕온의 6대조 왕준(王浚: 252~314)은 당시 명문가이
던 '태원 왕씨'라는 대단한 집안 배경 덕분에 '박릉공(博陵公)'이라는 작위
를 세습하는 한편 원외산기상시(員外散騎常侍), 우군장군(右軍將軍) 등을
역임하였다. 나중에는 영북장군(寧北將軍), 청주자사(青州刺史)에 임명되어
북방에 장기적으로 주둔하면서 선비, 오환 등의 북방민족들을 통제하는
일을 전담하였다.

그는 정치적 판단에 노련하여 혜제(惠帝)와 회제(懷帝)의 옹립에 큰 공
을 세우고 표기대장군(驃騎大將軍) 도독동이하북제군사(都督東夷河北諸軍

事), 영유주자사(領幽州刺史)를 지냈다. 또, 영가 원년(307)에는 사공으로 승진한 후 오환교위(烏桓校尉)까지 겸직하였다. 그러다가 영가 5년(311) "영가 연간의 난리"가 발생하여 천하가 무주공산으로 변하자 그 기회를 이용하여 자신의 영향력을 강화하고 급기야 조정의 권력을 농단하기 시작하였다. 그러나 자신에게 충성을 맹세한 갈족(羯族) 출신의 군벌인 석륵을 신임했다가 건흥 2년(양력으로 314), 석륵에게 사로잡혀 본인은 물론 휘하의 정예 병력 1만 명까지 모두 주살되었다. 당시 손자이자 왕온의 고조부이던 또 다른 왕준의 낙랑군 피신과 정착은 바로 이 같은 정치적 배경 속에서 이루어진 사건이었다.

여기서 "건흥"이라면 진나라 민제(愍帝) 사마업(司馬鄴: 300~318)이 사용한 연호로, 서기로는 313년 4월부터 317년 3월까지에 해당한다. 또, "홍

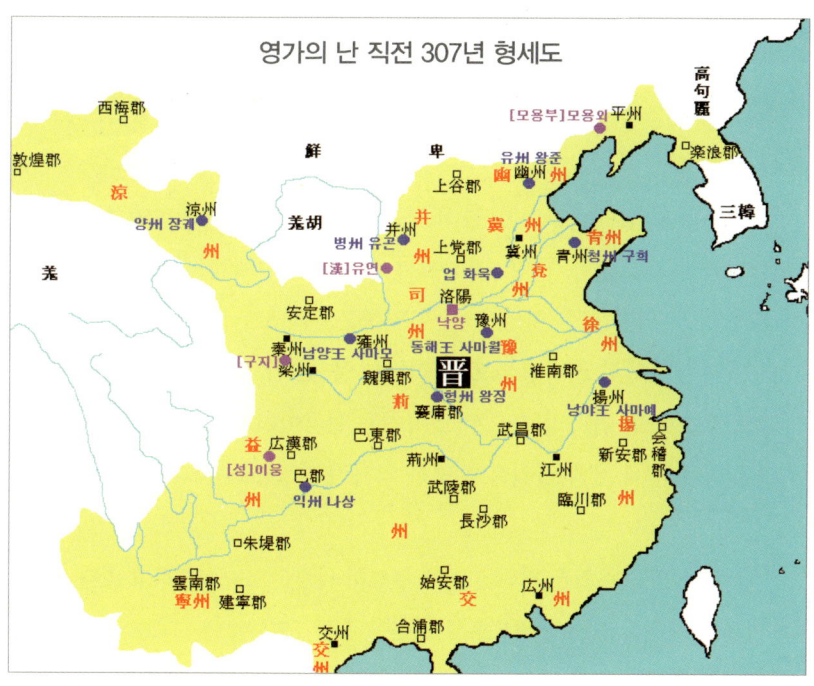

〈중국에서 제작된 4세기 초 중국 북방의 형세도. 진나라 영토에 한반도가 포함된 것은 잘못이다〉

안"은 북위의 문성제 탁발준이 사용한 연호로, 서기 452년 2월부터 454년 7월까지에 해당한다. 그런데 "건흥 원년"에 낙랑군에 정착했다면 313년에 계현에서 낙랑군으로 이주한 셈이다. 한 번 더 강조한다.

왕준 일가는 서기 313년에 '낙랑군에서 계현으로'가 아니라 '계현에서 낙랑군으로' 이주한 것이다!

무엇인가 좀 이상하지 않은가? 강단 학계의 논리대로라면 낙랑군은 당시 고구려와 몇 년째 군사충돌을 벌이면서 "남녀 2,000명"이 포로로 잡혀가고 그곳에서 할거하던 장통은 "백성 1,000여 가"를 데리고 탈출할 정도로 정치, 군사적으로 풍전등화의 위기를 맞고 있는 불안한 상황이었다. 그런데 당시 누구보다도 동북방의 정세에 관한 정보를 많이 쥐고 있었을 왕준의 손자인 또 다른 왕준은 한 발자국만 접근해도 목숨이 달아나거나 자칫 고구려의 포로가 될지도 모르는 그런 전쟁터에 자진해서 뛰어들었다는 것이다.

당시 남들은 살아남기 위하여 또는 노예가 되지 않기 위하여 모두 낙랑군을 탈출하고 있었다. 낙랑, 대방에서 결국 모용외에게 귀순한 장통도 그런 경우인 것이다. 그런 마당에 왕씨 일족은 거꾸로 낙랑이 안전하다고 여기고 피난을 한답시고 낙랑군으로 '역주행'을 했다? 이건 뭔가 이상하다. 그야말로 스스로 범 아가리 속으로 들어가는 형국이기 때문이다. 그럼에도 불구하고 다음의 세 가지 사건은 분명한 역사적 사실(fact)이다.

① 왕준 일족은 건흥 원년(313)에 결연히 낙랑군으로 이주하고 있다
② 그 가문이 다시 중원으로 귀환하는 흥안 2년(452)까지 200년 동안 "그곳에 정착해 지냈다"
③ 그것이 계기가 되어 당초 '태원 왕씨'였던 이들이 자신들의 본향을 아예

'낙랑'으로 바꾸었다

눈치가 빠른 사람들은 이 일련의 상황들이 무엇을 말해 주고 있는지 진작에 깨달았을 것이다. 그렇다. 한중일 세 나라의 강단 학계가 집요하게 주장하는 것과는 달리, 낙랑군은 멸망하지 않았던 것이다! 멸망하지 않았으니 자연히 그 자리에서 축출되었을 리도 없었다. 일단 여기서 우리가 확실하게 알 수 있는 것이 하나 있다. 한 무제가 설치한 낙랑군의 당초 위치가 평양이냐 금주냐 노룡이냐는 일단 제쳐 놓도록 하자. 어쨌든 간에 낙랑군은 한 무제에 의하여 군이 처음 설치되었던 그 자리에 그대로 붙박혀 452년까지 그대로 존속되고 있었다는 사실이다!《위서》〈지형지(地形志)〉를 보면 다음과 같은 기록이 보인다.

낙랑군
(전한 무제 때 설치되고 전후한과 진대에는 '낙랑'으로 부르다가 나중에 개명했으나 철폐되었다. 정광 연간 말기에 다시 설치되었으며 치소는 연성이다)
2개 현을 이끌며 세대는 219호, 인구는 1,008명이다.
영락현(정광 연간 말기에 설치되었으며 조산이 있다)
대방현(전후한 때 속했으며 진대에는 대방군에 속했다가 나중에 철폐되었다. 정광 연간 말기에 다시 속하게 되었다)
樂良郡
(前漢武帝置, 二漢, 晉曰樂浪, 後改, 罷. 正光末復, 治連城)
領縣二, 戸二百一十九, 口一千八
永洛(正光末置, 有鳥山), 帶方(二漢屬, 晉屬帶方, 後罷. 正光末復屬)

군의 이름만 보아서는 '낙랑(樂良)'이다 보니 우연히 비슷한 이름과 글자를 가지게 된 '동명이군'이 아닌가 싶은 생각이 들기도 한다. 그러나 진대에 명칭이 바뀐 연혁이나 그 속현으로 '대방'이 들어 있는 것을 보면 이 "낙랑군"이 전한대의 그 낙랑군과 동일한 행정구역임을 알 수 있다. "정광(正光)"이라면 북위의 효명제(孝明帝) 원후(元詡: 510-528)가 재위 기간 동안 사용한 3번째 연호로 서기 520~525년에 해당한다. "낙랑군"이 정광 연간 말기에 "다시 설치되었다"라는 기록은 다음의 두 가지 사실을 시사해 준다.

① 북위 왕조에서 이 이전에도 '낙랑군'이 존재한 바 있다
② '낙랑군'이 이 이후로도 한 동안 존속되었다

《위서》〈지형지〉의 이 짧은 기사 몇 줄만으로도 북위라는 왕조가 존재하는 기간, 즉 서기 386~534년까지 중국에 낙랑군과 함께 대방(현)이 존재하고 있었다는 사실을 알 수가 있다. 그렇다면 313년에 낙랑이 멸망했다는 강단의 주장은 잘못된 것인 셈이다. 근래에 강단의 "무서운 아이들"은 313년 이후의 낙랑, 대방의 존재를 의식해서인지 근래에는 "낙랑군은 4세기 전반 대동강 유역에서 요서 지역으로 교치되었고, 5세기 전반 요서 지역에서 롼허강 유역으로 교치되었다. 그러므로 후대의 문헌에서 낙랑군 또는 그와 관련된 지명이 롼허강 유역에 보인다고 해서 이를 한사군과 직접 연관시키기는 어렵다"는 식의 변명을 늘어놓기 시작하였다. 그러나 그것은 문헌 고증의 ABC도 모르는 어설픈 거짓말에 불과하다.

저 〈지형지〉 기사에서 낙랑군의 연혁을 소개하면서 "전후한과 진대에는 '낙랑'으로 부르다가 나중에 개명했으나 철폐되었다"라고 한 대목에 주목할 필요가 있다. 《위서》〈지형지〉를 작성하던 7세기 사관의 역사지리 인식에 따르면, ① 북위의 낙랑군은 곧 한 무제가 설치하고 전후한은 물론 진대까지 존속한 바로 그 낙랑군이라는 것이다.

또, ② 나중에 이름이 '낙랑군'으로 바뀌기도 하고 도중에 철폐되는 우여곡절을 겪기도 했지만, 정광 연간 말기에 다시 원래의 자리에 설치되고 있다. 게다가 ③ 낙랑군의 속현이었다가 후한대에 하나의 독립된 군으로 승격

되었다가 다시 속현이 되었던 대방 역시 동시에 언급되고 있다는 것. 이 세 가지 사실만으로도 낙랑군은 한 무제가 설치하던 그 자리이며 절대로 '교치'된 것이 아님을 알 수가 있다.

한 무제가 설치한 낙랑군과 6세기 정광 연간의 "낙랑군"은 그 속현과 호구에서 다소 변동이 발생할지는 몰라도 그 자리는 한 번도 옮긴 적이 없는 것이다. 한번 낙랑군은 영원한 낙랑군이라고나 할까? 낙랑군의 위치를 추적하는 과정에서 우리가 만일 "낙랑=평양"이라는 선입견 또는 고정관념만 떨쳐 버린다면 이처럼 중요한 사실을 새로 깨달을 수 있다. 역사적 진실이란 이렇듯 우리 주위에 있기 때문이다.

낙랑군이 원래의 자리를 떠난 적이 없다는 사실은 왕씨 일족이 피난하는 시점을 통해서도 확인할 수가 있다. 《삼국사기》 '미천왕 14년'조에서는 강단 학계에서 낙랑군이 멸망한 시점으로 보는 313년 고구려군이 '평양의' 낙랑군을 침범하여 남녀 2,000명을 포로로 끌고 간 시점을 "가을 10월"이라고 하였다. 그렇다면 양력으로는 313년 11~12월쯤이었을 것이다.

그런데 만일 《삼국사기》와 《자치통감》의 기사, 그리고 강단 소장 학자들의 고증이 정확한 것이라면 우리는 이를 통하여 중요한 사실을 한 가지 알 수 있다. 왕온의 6대조인 왕준이 난리를 피하여 이주해 간 '낙랑군'이라는 곳이 바로 한 무제가 설치한 원래의 그 자리라는 사실이다. 왕온 묘지명에서는 313년에 피난을 간 것이 "계기가 되어 그 군에 정착하였다"라고 하였다. 그렇다면 이 왕씨 일족은 313년 이후에도 계속 그 낙랑군에 정착했고, 거기서 내리 200년을 산 것이다.

즉, 200년 동안 '낙랑인'으로 살았다는 이야기가 되는 셈이다. 그렇게 200년 동안 낙랑 땅을 고향처럼 여기고 살았으니 "낙랑 왕씨"로 불리게 되었던 것이리라. 또, 이들이 "낙랑 왕씨" 또는 "낙랑인"으로 일컬어졌다는 것은 곧 이들이 313년 피난을 간 이후에도 그 지역이 계속 '낙랑'이라는 이름으로 불려졌다는 뜻이다. 그렇다면 강단 학자들의 그간의 주장과는 달리, 낙랑군은 313년에 멸망한 일이 없는 셈이다.

국내에서는 이 왕온 묘지명이 낙랑군이 평양에서 금주로 교치되었다는 강단 학계의 논리를 뒷받침해 주는 중요한 물증으로 애용되고 있다. 그러나 지금까지 위에서 살펴본 것처럼, 그 내용을 자세히 따져보기만 해도 그것이 역설적이게도 낙랑군이 313년에 멸망하거나 축출되지 않고 한 무제가 설치하던 당시의 원래 그 자리에 200년 이상 그대로 붙박혀 있었음을 뒷받침해 주는 훌륭한 근거라는 사실을 확인할 수 있다.

7) 왕준 일가가 정착한 낙랑군은 어디인가

윤용구, 오영찬 등 강단 학자들은 왕준 일족이 그 조부로 당시 유주자사로 있었던 왕준의 임지이자 자신들의 고향인 하북성 계현에서 지금의 평양시로 이주해 왔다고 주장하고 있다. 계현에서 평양시까지는 지금의 고속도로 직선거리로도 1,000km 즉 약 2,000리나 떨어져 있다. 도로 인프라가 제대로 구축되지도 않았던 2,000년 전이라면 실제 거리는 그보다 2~3배는 더 멀었을 것이다. 그런 열악한 도로와 치안 상태에서 요령 지방도 아니고 그 머나먼 한반도 서북쪽까지 이동한다는 것이 가능했을까.

계현에서 낙랑군으로의 피난을 결행한 왕준은 얼마 전까지 동북방의 실세로 황제 즉위까지 앞두고 있던 왕준의 손자였다. 유주 지역에서 그 정도로 대단한 세도를 누리던 가문이었으니 낙랑으로 피난하는 과정에서 그 일족과 행동을 함께한 사람은 한두 명이 아니었을 것이다. 모르긴 몰라도 그 직계 가족만 해도 수십 명은 넘었을 것이다. 거기다가 그들이 부리던 노복과 그 가솔들까지 포함하면 수백 명은 넘는 대대급 인원이었으리라. 장통의 경우에서도 볼 수 있는 것처럼, "영가 연간의 난리"로 각지로 피난을 간 하북 지역의 권문세족들 중에는 그 직계 가족뿐만 아니라 그들이 속한 지역 사회의 백성들까지 데리고 떠나는 경우가 적지 않았다.

당시의 권문세족들은 대부분이 지주였고, 그 지역민들을 일종의 재산으로 인식하는 경우가 많았기 때문이다. 이렇게 대부대가 강남 지역에 이주한 후 설치되는 것이 바로 그 말도 많고 탈도 많은 교군(僑郡)과 교현(僑縣)이다. 당시 실정이 그렇다 보니 아무리 난리를 피한다지만 왕준 일가가 진나라에서 2,000리 이상이나 떨어진 평양시까지 이동한다는 것은 현실적으로 말이 되지 않는 것이다. 현실적으로 최소한 수백 명의 인원이 동시에 2,000리 이상의 먼 거리를 주파한다는 것부터가 물리적으로 만만한 일이 아니라는 점은 일단 논외로 치도록 하자.

군사적인 측면에서 따져 보더라도 말이 되지 않기는 매한가지이다. 강단학계의 주장대로라면 당시 그 지역은 고구려가 북쪽으로는 모용외와 대치하고 남쪽으로는 낙랑군과 "몇 년째" 충돌을 벌이고 있는 상황이었을 것이다. 이런 경우 어떻게든 가문의 안녕을 보장받아야 했던 왕준의 입장에서는 수백 명이 넘는 대부대를 이끌고 평양시까지 이동한다는 것은 현실적으로 불가능했다고 본다.

왕준이 사망하고 계현의 왕씨 일족이 낙랑군으로 이동하던 313년 무렵의 북부 형세를 떠올려 보자. 중국 학계에서는 그 동쪽인 요서 지역에 모용외의 세력이 존재하고 있었다고 주장하고 있다. 중국에서는 '요서'라는 지역명칭을 일반적으로 하북성 동부로부터 요령성 금주 이서까지로 상당히 넓게 상정한다. 그렇다면 이 광대한 영역을 모용외가 장악하고 있었다는 이야기가 된다. 정말 그랬다면 왕준 일가는 굳이 2,000리가 넘는 먼 이역 땅인 평양시까지 피난을 갈 필요가 없었다.

그 넓은 영역에서 세력을 구축하고 있던 모용선비는 당시만 해도 진나라 조정이나 권력층과 제법 호의적인 관계에 있었기 때문이다. 당시는 내실을 키우는 데에 집중하고 있었으므로 정치적으로도 비교적 안정을 유지하고 있었다. 따라서 왕준 일가는 모용외 세력의 본거지를 제쳐 놓고 굳이 그보다 2~3배나 멀리 떨어져 있는 오지인 평양까지 가야 할 이유가 없었으리라.

그 당시 진나라 조정이나 유주자사 왕준과 그런 대로 우호적인 관계에 있었던 모용외의 영역으로 이동하는 것은 큰 문제가 되지 않았다고 치자. 그러나 그곳을 지나면 당시 수시로 낙랑, 대방 등 진나라의 변방 군현들을 침노하여 적국으로 분류되어 있던 동북방의 맹호 고구려가 버티고 있는 상황이었다. 그런 상황에서 수천 리나 되는 고구려 영토를 관통하여 그 아래의 낙랑군까지 이동한다는 것이 현실적으로 불가능하다는 것은 말할 것도 없고 거의 자진해서 범 아가리로 들어가는 것과 다를 바가 없는 미친 짓이었을 것이다.

당시 모용외와 고구려 사이, 고구려와 낙랑군 사이에는 견고하고 삼엄한 전선이 각각 하나씩 형성되어 있는 상황이었다. 그런 상황에서 그들이 어떻게 순조롭게 이동할 수 있었겠는가? 설사 이동이 가능했다고 하더라도 그들이 과연 최종 목적지인 낙랑군에 무사히 안착할 수 있을지는 아무도 장담할 수 없는 일이었다.

〈강단의 논리에 근거할 때 313년 왕온 집안이 낙랑으로 이주한 경로, 상식적으로 생각할 때 왕온 일가가 이주한 낙랑을 평양으로 보는 것이 과연 정확한 추론일까? 지도에서 흰색 지점이 지금의 평양, 주황색 지점은 실제의 낙랑군 추정지〉

이상한 점은 그것뿐만이 아니다. 왕준 일가가 영가 연간의 난리를 피하여 계현에서 낙랑군으로 이주한 해는 건흥 원년, 즉 서기 313년이다. 국내 강단에서 낙랑군이 고구려에 의하여 멸망되었다고 주장하는 바로 그 해인 것이다. 중국에서 '건흥'이라는 연호가 사용된 시점은 313년 4월부터이다. 그렇다면 왕준 일가가 낙랑으로 이주한 것은 313년 4월 이후라는 뜻이다. 만일 왕준 일가가 계현에서 낙랑으로 이주한 시점이 고구려가 낙랑을 멸망시킨 후라면 이들의 낙랑군 진입은 원천적으로 불가능한 일이었을 것이다.

당시 왕준 일가는 진나라에서 고위층 관리를 지내고 있던 상황이었고, 당시 함께 이주한 구성원들도 '최소한' 100명 수준이었을 것이다. 장통 등의 경우를 예로 들면 100명이 아니라 1만 명이라도 얼마든지 가능했을 것이다. 실제로 5호 16국 시대의 정사 기록들을 찾아보면, 북방 호족들이 그런 식으로 대규모로 가솔을 거느리고 피난을 다닌 사례들을 여러 군데에서 찾아볼 수가 있다. 아무리 그렇더라도 여기서는 상식적인 수준에서 일단 100명 수준으로 가정해 보자는 말이다.

하지만 낙랑군을 멸망시키고 가뜩이나 진나라 쪽의 동정에 촉각을 곤두세우고 있었을 고구려가 이런 중대급 인원이 자국 영토를 관통해 지나가는데 그들을 호락호락 통과시키거나 받아주었을까? 지금의 상황과 비교해 보더라도 상식적으로 그것은 불가능한 일이다. 하물며 당시에는 중원을 에워싼 북방민족들 사이에서도 영가 연간의 난리를 틈타서 중원의 요지를 선점하기 위해서 서로 치열한 경쟁을 벌이던 시점이니 그 같은 자유로운 이동이 가능할 리가 없는 것이다.

어쩌면 모용외 세력은 왕준 일가가 자신의 영토를 지나가는 것에 호의적이었을지도 모르겠다. 그들은 당시까지만 해도 진나라 조정과 우호적인 관계를 유지하고 있었기 때문이다. 그러나 고구려 쪽은 경우가 좀 달랐다. 당시 고구려는 진나라의 지방 행정구역인 낙랑, 대방과 팽팽하게 대치하면서 몇 년째 군사적 충돌을 벌이고 있는 상황이었기 때문이다.

말하자면 낙랑, 대방은 당시 군사 작전 지역이었던 것이다. 누가 그곳으로 들어가거나 그곳으로부터 나오는 것은 당연히 원천적으로 차단되어 있었을 것이고, 설사 무사히 뚫고 왔다고 하더라도 오랫동안 감시 대상이 되어야 했을 것이다. 그런 상황에서 고구려가 적국의 관리가 자국 영토를 관통해서 평양시까지 이동하는데도 팔짱만 끼고 가만히 지켜보고만 있었을까? 그것도 한두 명도 아닌 수백 명이 넘는 중대급 인원이 이동하는 데도 말이다. 이런 점들을 전부 고려해 볼 때 왕온의 선조들이 이주한 낙랑군은 평양에 있었다고 보기 어려운 것이다.

중간에 (모용외와) 고구려가 버티고 있으면서 낙랑군에 대한 포위 공격을 도모하고 있는 상황에서 2,000리가 훨씬 넘는 머나먼 거리를 이동하는 일이 가능할 곳이 어디인가? 더욱이 왕온의 묘지명에서 왕준 일가가 "(낙랑으로) 피난"을 했다고 밝히고 있는 것도 의외이다. 상식적으로 중원의 난리를 피하겠다고 대대로 살아온 본향을 등진 사람들이 중원보다 더 처절하고 참혹한 공방이 몇 년째 계속되고 있는 격전지로 '피난'을 간다? 그건 전혀 앞뒤가 맞지 않는 소리인 것이다.

그런 점들을 감안할 때 313년의 낙랑군은 그다지 치안이 위험한 정도는 아닌 곳에서 찾을 수밖에 없는 것이다. 그리고 바로 그런 이유 때문에 313년 당시의 낙랑군은 고구려 강역 너머, 즉 지금의 평양시가 아니라 진나라와 고구려 사이 즉 요령성 서부나 하북성 동부 사이의 모처에 자리 잡고 있었다고 보아야 앞뒤가 맞는 것이다. 국내 강단 학계의 주장대로라면 서기 313년은 고구려 미천왕에 의하여 "낙랑군이 멸망한" 해이다. 당시 낙랑군은 다름 아닌 진나라의 통치하에 있었다.

그런데 그런 낙랑군이 속한 진나라의 관리가 그 군을 멸망시킨 적국인 고구려에 귀순을 했다? 전혀 불가능하기야 하겠는가마는 앞뒤가 맞지 않는 것 같다는 것은 저자만의 생각일까? 왕준 일족이 피난을 간 낙랑군이라는 곳이 한 무제가 '한사군'을 설치할 당시의 바로 그 지역임을 분명하게 확인해 주는 문헌적 근거는 엄연히 존재한다.

8) 장통은 어떻게 모용외에게 갔을까

강단 학계는 313년 '낙랑군'에 있던 장통이 "1,000여 가"를 데리고 모용외의 본거지인 극성(棘城)으로 갔다고 주장한다. 그러면서 장통이 탈출한 한 무제 이래의 낙랑군을 지금의 평양시로, 모용외의 본거지를 지금의 요령성 금주시 일대로 각각 비정하고 있다. 평양시에서 금주시까지는 지금의 고속도로 직선거리로 쳐도 평양에서 단동(丹東)까지가 200km, 단동에서 심양(瀋陽)까지가 239km, 그리고 심양에서 금주까지가 213km이다. 즉, 평양에서 금주까지 대략 652km 정도 떨어져 있는 셈이다.

이를 삼국시대(위)의 리(里)로 환산하면 1,499리 정도 되므로 우회거리를 감안한다면 1,500년 전에는 3,000~4,000리 정도 되었다는 뜻이다. 만일 모용외의 본거지가 금주가 아니라면 장통이 이동한 거리는 이보다 더 길어질 것이다. 《한서》에 제시된 데이터에 근거하여 하루에 30리씩 이동한다고 해도 거의 100일이나 걸리는 먼 거리인 셈이다. 그런데 그 먼 거리를 주파해서 모용외에게 귀순했다는 것이 강단 학자들의 일치된 주장이다. 그런데 여기서 의문이 한 가지 든다. 장통은 정말 평양에서 금주까지 이동했던 것일까?

현재 한중일 세 나라 학계가 그리는 고구려와 낙랑군의 지도를 참고 자료로 삼을 경우, 강단 학자들의 그 같은 주장은 현실적으로 역사적 진실일 가능성이 상당히 낮다. 그 이유는 두 가지이다.

(1) 육로 이동은 원천적으로 불가능하다

만일 강단의 주장처럼 당시 낙랑군이 평양에 있었고, 모용외의 본거지가 요령성 금주시 인근에 자리 잡고 있었다면, 장통이 육로로 이동한다는 것은 원천적으로 불가능했을 것이다. 왜냐하면 당시 장통이 활동하고 있던 낙랑군과 모용외 본거지 사이에는 고구려가 버티고 있었기 때문이다. 그들은 몇 년 동안 형성된 두터운 작전지대를 돌파하고 다시 수천 리의 고구려 강역을 지나야만 모용외에게 귀순할 수가 있다. 그러나 고구려군이 바보들이 아닌 이상 자신들과 몇 년 동안이나 군사적으로 충돌을 거듭해 왔던 장통 일행이 자기 영토를 누비고 다니도록 팔짱만 끼고 지켜만 보았을 리가 없다.

민간인이 작전 지역에 어슬렁거려도 상당한 경각심을 가지고 경계하고 감시하는 것이 사람의 본성이다. 그런데 몇 년 동안 자신들과 충돌했던 원수가 1만 명에 가까운 추종자들을 이끌고 이동하는데도 그것을 그대로 내버려두었다는 것은 삼척동자조차 코웃음을 칠 소리가 아닐 수 없다. 그것도 100명도 아니고 1만 명이나 되는 대부대를 끌고 망명한다? 그 정도의 대부

〈강단에서 추정하는 3세기 한반도 정세도. 고대의 경계선은 하천이나 산이 기준이 되는 경우가 많았던 점을 감안할 때 고구려와 요동군 사이의 경계선을 이런 식으로 설정한 것은 너무 작위적이다. 지도 출처 《아틀라스 한국사》〉

대라면 이동 과정에서 이동 속도가 느려지는 것은 말할 것도 없고 도중에 도사리고 있는 다양한 위협들을 헤쳐 나가는 과정에서 적지 않은 사람들이 희생될 수도 있는 것이다.

현재 강단 학계에서 제작된 3~4세기 고대사 지도에서는 서해안을 바라보는 평안도 서부가 요동군의 영역이고 내륙 지역만 고구려가 장악한 것으로 그려 놓았다. 그러나 이것은 장통의 313년 탈출극을 합리화하고 그를 위하여 제법 그럴싸한 탈출로를 만들어 주기 위하여 강단 학자들이 눈속임을 한 것일 뿐이다.

우선, 고대의 경계선은 산이나 하천이 주된 기준이 되었다. 즉, 산으로 막히거나 강으로 나누어지는 지점이 자연적인 경계선을 형성한 것이다. 그런 점을 감안할 때 19세기 서구 열강이 멋대로 그린 아프리카 분할 지도에서나 볼 수 있는 이런 식의 경계선은 너무도 인위적이라는 느낌을 준다. 2,000년 전의 기술력으로는 그 같은 상황이 발생한다는 것이 원천적으로 불가능했을 것이다. 정말 이런 식으로 고구려 서쪽으로 요동군과 낙랑군이 경계를 마주하고 있었다면 장통이 굳이 고구려를 피해서 모용외에게로 귀순할 이유가 없었을 거라는 뜻이다. 낙랑군과 요동군이 긴밀한 연락망을 유지하면서 육로와 해로로 고구려를 에워싸고 있는 형국이다.

따라서 두 군, 그리고 거기에 대방까지 연합한다면 군사적으로 고구려를 제압하는 것은 물론 아예 멸망시키는 것조차 얼마든지 가능했을 것이기 때문이다. 그러나 《자치통감》의 기사에서 볼 수 있는 것처럼, 실제로는 당시 낙랑군은 완전히 고립되어 있었다. 설상가상으로 고구려가 수시로 낙랑군을 유린해도 요동군과 대방은 전혀 속수무책이었다. 즉, 위의 지도는 지형학적으로나 역사학적으로나 전혀 진실을 반영하지 못하고 있다는 뜻이다.

(2) 해로 탈출도 불가능했다

따라서 장통과 "1,000여가"가 함께 모용외의 영토까지 이동할 경우 이 상태에서 선택할 수 있는 유일한 탈출 방법은 '보트피플(boat people)'이 되는 수밖에 없다. 즉, 바닷길을 통하여 요동 지역까지 이동하는 것이다. 얼핏 생각하기에는 이 방법이 제법 그럴듯해 보인다. 평안도 남포에서 중국 요령성의 대련(大連)을 거쳐 다시 강단에서 추정하는 모용외의 본거지까지 간다는 것이 물리적으로 불가능한 일만은 아니기 때문이다.

물론, 이 경우에도 선결되어야 할 문제가 있다. 중국의 정사 기록에서는 이런 경우 적어도 귀순 주체, 목적지, 이동 방법에 관한 정보는 소개되기 마련이다. 광무제의 낙랑, 대방 평정 등과 같은 경우에서도 볼 수 있듯이, 하다못해 "바다를 넘어", "해안을 따라", "바다를 끼고"식으로 그 이동과 관련된 표현을 쓰거나 암시라도 주기 마련이다. 그런데 《자치통감》에는 이런 최소한의 정보조차 전혀 제시되어 있지 않은 것이다. 백번 양보해서 장통의 귀순 사실을 간단히 전달하기 위하여 이동 방법에 관한 정보를 생략했다고 치자.

그렇더라도 문제는 여전히 남는다. 장통이 귀순 과정에서 데리고 간 추종자가 "1,000여 가"라고 하였다. 이 데이터가 장통의 근거지에 속한 백성들의 수인지 그 휘하의 병력들까지 합산한 것인지는 확실하지 않다. 그러나 그런 세세한 변수들을 다 무시하고 단순히 그 숫자만 갖고 따져 보자. "1,000여 가"라면 넉넉잡고 한 가구가 10명이라고 쳤을 때 1만 명이나 된다. 그 많은 인원이 한꺼번에 바다로 나가서 수영으로 금주까지 갔을까? 당연히 튼튼한 배가 필요했을 것이다.

한대 이래로 중국에서 가장 큰 배로는 '누선(樓船)'이 있었다. 역사적으로 이 배에는 1,000명에서 최대 3,000명까지 태울 수 있다고 알려져 있다. 그러나 그것은 최대 탑승 가능 인원을 말할 것일 뿐이다. 여기에 안전한 항해나 승객들의 화물, 그들이 매일 먹을 식료품, 기타 장비들까지 포함시킨다면 실제로 배에 탈 수 있는 인원은 이보다 훨씬 더 줄어들 수밖에 없다. 더욱이 누선은 상부 건축이 너무 커서 멀리서도 금방 발견할 수 있을 정도

였으니 비밀리에 탈출하기에는 적합하지 않다.6)

　더욱이 일개 지방 군벌이 그 같은 대형 선박을 보유하고 있었을 리도 없고, 또 그 짧은 기간에 그런 대형 선박을 여러 척 만들 수 있었을지도 의문이다. 따라서 단시일 내에 1만 명을 모두 태우자면 민간의 크고 작은 배들을 모두 징발하는 수밖에 없었으리라. 배 종류를 막론하고 무조건 각종 화물, 식료품을 포함하여 평균 100명이 탔다고 치더라도 최소한 50~60척의 배가 필요하다는 계산이 나온다.

　배가 확보되었다면 이번에는 어떻게 하면 고구려 해역을 무사히 돌파하느냐 하는 문제가 남는다. 강단 학자들 논리대로 낙랑, 대방 두 군이 한반도에 있었다면 고구려는 당연히 그 북쪽에 자리 잡고 있어야 한다. 한 번의 항해에서 10척만 모여도 '대선단'이라고 할 판국에, 50~60척의 배가 한꺼번에 몰려 다녔다면 해안을 지키고 있는 고구려군의 눈이 그런 훌륭한 볼거리를 놓쳤을 리가 없다.

　더욱이 《한사군은 중국에 있었다》(제104~107쪽)에서도 이미 상세하게 설명한 바 있듯이, 당시까지만 해도 배의 항해 기술이 원시적인 데다가 동력이라고는 돛과 선원들의 팔힘 정도가 고작이었다. 그렇다 보니 당시만 해도 세계 어느 나라를 막론하고 바닷길을 갈 때 수심이 깊은 망망대해를 횡단한다는 것은 자살행위로 여겨졌을 것이다. 따라서 장통이 방향을 옆으로 틀어 서해를 횡단해서 산동반도로 간다는 것은 상상조차 할 수 없었을 것이다. 그런 판국에 디젤 엔진을 장착한 대형 페리도 아니고 항해 설비조차 제대로 갖추지 못한 소형 무동력선이 지금 대형 페리로도 18시간이나 걸리는 서해를 횡단한다는 것은 불가능했을 것이다.

　백번 양보해서 당시에도 횡단 항해가 가능했다고 치더라도 그 구간을 자주 왕래하여 그 일대의 지리에 밝은 선원이나 상인들을 제외하고는 대부분

---

6) 누선에 관한 소개는 《한사군은 중국에 있었다》 제70~73쪽을 참조하기 바란다.

이 초행길이었을 테니 목숨을 보전하기 위해서는 모두 해안선을 끼고 가는 '연안항법(沿岸航法)'이 유일한 선택이었을 것이다. 그럴 경우 장통이 북방 해안선을 지나가는 과정에서 고구려의 삼엄한 해상 방어선을 무사히 돌파할 수 있을 가능성은 거의 없다고 보아야 한다. 아마 모르기는 몰라도, 고구려 수군이 존재하는 이상 해안선에 낯선 배가 출몰하기만 하면 어김없이 고구려 수군이 그 뒤에 따라붙었을 것이고, 그렇게 됐다면 고구려의 추격으로 장통의 "1,000여 가"는 대부분 고기밥이 되고 말았을 것이다.

(3) 남쪽으로의 탈출은 왜 고려하지 않았을까

이상의 여러 가지 문제들을 고려해 볼 때, 정말로 낙랑군이 평양시에 있거나 대방군이 황해도에 위치해 있었다면, 장통이 멍청이가 아닌 이상 유일한 활로는 남쪽, 즉 대방으로 남하하는 길뿐이었다. 왜냐하면 대방군은 아군 관할 지역이자 자신이 실질적으로 통제하고 있었으므로 장통이 굳이 육로와 해로 모두 몇 년 동안 군사 충돌을 벌여 온 고구려군이 저승사자나 맹수들처럼 뜨악하니 버티고 있는 북쪽으로 정면 돌파하는 모험을 할 필요가 없었기 때문이다.

대방만으로도 불안하다면 그 남쪽에 있는 삼한의 땅까지 내려가 정착하는 방법도 얼마든지 있을 수 있었을 것이다. 실제로 역사적으로 볼 때 당시 삼한은 그나마 중원 왕조들과 문화, 경제적으로 원활한 교류가 이루어지는 편이었다. 따라서 고구려와 몇 년 동안 적대해 온 장통의 입장에서는 훨씬 생존 가능성이 높은 피신처였을 것이다.

그러나 다들 알다시피 《자치통감》기사에 따르면, 장통은 남쪽을 탈출로로 고려한 흔적이 전혀 없다. 남쪽 길을 선택하지 않은 것이다. 거의 탄탄대로에 가까운 대방을 통한 삼한에의 귀순을 전혀 고려하지 않고, 육상과 해상 양면으로 '어떻게 하면 낙랑군을 무너뜨릴 수 있을까' 하고 궁리하기에 바쁘고, 따라서 그의 생존 가능성도 상당히 낮아 보이는 고구려의 영토를

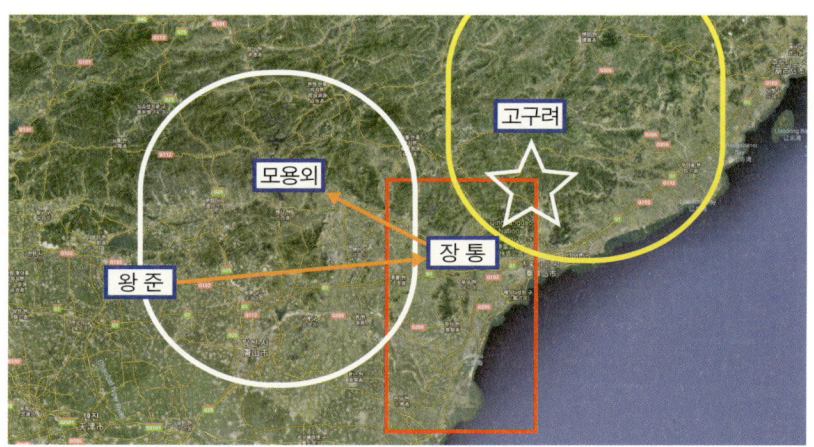

〈모용외, 낙랑군, 고구려의 가장 이상적인 위치. 고구려는 장통의 근거지에서 동북방에 있어야 정상이다〉

관통하는 길을 택한 것이다. 남들이 보기에 온갖 위험들이 다 도사리고 있고 성공 가능성도 대단히 낮아 보이는 이 길을 그가 선택한 이유는 무엇 때문이었을까?

그 이유는 단 하나이다. 313년 당시 한 무제 이래로 400년 넘게 존속되어 온 낙랑군이 위치한 곳이 지금의 평양이 아니기 때문이다. 평양이 아닌 제3의 지역이었기 때문에 조금도 망설임 없이 탈출 방향을 북쪽으로 정했던 것이다. 거의 1만 명이나 되는 백성들을 다 거느리고 고구려의 추격을 걱정할 것도 없이 육로로 바로 탈출이 가능했기 때문이다. 그 기사에서 해로 탈출이나 남쪽으로의 탈출에 관한 언급이나 고민의 흔적이 전혀 없는 것도 바로 그 같은 이유 때문이다.

그렇다면 그가 있었던 313년 직전의 낙랑군이 있었던 곳은 어디일까? 모르긴 몰라도 그 아래로는 바닷물이 출렁이고 있었을 가능성이 높다. 중국이든 한반도이든 그 같은 입지 조건에 부합되는 지역은, 누구나 다 예상하고 있는 것처럼, 그곳은 바로 지금의 요령성 서부 및 하북성 동부인 요서 지역 즉 당시의 '요동'뿐이다.[7]

9) 기이한 종족 개념 - '낙랑인'

국내 강단 학계에서는 언제부터인지 '낙랑인(樂浪人)'이라는 해괴한 용어가 유행하기 시작하였다. 그들의 주장에 따르면, 당시 선진적인 중원문화를 가지고 이주한 중국계 이주민과 평양 지역의 고조선계 토착민 세력이 서로 융합되면서 그 과정에서 탄생한 '낙랑인'이 한나라 본국과는 구분되는 제3의 독특한 '낙랑문화(樂浪文化)'를 꽃피웠다는 것이다. 말하자면 '낙랑문화'를 중국계 이주민이 주체가 되어 고조선 토착민과 그들의 문화를 '한화' 시키는 과정에서 형성된 일종의 교잡문화로 인식한 셈이다.

이 개념을 제안한 대표적인 학자로는 오영찬이 있다. 그는 "낙랑군 설치 이후 100년이 지나면서 중국계 주민은 고조선화하고, 토착 세력인 고조선계 주민들이 한화(漢化)하는 양상을 보인다"라고 주장하였다. 그는 이 같은 추론에 근거하여 그는 "낙랑문화는 중국과 고조선 세력의 영향력이 교차하고 융합해서 이룬 독특한 문화"라는 결론을 내리고 "낙랑인"을 일종의 새로운 특별한 종족집단(ethnic group)으로 볼 것을 제안하였다.[8]

그러면서 그들은 이것이 수치스러운 역사가 아니라고 주장하였다. 그러나 이런 식의 논리는 100년 전에 선진적인 서구문물을 가지고 들어온 일본 식민주의자들이 조선의 토착 세력과 융합되면서 일본 본토와는 구분되는 제3의 반도 식민문화를 꽃피웠으니 이런 일본과 조선이 조화된 '반도문화'

---

7) 오영찬은 이 기사와 관련하여 다음과 같이 해석하였다. "위 기사는 낙랑군이 고구려에 멸망당하기 직전의 모습을 생생하게 보여 준다. 당시 요동의 장통은 낙랑, 대방군을 근거로 하여 고구려 미천왕에 맞서고 있었다. 313년 고구려의 적극적인 공세에 더 이상 저항하지 못하고 낙랑의 유력가인 왕준은 1,000여 가를 이끌고 모용외의 휘하로 귀부하였다. 의현, 조양 지역을 중심으로 한 대릉하 방면은 삼국시대를 지나 진대에 '창여군'으로 불리다가, 태강 10년(289)부터는 선비 모용씨의 지배하에 들어갔다. 모용외는 왕준 등 유민을 받아들여 낙랑군을 대릉하 방면에 교군으로 설치하였다."(같은 책, 제227-228쪽)

8) 〈이기환의 흔적의 역사(하) - 낙랑은 어느 나라 역사입니까〉, 경향신문, 2013.12.02.

는 부끄러운 일이 아니라 아주 자랑스러운 일이라고 떠드는 것과 다를 바가 없는 짓거리이다. 우리가 만일 여기서 "한나라"를 일본으로, "낙랑군"을 반도로 바꾸어 놓으면 영락없는 일제 강점기의 "식민지 근대화론"이 되지 않는가!

중국이나 일본에서는 전혀 그렇게 생각하지 않는데 유독 국내 강단에서만 이런 식으로 확대 해석하고 억지로 미화를 하는 것은 아큐 식의 정신승리와 다를 것이 없다. 오영찬의 "낙랑인" 해석은 어찌 보면 대단히 참신하고 흥미로운 시도일지도 모른다. 다만 그가 안고 있는 가장 치명적인 문제는 '번지수'를 잘못 찾았다는 것이다. 그는 이 "낙랑인"이라는 종족 개념을 제안하면서 '낙랑=평양'이라는 상투적인 도식을 떨쳐버리지 못한 것이다. 그가 낸 《낙랑군 연구》라는 책을 보면 이와 관련하여 다음과 같이 소개하고 있다.

> '낙랑인'은 '낙랑군 사람'이란 의미로서 관적(貫籍)을 중심으로 한 특정 군현민을 가리키는 것으로 이해할 수 있다 … 토인 왕조를 낙랑인으로 언급한 이상 한계만이 아닌 고조선계를 포괄하는, 보다 확대된 개념으로 '낙랑인'을 이해하는 것이 논리적으로 타당하다. 더구나 '낙랑'이라는 명칭은 한이 부여한 명칭이 아니라, 군현 설치 이전인 고조선 시기부터 평양을 지칭하는 재래의 토착 명칭이었으므로, '낙랑인'이라 했을 때는 서북한 재지의 지역적 개념이 강하게 내포되어 있었다고 볼 수 있다. 따라서 '낙랑인'은 '낙랑군' 설치 이후의 군현 개념에서 연유되었다기보다는 '낙랑 지역의 사람'이라는 지역적 개념으로 볼 수도 있어, 그럴 경우에는 한계와 고조선계 주민을 모두 포괄해 지칭한 것으로 보는 것이 합리적이다.[9]

---

9) 오영찬, 같은 책, 제160-161쪽.

낙랑인은 중국 군현의 하나인 낙랑군 사람이라는 제한된 의미가 아니라, 선진 중원 문화의 담지자이면서 군현을 넘어서 확대된 하나의 지역 단위 집단으로 지칭되고 있다.10)

이상의 검토를 통해 '낙랑인'은 관적을 가리키는 '낙랑군 사람'이라는 제한적 의미보다는, 낙랑군 설치 이후 장기간 중원 문화의 세례를 받고 한화된 고조선계 주민과 장기간 서북한 지역에 정착하면서 재지화된 한인을 포괄하는, 보다 확대된 지역적 개념으로 이해할 수 있다. 낙랑인은 한의 군현 지배하 장기간에 걸친 종족 융합을 통하여 형성되었으며, 그것은 고조선계와 한계의 대립과 갈등 그리고 타협과 유착의 결과물에 다름 아닐 것이다.11)

오영찬이 주장하는 "낙랑인"은 고조선계 주민을 모두 포괄해 지칭하는 종족 개념이며, "낙랑" 또한 고조선 시기부터 평양 지역을 일컬었던 재래의 토착 명칭이지 한이 부여한 명칭이 아닌 셈이다. 그러면서 그는 "왕조(王調)"를 "한계(漢系)", 즉 중국계 주민이 아닌 "토인", 즉 "고조선계" 주민이라고 단정하고, 이를 근거로 "한계와 고조선계 주민을 모두 포괄해 지칭한 것"이 '낙랑인'이라고 정의하였다. 그러나 그의 이 같은 설명들은 역사적 진실(fact)가 아니다.

오영찬은 낙랑을 관적으로 삼은 중국계 이주민으로서의 왕씨, 즉 "낙랑왕씨"의 존재를 인정하면서도 유독 왕조라는 인물에 대해서만 아무 문헌적 근거도 없이 '토인' 또는 '고조선계 주민'으로 분류하였다. 그러나《후한서》는 물론이고 중국 정사 '24사' 어디에서도 왕조가 "토인", 즉 고조선계 주민

---

10) 오영찬, 같은 책, 제163쪽.
11) 오영찬, 같은 책, 제16쪽.

이라고 명시한 적이 없다. 전후 문맥을 참조할 때 왕조 역시 낙랑을 관적으로 한 중국계 이주민으로 이해해야 옳을 것이다. 왕조가 낙랑태수, 나아가 한나라 조정에 반기를 들고 저항했다는 사실 하나만으로 그가 '토인' 또는 '고조선계 주민'이라고 단정하기는 어렵기 때문이다.

그런데도 그는 확실한 문헌적, 고고적 증거도 확보되지 않은 상태에서 이를 자의적으로 "6년여 동안 유지된 왕조와 토인을 중심으로 한 독립 정권" 또는 "왕조를 비롯한 토인, 즉 고조선계 주민"12)으로까지 확대 해석하는 대담성까지 보이고 있다. 이처럼 정사에는 보이지도 않는 왕조의 출신을 근거로 '낙랑인'을 중국계와 고조선계를 아우르는 "보다 확대된 개념"으로 제안한 것은 객관적인 근거는 없이 오로지 주관적인 억측에 기댄 것이어서 실증사학을 내세우는 학자로서는 대단히 잘못된 연구 자세라고 하지 않을 수 없다.

'낙랑'이라는 지역명을 한나라가 군현을 설치하기 이전, 즉 고조선시대부터 평양을 지칭하는 데에 사용되던 재래의 토착 명칭이라고 단정한 데 대해서도 전혀 동의할 수가 없다. 오영찬은 '낙랑'이 고조선시대부터 평양을 지칭하는 재래의 토착 명칭이라는 주장을 하면서 '낙랑'은 중심지 또는 국읍을 뜻하는 토착 세력의 명칭일 가능성이 있다고 한 식민사학자 이병도의 〈낙랑군고(樂浪郡考)〉를 그 근거로 들었다.

그러나 '낙랑'에 대한 이병도의 해석은 전혀 사실과는 무관한 주관적 억측에서 비롯된 것이다. 그리고 무엇보다도 사마천의 《사기》로부터 《한서》, 《후한서》, 《삼국지》 등 한대의 역사를 다루고 있는 중국의 정사들을 아무리 찾아보아도 진번, 임둔이 고조선시대부터 사용되어 온 재래의 명칭임을 명시한 기록은 더러 확인되지만, '낙랑'이라는 지명이 고조선시대부터 사용되었다는 소개는 단 군데에서조차 찾아볼 수가 없다. 그가 어떤 기록을 근

---

12) 오영찬, 같은 책, 제164쪽.

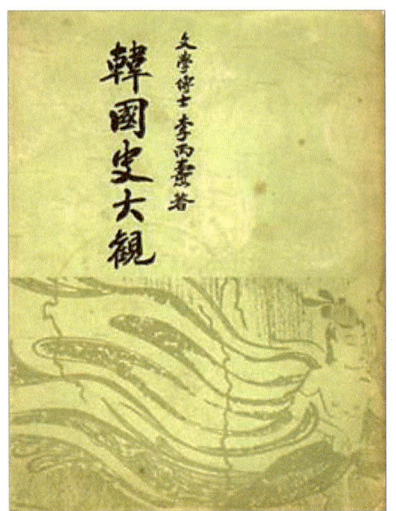

〈이병도와 그의 문제작 《한국사대관》. 강단학자들은 겉으로는 "요즘 세상에 누가 식민사학자 이병도의 주장을 추종하느냐"고 목청을 높이지만 지금까지도 학계에서는 '한국 근대 사학의 아버지'로 추앙되고 있다〉

거로 이 같은 대담한 제안을 했는지 궁금하지 않을 수 없다.

또 하나 그는 '낙랑인'이라는 개념이 중국계와 고조선계 주민 모두에게 적용되는 "보다 확대된 개념"이라고 주장하였다. 그러나 그가 자신의 책에서 예로 든 것은 모두가 중국계 주민들뿐이고 정작 고조선계 주민들은 전혀 소개하지 않았다. 그가 유일하게 고조선계 "토인"이라고 소개한 왕조의 경우 《후한서》 어디에도 그가 고조선의 유민이라고 언급한 예가 없다.

이렇듯 중국계와 고조선계 주민 모두에게 적용되는 보다 확대된 개념으로서 '낙랑인'을 제안하면서 어떻게 고조선계 주민의 경우는 전부 누락시킬 수 있는 것인가? 또, '낙랑인'이라는 개념이 고조선계 주민들에게도 적용되는 개념인지 뒷받침해 줄 수 있는 근거 자체가 존재하지 않는 상황에서 어떻게 이를 "보다 확대된 개념"이라고 정의할 수 있는가?

이런 식으로 문헌적 근거가 없는 전혀 주관적 억측들만 연쇄적으로 나열해 놓고 '낙랑인'을 "한계와 고조선계 주민을 모두 포괄해 지칭한 것으로 보는 것이 합리적"이라고 주장한다고 해서 그것이 합리적인 답안이 된다고 생각한다면 큰 오산이 아닐 수 없다. 사실 '낙랑인'이라는 개념 자체가 국내 강단 학계가 새로 창안해 낸 개념이 아니라 중국에서 이미 10여 년 전부터, 일본에서는 그보다 앞서 제안되었던 구닥다리 개념이라는 사실이다.

중국 사서에서 "낙랑인"이라는 표현 자체가 낙랑 지역을 관적으로 삼거나 당시 현지에 거주하던 중국계 주민들을 일컫는 일반명사임에도 불구하고 이를 "네안데르탈인, 호모 사피엔스, 북경 원인" 등과 같은 고유명사로 둔갑시켜서 부실한 논증과 궁색한 해석으로 본질을 호도하는 것은 학술적 사기라는 지탄을 받아도 쌀 것이다. 오영찬은 또 이런 주장도 개진하고 있다.

> 서북한의 낙랑 지역을 하나의 지역 단위로 하여 낙랑인이 가졌던 자의식은 낙랑군 존치 시기에만 있었던 것이 아니라, 낙랑군 멸망 이후 꽤 후대까지 유지되었다.《위서》에서는 5세기 중엽 문성문명황후(文成文明皇后)였던 풍씨의 어머니를 낙랑 왕씨라고 전하는데, 당시 낙랑 왕씨는 왕실과 혼인을 맺을 정도로 건재하였다. 한편 낙랑군이 멸망한 이후 시기에 해당하는 낙랑 왕씨 관련 묘지명에서도 낙랑인이 지녔던 자의식의 일면을 살펴볼 수 있다. 낙랑군은 선비 모용외에 의해 대릉하 유역의 금주 일대에 교군의 형태로 존치되었기 때문에, 왕온 묘지처럼 비록 낙랑낙도인이라 하지만 평양 일대의 낙랑군이 아닌 교군에 해당하는 사례도 있다. 그러나 5세기 후반~6세기 초에 이르는 북위 … 묘지에서는 모두 낙랑 수성인을 칭하면서 기자조선의 전승을 동시에 전하고 있다. 기자조선의 전승이 한군현 설치와 밀접히 연관되어 있다는 지적에서 알 수 있듯이, 당시 북위 귀족이었던 이들 집안은 낙랑군이 현실적 의미가 없어진 상태였지만 기자조선에서 낙랑군으로 이어지는 나름의 전통을 드러내고 있다는 점에서, 여기서의 낙랑군은 난하 유역의 교군이 아니라 예전에 실재했던 낙랑군을 가리키는 것으로 볼 수 있다. 낙랑군 멸망 후 200여 년이 지났지만, 유민들은 강한 자의

식을 지니고 있음을 엿볼 수 있는 것이다. … 낙랑군 멸망 이후의 강한 자의식으로 보건대 5~6세기 당시 낙랑인이라 함은 단순히 군현 단위로서의 '낙랑군'을 넘어선 지역 개념의 하나로 운위되었던 것으로 이해할 수 있다.13)

말하자면 오영찬은 낙랑군이 모용외에 의하여 대릉하 금주 일대로 교치되었으나 "서북한의 낙랑 지역을 하나의 지역 단위로 한 낙랑인의 자의식"이 낙랑군이 멸망한 313년 이후로도 200년 넘게 계승되었다는 것이다. 그는 또 〈왕온 묘지명〉에 "낙랑 수성인"과 "기자조선"의 전승을 언급한 점을 근거로 "예전에 실재했던 낙랑군"인 평양이 "기자조선에서 낙랑군으로 이어지는" 역사적 전통, 이는 단순히 군현이 아니라 지역 개념으로서의 공감대를 가지고 있었다고 주장하였다.

그러나 기자조선이 지금의 평양에 존재했다는 주장은 어디까지나 민간의 전승이 고려시대 이래로 왕조에 의하여 그 필요성이 여러 대에 걸쳐 정치적으로 강조되면서 마치 역사적 사실인 것처럼 각인된 것일 뿐이다. 기자가 정말 평양에 조선을 세웠다는 기록이나 유물, 유적들은 어디에도 존재하지 않는다. 그럼에도 불구하고 단군조선은 역사적 근거가 없다고 불신하는 강단 학자들이 정작 비슷한 경우라고 할 수 있는 기자와 기자조선은 마치 역사적 사실인 것처럼 주장하는 것은 앞뒤가 맞지 않는 행동이 아닐 수 없다.

더욱이 낙랑군 역시 그 위치가 평양이라는 주장이 의심받고 있는 상황에서 이 둘을 서로 결부시켜 마치 서로가 역사, 문화적으로 친연성이 있는 것처럼 주장하는 것은 대단히 문제가 많다고 본다. 더욱이 애초에 기자조선이

---

13) 오영찬, 같은 책, 제160~161쪽. 시쳇말로 '유체이탈' 화법. 낙랑이 요서에 있었다는 사실만 인정하면 되는 것을 평양에 있었다고 강변하면서 그때그때 필요에 따라서 윗돌 빼서 아랫돌 고이는 식으로 매번 임기응변으로 일관하려다 보니 상황이 가면 갈수록 꼬여서 앞뒤가 맞지 않게 되는 것이다.

나 평양과는 무관한 낙랑군을 이 두 요소와 결부시켜 "낙랑인" 운운 하는 것도 우습지만 평양에서 멸망한 낙랑군이 금주 일대에 교치된 후로도 200년이 넘게 "서북한의 낙랑인"이라는 공동체 의식이 강하게 계승되었다는 것도 앞뒤가 맞지 않는 소리이다.

왕온의 6대조인 왕준은 본래 산서(山西)지방 태원(太原)의 명문가 출신이었다. 그렇다면 상식적으로 만리 이역 벽지의 낙랑보다는 자신들의 본향이자 중원문화의 중심지인 태원에 대한 공동체의식이 훨씬 강렬했다고 보는 것이 정상이다.

그런데 태원에 대한 공동체 의식은 진작에 사라져 버리고 낙랑에 대한 공동체 의식만 200년이 넘도록 지속되었다는 것은 너무도 앞뒤가 맞지 않는 소리가 아닐까 싶다. 평소에 실증사학과 문헌고증의 중요성을 외치던 자들이 이 같은 주장들의 타당성에 대한 검증조차 시도하지 않고 무작정 이삭줍기나 하려 드는 것은 정말 안타까운 일이 아닐 수 없다.

10) 낙랑 왕씨 왕온의 내력에 대한 학계의 오독

오영찬, 윤용구 등 강단 학자들은 왕온 일가가 "낙랑인"으로서의 자의식을 가지고 있었다면서 그 근거로 왕온의 묘지명을 들고 있다. 그러나 아이러니하게도 문제의 묘지명의 내용은 왕온 일가가 정착했던 낙랑군이 지금의 평양이 아닌 중국 하북성에 있었다는 사실을 뒷받침해 주고 있다.

당시의 낙랑군이 평양을 말하는 것이 아니었다는 것을 보여 주는 근거들 중 하나가 왕온의 관향이다. 그 묘지명 첫 줄에서 이미 그가 "연국 낙랑군 낙도현 사람(燕國樂浪樂都人)"이라고 소개하고 있는 것이다. 이는 곧 낙랑군이 한반도가 아니라 연국 경내에 자리 잡고 있다는 것을 말해 주고 있다.

"연국"이라면 춘추전국시대 이래로 북경, 또는 북경을 중심으로 한 하북성 동북부를 두루 일컫는 지역 명칭이다. 따라서 중국 역사에서 "연"이라는

〈'연'이라는 지역 명칭에 걸맞은 지리적 범주. 하북성 북부 지역을 일컬으며 나중에 확장되는 영역은 부차적인 요소로 보아야 옳다〉

지명이 등장하면 10중 8~9가 북경 일대, 더 범위를 넓히더라도 유주(幽州) 지역까지를 가리킨다고 이해하면 되는 셈이다. 이 당시의 연국 강역에 관해서는 다소 논란이 있기는 하지만, 넓게 잡아도 하북성과 요령성 서부 지역을 넘어서지 못한다. 따라서 한반도의 평양은 자연히 연나라와는 무관할 수밖에 없으며, 낙랑군은 더더욱 그러하다.

강단 학계에서 지금까지 그토록 집요하게 교치설을 떠들어 온 것도 이같은 지리적 공백이 자신들의 논리에서 가장 큰 약점이기 때문이다. 어쩌면 오영찬, 윤용구 등이 '양날의 칼'인 〈왕온 묘지명〉을 증거로 들고 나온 것도 아마 궁여지책이었을지도 모른다. 중국 정사 '24사' 그 어디에도 낙랑군이 평양에 있었다는 기록은 단 하나도 존재하지 않는다. 거기다가 그동안 누구도 부인할 수 없을 정도로 확실한 한나라 낙랑의 것이라고 믿어 온 평양의 유적, 유물들도 상당수가 조작 또는 위조의 의혹에 휩싸여 있다. 그렇다 보니 어쩌면 양날의 칼이 될 수 있는 〈왕온 묘지명〉까지 끌고 들어와서 당시의 낙랑군을 평양에서 교치된 모용외의 낙랑군으로 둔갑시키려 드는 것이리라.

한편 낙랑군이 멸망한 이후 시기에 해당하는 낙랑 왕씨 관련 묘지명에서도 낙랑인이 지녔던 자의식의 일면을 살펴볼 수 있다. 낙랑군은 선비 모용외에 의해 대릉하 유역의 금주 일대에 교군의 형태로 존치되었기 때문에, 왕온 묘지처럼 비록 낙랑낙도인이라 하지만 평양 일대의 낙랑군이 아닌 교군에 해당하는 사례도 있다. 그러나 5세기 후반~6세기 초에 이르는 북위 … 묘지에서는 모두 낙랑 수성인을 칭하면서 기자조선의 전승을 동시에 전하고 있다.

오영찬은 북위시대의 명사였던 〈왕온 묘지명〉의 내용을 근거로 들면서 "낙랑인이 지녔던 자의식"이 "낙랑군이 멸망한 이후"에도 "선비 모용외에 의해 대릉하 유역의 금주 일대에 교군의 형태로 존치되었기 때문에" 그 교군 출신인 왕온에게도 그대로 각인되었다고 주장하였다. 그에 따르면 왕온 일가가 정착한 낙랑군은 평양이 아니라 교치된 후의 '교군으로서의' 낙랑이라는 것이다. 그러나 이러한 주장은 아전인수의 해석이라고 하지 않을 수 없다. 오영찬 등 강단 학자들이 낙랑군 교치의 유력한 물증으로 내세우는 이 묘지명은 그들의 주장과는 정반대로 낙랑이 평양이 아님을 웅변해 주고 있기 때문이다.

11) '낙랑멸망' 또는 '낙랑교치'는 공상의 산물

지금까지 위에서 살펴본 결과 다음과 같은 결론을 도출할 수 있다. 한중일 세 나라 강단 학계에서는 그동안 《삼국사기》 '미천왕 14년' 낙랑 침범 관련 기사, 《자치통감》 '건흥 원년' 장통 귀순 관련 기사를 근거로 미천왕 14

년 또는 건흥 원년인 서기 313년에 기원전 108년에 지금의 평양 지역에 설치되었던 낙랑군이 멸망하고 장통과 "1,000여 가"의 탈출과 함께 지금의 요령성 금주 지역으로 교치되었다고 주장해 왔다.

그러나 그들이 수십 년 동안 주장해 온 '낙랑평양설'과 '낙랑교치설'은 현실적으로 역사적 진실이 아니다. 아이러니하지만 그것이 그들의 자의적인 확대 해석이자 과대망상일 뿐이라는 것을 증명해 주는 근거는 그들이 그토록 떠받드는《삼국사기》와《자치통감》의 바로 그 두 기사이다.

《삼국사기》'미천왕 4년' 기사에서는 단순히 고구려군이 낙랑군을 침범하여 남녀 포로 2,000명을 끌고 귀환한 일만 소개하고 있고,《자치통감》'건흥 원년' 기사에서는 장통이 왕준의 설득으로 "1,000여 가"를 데리고 모용외에게 귀순한 일만 소개하고 있을 뿐이다. 이 두 정사 기록, 그리고 여기에 1980년대에 낙양에서 발견된 왕온 묘지명을 추가하더라도 낙랑군이 313년에 멸망했다는 그들의 주장을 입증해 줄 문헌적 근거는 어디에도 존재하지 않는다.

문제의 두 기사는 직접적으로는 물론이고 간접적으로도 낙랑군이 313년에 멸망했다는 주장을 뒷받침해 줄 만한 어떠한 근거도 되지 못한다. 학계가 결정적인 증거로 내세우는 두 정사의 기록 중 어느 쪽도 낙랑군이 멸망했다거나 낙랑군이 교치되었다는 가설을 입증하기에 역부족이라는 뜻이다. 역사적 진실이 아니라 단순히 그들의 착시에 불과한 것이다.

《자치통감》'건흥 원년' 장통 귀순 관련 기사는 더욱 그러하다. 기사 원문을 검토한 결과 여기에 등장하는 장통이 귀순한 시점은 건흥 원년(313)이 아니었다. 장통이라는 인물 역시 서진 조정의 위임을 받아 낙랑군을 통치하고 대표하는 정식 태수가 아니었다. "근거지로 삼다"라는 것이 일반 관리에게 관용적으로 사용하는 표현이 아님을 염두에 두면서 이 부분을 다시 정독해 보면 장통의 신분에 대한 답안은 하나뿐이다.

이 기사의 전후 맥락을 감안할 때, 모용외에게 귀순한 다른 인물들의 경우와 마찬가지로, 장통은 원래 요동 지역의 명문가 출신이었을 것이다. 그런데 '영가 연간의 난리'가 발생하고 북방민족, 군벌 출신의 군웅이 할거하면서 천하가 대란에 빠지자 본향인 요동군에서 자신의 백성 "1,000여 가"를 데리고 낙랑군과 대방군으로 피난한 것이다. 그러나 그 후로 낙랑, 대방 두 군과 이웃한 고구려가 여러 해에 걸쳐 군사를 동원하여 그 일대를 약탈하거나 점령하는 일이 빈번해지자 그 등살을 견디지 못하고 자신들을 보호해 줄 정치적 피신처로서 모용외를 지목하여 그에게 귀순했던 것이리라.

　이것이 장통의 귀순에 대한 훨씬 합리적이고 과학적인 결론일 것이다. 말하자면《삼국사기》나《자치통감》어느 쪽 기록을 보더라도, 낙랑군은 313년에 멸망한 일이 없으며, 평양을 떠나 금주에 교치된 적도 없는 것이다. 장통도 "1,000여 가"를 데리고 낙랑, 대방 지역에서 탈출하기는 했으나 그 군 자체가 멸망하는 사태는 발생하지 않았으며, 그 이후에도 계속 존속했다고 보아야 옳다. 그렇게 볼 때 낙랑군이 313년에 고구려군의 공격을 받은 것은 역사적 사실이다. 그러나 이때 낙랑군이 멸망했다는 것은 어디까지나 '낙랑평양설'을 사수하겠다는 강단 학자들의 집단무의식이 만들어낸 과대망상일 뿐이다.

　지금까지 살펴본 내용들에 근거한다면, 낙랑평양설이나 낙랑교치설은 전혀 사실이 아니며, 따라서 두 주장은 더 이상 존립 자체가 불가능하다는 사실을 깨닫게 된다. 그렇다면 고대사 학자들이 수백 명이나 포진해 있는 강단 학계는 어째서 장통 귀순 관련 기사를 자신들의 낙랑평양설과 낙랑교치설을 뒷받침하는 아주 훌륭한 근거로 오독했던 것일까? 그것도 한두 명이 아닌 수백 명이 말이다. 과연 그들은 오독을 한 것일까, 아니면 진실을 알면서도 그것을 왜곡해 온 것일까?《삼국사기》,《자치통감》, 그리고〈왕온묘지명〉을 자세히 검토해 본 결과 내린 결론은 이것이다. 그들은 진실을 알면서도 고의로 그것을 왜곡하려 한 것이다!

2. 대방군 위치 문제

현재 국내 강단사학계에서는 대방군(帶方郡)의 위치와 관련하여 낙랑군의 둔유현을 지금의 황해도 황주(黃州)로, 대방군의 치소 대방현을 봉산군 사리원(沙里院)으로 비정한 일제 식민사학자들의 지리고증을 그대로 받아들이고 있다. 그리하여 대방군이 황해도 일대와 경기도에 걸쳐 존재하다가 311년 고구려 미천왕이 서안평(西安平)을 점령한 사건을 계기로 낙랑군과 대방군의 통치 세력이 모용씨의 전연(前燕: 337~370)에 귀순하면서 대방군이 와해되었다고 주장하고 있다. 그러나 강단의 주장대로 대방군의 위치를 한반도 북부로 보기에는 여러 가지로 석연치 않은 구석이 많이 보인다. 이제부터 문헌적, 지리적, 고고적 단서들을 통하여 대방군의 위치가 정확히 어디쯤이었는지 따져 보도록 하겠다.

대방군의 실제 위치를 추적하는 과정에서 중요한 것은 이미 우리의 뇌리에 수십 년 동안 각인되어 있던 역사적 선입견, 즉 '대방은 한반도(황해, 경기)에 있었다'라는 고정관념으로부터 자유로워지는 것이다. 만일 그렇지 못하면 우리가 매번 대방군 관련 정보들을 맞닥뜨릴 때마다 한반도'만' 떠올릴 뿐 그 이외의 가능성에 대해서는 무시하게 될 것이고, 그렇게 되면 우리 고대사에 대한 재조명은 이상적인 결과를 기대하기 어렵게 될 것이기 때문이다.

1) 강단 학자들의 재미있는 '논증(?)'

국내 강단의 소장 학자들이 금년(2017년) 재야 사학자들을 '유사사학자'로 공격하기 위하여 출판한 《한국 고대사와 사이비역사학》이라는 책을 보면 대방군의 위치와 관련하여 이렇게 기술하고 있다.

대방은 … 대체로 황해도 일대에 있었다고 파악되는데, 그러한 사정은 《삼국사기》를 비롯한 여러 사서를 통해서도 충분히 가늠할 수 있다. 그러므로 대부분의 연구자는 313년 이전까지의 낙랑군, 대방군이 한반도 북부, 구체적으로 대동강 유역에 소재하였고, 요서 지역과 롼허강 유역의 낙랑군 및 조선현은 교치된 것으로 이해하였던 것이다.14)

이 책을 낸 '젊은역사학자모임'은 강단의 소장 학자들이 주축이 되어 운영되는 모임으로 보이는데, 재야 사학자들을 공격하는 책을 주도하고 그 후로 강단에서 이에 대한 별다른 이의나 제재가 없는 것을 보면 이들이 2017년 현재의 한국고대사 학계의 논리를 그대로 대표하고 있는 것으로 보아도 무방할 것이다. 그렇다면 한국고대사학계는 다음과 같은 주장에 동의하고 있는 셈이다.

① 대방군은 애초에 황해도 일대에 설치되었음
② 두 군은 313년 이전까지 한반도 북부, 구체적으로 대동강 유역에 소재했음(강단 정설)
③ 313년 이후로 요서와 롼허 유역에 보이는 두 군은 교치된 것임

말하자면 서기 313년을 분수령으로 하여 그 이전의 대방(및 낙랑)은 한반도의 황해(및 평안)도에 존재한 반면, 그 이후의 두 군은 중국의 요서와 난하 유역으로 '교치'된 것이라는 것이 국내 고대사학계의 공식 입장인 셈이다. 현재 국내 주류 학계에서는 대방군이 황해도에 존재했다는 주장이 정설로 통한다.

또 다른 소장 학자는 대방군과 낙랑군의 위치를 고증하는 과정에서 이렇게 '논증'하였다.

---

14) 젊은역사학자모임, 같은 책, 제110쪽.

〈일본 학계가 인식하고 있는 대방과 낙랑의 위치〉

《후한서》와《삼국지》는 삼한의 위치를 낙랑군과 대방군의 남쪽으로 기록했다. 이 기록대로라면 낙랑군과 대방군이 요동에 있으려면 삼한은 바다 한가운데 있어야 한다. 또한 위나라 명제가 몰래 파견한 대방태수와 낙랑태수는 바다를 건너가서 2군을 평정했다고 하는데, 요동에 있는 군을 바다를 건너가 평정할 이유가 없다. … 정약용 등이 낙랑군과 대방군이 요동에 있었다는 주장을 비판할 수밖에 없었던 이유는 바로 여기에 있었다. 그들이 기자를 숭배했기 때문이 아니다.

이 주장을 독자들이 이해하기 쉽도록 다시 정리하면 다음과 같다.
① 재야에서는 대방군과 낙랑군이 (포괄적인 개념의) 요동에 있었다고 함 ⇒ 그런데 해당 지역 남쪽에는 바다(발해)가 있음 ⇒ 그렇다면 삼한은 바다에 있었다는 말이 됨
② 재야는 대방태수와 낙랑태수가 바다를 건너서 두 군을 평정했다고 함

⇒ 두 군이 요동에 있었다면 바다를 건널 이유가 없음

과연 이들이 주장하는 내용은 역사적 진실에 부합되는 것일까? 이런 식의 주장은 논증이 아니라 전형적인 '단장취의(斷章取義)'나 '견강부회(牽强附會)'의 말장난에 불과하다. 이제부터 중국 문헌 기록에 대한 분석을 통하여 이들이 '논증'이라는 명목으로 늘어놓은 소리의 어디까지가 사실인지 차례로 따져보도록 하자.

2) 중국 기록 속 대방군의 이모저모

얼핏 보기에 소장 학자들의 위와 같은 주장은 그럴 듯해 보인다. 왜냐하면 대방군과 낙랑군의 위치를 요서 지역으로 비정할 경우 그 '남쪽'에 있는 것은 발해(渤海) 바다뿐이기 때문이다. 그 바다 한가운데에는 몇 군데에 크고 작은 암초가 있을 뿐이다. 《후한서》나 《삼국지》에 언급된 "방 2,000리"나 되는 거대한 땅 덩어리는커녕 "방 1리"의 땅조차 존재하지 않는 것이다. 그러니 요서 지역에 낙랑과 대방이 있고 그 남쪽에 삼한이 있었다는 재야 학자들의 주장에 코웃음이 나올 만도 하다. 그러나 대단히 유감스러운 일이지만, 그들은 하나만 알고 둘은 모르는 것 같다. 《후한서》나 《삼국지》에서 삼한이 낙랑, 대방 두 군의 "남쪽에 있다"라고 한 것은 사실이다. 그러나 두 정사 어느 쪽에서도 그 "남쪽"이 90도 남쪽 즉 정남방(正南方, due south)이라고 한 적이 없다. "남쪽"이라면 서남쪽도 될 수가 있고 동남쪽도 될 수가 있다.

삼한이 그 두 방향 중 어느 한쪽에 자리 잡고 있는데, 《후한서》나 《삼국지》에서 기사를 작성하는 과정에서 글자 수를 줄이고 사실 관계만 간단히 전달하기 위하여, 또는 편찬자가 현지를 직접 다녀 온 사람으로부터 전해들은 지리 정보를 기록하는 과정에서 동남쪽 또는 서남쪽을 "남쪽"으로 대충 기록했을 수도 있는 것이다. 방위를 표시하는 과정에서 이런 식으로 모호하게 표현한 사례는 중국의 역대 정사나 문헌들 여러 군데에서 찾아볼 수 있다. 그중에서도 단적인, 그리고 가장 확실한 사례는 전한대 학자 양웅(揚雄: BC53~AD18)이 저술한 중국 최초의 방언사전인《방언(方言)》에서 확인할 수 있다.

3) 중국 최초의 방언사전《방언》에 기록된 조선의 위치

양웅은《방언》에서 "조선(朝鮮)"을 모두 32번 언급하였다. 물론, 그는 조선의 위치가 어디라고 명시적으로 소개하지는 않았다. 그가 조선을 언급하는 방식을 구체적으로 소개하면 다음과 같다.

① 조선열수지간　　　　　　　2건
② 북연, 조선지간　　　　　　　5건
③ 연지북교, 조선열수지간　　　1건
④ 연지북비, 조선열수지간　　　1건
⑤ 연지동북, 조선열수지간　　　4건
⑥ 동북, 조선열수지간　　　　　1건
⑦ 북연, 조선열수지간　　　　　4건
⑧ 연지외교, 조선열수지간　　　4건
⑨ 연지외비, 조선열수지간　　　2건
⑩ 연대, 조선열수지간　　　　　1건
⑪ 연, 조선열수지간　　　　　　1건

①~⑪에서 볼 수 있듯이,《방언》에 언급되는 32건의 "조선"의 위치는 예외 없이 그 근처의 지역(연, 대)이나 지형지물(열수)과의 병칭을 통하여 간접적으로 소개된다. 그는 이 대목에서 연나라 방언을 소개하면서 이웃한 조선(열수) 일대에서 통용되는 방언의 분포 양상도 동시에 소개하였다. 이 과

정에서 그는 조선의 위치를 언급할 때 "연 땅의 북쪽 변두리(북비, 북교)"라는 표현을 모두 8회 사용하고 있다. 전한 당시 황제의 아들에게 세습하게 한 연국(燕國) 북쪽에 조선이 있었다는 뜻이다. 그런데 여기서 각별히 유념해야 할 것이 있다. "연지북교" 또는 "북연"에서 "북"이 가리키는 방위는 정북방(正北方, due north)이 아니라는 사실이다.

그는 같은 책에서 조선의 위치를 언급하면서 "연지동북"을 5회, "(연)동북"을 1회 등 모두 6회에 걸쳐 사용하고 있다. 수량에 있어서는 앞서 조선이 연국의 "북쪽"에 있다고 한 18건의 1/3 수준밖에 되지 않지만, "동북"이라는 표현도 사용한 것이다. 이는 곧 《방언》에서 조선이 "(연지)북비", "(연지)북교", "북연"에 있다고 적었다고 해서 조선이 연국으로부터 정북방에 있다는 소리로 이해해서는 안 된다는 뜻이다.

낙랑, 대방 두 군과 삼한의 위치 역시 마찬가지이다. 《후한서》와 《삼국지》에서는 두 군의 남쪽에 삼한이 있다고 소개하였다. 그러나 그렇다고 해서 '정남쪽'에서 삼한을 찾아서는 안 된다는 것이다. 왜냐하면 양웅이 《방

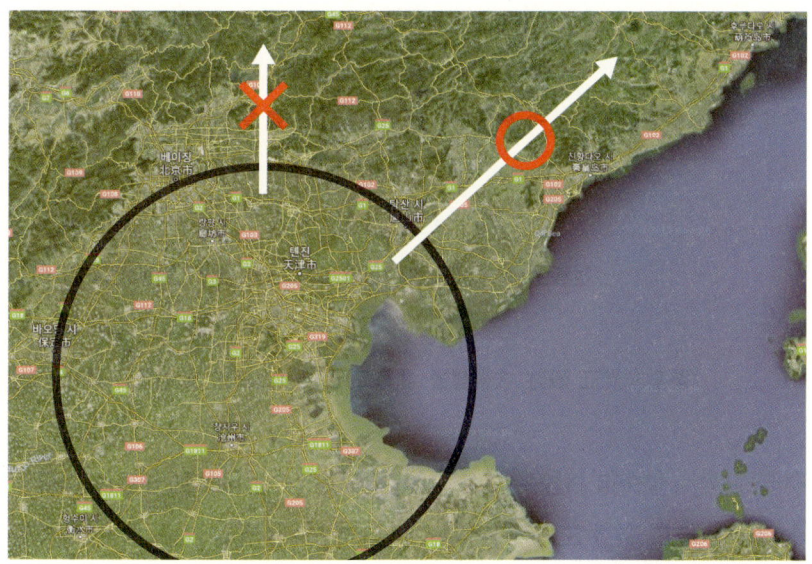

〈조선은 연국의 동북에 있지만 간단히 '북쪽'에 있다고 소개되기도 하였다〉

언》에서 조선이 연(燕) 땅 동북방에 있는 것을 "북쪽에 있다"라고 적은 것처럼, 삼한의 경우도 낙랑, 대방의 정남쪽이 아닌 '서남방'이나 '동남방'에 있을 수도 있기 때문이다. 1차 사료만 제대로 공부해도 금방 알 수 있는 이치를 일반인도 아닌 전문 학자라는 자들이 전혀 모르고 있고, 심지어 거꾸로 남들이 틀렸다고 빈정거린다? 융통성이나 상상력이라고는 전혀 없는 그런 학자들을 보면 국내 강단 학계의 상황이 정말 심각하다는 생각을 가지게 된다.

그러면 어떤 학자는 또 이렇게 반문할 것이다. "위도상으로 볼 때 낙랑, 대방의 동남쪽에서 진황도, 금주, 개주(蓋州) 등지는 위치가 그보다 더 위에 있다. 즉, 그 지역들이 낙랑, 대방보다 북쪽에 있는 것이다. 그런데 어떻게 이것을 두고 낙랑, 대방의 (동)남쪽에 삼한이 있었다고 말할 수 있는가?" 만일 이런 소리를 한다면 그 사람은 고대사를 연구하기 전에 먼저 지리학, 해양학, 지구과학부터 공부해야 한다.

강단 학계에서는 재야 학자들이 《삼국지》〈위지 동이전〉'한전(韓傳)'조에서 유흔(劉昕)과 선우사(鮮于嗣) 두 태수가 "바다를 건너 두 군을 평정했다"라고 한 것을 두 군이 요서 지역에 있었다는 증거로 내세우는 데 대해서도 문제를 제기하면서 "요동에 있는 군을 바다를 건너가 평정할 이유가 없다"라는 수수께끼 같은 소리를 늘어놓고 있다. 아마 그들은 정말 대방, 낙랑 두 군이 요서 지역에 있었다면 삼한을 육로로 공격하면 되므로 굳이 바다를 건너가서 싸울 이유가 없다는 뜻에서 그렇게 말했을 것이다. 정말 그렇게 생각하고 있다면 강단 학자들은 1차 사료의 내용을 제대로 이해하지 못한 탓이다.

4) 《삼국지》〈위지 동이전〉'한전'의 대방군 기록

다시 한 번 《삼국지》〈위지 동이전〉'한전'에서 진수가 한 말을 상기해 보자.

경초 연간에는 명제가 대방태수 유흔과 낙랑태수 선우사를 밀파하여 바다를 넘어 두 군을 안정시킨 후 여러 한국의 신지들에게는 '읍군'의 벼슬을 부여하고 인수를 내리는 한편, 그 다음 서열의 인사들에게는 '읍장'을 내렸다.

여기서 우리가 주의해야 할 것은 유흔과 선우사가 황제의 명령을 받은 장소가 낙랑, 대방 두 임지가 아니었다는 점이다. 만일 그들이 자신들의 관할 지역인 낙랑군과 대방군에서 각각 밀명을 받았다면 당연히 육로를 통하여 두 군에 속한 삼한을 공격하는 것이 가장 신속하고 가장 확실한 대응책이었을 것이다. 굳이 바다를 건너거나, 또 그렇게 하기 위하여 전선을 동원하거나 할 고생을 할 필요가 없는 것이다. 그러나 당시 두 사람이 "(낙랑, 대방) 두 군을 평정하라"는 황제의 밀명을 받은 장소는 자신들의 관할지가 아니라 제3의 장소 즉 위나라의 수도이던 낙양이었을 것이다. 그래야만 두 사람을 "밀파했다[密遣]"거나 "바다를 넘어갔다[越海]"라는 기록과 앞뒤가 맞게 되는 것이다.

게다가 "두 군을 평정했다"라고 했으므로 주된 작전 지역도 낙랑, 대방 두 군 경내였다는 소리가 된다. 아마 당시에는 바다 건너의 낙랑, 대방에서 한나라에 대한 저항운동이 일어나 두 군의 태수가 죽임을 당했을 것이다. 그 소식을 들은 명제가 부랴부랴 유흔과 선우사를 각각 후임 태수로 임명하고 그 자리에서 삼한이 장악한 두 군을 탈환하라는 밀명을 내렸을 것이다. 그리고 그 명령을 따른 두 사람이 바다를 건너가 각자의 군으로 부임한 후 현지의 저항 세력들을 소탕하고 두 군을 안정시켰으리라. 그렇게 생각하면 《삼국지》의 문제의 기사나 재야 학계의 낙랑(대방)요서설도 논리적으로 전혀 이상할 것이 없는 셈이다.

그렇다면 유흔과 선우사가 건너간 것은 어느 바다였을까? 이에 대해서는 어떤 학자는 산동반도에서 묘도군도(廟島群島)를 거쳐 요동반도로 건너갔다고 주장하는가 하면 또 다른 학자는 산동반도에서 바로 황해를 횡단하여

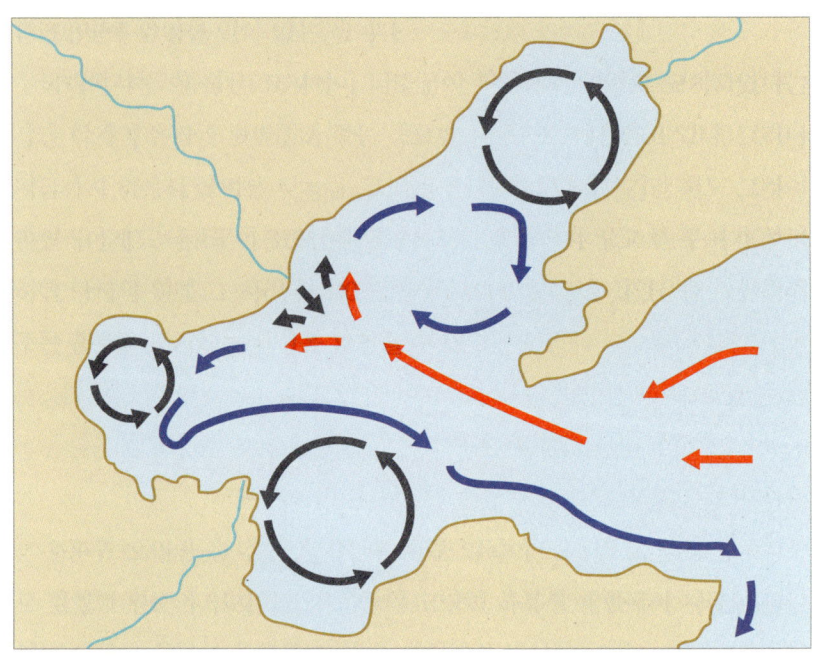

〈황해를 순환하는 해류를 감안할 때 유흔/선우사는 발해 북안에 상륙했을 것이다〉

평안도에 당도했을 것이라고 주장하기도 한다. 그러나 그들이 건너간 바다는 발해였을 가능성이 높다. 《삼국지》에서는 황제로부터 두 군을 평정하라는 밀명을 받은 두 사람이 바다를 건넜다고 적었다. 그렇다면 그들은 낙양에서 육로로 산동반도까지 이동한 후 당시의 중요한 군항이었던 등주(登州)에서 배에 군사를 태우고 발해만을 가로질러 그 북쪽의 진황도 인근으로 상륙했다고 보아야 옳다.

강단 학자들 중에는 간혹 삼한과 두 군이 한반도에 존재했다는 전제하에서 유흔과 선우사가 '산동반도 ⇒ 묘도군도 ⇒ 평안도' 노선을 이용하여 바다를 건너 와 두 군을 평정했다고 주장하는 경우가 있다. 그러나 그 같은 주장은 탁상공론일 뿐으로 일고의 가치도 없다. 유사 이래로 묘도군도에서 발견되는 유물과 유적은 연대상으로 당대(唐代: 618~907) 이상을 거슬러 올라가지 못하기 때문이다. 실제로 묘도군도의 최전방에 있는 섬인 남황성도(南隍城島)가 역사에 언급되기 시작한 것은 당대부터이다. 당나라 정관(貞觀) 연간(648)에 이곳이 산동에서 요동으로 왕래하는 배들이 태풍을 피하는 일종의 피신처로 소개되고 있을 뿐이다.

그렇다면 그 이전, 특히 한 무제는 물론이고, 유흔과 선우사가 낙랑, 대방 두 군을 평정했다는 위나라 때에는 이곳이 역사 기록 속에서 전혀 등장하지 않는다. 국내 학자들 중에는 이 같은 역사적 내막에 대한 진지한 성찰조차 없이 산동반도에서 묘도군도를 거쳐 요동반도로 빈번하게 왕래했을 거라는 자신의 막연한 억측을 기정사실화하는 경우가 적지 않다. 만일 그것이 소규모의 우발적인 항해라면 가능성이 없는 것도 아니다.

그러나 군대의 이동처럼 대규모의 의도적인 이동이라면 이 노선은 적어도 항해술에서 어느 정도 발전이 이루어지는 당대가 도래하기 전까지는 사람들의 이목을 그다지 끌지 못했다고 보아야 한다. 실제로 남황성도에서는 한, 위, 진대의 군사적 유적, 유물의 흔적은커녕 그 시대를 대표할 만한 어떠

〈산동반도(남)와 요동반도(북) 사이에 자리 잡고 있는 묘도군도. 맨 위의 흰색 동그라미 부분에 남황성도〉

한 흔적도 확인된 것이 없다. 최소한 수천 명이나 되는 군대가 그 지역을, 그것도 여러 차례 거쳐 가면서 단 하나의 흔적도 남기지 않는다는 것이 가능한 일인가? 그 같은 대규모의 인적 이동이 있었다면 당연히 관련 유물이나 야영의 흔적들이 나와야 정상인 것이다.

5) 중국 문헌 기록의 해양학적 추리

여기서 추가로 한마디 더 덧붙이자면, 고대에 '산동반도-묘도군도-요동반도' 노선이 그다지 선호되지 못한 또 다른 중요한 이유는 그 일대의 독특한 입지 조건이다. 해양학(지구과학)적 견지에서 보자면, 묘도군도는 발해와 황해의 병목에 해당하는 좁은 통로에 자리 잡고 있다. 이 같은 입지 조건은 임진왜란 당시 이순신 장군이 대첩을 거둔 진도 울돌목의 경우와 상당히 유사하다. 명량 수도(鳴梁水道)와 진도 수도(珍島水道) 사이에 위치해 있는 울돌목은 조류의 유속이 최대 12노트(knot)나 된다.

따라서 해류가 진행하는 방향으로의 항해는 수월하지만 반대 방향으로의 이동은 상당히 곤란하다. 임진왜란 당시 왜군이 명량해전에서 참패를 당한 것도 사실은 그들이 울돌목의 이 같은 입지 조건에 무지했기 때문이다. 묘도군도의 경우도 마찬가지이다. 그 일대는 황해 남부를 통과하여 발해만까지 북상하는 구로시오 난류(黑潮暖流)의 영향으로 발해 북안으로의 항해는 대단히 수월한 편이다. 그러나 그 흐름과 직각으로 교차되는 요동반도 쪽으로의 항해는 강한 구로시오 난류의 작용 때문에 상당히 어렵다.

더욱이 발해의 경우, 전방이 트여 있는 울돌목과는 달리, 그 위로는 몇 천리나 이어지는 드넓은 중국 대륙이 버티고 있다. 이 때문에 발해만과 요동만까지 거침없이 북상한 구로시오 난류는 대륙에 진로가 막히자마자 방향을 돌리면서 발해 내해(內海)를 순환하는 연해류(沿海流)로 변형된다. 그래서 요동반도 쪽의 대련(大連) 노철산(老鐵山) 수도와 산동반도 쪽의 묘도군

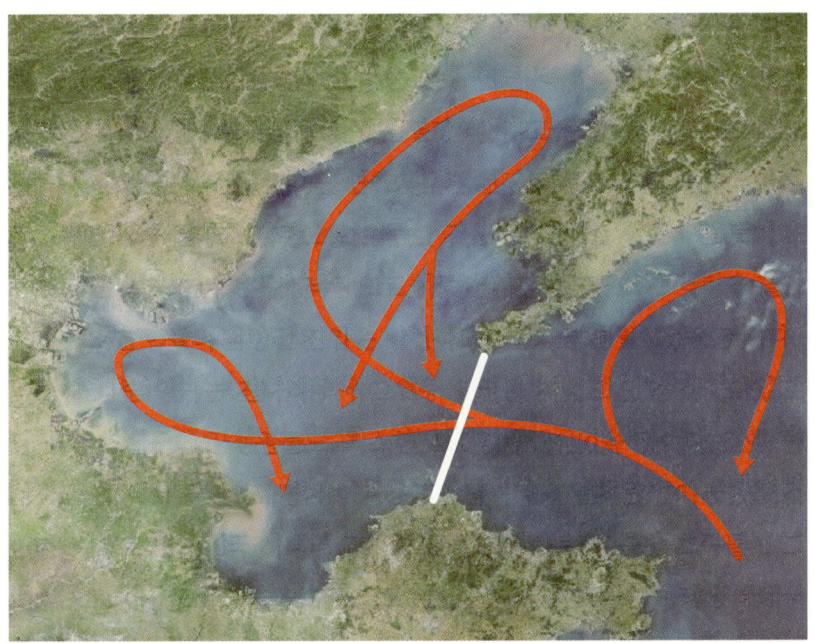

〈당대 이전에는 구로시오 난류와 발해 연해류의 간섭작용 때문에 산동반도에서 출발해도 제대로 요동반도에 도착하기 어려웠을 것이다〉

도 수도는 북상하는 구로시오 난류와 회오리치는 연해류의 영향으로 해류의 유속이 상당히 빠르다.[15] 그렇다면 항해술이 원시적이었던 당시에 인력 외에는 제대로 된 동력이 갖추어져 있지 않았던 노선(櫓船, 갤리선)만으로는 여름에 북상하는 구로시오 난류에 의하여 발해만 쪽으로 떠밀리고, 겨울에는 발해만과 요동만 사이를 순환하는 연해류의 간섭작용 때문에 요동반도로의 항해가 상당히 어려울 수밖에 없다. 따라서 목적지가 발해만 즉 요서 지역인 경우에는 구로시오 난류를 타고 가기 때문에 순조롭게 목적지에 도달할 수 있지만, 목적지가 요동반도인 경우에는, 설사 묘도군도를 징검다

---

15) 하교(賀嬌), 〈산학 협력을 통하여 해양에너지원 개발을 촉진하자(以産學研聯盟推動海洋能源開發)〉, 《중국능원보(中國能源報)》, 2014.3.22.

리로 삼더라도, 대련이 아닌 한참 남쪽으로 떠밀려 표류했을 것이다.

물론, 개중에는 목적지에 무사히 도착하는 경우도 없지는 않았을 것이다. 그러나 대부분은 자칫하다가는 해류에 휩쓸려 황해 쪽으로 표류하거나 배가 전복되고 말았을 것이다. 그렇기 때문에 중국 학계 내부에서조차 이 '산동반도-묘도군도-요동반도' 노선으로의 항해는 6~7세기 즉 당대 이후에나 가능해졌다고 보는 것이 통설이다. 따라서 학계 일각에서 낙랑, 대방 두 군에서의 한예(韓濊) 세력의 저항을 진압하기 위하여 유흔과 선우사가 '산동반도-묘도군도-요동반도' 노선을 통하여 한반도로 건너갔다는 주장을 심심찮게 들먹이는 것은 고고학적으로는 말할 것도 없고 지구과학, 지형학적으로 어불성설일 뿐이다.

2,000년 전 노꾼의 힘이 주된 동력이었던 노선(갤리선)으로 바다를 건너자면, ① 여름에 구로시오 난류를 타고 발해 남안, 즉 하북성 산해관 인근에 기착하거나, ② 겨울에 발해만과 요동만 사이를 순환하는 연해류를 타고 요동반도 북안에 기착하거나, 그것도 아니면 ③ 아예 전통적으로 선호되었던 '연안항법'에 따라 해안선을 따라서 목적지(발해만? 요동만?)까지 안전하게 항해하는 방법 정도가 고작이었을 것이다. 그런데 《삼국지》에서는 유흔과 선우사가 "바다를 넘어갔다"라고 했으므로 '연안항법'으로 이동하지 않은 것만은 분명하다.

왜냐하면 "바다를 넘어갔다"는 표현 자체가 연안을 벗어나 해안에서 상당히 먼 외해(外海)까지 나가서 목적지를 향하여 항해했다는 것을 의미하기 때문이다. 그렇다면 이 경우 연안항법에 의한 이동은 자연히 배제되고 남는 것은 그 목적지가 발해 남안이냐 요동반도 북안이냐의 두 가지 가능성뿐이다. 두 사람의 최종 목적지는 과연 어디였을까? 요동반도 북안이었을까? 아니면 발해 남안이 가장 이상적인 지점이었을까? 목적지가 이 중 어느 쪽이었든지 간에 한 가지 사실은 분명하다. 이 문제에 관한 강단 학자들의 주장은 틀렸다는 것이다!

6) 《한서》의 대방군 기록

중국에서 "대방(帶方)"이라는 지역명은 후한대 역사가 반고(班固: 32~92)가 편찬한 한나라 정사《한서(漢書)》에서 최초로 등장한다.

◎ 낙랑군
무제가 설치하였다. 낙양에서 동북쪽으로 5,000리 떨어져 있다. 18개의 성이 있고 호구가 6만 1,492세대, 인구가 25만 7,050명이다. (속현으로) 조선, 염감, 패수, 함자, 점제, 수성, 증지, 대방, 사망, 해명, 열구, 장잠, 둔유, 소명, 누방, 제해, 혼미, 악도가 있다.
◎ 樂浪郡
武帝置. 雒陽東北五千里. 十八城, 戶六萬一千四百九十二, 口二十五萬七千五十. 朝鮮, 冉邯, 浿水, 含資, 占蟬, 遂城, 增地, 帶方, 駟望, 海冥, 列口, 長岑, 屯有, 昭明, 鏤方, 提奚, 渾彌, 樂都.**16)**

반고는 여기서 낙랑군의 연혁을 소개하면서 그 속현들 중 8번째로 대방을 소개하고 있다. 여기에는 이름만 간단하게 소개되어 있을 뿐이다. 그래서 '대방'이라는 이름이 어떤 의미를 가졌는지 어디서 유래했는지 알 수가 없다. 그 지리적 위치가 어디쯤인지에 관해서도 더더욱 그러하다. 다만, 이름에 사용된 한자대로 따져보면 '대방'은 '띠(처럼 긴) 땅'이라는 의미를 가진 이름이다. 아마 이 현은 칠레(Chile)만큼은 아닐지라도 띠처럼 길게 구획된 또는 형성된 지역이었을 것이다.

대방이 낙랑군의 18개 속현의 하나였다면 그 크기는 인구가 1만 내외로 그다지 크지 않았을 것이다. 한 무제가 이른바 '한사군'을 설치한 후 200년

---

16) 반고(班固),《한서(漢書)》,〈군국지5(郡國志五)〉'낙랑군(樂浪郡)'조.

이 지난 반고 당시, 즉 서기 1세기에는 낙랑군이 관할하는 속현이 25개에서 7개가 줄어든 18개였다. 그렇다면 군의 치소인 조선현의 인구가 3만 정도라고 치더라도 대방현의 인구는 1만 내외였을 것으로 추정된다. 규모가 크다고 할 수는 없는 것이다.

7) 《삼국지》〈위지 공손전〉의 대방군

낙랑군의 일개 속현에 불과하던 대방이 정식으로 군으로 승격되는 과정을 자세하게 소개한 것은 후한을 지나 삼국시대, 즉 3세기에 편찬된 진수(陳壽: 233~297)의 《삼국지(三國志)》였다. 당시 위나라의 역사가이던 진수는 이 책의 〈위지 공손전(魏志公孫傳)〉에서 다음과 같이 적고 있다.

> 환제-영제 말기에 한(韓)의 예족(濊族)이 강해지고 번성하여 군현이 이를 제대로 제어하지 못하자 백성들 다수가 한의 나라로 흘러들어 갔다. 건안 연간에 공손강은 둔유현을 기준으로 그 남쪽의 황무지를 떼어 '대방군'으로 삼고, 공손모, 장창 등을 파견하여 유민들을 다시 모으는 한편 군사를 일으켜 한 땅의 예족을 토벌하니 (중국의) 옛 백성들이 제법 (한국을) 벗어났고 그 후로 왜와 한은 대방군에 예속되었다. 경초 연간에는 명제가 대방태수 유흔과 낙랑태수 선우사를 밀파하여 바다를 넘어 두 군을 안정시킨 후, 여러 한국의 신지들에게는 '읍군'의 벼슬을 부여하고 인수를 내리는 한편 그 다음 서열의 인사들에게는 '읍장'을 부여하였다. 그들의 습속에서는 옷과 감투를 선호하여 하층 백성들이 군수를 예방할 때조차 한결같이 옷과 감투를 빌려 착용하니 자진해서 인수와 옷과 감투를 착용한 자가 1,000명이 넘을 정도였다. 부의 종사관이던 오림은 낙랑이 당초 한국을 통치했었다 하여 진한에서 여덟 나라를 쪼개어 낙랑군에 귀속시켰으나 수하 관리가 통역해 전달하는 과정에서 착오

를 범하는 바람에 신지가 한인들의 분노를 부추겨 대방군의 기리영을 공격하기에 이르렀다. 이때 대방태수 궁준, 낙랑태수 유무가 군사를 일으켜 그들을 토벌하는 과정에서 궁준이 전사하기는 했으나 두 군은 결국 한을 멸망시켰다.

桓靈之末, 韓濊强盛, 郡縣不能制, 民多流入韓國. 建安中, 公孫康分屯有縣以南荒地爲帶方郡, 遣公孫模, 張敞等收集遺民, 興兵伐韓濊, 舊民稍出, 是後倭韓遂屬帶方. 景初中, 明帝密遣帶方太守劉昕, 樂浪太守鮮于嗣越海定二郡, 諸韓國臣智加賜邑君印綬, 其次與邑長. 其俗好衣幘, 下戶詣郡朝謁, 皆假衣幘, 自服印綬衣幘千有餘人. 部從事吳林以樂浪本統韓國, 分割辰韓八國以與樂浪, 吏譯轉有異同, 臣智激韓忿, 攻帶方郡崎離營. 時太守弓遵, 樂浪太守劉茂興兵伐之, 遵戰死, 二郡遂滅韓.[17]

진수가 이 대목에서 소개한 대방군의 내력을 간단하게 정리하면 다음과 같다.

① 예족의 본거지는 (삼)한임 ⇒
② 중원인들 다수가 (삼)한으로 이주함 ⇒
③ (이로써) 한대 말기 한예가 강성해지는 반면 낙랑군의 통제력이 약해짐 ⇒
④ 낙랑 남쪽에 대방을 설치한 요동 군벌 공손강이 (삼)한을 공격하고 중원인들을 재이주시킴 ⇒
⑤ 이 과정에서 (삼)한과 그 이웃의 왜가 대방에 귀속됨 ⇒
⑥ 경초 연간, 유흔, 선우사가 두 군을 평정한 후 (삼)한 수령들을 회유함 ⇒

---

17) 진수(陳壽),《삼국지(三國志)》〈위지 동이전(魏志東夷傳)〉.

⑦ 오림이 (삼)한에 대한 낙랑의 기득권을 빙자하여 이웃한 진한에서 8국을 군에 편입시킴 ⇒

⑧ 이에 불복한 수령들이 대방의 기라영을 공격함

⑨ 두 군의 응전으로 (삼)한이 멸망함(3세기)

① 한대 말기에 한의 예족이 강성해져 군현조차 통제가 어렵게 됨 ⇒ ② 그러자 다수의 중원 백성들이 한국으로 유입됨 ⇒ ③ 후한 건안 연간(196~220)에 공손강(실제로는 그 아비 공손도)이 둔유현 이남의 황무지에 '대방군'을 두고 당초 흩어진 백성들을 다시 불러들이는 동시에, 예족 토벌에 나서자 백성들은 복귀하고 왜와 한은 대방에 편입됨 ⇒ ④ 조위 경초 연간(237~239)에 명제가 밀파한 대방태수(유흔)와 낙랑태수(선우사)가 바다를 넘어 두 군을 안정시키고 여러 한국 신지들에게 벼슬을 내림 ⇒ ⑤ 낙랑이 당초 한국을 통치했었다는 이유를 들어 부의 종사관 오림이 진한에서 8국을 떼어 낙랑군에 편입시킴 ⇒ ⑥ 통역의 실수가 화근이 되어 신지가 한인들을 이끌고 대방군의 기리영을 공격함 ⇒ ⑦ 대방태수(궁준)와 낙랑태수(유모)가 응전하는 과정에서 대방태수가 전사했지만 한은 최종적으로 멸망함

그런데 이 정리 내용을 자세히 따져보면, 과연 대방과 낙랑이 한반도에 존재했었을까 하는 의구심을 갖게 된다. 왜냐하면 이 기사에 따르면 한, 위 등 중원 왕조와의 교섭 과정에서 성쇠를 거듭하는 한예(韓濊)의 지리적 위치가 북한이 아닌 요서로 제시되고 있기 때문이다.

8) 《후한서》〈군국지5〉의 '요동속국' 위치 추정

남북조시대의 역사가 범엽(范曄: 398~445)이 편찬한 《후한서》〈군국지5〉에 따르면, 공손강이 대방군을 본거지로 해서 세우는 '요동속국(遼東屬國)'

은 창료(昌遼), 빈도(賓徒), 도하(徒河), 무려(無慮), 험독(險瀆), 방(房)의 6개 현을 관할하에 둔 지방 정권이었다. 범엽은 이 정권의 영토가 지리적으로 "낙양에서 동북쪽으로 3,260리 떨어진 지점"이라고 소개하고 있다. 중국 학자들의 연구에 따르면, 삼국시대(위)의 1리는 미터로 환산하면 대략 435m 정도이다. 따라서 '3,260리'라면 1,418km 정도 되는 셈이다. 현재 중국과 국내 강단 학계에서는 이 리수를 근거로 삼아 요동속국의 영역을 지금의 요령성 중부로, 그 치소를 의현(義縣)으로 비정하고 있다.

그러나 그 같은 고증에는 문제가 많아서 그대로 신뢰하기 어렵다. 우선, 역대 중국 정사 어디에서도 '낙양에서 3,260리 떨어진 지점이 정확하게 요령성 중부에 해당한다'라고 명시한 대목은 존재하지 않는다. 범엽이 제시한 3,260리(1,418km)라는 거리 데이터를 직선거리로 이해한 것도 문제이다. 터널, 교량, 고속도로 등의 도로 인프라를 구축할 수 있는 기술력을 확보하지 못했던 고대에 측정된 거리 데이터는 반드시 그보다 1.5~2배 정도 긴 우

〈학계에서는 요동속국의 치소를 요령성 중부의 의현으로 보고 있다〉

회거리를 합친 값으로 받아들여야 한다. 그렇다면 그 정확한 위치는 학계에서 주장하는 지점보다 훨씬 못 미치는 요서 인근 또는 하북성 인근에 머물러 있어야 정상이다.

더욱이 고대는 행정관청을 설치할 때 군사 논리(보안성)가 경제 논리(접근성)를 압도하는 시대였다는 점이 전혀 고려되지 않았다. 고대에 군현의 치소를 건설하는 행정 주체들에게 있어 가장 큰 관심사는 그 소재지가 외적으로부터 '얼마나 안전한가'였지 '얼마나 빠른가'가 아니었던 것이다. 그런데 《삼국지》에서는 후한 말기에 요동속국의 일부인 대방군이 한예를 관할하거나 정벌했다고 적고 있다. 그렇다면 한예는 요동속국 또는 대방군과 지리적으로 이웃해 있었다는 이야기가 된다. 더욱이 같은 대목에서는 낙랑군의 종사관인 오림(吳林)이 "낙랑이 당초에 한국을 통치했다 하여 '진한 8국'을 낙랑군에 귀속시켰다"라고 적었다. 그렇다면 "진한 8국(辰韓八國)"의 본국인 삼한은 지리적으로 그 경계가 낙랑군과 맞닿아 있었다는 말이 된다. 서로 이웃해 있어야 이 같은 행정적인 편입이 가능해지기 때문이다. 그런데 우리가 알고 있는 한, 낙랑군은 설치 당시부터 한 번도 직접적으로 한국과 이웃해 있었던 적이 없다. 왜냐하면 한사군 설치 초기 낙랑군 아래에는 진번군(眞番郡)이 존재했다고 하는 것이 강단 학계의 주장이기 때문이다.

후한 말기의 상황도 마찬가지이다. 낙랑군 남쪽에 대방군이 설치되었으므로 낙랑군이 한예의 나라(한국)를 직접적으로 영유한다는 것은 불가능하였다. 즉, 한반도에서는 대방 이전에 한예와 경계를 마주하고 있었을 행정 구역은 진번군이지 낙랑군이 아닌 것이다. 그런데 오림이 그 같은 주장을 하고 또 대방군이 존재하고 있는 상황에서 "진한 8국"을 낙랑군에 편입시키고 있는 것을 보면 낙랑군과 대방군 어느 쪽이든 간에 그 위치가 절대로 한반도일 수가 없는 것이다.

물론, 이 같은 의구심을 갖게 되는 가장 결정적인 근거는 《삼국지》 등 중국 정사들이 제공하는 지리 정보들이다.

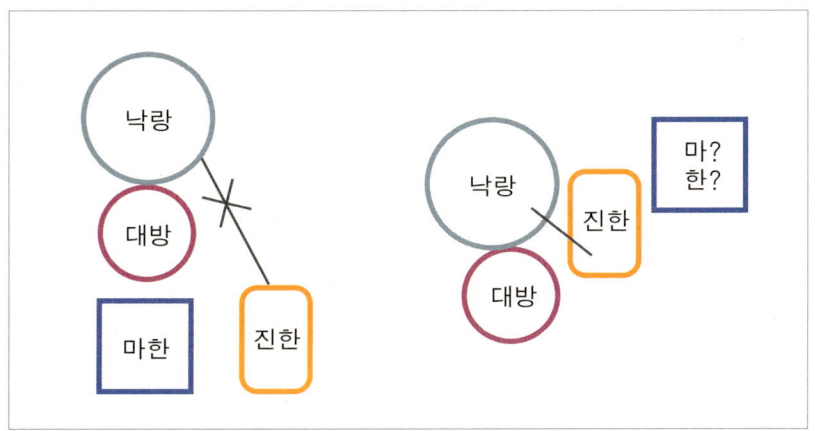

〈낙랑군과 한예가 관계를 가지자면 양자가 한반도에 존재해서는 안 된다(개념도)〉

3. 대방, 삼한, 그리고 '방 4,000리'의 미스터리

최근 국내 학계에서는 대방군이 중국에 있었다는 재야의 주장에 대하여 장무이묘(張撫夷墓), 안악 3호분(安岳三號墳) 등의 정체불명의 고고 유적들을 근거로 또다시 황해도를 그 소재지로 주장하면서 재야 사학자들을 '유사 사학자'라고 공격하였다. 그러나《삼국지》의 또 다른 대목을 보면 강단의 그 같은 주장들이 얼마나 터무니없는 강변인지 잘 알 수 있다.

> 한은 대방의 남쪽에 있는데 동과 서는 바다로 막혀 있고 남으로는 왜와 경계를 접하고 있는데 방 4,000리는 될 것이다.
> 韓在帶方之南, 東西以海爲限, 南與倭接, 方可四千里.[18]

---

18) 진수,《삼국지》,〈위지 동이전〉'삼한(三韓)'조.

이 기사의 내용을 다시 정리하면 다음과 같다.

① 대방군 남쪽에 삼한이 있음 ⇒
② 동서로는 바다에 막혀 있고 남쪽에는 왜국이 있음 ⇒
③ 그 영역은 "방 4,000리"에 이름

《삼국지》의 위의 기사에서 우리가 주목해야 할 대목은 바로 삼한의 영역에 관한 언급이다. 진수는 대방군 남쪽에 위치한 삼한 각국의 영역이 "방 4,000리에 이른다"고 분명하게 못박고 있다. 다들 '방 4,000리'가 얼마나 큰 면적인지 한번 곰곰이 따져보기 바란다. 이는 '방 4,000리', 즉 한 변이 4,000리인 면적을 가리킨다. 즉, 동서로 4,000리, 남북으로 4,000리를 곱한 면적인 16만 리가 된다. 동북아역사재단에서 펴낸 《후한서 외국전역주》(상)[19]의 주석에 따르면, 위나라 때 1리는 435m 정도였다고 소개하고 있다. 따라서 《삼국지》와 이를 많이 참고한 《후한서》의 '리'는 위나라 때의 길이를 그대로 적용하면 되는 셈이다.

그렇다면 16만 리를 미터법으로 환산하면 대략 696만km^2 정도 된다. 현재 남미의 브라질이 855만km^2 정도이고 오스트레일리아가 769만km^2 정도이니 이것이 얼마나 큰 면적인지 짐작할 수 있는 셈이다. 그렇다면 삼한은 329만km^2인 인도를 2개 합쳐 놓은 것과 같은 큰 나라였다는 말이 된다.

중국 정사인 '24사'를 조사해 보면 영토를 "방 2,000리"로 소개한 나라를 제법 많이 찾아낼 수가 있다.

연나라는 동으로 조선, 요동, 북으로 임호, 누번, 서로 운중, 구원, 남으로 호타하, 역수가 있는데 그 땅이 방 2,000여 리이다.
燕東有朝鮮遼東, 北有林胡樓煩, 西有雲中九原, 南有滹沱易水, 地方二千餘

---

[19] 〈동이전〉 "주010", 《후한서 외국전역주》, 제29쪽, 동북아역사재단, 2009.

里.[20)]

산 동쪽에 세워진 나라로는 조나라보다 강한 나라가 없다. 조나라는 그 땅이 방 2,000여 리이다. … 서로 상산, 남으로 하장, 동으로 청하, 북으로는 연나라가 있다.
山東之建國, 莫彊於趙. 趙地方二千餘里, … 西有常山, 南有河漳, 東有淸河, 北有燕國.[21)]

제나라는 남으로 태산, 동으로 낭야, 서로 청하, 북으로는 발해가 있다. … 제나라는 땅이 방 2,000여 리이다.
齊南有泰山, 東有瑯邪, 西有淸河, 北有勃海. … 齊地方二千餘里.[22)]

오나라 왕 부차는 땅이 방 2,000리나 되었다.
吳王夫差, 地方二千里.[23)]

부여국은 현토 북쪽으로 1,000리 떨어진 곳에 있다. 남으로 고구려, 동으로 읍루, 서로 선비와 경계를 접하고 있고 북으로는 약수가 있다. 그 땅이 방 2,000리이다.
夫餘國, 玄菟北千里. 與高句驪, 與挹婁, 與鮮卑接, 有弱水. 方二千里.[24)]

(고구려는) 그 땅이 후한대에는 방 2,000리이던 것이 … 수대에 이르러 점

---

20) 사마천(司馬遷), 《사기(史記)》〈소진열전(蘇秦列傳)〉.
21) 사마천, 〈소진열전〉.
22) 사마천, 〈소진열전〉.
23) 유안(劉安), 《회남자(淮南子)》〈병략훈(兵略訓)〉.
24) 범엽(范曄), 《후한서(後漢書)》〈동이열전(東夷列傳)〉.

차 커져서 동서로 6,000리나 되었다.
其地後漢時方二千里. … 至隋漸大, 東西六千里.[25]

(대)조영은 용맹하고 전쟁에 능하여 고구려, 말갈 사람들이 차츰 그에게 귀순했는데 그 땅이 방 2,000리였다.
祚榮驍勇善戰, 高麗, 靺鞨之人, 稍稍歸之, 地方二千里.[26]

춘추시대에 강대국이던 부차의 오나라를 위시하여 전국시대에 '전국 7웅'으로 꼽히는 대국이던 연, 조, 제, 그리고 동북방의 강국이던 부여, 고구려, 발해 모두 강역이 "방 2,000리"로 소개되고 있는 것이다. 연, 조, 제 세 나라에 대한 소개는 당시의 유명한 외교가 소진(蘇秦: ?~BC284)이 당사자들을 상대로 외교적인 수사를 늘어놓은 경우이므로 아무래도 다소 과장했을 가능성이 없지 않다. 그러나 오나라의 경우는 과거의 일을 기술하는 경우이므로 굳이 과장할 이유가 없다. 부여, 고구려, 발해는 당시 변방의 오랑캐로 치부되었다. 따라서 오히려 그 영역을 축소했으면 했지 그 영역을 부풀렸을 리는 없다. 그러니 적어도 《회남자》,《후한서》,《통전》,《자치통감》의 데이터들은 신빙성이 상당히 높다고 할 수 있겠다.

이런 상황에서 삼한이 "방 4,000리"였다면 그 이상의 영토를 가진 초강대국이던 진, 초보다는 규모가 작을지 모르지만 적어도 "방 2,000리"의 오, 연, 조, 제나 부여, 고구려, 발해보다는 거의 갑절이나 큰 강역을 가진 대국이었다는 말이 된다. 바꿔서 말하자면, 전국시대 중기의 연과 조, 또는 연과 제, 또는 조와 제를 각각 합친 만큼의 상당히 큰 면적인 것이다.

---

25) 두우(杜佑),《통전(通典)》,〈변방2(邊防二)〉'고구려(高句麗)'조.
26) 사마광(司馬光),《자치통감(資治通鑑)》〈현종 상(玄宗上)〉.

〈"방 2,000리"의 두 나라를 합친 지도와 삼한의 비교. 동그라미는 기존의 한사군 위치〉

여기 제시된 두 지도를 통하여 "방 4,000리"가 현재 강단에서 주장하는 한강 이남의 삼한이 3~4개는 들어가고도 남을 만큼 넓은 면적이라는 것을 알 수 있다. 우리가 한반도 전체를 말할 때 전통적으로 북으로는 백두산에서 남으로는 한라산까지 "삼천리 금수강산"이라는 표현을 사용하곤 한다. 그러나 이때의 "삼천리"는 "방 3,000리"라는 의미가 아니라 남북 길이가 3,000리 정도라는 의미이다. 그런데 한반도의 전체 면적은 100만km² 정도이므로 남북 길이도 실제로는 1,000리가 채 되지 않는 셈이다.

그렇다고 해서 《삼국지》의 기록이 틀린 것 같지는 않다. 국내외의 많은 학자들이 《삼국지》를 신뢰도가 상당히 높은 1차 사료로 신봉하고 있기 때문이다. 그런 판국에 지금까지 학계가 주장해 온 대로 대방군을 황해도 지역으로 비정하면 삼한 제국은 자연히 그 남쪽 즉 경기도 이남(38선 이남?)일 수밖에 없다. 문제는 그럴 경우 그 나머지 땅의 면적은 고작 "방 200리" 정도밖에 되지 않는다는 것이다. 그것은 남한 전체 면적에 해당하는 "방 200리"를 제외한 "방 3,800리"나 되는 큰 면적이 황해도 밑에 더 붙어 있어야 정상이라는 뜻이다.

《삼국지》의 기록이 잘못된 것이 아니라면 남는 답은 하나밖에 없다. 삼한의 면적은 한반도를 넘어설 정도로 컸다! 말하자면, 한중일 세 나라 학자들이 지금까지 대방군을 황해도 일대로 비정한 지리고증은 완전히 잘못되었다는 뜻이다.

《삼국지》〈위지 한전〉이 역사적 사실에 입각하여 작성되었다면 "방 4,000리"의 삼한은, 광개토-장수왕의 고구려처럼, 그 강역이 압록강을 건너 요동반도까지 펼쳐져 있었을 것이다. 그렇다면 삼한의 북쪽 경계선이 지금의 한강 이남이 아니라, 그동안 대방의 영역으로 여겨져 온 황해도보다 훨씬 위에 형성되어 있었을 것이다. 마찬가지로, 그동안 황해도, 평안도 일대로 비정되어 온 대방군과 낙랑군의 실제 위치도 지금보다 훨씬 북쪽인 중국의 요서 인근 지역까지 나가 있었을 것이다. 이것이 결코 허튼소리가 아니라는 것은 중국 정사의 또 다른 기록들을 통해서도 확인할 수 있다.

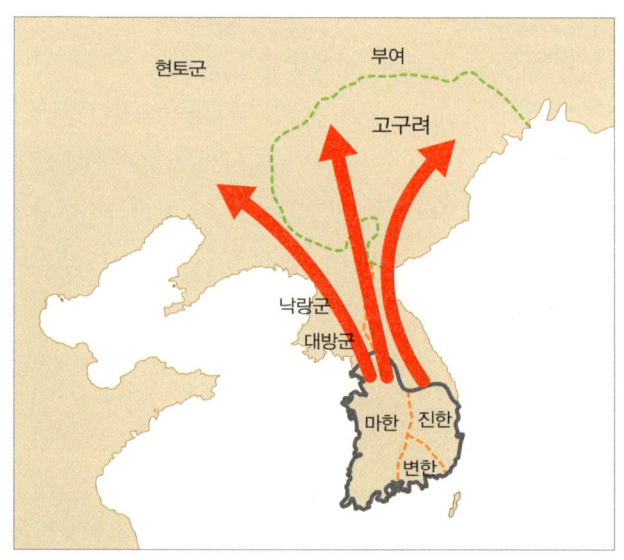

〈삼한이 "방 1,000리"만 되어도 그 경계선을 압록강 너머로 끌어내야 한다〉

4. 대방에서 구야한국까지의 거리는 7,000리

대방군의 위치와 삼한의 영역에 관한 중요한 단서를 담고 있는 것은 《후한서》와 《삼국지》이다.

> 왜인들은 삼한의 동남방 큰 바다 한가운데에 위치해 있다. 산이 있는 섬에 기대어 살고 있으며 대략 100여 개의 나라가 있다. (한)무제가 조선을 멸망시킨 이래로 역관을 써서 한나라와 소통한 나라가 30개나 된다. 이 나라들은 저마다 '왕'으로 일컬으면서 (그 왕위를) 대대로 전하면서 통치해 왔다. 그중에서도 가장 높은 왜왕은 야마대국에 산다. 낙랑군의 외곽은 그 나라로부터 1만 2,000리나 떨어져 있으며 그 서북계에 있는 구야한국으로부터는 7,000여 리 떨어져 있다.
> 倭在韓東南大海中, 依山島爲居, 凡百餘國. 自武帝滅朝鮮, 使驛通于漢者, 三十許國, 國皆稱王, 世世傳統. 其大倭王, 居邪馬臺國. 樂浪郡徼, 去其國萬二千里, 去其西北界拘邪韓國, 七千餘里.[27]

> 왜인들은 대방군 동남쪽 큰 바다 가운데에 있는데 산 같은 섬을 국읍으로 삼고 있다. … (대방)군에서 왜까지는 해안을 따라 물길로 가는데, 한국을 지나서 조금은 남쪽 조금은 동쪽 하는 식으로 가서 그 북안의 구야한국에 이르면 7,000여 리가 되며, 바다를 하나 건너서 1,000여 리를 더 가면 대마국에 도달하게 된다.
> 倭人在帶方東南大海之中, 依山島爲國邑. … 從郡至倭, 循海岸水行, 歷韓國, 乍南乍東, 到其北岸狗邪韓國, 七千餘里, 始度一海, 千餘里, 至對馬國.[28]

---

27) 범엽, 《후한서》〈동이전〉.
28) 진수, 《삼국지》〈위지 왜인전〉.

이 두 정사의 기사는 왜국의 위치와 현황을 주요 내용으로 다루고 있으나, 이와 함께 대방군 및 삼한과 관련하여 다음과 같은 사실들도 알 수가 있다.

① 왜는 대방군에서 동남쪽에 위치함 ⇒
② 과거에는 100개국이 난립했으며 3세기에는 통역을 거쳐 30개국과 소통함 ⇒
③ 대방군에서 해안선을 따라 왜까지 가는 길목에 한국이 있음 ⇒
④ 대방-한국-구야한국까지는 해로로 7,000여 리임 ⇒
⑤ 거기서 해로로 다시 1,000리를 가면 대마국에 이름

구야한국(狗邪韓國)은 '구야한국(九邪韓國)'으로도 쓰는데, 현재 학계에서는 부산 인근에 있는 김해 지역으로 비정하고 있다.29) 여기서 우리의 눈길을 끄는 것은 삼국시대 즉 3세기 위나라의 대방군에서 구야한국까지 "해안을 따라 물길로 가면[循海岸水行]" 7,000여 리 정도 된다고 한 대목이다. "해안을 따라" 간다는 것은 '연안항법(coastal navigation)'30)을 가리킨다. 고대 중국에서는 고조선을 정벌한 한대는 물론이고 삼국시대까지도 이 같은 항해가 보편적이었던 셈이다. 그런데 연안항법으로 7,000리를 갔다는 것은, 달리 표현하면, 지금의 부산(김해)에서 "해안을 따라" 서북쪽으로 7,000여 리를 북상한 지점에 위나라의 대방군이 자리 잡고 있었다는 뜻이다.

---

29) 일본 쪽의 어떤 학자는 "구야(狗邪)" 두 글자의 고대 독음이 "쿠제(くぜ)"임에 주목하여 구야한국을 지금의 "거제도(巨濟島)"로 비정하기도 하였다. 거제도에 "구조라(舊助羅)"라는 지명이 있는 것을 감안하면 "구사(구야) > 쿠제 > 구조(라) > 거제" 사이에는 발음상 밀접한 관계가 있는 것이 분명하다. 그러나 김해와 거제는 거리상으로 그리 멀리 떨어져 있지 않고 구야한국이 김해이냐 거제이냐에 대한 논란 역시 진행 중이므로 여기서는 일단 김해로 비정하였다.

30) 문성재, 《한사군은 중국에 있었다》, 제100-107쪽.

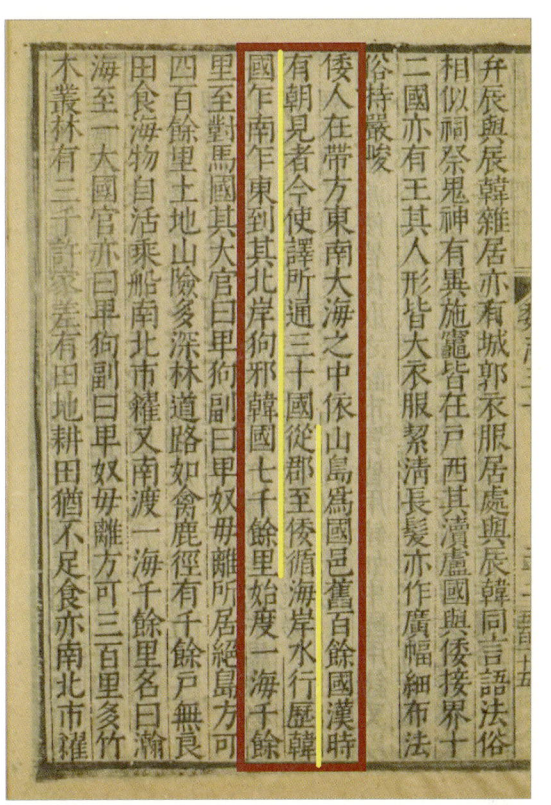

〈명 만력 24년(1596) 판본 《삼국지》〈위지 왜인전〉. 대방군에서 구야한국까지 해안선을 따라 항해할 때의 거리가 7,000리라고 소개되어 있다. 해로에서는 산봉우리나 골짜기, 하천이 따로 존재하지 않으므로 해안선 길이만 알면 두 곳의 대체적인 위치를 파악할 수 있다〉

 부산에서 대마도까지는 현재 직선거리가 49km로 122리 정도밖에 되지 않는다. 다만, 구야한국에서 대마국까지의 해로거리가 어떻게 해서 1,000리나 되는지에 관해서는 관련 정보가 부족하여 지금 당장 확인하거나 검증할 방법이 없다. 한 가지 분명히 알 수 있는 것은 위나라 당시 대방군에서 연안 항해로 한국을 경유하여 구야한국(김해)에 이르는 해로거리는 총 7,000여 리였다는 사실이다. 《후한서 외국전 역주》 "주석010"의 설명에 따르자면, 위나라 당시에는 1리가 435m 정도였으므로 7,000리는 미터법으로 환산하면 3,045km 정도 되는 셈이다. 이 거리 데이터를 감안하면서 구야한국을 기준점으로 삼을 경우 그 종착지인 대방군이 자리 잡고 있을 곳은 바로 하북성 경내의 모 지점이다. 그동안 정설로 여겨져 온 황해도도 평안도도 요동 지방도 아닌 것이다. 이 같은 결과는 지금까지 예상했던 대방군의 위치, 그리고 삼한의 영역을 "방 4,000리"라는《삼국지》의 기록과 대조해 보면 거의 일치한다.

학자에 따라서는 저자가 산출해 낸 대방군과 구야한국의 거리, 그리고 이를 추정한 대방군의 위치(하북성 경내)가 과연 정확한 것인가에 대하여 이의를 제기할지도 모르겠다. 그러나 해로거리는 육로거리와는 달라서 세월이 아무리 흘러도 그 길이에 변동이 거의 발생하지 않는다. 육로거리의 경우, 터널과 연육교로 거리를 단축할 수 있는 지금과 그렇지 못한 수천 년 전 사이에는 우회거리와 직선거리 사이에 리수에서 엄청난 편차가 발생한다. 따라서 고대사의 거리 측정이나 지리고증 과정에서 각별한 주의를 기울이지 않으면 안 된다. 반면에, 해로거리는 측정 방법이 정확해야 한다는 전제가 필요하기는 하겠지만, 수천 년 전과 지금의 리수 사이에는 의미를 부여할 만큼 큰 변동은 거의 발생하지 않는다.

해로에서는 육로의 경우처럼 산(맥), 골짜기, 하천에 길이 막혀 수백, 수천 리나 되는 길을 돌아가야 하는 불상사는 절대로 발생하지 않기 때문이다. 더욱이 당시 해로 여행에서는 원칙적으로 연안항법이 고수되었다. 따라서 출발지에서 종착지까지의 해안선 길이와 당시의 1리 길이만 제대로 파악하면 해로를 통한 이동거리를 비교적 정확하게 산출해 낼 수 있는 것이다.

《후한서》,《삼국지》보다 연대가 늦기는 하지만《수서》와《북사》에도 대방군과 낙랑군의 위치를 가늠해 볼 수 있는 중요한 거리 정보가 소개되어 있다.

왜국은 백제와 신라의 동남쪽에 있는데, 수로와 육로로 3,000리를 가며 …

오랑캐들은 리수를 잴 줄은 모르고 날 단위로 따지는데 그 국경은 동서로 5개월을 가고 남북으로는 3개월을 저마다 바다로 이어진다. 그 지세는 동쪽이 높고 서쪽이 낮으며 야마퇴에 도읍을 두고 있는데 바로 《위지》에서 말한 '야마대'라는 곳이다. 옛날 기록에서는 낙랑군의 국경 및 대방군으로부터 똑같이 1만 2,000리라고 했는데, 회계의 동쪽에 있으며 담이와도 가깝다.

倭國, 在百濟, 新羅東南, 水陸三千里, 于大海之中, 依山島而居. 魏時譯通中國, 三十餘國, 皆自稱王. 夷人不知里數, 但計以日. 其國境東西五月行, 南北三月行, 各至于海. 其地勢東高西下, 都于邪靡堆, 則《魏志》所謂邪馬臺者也. 古云, 去樂浪郡境及帶方郡, 并一萬二千里. 在會稽之東, 與儋耳相近.31)

왜국은 백제, 신라의 동남쪽에서 수로와 육로로 3,000리 떨어진 곳에 있다. … 또 낙랑군 경내나 대방군으로부터 똑같이 1만 2,000리 떨어져 있다고 한다. … 대방군에서 왜국까지의 거리를 따져 보면, 바닷길을 따라서 갈 경우 조선국32)을 거쳐서 조금은 남쪽 조금은 동쪽 하는 식으로 7,000여 리를 간 후 바다 하나를 건넌다.

---

31) 진수,《삼국지》〈위지 왜인전〉.
32) 여기서 한 가지 지적해야 할 것은 대방군을 출발하여 구야한국까지 항해하는 도중에 거치는 경유지를《삼국지》에서는 "한국(韓國)"으로 소개했으나 그보다 400년 후에 편찬된《북사》에서는 "조선국(朝鮮國)"으로 적고 있다는 사실이다. 어쩌면《북사》가 편찬된 후 한참 시간이 지난 후인 명청대 또는 근대 이후에 누군가가 이 부분을 임의로 개찬한 것이 아닌지 의심된다.《북사》는 이연수(李延壽)가 당나라 초기인 643년부터 편찬을 시작하여 659년에 완성한 북위의 정사이다. 문제는 당시는 이씨 조선은 출현하기 700여 년 전이므로 이때 "조선"이라는 국호로 불릴 만한 나라는 고조선 밖에 없었다는 것이다. 더욱이 고조선과 삼한은 그 위치를 한반도 내로 본다고 하더라도 영역은 전자가 북부, 후자가 남부로 엄연히 서로 달랐다. 따라서 여기서의 "조선국"은 이씨조선을 염두에 두었을 때에만 유효한 것이다. 이것이 단순한 개찬의 결과인지 연구자들의 접근을 방해하기 위한 후세의 누군가에 의한 조작의 결과인지는 확인할 길이 없다.

〈명 천계 7년(1627)본 《후한서》〈동이전〉과 명 숭정 연간(1606?)본 《수서》〈동이전〉. 두 사서 모두 낙랑군에서 연안항법으로 항해해서 구야한국까지 갈 때의 거리가 7,000리라고 소개하고 있다. 그렇다면 낙랑군과 대방군은 구야한국 및 야마대국과 똑같은 거리에 있었던 셈이다〉

倭國, 在百濟, 新羅東南, 水陸三千里, … 又云, 去樂浪郡境及帶方郡, 并一萬二千里 , … 計從帶方至倭國, 循海水行, 歷朝鮮國, 乍南乍東, 七千餘里, 始度一海.[33]

위의 《수서(隋書)》〈동이전〉에서 "옛날 기록"이란 앞서 소개한 《후한서》〈동이전〉을 말한다. 《북사(北史)》〈왜전〉에 소개된 대마국(對馬國) 이후의 여정은 일단 제쳐 놓더라도, 대방군/낙랑군에서 구야한국까지의 여정과 관련하여 두 기사에 언급된 내용을 정리하면 다음과 같다.

① 왜국은 백제/신라로부터 수로 및 육로로 동남쪽 3,000리 지점에 있음

---

[33] 위징(魏徵) 등,《수서(隋書)》〈동이전(東夷傳)〉.

⇒

② 옛 기록에는 낙랑군/대방군으로부터 1만 2,000리 떨어져 있다고 함 ⇒

③ 대방군에서 왜국까지는 해로로 이동할 경우 조선국을 거쳐 지그재그로 7,000여 리를 이동함

다시 말하자면, 수로와 육로로 이동할 경우, 왜국(야마대국)은 백제, 신라에서 3,000리, 즉 1,305km, 낙랑/대방에서는 12,000리, 즉 5,220km 정도 떨어져 있었던 셈이다. 학계에서는 평안도가 낙랑군이고 황해도가 대방군이라고 주장한다. 그렇다면 《후한서》, 《삼국지》, 《수서》, 《북사》 등의 정사에서 제시하고 있는 거리 데이터들은 어떻게 해석해야 할 것인가? 여기서 상정할 수 있는 가능성은 두 가지뿐이다.

① 《삼국지》 이래 400여 년 동안 편찬된 각종 정사들이 제공하는 대방군-야마대국의 거리정보에 문제가 있을 가능성과, ② 지난 100년 동안 한중일 세 나라 학자들이 요지부동의 정설로 신봉해 온 "평안도=낙랑군", "황해도=대방군"이라는 지리고증이 원천적으로 잘못되었을 가능성이다.

이즈음에서 앞서 대방군에서 구야한국까지가 7,000리 떨어져 있다고 한 《삼국지》〈왜인전〉의 기록을 상기할 필요가 있을 것 같다.[34] 엄밀히 말하자면, 대방군에서 구야한국 또는 신라 동남부까지의 거리가 7,000리라는 것은 여러 왕조의 복수의 정사 지리지들이 공통적으로 언급하고 있는 공지의 사실이다. 《삼국지》로부터 《북사》까지 400여 년 동안 지속적으로 검증되고 수많은 왕래자들에 의하여 공유되어 온 데이터라는 뜻이다. 더욱이 위나라의 정통성을 과시할 목적으로 편찬된 정사인 《삼국지》에서 이 같은 거리 데이터들은 일종의 현지 조사 보고서로서, 외교, 군사적으로 중요한 의의와 가

---

34) 그 기사에서는 구야한국에서 대마국까지의 거리가 1,000리라고 했으므로, 같은 방식으로 대마국에서 일기도(壹岐島)를 거쳐 규슈의 후쿠오카까지를 1,000리로 잡을 경우 총 9,000리(3,915km)가 된다.

치를 지닌 고급 정보였다.

　따라서 거기에 소개된 여정이나 거리를 누가 임의로 변경하거나 조작한다는 것은 상상조차 할 수 없는 일이었다. 만일 이 데이터에 조금이라도 문제가 있었다면 당초의 리수는 도중에 수정되거나 아예 폐기되었을 것이다. 그런 의미에서 본다면《삼국지》에 소개된 대방군-구야한국 구간의 해로거리는 충분히 신뢰할 수 있는 정확한 데이터인 것이다. 그런데 그런 데이터가 조금도 수정되지 않고 400년 후의《북사》에까지 그대로 계승되었다면 적어도 이 사서가 편찬된 당 고종(高宗) 현경(顯慶) 4년(659)까지는 "대방-구야한국 7,000리"라는 지리인식이 보편화되어 있었던 셈이다.

5. 일본 학자들의 특이한 거리 측정법

　일본에서는《삼국지》연구가 대단히 활발하다. 그 이유들 중의 하나는〈왜인전〉에 소개된 '대방군-구야한국-야마대국' 구간의 거리 데이터를 잘 분석하면 지금까지도 베일 속에 감춰져 있는 일본의 고대국가인 야마대국의 정확한 위치와 그 실체를 규명할 수 있기 때문이다. 그렇다 보니 진수《삼국지》에 대한 일본인들의 관심과 연구는 가히 열광적이라고 할 수 있다. 일본 학자들이《삼국지》연구 과정에서 가장 고심하는 문제는 '야마대국이 대방군으로부터 정확하게 몇 천 리나 떨어져 있으며, 그 지점은 어디인가' 하는 것이다. 야마대국은 일본에서 역사 기록이 나타나기 훨씬 전에 이미《삼국지》에 모습을 드러내는 최초의 통일국가이지만 그 정확한 위치에 관해서는 지금까지 제대로 밝혀진 것이 없다.

　그 위치에 관한 가장 대표적인 학설로는 규슈로 보는 '규슈설(九州說)'과 야마토(大和, 지금의 나라)로 보는 '기내설(畿內說)'이 있다. 예를 들어, 초기에 기내설을 제기한 아라이 하쿠세키(新井白石: 1657~1725)와 규슈설을 제기한 모토오리 노리나가(本居宣長: 1730~1801)을 시작으로 여러 학설들이 제기되었으며, 기내설 진영에서도 가사이 신야(笠井新也)는 외해(外海)를 거쳐 교토(京都)로 진입한 후 육로로 나라(奈良)로 이동한 것으로 추정한 반면, 시타 후도마로(志田不動麿)는 내해(內海)를 거쳐 오사카(大阪)에 도착한 후 육로로 나라로 이동한 것으로 추정하기도 하였다.[35] 앞서의《수서》〈동이전〉의 소개에 따르면 후쿠오카에서 신라에서 야마대국까지의 거리가 수륙으로 3,000리 정도였다고 하므로 아라이 등의 기내설이 보다 타

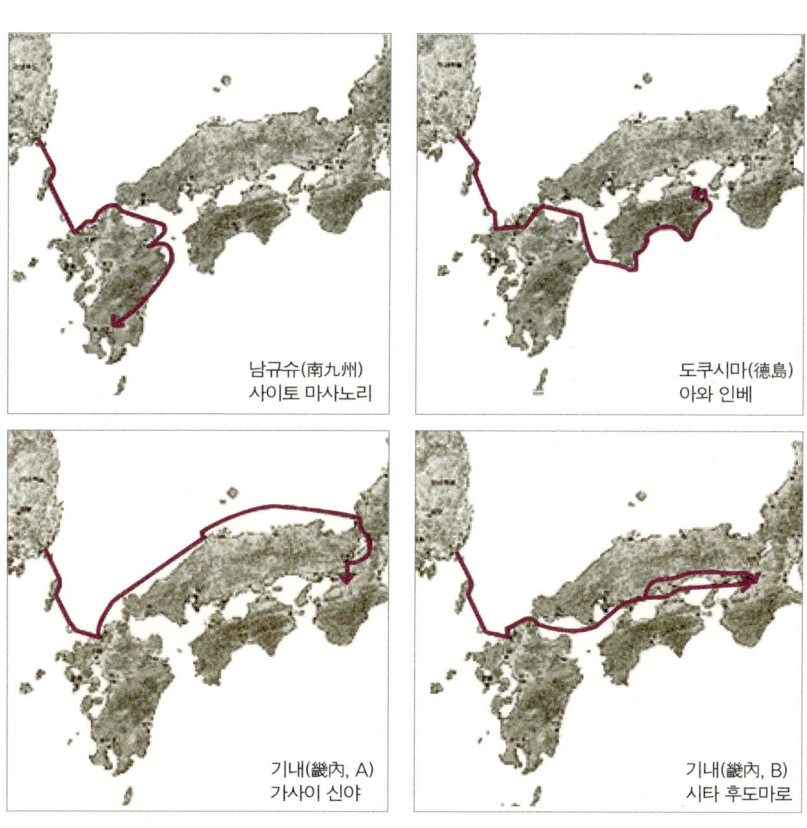

〈구야한국에서 야마대국까지의 항해로를 둘러싼 일본 내 제설〉

---

35) http://www.nihoncity.com/journal/main/journal_main_110711.asp

당해 보이지만, 논란은 여전히 계속되고 있다. 결국 실패로 끝나기는 했지만 일본에서는 1974년에 '야성호'라는 무동력선을 대방군치로 여겨진 서울 부근에서 출항시켜 당시 보편적으로 적용되었던 연안항법에 따라 부산, 김해 부근에 이르고, 거기서 다시 바다를 건너 하카타 만까지 가는 실험을 통하여 고대국가 야마대국의 정확한 위치를 찾아내려고 시도하기도 하였다.

앞서 보았듯이, 《후한서》에서는 대방군-구야한국의 거리가 해로로 7,000여 리이며, 대방군-야마대국까지는 1만 2,000리라고 소개하였다. 그런데 《수서》에서는 야마대국이 백제/신라에서 수로와 육로로 3,000리 떨어져 있다고 소개하고 있다. 그렇게 되면 대방군-구야한국의 거리는 9,000여 리인 것이 된다.

(a) 대방-왜국 거리(12,000)
  = 대방-백제/신라 거리(7,000) + 백제/신라-왜국 거리(X)
  X = 5,000리

(b) 대방-왜국 거리(12,000)
  = 대방-백제/신라 거리(Y) + 백제/신라-왜국 거리(3,000)
  Y = 9,000리

같은 대방군-구야한국 구간의 거리를 한쪽에서는 7,000여 리, 한쪽에서는 9,000여 리로 추정한 것이다. 이 경우 9,000리와 7,000리 사이에 존재하는 2,000리라는 큰 편차는 둘째치더라도, 대방군-구야한국까지가 7,000리나 된다는 기록을 어떻게 이해할 것인가? 이 문제 역시 수백 년 전부터 일본 학자들의 오랜 숙제가 되어 왔다.

그들은 이 "7,000리"를 대방군에서 구야한국까지의 전 구간을 수로로 이동한 것이라는 "전수행설(全水行說)"을 통하여 돌파하려 해 왔다. 그러나 학계의 주장처럼 대방군이 황해도, 야마대국이 김해라면 남는 리수가 너무도 크다. 이 때문에 지금까지도 결론이 나지 않은 채 갑론을박이 이어지고 있다. 예컨대, 후루타 마사히코(古田武彦)는《삼국지》에서 대방군에서 구야한국까지의 거리가 7,000리라고 한 것이나 "삼한이 방 4,000리"라고 한 것에 대하여 근본적인 문제를 제기하였다. 기존에 정설로 신봉해 온 "대방=황해설"이나 "삼한=남한설"을 따를 경우《삼국지》의 "한국은 방 4,000리"나 "대방-구야한국은 7,000리"는 리수의 편차가 너무 크다는 것이다.

후루타는 이 같은 거리상의 모순이 진수가 거리를 계산하는 과정에서 빚어진 착오이며, 따라서 〈왜인전〉의 거리 데이터는 기존의 학자들도 그렇게 생각한 것처럼, "과장된 것"이라고 판단하였다. 항해 경로에 대해서도 "조금 남쪽으로 다시 조금 동쪽으로(乍南乍東)", 즉 '남-동-남-동'식의 남하는 한반도 서해안에서는 절대로 "있을 수 없다(ありえない)"라고 단언하였다. 그러면서 해로거리와 항로를 계산하는 과정에서 드러나는 문제점들을 해결하기 위한 대안으로 '한국육행설(韓國陸行說)'과 '단리설(短里說)'을 새로

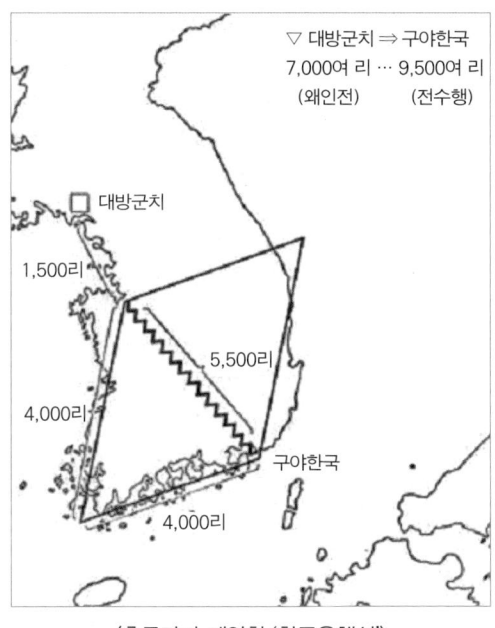

〈후루타가 제안한 '한국육행설'〉

제안하였다.

'한국육행설'이란 대방군에서 구야한국까지의 전 구간을 해로가 아닌 육로로 이동했다는 가설이다. 대방군의 치소 "서울 인근"에서 육로로 낙동강을 내려가 부산, 김해까지 간 후 거기서 도로 배를 타고 서쪽으로 좀 간 후 P점에서 다시 꺾어서 대마도로 간다면 7,000리와 9,000리 사이의 편차가 충분히 해명된다고 본 것이다. 또, '단리설'은 위진대에는 한대에 사용한 '장리(長里)'에 비하여 거의 1/6 정도의 "1리 75m" 수준의 '단리'를 사용했을 것이라는 가설이다. 이 두 가설의 제기를 통하여 2,000리의 모순을 돌파하려 한 셈이다.

사카키바라 히데오(榊原英夫) 같은 학자 역시 이와 비슷한 논리를 펴고 있다. 사카키바라는 《삼국지》〈위지 동이전〉의 거리관(距離觀)을 소개하면서 동이 각국의 국토 면적, 거리를 각자 다른 기준으로 추산하고 있다.

	동이전에서 두 지점 사이 거리	확정거리	미정거리	거리관
부여전	현토군치 ⇔ 부여 국읍 1,000리	360km		360m/리
	부여 국토 면적 방 2,000리 정도	면적이 불명확하여 계산 불가		
고구려전	요동군치 ⇔ 고구려 국읍 1,000리	400km		400m/리
	고구려 국토 면적 방 2,000리 정도		440km	220m/리
옥저전	고구려 국읍 ⇔ 동옥저 주읍 1,000리	250km		250m/리
	동옥저 서남방 길이 1,000여리		280km	280m/리
읍루전	부여 국읍 ⇔ 읍루 주읍 1,000여리		430km	430m/리
예 전	거리 관련 기록이 전혀 보이지 않음			
한 전	한의 국토 면적 방 4,000리 정도		320km	80m/리

위의 표를 자세히 보면, 같은 "1,000리"를 계산하더라도 "현토군 치소-부여 국읍" 구간의 경우는 360km(1리=360m)로, "요동군 치소-고구려 국읍"

구간은 400km(1리=400m)로, "고구려 국읍-동옥저 주읍" 구간은 250km(1리=250m), 동옥저의 서남방 길이를 계산할 때에는 280km(1리=280m)로 각각 추산하고 있다. 동일한 저자(진수)가 동일한 시기(3세기)에 동일한 사서(《삼국지》)에서 제시한 거리 데이터인데도 1리에 해당하는 길이를 360m, 400m, 250m, 280m로 각자 다르게 적용한 것이다. 이 같은 기이한 리수 계산법은 각국의 국토면적을 계산할 때에도 되풀이되고 있다.

같은 "방 2,000리"라도 고구려의 경우에는 한 변을 '1리=220m'씩으로 쳐서 440km로 추산한 반면, 거의 비슷한 면적을 가졌다고 소개되어 있는 부여에 대해서는 "국토면적이 불명확하여 계산할 수 없다"라고 변명하고 있다.[36)]

더 가관인 것은 (삼)한의 국토 면적에 대한 해석이다. 〈위지 동이전〉 '한전(韓傳)'에서 진수는 분명히 (삼)한이 고구려와 부여를 합친 면적인 "방 4,000리"의 영토를 가지고 있었다고 명시하고 있다. 그럼에도 불구하고 이때는 고구려의 경우와는 달리 1리를 80m로 쳐서 한 변을 320km로 추산하고 있다. (삼)한의 경우는 앞서의 부여(360), 고구려(400), 옥저(250), 읍루(430)의 경우와는 비교가 되지 않을 정도로 낮은 길이(80)를 적용한 것이다!

물론, 원저자인 진수는 《삼국지》의 어디에서도 이들 국가의 거리 또는 면적을 언급하면서 각자 다른 기준을 적용한 적도, 또 그런 일을 설명한 적도 없다. 이 같은 기상천외한 거리/면적 계산법은 어디까지나 사카키바라 개인의 자의적인 해석의 산물인 것이다. 후루타가 대방군에서 구야한국까지의 거리를 7,000리로 계산하면서 '한국육행설'과 '단리설(1리=75m)'이라는 독특한 가설을 제안한 일이나, 사카키바라가 〈위지 동이전〉의 동이 각국의

---

36) 사카키바라 히데오,《야마대국으로 가는 길(邪馬臺國への徑)》, 제142쪽, 해조사(海鳥社), 2015.

거리/면적을 계산하는 과정에서 각자 다른 기준을 적용하고 심지어 (삼)한에는 '1리=80m'라는 괴이한 기준을 적용한 데에는 다 그럴 만한 이유가 있었다.

그들 모두가 철저하게 지난 100년 동안 한중일 세 나라 사학계를 지배했던 '반도사관'에 입각해서 거리를 계산하고 지리를 고증한 탓이다. 즉, 고구려, (삼)한, 동예, 옥저가 모두 압록강 이남의 한반도 안에 존재했다는 '신앙'하에서 거리를 계산해서 그 나라들을 억지로 한반도 안에 구겨 넣다 보니 필연적으로 발생하게 된 해프닝인 것이다. 이 네 나라가 전부 한반도 안에 있었다고 인식하다 보니 사카키바라가 각국에 대하여 430m에서 80m까지 제각각인 기준을 대입할 수밖에 없었던 것이다.

후루타의 경우도 마찬가지이다. 기존의 '반도사관'에 입각하여 대방군이 황해도 봉산군(사리원)에 있었다는 기존의 정설을 굳게 신봉하다 보니 《삼국지》에는 분명히 "해안선을 따라 연안항법으로 항해했다"라고 밝히고 있음에도 불구하고 "한국육행설"이니 "단리설"이니 하는 기상천외한 가설을 개발해 내느라 머리를 쥐어 짤 수밖에 없었던 것이다. 후루타나 사카키바라식의 주장은 누가 보더라도 비현실적인 '소설'일 뿐이다.

《삼국지》〈위지 동이전〉은 진수가 3세기에 일률적으로 편찬한 것이다. 1리당 430m이든 80m이든 간에 모든 나라에 단일한 기준을 적용해야 한다는 뜻이다. 사카키바라는 자신의 책에서 위진대에는 거리를 계산할 때 '1리당 434m'의 기준을 적용하였다. 〈위지 동이전〉에서 언급된 부여, 고구려, 예, (삼)한의 거리나 면적을 계산하면서 똑같이 '1리=434m' 정도의 기준을 적용하여, 앞서의 〈표〉에 제시되어 있는 것처럼, 2,975km 정도의 길이로 추산한 것이다. 앞서 후루타는 대방군에서 구야한국까지의 거리를 7,000리로 소개한 진수를 두고 "산수를 제대로 못한다"라고 타박을 주었지만, 정작 오류를 범한 것은 후루타 같은 후대의 사학자들인 셈이다.

이런 식으로 부여, 고구려, 예, (삼)한의 거리/면적이나 대방군의 위치를 고증하는 데에 삼국시대(위)의 '1리=435m' 기준을 적용하거나 사카키바라처럼 '1리=434m'의 기준을 일률적으로 적용하면 "방 ××리"의 한반도로는 그 모든 국가와 지역을 담아낼 수가 없다. 그렇다면 결론은 하나뿐이다. 부여, 고구려, 예, (삼)한을 모두 한반도 안에 구겨 넣어 놓은 세 나라 사학자들의 주장은 원천적으로 잘못된 것이다. 마찬가지로, 대방군이 황해도 봉산군에 있었다는 기존의 정설 역시 원점에서부터 다시 재고되어야 한다. 그들의 고증상의 오류와 혼란은 "(삼)한이 한반도 남부에 있었다", "대방군은 황해도 봉산군에 있었다"라는 고정관념을 떨치지 못한 데에서 이미 예정되어 있었던 셈이다.

6. 대방군은 한반도 밖에서 찾아야 한다

대방군의 대체적인 위치가 한반도가 아니라 중국이라는 사실은 그 출발지에서 종착지까지의 해안선 길이만 잘 파악해도 얼마든지 입증이 가능하다. 국내 위키백과의 소개에 따르면, 한반도 최남단인 전남 해남에서 그 북쪽 끝의 신의주, 즉 압록강 하구까지는 해안선의 직선 길이가 대략 650km 정도라고 한다. 또, 중국의 대표적인 검색 사이트인 빠이뚜의 지리정보에 따르면, 신의주와 마주보고 있는 요령성 단동으로부터 서쪽으로 하북성 진황도까지 요령성 전역은 해안선 총 길이가 2,178km라고 한다. 그렇다면, 중국 하북성 진황도에서 한국 전남 해남까지의 대륙해안선 길이를 합산하면 2,828km, 즉 6,501리가 된다. 황해도 봉산군 인근 해안인 남포(南浦)에서 해남까지의 해안선 길이는 공개된 것이 없다.

그런데 최남선(崔南善)의 《조선상식문답(朝鮮常識問答)》에서 서울-해남의 해안선 길이가 1,000리라고 소개한 바 있다. 물론, 우리나라의 1리는 392m로 약 400m여서 삼국시대(위)의 1리(435m)와는 35m 정도의 오차가 발생한다. 그러나 이 값을 봉산-해남의 대체적인 해안선 길이로 적용해도 큰 무리는 없다고 본다. 해남-김해 구간 역시 해안선 길이가 공개된 것이 없다. 따라서 현재 공개되어 있는 부산-해남 구간의 길이를 대신 적용할 수밖에 없다. 이 경우 부산-해남의 해안선 길이가 225km이므로 이 값을 앞서의 진황도-단동(신의주)-해남 해안선 길이의 합인 2,178km와 합산하면 3,053km로 대략 7,018리 정도의 거리가 산출된다. 《삼국지》에서 언급한 7,000리와도 거의 일치하는 것이다. (이 거리 데이터들은 위나라에서 통용되던 거리 계산 기준인 '1리=435m' 값으로 산출한 것이다.)

이런 식으로 따져 보면 《후한서》, 《삼국지》 등의 기록에 소개된 대방군 또는 낙랑군으로부터 구야한국까지는 다음의 리수가 나온다.

해상 이동 구간	기록상 거리 (리)	실제 거리 (425m)	환산거리 (리=435m)
대방군 ⇔ 구야한국	7,000리	2,975? km	3,045km?
진황도 ⇔ 단동(신의주)	-	2,178km	5,007리
신의주(단동) ⇔ 해남	-	650km	1,494리
해남 ⇔ 부산	-	225km	517리
진황도 ⇔ 신의주 ⇔ 부산	-	3,053km	7,018리
기록과 환산값 사이의 편차	7,000리	7,018리	18리 증가함

〈괄호 안의 숫자는 관련 기록이 없어서 임시로 추정한 값이다〉

위에서 보는 것처럼, 지금까지 강단 학계에서 대방군의 치소로 추정되어 온 봉산군(사리원)으로부터 구야한국의 소재지로 추정되는 부산(김해)까지는 해안선 길이가 대략 825km, 즉 1,896리 정도에서 그치고 있다. 이 경우 《삼국지》에 소개된 대방군-구야한국의 해로거리(7,000리)에서 남는 리수만 해도 무려 5,104리, 즉 2,220km 정도나 된다. '배보다 배꼽이 더 큰' 셈이다.

봉산-부산 해안선 길이가 넉넉하게 따져서도 1,896리밖에 되지 않는다. 그러면 나머지 5,000리가 넘는 잉여값은 어떻게 처리할 것인가? 부산에서 북상했을 때 그 최북단의 두만강 하구까지는 해안선 길이가 809km이므로 삼국시대로 치면 1,860리 정도밖에 되지 않는다. 따라서 남는 5,140리로는 부산에서 동해안을 따라 북상하여 울진-삼척-강릉-원산-함흥-김책-나진-두만강을 거쳐 러시아의 영해까지 휘감고도 남을 정도이다.

국내 학계에서는 구야한국이 지금의 부산 인근(김해)에 있었다고 주장하고 있다. 강단 학계는 또 대방군이 지금의 황해도 봉산(사리원) 인근이라는 주장이 정설로 받아들여지고 있다. 그러나 구야한국이 부산(김해), 대방군이 봉산(사리원)이라고 가정하면 《삼국지》 등의 정사들이 제시한 거리에서 5,140리나 남는 기현상이 벌어진다. 이 같은 결과는 크게 두 가지 가능성을 보여 준다.

① 《삼국지》 등 중국 정사의 거리 데이터가 잘못되었다
② 구야한국과 대방군의 위치 및 두 곳 사이의 거리에 대한 기존의 지리고증이 근본적으로 잘못되었다

만일 대방군이 지금의 봉산 인근이 확실하다면 구야한국의 위치에 대한 고증은 자연히 잘못된 것일 수밖에 없다. 같은 맥락에서, 만일 구야한국이 지금의 부산 인근(김해)이 확실하다면 봉산(사리원)으로 비정된 대방군의 위치는 자연히 잘못된 결과일 수밖에 없다. 아닌 게 아니라 한반도의 해안선 길이만 대입해 보아도 황해도 인근을 대방군의 위치로 보기에는 엄청난 무리가 뒤따른다는 사실을 발견하게 된다.

대방군을 황해도로 볼 경우 거기서 7,000리 되는 지점은 지금의 부산이 아니라 러시아의 블라디보스톡이 된다. 동북아역사재단에서 펴낸 《삼국지

외국전역주》는 이 같은 문제를 해결하지 못한 채 대방군에서 구야한국까지의 이 "7,000리"와 관련하여 다음과 같은 주석을 붙이고 있다.

> 실제 거리가 아니라 (대방)군에서 구야한국까지 여행하는 데 걸린 날짜에 40리를 곱해서 얻은 수치일 가능성이 있다. 〈위전〉에서 "방 4,000리"라고 한 기록과 함께, 한반도 남부에 대한 정확한 지리적 인식이 결여되어 있었거나 과장되었음을 보여 준다.37)

그러나 이 같은 해석이야말로 지리적 인식이 결여된 주장이다. 그렇다면 어떻게 해야 이 모순을 해결할 수 있을까? 조금만 융통성을 발휘한다면 이 모순은 아주 간단하게 해결할 수 있다. 고대 중국에서는 한, 위, 진 세 왕조 때만 해도 중국에서 바닷길로 항해하는 경우에는 대부분 '연안항법'을 통하여 이루어졌다. 이에 관해서는 전작인 《한사군은 중국에 있었다》에서 이미 중국 학자의 고증을 토대로 자세히 설명한 바와 같다. 《삼국지》에서 진수가 "해안을 따라 물길로 간다[循海岸水行]"라고 밝힌 것을 보면 이 "7,000리"가 바로 그 전통적인 '연안항법'에 따른 항해거리임을 분명히 알 수 있다. 즉, 여기서의 "7,000리"는 결코 당시 사람들이 "지리적 인식이 결여되어 있었거나 과장되었음"을 보여 주는 것이 아니라 대방군에서 구야한국까지의 해안선을 하나로 연결하여 산출된 실제의 항해거리라고 보아도 무방한 셈이다.

현재 구야한국이 지금의 부산 인근이라는 데에는 강단과 재야를 통틀어 거의 이의가 없다. 반면에, 두 학계가 첨예하게 대립하는 대목은 '대방군의 위치가 어디냐'이다. 그렇다면 양자간의 문제를 해결하는 방법은 아주 간단하다. 《삼국지》의 진수는 대방군을 출발점으로 삼고 구야한국을 종착지로 삼아 7,000리라는 거리를 산출해 내었다. 그렇다면 우리는 작업을 역순

---

37) 〈오환선비동이전 역주〉 '주386', 《삼국지 외국전역주》, 제79쪽, 동북아역사재단, 2013.

〈위치가 확실한 구야한국에서 거꾸로 북상하여 7,000리 되는 지점이 바로 대방군의 자리일 것이다〉

으로 진행하면 된다. 즉, 그 위치가 밝혀진 구야한국을 출발점으로 삼고 역으로 "7,000리"를 북상하여 대방군의 위치를 찾아내면 되는 것이다. 말하자면 지금의 부산 인근(김해)에서 해안선을 따라 "부산 ⇒ 해남 ⇒ 신의주 ⇒ …"식으로 북상하여 7,000리에 해당하는 지점을 대방군으로 판정하면 되는 것이다.

위의 표에 제시된 것처럼, 구야한국인 부산(김해)에서 해남을 거쳐 신의주(단동)까지는 해안선 길이가 875km였다. 이 데이터를 위나라 당시의 거리 계산 기준인 '1리=435m' 수준으로 환산하면 2,012리가 나온다. 7,000리의 1/3 정도만 이동했을 뿐인데 강단 학계가 대방군 자리라고 주장하는 황해도보다 몇 백 리나 더 위쪽인 신의주를 넘어가고 있는 것이다. 신의주와 단동의 접점에서 7,000리에서 남은 4,988리를 추가로 이동하면 그 서쪽 끝이 대방군 자리가 되는 셈이다. 현재 중국의 대표적인 포털 사이트인 빠이뚜에서 중국 북부의 대륙 해안선 관련 정보들을 검색해 보면 다음과 같은 데이터들을 확인할 수 있다.

제3장 낙랑과 대방의 진실 **383**

'진황도-단동' 구간의 해안선 길이가 2,178km라는 것은 곧 단동을 출발해서 요령성과 하북성의 접점인 진황도까지의 해안선 길이가 2,178km라는 소리이다. 2,178km를 위나라 당시의 '1리=435m'로 환산해 보면 5,006리가 나온다. 앞서 '부산-신의주' 해안선을 재고 남은 값이 4,988리였는데, 단동-진황도 해안선이 5,006리이므로 양자 사이에는 18리 정도의 편차가 존재하는 셈이다. 그러나 전체 길이 7,000리에서 18리 정도의 오차는 충분히 무시할 수 있는 거리값이라고 본다. 여기서 한 가지 분명한 사실을 알 수 있다. 구야한국에서 해안선으로 7,000리를 북상했을 때 그 종착점은 황해도가 아니라 진황도 인근이라는 사실이다.

《삼국지》등에 소개된 7,000리와 20리의 오차도 나지 않는 근사치가 산출된 것이다. 이는 대방군을 요서, 즉 하북성 동북부로 비정한 재야의 주장과도 정확히 일치하는 결과이다. 그렇다면 대방군의 북쪽에 자리 잡고 있었다는 낙랑군은 어디에 있었을까? 지난 수백 년 동안 국내외 학자들은 낙랑군이 평양에 존재했다는 확고한 믿음을 가지고 있었다. 심지어 최근에는 강단에 수혈된 새 피라는 소장 학자들조차 기존의 '신앙'에 대한 최소한의 문제의식조차 없이 평양지역의 유적, 유물들을 근거로 낙랑평양설을 맹목적으로 추종하는 구태를 되풀이하였다. 그러나 낙랑군은 대방군 바로 위에 설치되었던 군이다. 방금 위에서 검증한 것처럼, 대방군이 황해도가 아닌 하북성의 진황도 인근에 존재했다면 낙랑군 역시 평안도가 아닌 진황도 인근에서 찾아야 한다. 이 정도로 단언할 수 있는 근거는 《후한서》, 《북사》, 《수서》등 또 다른 중국 정사 기록들에서 찾아볼 수 있다.

① 《후한서》: "낙랑군의 외곽은 그 나라(야마대국)로부터 12,000리 떨어져 있다. …"
② 《북사》: "옛날 기록에서는 낙랑군의 경계 및 대방군으로부터 똑같이 12,000리라고 하였다."

③《수서》: "왜국은 … 낙랑군 경내나 대방군으로부터 똑같이 12,000리 떨어져 있다."

범엽은 《후한서》에서 낙랑군(의 외곽)이 야마대국으로부터 12,000리 떨어져 있다고 소개하였다. 그런데 그 뒤의 《북사》와 《수서》에서는 "옛날 기록"임을 전제로 왜국이 낙랑군과 대방군에서 12,000리 떨어져 있다고 소개하고 있다. 여기서 우리가 주목해야 할 표현이 "똑같이"이다. 말하자면, 왜국에서 대방군까지의 거리도 12,000리이지만, 왜국에서 낙랑군까지의 거리도 12,000리인 셈이다. 얼핏 보기에는 이 기록이 당시의 역사가들의 착오가 아닐까 하는 의심이 든다. 낙랑군과 대방군이 왜국에서 "똑같이" 12,000리 떨어져 있다는 것은 동일한 지역에서 '아래층이 대방군, 위층이 낙랑군' 식으로 위아래로 포개져 있지 않은 이상 상식적으로 불가능한 상황이기 때문이다. 그러나 이것은 우리의 섣부른 '착각(錯覺)'이다. 우리가 조금만 융통성을 발휘하면 그것이 허튼소리가 아니라 얼마든지 가능한 상황이라는 것을 발견할 수 있다.

지금까지 강단 학계에서는 낙랑군과 대방군의 위치를 평안도와 황해도로 비정해 왔다. 즉, 낙랑군은 북쪽, 대방군은 그 남쪽에 있었다는 것이다. 그러나 두 군의 위치를 그렇게 비정하면 《후한서》, 《북사》, 《수서》의 기록과 모순이 발생한다. 세 정사에서는 대방군과 낙랑군이 "똑같이" 왜국에서 12,000리 떨어져 있다고 명시하고 있기 때문이다. 기존의 정설대로 두 군이 남북으로 자리 잡고 있으면 이 같은 상황이 발생할 수가 없는 것이다. 이런 상황에서는 낙랑군이 왜국에서 12,000리 떨어져 있다면 대방군은 그보다는 몇 백 리 더 가까운 지점에 자리 잡고 있어야 한다. 반대로, 대방군이 왜국에서 12,000리 떨어져 있다면 낙랑군은 그보다는 몇 백 리 더 먼 자리에 자리 잡고 있었을 것이다. 그런데 두 군이 "똑같이" 12,000리 떨어져 있다면 정답은 단 하나이다. 강단 학계가 그동안 일관되게 주장해 온 평안도나 황해도는 낙랑군이나 대방군의 자리로는 적합하지 않다.

만일 강단의 지리고증이 옳다면 《후한서》, 《북사》, 《수서》 등의 정사 기록이 잘못되었다는 소리이다. 그러나 그것은 불가능한 일이다. 중국의 역대 정사는 모두가 황제가 그 공신력을 보장하는 당대 최고 권위를 가진 역사책들이었기 때문이다. 지금으로 치면 일종의 '검인정 교과서'였던 셈이다. 그런 권위 있는 정사가 하나도 아니고 세 책 모두 잘못된 정보를 소개할 리는 만무하다. 더욱이 이 정사들은 강단 학자들도 평소에 즐겨 사용하고 인용하는 것들이다. 그 권위와 공신력을 스스로 인정하는 중요한 참고 자료들이라는 뜻이다. 기록 자체에는 전혀 문제가 없다고 해도 무방한 것이다. 그렇다면 결론은 하나뿐이다. 한중일 세 나라 학자들의 그동안의 지리고증이 잘못된 것이다!

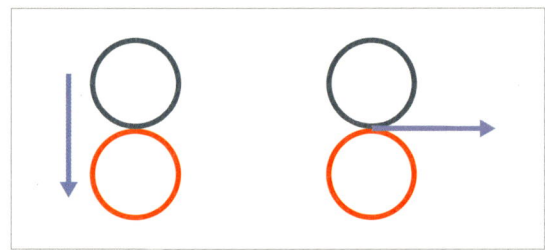

〈낙랑군과 대방군에서 "똑같이" 12,000리가 되려면 그 장소는 남북이 아니라 동서로 이동할 수 있는 곳이어야 한다〉

그림에서 보는 것처럼, 낙랑군과 대방군이 남북으로 배치되는 것은 다를 바가 없다. 다만, 당시 사람들이 왜국으로 출항하는 지점이 다르다. 출발지의 위치가 낙랑군과 대방군의 남북 경계, 즉 낙랑군의 남쪽이자 대방군의 북쪽이었다는 말이다. 출항하는 방향도 마찬가지이다. 두 군의 남북 경계에서 배를 출항시키되, 북쪽에서 남쪽으로 남하하는 것이 아니라 동쪽에서 서쪽으로, 또는 서쪽에서 동쪽으로 이동할 수 있는 곳이어야 한다. 그래야만 두 군이 그런 위치에 자리 잡고 있어야 왜국에서 "똑같이" 12,000리 떨어져 있다는 정사의 기록들과 부합될 수 있는 것이다.

문제는 이 같은 입지 조건을 갖춘 지역이 한반도에는 존재하지 않는다는 것이다. 이 같은 입지 조건과 일치하는 지역은 단 한 곳뿐이다. 바로 중국 하북성 동북부, 즉 "경동(京東)" 지역이다. 이곳에서만 배가 동쪽으로 이동할 수 있고, 이곳에서만 낙랑과 대방 두 군의 남북 경계 사이에서 배를 출항시키고 "똑같이" 왜국에서 12,000리 떨어져 있을 수가 있는 것이다.

7. 육로거리와 해로거리의 편차

이번에는 거리 계산에 정확도를 높이기 위하여 참고로 이동 경로를 해로와 육로로 구분해서 "7,000리"가 각각 어떻게 다르게 나타나는지 확인해 보도록 하자. 《북사(北史)》의 〈위본기4(魏本紀四)〉에는 다음과 같은 기사가 나와 있다.

> 갈석산으로부터 검각까지는 동서로 7,000리인데 22개 군, 위를 두었다.
> 自碣石至劍閣, 東西七千里, 置二十二郡尉.

이 기사는 북위의 정시(正始) 4년(507) 10월의 일을 기록한 것이다. "갈석(碣石)"은 하북성 창려현의 갈석산을 가리키고, "검각(劍閣)"은 사천성 광원시(廣元市)의 옛 이름이다. 《북사》에서는 갈석산에서 광원시까지의 거리가 7,000리라고 소개하였다. 그러나 현재 중국의 빠이뚜에는 갈석산 인근의 진황도에서 광원시까지의 국도 직선거리는 1,846km 정도로 나와 있다. 리 수로 환산하면 3,692리 정도밖에 되지 않는 셈이다. 즉, 이 갈석(진황도)-광원 구간이 "7,000리"라는 것은 그 구간 중간에 존재하는 수많은 산과 골짜기, 하천들을 우회하면서 이동할 때 얻어진 데이터인 것이다. 3,692리라면 《북사》에 소개된 "7,000리"의 1/2 수준이다. 갈석-광원 구간의 거리가 1,500년 사이에 거의 절반까지 줄어든 셈이다. 갈석산과 광원시는 수천 년, 아니 수억 년 전부터 그 자리에 붙박힌 채 오늘날까지 존재해 왔다. 그런데 어떻게 해서 두 지형지물 사이의 거리가 절반으로 좁혀진 것일까?

이 같은 '마술'은 갈석산과 광원시 사이의 거리가 육로 이동을 토대로 산출된 데이터이기 때문에 가능하다. 바다의 경우에는 발해만이든 황해이든 동해이든 태평양이든 간에 해수면의 높이가 거의 균일하다. 따라서 이동 과정에서 경로나 방법에 변수가 나타날 수는 있지만, 적어도 이론적으로는 얼마든지 최단거리, 즉 직선으로 이동이 가능하다. 이런 경우에는 목적지까지의 해안선에 지각변동 같은 돌발적이고 급격한 천재지변이 발생하지 않는 이상 지금이든 1,000년 후이든 간에 이동거리가 일정하게 유지된다. 그러나 육로인 경우는 상황이 상당히 다르다.

출발지에서 목적지까지의 구간 사이에서 직선 이동은 현실적으로 불가능하다. 그 사이에는 산, 골짜기, 하천 등의 3차원적인 장애물들이 어김없이 자리 잡고 있기 마련이기 때문이다. 적어도 100년만 거슬러 올라가도 이런 경우에는 목적지로 가기 위해서는 반드시 산을 넘어가거나 골짜기나 하천을 돌아서 가는 식으로 직선거리보다 적어도 1.5~2배나 더 먼 거리를 우회해야만 하였다. 그런데 20세기에 접어들어 과학기술에 비약적인 발전이 이루어졌다. 높은 산지에는 터널, 골짜기나 하천 위로는 철교가 건설되었다. 시간과 거리를 단축하는 근대적인 도로 인프라들이 구축된 것이다.

그 덕분에 수천 년 동안 극복할 수 없었던 우회거리와 직선거리 사이의 편차가 가히 획기적인 수준까지 좁혀졌다. 이에 관해서는 전작 《한사군은 중국에 있었다》(제163-169쪽)에서 설명한 바 있다. 《북사》의 "7,000리"가 지금은 절반 수준인 3,692리로 좁혀지는 마술도 이렇게 해서 가능해진 것이다. 3,692리로 좁혀지는 마술도 이렇게 해서 가능해진 것이다. 여기에 등

〈똑같은 "7,000리"이지만 육로거리는 해로보다 2배나 편차가 발생한다〉

장하는 갈석산-광원시 구간의 "7,000리"와 대방군-구야한국 구간의 "7,000리"를 비교해 보면, 육로거리와 해로거리 사이에 존재하는 물리적인 차이를 쉽게 비교해 볼 수가 있다.

육안으로 볼 때 지도에서 해로 거리 7,000리보다 육로 거리 7,000리가 상대적으로 더 짧아 보인다. 물론, 이는 해로 7,000리에서는 실제의 거리가 그대로 반영된 반면 육로 7,000리에서는 산지나 하천 등의 3차원적인 장애 요인들로 인하여 우회하는 거리가 반영되지 않았기 때문이다. 쉽게 말하면, 《북사》 속의 진황도-광원시 구간의 거리 "7,000리"가 1,500년이라는 기간을 거치면서 과학기술의 발전을 통하여 3,692리까지 좁혀졌으며, 남는 3,308리는 20세기 이전에는 과학기술적 한계 때문에 우회해야 했던 거리인 셈이다. 즉, 3,308리는 과학기술의 발전으로 더 이상 돌아가지 않아도 되게 된 것이다.

최근 강단 학계의 소장 학자들이 낸 책을 보니 《삼국지》에서 삼한이 "대방의 남쪽에 있다"라고 한 기록을 근거로 들면서 "대방군의 남쪽에는 삼한이 있다고 했는데 만일 대방군의 위치를 요서에서 찾으면 그 남쪽에 있는 것은 삼한이 아니라 발해 바다이다"라고 반박한 대목이 있었다.

정사에 나와 있는 "남쪽"이라는 단어를 보고 삼한을 정남쪽에서만 찾아 헤매고 거기다 "남쪽에 무슨 삼한이 있느냐?"라고 볼멘소리를 하는 것은 그들에게 상상력이나 융통성이 부족하다는 증거이다. 마치 지상에 고조선 유적이나 유물이 보이지 않는다고 해서 '삽질'이 본업인 고고학자가 땅도 파보기 전에 대뜸 "여기가 무슨 고조선 땅입니까?" 하고 볼멘소리를 하는 것과 다를 바가 없는 장면이다. 당연히 삼한이 거기에 있을 턱이 없다. 조금만 센스가 있는 학자라면 "남쪽"이라는 단어에 동남쪽이나 서남쪽이라는 의미도 내포되어 있다고 판단하여 대방군을 중심으로 그 동남쪽이나 서남쪽도 찾아보았을 것이다. 실제로 여기서도 "대방의 남쪽"이란 대방군에서 비스듬하게 동남쪽을 가리키는 것으로 이해해야 옳다.

그 증거는 《삼국지》 등에 소개된 대방군에서 구야한국까지의 항해 경로를 조금만 '유심히' 따져 보면 금방 찾아낼 수 있다. 《삼국지》 등에는 대방군-구야한국 구간을 "조금 남쪽으로 다시 조금 동쪽으로(乍南乍東)"처럼 '남-동-남-동'식으로 항해했다고 적고 있다. 그러나 후루타 등의 일본 학자들도 문제를 제기한 것처럼, 봉산에서 부산까지는 대부분의 구간이 '남-서-남-서'식으로 이동하는 구간이 대부분이다. 정사의 기록과는 방향이 그다지 부합된다고 할 수 없는 것이다.

반면에 진황도에서 부산까지라면 더러 북쪽과 서쪽으로 움직일 경우도 있지만, 위의 지도에서 볼 수 있는 것처럼, 《삼국지》 등에서 소개한 항로와도 대체로 부합된다. 이처럼 적당히 융통성을 발휘하여 출발지를 봉산에서 진황도로 살짝 변경만 해도 후루타 등 일본 학자들이 제안한 '한국육행설' 같은 새로운 가설들을 짜내느라 고심할 필요 없이 《수서》〈동이전〉의 거리 정보와 《삼국지》〈위지 왜인전〉 등 400년 동안의 중국 정사 속의 거리 정보들이 절대로 허황된 것이 아님을 확인할 수 있는 것이다.

이상의 검증 결과들은 대방군의 이상적인 위치가 황해도나 평안도가 아니라 중국 하북 지역임을 아주 훌륭하게 입증해 주는 셈이다. 그리고 같은 맥락에서 국내외 학계가 100년 넘게 집요하게 주장해 온 낙랑, 현토, 대방의 교치설이 알고 보면 기존 학자들의 원전 오독 또는 역사 조작에서 기인한 '완전한 허구'에 불과함을 여실하게 증명해 주는 셈이다.

8. 대방군과 고구려

1) 둔유현 이남, 즉 대방군 지역이 황무지인가?

《위서》〈오환선비동이전〉에서 공손도(公孫度: 150~204)가 둔유현(屯有縣) 이남의 "황무지[荒地]"에 대방군을 설치했다고 한 대목의 경우《진서》〈지리지〉에서도

"위나라 무제 때 … 관중, 낙양은 물론 황무지에까지 설치한 군이 12개였다 (魏武 … 關洛荒蕪, 所置者十二)"

라고 하면서 그중에 '대방'을 열거하고 있는 것을 보면 그 기록이 잘못 작성된 것이 아닌 것은 분명해 보인다. 그러나 대방군이 정말 황무지에 설치되었다면 그 위치는 지금까지 알려져 온 황해, 경기 일대일 수 없다. 황해, 경기 일대는 예로부터 국내 최대의 곡창지대인 '삼남(三南)' 다음으로 토질이 비옥한 지역으로 알려져 있기 때문이다. 특히 대방군 치소로 여겨져 온 사리원, 봉산 일대는 드넓은 평야지대가 자리 잡고 있기는 하지만, 높은 산지가 드물고 하천(재령강)도 큰 편이 아니어서 '재난'급의 수해는 상대적으로 작았다.

아마 당시에는 지금보다 기후가 온화했을 테니 농업생산은 물론이고 수

류 교통이나 인구의 집중에도 상당히 유리한 환경이었을 것이다. 이 지역에 대한 개발이 상당히 일찍부터 이루어졌다는 것은 황해도 일대에서 고인돌 등 선사시대부터 많은 유물, 유적들이 발견되고 있는 것만 보더라도 충분히 짐작할 수 있다. 그런데 중국 정사에서 대방군을 황폐한 땅에 설치했다고 한 것을 보면 어쩌면 지리고증이 잘못 되었거나 전혀 엉뚱한 지역을 지목한 것일 가능성이 큰 것이다.[38]

우리가 대방군을 처음 설치한 공손도가 스스로 '평주목(平州牧)'을 자처한 점에 주목한다면 대방은 황해, 경기 일대에서 찾을 것이 아니라 중국에서 '평주'로 일컬어졌던 지역에서 찾는 것이 옳다. 중국에서는 각 지역에 할거하는 군벌들의 경우 그 본거지를 가리키는 지역명을 붙이는 것이 관례였기 때문이다. '평주'는 후한대로부터 송원대까지도 하북성 동북부, 즉 북경 동부('경동')를 일컫는 지역명이었다. 이 하북성 동북부는 지형적으로 대부분 평지에는 충적형 선상지(扇狀地)가, 하구에는 삼각주(三角洲)가 드넓게 형성되어 있다.

이 같은 선상지나 삼각주는 여름만 되면 장기간에 걸친 장마와 폭우로 인하여 북쪽의 높은 연산산맥에서 발원한 대형 하천들이 범람하여 대량의 토사가 쏟아져 내려 연안 저지대를 뒤덮으면서 형성된 것인데, 이 지역의 평균 해발 고도가 10m 내외이다 보니 수나라 때 대운하(大運河)가 건설되고 20세기에 대형 댐이 건설되기 전까지는 해마다 '재난'급 수해와 매몰에 노출되곤 하였다. 이처럼 수해와 매몰이 주기적으로 빈번하게 발생하는 지역에는 인적은커녕 풀도 제대로 찾아보기 어려울 수밖에 없다. 그런 점에서 적어도 지형학적 견지에서 본다면 이 지역을 《후한서》, 《삼국지》 등에 등장하는 대방군이 설치된 '황무지'로 인식한다고 해도 전혀 이상할 것이 없는

---

[38] 운하 건설, 황하의 수로 변경 등으로 지금 상황은 많이 달라졌지만, 이 지리 조건을 충족시켜 줄 만한 장소는 하북성 평주밖에 없다. 국립중앙박물관에 소장된 〈서진군국도〉 참조.

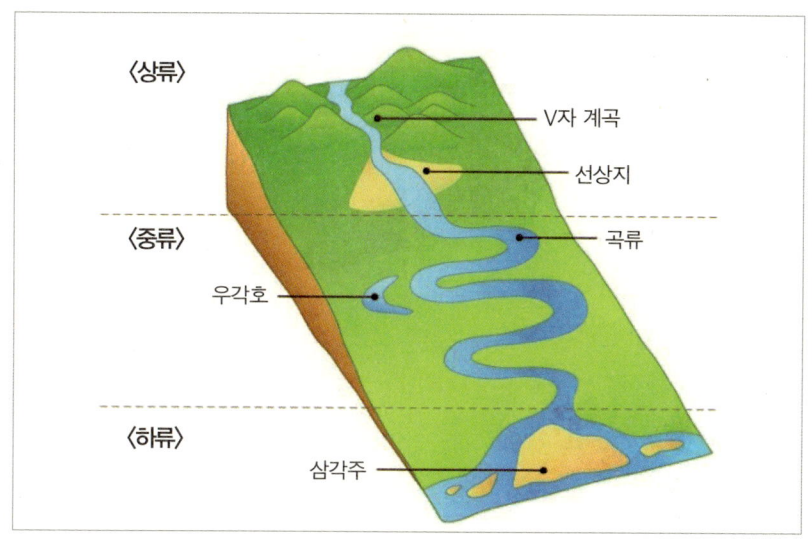

〈대방군이 있었던 곳은 지형적으로 충적형 선상지였을 것이다〉

셈이다.

2) 평주를 통해 추적하는 낙랑, 대방의 위치

금년(2017)에 강단의 소장 학자들은 대방, 낙랑 두 군의 위치와 관련하여 확신에 차서 다음과 같이 말한 바 있다.

> 미천왕 14년(313) 겨울 10월에 낙랑군을 침범하여 남녀 2,000여 명을 포로로 잡았다. … 15년(314) 가을 9월에 남쪽으로 대방군을 침범하였다.[39] … 이는 … 고구려가 장통의 낙랑군, 대방군 세력을 제압한 사실을 전해 준다. 장통은 왕준의 설득도 있었지만, 고구려의 남진에 압박을 받아 모용선비에 귀부하였던 것이다. … 이상을 통해 살펴본 것처럼 낙랑군은 4세기 전반 대동강 유역에서 요서 지역으로 교치되었고, 5세기 전반 요서 지역에서 롼

---

39) 김부식(金富軾), 《삼국사기(三國史記)》 권17 〈고구려본기5(高句麗本紀五)〉.

허강 유역으로 교치되었다. 그러므로 후대의 문헌에서 낙랑군 또는 그와 관련된 지명이 롼허강 유역에 보인다고 해서 이를 한사군과 직접 연관시키기는 어렵다.

이 소장 학자는 낙랑, 대방에 할거하던 장통이 고구려의 남하에 견디지 못하고 모용선비에 귀순한 313, 314년 무렵, 즉 4세기 전반이 한반도에 있던 두 군이 "대동강 유역에서 요서 지역으로 교치"된 시점이라고 주장하고 있다. 얼핏 일리가 있는 것처럼 보인다. 그러나 다른 측면에서 보자면, 역으로 4세기 이전의 역사 기록에 등장하는 낙랑과 대방은 그 위치를 '무조건' 중국 내의 모 지역으로 단정해도 무방하다는 뜻으로 이해된다. 물론, 강단 학계에서는 그런 자료가 있을 리가 없다는 자신감을 가지고 이런 말을 내뱉었을 것이다. 그런데 중국의 '24사'를 면밀히 조사해 본 결과 장통이 모용외에게 귀순하기 이전에 이미 낙랑, 대방의 귀속 문제를 언급한 적이 있었다.

> 위나라 때 동이교위가 설치되어 치소를 양평에 두면서 요동, 창려, 현토, 대방, 낙랑의 5개 군을 쪼개어 '평주'로 삼았다가 나중에 도로 '유주'로 통합하였다. (공손)문의가 멸망한 후에는 '호동이교위'가 생기고 치소를 양평에 두었다. 함녕 2년 10월, 창려, 요동, 현토, 대방, 낙랑 등 5개 군국을 쪼개어 '평주'를 설치하니 관할 속현이 26개, 호구는 1만 8,100세대였다.
> 魏置東夷校尉, 居襄平, 而分遼東, 昌黎, 玄菟, 帶方, 樂浪五郡爲平州, 後還合爲幽州. 及文懿滅後, 有護東夷校尉, 居襄平. 咸寧二年十月, 分昌黎, 遼東, 玄菟, 帶方, 樂浪等郡國五, 置平州. 統縣二十六, 戶一万八千一百.
> 《진서》〈지리지〉

위의 기사는 《진서》〈지리지〉에서 위진대에 설치된 '평주'의 연혁과 그

추이를 소개하는 것을 주된 내용으로 하고 있다. 그런데 기사 내용을 자세히 보면, '평주'라는 행정구역은 위나라 때 이미 모습을 나타내었다. 즉, 동이교위를 현지에 설치하고 당시까지 유주에 속해 있던 요동군, 창려현, 현토군, 대방군, 낙랑군의 5개 군을 쪼개어 평주에 속하게 했다는 것이다.

중국 사서에는 동이교위가 언제 설치되었는지에 관한 기록은 남기지 않았다. 그런데 위나라는 조씨가 세운 왕조로 220년에서 266년까지 46년간 존재하였다. 그런데 위에서 공손문의(公孫文懿), 즉 공손연(公孫淵: ?~238)을 멸망시킨 후 "호동이교위"가 설치되므로 평주는 238년 이전에 존재했다는 이야기가 된다. 바꿔서 말하자면, 요동, 창려, 현토, 대방, 낙랑의 5개 군을 관할하는 평주가 238년 이전에 이미 존재하고 있었다는 뜻이다.

공손씨가 멸망한 후 정권이 사마씨에게 넘어가 서진이 세워지고 나라가 안정되면서 요동속국 자리에 설치되었던 "호동이교위"는 다시 평주로 개편되었는데, 이때도 역시 위나라 당시의 5개 군이 관할 지역으로 승계되었다. 이 시점이 바로 함녕 2년이라는 것이다. '함녕(咸寧)'은 서진의 무제 사마염(司馬炎: 236~290)이 사용한 연호로 그 2년째 되는 해는 서기로는 276년이다. 다시 말하면, 낙랑, 대방, 현토의 세 군은 220~240년 전후의 위나라, 276년의 진나라 때 각각 평주에 속했던 것이다. 이때는 학계에서 주장하는 낙랑과 대방의 중국 본토 '교치'되는 시점인 313년보다 40년이나 이전이다. 그렇다면 중국사에서 '평주'는 대체로 어디에 위치한, 어느 정도 규모의 행정구역이었을까?

중국의 역사지리학자 담기양이 1982년에 출판한 《중국역사지도집》에서는 위진남북조 시대의 '평주'를 다음과 같이 표시해 놓았다.

지도에서 왼쪽 절반이 유주, 한반도 북중부를 포함하는 오른쪽 절반이 평주라는 것이다. 평주만 해도 거의 한반도 전체에 해당되는 엄청난 크기임을 확인할 수 있다. 이덕일이 근래에 중국 학계의 주장을 추종하는 강단 학계를 성토할 때마다 "조조가 언제 경기도까지 왔었나?"라고 반문하게 된 것

〈담기양의 《중국역사지도집》에 표시된 평주. 지방 행정구역이 아니라 마치 거대한 국가 같아 보인다. 동그라미는 실제로 낙랑군이 있었던 것으로 추정되는 곳〉

도 바로 이 지도에서 단초가 비롯된 것이다. 과연 이 지도가 역사적 진실을 반영한 것일까? 절대로 그렇지 않다.

당시 평주의 호구수를 근거로 한 이덕일의 문제 제기는 대단히 예리한 것이다. 담기양의 지도 속에 표시된 평주 정도면 한반도, 즉 22만km²는 충분히 되고도 남을 정도의 면적이다. 그런데 그처럼 넓은 면적에 10만여 명만 살았다는 것은 한마디로 말이 되지 않는다는 것이다.

물론 이덕일은 인심이 좋아서 평주의 1만 8,100호를 한 세대당 6명씩으로 쳐서 10만 8,000명으로 추산하였다. 그러나 후한 이후로 위진남북조시대까지 수백 년 동안 전란이 끊이지 않았던 점을 감안할 때, 좀 더 야박하게 따져서 《한서》와 《후한서》의 평균치인 1세대당 5명으로 치는 것이 보다 합리적이지 않을까 싶다. 그렇게 계산할 경우 평주 5개 군(국) 전체의 인구는 9만 500명 정도가 된다. 10만도 채 되지 않는 것이다. 이 정도의 규모라면 우리나라로 치면 경기도 동두천시(9만 7,974명)나 강원도 동해시(9만 3,900명) 정도의 인구에 해당한다. 물론, 고대에는 교통이 매우 불편하고 도시화 수준도 상당히 낮아서 인구밀도가 낮은 반면, 그 인구를 전부 수용하는 면적은 상대적으로 더 컸을 것이다.

중국 학자들의 연구에 따르면, 후한대 말기인 환제(桓帝: 132~167) 때의 인구가 5,600만 명 이상이었고, 서진 초기(280)에는 1,600만 명 정도였다고 한다. 그런데 평주 일대가 당시 진나라 면적의 거의 1/20 정도의 크기라고 할 때 적어도 80~100만 명은 거주하고 있었을 것이다. 더욱이 위진남북조 기간 동안 강단 학계가 표시한 지역은 온갖 전란으로 극한 상황으로 내몰린 피난민들이 많이 몰려들던 시기였으므로, 거기서 다시 최소한 몇 만 정도는 더 유입되었을 수도 있다. 그런데 그 같은 몇 가지 변수들을 감안하더라도 그 광대한 지역에 인구가 겨우 10만밖에 되지 않았다는 것이다. 이는 2.2km마다 1명이 살았다는 말이 된다. 그것은 상식적으로 말이 되지 않는다.

이런 식의 인구밀도라면 관리가 10명의 세금을 걷기 위하여 20km를 돌아다녀야 한다. 마찬가지로 병사 100명을 모으려면 2,000km를 뛰어다녀야 했을 것이다. 갑자기 외적이 침공해 오기라도 하면 신의주에서 부산까지를 2번이나 왕복해야 하는 셈이다. 상식적으로 말이 되는가? 중국 학자 그리고 거기에 들러리를 서는 일부 강단 학자들이 아무리 멋대로 국경선을 엿가락처럼 경기도까지 늘여 놓더라도 아닌 것은 아닌 것이다. 대방군과 낙랑군이 속한 '평주'가 물리적으로 한반도에 존재할 수 없다는 것은《자치통감》의 기사를 통해서도 알 수가 있다.

> 8월, 연왕이 수만 명을 동원하여 출전하매 위나라의 창려공 구 등이 이를 격파하니 죽은 자가 1만여 명이나 되었다. … 신사일, … 평동장군 하다라가 대방을 공격하고 무군대장군 영창왕 건이 건덕을 공격하고 표기대장군 악평왕 비가 기양을 공격하여 모두 함락시켰다. 9월 을묘일, 위나라 군주가

군사를 이끌고 서쪽으로 귀환하면서 영구, 성주, 요동, 낙랑, 대방, 현토 6개 군의 백성 3만 세대를 유주로 이주시켰다.

八月, 燕王使數萬人出戰, 魏昌黎公丘等擊破之, 死者萬餘人. 燕尚書高紹 帥萬餘家保羌胡固. 辛巳, 魏主攻紹, 斬之. 平東將軍賀多羅攻帶方, 護軍 大將軍永昌王健攻建德, 驃騎大將軍樂平王丕攻冀陽, 皆拔之. 九月, 乙 卯, 魏主引兵西還, 徙營丘, 成周, 遼東, 樂浪, 帶方, 玄菟六郡民三萬家于 幽州.[40]

이 기사는 북위의 연화(延和) 원년(432) 7월 유수(濡水)와 요서(遼西)를 거쳐 화룡(和龍)에 도착한 태무제(太武帝) 탁발도(拓跋燾: 408~452))가 북연(北燕)의 풍홍(馮弘)을 상대로 전쟁을 벌인 일에 관하여 소개하고 있다. 태무제는 당시 현지 백성 3만 명을 동원하여 참호를 파고 화룡을 포위공격 하였다. 8월, 풍홍이 수만의 군사를 몰고 화룡성을 나와 도전하자 이를 격파한 그는 하다라(賀多羅)에게 대방을, 탁발건(拓跋健)에게 건덕(建德)을, 탁발비(拓跋丕)에게 기양(冀陽)을 각각 공격하게 하여 모두 함락시킨다. 그후, 9월 귀환하면서 6개 군의 백성 3만 세대를 유주로 이주시킨다.

여기서 확실히 해 두어야 할 것은 태무제가 북연과 전쟁을 치루는 과정에서 가장 동쪽까지 온 것이 화룡 인근이라는 사실이다. 한중 학계는 화룡이나 건덕, 기양 등이 하북 지역이 아니라 요령 지역의 도시였다고 주장한다. 화룡을 요령성 조양(朝陽), 건덕은 건창(建昌) 서북쪽, 기양은 능원(凌源) 인근으로 비정하고 있는 것이다. 설사 이 같은 통설을 그대로 받아들인다고 하더라도, 태무제의 동선이나 북연과의 전쟁의 무대는 어쨌든 요서 지역에 머물고 있었던 셈이다.

그런데도 그가 귀환하면서 영구, 성주, 기양, 요동의 백성들은 물론 낙랑,

---

40) 사마광, 《자치통감》 〈위기(魏紀)〉 '태조문황제 상(太祖文皇帝上) 원가 9년(元嘉九年)' 조.

대방, 현토의 백성들까지 끌고 왔다고 한 것을 보면 5세기의 낙랑군과 대방군이 있었던 곳은 한반도가 아니었다는 뜻이 된다. 이처럼 기존의 강단 학자들의 주장과는 달리, 대방군과 낙랑군은 서진의 무제가 5개 군을 '평주'로 개편하던 3세기 초부터 이미 평주에 붙박혀 있었으며, 태무제가 북연과 전쟁을 벌이던 5세기까지도 그대로 평주에 있었다. 평주에서 한반도로 갔다가 다시 평주로 '교치'된 것이 절대로 아닌 것이다.[41]《진서》의 이상의 기사를 정리하면 다음과 같을 것이다.

① 위나라 때 요동, 창려, 현토, 대방, 낙랑의 5개 군을 쪼개어 평주로 개편함
② 얼마 후 다시 유주로 환원시킴
③ 진나라 함녕 2년 이 5개 군국을 다시 쪼개어 평주를 설치함

따라서 '낙랑평양설'에 길들여진 사람들은 이 군들은 아직 중국에 교치되지 않은 상태이므로 그 위치가 당연히 한반도의 황해도나 평안도일 것이라고 여길지도 모르겠다. 그러나 우리는 이 기사에 함께 언급된 "창려"[42]와 "평주" 이 단 두 단어의 존재만으로도 이 다섯 군이 위치해 있는 곳이 애초부터 한반도가 아닌 중국 땅, 보다 구체적으로는 '평주', 즉 지금의 경동 지역이었음을 분명하게 확인할 수 있다. 왜냐하면 이 다섯 군이 차례로 거론

---

41) 《진서》〈지리지〉를 펼쳐 몇 줄만 읽기만 해도 이미 313년 이전부터 낙랑, 대방이 중국에 있었다는 기록이 나오는데도 국내외 학자들이 이를 전혀 언급하지 않고 국민들을 호도하려 한 것은 원전을 읽을 능력이 되지 않아서인가 아니면 알면서도 은폐한 것일까 전자라면 국내 학계의 상황이 딱하게 된 것이고 후자라면 학자가 아니라 야바위꾼이라는 지탄을 당해도 할 말이 없는 셈이다.

42) "창려"의 경우는 현재 중국 학계에서 그 위치를 요령성 조양(朝陽) 인근으로 비정하는 것이 정설처럼 신봉되고 있어서 그 정확한 위치를 찾아내는 데에 혼란을 조장하는 소지가 없지 않다. 그러나 이조차도 그 뒤에 이어지는 지역명인 "평주"의 존재 때문에 그 지역이 현재 정설로 치부되는 요령성의 조양이 아니라 하북성의 '경동(京東)' 지역 모처임을 확실하게 인지할 수 있다.

되고 그 영역이 분할되었다는 것은 지리적으로 서로 이웃해 있었다는 의미이기 때문이다. 즉, 학계에서 자신만만하게 떠들어 대는 교치는 애초부터 일어난 적이 없었던 것이다.

대방군과 낙랑군이 한반도가 아닌 중국 요서 인근에 존재했었다는 사실은 중국에서 제작된 고지도들도 여실하게 입증해 주고 있다. 그중에서도 지금으로부터 1,000여 년 전인 송대의 학자 세안례(稅安禮)가 원부(元符) 연간(1998~1100)에 제작한 《역대지리지장도(歷代地理指掌圖)》에서 서진시대의 중국 영토를 표시한 《서진군국도(西晉郡國圖)》는 특히 사람들의 이목을 끈다.

이 지도의 오른쪽 윗부분을 자세히 살펴보면 요동, 낙랑, 대방, 현토 등의 군과 안동도호부가 요수의 동쪽에 표시되어 있고, 그 지역명으로 평주를 뜻하는 '평(平)'자가 적혀 있는 것을 발견할 수가 있다. '평주'는 '평양'의 다른 이름이 아니라 후한대에 요동의 군벌 공손도가 '평주목'을 자처하면서 중국

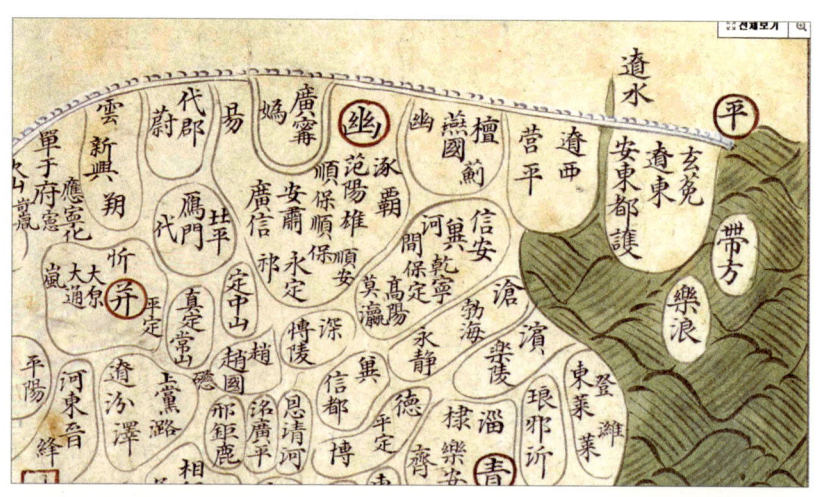

〈국립중앙박물관에 소장된 11세기 송대 지도집 《역대지리지장도(歷代地理指掌圖)》에 수록된 《서진군국도(西晉郡國圖)》의 대방군 위치. 낙랑군과 함께 평주 영역이 발해 해상에 표시되어 있다〉

사에 등장하는 지역명으로 지금의 노룡, 창려, 무녕 일대를 말한다. 그런데 남송대 학자 장회(張滙)가 저술한 《금절요(金節要)》에서는 '평주'와 관련하여 다음과 같이 소개하고 있다.

> 평주의 동쪽은 바로 유관이다. … 그런데 유관 이내의 땅은 평주, 난주, 영주의 세 고을로 후당 때 거란의 아보기에게 함락된 후로 평주를 '요흥부'로 개칭하고 영주, 난주 두 주를 예속시켜 '평주로'로 일컬었다.
> 平州之東, 乃楡關. … 然關內之地, 平灤營三州, 自後唐爲契丹阿保機陷之後, 改平州爲遼興府, 以營灤二州隸之, 呼爲平州路.[43]

이를 통하여 평주의 동쪽 끝이 유관, 즉 임유관(臨楡關)에서 끝나며, 평주와 난주, 영주가 모두 임유관 서쪽에 위치해 있었다는 사실을 확인할 수 있다. 그렇다면 중국 사람들도 1,000여 년 전부터 이미 우리가 그동안 한반도에 존재했다고 믿어 왔던 낙랑, 대방, 현토 등의 군이 사실은 중국, 그것도 하북 지역에 있다고 인식하고 있었던 셈이다.

3) 꼬여 있는 고구려 태조왕의 동선

이보다 더 재미있는 것은 아무래도 《삼국지》〈위서〉의 기사가 아닐까 싶다.

> 궁이 죽고 아들 백고가 옹립되었다. 순제, 환제 재위 기간에 다시 요동을 침범하여 신안, 거향을 노략질하였다. 이어서 서안평을 공격하고 도중에 대방의 태수를 살해하는가 하면 낙랑태수의 처자를 포로로 붙잡았다.

---

43) 장회(張滙), 《금절요(金節要)》 '평주(平州)' 조.

宮死, 子伯固立. 順, 桓之間, 復犯遼東, 寇新安, 居鄕, 又攻西安平, 于道上
殺帶方令, 略得樂浪太守妻子.

이 기사는 고구려 제6대왕 태조왕(太祖王: 47~165)이 후한의 순제(順帝)-환제(桓帝) 재위 기간에 요동에 출정한 일을 언급하고 있다. 순제는 서기 126~144년까지 재위했고, 환제는 146~167년까지 재위했는데, 태조왕이 사망한 것은 165년으로 알려져 있으므로 그의 요동 출정은 대략 환제가 즉위할 무렵인 144~146년 사이였을 것이다. 그렇다면 강단 학자들의 주장대로라면 이때의 대방군과 낙랑군은 의심할 것도 없이 한반도의 황해도와 평안도여야 할 것이다.

그러나 〈위서〉의 기사에 따르면, 태조왕 "백고가 '다시' 요동을 침범하여 신안, 거향을 노략질" 하고 나서 다음에는 "서안평을 공격하고 도중에 대방의 현령을 살해하고 낙랑태수의 처자를 포로로 붙잡았다"라고 한다. 여기서의 '요동'이 지금의 어느 지역인가에 대해서는 지금도 논란이 진행 중이므로 일단 지금의 요동반도 일대라는 기존의 통설을 따르도록 하자. 문제가 되는 것은 그 다음 구문이다.

> 서안평을 공격하고 도중에 대방의 현령을 살해하는가 하면 낙랑태수의 처자를 포로로 붙잡았다.

이 구문에서 소개하고 있는 몇 가지 사건을 순차적으로 열거하면 다음과 같을 것이다.

서안평 공격 ⇒ 대방 현령 살해 ⇒ 낙랑태수 처자 압송

그런데 강단의 중진 학자들이 출판한《아틀라스 한국사》에 수록된 태조

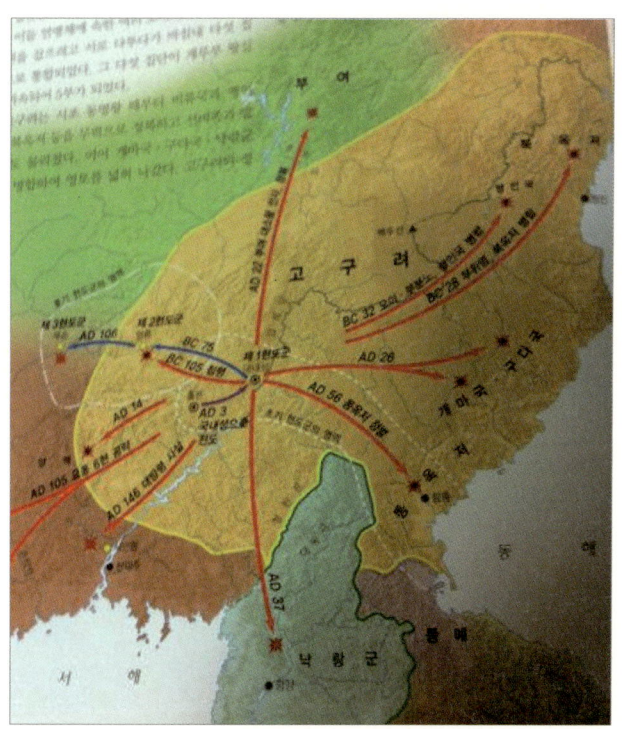

《《아틀라스 한국사》에 수록된 태조왕의 정벌 활동 관련 지도. 태조왕은 요서를 경략한 것으로 기록되어 있는데 이 지도에서는 주요 거점이 집안 인근이었던 것처럼 그려 놓았다》

왕의 요동 정벌 관련 지도를 펴 놓고 맞추어 보면 태조왕의 공략 동선을 고려할 때 이 같은 사건 전개는 앞뒤가 맞지 않는 것처럼 보인다.

위의 지도가 태조왕 재위 기간의 고구려 강역이라면 〈위서〉의 기사에서 소개한 것과 같은 작전은 이루어지기 어렵다. 중국 학계에서는 '서안평'의 위치를 요령성 단동(丹東), 즉 압록강 북안 일대로 비정하고 있다. 만일 '서안평'이 지금의 단동에 있었다면 태조왕이 그 다음 공격 대상으로 삼았을 것은 낙랑군의 남쪽에 있는 대방이 아니라 그 북쪽의 모 지역이어야 논리적인 설명이 가능해진다. 그런데 낙랑군 중앙부에서 한나라 측 방위군들을 완전히 제압하지도 않은 상태에서 다른 현들은 전혀 거들떠보지도 않은 채

곧장 그보다 훨씬 남쪽의 대방현으로 직행하는 모험을 한다는 것은 상식적으로 이해가 되지 않는 일이다.

게다가 기사 원문에 "도중에(于道上)"라는 문구가 들어 있어 있는 것을 보면 태조왕이 서안평을 공격한 후 귀환하는 과정에서 '우연히' 또는 '즉흥적으로' 대방과 낙랑을 차례로 공략했을 것임을 짐작할 수 있다. 그런데《아틀라스 한국사》의 지도를 보면 낙랑군을 관통하여 대방을 공격하고 다시 올라오면서 낙랑군 치소(조선현)를 공격한 것으로 그려져 있는 것이다. 이 같은 작전은 귀환하는 길에 '우연히' 벌일 수 있는 일이 절대로 아니다. 즉, 최초의 공격지인 서안평과 귀환 도중에 공략한 대방과 낙랑이 모두 지금의 한반도가 아니라 요서에 위치해 있어야 태조왕의 작전 동선과 자연스럽게 맞아 떨어지는 것이다.

국내 고대사학자들이 이처럼 앞뒤가 맞지 않는 지도를 '당당하게' 태조왕 당시의 고구려 강역이라고 수록해 놓은 것은 그들이 ① 고구려는 요동반도 동쪽이 주요한 활동무대였고, ② 낙랑군과 대방은 평안도와 황해도 인근에 설치되어 있었다는 오랜 편견에서 헤어나지 못했기 때문이라고 본다. 그들이 초기 고구려가 요서까지 진출했다거나 낙랑군과 대방이 한반도가 아닌 요서에 존재했을 가능성에 대해서 조금이라도 고민해 보았더라면 동선이 뒤죽박죽으로 꼬인 이런 지도를 보란 듯이 수록하는 촌극은 빚어지지 않았을 것이다.

제4장
강단 학자들이 절대
말해 주지 않는 고고적 진실

 2017년 10월 9일, 일본에서 대형 사건이 터졌다. 고베철강, 미쓰비시 그룹 등 일본을 대표하는 기업들이 자사 생산제품의 품질검사 데이터를 수십 년 전부터 의도적으로 조작해 온 사실이 잇따라 폭로된 것이다. 이 제품들은 항공기, 자동차 등 주요 사업 분야에 두루 사용되는 품목들이었다. 더욱이 일본의 공산품들은 지금까지 국제사회에서 독일과 어깨를 견줄 정도로 기술력은 물론 신뢰도도 높았다. 그런 상황에서 수십 년간 데이터를 조작한 그들의 '도덕적 해이(moral hazard)'는 일본 국내는 물론 국제사회까지 경악하게 만들었다.
 이보다 앞선 7월 17일 국내의 어떤 소설가는 저자가 전작 《한사군은 중국에 있었다》에서 세키노가 중국에서 낙랑 유물을 대량으로 구입해 이를 한나라 유물로 둔갑시켰을 가능성을 거론하자 모 언론을 통하여 이런 주장을 늘어놓았다.

 "… 일본은 원래 고고학 유물을 땅에 파묻었다가 찾아낸 척하는 데 도가 튼 나라 아니냐는 답변이 돌아오곤 한다. 그 사건을 일으킨 후지무라 신이치는 역사 전문가가 아니다. 그는 독학으로 고고학을 공부한 아마추어, 즉 재야 고고학자였다. 그의 조작 행위를 밝혀 낸 곳은 일본고고학회다. 일본고

〈'일본의 얼굴'이라는 고베제강, 미쓰비시 그룹이 수십 년 동안 데이터를 조작한 사건은 잇따라 국제사회에 충격을 주었다〉

고학회는 그가 참여했던 발굴 유적을 전부 재검토했고 조작 사항을 남김없이 밝혀 냈다. …"1)

그는 저자가 전작에서 예로 든 후지무라 신이치(藤村新一)의 구석기 조작 사건을 거론하면서 일본에서 그 같은 유물 조작은 "후지무라 같은 독학으로 공부한 아마추어, 즉 재야 고고학자"나 하는 짓이지 일본 역사학계는 오히려 피해자이며 그 같은 학술 사기로부터 자유로운 도덕군자들인양 두둔하고 나섰다. 그는 '신의 손'으로 일컬어지는 세키노 다다시(關野貞)에 대해서도 각별한 애정을 보였다.

세키노는 대략 1918년 3월부터 9월까지 중국에 있으면서 유물을 수집했

---

1) 이문영, 〈낙랑군 유물조작 의혹 받는 세키노 다다시는 누구일까〉, 《매경프리미엄》, 2017.07.17.

다. … 그가 수집한 물품은 모두 물품청구서에 기재되어 있다. … 이리하여 세키노는 총 136건 268점의 문화재를 구입하고 3,616,302원을 썼다. … 세키노는 일기를 작성해서 베이징에서 며칠에 어디서 물건을 구입했는지, 동행한 사람은 누구인지까지 세세히 기록해 놓았다. 앞으로 날조를 자행할 사람이 할 행동이 아니다. …

그러면서 그는 저자 등 재야 학계의 고고 유물 조작 의혹에 대한 문제 제기를 '선전선동'으로 매도하였다.

국내 강단 학자들은 거의 모두가 낙랑군이 평양에 있었다고 주장하는 자들이다. 그런 그들이 어떻게 세키노가 생뚱맞게도 대량의 낙랑 유물을 사들인 장소가 중국 북경이라는 사실에 대하여 전혀 이상하게 생각하지 않는 것일까? 이건 정말 엄청난 불가사의이자 아이러니이다. 그들 주장처럼 낙랑군이 평양에 있었다면 세키노는 그 많은 유물을 찾아서 굳이 중국까지 갈 이유가 없었다. 당시에는 비행기가 상용화되지 않은 시대였다. 서울에서 북경까지는 배를 타든 기차를 타든 며칠이나 소요되던 시절이다. 정말 평양이 낙랑군 자리라면 그런 고생을 할 필요 없이 평양만 가면 얼마든지 유물을 찾아낼 수 있었을 것이다. 그런데도 북경까지 가서 한나라와 낙랑 관련 유물들을 쓸어 온 것이다. 그 소설가가 확인해 준 이 사실 하나만으로도 '낙랑평양설'은 더 이상 설 자리가 없다. 세키노의 그 같은 '알리바이' 자체가 낙랑군이 한반도가 아닌 중국에 있었다는 사실을 뒷받침해 주는 기막힌 역설이기 때문이다.

더욱이 그 소설가는 세키노가 당시 북경에서 사 들인 한나라 및 낙랑 관련 유물들은 모두 리스트를 작성한 후 조선총독부 박물관에 소장되었으며, 그런 과정은 "앞으로 날조를 자행할 사람이 할 행동이 아니다"[2]라면서 세

---

2) 이문영, 같은 칼럼.

키노 등 식민사학자들을 비호하기까지 하였다. 강단과 한솥밥을 먹는 자들은 하나같이 전지전능한가 보다. 이 세상의 만물과 만사를 직접 보지 않았으면서도 조금도 주저함이 없이 단정을 내리니 말이다. 그런 점에서 그들은 학자보다는 차라리 무당이 되는 것이 더 잘 어울릴 듯하다.

　범죄자 치고 자신의 범죄 계획을 사전에 남들에게 누설하는 경우는 거의 없다. 세키노가 자신의 일기에 고고 조작의 흔적을 남기지 않았으니 그를 둘러싼 온갖 의혹들에 대하여 무조건 침묵해야 하는가? 조선총독부가 소장한 낙랑 유물과 세키노가 작성한 구매 리스트가 일치하니 고고 조작 가능성조차 의심하지 말아야 하는가? 이거야말로 하나만 알고 둘은 모르는 소리인 것이다. 1918년 당시 세키노가 리스트를 작성하고 조선총독부 박물관에 소장하게 한 유물들은 그가 그 해 3월 20일에 사 들인 것들이었다. 그날 사 들인 유물들은 애초부터 세키노가 조선총독부의 의뢰를 받은 것이었으므로 당연히 리스트를 작성할 수밖에 없다. 그러나 이틀 후인 3월 22일 세키노는 이번에는 사비를 털어 또다시 한대 유물과 함께 낙랑 출토류 유물들을 보이는 족족 다 사 들이고 있다. 그는 자신의 일기에 이날 낙랑 출토류 유물들을 "수집하는 데에 최선을 다했다"라고 적었다. 과연 그가 이 날 사적으로 사 들인 낙랑 출토류 유물들의 행방은 어떻게 되었을까? 그 구입목록도 조선총부박물관, 즉 지금의 국립중앙박물관에 고이 보관되어 있는지 묻고 싶다.

　세키노가 낙랑 유물을 북경에서 사 들인 일은 정말 재미있는 이야깃거리이다. 그러나 그보다 더 재미있는 일은 그 다음부터이다. 그가 중국 북경에 다녀온 후인 1920년대부터 한반도, 특히 평양 지역에서 봉니, 와당 등 다양한 '낙랑' 관련 유물들이 쏟아져 나오기 시작한 것이다. 물론, 그 이전에도 1914년, 1916년 등 일부 고분에 대한 발굴(?) 조사 과정에서 '장무이전(張撫夷塼)' 등 그 유물의 국적을 '추정할 수 있는' 중국계 유물(?)이 다수 출토된 것은 사실이다. 그러나 세키노가 북경을 다녀가기 전에는 국내에서 '낙랑' 두 글자가 분명하게 박혀 있는 유물은 하나도 출토된 일이 없었다. 그런데 그가 "낙랑 출토 유물들이 대체로 잘 갖추어져 있는" 북경을 다녀 온 1918년을 전환점으로 하여 평양 지역에서 "낙랑" 유물들이 넘쳐나기 시작한 것이다. 한 무제의 한사군 설치 이래 2,000년 가까이 파편 하나 발견되지 않던 "낙랑" 와당과 봉니들이 1918년 세키노의 중국 여행을 계기로 1920년대부터 줄줄이 쏟아지기 시작했으니 이 얼마나 재미있는 일인가?

세키노가 어떤 인물인가? 그는 1918년 북경에서 낙랑 출토류 유물들을 쓸어 담아 오기 한참 전부터 "조선사를 타율적인 종속 과정으로 틀 지우기 위한 증거를 찾는 것이 주된 목적"이었던 인물이다. 당시 "낙랑은 곧 한나라이며 조선 또한 한의 강역이라는 설을 확고한 사실처럼 과대포장해 전파"한 그런 인물이다. "오랫동안 중국의 지배와 간섭만 받아왔던 한반도 전역을 남부의 고토를 되찾은 일본이 결국 해방시켜 줬다"[3]라는 삐뚤어진 역사관과 일본우월주의에 사로잡혀 있었던 인물이다. 애초부터 '타율성론'이라는 정답을 정해 놓고 한반도의 역사와 민족을 거기에 억지로 끼워 맞추려고 애썼던 인물이다. 게다가 남들은 평생 발굴조사를 해도 한 건이라도 성공할까 말까 하는 세기적인 발견을 해마다 몇 건씩 줄줄이 성공시켜서 오죽하면 '신의 손'이라는 별명까지 붙었던 인물이다.

그 '신의 손'이 북경을 다녀가기 전과 후의 상황을 대조해 보라. 그런 후에도 그런 대조적인 상황을 보고도 그가 정상적이라느니 조작했을 리가 없다느니 하는 소리를 늘어놓는다면 그 사람은 둘 중 하나이다. 하나만 알고 둘은 모르는 바보이거나 세키노의 무오류성을 신봉하는 '신의 손'교 광신도일 뿐이다. 강단 학자들이 세키노 등 일제 식민사학자들이 고고 유물, 유적을 조작했을 가능성을 인정하든 부정하든 그 판단은 본인들이 알아서 할 일이다. 굳이 세키노 '북경행'의 미스터리를 들먹이지 않더라도 19~20세기

---

3) 이상 정인성 · 노형석, 〈대박 터뜨린 석암동 9호분 발굴, 일본 식민사학자들은 쾌재를 불렀다〉, 《한겨레신문》, 2016.07.12.

일본 주류 사학자들의 문화침략과 '학술 사기(acedemic fraud)'의 죄상을 입증해 줄 증거들은 넘쳐 나기 때문이다.

1. 일제 식민사학자들의 범죄 본능

국내 강단 학계 일각에서는 일본의 역사학회, 고고학회를 유물 조작이나 역사 왜곡 따위는 전혀 할 줄 모르는 지고지순한 천사집단이라도 되는 것처럼 호도하곤 한다. 그러나 그것은 모두가 자신들의 구린 뒤를 감추기 위하여 지레 떠는 설레발이들일 뿐이다. 과연 유물 조작의 책임을 후지무라라는 가련한 아마추어 재야 학자에게만 모두 뒤집어씌울 수 있을까? 천만의 말씀이다. 일본의 고고학계, 역사학계는 적어도 유적, 유물 조작이나 역사 날조, 왜곡에 있어서만큼은 '꿀 먹은 벙어리'가 될 수밖에 없다.

그들은 그 분야에서 후지무라보다 훨씬 오래 전부터 화려한 전과를 가지고 있는 '범털'들이기 때문이다. 일본의 고고학자인 곤토 요시로(近藤義郎: 1925~2009)는 과거 "일본 학자들이 조선과 중국에서 벌인 고고학 연구는 아시아 대륙에 대한 일본의 침략 정책과 밀접한 관계가 있다"[4]라고 폭로한 바 있다. 물론 거기에는 다 그럴 만한 이유가 있었다. 중국 학자 장효주(張曉舟)는 자신의 논문에서 일제가 중국 만주국 경내에서 진행한 고고학 활동들의 특징을 다음의 여섯 가지로 개괄한 바 있다.

① 일본이 주도한 동아고고학회는 일본의 '대중국 문화사업'의 일환이었음
② 일본 정부와 관동군의 전폭적 지지를 받은 일제의 '문화침략 행위'였음
③ 발굴조사는 일본이 사실상 독점했고 중국은 들러리에 불과했음

---
4) 곤토 요시로(近藤義郎), 〈일본고고학의 제문제(日本考古學の諸問題)〉,《전후 일본고고학의 반성과 과제(戰後日本考古學の反省と課題)》, 제455쪽, 하출서방(河出書房), 1964.

〈1895~1905 러일 전쟁 기간 동안 여순의 전곽묘를 도굴하는 일본군〉

④ 고고활동들은 일제에 의해 식민침략을 선전, 미화하는 데에 악용됨
⑤ 발굴된 유물들은 사실상 대부분 일본 학자들에게 약탈당함
⑥ 만주국은 이 모든 문화침략 행위에 묵인으로 일관함5)

장효주의 주장을 정리하자면, 그 당시 일본의 고고학, 역사학은 겉만 학문이지 속 알맹이는 철두철미한 제국주의 문화침략의 도구였다. 따라서 우리가 일본의 고고학, 특히 제2차 세계대전 이전의 일본 고고학에 대하여 이야기할 때에는 그것을 인문과학, 또는 하나의 학문이라는 견지에서 이해하려 해서는 안 된다. 그런 학문은 그저 정치, 외교적 목적 달성이라는 사회과학의 하부범주로서만 그 존재가치를 인정받는 대단히 저열한 사술의 도구일 뿐이다. 현실적인 정치, 외교적 목적을 달성하기 위해서라면 언제 어디서든, 또 얼마든지 양심을 버리고 본질을 왜곡할 준비가 되어 있다는 뜻이다. 만일 그런 것들까지 학문으로 미화한다면 그것은 숭고한 인문학 정신을 모독하는 행위라고밖에 할 수 없다. 강단 학계가 왜 국민들로부터 '식민사학'

---

5) 장효주(張曉舟), 〈만주국시기 동북지방에서의 일본의 '고고'활동 – 발해국 도읍지 동경성의 발굴을 중심으로(僞滿時期日本在東北的"考古"活動 – 以渤海國都址東京城發掘爲中心)〉, 《동북사지(東北史地)》, 제56쪽, 2015.제9기.

으로 매도당하겠는가? 그들이 인문정신을 모독하는 식민사학자들의 논리와 역사왜곡을 극복하기는커녕 그대로 추종하고 미화하려 들기 때문이다.

1) 일본 학자들이 중국에서 자행한 문화침략 행위들

일본인들은 패망하는 1945년까지 일본 정부의 비호하에 자신들이 강점한 중국 내 점령 지역에서 고적 조사와 유물 수습을 빙자한 문화침략을 대대적으로 자행하였다. 《중국대백과전서-고고학》권에 따르면, 1900년에서 1945년까지 일본인들이 중국 영토 내에서 자행한 문화침략 행위는 규모가 비교적 크고 잘 알려져 있는 사례만 꼽아도 53건이나 된다. 심지어 일본군 대위 사코 가게노부(酒勾景信: 1850~1891)가 1884년 일본 육군본부의 지령에 따라 벌인 호태왕비(好太王碑) 조작 사건처럼 19세기에 발생한 의혹 사건들은 전부 제외했는데도 말이다. 여기에 항간에 알려지지 않았거나 자잘한 사례들까지 포함시키면 그 규모가 어느 정도나 될지는 아무도 모른다. 그중 일부만 소개해 보면 다음과 같다.

① 1902 - 오타니, 신강에서 벽화 등 대규모 유물을 절도. 오타니 컬렉션
② 1905 - 도리이 류조, 요동반도, 동북 지역을 대상으로 1911년까지 도굴,

〈청나라 황제 보좌에서 포즈를 취한 골동품 중개업자 야마나카〉

절도

③ 1910 – 하마다, 여순 지역에서 한대 고분 도굴, 절도
④ 1918 – 세키노, 하북, 산서, 하남, 산동, 강소, 절강 등지에서 도굴, 절도
⑤ 1927 – 하라다와 하마다, 중국 학자들을 들러리로 세워 여순, 대련 지역 도굴
⑥ 1933 – 무다 데츠지, 적봉 홍산 일대에서 대량의 유물을 도굴, 반출
⑦ 1933 – 골동품 경매업자 야마나카, 북경의 골동품상 예옥서(倪玉書)와 결탁하여 각지 석굴 석조물을 해체, 절도
⑧ 1934 – 세키노와 다케시마, 요나라 상경, 중경, 경주 등지를 도굴, 절도
⑨ 1935 – 미카미, 내몽고 적봉, 북경을 조사한 후 도자기 표본을 절취
⑩ 1935 – 하마다, 홍산에서 21일간 발굴조사, 유적 2곳, 고분 31곳을 도굴
⑪ 1935~36 – 하마다와 이케우치, 집안에서 고구려 유물 다수를 밀반출
⑫ 1936 – 교토 동방문화연구소 미즈노와 나가히로, 용문석굴 등을 조사, 절도
⑬ 1937 – '낙랑' 토성을 조사한 하라다와 고마이, 상도(上都) 유적 조사 후 절도
⑭ 1938~39 – 봉천국립중앙박물관 관장 미야케, 무순에서 요·금대 토성 도굴
⑮ 1940 – 하라다, 한단의 조왕성(趙王城), 북위 평성(平城) 터를 절도
⑯ 1941 – 일본인이 베이징 원인 두개골을 반출하다가 행방이 불명해짐
⑰ 1942 – 일본군이 길림 훈춘의 팔련성(八連城) 터를 도굴
⑱ 1942 – 하세베와 다카시, 남경 남쪽에서 삼장법사의 유골을 도굴
⑲ 1943 – 하라다와 시마다, 요 조주(祖州)에서 41일간 도굴한 유물을 밀반출
⑳ 1944 – 도자기학자 고야마, 적봉, 요 상경 도요지에서 도굴한 유물을 밀반출

〈1936년 주구점(周口店) 발굴 현장. 여기서 발견된 '북경원인(北京猿人)' 두개골은 일제 점령 기간에 행방불명되었다〉

일제가 중국에서 벌인 대규모의 무차별적인 도굴, 절도, 밀반출, 조작, 파괴 행각에 가담하거나 공모한 학자는 수십 명이 넘는다. 오타니 고즈이(大谷光瑞: 1876~1948), 도리이 류조(鳥居龍藏), 다치바나 즈이쵸(橘瑞超: 1890~1968), 도키와 다이죠(常盤大定: 1870~1945), 무다 데쓰지(牟田哲二), 하마다 고사쿠(濱田耕作: 1881~1938), 세키노 다다시(關野貞), 하라다 요시토(原田淑人: 1885~1974), 고마이 가즈치카(駒井和愛: 1905~1971), 이케우치 히로시(池內宏: 1878~1952), 도리야마 기이치(鳥山喜一: 1887~1959), 미카미 쓰기오(三上次男: 1907~1987), 다케시마 다쿠이치(竹島卓一: 1901~1992), 구로다 겐지(黑田源次), 야마나카 사다지로(山中定次郎: 1866~1936), 미즈노 세이이치(水野清一: 1905~1971), 나가히로 도시오(長廣敏雄: 1905~1990), 소노다 가즈키(園田一龜), 에가미 나미오(江上波夫: 1906~2002), 아카보리 에이조(赤堀英三: 1903~1986), 하세베 고돈토(長谷部言人: 1882~1969), 다카시 후유지(高井冬二), 미야케 에츠소(三宅悅

宗), 사이토 다케이치(齊藤武一), 마쓰모토 노부히데(松本信廣: 1897~ 1981), 호사카 사부로(保坂三郞), 니시오카 히데오(西岡秀雄: 1913~2011), 후지타 료사쿠(藤田亮策: 1892~1960), 다무라 지쓰조(田村實造: 1904~1999), 고바야시 유키오(小林行雄: 1911~1989), 사이토 기쿠타로(齊藤菊太郞), 다나카 교유(田中堯雄), 야마모토 마모루(山本守), 와다 세이(和田淸: 1890~1963), 미야케 토시나리(三宅俊成), 세키노의 아들 세키노 다케시(關野雄: 1915~2003), 고다마 시게오(兒玉重雄), 고야마 후지오(小山富士夫) …. 이 중에서 한국고대사 왜곡 문제와 관련하여 우리에게도 그 악명이 널리 알려져 있는 인물만 해도 10명이 넘는다.

일일이 예로 들 수도 없을 정도로 많은 이 인물들. 이들은 앞서 언급한 후지무라 같은 아마추어 고고학자가 전혀 아니었다. 이들은 19~20세기 당시 '아시아를 통틀어' 최고의 학부로 손꼽히던 동경제국대(東京帝國大) 또는 경도제국대(京都帝國大)에서 역사학, 고고학 관련 정규 교육 과정을 이수한 후 교수로 재직하고 있던 당대 최고의 엘리트들이었다. 이들 중에는 중국 고고학자들과 함께 창립한 동아고고학회(東亞考古學會)의 핵심 멤버도 다수 끼어 있었다. 후지무라와는 격이 다른 당시 아시아 최고의 엘리트인 이들이 1900년부터 1945년 패망 직전까지 발굴조사를 빙자하여 중국, 조선 각지를 헤집고 다니면서 각종 유적, 유물들에 대한 도굴, 절도, 밀반출, 파괴, 조작, 위조 등 온갖 문화침략 행위에 직간접적으로 간여하거나 참여한 것이다.

1990년대의 후지무라는 소심하게 유물 몇 개 조작하다가 꼬리가 밟혔을 뿐이다. 그러나 이들은 통 크게 박스째 일본 정부, 중국 주재 관동군, '만주총독부'라고 해도 과언이 아닐 정도로 어마어마한 권력을 행사하던 남만주철도 주식회사 등 엄청난 권력기관들을 등에 업고 거액의 국가 경비를 지원받으면서 거국적, 집단적으로 통 크게 박스째 문화침략, 역사침략을 자행하였다. 중국 정부의 비공식적 통계에 따르면, 1945년 일본이 패망할 때까지 일본이 약탈해 간 중국 문화재는 총 1,879상자로 360만 점에 달하였다. 훼손·파괴당한 문화 유적도 741곳이나 된다. 현재 일본이 보유한 1,000개의 소형 박물관에는 중국의 역대 문화재가 200만 점이나 소장되어 있는데 그 대부분이 20세기 초·중기에 약탈해 간 것이라고 한다.6) 식민지도 아니었던 중국에서조차 이렇듯 기세등등하게 문화침략과 유물 약탈, 조작을 일삼았던 것이 그들이다. 그러니 완전한 식민지배하에 있던 한반도에서의 만행이야 더 이상 무슨 말이 더 필요하겠는가? 실상이 이러함에도 불구하고 유물 조작은 아마추어가 했고 일본 고고학회는 그 범죄를 막으려고 했다? 그런 요설을 늘어놓는 자들에게 반문하고 싶다. 이상의 엄청난 원죄가 있는 일본의 고고학계와 역사학계가 과연 유물 조작과 역사 왜곡의 혐의들로부터 완전히 자유로울 수 있는지 말이다.

현재 국내에서는 이들의 문화침략 죄상을 적극적으로 비호하고 미화하는 세력이 강단 학계에서 버젓이 교수 자리를 차지하고 있다. 그러고는 역사의식이라고는 병아리 눈꼽만큼도 없는 앞잡이들과 일부 우매한 보도 매체들을 동원해서 일본에서의 유물 조작을 "그런 짓은 아마추어 고고학자가 벌인 짓일 뿐 학자나 고고학회와는 전혀 무관하다"라고 호도하면서 소중한 지면을 낭비하고 국민을 기만하고 있다.

일제가 자행한 그 수많은 문화침략의 죄상들을 일일이 소개하자면 책을 몇 권이나 써도 부족할 것이다. 여기서는 그중 하라다 요시토(原田淑人: 1885~1974) 등 주류 사학자들이 '학술활동'이라는 미명 아래 자행한 각종 문화침략 및 학술 사기의 사례들을 살펴보기로 하겠다.

---

6) 곽정흔(霍政欣),〈일본이 중국침략기간에 약탈한 문화재 반환 문제(日本侵華期間劫掠文物的返還問題),《중국문물보(中國文物報)》, 2015.06.03.

2. '신의 손' 세키노와 쌍벽을 이룬 '천리안' 하라다

하라다 요시토는 하마다 고사쿠(濱田耕作: 1881~1938)와 함께 동아고고학회를 설립한 '일본의 근대 동양고고학의 아버지'로 일컬어진다. 그렇다 보니 한중일 세 나라 학자들 치고 그의 '훈도'를 받거나 영향을 받지 않은 자가 없을 정도이다. 하라다는 동경제국대에 사학과를 만든 시라도리 구라키치(白鳥庫吉: 1865~1942)의 문하에서 동양사를 배웠다. 처음에는 중국의 풍속사, 복식사를 전공하다가 시력이 나빠 문헌 연구에 한계가 있자 고고학으로 방향을 바꾸었다고 한다. 당시 동경제국대의 경우, 국사학과에는 구로이다 가스미(黒板勝美: 1874~1946), 동양사학과에는 이케우치 히로시(池内宏: 1878~1952)가 각각 포진하고 있으면서 하라다와 공조체제를 구축하였다.

1915년 처음 필드워크(야외 조사)를 경험한 그는 1918년 하마다와 함께 조선 총독부 고적조사위원회 위원으로 위촉되었다. 같은 해, 하라다는 경주에서 이케우치와 신라 고분을 발굴조사하였다. 1921년, 동경제국대 조교수 신분으로 영국, 프랑스로 유학하면서 야외 조사가 일시 중단되었으나 귀국 후, 이번에는 북한 지역을 중심으로 발굴조사를 재개한다. 평양을 중심으로 한 이른바 '낙랑' 유적 조사는 세키노를 위시하여 시라도리 구라키치 등의 동경제국대 인맥이 독점하고 있었다.

구로이다는 1925년 동경제국대 문학부의 사업의 일환으로 하라다가 지휘하는 발굴조사를 주도하고 1930년 조사보고서를 출판하였다. 하라다는 또 1927년 동아고고학회가 설립되면서 경도제국대에는 하마다가, 동경제국대에는 하라다가 각각 교수로 부임하였다. 당시 일본의 대학에서 고고학과 전임 교수는 동경과 경도 두 제국대밖에 없었다. 1925년, 하라다는 하마다와 함께 중국으로 건너가 북경대 측과 '동방고고학협회' 출범을 협의한 후, 그 길로 평양에 가서 고분 발굴에 몰두했다고 한다. 1928년 하라다는 요동반도 여순(旅順)의 목양성(牧羊城)에 대한 발굴조사를 지휘하였다.

그 후, 1931년에 조선고적연구회가 조직되고 '낙랑' 유적 연구소가 평양에 설치되자 조선에 한동안 머무르다가 1933년 다시 중국으로 건너가 2년 동안 일본 정부의 지원을 받으면서 흑룡강성 영안현(寧安縣)에서 발해(渤海) 상경(上京) 용천부(龍泉府) 유적에 대한 발굴조사를 벌였다. 그 뒤에는 조선고적연구회의 위촉에 따라 조선에서 1935년 봄과 가을, 1937년 여름 등 세 차례에 걸쳐 평양 지역 토성에 대한 발굴 작업에 참여하고 있다. 1937년에는 동아고고학회 주최로 원대 상도(上都) 유적을 조사했는데, 이는 상도에 대한 최초의 본격적인 고고조사였다.

1938년 동경제대에 고고학 강좌가 개설되자 자신은 교수로, 제자인 고마이는 강사를 맡았으며, 1943년에는 그간의 '경력'을 인정받아 제국학사원(帝國學士院) 회원으로 추천되었다. 그 사이에도 1939년에는 동아고고학회 조사단장의 명의로 산서성 대동(大同) 부근의 북위(北魏) 도읍 평성(平城) 터를, 1940년에는 하북성 한단(邯鄲)의 전국시대 조나라 도성을, 1941~1942년에는 일본학술진흥회(日本學術振興會)의 지원으로 요양(遼陽)의 한대 고분을 조사하는 등 동분서주하였다. 그러나 1945년 일본이 패망하면서 그동안 조선, 중국에서 거침없이 강행되었던 고고학, 역사학 분야의 문화침략은 종언을 고하였다. 그 과정에서 주도적인 역할을 하던 하라다도 이듬해인 1946년 동경제국대 교수에서 은퇴한다.

그 후로 그는 1946년 일본 성심여대(聖心女大) 교수, 1947년 일본고고학회 회장에 취임하고 각종 저술, 연구에 몰두하였다. 당시 그와 쌍벽을 이루던 하마다가 서양사 전공자로 유럽의 선진적인 고고학 방법론에 입각하여 필드워크에 주안점을 두었던 것과는 대조적으로 그는 한적 지식을 토대로 하면서 유적, 유물을 연구하는 고고학을 접목시켰다. 이 때문에 그의 이 독특한 고고학 방법론은 나중에 '하라다 고고학(原田考古學)'으로 일컬어졌을 정도이다. 1957년, 그는 일본 유학파 출신으로 당시 중화인민공화국의 중국과학원 원장으로 있던 곽말약(郭沫若: 1892~1978)의 초청에 따라 고고학 시찰단 단장 자격으로 다시 중국에 발을 들여 놓기도 하였다.[7]

3. '화동개진' 사건 – 일제의 계획적인 유물 조작

하라다가 주도한 발굴조사는 여러 차례 있었지만 그중에서 가장 특기할 만한 것은 발해국 상경(上京) 용천부(龍泉府) 유적에 대한 조사였다. 상경 용천부는 역사적으로 '홀한성(忽汗城)'으로 일컬어지기도 한 곳으로, 756년 발해 문왕(文王) 대흠무(大欽茂: 737~793)에 의하여 발해국의 수도로 정해졌다. 지금까지 세 나라 학자들은 그 자리를 지금의 중국 흑룡강성 영안시(寧安市) 발해진(渤海鎭)으로 비정해 왔다.

일제가 중국에서 진행한 고고학 활동들 중에서 "소요기간이 가장 길고 파급효과도 가장 컸던" 이 발굴조사는 당시 일본 외무성의 경비 지원은 물론이고, 일본의 주만주국 영사관, 남만주철도 주식회사, 관동군(關東軍)의 협조 아래 진행되었다.[8] 당시 참여자로는 단장인 하라다를 위시한 고마이, 이케우치 등의 동경제대 교수와 무라다, 미즈노 등의 경도제대 교수가 주도하고 거기에 경성제대 교수이던 도리야마, 만주국 국립도서관 주임이던 김육불(金毓黻: 1887~1962), 조선인 통역이던 김구경(金九經)을 합류시켜 구색을 맞추었다.

이 발굴조사는 1933년 6월 7일부터 244일까지 18일간 진행되었는데, 동경성의 외성 토벽, 남대묘(南大廟) 석등, 서사(西寺) 터, 내성의 궁전 터를 주로 조사하였다. 이듬해인 1934년에는 이케우치, 도리야마, 김육불, 김구

---

7) 이상의 정보는 일본어판 위키피디아 백과사전의 '하라다 요시토'조를 참조하기 바란다.
8) 장효주, 같은 글, 제51쪽.

〈하라다와 그가 조사에 참여한 지역들. 한반도에서는 경주, 평양을, 중국에서는 발해진(상경용천부), 요양, 석림곽륵맹(원 상도), 대련(목양성), 대동, 한단, 곡부 등지를 파헤쳤다〉

경이 빠지는 대신 제실박물관(帝室博物館) 감사관이던 야지마(矢島), 동경제대 강사이던 미카미가 새로 가세하였다.

제2차 발굴조사는 5월 20일부터 6월 19일까지 거의 한 달에 걸쳐 진행되었으며, 1933년에 미처 발굴하지 못한 제2, 제4, 제5, 제6 궁전 터와 정원 터를 집중적으로 조사하였다. 이때 현장에서는 기와, 전돌, 쇠붙이, 금붙이 등이 출토되었으나 일본 학자들이 정작 주목한 것은 '화동개진(和同開珍)'이라는 일본 엽전이었다. 당시 발굴조사에 투입되었던 미카미 쓰기오가 1974년 〈아사히신문(朝日新聞)〉과 가진 인터뷰 기사에 따르면, 이 엽전은 발굴조사가 종료되기 하루 전인 6월 19일 오전에 발견되었다. 당시 조사단장이던 하라다는 이 엽전이 발견하기 하루 전날(6월 18일) 밤에 사람들 앞에서 농담 삼아 이런 말을 던졌다고 한다.

"'화동개진' 엽전 한 닢만 나오면 발굴을 끝낼 텐데…."9)

그가 그 말을 하기를 기다리기라도 했던 것일까? 그로부터 반나절도 채 지나지 않은 다음 날 오전에 그가 입에 올린 바로 그 엽전이 발견된 것이다! 화동개진을 발견한 조사단은 그것이 2년에 걸친 발굴조사의 목적이기라도 했다는 듯이, 그날 밤 즉시 동경성에서 철수한 후 모란강(牡丹江)을 거쳐 기차편으로 하얼빈까지 북상한 후 해산하고 있다. 1939년, 하라다는 자신이 직접 작성한《동경성: 발해국 상경 용천부 터의 발굴조사》10)에서 화동개진의 발견과 관련하여 이렇게 적고 있다.

우리는 궁전 터 또는 절 터에 대한 발굴에 임했을 때 개원통보 같은 것을 출토하기를 기대하고 있었다. 그러나 그토록 바라던 당나라 화폐는 발견하지 못했지만 뜻밖에도 내가 화동개진 한 닢을 찾아낸 것은 실로 '기연'이라고 하지 않을 수 없다. …

我々宮殿址或は寺址の發掘に際して開元通寶等の出土を期待してゐたが, 圖らずも唐錢を發見せずに却って我が和同開珎一個を採取し得たことは洵に奇緣と云はなくてはならない.11)

"이것은 과연 '뜻밖의 해후'였을까, 아니면 '인위적으로 주도면밀하게 계

---

9) 하라다 요시토, 〈당나라 도읍지 장안에서 출토된 동전 화동개진(唐都長安出土の銅錢和同開珎)〉,《월간 문화재(月刊文化財)》, 제101호, 1972. 장효주, 같은 책, 제54쪽에서 재인용.
10) 이 조사보고서는 1981년 동방고고학총간 갑종간행회가 단행본으로 엮어 유잔카쿠(雄山閣) 출판사를 통하여 정식으로 출판되었다.
11) 하라다 요시토(原田淑人), 〈7. 화동개진(七. 和同開珎)〉,《동경성: 발해국 상경 용천부 터의 발굴조사(東京城: 渤海國上京龍泉府址の發掘調査)》,《동방고고학총간(東方考古學叢刊)》갑종 제5책, 제76쪽, 1939. 이 자리를 빌어 일본에서 하라다 동경성 발굴조사서 등의 중요한 자료들을 챙겨 주신 전재운 선생님께 감사의 말씀을 드린다.

획한' 자작극이었을까?"¹²⁾ 동경성에 대한 이 발굴조사는 원래 중일 양국 학자들이 공동으로 결성한 동방고고학협회(東方考古學協會)의 명의로 중일 두 나라 학자들이 공동참여하기로 한 것이었다. 그러나 사실상 두 차례의 조사 모두 하라다가 이끄는 일본 학자들의 독무대였다. 김육불, 김구경 같은 학자들은 구색을 맞추기 위하여 끼워 넣었을 뿐 실질적인 발굴 작업은 거의 모두 일본인들에 의하여 철저하게 통제되었다.¹³⁾ 이 발굴조사가 있기 직전까지는 조선에서 '신의 손'으로 일컬어지던 일본 학자들이 이번에는 무대를 중국으로 옮겨 그동안 조선에서 갈고 닦은 '솜씨'를 토대로 또다시 '세기의 대발견'에 도전한 셈이었다.

실제로 조사단장인 하라다를 위시한 일본 학자들은 일본, 중국, 조선의 친일 성향 매체의 기자들을 다 불러들여 회견을 가지고, 자신들이 동경성에서 화동개진을 '발굴(?)'한 사실을 공개하고 그 소식을 전 세계로 타전하여 대대적으로 선전하는 데에 열을 올렸다. 그들의 '언론플레이' 대상들 중에는 식민지 조선의 〈동아일보〉도 끼어 있었다. 이 신문은 1934년 7월 1일 다음과 같은 특종 기사를 게재하였다.

> 일본에서 가장 오래된 화폐가 북만주의 동경에서 발굴되다
> 【하얼빈 24일자 연합보도】발해국의 역사고적을 연구하기 위하여 동경성을 중심으로 1개월 동안 체재하며 여러 가지로 조사와 연구를 진행 중이던 동경제국대학의 조교수 시원(市源) 학사와 황실 박물관 관원인 중촌차남(中村次男) 씨 등의 일행은 24일 오후 4시에 북만주철도 동부선을 경유하여 하얼빈에 도착했는데, 시원 학사는 다음과 같이 말한다.
> "이번의 조사에서 고대 발해국 왕성의 유적 발굴에 때맞추어 (발해국)왕의

---

12) 장효주, 같은 책, 제54쪽.
13) 채봉서(蔡鳳書), 〈제4장 전쟁과 고고학〉, 《중-일 고고학의 역정(中日考古學的歷程)》, 제71쪽, 제로서사(齊魯書社), 2005.

거처 아래에서 (일본의) 나라시대 겐메이(玄明) 천황 시대에 주조한 일본에서 가장 오래된 화폐인 화동개진(和同開珍)을 발굴하였다. 일본과 발해국이 국교 관계를 가지고 있었다는 것은 역사적으로 보더라도 사실로, 이에 관한 기록이 남아 있음에도 불구하고 발해국에는 이를 입증할 만한 사료가 없었는데 이번의 발굴로 인하여 두 나라의 수교관계와 관련된 논거를 얻게 된 것은 학계에서는 최초의 일이다."

하라다가 1939년에 작성한 보고서에 근거할 때, 〈동아일보〉 기사에 언급된 동경제대 조교수라는 "시원씨"는 당시 동경제대 교수이던 하라다를, 제실박물관 직원이라는 "중촌차남"은 동경제대 문학부의 강사이던 미카미를 잘못 거명한 것으로 보인다. 그러나 당시 발굴조사에 참여한 일본인 학자들이 6월 24일 친일 매체들과 회견을 가지고 자신들이 '화동개진'을 발굴한 사실을 대대적으로 선전하는 데에 전략적으로 이용한 것만큼은 분명히 확인할 수 있는 셈이다.[14] 이 일본 엽전은 그 후로 한동안 고고학을 이용하여 제국주의적 행위들을 미화하고 '일본과 만주국의 친선관계'를 선전하고자 하는 일제의 목적을 훌륭하게 만족시켜 주었다.[15]

그러나 실상은 전혀 달랐다. 당시 일본 학자들이 일본인이 경영하거나 친일적인 성향의 매체들을 동원하여 자화자찬식으로 벌이는 '쇼'에 지나지 않았다. 그들이 전 세계에 타전한 '화동개진' 발굴(?) 소식은 세기적인 대발견이 아니라 세기적인 대사기극이었기 때문이다.

당시 만주국 박물관에서 연구원으로 있던 중국 고고학자 이문신(李文信: 1903~1982)은 일본 학자들의 '화동개진' 발굴에 석연찮은 구석이 있음을 발견하고 정식으로 문제를 제기하였다. 그러나 일본인들의 조직적인 은폐

---

14) 〈일본-발해의 통상무역〉 - http://dl.ndl.go.jp/info:ndljp/pid/1157348
15) 장효주, 같은 책, 제55쪽.

〈하라다 발굴 보고서 속의 "화동개진"과 일본 학자들의 조직적인 사기극을 폭로한 이문신 (1930년대)〉

와 방해로 그의 문제 제기는 결국 묵살되었다. 당시 발굴조사에 참여한 그는 일본이 패망한 후인 1951년 다음과 같이 술회하고 있다.

일본의 동아고고학회에서 동경제국대학의 원전숙인(原田淑人)과 경도제국대학의 전촌치랑(田村治郞) 등 6명의 문화침략 관계자들은 1934년 5월 지금의 흑룡강성 영안현(寧安縣)의 동경성진(東京城鎭)에 도착한 후 발해국의 상경 용천부 터를 발굴하였다. 그들은 발굴 작업을 하는 도중에 미리 지니고 온 고대 일본에서 주조한 "화동개진"을 파헤친 구덩이 속에 던져 놓고 중국 노동자들이 흙을 파서 그것을 찾아내자 근엄하게 그 사실을 기록하고 사진을 찍고 탁본을 뜬 후 일본인이 경영하거나 통제하는 신문, 잡지들을 동원하여 "놀라운 대발견"이라고 대대적으로 선전한 것은 물론이고, 심지어 위조된 그 유물을 자신들이 제작한 보고서인《동경성(東京城)》에 게재하기까지 하였다! 그러고는 "발해국은 당시 나라-헤이안 시대의 일본과 밀접한 관계를 유지한 반면 중국과는 그다지 상관이 없었다"라고 선전해 대었다. 그러면서 동시에 "고대 일본-만주국의 국가교류"이니 "발해와 일본"이니 하는 따위의 위조된 역사책들을 날조해 내었다. 이것들은 그들이 벌인 침략행위였던 것이다.

日帝東亞考古學會派東大原田淑人, 京大田村治郎等六名文化侵略工作者, 于1934年5月到松江省寧安縣東京城鎭發掘渤海上京龍泉府址. 在掘土工作中把預先帶來的一個古代日本鑄造的"和同開珍"古銅錢抛到土坑裏, 等被中國工人掘土撮出來以後, 他們就鄭重其事地做紀錄, 照像片, 拓墨本, 大事宣傳, 驚爲奇獲. 把這一大僞造遺物印入他們編製的報告書《東京城》中. 于是就宣傳說, 渤海國當時與日本奈良平安時代的關係密切, 相反地說與中國沒有大關係, 同時也做出好幾種"古代日滿國交"和"渤海與日本"之類的僞史書. 這是他們所做的侵略勾當.16)

문제의 엽전은 그들이 발굴 현장에서 우연히 발견한 것이 아니었던 것이다. 사실은 그들이 사전에 세운 치밀한 계획에 따라 그들이 본국(일본)에서 몰래 가지고 들어와 남들 눈을 피해 가면서 은밀히 묻어 둔 것이었다. 그런 다음 그 사실을 철저하게 숨긴 채 얼굴색 하나 바꾸지 않고 태연하게 그것을 중국인 노동자들이 파내게 한 후 자신들이 세기적인 대발견의 주인공 행세를 한 것이었다. 사실 그 드넓은 발해 황궁 터에서 '화동개진'이 몇 십 닢도 아니고 겨우 한 닢만 발견되었다는 것은 누가 보더라도 이상하고 부자연스러운 일이 아닐 수 없다.

그러나 그 내막을 전혀 알 리가 없는 만주국, 중국, 조선의 대부분의 사람들은 친일 매체들이 보도한 내용에 모두 속아 넘어갈 수밖에 없었다. 그 사이에 일본 학자들의 '가짜 뉴스'는 국내외에 널리 전파되어 그로부터 몇 년

---

16) 이문신, 〈동북지방에서 일본놈들이 자행한 문화침략의 죄상(日寇在東北文化侵略的罪行)〉, 《이문신 고고문집》(수정본), 제149쪽, 요령인민출판사(遼寧人民出版社), 2009. 이 글은 원래 60여 년 전인 1951년에 간행된 《문물참고자료(文物參考資料)》 제2권 제9기에 게재되었던 것이다.

이 지난 1940년에는 급기야 만주국 수도인 신경(新京, 지금의 길림성 장춘)에서 열린 '아스카 나라 문화 전람회'에서 이 문제의 엽전이 표지를 장식하기까지 하였다. 단 한 닢의 엽전이 단 몇 년 만에 일본인 학자, 정치가들에 의하여 '발해가 일본 땅'임을 증명하는 아주 훌륭한 선전도구로 널리 활용되었던 것이다.[17]

4. 갈수록 진화하는 '화동개진' 에피소드

'화동개진' 사건의 본질은 일본 학자들이 일본에서 들고 온 엽전 한 닢으로 역사적 진실을 왜곡하고 친일적인 매체들을 총동원하여 '가짜 뉴스'를 전파하여 전 세계 사람들을 속인 유물 조작 사건이라는 것이다. 그러나 그들이 자행한 이 학술 사기극은 그로부터 80여 년이 지난 지금까지도 일본 사학계에서 "일본 고고학의 개가(凱歌)"로 미화되고 있다.

　　에피소드 - 발해에서 발견된 화동개진
　　발해의 도읍인 상경 용천부(동경성) 유적의 거주 공간이었던 것으로 사료되는 제5 궁전 터에서 일본의 화동개진이 한 닢 출토되었다. 이것은 758년 [텐표호지(天平寶字) 2년]에 출발한 조정 중신으로 발해에 사신으로 파견된 오노노 다모리(小野田守)가 지니고 간 것으로 추정되고 있다. 《만요슈(萬葉集)》에는 후지와라노 나카마로의 저택에서 출발하기 전에 전별연이 있었다고 기록되어 있다. 오노노 다모리는 그해 가을에 발해 사신을 데리고 에치젠(越前)으로 귀환하였다.
　　Episode - 渤海で発見された和同開珎

---

17) 강인욱, 〈일본이 위조한 유물〉, 《샘터》(통권 560호), 제64쪽, 2016.10.

渤海の都上京龍泉府(東京城)遺跡の国王の居住空間であったと考えられている第5宮殿跡から日本の和同開珎が一枚, 出土した. これは758年(天平寶字2年)に出発した遣渤海使小野朝臣田守がもたらしたものあろうと推定されている. 『万葉集』には藤原仲麻呂邸で出発前に餞別の宴がもたれたことが記されている. 小野田守はその年の秋, 渤海使を伴って越前に帰り着いた.[18]

위의 내용은 원래 일본의 화폐경제사학자로 가나자와 세이료(金沢星稜) 대학의 교수인 후지이 가즈쓰구(藤井一二: 1941~)가 중공신서(中公新書)를 통하여 출판한 《화동개진(和同開珍)》(제58-62쪽)에서 인용한 것이다. 이 책이 출판된 해는 1991년이다. 중국 측 고고학자 이문신이 일본 학자들의 유물 조작 사실을 폭로한 1951년으로부터 정확히 40년이 지난 것이다. 화동개진을 조작한 후 40년이라는 긴 세월이 흘렀지만 일본에서는 이 사기극의 진실을 밝히고 참회하려고 나서는 사람은 아무도 없다. 진실을 밝히기는커녕, 철저하게 사실에 입각해서 연구에 임해야 할 역사학자가 이제는 아무 근거도 없이 그 엽전의 당초 소유자가 8세기 일본의 조정 중신 오노노 다모리였다고 드러내 놓고 '소설'을 쓰고 있다. 애초에 동경성에서 발굴됐다는 '화동개진' 자체가 자신들이 1934년에 일본에서 몰래 가져온 것이었다. 그런데도 단지 그것이 나온 곳이 발해의 옛 도읍지라는 이유 하나만으로 이와는 전혀 무관한 인물을 등장시키고 그럴싸한 상황을 설정해서 역사적 사실이라고 우기고 있는 것이다.

오노노 다모리라면 당시 일본 조정의 중신이었다. 그런 대단한 인물이 왜 엽전을 지니고 가겠는가? 목마를 때 자판기에서 직접 캔 커피라도 뽑아 드시려고 챙겨 가신 것일까? 아니면 파친코라도 하려고 챙겨 가셨을까? 오

---

18) 〈상경용천부(上京竜泉府)〉, 《세계사의 창문(世界史の窓)》 사이트

노노의 체면을 살려주는 셈 치고, 일본에서는 최초로 주조한 화폐인 '화동개진'을 발해에 자랑하기 위해서 들고 갔다고 해 주자. 그렇다고 해도 이상하기는 마찬가지이다. 외국에 자랑하려는 목적이었다면 당연히 통 크고 폼나게 한 궤짝 가득히 '화동개진'을 채워서 갖고 가서 발해 사람들에게 두루 나누어 주었어야 정상이다. 그런데 명색이 일본을 대표해서 발해 국왕에게 조공을 간 조정 중신이 딸랑 엽전 한 닢을 지니고 갔다? 오노노나 일본 학자들의 편에 서서 아무리 그들에게 유리하게 머리를 쥐어 짜 보아도 전혀 앞뒤가 맞지 않는 소리인 것이다. 그런데도 한낱 허구에 불과한 저 에피소드가 지금 이 순간에도 온라인에서는 "상경용천부(上京竜泉府)"를 검색하면《세계사의 창문(世界史の窓)》등을 통하여 버젓이 진실인양 소개되고 있는 것이 실정이다.

그렇다면 하라다 일행이 찾아냈다는 그 1,400여 년 전 "일-만 친선(日滿親善)"의 증거물인 화동개진은 어떻게 되었을까? 어디로 가면 그 논란 속의 엽전을 직접 볼 수 있을까? 일본의 공익재단법인인 도야마(富山) 국제센터는 2004년도 와세다 대학과 제휴하여 〈발해와 고대 일본(渤海と古代の日本)〉이라는 오픈 칼리지 강좌를 개설하였다. 그 "3. 당과의 화해와 상경용천부의 조영(唐との和解と上京竜泉府の造営)" 부분에서는 당시 하라다 조사팀이 '발굴(?)'한 '화동개진'의 행방과 관련하여 이렇게 소개하고 있다.

… 사실은 거기에서 1934년(쇼와 9년) 6월 20일에 한 닢의 화동개진이 발견되어 도쿄로 가지고 귀국하였다. 그 후 만주국의 국립박물관을 봉천(심양)에 지을 생각으로 다시 대륙으로 가지고 갔으나 1940년(쇼와 15)에 쇼와 천황이 동경제국대학에서 기원 2,600년을 기념하여 행차한다고 해서 이번에는 발굴대장이던 하라다 요시토 씨가 봉천까지 가지러 갔고 쇼와 천황이 12분간 본 후에 고마이 카즈치카가 돌려 놓으러 갔다. 그랬던 것이 1945년 8월에 소련군이 만주를 침공해 오는 와중에 행방이 불명하게 돼

버리고 만 것이다.

実はそこから, 1934年(昭和9)6月20日に1枚の和同開珎が見つかり, 東京に持って帰った。その後, 満州国の国立博物館を奉天(瀋陽)に作ろうと再び大陸へ持って行ったが, 1940年(昭和15)に昭和天皇が東京帝国大学に紀元2600年記念行幸をするというので, また発掘隊長の原田淑人氏が奉天まで取りに行き, 昭和天皇が12分間見たあとで駒井和愛氏が返しに行った。それが, 1945年8月にソ連軍が満州に侵攻してきたときのどさくさで行方不明になった。**19)**

위에 소개된 '화동개진'의 전전 과정을 간단하게 정리해 보면 다음과 같다.

① 1934년 6월 20일 발견된 화동개진을 일본으로 반입함
② 그 후로 신축될 만주국 국립박물관에 전시할 목적으로 중국으로 반출함
③ 1940년 천왕의 동경제국대 행차 소식을 접하고 발굴대장 하라다가 직접 중국으로 가서 화동개진을 재반입함
④ 천왕의 12분 감상이 끝나자마자 고마이가 중국으로 반환함
⑤ 1945년 8월 소련군의 만주 점령 와중에 행방이 묘연해짐

말하자면 '화동개진'이라는 문제의 엽전의 행방을 소개하면서 그다지 중요해 보이지 않는 여러 인물과 상황들을 설정해 놓고 몇 줄이나 장황하게 나열하고 있는 것이다. 그러면서도 정작 당시 일본 학자들이 벌인 '화동개

---

19) 〈와세다 대학 오픈 칼리지 추기강좌 '발해와 고대의 일본'(早稲田大学オープンカレッジ 秋期講座「渤海と古代の日本」)〉,《일본해학 추진기구(日本海学推進機構)》사이트.

진' 조작극의 주범들과 경위에 대한 언급이나 비판은 전혀 언급조차 하지 않았다. 1934년 6월 19일, 발굴조사가 종료되기 하루 전에 극적으로 천년의 꿈을 깬 화동개진. 그리고 1945년 8월 소련군의 만주 점령과 함께 다시 역사의 저편으로 사라진 화동개진. 정말 이런 소설 같은 이야기가 있을 수 있을까?

5. 중국에서의 유물 조작은 '낙랑' 유물과 무관한가?

1934년 당시 일본 학자들이 중국의 문물을 보호한다는 명목으로 벌인 이 일련의 해프닝들은 학자로서의 본분과 양심을 저버린 명백한 범죄행위였다. 그것이 다름 아닌 아시아 최고 학부 동경제국대 출신의 쟁쟁한 엘리트들이 모인 일본고고학회가 주축이 되어 벌인 학술 사기극이었다. 후지무라의 유물 조작은 개인의 단독범죄에 불과하다. 그러나 일본 역사/고고학자들의 유물 조작은 동경제국대 출신 역사/고고학자들과 일본 정부, 일본 군대가 똘똘 뭉쳐 통 크게 벌인 국제적인 집단범죄였다. 이 정도만 해도 경악을 금치 못할 대사건임이 분명하다. 그러나 우리가 촉각을 곤두세워야 할 대목은 정작 다른 곳에 있다.

① 유물, 유적이 발견되는 양상 ⇒ 맥락 없는 유물
② 발견 후 일본 학자들이 보이는 반응 ⇒ 우연의 일치
③ 발견 후 일본 학자들이 취하는 조치 ⇒ 기자회견과 대대적인 선전
④ 일본 정부가 취하는 행동 ⇒ 정치적 선전 및 이용

유물, 유적의 발견을 전후하여 나타나는 일본 학자와 정부의 반응과 조치들은 우리들에게 왠지 전혀 낯설어 보이지 않는다. 우리가 세키노, 이마

니시 등 조선총독부 소속 어용학자들이 발굴조사 전후에 보인 행적들과 너무도 유사한 패턴을 보여 주고 있기 때문이다.

그 이전에는 2,000년 가까이 그 누구도 발견하지 못했던 낙랑의 봉니와 와당, 효문묘 동종, 점제현 신사비, 대방의 명문전 … 등등, 역사학, 고고학적으로 중요한 의의를 지닌 유물과 유적들을 잇따라 찾아내고, 또 《조선고적도보》를 간행하여 자신들의 학술적 성과(?)를 조선은 물론 일본, 중국, 심지어 서구 세계에까지 선전하고 궁극적으로는 이를 근거로 조선에 대한 식민지배의 정당성을 주입한 일까지 그 모든 과정, 결과들과 완전히 일치한다고 말한다면 지나친 소리일까?

이런 일련의 '기시감(de javu)'이 결코 우연의 일치가 아니라는 것은 중국과 조선에서 각종 발굴조사에 참여한 일본인 학자들의 학맥을 들여다보더라도 충분히 짐작할 수 있다. 여기에 연루된 인물들은 대부분 같은 대학 출신이었기 때문이다. 당시 동경제국대에 처음으로 동양사학과를 개설한 시라도리, 같은 대학의 건축학과 교수 세키노 그리고 1934년 발해 동경성 발굴조사 과정에서 '화동개진'을 발견했다고 주장한 조사단의 단장이자 '만선사관(滿鮮史觀)'의 주창자 시라도리의 애제자인 하라다. 그리고 그 제자인 고마이, 만철 조사실에서 근무하다가 나중에 동경제국대 교수가 된 이케우치, 미카미 등등. 이들은 모두가 당시 동경제국대 출신이거나 교수로서 서로가 사제지간이나 선후배 관계로 복잡하게 얽히고설켜 있었다.

게다가 이들 대부분은 그 이전인 1920년대나 그 이후인 1930년대 내내 조선에서의 고고 발굴조사에 적어도 몇 번씩 참여한 경력을 가지고 있었다. 중국과 조선에서의 이들의 학맥, 역할, 행적, 의혹들이 그저 그들이 입버릇처럼 떠들던 "우연의 일치"이고 "기이한 인연"의 연속이기만 한 것일까?

이들의 얽히고설킨 학맥은 당시 조선과 만주에서 벌어진 일련의 고적 조사, 유물 조작, 역사 왜곡 그리고 이의 대외적인 선전 홍보가 결코 우발적인 개인 범죄가 아니라 집단적인 음모의 일환이라는 확신을 가지게 만든다.

하라다가 동경제국대에서 수학할 때 자신의 스승인 시라도리를 제외하고도 국사학과(일본사학과)에는 일제가 패망하는 순간까지 조선에서의 '낙랑' 유물 발굴조사에 적극 간여하고 있던 구로이다, 동양사학과에는 이케우치, 건축학과에는 세키노가 각각 포진하고 있었다. 그런데 그에게 영향을 준 이 네 인물은 공교롭게도 모두 조선총독부의 위촉을 받아 당시 조선에서 진행된 고적 조사는 물론 역사 연구에도 큰 영향력을 행사하고 있었다.

하라다 자신도 동양사학과를 졸업한 후 '고고학은 문헌사학의 보조학문'이라는 당시의 학문 분위기에 따라 1938년 동경제국대 문학부에 고고학 강좌가 개설된 일을 계기로 정식으로 교수로 임용되었고, 1943년에는 제국학사원 회원으로 추천되기도 하였다. 그 후로 그는 중국, 조선에서 고적 조사와 역사 연구에 지대한 영향력을 행사했으며 일본의 패전과 함께 두 지역에서의 각종 조사, 연구가 중단되자 1946년 교수직에서 은퇴하였다. 심지어 전후에도 일본 고고학계로부터 '동양고고학의 선구자'로 일컬어지면서 일, 중, 한 세 나라 학자들(실제로는 대부분이 과거 사제지간)로부터 추앙과 존경을 받았다.

> 문학부 고고학 연구실이 2차대전 이전에 (중국) 대륙에서 진행한 조사는 하라다와 함께 시작되고 하라다와 함께 끝났다.
> 文学部考古学研究室の戦前の大陸での調査は原田とともに始まり原田とともに終わった.[20]

이 말은 제2차 세계대전이 발생하기 이전에 일본 역사학, 고고학 분야에

---

20) 〈하라다 요시토〉, 《위키피디아 백과사전》(일본어판). 일제 식민사학자들에 관한 정보는 일본어판 위키피디아 백과사전이 상세하다. 이와는 대조적으로 무슨 이유 때문인지는 알 수 없으나 국내 위키피디아 백과사전에서 하라다 등 일본 식민사학자들을 검색하면 기본 정보 몇 줄밖에 공개되어 있지 않다.

서 그의 영향력이 어느 정도였는지 충분히 짐작할 수 있게 해 준다.

당시 그 정도로 일본 고고학과 역사학 학계에서 막강한 권위와 영향력을 누리던 하라다가 '화동개진' 조작극의 주범이었다. 그러니 그 전후에 그가 간여한 조선에서의 각종 조사, 연구 역시 유물 조작 또는 역사 왜곡의 혐의로부터 결코 자유로울 수 없다는 생각을 하게 되는 것도 어쩌면 너무도 당연한 추론인 것이다.

하라다의 발굴조사단이 '학술 활동'을 빙자해서 중국에서 자행한 만행의 실체는 일본과 국내 학계의 그간의 호평이나 찬사와는 전혀 딴판이었다. 당시 그의 조사단이 거의 약탈자처럼 마구 행동한 일은 경희대 사학과 교수 강인욱의 글을 통해서도 확인할 수 있다.

> … 화동개진 사건 역시 만주 침략을 합리화하기 위한 일본의 조작이었다. 원래 상경성은 러시아 학자들의 조사 지역이었는데 일본이 중간에 가로채 조사했다. 그리고 지금도 일본은 발해 연구가 일본 학자로부터 시작됐다고 주장한다. 당시 일본 군부의 지원을 받았던 일본 학자들은 순전히 학문적 가치를 위해 발해를 조사한다고 신문에 인터뷰했다. 하지만 일본 육군성의 기밀문서에는 중국과 러시아의 조사를 신속하게 가로채 일본의 만주 지배를 확고히 하겠다는 내용이 들어 있다. 그러니 일본은 화폐를 파묻어서라도 자신들의 침략을 정당화시키려 했던 것이다. 만주를 중국에서 떼어놓기 위해서 유물까지 조작하던 일본은 만주에 만족하지 않고 중국 본토와 몽골, 시베리아까지 침략했다. 어용학자들을 동원해 일본인의 유라시아 북방 기원설을 들고 나오며 자신들의 침략을 합리화 했고, 중앙아시아 실크로드를 일본과 이으려는 노력도 이때부터 본격화했다. 지금 생각해 보면 나라 간 교류가 있었으면 화폐도 다른 나라에서 발견되는 것이 당연한데 동전 한 점 나온 것으로 일본 침략을 정당화한다는 발상 자체가 어처구니 없다.[21]

사실 고고학의 역사보다 더 오래된 것이 유물 위조의 역사이다. 유물을 '위조'하거나 그 위치를 조작함으로써 부당한 이득을 노리는 사람은 동서와 고금을 막론하고 어디나 언제나 존재해 왔다는 사실은 동서양의 역사가 잘 증명해 주고 있다. 그런 일에는 역사적 진실에 다가서고 진리를 탐구하고자 하는 고고한 고고학자들도 예외일 수 없었다. 그들도 때로는 자신의 이름을 세상에 널리 알리겠다는 공명심에, 때로는 남들이 이루지 못한 세기적인 대발견을 먼저 이루겠다는 승부욕에, 또 개중의 일부는 세속적인 치부에 초심을 팔고 위조 사건에 조역으로 연루되거나 때로는 아예 주범 역할을 하기도 한다. 그러나 그중에서도 최악은 이러한 개인적인 욕망이라는 차원을 넘어서 자신이 속한 나라의 역사를 미화, 찬양하거나 다른 나라에 대한 침략을 정당화하기 위한 수단으로 악용하는 경우이다.

강인욱도 지적하고 있는 것처럼, 1934년의 '화동개진' 발굴은 하라다 등 일본 학자들이 일제의 만주 침략과 영구 지배를 합리화하려는 불순한 동기에 따라 사전에 철저하게 계획한 희대의 '학술 사기극'이었다. 그들은 그 같은 불순한 목적을 이루기 위하여 상식적으로 전혀 말이 되지 않는 그런 해프닝을 벌인 것이다.

여기에 진리를 탐구하고 역사적 진실에 다가서겠다는 학자로서의 소명의식이 남아 있는가? 고대 유물, 유적의 보호자라는 학자로서의 일말의 양심이나 긍지라도 찾아볼 수 있는가? 그들은 스스로 학자의 양심도 소명의식도 다 버린 채 일제의 침략 행위를 방조하고 또 그것을 합리화할 구실들을 찾기 위하여 고고학을 이용했을 뿐이다.

'화동개진'의 주인공 하라다는 생전에 남의 나라 유적, 유물들을 마음대로 조작하고 약탈, 파괴한 자신들의 범죄 행위에 대하여 어떠한 참회나 반성도 한 적이 없다. 총알 한 방만으로도 노구교사변(蘆溝橋事變)의 핑곗거

---

21) 강인욱, 같은 글, 같은 책, 제65쪽.

리를 만들어 낸 것이 일본 군인들이었다. 마찬가지로, 엽전 한 닢만으로도 대륙 침략의 핑곗거리를 만들어 낸 것이 일본 학자들이었다. 그런 자들이 36년 동안 한반도를 강점하고 있으면서 유적을 조작하거나 유물을 위조한 일이 단 한 번도 없었을까? 그런 일이 있었을지 없었을지에 대한 판단은 여러분께 맡기겠다.

6. 이문신이 추가로 폭로한 일본인의 학술 사기 사건들

하라다의 '화동개진' 조작 사건을 폭로한 이문신은 자신의 《이문신 고고문집》에서 1945년 패망 이전의 일본이 중국에서 자행한 각종 유물 조작, 역사 왜곡 범죄들을 폭로하였다. 여기서는 그중에서도 대표적인 사례만 몇 가지 소개하기로 한다.

1) 일본도 조작 사건

흑룡강성 명수현(明水縣)에 거주하던 만주국 소속 일본인 참사관이던 모리토모 산지(森友三治)는 주위 사람들에게 오래된 일본도 한 자루를 보여 주면서 그것을 명수현의 제삼보(第三保) 마영둔(馬永屯) 인근에서 출토한 것이라고 공공연히 떠들어 대었다. 얼마 후 당시 일본의 역사학자인 다키카와 마사지로(瀧川政次郎: 1897~1992)는 북만주 고적 조사보고서를 제출할 때 이 정체불명

〈정체불명의 일본도를 금나라가 수입한 것이라고 판정한 다키카와〉

의 일본도에 대하여 다음과 같은 판정을 내렸다.

> 일본의 고서인 《오처경기(吾妻鏡記)》에 금나라 사람이 동해를 건너 북일본과 무역을 했다는 기록이 있는 점에 주목하고 이 일본 무기는 당시 북만주로 수입된 것으로, 여진족과 일본이 당시부터 교류했다는 것을 알 수 있다.[22]

그러나 이 일본도가 어디서 튀어나온 것인지는 그들만 아는 일이다.

2) 미나모토 요시쓰네를 칭기스칸으로 조작한 사건

미나모토 요시쓰네(源義經)는 일본 중세인 가마구라(鎌倉) 시기의 전설적인 무사이다. 배다른 형인 미나모토 요리토모(源賴朝: 1147~1199)가 일본을 통일하도록 도왔지만 나중에는 그의 의심을 사서 억울한 죽음을 당하였다. 일본인들은 그의 비극적인 최후를 동정하여 당시 죽은 것은 그 부하이고 본인은 1188년 4월 벤케이(辯慶) 등의 가신들과 함께 홋카이도(北海道)와 쿠릴 열도를 거쳐 중국 대륙으로 건너가 칭기스칸이 되었다는 허황된 이야기를 날조해 내었다. 그 후 일제가 중국 만주 지역을 점령한 후 얼마 지나지 않은 1935년, 흑룡강성 극동현(克東縣)의 원대 성터에서 '도정(島定)'이라는 글자가 적힌 일본제 술병이 출토되었다. 그러자 일제는 그 술병을 칭기스칸, 즉 미나모토 요시쓰네가 일본에서 가져온 술병이라는 황당무계한 주장을 하는가 하면, 얼마 후 길림성 회덕현(懷德縣) 공주령시(公主嶺市) 부근에서 몽골족 왕공(王公)의 묘지가 발견되자 그것을 멋대로 칭기스

---

[22] 이문신,〈동북지방에서 일본놈들이 자행한 문화침략의 죄상(日寇在東北文化侵略的罪行)〉,《이문신 고고문집》(수정본), 제149-150쪽, 요령인민출판사(遼寧人民出版社), 2009.

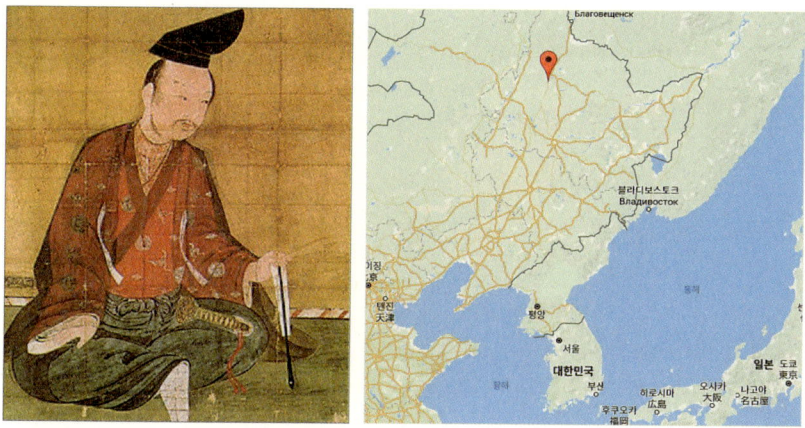

〈미나모토 요시쓰네와 일본 술병이 발견된 극동현. 당시 일본인들의 광기가 놀라울 따름이다〉

칸(즉, 미나모토 요시쓰네)이 묻힌 장소로 조작해서 각종 신문, 잡지들을 총동원해서 대대적으로 선전에 나섰다.

이와 함께 당시 일본인들은 "칭기스칸은 미나모토 요시쓰네이다"라는 내용의 위서를 여러 권 급조하기까지 하였다. 그런데 나중에 확인된 바에 따르면, 극동현의 장묵림(張墨林)이라는 중국인이 북경에서 일본 전통주 술병에 넣은 술을 사서 돌아왔다가 '9.18 사변'으로 일본인들에 대한 민심이 흉흉해지자 이웃들로부터 해코지를 당할 것이 두려워 남몰래 옛 성터에 파묻었는데 나중에 현지의 농부가 밭을 갈다가 발견한 것을 일본인이 수거해 간 것이었다.

더 가관인 것은 '도정'은 일본 시모노세키의 술집 이름(시마사다)으로 그 전통이 200년도 되지 않는 곳이었다는 사실이다. 그러나 그런 사실을 모를 리가 없는 일본인들이 어이없게도 술병 하나로 칭기스칸과 관련된 온갖 역사를 날조해 내고 대대적으로 선전했던 것이다. 이 같은 실상을 알지 못하는 국내 네티즌들 사이에서는 일제강점기 일본인들이 마음대로 사실관계를 왜곡한 이 이야기가 마치 역사적 진실인양 유포되고 있는 것이 실정이다.

제4장 강단 학자들이 절대 말해 주지 않는 고고적 진실 **437**

3) 일본 신대(神代) 반경(磐境) 문화유적 조작

1914~1915년을 전후하여 일본에서는 '신도 고고학(神道考古學)'이라는 황당무계한 고고학 학설이 유행하면서 '신대(神代)' 즉 신화시대의 일본인 시조들이 거주했다는 각양각색의 유적들을 마구 날조해 내었다. 이 같은 날조된 신대의 유적으로는 거석을 원형으로 배치한 신대의 거주지인 '반경(磐境)'과, 천신(天神)의 자손인 일본인의 조상들이 의자 삼아 앉거나 제사의 대상으로 섬겼다는 큰 돌인 '반좌(磐座)'를 날조해 냄으로써 그들의 통치자인 천황이 천신의 자손으로 일반 백성이나 다른 민족과는 신분이 다르다는 것을 증명하려고 애를 썼다.

이에 일제 식민주의자들은 어용학자들을 동원하여 요동성 해성현(海城縣) 대석교촌(大石橋村)에 위치한 미진산(迷鎭山)의 낭낭묘(娘娘廟) 뒤의 산봉우리에서 한 곳을 지정한 후, 그곳의 큰 바위가 '반좌'의 유적이라고 강변하였다. 얼마 후 일본인들은 길림시(吉林市) 교외에 위치한 용담산(龍潭山)에서도 같은 유적을 찾아 헤맸다. 그러나 특별한 기암괴석이나 자신들이 적당히 둘러댈 만한 지형지물이 존재하지 않자, 신문과 잡지들을 동원하여 일본과 남만주는 신대(기원전 7세기)부터 밀접한 관계를 가지고 있었다고 선전하면서 급기야 중국인들에게 일본의 시조신인 아마테라스, 즉 천조대신(天照大神)에게 참배할 것을 강요하기까지 하였다.

4) 최흔(崔忻) 착정기 각석(鑿井記刻石)
  – 중국판 '점제현신사비의 밀반출

일제가 중국의 유적, 유물을 제멋대로 밀반출하는 일이 비일비재했다는 것을 보여 주는 물증이 바로 당대 개원(開元) 연간에 홍려경(鴻臚卿)을 지낸 최흔(崔忻)이 우물을 만든 경위를 소개한 각석(刻石)이다. 서기 713년

〈최흔 홍려정 각석과 비각. 빨간 네모 부분이 비문이 있는 부위이다. 오른쪽 위는 각석의 비문, 아래는 그 탁본. 러일전쟁에서 승리한 일본 해군이 여순에서 각석은 물론 비각까지 해체해서 천왕에게 진상했다고 한다〉

발해를 건국한 대조영(大祚榮: ?~719)이 당나라 현종(玄宗)으로부터 '발해군왕(渤海郡王)'으로 책봉된 것을 기념하여 지금의 중국 요령성 여순시(旅順市) 어귀에 세운 각석으로, 가로가 3m, 높이가 1.8m라고 한다. 당시 러일전쟁에서 승리한 일제는 당시까지 러시아의 군항이었던 여순, 대련을 전리품으로 접수한 후, 이 각석을 1908년 메이지(明治) 천왕에게 진상하여 도쿄의 황궁으로 옮긴 것으로 알려져 있다.

최흔은 당나라 개원 연간에 말갈, 즉 당시의 발해국에 파견된 사신으로 귀환하는 길에 이곳을 지나다가 우물을 만들고 그 기념으로 바위에 앞서의 내용을 새긴 것이었다. 이 각석은 원래 중국 요동성(遼東省) 금현(金縣) 여순구(旅順口) 동쪽에 있는 황금산(黃金山)에 서 있던 것으로, 다음과 같은 문구가 새겨져 있다.

勅持節宣勞靺鞨使鴻臚卿崔忻井兩口永爲記驗開元二年五月十八日

뒷면에는 청대 사람이 영국, 프랑스 연합군의 북경 침공을 막기 위하여 여순구에 방어시설을 구축한 일을 소개한 글이 적혀 있고, 맨뒤에는 "광서 을미년 전임 산동 등, 래, 청 세 지역의 병비도인 귀지 출신 유함방이 석조정자를 지어 이 석각을 보호하다(光緒乙未年前任山東登萊靑兵備道貴池劉含芳作石亭保護此石)"라는 글귀가 적혀 있다. "광서 을미년"이라면 서기로는 1895년에 해당한다.

이문신은 이 석각이 요동 지역에서는 유일한 당대의 비각으로 역사적으로 대단히 중요한 유적이었지만, 일제가 러일전쟁의 전리품으로 여순을 강점한 후 이 유적을 함부로 뽑아서 몰래 본국으로 밀반출하여 중국 침략의 기념물로 천황에게 바쳤다고 소개하고 있다.[23]

저자는 전작에서 이른바 '점제현 신사비'가 사실은 일제 식민사학자들에 의하여 계획적으로 '공간 이동'(조작)된 또는 위조된 것이라고 주장한 바 있다.[24] 이는 문제의 용강 석각에 대한 저자의 금석학적 분석을 토대로 북한 학계의 화학 분석, 재야 학계의 기존의 주장들을 종합해서 내린 결론이다. 그러나 국내 강단 학계에서는 그렇게 큰 바위를 운반한다는 것은 쉬운 일이 아니라거나 지금까지 그런 식으로 중국의 각석이나 비석을 '공간 이동'한 전례나 증거가 없다면서 그 조작 또는 위조 의혹을 번번이 부정해 왔다.

그러나 이상과 같은 최흔의 각석은 세로가 1.8m, 가로가 3m이므로 일제 강점기에 평안도 용강에서 '발견'된 세로 1.5m, 가로 약 1.1m, 두께 0.13m 인 이른바 '점제현 신사비'보다 2배 이상 크고 무거운 각석인 셈이다. 그렇게 덩치가 크고 무거운 최흔의 각석도 가뿐하게 빼돌려서 머나먼 일본 본토까지 싣고 간 것이 일본인들이다.

그런데 그보다 덩치나 무게가 절반밖에 되지 않는 이른바 '점제현 신사비'를 빼돌려서 용강군에 부려 놓는 것이 뭐가 그렇게 어렵겠는가? 심지어 최흔의 각석은 일본 천왕의 왕궁 안에까지 고이 갖다 바쳐야 했지만, '점제현 신사비'는 싣고 가다가 바다 가까운 평야에 아무렇게나 툭 던져 놓고 가버린 셈이니 이보다 더 조작이 수월한 경우가 또 어디 있겠는가?

23) 이문신, 같은 책, 제150쪽.
24) 문성재,《한사군은 중국에 있었다》, 제309~310쪽.

우리는 이상의 각종 사례들을 통하여 유물 조작이나 역사 왜곡에 큰 노력이 드는 것이 아니라는 사실을 알 수가 있다. 이 일련의 사례들은 유적과 전혀 상관이 없는 유물 단 하나와 자기 편의 선전도구만 적당히 확보해 놓으면 '세기적인 대발견' 급의 유물 조작이나 역사 왜곡도 얼마든지 가능하다는 것을 잘 보여 주었다. 조선에서 일본 학자들은 과연 순수한 연구자들일 뿐이었을까? 그들의 발굴만은 과연 합법적이고 정상적인 것이었을까? 절대로 그렇지 않았다.

똑같은 학맥, 똑같은 수법, 똑같은 유포 경로, 거기다 적당한 섞어 묻기… 단독적인, 일과성의 범죄로 보기에는 너무도 서로 유사한 구석이 많은 것이다. 저자는 이상의 각종 유물 조작 사례들이 일제의 중국 침략과 지배를 정당화하기 위한 계획된 범죄였다면 일본 학자들이 한반도 각지 특히 평양 지역에서도 조선 침략과 지배를 정당화하고 조선의 역사를 왜곡하기 위하여 또 다른 유물 조작 범죄들을 계획적으로 벌였다고 본다.

아무것도 아닌 엽전 한 닢만으로도 얼마든지 발해국과의 교류 사실을 날조해 내고, 이를 근거로 만주 지배를 정당화했던 자들이다. 하물며 조선 지배를 정당화하기 위해서 유물 조작 범죄를 자행하지 않았을 리가 있겠는가? 그런 추악한 '학술 사기(academic fraud)'를 과거에 자행한 것이 일본이고, 현재 벌이고 있는 것이 중국이며, 거기에 장단 맞추고 놀아나면서도 오히려 그런 범죄행위를 비호하고 은폐하기에나 급급한 것이 우리 강단 학계의 현 주소는 아닌지 반문해 보아야 할 것이다.

7. '낙랑교구'로 둔갑한 북방식 황금 버클

국내 학계에서는 그동안 평양 지역에서 확인되었다는 3,000기의 고분을 모두 한나라 변방의 말단 지방 행정구역의 하나였던 낙랑군의 유적이라고 입을 모았다. 평양시 근처인 석암리에서 발견된 고분군의 경우도 마찬가지이다. 당시 이 고분군에서는 중국식 유물들이 다수 확인되었다. 그렇다 보니 강단 학계에서는 석암리 고분군이 중국 한나라 문화의 영향을 강하게 받았다는 시각이 지배적이다.[25] 물론, 학계의 이 같은 편향된 시각은 전적으로 일본인들이 심어 놓은 일제 식민사학의 잔재이다. 왜냐하면 석암리 고분군에 처음으로 "낙랑고분의 전형"이라는 의미를 부여한 것은 세키노 등 식민사학자들이었기 때문이다. 그 결과물인 "평양=낙랑"이라는 역사인식은 석암리 9호분의 경우도 다르지 않다.

조성 시점이 대략 1세기 초로 추정되는 이 고분은 무덤 움바닥에 자갈을 한 벌 깔고, 그 위에 귀틀곽을 배치한 전형적인 단장목곽묘(외칸귀틀무덤)이다. 내부는 움벽과 귀틀 바깥벽 사이 짬에 자갈을 넣고, 자갈과 귀틀 사이 틈에는 숯을 더 넣었으며 움 속에 자갈과 같은 돌을 돌려 놓았다. 이 무덤에서는 청동 화장품통, 청동 솥, 청동 단지, 칠반, 칠잔을 비롯하여 무기류 및 마구, 수레부속품, 벽옥, 치렛거리(장신구), 옥 도장, 토기 등 적지 않은 유물이 출토되었다.[26]

그러자 국내의 많은 학자는 현장에 가서 현물을 보지도 않은 상태에서 그저 이 목곽묘에서 쏟아져 나온 중국식 유물들만을 근거로 국적을 일방적으로 "중국계" 즉 낙랑 고분으로 선언해 버렸다. 그러나 평양 지역에서 발굴된 3,000여 기 고분의 성격에 대한 북한 현지 학계의 공식적인 입장은 이 고분들이 낙랑의 것이 "아니라는 것"이었다. 즉, 그동안 현장에 간 적도 없고 현물을 본 적도 없는 국내 학계가 온 국민을 상대로 대대적으로 선전해 온 "낙랑 고분 3,000기"는 전혀 사실무근의 날조된 주장이었던 것이다. 심지어 금년(2017) 9월에는 낙랑군의 치소였다는 평양시에서 3세기 고구려 고

---

25) 도재기, 《국보: 역사로 읽고 보다》, 제98쪽, 이야기가있는길, 2016.
26) "석암리9호무덤[석암리제9호분]", 국립문화재연구소 문화지식연구포털 사이트.

분이 발견됨으로써 고대에 평양에는 처음부터 낙랑군이 존재하지 않았다는 사실을 고고적으로 입증해 주었다.27)

　물론, 평양 지역 고분들에서 보이는 상당수의 유물들이 중국색을 두드러지게 드러내는 것은 굳이 부인할 필요도 없는 사실이다. 그러나 그것 자체가 "평양=낙랑군"으로 단정할 수 있을 만큼 '절대적인' 단서가 될 수는 없다. 문헌 기록들을 근거로 할 때 한사군은 한반도가 아닌 중국에 있었다는 다양한 주장들이 과거부터 재야 학계를 중심으로 끊임없이 제기되어 왔기 때문이다. 그럼에도 불구하고 정작 강단 학계는 그런 문제 제기들을 묵살해 왔다. 그러면서 단순히 유물의 성격이나 수량만을 근거로 평양 지역을 한사군의 땅, 한나라의 영토로 단정하고 "낙랑 고분 3,000기"식의 '유언비어'를 유포하기에만 급급하다. 그들의 이 같은 비학술적인 행태는 고대사학계가 얼마나 독선적이고 집요한 일제의 미신에 사로잡혀 있는지 잘 보여 준다. 그런 점에서 이 목곽묘에서 출토된 버클28)은 이 평양 지역 고분(들)의 역

---

27) 오원석, 〈北, "고구려 벽화무덤 새로 발굴"… 3세기 축조〉, 《중앙일보》, 2017.09.21.
28) 국립중앙박물관에서는 이 유물의 명칭을 우리말로는 "띠 고리", 한자어로는 "교구(鉸具)" (또는 "대구")라고 적어 놓았다. 대단히 유감스럽지만 둘 다 옳은 표현이라고 할 수 없다. '교(鉸)'는 중국과 한국에서는 예로부터 '가위'를 뜻하는 한자였기 때문이다. 그런데 이 유물이 가위와 무슨 상관이 있다는 말인가? 《조선왕조실록》에 "교구"나 "교"를 "허리띠 장식"이라는 의미로 사용한 사례가 있는지 조사해 보았다. 그러나 "정교(釘鉸)"라는 표현에서 '리벳(못)'의 의미로 사용된 사례밖에 보이지 않았다. 중국 최대의 한자어 사전인 《한어대사전(漢語大詞典)》에도 "교구"라는 단어는 보이지 않고 "교"는 '가위'라는 의미와 '(등자) 장식'이라는 의미밖에 없었다. '연결고리'의 의미로 사용된 "교공(鉸孔)", "교접(鉸接)", "교련(鉸鏈)"은 모두가 근대 이후에 도입된 일본식 표현들이었다. 현재 국립중앙박물관에서 국보 제89호 유물을 부르는 이름인 "교구"는 우리식 표현이 아니라 일본식 표현인 것이다. 그렇다고 해서 "대구(帶鉤)"라고 부르는 것도 옳지 않다. "대구"는 중국에서 사용하는 명칭으로, 글자 그대로 풀이하면 "띠 걸고리(belt hook)"라는 뜻이다. 뒤에 소개되는 중국식의 곡봉형 대구(曲棒型帶鉤)처럼 외형적으로 갈고리나 걸개의 외형을 갖추고 있는 유물에 잘 어울리는 명칭이다. 그러나 석암리나 정백동에서 출토된 마제(馬蹄, 말발굽)형 버클들은 기본적으로 사각형 원판에 띠를 잡아 주는 핀이 달려 있는 형태를 취하고 있다. 형태적으로 "교구"나 "대구"와는 상당히 거리가 먼 것이다. 이처럼 유물의 외형과 부합되지도 않고 우리의 언어습관과도 일치하지

사적 성격과 관련하여 대단히 의미가 심장한 메시지를 던져 주고 있다.

1) 황금 버클, 정말 낙랑 유물인가?

학계에서 '평양 석암리 금제 대구(平壤石巖里金製帶鉤)' 또는 '평양 석암리 금제 교구(鉸具)'로 일컫는 이 버클은 현재 제작연대를 1세기로 추정하고 있다. 일제강점기인 1916년 평양시 대동강변에 위치해 있는 석암리 고분군의 제9호 무덤에서 출토되었다. 당시 이 무덤을 발굴한 것은 우리에게도 익숙한 '신의 손' 세키노 다다시(關野貞)였다. 당시 이 버클은 목관 내부 피장자의 배 부위에서 수습되었고, 세키노는 이를 근거로 그 속에 안장되었던 피장자가 직접 착용했던 것으로 보았다.

이 버클은 길이 9.49cm, 높이 1.9cm, 폭 6.35~4.6cm 크기의 순금제 널은 타출(打出, beating) 기법으로 두드려 가공한 것이다. 그 문양을 살펴보면 중앙부에 큰 용 한 마리, 주변부에 작은 용 여섯 마리 등 총 일곱 마리의 용이 누금(鏤金, flligree) 기법으로 정교하게 조각되고, 그 용들의 척추를 따라 금 알갱이와 금실이 수백 개나 빈틈도 없이 장식되어 있다. 그 테두리에는 'U' 문양이 끊임없이 이어지면서 정교하게 마감되어 있다. 그리고 버클 앞쪽에는 가죽띠를 끼우기 위하여 만든 둥그런 구멍이 나 있고 그 가운데에

않는 일본식이나 중국식의 명칭을 우리나라 유물을 소장, 전시하는 국립중앙박물관에서 버젓이 붙여 놓고 있다는 것은 아무리 생각해도 자존심 상하는 일이다. 우리 역사 되찾기도 중요한 일이지만 우리 말 되찾기도 얼마나 시급한 과제인지 절실하게 느끼게 된다. '석암리 황금 대구' 또는 '황금 교구'로 일컬어지는 유물은 통상적으로 '버클(buckle)'로 불리는 장신구와 형태와 기능에서 동일한 물건이다. 우리가 서양식 복장을 착용하기 시작한 지가 100년이 넘었고 지금도 매일 허리띠를 착용할 때마다 버클을 사용한다. 그럼에도 불구하고 납득할 수 없는 상황이지만 현재 우리말에는 거기에 어울리는 우리말 명칭이 존재하지 않는다. 그렇다고 해서 '대구'나 '교구'로 일컫기에는 유물의 형태나 언어습관상 거리가 멀기 때문에 우리말 용어가 새로 개발되기 전까지는 당분간 '버클'이라는 외래어를 쓸 수밖에 없을 것 같다. 여기서도 석암리 9호분의 허리띠 장식과 동종의 유물들을 잠정적으로 '버클'로 부르기로 하겠다.

는 띠를 고정하는 핀이 달려 있다.

용들 사이사이에는 다시 상감(象嵌, inlay) 기법으로 영롱한 청록색을 띠는 작은 터키석을 여기저기 박아 넣었는데, 원래는 41개가 박혀 있었지만 지금은 그중에서 7개만 남아 있다. 이 유물은 한눈에 보기에도 너무도 화려하고 아름다워서 보는 이들의 눈길을 집중시킨다. 어떻게 주먹보다도 작은 널에 이처럼 화려한 장식과 문양을 이토록 정교하고 아름답게 표현해 낼 수 있었을까 싶어서 찬탄을 금할 길이 없을 정도이다. 그래서 발굴 이래로 한반도에서 발견된 금속 유물들 중에서는 가장 오래된 누금 공예품이자 최고의 걸작이라는 평가를 받아 왔다.

이 황금 버클의 존재는 세계적으로 널리 알려져 있다. 그러나 사실은 석암리 일대에 조성된 고분군에서는 이와 동일한 형태의 버클들이 도처에서 수습되었다. 평양의 석암리 및 정백동의 고분에서는 이 황금 버클과 기본적으로 동일한 양식의 유물이 모두 5점 출토되었다. 이 중 핀만 발견된 정백동 17호분의 경우를 제외하고는 모두 온전한 형태로 발견되었다.

고분명	연대	가공법	소재	개수	문양	발견 지점	비고
석암리 9	1916	타출, 상감, 누금(鏤金)	금	1	용들	복부	곡봉형 대구도 발견 (발견자 세키노)
석암리 219	1942	타출	은	2	용과 범	허리	왕근과 부인 무덤 (BC1세기?)
정백동 2	1961	타출, 상감, 도금(鍍金)	은	1	용과 괴물	허리 (서관)	
정백동 92	?	타출, 상감, 도금	은	1	용들, 범과 괴인	허리	
정백동 37	?	타출, 상감, 도금	은	1	범	허리 (북관)	
정백동 17	?	?	?	1	?	?	핀만 발견

석암리와 정백동 고분에서 차례로 출토된 이 버클들은 문양에서 다소 차이를 보이고 있다. 그러나 소재가 대체로 동일한데다 가공 방법도 타출과 상감, 도금 등 다양한 세공기법을 동원한 것들이다. 이 버클은 그동안 수많은 학자들에 의하여 중국계, 즉 낙랑 유물의 전형으로 간주되어 왔다. 그러나 이 유형의 버클이 낙랑, 즉 중국계 유물이라는 기존의 통설은 처음부터 다시 재고되어야 한다. 정황적으로 볼 때 이것을 중국의 것으로 보아야 할 필연적인 이유는 없어 보이기 때문이다.

(1) 페르시아, 서역, 몽골에서 보편적인 가공 기법

　① 타출(打出): 평양의 석암리와 정백동에서 출토된 버클들의 원판에 주로 사용되었다. 금이나 은 같은 전연성이 좋은 금속을 망치로 두들겨 도드라지게 형상을 표현하는 기법이다. 이 기법은 고대에 중근동 지역에서 일찍부터 발달을 보였으나 동아시아, 특히 중국에서는 그다지 애용되지 않았다. 고도로 숙련된 장인과 다양한 철제 공구가 필요한 기법으로 중국보다는 중앙아시아 지역의 유목민족 문화권에서 먼저 발달하였다.[29]

　② 감옥(嵌玉): 평양 지역 출토 금공품들에서 볼 수 있는 두드러진 특징 중의 하나는 입체감 있게 타출 가공된 원판 윗면 여러 군데에 난집을 만들고 푸른 터키석이나 붉은 마노 계열의 보석을 끼워 넣는 상감기법이 활용되었다는 점이다. 난집에 작은 보석을 끼워 넣는 상감 기법은 보석 상감, 즉 '감옥'으로 일컬어지는데, 유라시아 대륙 전체에서 매우 일찍부터 나타나는 공예 기법이다.[30] 리더와 엘런(Reeder & Ellen D. 1999), 주경미(2006) 등의 학자는 다양한 색을 가진 보석들을 화려하게 장식하는 보다 진화한 상감 기법이 기원전 3세기부터 흑해 연안을 중심으로 발달한 후 기원 전후에

---

29) 주경미, 같은 책, 제214쪽.
30) 주경미, 같은 책, 제215쪽.

몽골과 중앙아시아를 거쳐 평양에 그 흔적을 남기고 있다고 보고 있다.[31]

③ 찍어내기(stamping): 문양틀 위에 얇은 금속판을 올려놓고 망치 등으로 두들겨 똑같은 문양의 장식물들을 신속하게 가공하는 기법으로, 평양 지역에서는 주로 마차나 말을 장식하는 말드리개를 제작하는 데에 주로 많이 사용되었다. 타출은 장식물을 개별적으로 제작하는 데에 사용되는 반면 스탬핑은 한 문양틀에서 같은 문양의 장식물을 여러 점을 반복해서 제작할 수 있다. 이 기법은 고대 메소포타미아 및 그리스 시대부터 발전했으며, 중앙아시아 지역에서도 기원전 7~6세기경의 금제 장식품에도 널리 활용되었다. 중앙아시아를 넘어 몽골을 거쳐 평양 지역까지 전해졌으며 그 시점은 적어도 기원전 1세기경으로 추정하고 있다.[32]

석암리, 정백동 등 평양 지역 고분에서 출토된 금공품 유물들에서 공통적으로 볼 수 있는 이상의 타출, 감옥, 스탬핑 등은 동시대의 중국보다 중국의 서쪽이나 북쪽에 광범하게 분포하고 있었던 중앙아시아의 고대 유목민족 또는 기마민족 문화권에서 널리 사용하던 가공 기법이었다.[33] 이와는 대조적으로, 당시 한나라에서는 금속을 가공하는 과정에서 타출이나 단조(鍛造, forging)보다는 청동기시대부터 계승되어 온 주조(鑄造, casting)기법을 선호하였다. 이 같은 전통적인 제작 기법에 변화가 발생하여 타출이나 단조가 본격적으로 발전하게 되는 것은 한대로부터 다시 수백 년이 지난 당대 이후부터이다.[34] 이와 관련하여 주경미의 전문적 소견에 다시 주목할 필요가 있을 것 같다.

… 북방 유목민족 문화의 금세공 기법은 제철 기술과 함께 중앙아시아 지

---

31) 주경미, 같은 책, 제216쪽.
32) 주경미, 같은 책, 제221쪽.
33) 주경미, 같은 책, 제222쪽.
34) 주경미, 같은 책, 제227쪽.

역에서 몽골의 흉노 문화로 전해졌으며, 이어서 한반도 서북 지역의 낙랑으로 전해졌던 것으로 추정된다. 낙랑의 금은제 교구 및 마구 장식 등에 보이는 타출 기법, 누금세공 기법, 보석상감 기법 등의 제작 기법과 복합적 괴수문 등을 중심을 하는 양식적 특징은 동시대 중국의 한나라 금속공예 문화보다는 오히려 흉노 문화권에서 보이는 금속공예 기술과 상통한다. 특히 정백동 고분군에서 출토되는 은제 교구들의 제작기법은 최근 몽골의 노용올 등과 같은 대형 흉노고분에서 출토되는 은제 마구 장식들과 제작 기법 및 양식이 유사하여 낙랑의 금세공 기법이 중국 한나라보다는 오히려 동시대의 흉노 금속공예 기술과 친연성이 강함을 알려 준다. …35)

말하자면, 평양 지역 고분의 부장품들 중 적지 않은 유물들이 중국이 아닌 북방의 문화적 요소와 특색들을 보여 주고 있는 셈이다. 이 같은 사실은 100여 년 전 일본 학자들이 평양 고분 및 그 부장품들에 '낙랑' 또는 '중국계'라는 딱지표를 붙인 것이 명백히 잘못된 결론이며, 당시 중국 문화의 산

---

35) 주경미, 같은 책, 제229쪽. 주경미는 이 글에서 중요한 정보들과 함께 대단히 참신한 견해를 피력하고 있다. 평양 지역 고분들의 부장품 특히 금은 세공품들과 북방문화(흉노)와의 친연성에 주목한 것도 그 대표적인 예들 중 하나이다. 그러나 이 글에서 주경미는 한반도 서북 지역의 정치집단의 정체성을 한나라의 변군(邊郡) 또는 식민지로서의 낙랑군으로 기정사실화하고 있다. 그러나 이 같은 인식은 '낙랑평양설'에서 비롯된 것으로 역사적 진실이 아니다. 그녀가 '낙랑=평양' 또는 평양 지역이 "정치적으로 중국 한나라의 식민지로 시작했다"거나 "낙랑의 지배층들은 당시 정치적으로는 중원의 지배 아래에 있는 식민지 체제를 유지하고 있었다"(제230쪽)라는 역사인식을 토대로 그 지역의 민족적, 문화적 정체성을 흉노 등의 북방민족과 분리시켜 이해하고 있는 것은 대단히 아쉬운 대목이 아닐 수 없다. 이 같은 인식은 본질적으로 평양 지역을 한나라와 북방민족 사이의 중간자 또는 제3인류로 이해하고 '낙랑인(樂浪人)'이라는 해괴한 인종개념을 날조해 낸 오영찬 식의 발상과 다르지 않기 때문이다. 개인적으로는 '평양=낙랑'이라는 선입견을 탈피하고 '평양=북방민족(흉노)'이라는 발상의 전환이 이루어져야 보다 심층적이고 한층 진전된 연구가 가능해지지 않을까 싶다. 여기에 언급된 '노용올'은 '노인울라'를 가리킨다. 외국에는 '노인울라'로 알려져 있지만, 몽골 현지에서는 '노용올(Ноин ул)'로 발음하고 있다. 최근에는 국내에서도 '노용올'로 부르는 추세에 있다.

물로 간주된 평양 지역 유물, 유적들에 대한 연구와 정의가 처음부터 다시 이루어져야 한다는 것을 잘 보여 준다.

이와 관련하여 중국의 저명한 문물학자인 손기(孫機)는 용문 황금 버클에 물방울 형상의 터키석을 상감하는 공예 기법은 고대 페르시아 아케메네스(Achaemenid) 왕조(BC550~BC330) 시기의 상감 기법과 동일한 것으로, 요령성 대련의 영성자(營城子)에서 출토된 것은 문화 교류의 결과물일 가능성이 높다는 견해를 피력한 바 있다.[36] 실제로 황금 버클에 상감된 보석들이 루비나 터키석이어서 그 원산지가 중국이라기보다는 페르시아 또는 서역에서 산출되었다고 보는 것이 합리적이고, 누금이나 상감 역시 페르시아 계통의 유물에서 일상적으로 찾아볼 수 있는 현지의 전통적인 가공 기법에 따라 제작된 것으로 보는 것이 합리적이다. 말하자면 이 황금 버클은 한나라 황제가 하사한 것도, 지방관청의 수장에게 하사한 것도 아니며, 거꾸로 서역에서 한나라나 그 변방인 북방 각국들과의 교역 과정에서 수출된 일종의 교역물이었다고 보는 것이 보다 합리적인 해석인 셈이다.

(2) 북방식 버클은 한나라의 변방에서만 발견되었다

여기서 우리가 주목해야 할 대목은 이 황금 버클이 발견된 지점이다. 이런 형태의 유물은 얼마 전까지만 해도 국내에서만 출토된 것으로 알려져 있었다. 그러나 사실은 그 사이에 외국에서도 몇 점이 확인되었다. 현재까지 이와 유사한 유물은 은으로 만들어지거나 동물의 문양으로 구성된 것을 포함해서 세계적으로 모두 10여 점 정도가 확인되고 있다. 그러나 석암리 고분의 것과 동일한 구성(큰 용과 작은 용의 조합), 동일한 가공 기법(타출, 누금, 상감), 동일한 소재(순금), 비슷한 시기(1~2세기)에 제작된 황금 버클

---

36) 〈한대 묘에서 출토된 문물은 대련 지역이 한대 요동군의 경제 중심지였음을 증명한다 (漢墓出土文物證明大連地區是漢代遼東郡的經濟中心)〉, 〈대련일보(大連日報)〉, 2015.11.27.

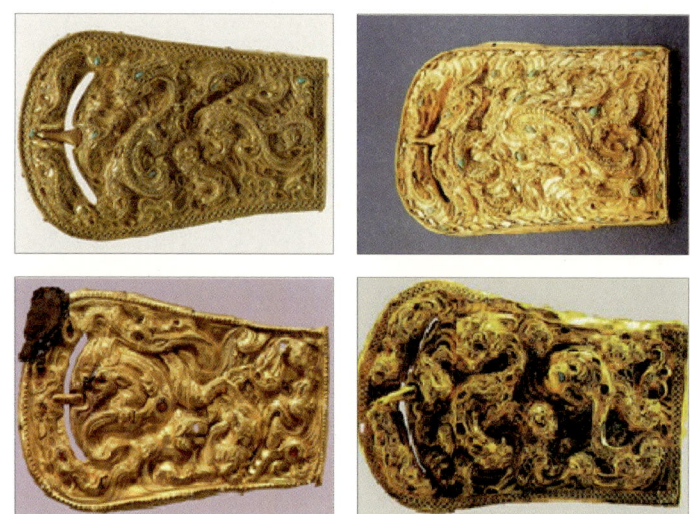

〈평양 석암리 고분에서 출토된 황금 버클(국보 제89호). 동일한 형태의 황금 버클들. 왼쪽부터 시계바늘 방향으로 평양 석암리 버클, 신강 카라샤르 버클, 대련 영성자 버클, 뉴욕 메트로폴리탄 미술관 버클. 세공 기술이나 보존 상태 면에서 본다면 이 중에서 석암리 버클이 가장 탁월하다〉

로는 다음의 네 가지만 확인되었을 뿐이다.

① 한국 평양시 석암리 황금 버클
② 중국 신강 카라샤르 황금 버클
③ 중국 요령성 대련시 황금 버클
④ 미국 메트로폴리탄 미술관 207전람실 황금 버클

'카라샤르(Karashahr)'는 평양으로부터 몇 만 리나 떨어진 서역 땅인 신강 위구르자치구 언기현(焉耆縣) 영녕진(永寧鎭)에 있는 '흑흘탑(黑疙瘩)'이라는 마을의 본래 이름이다. 카라샤르 황금 버클은 1980년대 초기에 이곳에 있는 한대 언기국(焉耆國)의 옛 성 터에서 출토되었다.[37] 길이 9.8cm,

---

[37] 〈실크로드의 황금대구〉, 연합뉴스, 2010.12.7. 카라샤르는 1세기 당시에는 타림 분지

너비 6cm, 무게 6g의 이 유물은 루비와 터키석이 상감되고 다시 가는 금실로 테두리를 'ʊ' 문양으로 감아 돌면서 큰 용 한 마리와 작은 용 일곱 마리로 화려하게 장식되어 있다.[38]

그런데 위의 사진을 자세히 살펴보면 금세 눈치 챌 수 있듯이, ① 유물이 외형적으로 석암리 황금 버클과 거의 완전히 일치하는 것은 말할 것도 없고, ② 재료로 황금으로 된 실과 알갱이를 다량 사용하고 있고, ③ 가공 과정에서 타출과 누금의 공예기법이 주로 사용되는 한편, ④ 군데군데 청록색의 터키석을 박아 장식하는 상감(象嵌)기법이 사용되고 있으며, ⑤ 문양 구도에 있어서도 어미로 보이는 큰 용을 중심부에 두고 그 주변으로 새끼로 보이는 작은 용들을 배치하는 등, 전체적으로 보자면 석암리 황금 버클을 복제했다고 해도 과언이 아닐 정도이다. 물론, ⑥ 석암리 황금 버클과 비교하면 정밀도나 완성도에서 상대적으로 투박하고 허술하다고 느끼게 되는 것이 사실이다. 그러나 ⑦ 그 유물이 제작된 시점도 대략 1~2세기라고 설명하고 있는 것을 볼 때, 그 제작 주체는 아마 동일한 인물이거나 그 집단의 구성원이었을 가능성이 높다.

영성자(營城子)는 지금의 요령성 대련시 외곽에 위치한 곳으로, 한중일 세 나라 학계에서는 이곳을 한대의 요동군으로 비정하고 있다. 이곳의 M76호 고분에서 역시 석암리의 것과 거의 동일한 버클이 출토되었다. 이 밖에도, 미국 뉴욕의 메트로폴리탄 미술관의 것은 출처가 북방민족의 영역이라

내에 있는 타클라마칸 사막 북쪽 즉 비단 북로에 위치한 불교국가였다. 카라샤르 황금 버클은 2010년 12월에 국립중앙박물관에서 세계문명전의 일환으로 〈실크로드와 둔황〉특별전이 열렸을 때 국내에도 소개된 바 있다. 당시 특별전의 유물 설명에 따르면 "큰 용 한 마리와 작은 용 일곱 마리가 구름 위에서 노는 듯한 모습"을 표현한 것으로, "용의 형체는 모발처럼 매우 가는 황금 실을 용접해서 만들고 그 사이에 작은 금 구슬을 가득 채워 장식하였다"고 한다.

38) 〈"서역 복식의 기억" 전람회 개막하다("西域服飾的記憶"展覽開幕)〉, 〈제로만보(齊魯晚報)〉, 2012.4.3.

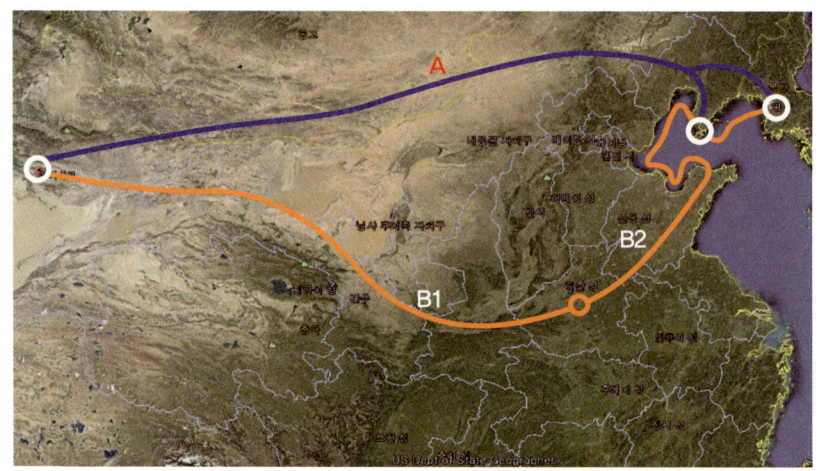

〈제작지가 카라샤르일 경우(A)와 낙양일 경우(B1, B2)의 전파 경로〉

는 정도밖에 알려져 있지 않지만 그 실물을 온라인에서도 확인된다. 이밖에도 일본의 미호 뮤지엄과 독일의 피에르 울드리 컬렉션 및 기타 개인 소장품이 출토지 미상으로 전해지고 있다고 한다.[39] 이 중에서 미호 뮤지엄에 소장된 것은 일제강점기에 일본 식민사학자들이 중국(또는 한반도?)에서 불법으로 반출해 간 것일 가능성이 높지만, 그 발견지는 정확히 확인할 수가 없다. 피에르 울드리 컬렉션과 개인 소장품 역시 버클의 문양이나 크기 등 최소한의 정보도 확인되지 않는다.

출처가 확인된 위의 세 지역은 지금은 중국령에 속해 있지만 1,900여 년 전의 후한대에는 세 곳 모두가 한(漢) 제국의 변방이었다. 이 버클들 중에서 제국의 중심인 중원 지역에서 발견된 것은 단 한 점도 없는 것이다.[40]

---

39) 오영찬, 〈낙랑 금은제 교구의 제작과 성격〉, 《한국상고사학보》 제72호, 제130-132쪽, 2011.5.31.

40) 한대 묘에서 출토된 문물은 대련 지역이 한대 요동군의 경제 중심지였음을 증명한다(漢墓出土文物證明大連地區是漢代遼東郡的經濟中心), 〈대련일보(大連日報)〉, 2015.11.27.

현재 출토지가 확인된 것들(흰 동그라미)만 찾아서 지도에 표시해 보면 다음과 같다.

위의 지도를 자세히 보면 세 지역 모두 전통적으로 중국으로 불려 온 '중원(中原)'으로부터 상당히 멀리 떨어져 있는 것을 확인할 수 있다. 이 경우 만일 이것이 한나라에서 전래된 것이라면 낙양-카라샤르(B1), 낙양-영성자 및 낙양-평양(B2)으로 이동했다는 이야기가 된다. 그리고 만일 한나라 밖에서 전래되었다면 카라샤르-영성자-평양 구간(A)의 어느 한 지점이 거점이 되어 카라샤르나 영성자 또는 평양으로 전해졌을 것이다. 카라샤르에서 직접 영성자, 평양으로 전래되었을 가능성은 상대적으로 낮다. 그 가공 기술 수준이나 크기, 문양 등에서 제법 큰 편차가 발견되기 때문이다. 만일 기술 수준이나 완성도 면에서 본다면 평양 석암리의 것은 단연 최고의 걸작이다. 그렇다면 이 버클들은 몽골 고원을 통하여 동서로 전파되었을 가능성이 높다고 본다.

카라샤르와 대련은 중국 경내에 있고 평양시는 그동안 학자들이 1세기에는 한나라의 속군, 즉 낙랑군이었다고 주장하고 있는 것이 실정이다. 그 주장대로라면 현재 전해지는 황금 버클 4점 중에서 절반이 넘는 3점이 중국 경내에서 발견되거나 또는 역사적으로 중국과 관련된 곳에서 발견된 셈이다. 그러나 이 황금 버클들이 발견된 장소를 지도에 표시해 보면 그 같은 주장이 그다지 설득력이 있어 보이지는 않는다.

(3) '곡봉형 대구'의 미스터리

석암리 9호분에서 쏟아져 나온 유물들 중에서 사람들의 이목을 끄는 것은 단연 황금 버클이라고 할 수 있다. 그럼에도 불구하고 우리가 간과해서는 안 될 유물이 바로 아래의 물건이다.

외형이 얼핏 거머리처럼 보이는 이 대구는 구부러진 막대를 닮았다고 해

〈9호분에서 황금 버클과 함께 출토된 '중원식' 대구. 17.9cm〉

서 '곡봉형 대구(曲棒型帶鉤)'로 불린다.[41] 중국 학자들의 연구에 따르면, 이런 형태의 대구는 이미 서주(西周: BC1046~BC771)시대부터 중국에서 사용되기 시작했다고 한다. 이름 그대로 '(쇠) 갈고리'를 반대쪽 가죽 띠 구멍에 '거는' 아주 단순한 원리를 적용한 것이다. 진시황 병마용의 토용들을 보면 착용한 대구는 형태가 조금씩 다르기는 하지만 그 원리는 획일적이다. 쇠 갈고리를 가죽 띠 구멍에 거는 방식으로 착용하고 있는 것이다. 이 같은 단순한 형태와 사용 원리가 적용된 대구는 주나라는 물론이고 춘추, 전국, 진, 한대까지 거의 1,000년이나 되는 오랜 기간 동안 끊임없이 널리 사용되었다. 따라서 앞서의 북방식 버클들과 구별하여 '중원식' 대구로 불러도 무방할 것이다.

---

41) '중원식' 대구의 원산지가 중국이냐 하는 문제에 관해서는 서구 학자들을 중심으로 이의를 제기하는 경우가 제법 있다. 왜냐하면 '가죽 띠를 갈고리로 걸어서 복장을 고정시킨다'라는 것 자체가 말을 타거나 키우는 것이 생활화된 북방민족들에게서나 나올 수 있는 발상인 데다가, 중국에서 최초로 대구가 출현한 지역도 고대 중국의 변방이었던 섬서(陝西) 지방이기 때문이다. 이 같은 가설을 뒷받침해 주듯이 러시아, 몽골 등지에서는 실제로 '중원식' 대구와 동일한 사용 원리를 적용하면서 범, 말, 양 등의 동물들이 장식된 독특한 형태의 스키토-시베리아계 북방 유물이 출토된 사례가 여러 차례 보고된 바 있다. 이는 '중원식' 대구의 개념과 원리가 중국에서와 마찬가지로 북방에서도 오랜 기간 동안 다양한 형태로 시도되었음을 뒷받침해 준다. 한대에 널리 유행한 '중원식' 대구조차도 그 기원을 서부 중국에서 찾고 있는 것을 보면 이 역시 순수한 농경문화의 산물은 아니었던 셈이다.

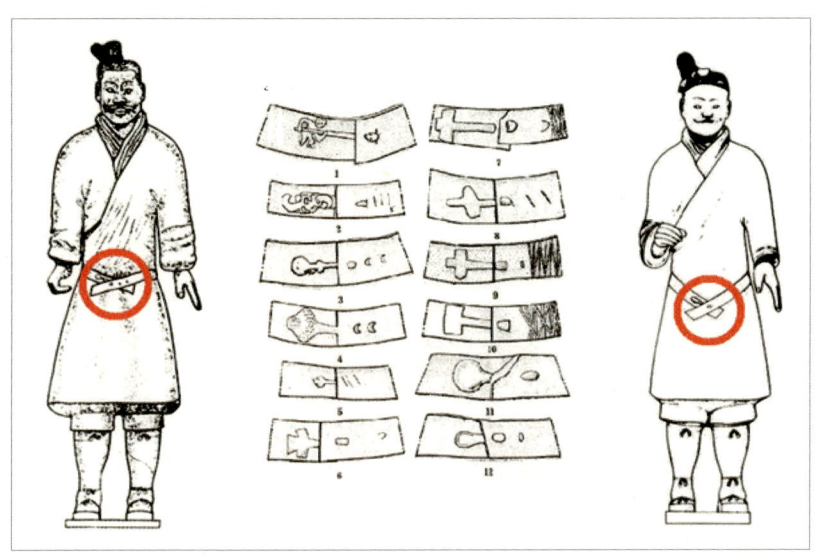

〈진용에서 보이는 '중원식' 대구의 착용 사례들〉

중원식 대구는 서주시대부터 한대까지 수백 년 동안 지속적으로 사용되다가 어느 날 갑자기 퇴조기를 맞게 된다. 학자들은 그 시점을 바로 위·진(魏晉)대, 즉 서기 3세기 전후부터로 추정하고 있다. 중국에서는 역사적으로 후한대에 남흉노가 일종의 용병으로 중원에 정착하고 삼국이 정립하는 대란, 그리고 그 뒤를 이은 5호 16국의 대혼란기를 맞이하였다. 이 과정에서 대규모의 북방 기마민족 집단이 속속 중원에 정착하게 되면서 그들의 고유문화 역시 새발의 꽃가루처럼 함께 유입, 수용된다. 이때 그들의 중국 진출과 함께 북방계 버클이 전통적인 대구를 대체하게 되었다는 것이다.

현재 국내 학계에서는 석암리 9호분에 함께 부장된 칠기의 "거섭(居攝) 3년" 즉 기원후 8년이라는 명문과 청동거울 "내행화문계장의자손명경(內行花文繫長宜子孫銘鏡)"의 문구를 근거로 이 북방식 버클들이 기원후 1세기경에 출현한 것으로 보고 있다. 만일 이 고분의 편년을 확실하게 알려 주는 두 부장품이 누군가에 의하여 '공간이동'된 것이 아니라면 그 무덤의 주인공은 한나라 사람이었을 가능성이 낮다. 이러한 신개념 버클이 중국에 처음 소개된 것은 한대이지만, 그것이 중원과 기타 지역에서 중국인들의 실생활에까지 사용되기 시작한 것은 한대 이후부터라는 것이 학계의 통설이기 때문이다. 그러나 중국에서 이 신개념 버클은 오랜 기간 동안 주로 안장을 고정시키는 용도로만 사용되었다. 당시의 중국인들에게 있어 이것이 말이나 소 같은 짐승에게나 쓰는 장신구로 치부되었기 때문이다. 중국인들이 이것을 인간의 복장을 고정시키는 장치로 받아들이기까지는 수백 년이라는 적응기가 필요하였다. 바꿔서 말하자면, 이 신개념 버클이 중국에 소개된 것은 후한대부터이지만 정작 인간의 복장, 특히 무장의 복장에 허리띠로 응용되기 시작한 것은 위·진대 이후, 즉 적어도 3세기부터였다는 뜻이다.[42]

그런데 국내에서는 앞서 소개한 평양, 대련, 카라샤르의 용문 버클들은 그 제작 시점이 서기 1세기에서 늦어도 2세기까지로 비정하고 있는 것이다. 그렇다면 이 버클들은 이러한 ① 신개념 버클의 원리가 북방민족으로부터 유래한 것인 데다가, ② 황제를 포함한 중국인들이 이러한 버클을 일상적인 의생활에 사용하기 시작한 것은 3세기 전후이므로(아무리 빨라도 2세기 중), ③ 연대상으로 따지더라도 이 버클들이 한나라 황제의 하사품이나 한나라의 유물일 가능성은 현저하게 낮아질 수밖에 없다. 어떤 의미에서는 오히려 ④ 그 기간 동안 중국 문화를 수용한, 그러나 이러한 신개념 버클에 대한 문화충격이나 거부감이 전혀 없는 흉노 등 북방민족이 내부적으로 제작, 사용한 것으로 보는 것이 합리적인 결론이 아닐까 싶다.

여기서 한 가지 흥미로운 사실이 있다. 그동안 낙랑 고분의 전형으로 알려졌던 석암리 9호분에서 북방식 황금 버클과 '중원식' 대구가 동시에 출토되었다는 사실이다. 아마 모르기는 몰라도, 지금까지 중국에서 발굴된 진·

---

42) 왕인상(王仁湘), 〈대구개론(帶鉤槪論)〉, 《고고학보(考古學報)》, 1985년 제3기, 제296쪽.

한대 이래의 고분들 중에서 이처럼 문화적 배경과 사용 원리가 서로 다른 두 가지 허리띠 장식이 동시에 발견된 경우는 9호분이 처음이 아닐까 싶다. 문제는 이 북방식 버클과 중원식 대구는 최초 발견 장소가 다르다는 데에 있다.

석암리 9호분의 황금 버클은 최초에 발견될 당시 모두가 목관 내부 피장자의 배 부위에서 수습되었다. 앞서 〈표〉에서 소개한 나머지 버클들도 수습 위치는 모두 동일하다. 이로 미루어 볼 때, 그것들이 모두 피장자의 허리에 착용된 채로 매장된 것임을 알 수 있다. 이에 비하여 9호분에서 함께 발견된 중원식 대구는 최초에 발견된 장소가 북방식 버클들과는 달랐다. 피장자의 허리에 착용하지 않고 "목관 바깥의 다른 부장품들 사이에서 발견"된 것이다. 이는 석암리 9호분의 황금 버클을 위시한 나머지 5개의 버클들이 피장자가 누워 있는 목관 내부의 허리 부위에서 발견된 것과는 확연히 구분된다. 어째서 북방식 버클들은 관 내부에서 착용된 채 출토되었는데 유독 중원식 대구만 관 바깥에서 전혀 성격이 다른 부장품들과 함께 버려지듯이 발견된 것일까? 주경미는 석암리 9호분에서 서로 성격이 다른 마제형 버클과 곡봉형 대구가 동시에 발견된 것을 "낙랑 사람들이 두 가지 다른 형식의 교구를 일찍부터 함께 사용했던 것"[43]으로 해석하였다. 그러나 그런 상황은 현실적으로 불가능하다. 우선,

① 이 두 가지 유물은 문화 배경, 제작 기법, 사용 원리에서 전혀 동일시할 수 없는 유물이다
② 소재와 문양에서는 다소 차이가 있지만 동일한 양식의 버클들이 발견된 나머지 고분들에서는 곡봉형 대구가 단 하나도 발견되지 않았다
③ 게다가 다른 버클들은 모두 관 내부에서 발견되었는데 유독 곡봉형 대

---

43) 주경미, 앞의 책, 제219쪽.

구만 아무 맥락도 없이 관 바깥의 다른 부장품들 사이에서 방치된 채 발견되었다

④ 이는 그 유물이 착용된 채 발견된 것이 아니라는 증거이다

피장자가 착용하지 않았다는 것은 그들의 복식문화, 생활풍습의 특성과 사회 통념상 그 같은 버클의 사용이 보편화되어 있지 않았다는 뜻으로 해석할 수밖에 없는 것이다. 사소한 허리띠일 뿐이지만 거기에는 현지의 가치관, 세계관, 심미관이 모두 응집되어 있기 때문이다. 요즈음은 전 세계가 글로벌화되어서 한국인이 청바지를 입고 아이폰으로 팝송을 들으면서 포크로 스파게티를 먹어도 남들이 전혀 이상하게 보지 않는다. 전 세계의 가치관, 세계관, 심미관이 대중문화, 글로벌화라는 이름하에 단일화, 획일화, 보편화되었기 때문이다. 그러나 2,000년 전에는 고유 전통문화에 어긋난 모습이나 행동은 사회적으로 지탄받곤 하였다. 한 무덤에서 버클과 대구가 동시에 발견된 것은 비정상적인 상황이라는 뜻이다.

과거 일본 학자들은 석암리 9호분을 낙랑 고분의 전형으로 인식하고 선전하는 데에 열을 올렸다. 그러나 그 무덤에서 확인된 부장품들, 즉 마차, 일산, 환두대도, 버클 등은 주경미 등도 인정하듯이 전형적인 흉노 등 북방민족 문화의 아이콘들이었다.

혹시 9호분의 유물이 조작된 것은 아닐까? 이런 의심은 이 목곽묘를 조사한 사람에 대하여 알고 나면 자연스러운 현상일 듯하다. 왜냐하면 이 고분을 처음으로 발견한 사람은 바로 세키노 다다시이기 때문이다. 이미 《한사군은 중국에 있었다》에서도 소개한 바 있는 것처럼, 세키노 다다시는 1910년대부터 이미 각종 유물, 유적에 대한 조작 또는 위조의 혐의를 받고 있는 인물이다. 그가 9호분을 발견한 후 작성한 발굴 도면을 보면 황금 버클은 망자를 안치한 목관의 중앙부에서 수습되었다는 것을 알 수 있다. 반면에, '중원식' 대구는 목관 바깥 즉 목관과 수레 사이의 목곽 바닥에서 수

〈석암리 9호분의 발굴 도면. 파란 동그라미 부분이 황금 버클이 수습된 위치〉

습된 것으로 보인다.

　발굴 도면만을 놓고 본다면 황금 버클이 목관 내에서 발견된 것은 망자의 시신을 입관할 때 복장을 입히고 그 위에 착용했던 것으로 이해할 수 있다. 그러나 '중원식' 대구가 발견된 위치는 다소 생뚱맞다. 문제의 대구는 수레와 목관 사이에서 발견되었는데 그 자리에는 대구를 제외하고는 어떠한 장신구도 보이지 않으며 주변에는 부서진 칠기 몇 점과 금제 장식품들만 흩어져 있다. 맨 왼편에 수레축 등의 잔해들이 남아 있는 것을 보면 그 금제 장식품들은 아마 수레나 그 위에 세워진 일산 살에 부착되었던 것들이 오랜 시간이 지나면서 부식으로 인하여 쓰러지면서 칠기를 덮쳐 산산조각이 났을 것이다.

　그런 공간에서는 대구가 발견되어야 할 하등의 이유가 없다. 맥락상으로 따지자면 그 자리에는 수레의 가설물이나 칠기들과 어울리는 그릇이나 수저 따위가 놓여 있었어야 한다는 뜻이다. 대구는 망자가 복장에 부착하던 장신구이므로 당연히 목관 내부의 한 귀퉁이나 또 다른 제3의 자리에 놓여 있었어야 자연스러운 것이 아니겠는가? 따라서 대구가 발견된 위치만 놓고 본다면 석암리 9호분의 부장품들을 수습하는 과정에서 누군가가 몰래 던져 놓았다고 해도 할 말이 없는 것이다. 그런 그러면 '중원식' 대구이든 황금 버클이든 어느 하나를 다른 유물들 사이에 몰래 던져 놓았을 가능성도 충분히 있다고 할 것이다.

석연치 않은 점은 또 있다. 석암리 9호분과는 다른 경우이기는 하지만, 9호분에서 곡봉형 대구를 발견한 '신의 손' 세키노는 다른 장소에서 비슷한 시기에 이 중원식 곡봉형 대구를 제작하는 데에 사용되는 주조틀까지 발견하고 있다. 그는 나중에 이 주조틀이 낙랑 토성에서 도굴된 것이라는 소견을 내놓았다. 그리고 얼마 후 그는 마차, 마구, 일산, 버클, 환두대도 등 수많은 북방문화의 산물들이 부장된 채 발견된 이 고분을 단지 중원식 대구 하나를 근거로 한나라, 즉 낙랑의 고분으로 선언해 버렸다. 문제의 대구만 빼면 어디에도 한나라의 흔적은 찾아보기 어려운데도 말이다! 세키노가 발견한 문제의 곡봉형 대구는 원래부터 거기에 있었던 것일까? 아니면 누군가(세키노?)가 남몰래 거기에 갖다 놓은 것일까? 그 진실은 아무도 알 수가 없다.

(4) 황금 버클은 한나라 황제의 하사품이었는가?

그동안 일본, 중국 등의 학계를 중심으로 화려하고 값진 장식품인 이 황금 버클을 한나라 황제가 당시 제국의 주변 소국의 통치자나 이민족의 우두머리들에게 하사한 것이라는 주장을 제기하는 학자들이 적지 않았다.[44]

물론, 이 같은 주장의 근원을 더듬어 올라가면 중간에 국내 강단 학계가

---

44) "대금구(帶金具)",《세계대백과사전(世界大百科事典)》(제2쇄), 주식회사 히다치 솔루션즈 크리에이트(株式会社日立ソリューションズ・クリエイト)

버티고 있지만, 좀 더 거슬러 올라가면 그 끝에는 바로 일본 학계가 도사리고 있다. 오죽하면 고대 금공품을 연구하는 학자가 "낙랑 문화 자체가 중국 한나라의 식민지였음을 강조했던 일제강점기의 식민사관을 가진 일본인 학자들의 시각이 지금까지 답습되고 있다"[45]라고 개탄했을 정도이다.

> … 특히 낙랑 금공품 중에서 가장 뛰어난 기술 및 양식적 수준을 보여 주는 석암리 9호분 출토 금제 교구는 아무런 이견 없이 지속적으로 중국 한나라 조정에서 만들어서 사여한 것으로 추정하는 일본인 학자의 견해가 별다른 비판 없이 그대로 보편적으로 수용되어 왔다(志賀和子 1994a, 1994b). 이러한 낙랑고분 출토 금은제 공예품의 중국 사여설은 낙랑을 비롯한 중국 주변의 국가들이 당시 중국 한나라에 비해 그다지 수준 높은 공예 기술을 가지지 못했으며, 흉노와 같은 북방의 유목민족들은 철이나 금은기, 청동기, 칠기 등의 위세품으로 볼 수 있는 모든 고급 기물들을 전부 중국에서 수입하거나 약탈해서 사용했다고 주장했던 일제강점기 이후 에가미 나미오와 같은 식민사관을 가진 일본 학자들의 영향 아래에서 발전한 학설이다(江上波夫1967). 그렇지만 이러한 일제강점기 이후의 식민사관을 기초로 한 위세품으로서의 금공품 사여설에 대한 반증들이 최근 세계 고고학계에서 꾸준히 제시되고 있다. … [46]

말하자면, 황금 버클을 위시한 평양 고분의 각종 금공품들을 한나라 황제가 하사했다거나 한나라의 식민지의 물증으로 해석하는 주장은 이미 물이 가도 한참 가 버린 시대착오적인 발상일 뿐인 셈이다. 그러나 이 같은 구시대적인 환상은 지금도 일본 학계를 중심으로 계속 재생산되어 마치 정설

---

45) 주경미, 같은 책, 제210쪽.
46) 주경미, 같은 책, 제210쪽.

인양 유포되고 있으며 강단 학자들의 뇌리에도 알게 모르게 역사적 진실인 양 깊게 각인되고 있다.

그 같은 주장이 당시 상황을 제대로 반영하지 못한 너무 성급한 결론이라는 점은 당시의 동북아 정세를 살펴보아도 알 수가 있다. 서기 1세기 당시의 한나라, 흉노 등의 정치적 상황을 살펴보자. 서기 1세기라면 후한 초기로 북방민족에 대한 회유정책도 나름대로 효과를 거두고 있는 상황이었다. 강단 학자들 논리대로라면 이른바 '한사군'이 그런 대로 안정적으로 운영되고 있던 시점이었다. 그러므로 낙랑군이 있는 위치가 평양시인 것이 확실하다면 낙랑태수가 그 지역을 확고하게 통제하고 있었을 것이다. 따라서 태수가 황제의 하사품을 미끼로 삼아 회유하거나 포섭할 대상자(북방민족의 거수나 추장)는 없었다. 그 직전의 한 원제(元帝: BC74~BC33) 때만 하더라도 흉노제국의 간섭과 조공 요구에 시달릴 정도로 무력한 것이 한나라였다. 왕소군(王昭君: BC52~BC15)을 흉노 선우에게 바친 일은 대표적인 예라고 할 수 있다. 따라서 엄밀하게 따지자면 한나라 황제가 흉노 선우에게 '내린 하사품'이 아니라 흉노 선우의 요구에 따라 제작해 '바친 조공품'이었다고 해야 옳은 셈이다. 물론 이 시기에 광무제 유수(劉秀: BC5~AD57)가 왕망(王莽) 세력을 몰아내고 천하를 평정한 후 후한을 일으키는 역사적 사건이 일어난 것은 사실이다. 설사 그렇다 해도 내부 단속과 황권 강화, 그리고 민심 안정에 여념이 없었을 한나라가 흉노에 대놓고 '갑질'을 한다는 것은 현실적으로 불가능한 일이다.

백보 양보해서 이것이 한나라 황제의 하사품이라고 치자. 그렇더라도 앞뒤가 맞지 않기는 마찬가지이다. 그렇게 볼 경우 서역 지역의 카라샤르 황금 버클의 성격은 하사품이라는 명목으로도 충분히 해명이 가능하겠지만, 평양과 대련 즉 나머지 두 경우는 그 성격을 이와는 달리 해석해야 하기 때문이다. 한중일 강단 학계의 주장에 따를 때, 대련은 당시의 요동군에 속해 있었고, 평양은 당시 낙랑군 치소였다. 반면에 대련은 당시 요동군 관할하에 있기는 했지만 그 치소는 엄연히 양평(襄平), 즉 지금의 요양시이어서 두 도시는 제법 거리가 떨어져 있었다.

요양이 고대의 양평이 확실하다는 전제하에서 이 두 도시 사이의 거리는 현재 320km, 즉 700리 정도 되는 먼 거리이다. 그렇다면 이곳은 당시 정치, 문화, 경제적 중심지였다고 하기 어렵다. 그런데 그런 변두리에서 이런 엄청난 위세품이 출토된 것이다. 더욱이 당시에는 명문대가 출신의 한족들은 거의 모두 사후에 그 시신을 자신의 고향 선산으로 운구하여 매장하는 '귀장(歸葬)' 풍습이 엄격하게 지켜지고 있었다. 따라서 그 두 개의 버클을 요동타수와 낙랑태수의 유품으로 보기도 어려운 것이다. 만일 이 두 지역이 당시 한나라에 직속된 군이었다면 굳이 자신에게 충성하고 있는 일개 지방 관청의 수장에게 이처럼 진귀하고 값진 보물을 하사해야 할 이유가 없었을 것이다. 시기적으로 다소 변동이 발생하기는 하지만, 후한대에는 지방 행정 구역이 12개 주, 9개 국, 109개 군으로 나뉘어 있었다. 만일 대련의 황금 버클이 요동태수의 것이고, 평양시의 황금 버클이 낙랑태수의 소지품이었다면 당연히 나머지 107개 군 중에서 단 하나라도 나와 주어야 정상이다. 어디 군 태수뿐인가? 태수보다 더 서열이 높은 관리로는 주의 자사와 황제의 직계 자손이 세습하는 제후만 따져도 22명이나 되었다. 그런데 그 많은 왕후의 영지나 자사의 관할지에는 이 같은 황금 버클이 단 한 개도 발견되지 않았다. 하사의 주체인 황제는 둘째 치고 하사의 주요한 수혜자였을 황족이나 조정 대신들의 경우도 마찬가지이다. 게다가 황금 버클은 일종의 소모품이기 때문에 황제는 신하들에게 하사할 황금 버클을 일정 기간을 간격으로 두고 계속 제작과 하사가 이루어졌을 것이다. 낙랑, 요동 같은 변군(邊郡)의 관리나 토호에게도 하사할 정도라면 그보다 훨씬 중요한 중원 지역의 유력자들의 고분에서도 이와 비슷한 유물들이 쏟아져 나왔어야 정상이다. 그런데 현실은 전혀 그렇지 않은 것이다.

8. 평양 고분의 주인은 한나라 사람인가

국내 강단 학자들의 대다수는 평양지역에서 지난 100년 사이에 발견된 유물, 고분들을 유력한 논거로 삼아 평양 지역이 낙랑군의 중심 지역이라는 주장을 펴 왔다. 몽골 국립중앙박물관의 G. 에렉젠(Эрэгзэн)은 이 같은 국내 학계의 연구 행태가 이해되지 않았던지 이 문제와 관련하여 다음과 같이 비판한 바 있다.

> 최근까지 낙랑의 무덤을 한 문화와 동일시하거나 한 문화에 포함시킨 의견들이 강하여 한국 역사학자와 고고학자들이 낙랑 문화를 한국 역사에서 분리시켜 왔다.[47]

과거부터 누누이 역설해 왔지만, 고고 유물이나 유적은 그저 반쪽짜리 증거에 지나지 않는다. 아무리 수량이 풍부하고 잘 갖추어져 있더라도 특정한 역사적 사실을 100% 완벽하게 뒷받침하거나 증명할 수는 없다. 고고 유물, 유적들이 특정한 역사적 사실을 입증하는 과정에서 생명을 얻고 절대적인 위력을 떨치는 순간은 바로 문헌적 근거들을 통하여 역사의 '미싱링크(missing link)'가 퍼즐처럼 하나하나 맞추어지고 역사적 상황과 맥락들이 질서도 정연하게 연결될 때부터이다. 이런 최소한의 조건이 갖추어지지 않는 이상 고고 유물이나 유적은 제 아무리 수량이 많이 널부러져 있더라도 그저 무의미한 역사의 파편이요 흔적들일 뿐이다.

그럼에도 불구하고 국내 역사학자나 고고학자들은 그동안 사사건건 "평양의 유물, 유적들은 모두 낙랑군의 것들이며, 따라서 그 자리는 모두 한나

---

47) 에렉젠, 〈흉노와 낙랑 무덤 비교〉, 《초원의 대제국, 흉노》, 제52쪽, 국립중앙박물관, 2008.

라의 영역"이라고 떠들거나 전파해 왔다. 그러나 에렉젠도 그런 행태들에 대하여 일침을 놓은 것처럼, 그것은 대단히 잘못되고 대단히 위험한 주장이 아닐 수 없다. 문헌적으로 지금의 평양이 한대의 낙랑군이었다는 사실을 입증하지 못하는 이상 역사적 진실과는 무관한 그 같은 '신념'들은 한낱 역사학, 과학의 이름을 빙자한 집착이자 미신일 뿐이다. 인문학자도 엄연한 과학자이다. 역사를 연구한다면서 번번이 요행을 바라고, 우연을 신뢰하고, 예외를 일반화시키는 것은 무당에게나 어울리는 짓이다.

이 같은 이치를 가장 잘 보여 주는 것이 평양 지역의 고분들이다. 에렉젠은 석암리 고분 등 이른바 '낙랑' 고분들의 성격에 대한 해석과 관련하여 전향적인 접근 방법을 제안하였다. 그는 평양 지역의 고분들과 그 유물들에서 한 문화의 영향이 강하게 확인되는 것을 인정하고 있다. 그럼에도 불구하고 그는 다음의 몇 가지 요소들에 주목하였다.

① 고분의 구조
② 유물의 구성
③ 거기에 공반되는 동복 등의 북방식 부장품
④ 마차와 말 관련 유물

그러면서 그는 평양 지역 고분 특히 목곽묘들을 굳이 한나라의 유적으로 단정해야 할 이유는 없다고 잘라 말하였다. 여기서는 그가 주목한 네 가지 요소에 착안하여 평양 지역 고분 및 그 유물들의 성격을 따져 보도록 하겠다.

1) 고분의 양식은 북방 계통

북한 학자 리순진의 연구에 따르면, 평양 일대의 이른바 '낙랑' 무덤을 목곽묘(나무곽무덤), 귀틀무덤, 전실묘(벽돌무덤)로 구분하고, 이 중에서 시기

〈1931년 평남 대동군 남정리 낙랑고분 발굴 현장. 평양 지역 고분들은 한나라 고분들과는 확연한 차이를 보인다〉

적으로 가장 이른 고분으로 목곽묘를 꼽았다. 그는 한대 고분 양식의 변천 과정을 근거로 들면서 평양 지역의 고분들이 한대 고분과는 확연한 차이를 보인다고 주장하였다.

> … 중국에서는 전한 전기에 나라의 중심 지역에서는 나무곽무덤이 공심전무덤과 교체되었거나 새로 나타난 공심전무덤과 병존하였으며, 전한 중기에는 나무곽무덤이 자취를 감추어 버리고 그 대신 벽돌무덤이 새로 나타났다. 특히 락양을 중심으로 하는 관동 지방에서는 전한 전기에 이미 나무곽무덤은 공심전무덤과 교체되어 자취를 감추었다. 다만 장사 지방과 같은 남방의 변방 지역에서만 나무곽무덤이 계속 존속되었을 뿐인데 그것도 기원전 1세기 후반기에 이르러서는 점차 자취를 감추기 시작하였으며 그 대신 벽돌무덤이 지배적인 무덤으로 등장하였다.
> 이와는 달리 평양 일대에서는 나무곽무덤은 한나라의 출현 시기보다 훨씬

이전인 기원전 3세기 이전에 지배적인 무덤으로 등장하여 기원전 1세기 말까지 계속 존재하였으며, 그것은 중국의 한대 무덤처럼 공심전무덤을 거쳐서 벽돌무덤으로 넘어간 것이 아니라 보다 발전된 귀틀무덤을 거쳐서 벽돌무덤으로 넘어갔다. 다시 말하여 기원전 3세기 이전부터 기원전 1세기 말까지 지배적인 무덤으로 존재하였던 나무곽무덤은 기원전 1세기 말-기원후 1세기 초에 귀틀무덤으로 계승 발전되었고, 귀틀무덤은 귀틀벽돌무덤과 벽돌귀틀무덤 단계를 거쳐서 2세기 초에 벽돌무덤으로 계승 발전되었다. 그리고 평양 일대에서는 전한 시기에 중국의 중심 지역에 성행하였던 공심전무덤과 같은 무덤은 지금까지 단 한 기도 드러난 례가 없다. … 만약 일제 어용학자들이 주장하는 것처럼 기원전 108년에 한나라의 락랑군이 평양 일대에 설치되어 수백 년 동안 존재하였다면 그처럼 평양 일대 락랑무덤의 형식 변천이 중국 한대 무덤의 형식 변천과 뚜렷한 차이가 있을 수 있겠는가 하는 것이다.[48]

리순진의 증언에서 보는 것처럼, 평양지역의 나무곽무덤, 귀틀무덤, 벽돌무덤들은 그 구조에 있어서 중국의 한대 무덤과 뚜렷한 차이를 보인다. 평양 지역 귀틀무덤들의 경우를 예로 들면, 귀틀바닥, 귀틀벽, 무덤구덩이 벽 사이를 강돌로 채우는 묘장 방식은 중국의 한나라 무덤들에서는 찾아볼 수 없는 것이다.[49]

평양의 고분과 한대 고분들은 축조 재료 자체는 서로 비슷할지 모르나 모든 유형에서 그 구조나 양식이 분명한 차이를 보인다는 뜻이다. 물론, 양자 사이의 이 같은 차이는 두 지역이 당시 서로 다른 매장 풍습, 생활 풍습, 혈통을 가지고 있었기 때문에 나타난 것이라 할 수 있다.[50]

---

48) 리순진, 《평양일대 락랑무덤 성격에 대한 연구》, 제200-201쪽, 도서출판 중심, 2001.
49) 리순진, 같은 책, 제205쪽.
50) 리순진, 같은 책, 제208-209쪽.

〈평양 지역에서 발굴된 각종 무덤과 특징들〉

	나무곽무덤	귀틀무덤	벽돌무덤	중국 경우
관곽 개수	1개	1개	1개	여러 개
무덤길 유무	×	×	×	○
연결 여부	×	×	×	2개 이상
지붕 유무	-	×	×	○
차마갱 유무	×	?	?	○
외형 상태	-	방형	-	장방형
강돌 유무	-	바닥과 벽	?	×
살림집 유무	-	×	×	○
천정 형태	-	-	궁륭식	궁륭, 무지개, 기차굴
측선 형태	?	?	밖으로 휜 호	곧은 직선
벽돌 축조방식	-	-	1m까지 수직쌓고 그 다음부터 점차 안으로 기울여 쌓기	처음부터 눕혀 수직쌓기
무덤칸 위치	-	-	반지하	지하
부호 설명	- (해당 없음)	× (없음)	○ (있음)	? (불명)

이와 관련하여 그는 평양 지역의 각종 고분들에서는 묘장 양식에 있어 '나무곽무덤 ⇒ 귀틀무덤 ⇒ 벽돌무덤'으로의 연속성이 확인되는데, 이 같은 양상이 한대 고분들에서는 전혀 보이지 않는다고 주장하였다.[51] 말하자면, 평양 지역 고분들의 경우 그 양식에 있어서 중국의 한대 고분들과는 확연히 구별되는 발전 양상을 보여 주는 셈이다.

일반적으로 무덤은 사회적으로 큰 변동이 발생하지 않는 이상 전대에 유행한 양식은 후대로 그대로 계승되기 마련이다. 이는 어느 나라의 고분이든

---

51) 리순진, 같은 책, 제207쪽.

〈평양시 정백동 귀틀무덤 발굴 현장. 토광에 나무널로 곽을 만들고 그 안에 관을 두는 것이 전형적인 귀틀무덤의 패턴이다〉

간에 다 마찬가지이다. 그런데 평양 지역에서는 전·후한대 내내 보편적으로 유행한 '공심전무덤' 등의 고분 양식이 전혀 보이지 않는다. 그렇다면 이는 곧 전·후한대 수백 년 동안 중원 지역(한나라)과 한반도 지역(평양)이 서로 문화적으로 연속성이나 계승성이 존재하지 않는 별개의 두 지역이었음을 고고적으로 보여 주는 셈이다.

리순진은 전한대 내내 본국(한나라)에서 성행한 고분 양식이 식민지 또는 변군(邊郡)에서 본국과는 전혀 판이한 발전 양상을 보인다는 것은 현실적으로 불가능하다고 보았다. 그러면서 평양 지역 고분들이 보여 주는 이 같은 양식의 특성들이 "중국의 한나라 락랑군 설치와 직접 관련되었거나 그 영향하에 이루어진 것이 아니라"[52] 현지에서 대대로 살아온 고조선 토착민들이 남긴 것이라는 결론을 내리고 있다. 이 같은 리순진의 반문과 결론은 대단히 상식적이고 합리적인 것이다.

---

52) 리순진, 같은 책, 제201-202쪽. 그는 평양 지역 고분과 중국 경내 한대 고분들이 구조적으로 얼마나 확연하게 구분되는가에 관하여 제202-208쪽에 걸쳐 고분의 유형에 따라 대단히 상세하게 비교분석해 놓았다.

이 문제에 관한 한 몽골 학자 에렉젠 역시 리순진과 비슷한 시각을 가지고 있다. 그의 연구에 따르면, 평양 지역의 목곽묘는 일제강점기에 50기, 해방 후 300기가 발굴되었는데, 그 대부분은 외부 구조가 파괴되거나 유실되어 "부장품이나 구조를 알 수 있는 것은 60여 기 정도"[53]뿐이다. 그런데 정도의 차이는 있지만, 평양 지역의 이른바 '낙랑' 목곽묘들은 구조적으로 흉노의 무덤들과 유사한 특징들을 보여 주고 있다.

그의 연구에 따르면, 이 목곽묘들 중에서 단장묘는 흉노의 고리형 외부 유구를 가진 목곽묘들과 유사하고, 이곽합장목곽묘는 비교 사례는 적지만 보르항 톨고이(Бурхан Толгой)의 흉노 무덤인 제32, 제37, 제38호 무덤들과 유사하다는 것이다. 동곽합장목곽묘의 경우, 역시 목곽의 한 모서리에 치우쳐 내곽을 배치하는 등 흉노계 무덤들과 비슷한 부분이 많다고 지적하였다.

평양 지역의 목곽묘가 양식면에서 볼 때 한계(漢系), 즉 중국계 고분과는 분명한 차이를 보인다는 것은 중국 학자들도 기본적으로 동의하는 듯하다. 왕배신(王培新)은 정백동 10호분과 요령성 조양(朝陽)의 원대자묘(袁臺子墓), 태성리 11호분과 북경 회유(懷柔) 북쪽의 묘 등의 경우를 예로 들면서, 낙랑 목곽묘의 초기 양식인 단장목곽묘가 요령, 하북 동부 일대의 초, 중기 묘장과 고분 양식은 물론 매장 풍속에서조차 서로 유사한 모습을 보이고 있다고 보았다.[54] 평양의 고분 양식이 요령 지방이나 하북 동부와는 친연성이 떨어지는 반면, 중원의 한대 고분들과는 문화적으로 구분된다는 것이다. 그렇다면 평양의 목곽분은 양식면에서 볼 때 중국계 고분이 아닌 것이다. 즉, 흉노, 동호 같은 북방민족 (또는 동이) 계통으로 분류할 수 있다는 뜻이다.

끝으로 또 한 가지 덧붙일 것은, '낙랑'시대보다 시기적으로는 좀 앞서지

---

53) 에렉젠, 같은 책, 제53-54쪽.

54) 왕배신(王培新), 같은 책, 제106쪽.

만 평양지역에서 확인되는 옹관묘(甕棺墓)에서도 흉노 등 북방민족과의 관련성이 강하게 드러나고 있다는 사실이다. 예를 들어 러시아의 외-바이칼 지구인 부리야트 공화국 울랑 우데(Улаан-Yд)의 이볼긴스키(Иволгински)에서는 1956~1970년 사이에 발굴된 49기의 아이 무덤에서 예외 없이 모두 시신이 옹관에 넣어져 집 부근, 공동묘지에 매장되어 있었다고 한다.55)

옹관묘는 중국에서도 확인되지만 하북, 안휘, 산동, 사천 등 주로 동이나 북방민족의 활동지를 중심으로 분포하고 있으며, 재야에서 고조선 땅 또는 한사군 지역으로 주장하는 하북성 천안(遷安) 등지에서도 다수가 확인된 바 있다. 즉, 옹관묘는 중국계 묘장제도라기보다는 오히려 동이 등 북방계 묘장 전통의 산물로 보는 편이 합리적이라는 뜻이다. 그렇게 본다면 평양 지역의 고분들은 한나라 즉 중국식 묘장제도와는 확연한 차이를 보이는 셈이다.

이처럼 발굴 현장을 두루 답사하고 그 결과를 소개하는 리순진, 에렉젠 등의 주장은 고고학적으로 중요한 의의를 지니고 참신한 시각을 제시해 준다. 그럼에도 불구하고 국내 강단에서는 지금까지 이들의 주장을 전혀 반영되지 않고 무시하거나 심지어 거꾸로 '낙랑평양설'을 뒷받침하는 증거로 왜곡하여 악용하는 행태를 보이기까지 한다. 이 같은 그들의 행태는 상식적으로 도저히 이해할 수 없는 비학술적 기행(奇行)이라고 하지 않을 수 없다.

2) 고분의 유물 구성은 고조선 계통

그러나 그 유물들의 구성을 놓고 본다면, 평양 지역 고분들에 부장된 유물들은 그 종류, 형태, 구성 등에서 뚜렷한 지역적 특색을 보여 주고 있다.

---

55) 개산림(蓋山林)·개지호(蓋志浩), 〈흉노 묘장(匈奴墓葬)〉, 《멀리 떠난 흉노(遠去的匈奴)》, 제58쪽, 내몽고인민출판사, 2007.

〈평양 지역 각종 고분에 부장된 유물들〉

	나무곽무덤	귀틀무덤	중국계 고분	비고
청동무기	좁은놋단검, 좁은놋창끝, 놋과	동일	?	
철제무기	쇠단검, 쇠창끝	동일	?	
농구형 무기	쇠도끼, 쇠끌, 쇠낫 (일습)	동일	×	세발솥, 세발그릇, 대, 목긴굽단지, 합, 관모단지
질그릇 (단지)	화분형, 배부른, 회백색, 회색	동일	×	
갑옷	장방형, 타원형 철편으로 제작	동일	×	
도용, 목용, 명전	×	×	○	

이 중에서 특히 고인돌 무덤 시기인 기원전 14세기부터 사용되기 시작한 좁은 놋단검(세형동검)의 경우를 단적인 예로 들어 보도록 하자. 이 단검이 한계(漢系), 즉 중국계 동검과 구분되는 가장 큰 차이점은 그 제작 기법에 있다. 즉, 그 전신인 비파형 단검과 마찬가지로 몸체, 자루, 자루 맞추개를 하나로 조립해 사용한 무기였다는 것이다. 이런 식으로 몇 개의 부속구를 조립해 사용한 무기로는 쇠장검, 쇠단검 등도 있는데, 이 세 부분이 단일하게 제작된 중국계 검들과는 그 제작 기법에서부터 완전히 판이하다. 전형적인 고조선계 유물인 것이다.

이와 함께 평양 지역 고분들 중 기원전 1세기 무덤들에서는 쇠도끼, 쇠끌, 쇠낫 등의 농기구를 닮은 무기들이 한 벌을 이루어 부장되는 것이 보편적이다. 이 역시 한대 고분들에서는 좀처럼 찾아볼 수 없는 유물들인 것이다. 평양 고분들에서는 이 밖에도 쇠갑옷, 장신구, 각종 질그릇도 함께 출토되었는데, 역시 그 형태에서 중국계 유물들과는 확연히 차이를 보인다.[56]

실제로 중국 학자 왕배신은 목곽묘가 평양 지역에 나타나기 시작하는 시점과 관련하여 북한 학자들과 견해를 달리하고 있다. 그럼에도 불구하고 그는 다수의 목곽묘에서 좁은놋단검, 좁은놋창끝, 놋과, 수레 부속구, 마구 등 고조선의 지역적 특색을 지닌 청동기들이 출토된 사실에 대해서는 인정하고 있다.[57] 이상과 같이 한대 고분의 부장품들과는 확연히 구분되는 유물들이 나무곽무덤의 경우는 물론이고 귀틀무덤, 심지어 벽돌무덤에서도 고르게 출토되고 있는 것이다. 이를 통하여 우리는 평양 지역 고분에 부장된 유물들이 나무곽무덤 시기부터 벽돌무덤 시기에 이르는 오랜 기간 동안 역사적 계승성 또는 고고적 체계성을 잃지 않았음을 알 수 있다.

3) 고분의 동복(銅鍑)은 북방민족의 유물

몽골 학자 에렉젠은 이른바 '낙랑' 목곽묘에서 출토된 북방계 유물들, 즉 동복(銅鍑), 여기서 보다 진전된 철복(鐵鍑), 동물 문양의 은제 마구장식, 동물 문양의 금은제 버클 등의 북방계 문화 요소에 주목하고, 이 중 동복의 존재를 근거로 평양 지역 고분들을 한나라, 즉 낙랑군의 산물로 보는 국내 학계의 시각에 이의를 제기하였다. 국립문화재연구소가 운영하는 〈고고학 사전〉에서는 '동복'과 관련하여 다음과 같이 설명하고 있다.

"철기시대 전기의 분묘 유적에서 발견되는 대형 화분 형태의 청동제 용기"

---

56) 리순진, 같은 책, 제208-216쪽.
57) 왕배신, 같은 책 제104쪽.

"국립문화재연구소"와 "고고학 사전"이라는 타이틀에 걸맞지 않게 그 제작연대나 주요 분포지가 생략된 채 너무 간략하게 소개되어 있는 것은 대단히 유감스럽다. 그러나 국제 학계의 연구에 따르면, 동복은 유라시아 유목민족들 사이에서 광범하게 사용되었다. 그래서 유라시아 북방 지역 또는 초원 지역과 연관된 문제들을 해결하는 데에 대단히 중요한 단서가 되어 주고 있다. 일부 학자는 병기, 마구, 동물 모티브와 함께 동복을 북방 초원문화를 상징하는 대표적인 아이콘으로 인식하기도 한다.[58]

동복의 기원 또는 제작연대는 전통적으로 유라시아 초원고고학 분야에서 오랫동안 논쟁거리가 되어 왔다. 그 실물의 분포 범위가 동북아에서 유럽까지 광범하게 펼쳐져 있고 상당히 오랜 기간 동안 사용되어 온 데 비하여 통상적으로 공반 유물이 없이 출토되는 경우가 많아서, 그 정확한 제작연대를 판단하기가 쉽지 않기 때문이다. 그래서 과거에는 세계의 유목문화가 모두 스키타이에서 유래한 것으로 인식해 왔다.

그럼에도 불구하고 그동안 동복이 세계 도처에서 비교적 풍부하게 확인되고 있고, 동북아에서도 각지에서 비교적 많이 확인되고 있는 것이 실정이다. 그래서 일부 학자는 그 기원을 중국 북방, 즉 북방민족에게서 찾기도 한다.

이 같은 추론은 중국에서 출토되는 동복의 분포 양상을 살펴보더라도 쉽게 알 수가 있다. 중국에서 동복은 1995년 은나라 도읍이었던 하남성 안양(安陽)에서 무리의 수장의 것으로 보이는 분묘에서 출토되는가 하면 2017년 5월에는 후한제국의 한 복판인 낙양 지역에서 발견된 100여 기의 흉노 고분에서도 동복이 다수 수습되기도 하였다.

현재까지 중국에서 출토된 동복들은 형태적으로 크게 독처럼 생긴 것과 그 아래에 받침대가 달린 것으로 구분된다. 전자로는 북경과 장가구(張家

---

[58] 곽물, 《복중건곤 – 청동복과 초원문명(鍑中乾坤 – 靑銅鍑與草原文明)》, 제18쪽.

口) 사이의 연경현(延慶縣), 내몽골 오르도스 북부의 동승(東勝), 내몽골 적봉 인근의 소흑석구(小黑石溝) 등지에서 전형적인 동복이 발견되었다. 그리고 중국 외부로는 알타이 지구 차르나크리아와 남부 우랄 지역 오렌부르그(Оренбург) 등지에서 몸체가 비슷한 반면 손잡이 부분이 화려하게 장식된 동복들이 발견되기도 하였다.

후자의 경우로는 섬서성과 감숙성 사이의 기산현(岐山縣), 봉상현(鳳翔縣)에서 서주, 춘추시대의 것으로 보이는 동복이 발견되었다. 또, 하북성 연경현 옥황묘(玉皇廟), 산서성 문희현(聞喜縣), 후마시(侯馬市), 태원 남쪽 금승촌(金勝村), 내몽골 호화호특(呼和浩特) 북부 사자왕기(四子王旗) 및 준격이기(準格爾旗), 위구르자치구 동북부 기대현(奇臺縣) 및 파리곤(巴里坤), 중국 알타이 지구 합파하현(哈巴河縣) 등지에서 출토되었다. 중국 외부로는 러시아 우랄 오소카(Осока), 이르쿠츠크 인근 등지에서 다양한 양식과 연대의 것들이 잇따라 출토되었다.

그런데 현재까지 중국에서 발견된 동복들은 거의 모두가 중원 지역 바깥에서 출토되고 있어서 그 기원이 북방초원지대임을 쉽게 알 수 있을 정도이다. 실제로 중국의 동복 전문가 곽물(郭物)은 지금까지 출토된 유물들을 근거로 삼아 청동으로 만들어진 동복은 기원전 12~11세기 무렵에 북방민족에 의하여 발명되어 바닥이 평평하거나 둥근 형태로 사용되었으며, 거기에 받침대가 부착되기 시작한 것은 기원전 10~9세기부터인 것으로 보고 있다.[59]

국내의 경우 김해 대성동 7호 고분 등 남부 지역의 가야, 신라계 고분에서도 출토된 사례가 없지 않다. 그러나 현재까지 동복 유물의 대부분은 북한 지역 고분의 주요한 부장품들 중의 하나로, 평안도, 황해도 등지에서 고르게 출토된 것으로 확인되고 있다. 평양 지역을 예로 든다면, 정백동 53호,

---

[59] 곽물, 같은 책, 제23쪽.

〈김해 대성동 29호분(좌), 47호분(우)에서 출토된 두 가지 동복〉

정오동 1호, 동대원리, 태성리 11호, 태성리 12호, 석암리 9호, 석암리 194호 등, 주로 목곽묘들을 중심으로 출토되었다. 이 중에서 정오동 1호분의 경우, "전형적인 낙랑군 시기의 토광목곽묘"로 일컬어지고 있음에도 불구하고, 북방문화의 아이콘인 동복이 출토되었다.

중국 학자 왕배신(王培新)도 항아리 같은 외형에 바닥이 평평하고 양쪽으로 귀가 달린 이 동복이 길림성 유수시(楡樹市) 노하심(老河深)의 M97고분에서 출토된 동복과 근사한 것으로 "한나라 양식이 아니다(非漢式)"[60]라고 소견을 개진한 바 있다. 또, 이른바 "낙랑공예"의 최고 걸작으로 일컬어지는 황금 버클이 출토된 석암리 9호분, 석암리 19호분에서도 각각 동복이 출토된 바 있다.

이러한 북한 지역의 동복은 계통적으로 "중국 한나라의 동기(銅器)와는 다르고 북방 스키타이계 유물"로 분류하고 있다. 현재 국내에서는 동복이 최말기 세형동검(細形銅劍) 및 중국계 철기들과 동반되어 발견되는 경우가 많다. 그래서 그 제작연대도 대체로 기원전 1세기경으로 추정하는 것이 보통이다. 참고로, 김해 대성동에서 출토된 동복은 역시 흉노로부터 문화적으로 영향을 받은 것으로 보이는 적봉(赤峰) 인근 소흑석구(小黑石溝)에서 출

---

60) 왕배신, 같은 책, 제72쪽.

토된 동복과 그 외형, 양식에 있어 완벽하게 일치하고 있다. 외국 학자들은 몽골, 러시아의 흉노 고분들에서 출토된 동복들을 근거로 외형이 독을 닮았고 입 쪽에 두 개의 손잡이가 달린 동복의 출현 연대를 대체로 기원전 3세기-기원후 2세기 초까지로 추정하고 있다. 그렇다면 정오동 1호분, 노하심 M97고분, 김해 대성동 고분 등 남북한에서 출토된 동복들도 이와 비슷한 시기에 제작되었다고 보는 편이 합리적이다.

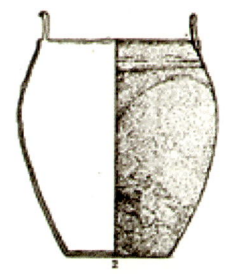

〈정오동 1호분 동복과 근사한 형태를 가진 노하심 M97고분 동복〉

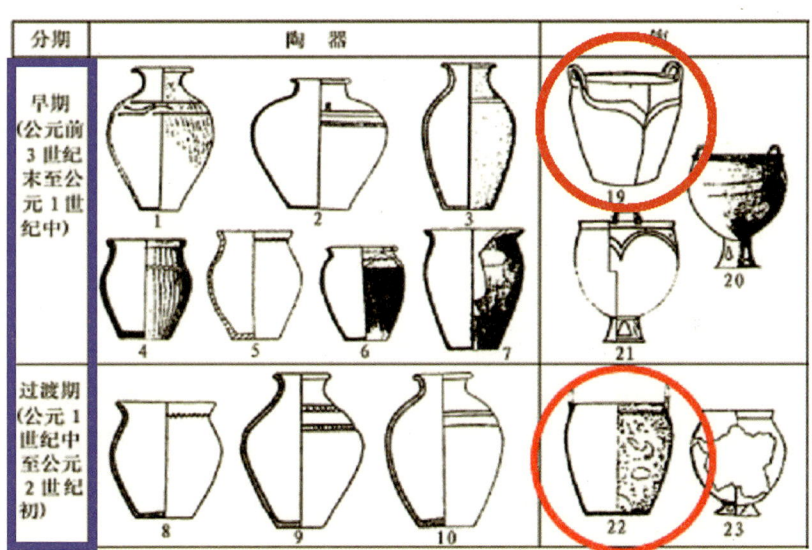

〈위의 〈표〉는 중국 학계가 작성한 흉노 동복의 편년. 남북한 동복과 근사한 동복은 그 제작 연대가 대체로 기원전 3세기~기원후 2세기로 추정된다. 국내 동복은 외형상으로는 기원후 1~2세기의 것(22)과 근사해 보인다.〉[61]

---

61) 선월영(單月英), 〈흉노묘장연구(匈奴墓葬研究)〉, 《고고학보(考古學報)》, 2009.제1기, 제62쪽.

이 같은 북방문화의 산물인 동복 또는 여기서 보다 진전된 철복(鐵鍑)이 부장품으로 사용되었다는 것은 무엇을 말해 주는가? 그것은 곧 그 무덤에 묻힌 피장자가 한나라와는 무관한 인물임을 방증해 주는 셈이다. 그래서 에렉젠 등 몽골 학자들도 평양 지역 목곽묘에서 출토되는 동복들은 그 외형에 있어 흉노의 고리형 적석유구(積石遺構)를 가진 목관묘에서 출토된 동복과 매우 유사하다고 보았다.[62] 다만 그는 평양 지역 동복들이 세부 요소에 있어서 흉노의 것들과는 다소 차이가 존재한다는 점, 아울러 중국 동북 지역의 출토 유물들과 상당히 유사한 패턴을 보이고 있다는 점에 주목하면서 "흉노보다는 오히려 동호 등 동방 유목민들과 관계가 있을 가능성이 높다"[63]는 의견을 내놓았다.

말하자면, 평양 지역 목곽묘의 유물들은 그 국적이 흉노인지 동호인지 모호하고 논란이 있을 수 있지만, 양자 중에 어느 쪽이든 간에 부동의 사실은 그 동복들이 한나라, 즉 낙랑군과는 엄연히 계통이 다르다는 입장인 것이다. 그렇다면 지역의 남북을 가릴 것 없이 국내에서 동복이 부장된 무덤들은 모두가 한나라 문화의 산물이 아니라 북방문화의 산물이라고 보아도 무방한 셈이다. 그렇다면 한반도 북부, 즉 평양 지역 동복의 존재는 그 지역이 지금까지의 주장과는 달리 한나라, 즉 낙랑군과는 무관한 엄연한 북방문화의 영역이었으며, 거기서 발견된 목곽묘 역시 그 피장자는 대부분 중국계가 아닌 고조선 등 북방계 주민이었다고 보는 것이 지당한 결론일 것이다.

4) 고분의 마구 및 수레 관련 유물도 북방계

몽골 과학아카데미 고고학연구소의 Ch. 유롤 에르덴(Ереел Эрдэнэ)에

---

62) 에렉젠, 같은 책, 제62쪽.
63) 에렉젠, 같은 책, 제63쪽.

따르면, 자신이 몽골에서 발굴조사한 19기의 흉노 귀족 무덤에서 수레 본체와 수레의 부속구들이 출토되었다고 한다. 예를 들어, 노인울라(1호 등), 타힐팅 홋거르(1호, 2호), 골모드(20호), 도르릭나르스(2호) 유적에서 흉노 귀족 무덤에서만 발견되는 차상 위에 일산을 설치한 수레 유물(Ⅰ형식)이 출토되었으며, 그중 골모드 20호, 노인울라 1호, 도르릭나르스 2호 등의 무덤에서는 보존 상태가 양호한 수레가 출토되었다는 것이다.

또, 노인울라 6호 무덤에서는 칠을 한 차상의 흔적과 차관이, 25호 무덤에서는 일산 살꼭지와 수레굴대끝이, Kondrateev 무덤에서는 수레바퀴 부분과 수레굴대끝이, 수직트 계곡에서 1954~55년 사이 Ts. 도르지수렝(Dorjsuren)이 발굴조사한 묘도 달린 방형 무덤에서는 수레바퀴가, 타힐팅 홋거르 유적 1호 무덤에서는 수레굴대끝 등 수레 관련 유물이 각각 출토되는 등 다양한 수레 부속구들도 출토가 끊이지 않는다는 것이다.[64] 2017년 12월만 해도 몽골공화국 수도 울랑바타르로부터 남쪽 150km 지점의 치헤르틴 적석무덤을 조사한 결과 바퀴가 각각 4개씩 달린 사륜마차 2대가 최초로 발견되기도 하였다.[65]

중국의 한대 무덤에서는 주로 미니어처나 나무, 청동으로 만든 모형들이

---

64) Ch. 유롤 에르덴, 〈골모드 유적 흉노 귀족 무덤 출토 거마구〉, 《제3회 한-몽 공동학술심포지엄 초원의 대제국, 흉노》, 제120쪽, 국립중앙박물관, 2008.

65) 노형석, 〈고조선 후예가 찾았다, 흉노제국 금속 마차〉, 《한겨레신문》, 2017.12.12. = http://www.hani.co.kr/arti/culture/culture_general/823076.html 몽골 과학아카데미와 국내 6개 기관, 대학이 참여한 이 발굴조사에서는 사륜마차와 함께 목곽과 목관 사이에는 재갈, 굴레장식 따위의 철제 말갖춤(마구), 금장식 칠기, 토기 조각, 옥제품, 유리구슬 등 부장품들이 쏟아져 나왔다고 한다. 조사단은 이 고분의 편년을 기원전 2세기로 잡은 듯하다. 또, 조사단은 사륜마차에 중국 특유의 칠기 재료를 사용한 점을 근거로 흉노족이 이 마차를 중국에서 수입해 부장한 것으로 해석하였다. 그러나 중국에서는 사륜마차 관련 고고 유물은 말할 것도 없고 관련 문헌 기록도 전혀 존재하지 않는다. 칠 재료나 장인을 따로 초빙해서 자신들의 마차를 치장하는 것도 얼마든지 가능한 일이다. 그런데 단순히 칠 재료를 근거로 중국의 마차를 수입했다는 주장을 하는 것은 아직도 국내 학계가 중국 중심의 역사인식에서 자유롭지 못하다는 것을 잘 보여 주는 셈이다.

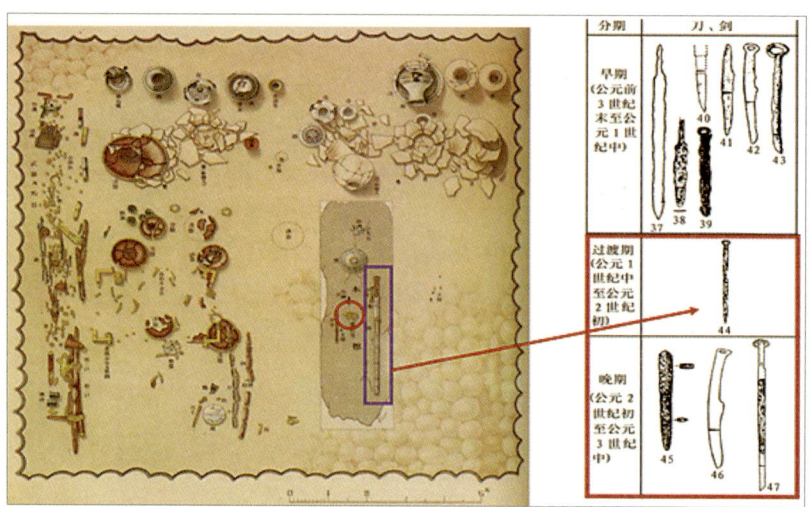

〈석암리 9호분의 발굴 도면. 관 안에서 수습된 장검은 기원후 1~2세기의 흉노 장검과 흡사하다. 동그라미는 유명한 황금 버클이 발견된 지점〉

출토될 뿐 수레 실물이 출토되는 경우는 드물다.66) 그런데 평양 지역의 일부 무덤에서 흉노 무덤에서나 확인되는 수레가 여러 고분에서 출토된 것으로 보고되고 있다. 에르덴의 소견에 따르면, 흉노의 무덤에서 이 같은 수레 관련 유물들이 보편적으로 출토되는 것은 흉노 귀족들이 마차를 일상적으로 사용하고 "피장자를 사후세계로 보낼 때 말과 같이 마차를 이용한다"(테르박, 2004)는 통념에 따라 상위계층의 무덤에 이를 부장하는 관습이 있었기 때문이다.67)

그런 점에 있어서는 '낙랑' 고분들의 경우도 마찬가지이다. 출토된 유물들 자체만 본다면 평양의 고분들에서는 당시 한나라 문화의 영향이 완연하게 느껴진다. 그러나 또 다른 측면에서 보면 당시의 중국 문화와는 확연히 구분되는 지역적 특색들 지니고 있는 것도 엄연한 사실인 것이다. 그 같은

---

66) 유롤 에르덴, 같은 책, 제120쪽.
67) 에르덴, 같은 책, 제122쪽.

지역색이 두드러지게 드러나는 것이 바로 수레 유물들이다.

예를 들어, 각종 고분에서 수레굴대끝(정백동 92호, 토성동 486호), 마구 및 수레 부속구(정백동 37호, 석암리 194호, 석암리 219호) 등이 출토되었다.[68] 특히, 황금 버클이 발견된 석암리 9호분 목곽묘의 경우, 앞서의 발굴 도면에서 볼 수 있는 것처럼 목곽의 왼쪽에 수레와 일산의 잔해들이 남아 있는 것이다. 이처럼 에렉젠, 에르덴, 에르덴바타르(Эрдэнэ баатар) 등 몽골 학자들의 연구를 참조할 때, 한반도 서북 지역(평양)의 '낙랑' 고분들과 몽골의 흉노 무덤들 사이에서 서로 유사한 특색들을 많이 찾아볼 수 있는 셈이다. 이 문제에 대해서는 실제로 평양 지역 고분들의 발굴, 조사, 연구를 직접 진행한 북한 학자 리순진 역시 그 속에 부장된 마구와 수레 부속구들의 계통과 관련하여 중국계 유물들과는 분명하게 선을 긋고 있다.

> 평양 일대의 나무곽무덤들에서 나온 마구와 수레부속 가운데서 대부분의 것은 중국의 한대 무덤들에서 나온 례가 없거나 거기의 것과 생김새가 다른 독특한 것이다. … 또한 수레 모양도 중국의 한인들과는 다르게 만들었던 것을 보여 준다.
> … 당시의 수레를 복원하여 보면 멍에대 한가운데에 수레채 1대를 고정시킨 T형의 멍에대를 수레함의 앞쪽 한가운데에 고정시키고 말 두 필을 메워서 끈 쌍두마차였다. 그러나 … 한인들은 멍에대의 량쪽에 수레채를 각각 1대씩 고정시킨 Π형의 멍에대를 수레함에 고정시키고 말 한 필을 메우고 끈 수레였다.[69]

말하자면, 마차를 끄는 말에 얹는 멍에대의 경우 한나라에서는 Π형으로

---

68) 에렉젠, 같은 책, 제55-56쪽.
69) 리순진, 같은 책, 제213-214쪽.

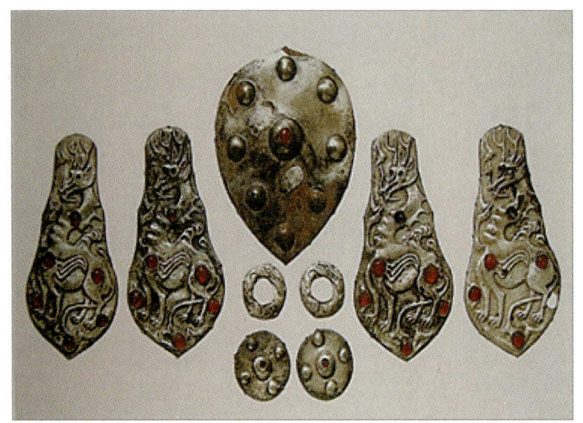
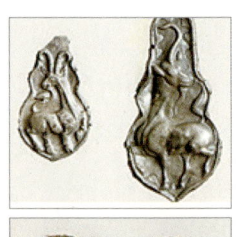

〈석암리 219호분에서 출토된 말드리개(좌)와 몽골 노인울라 등지의 흉노 무덤에서 출토된 말드리개(우). 전자에는 상감 기법으로 용, 후자에는 산양과 유니콘이 장식되는 등 세부적인 문양에서 다소 차이가 있지만 그 형태, 용도는 거의 일치한다〉

만들어 수레채를 한 마리의 말 양쪽으로 고정시킨 반면 평양 고분들에서 출토되는 멍에대들은 모두가 T형으로 만들어 두 마리의 말 사이로 고정시키는 등 그 사용 원리 자체가 상이한 것이다.

또 하나 주목해야 할 것이 말 장식품 중의 하나인 말드리개이다. 이 장식품은 말을 화려하게 꾸미기 위하여 말 엉덩이 쪽으로 연결된 줄에 다는데, 그 모양이 살구꽃잎을 닮았다고 해서 '행엽(杏葉)'으로 불리기도 한다. 국내에서는 황금 버클이 나온 평양 석암리 9호분, 석암리 219호분 등에서 출토된 것으로 확인되고 있다. 그런데 이 말드리개는 몽골, 러시아 등지의 흉노 무덤에서 출토된 것과 형태, 용도, 제작기법 등에서 거의 일치하고 있다.

위에서 보는 것처럼 석암리 219호분 말드리개에서는 은판에 용을 닮은 괴수를 형상화해 놓았다. 이 괴수는 얼핏 보기에 기린인 것 같기도 하지만 날개가 달린 것을 보면 용을 닮은 것 같기도 하다. 반면에 몽골의 흉노무덤에서 출토된 말드리개에는 외뿔이 달린 전설상의 동물인 유니콘(unicorn)을 형상화해 놓은 것을 확인할 수 있다. 평양과 몽골에서 출토된 이 두 말드

〈평안도 황주군 흑교리(좌), 평양 동대원리(중), 대동군 상리(우)에서 각각 출토된 마구 및 수레 부속들. '을'자 동기, 권총형 멍에대, 타원통형 놋방울(상리) 등은 중국계 고분에서는 출토된 적이 없는 전형적인 고조선계 유물들이다〉

리개의 문양은 중국에서 확인되는 말드리개들의 문양과는 분명하게 구분된다.

가공 기법 역시 다소 차이가 있다. 석암리 말드리개의 경우 단일한 소재의 은판을 두드려 입체감을 살리고 여러 군데에 난집을 만들고 붉은 옥을 박아서 화려하게 장식하는 등, 전형적인 북방계 가공 기법인 타출법과 상감법이 적용되었다. 반면에 중국계 말드리개는 통상적으로 이 같은 기법이 사용되지 않는다. 평양 지역에서 출토되는 말드리개들은 그 제작연대가 대체로 기원후 1세기로 추정되는데, 시간이 흐를수록 한나라 공예 문화의 영향을 많이 받게 된다. 그러나 나중에는 중국의 영향을 받게 되는지 모르지만, 평양 지역 말드리개의 원형만 놓고 따져 보면 계통적으로 한나라와는 거리가 멀고, 오히려 흉노 등 북방 문화의 영향이 더 강하게 드러나고 있다는 것이다.

마구 및 수레 부속구들 중에서 그 원리나 형태가 중국계 유물들과 다른 것들로는 이밖에도 신바닥 형 말관자, 타원통형 놋방울, 을(乙)자형 동기, 권총 모양의 멍에대 끝 장식, 방울이 달린 원통형 굴대끝 씌우개, 삿갓형 기둥장식, 기타 금동장식 등이 있다. 이처럼 평양 지역의 나무곽무덤에서 출토된 마구와 수레 관련 유물들은 알고 보면 대부분 중국의 한대 고분에서는 발견된 사례가 없거나 그와는 구분되는 독특한 형태의 것들이 많다.[70]

즉, 평양 지역 목곽묘의 중요한 부장품들 중의 하나인 마구와 수레 부속들과 관련한 북한 학계의 입장이 그 부장품들이 중국계의 낙랑이 아닌 고조선계 토착민 고유의 것에 부합된다는 앞서 몽골 학자들의 연구 결과들과 거의 일치하고 있는 것이다. 실제로 이 고분들의 발굴과 조사, 연구를 직접 진행한 북한 학계 내부에서도 "평양 일대의 나무곽 무덤들에서 나온 마구와 수레 부속 가운데 대부분의 것은 중국의 한대 무덤에서 나온 례가 없거나 거기의 것과 생김새가 다른 독특한 것"(제213쪽)이라고 분명하게 밝히고 있다. 이에 대해서는 일본 와세다대 고고학과 교수인 오카우치 미쓰자네(岡內三眞)도 국내 모 방송국의 역사 다큐멘터리에서 같은 고고적 소견을 개진한 바 있다. 그렇다면 북한 학계의 연구 결과는 북평양 지역 목곽묘의 성격이 중국계보다는 고조선계에 부합된다는 이상의 몽골, 일본 학자들의 분석 결과들과 일치된 결론을 내리고 있는 셈이다.

따라서 국내의 역사학자, 고고학자들이 단순히 각종 고분에서 쏟아져 나오는 유물들의 원산지가 중국이라는 이유 하나만으로 이 고분들을 '낙랑'의 것들로 단정하는 것은 대단히 성급하고 위험한 결론이 아닐 수 없다. 따라서 이제부터라도 평양 지역에서 발굴된 이른바 '낙랑' 고분들 중 적지 않은 수의 것들(특히 목곽묘)이 흉노, 동호 등의 북방민족이 남긴 것들일 가능성에 대하여 진지하게 반문해 볼 필요가 있다. 그리고 그런 의미에서 우리가 평양 지역의 유적, 유물들을 일률적으로 '낙랑' 또는 한나라의 것으로 인식해 온 기존의 관점들은 처음부터 재고되어야 할 것이다.

---

[70] KBS 제1방송에서 2005년 5월 27일에 방영한 역사 다큐멘터리 《역사스페셜 – 첫 나라 고조선 수도는 어디였나》측의 인터뷰에 응한 와세다 대의 오카우치 미쓰자네(岡內三眞) 교수는 평양 고분에서 출토되는 마구들과 관련하여 "평양 주변에서 나오는 마구인 권총형이라든가 우산형 동기라든가 '을'자형 동기 같은 것들은 중국에서는 전혀 발견되지 않는다"라고 고고적 소견을 피력한 바 있다.

5) 평양 고분의 유물은 중국과의 문화교류의 결과

　법률용어 중에는 '속인주의(屬人主義)'와 '속지주의(屬地主義)'라는 서로 대립되는 개념이 있다. 전자는 어떤 사안을 처리할 때 당사자의 출신 배경을 중시하는 경우를 가리키고, 후자는 당사자가 현재 어디에 속해 있는가를 중시하는 경우를 가리킨다. 국내 강단 학자들은 고고 유물을 연구하는 데 있어서는 '철저한' 속인주의자들이다. 어떤 유물이 있을 때 그것이 출토된 지점의 역사, 문화, 정치적 상황은 전혀 고려하지 않고 오로지 그 유물의 '원산지'만으로 모든 역사적 사건과 사실들을 재단하는 경향이 강하기 때문이다. 그러나 그 같은 역사인식은 사실이라고 하기 어렵다. 강단 학계는 그동안 누가 낙랑군이 중국에 있었다는 주장을 하기라도 하면 항상 이렇게 반문하곤 하였다.

　"그럼 평양에서 발견된 그 수많은 중국식 유물들은 다 무엇이란 말인가?"

　명색이 강단에 선다는 학자들이 초등학생에게나 어울리는 이런 반문을 한다는 소리를 들을 때마다 우리나라 인문학이 파탄난 데에는 다 그럴 만한 이유가 있었다는 생각을 하게 된다. 물론 이들이 평양을 낙랑군이라고 주장하는 근거는 평양에서 대량으로 쏟아져 나온 중국계 유물들이다. 그들이 그동안 공부해 온 바에 따르면, 그 유물들은 틀림없는 'Made in 한나라'이다. 게다가 '제작연대가 적힌 것만도 수십 점'이나 된다. 그러니 그것만 보아도 그 땅은 낙랑군임에 틀림이 없다는 것이다. 그러나 그런 소리는 한마디로 '하나만 알고 둘은 모르는 소리'이다. 역사적 진실과는 동떨어진 소리라는 뜻이다.

　그들 말마따나 평양에 중국계 유물들이 산더미처럼 쌓였고 제작연대가 확실하다고 치자. 그렇더라도 '낙랑' 두 글자가 적혀 있는 것은 얼마 되지 않는다. 설사 평양의 중국계 유물에 모조리 '낙랑" 두 글자가 찍혀 있다고 해도 그것만 가지고는 그 지역이 낙랑군, 나아가 한나라 식민지였다고 단정할 수 없는 것이다. 단정할 수도 없거니와 단정해서도 안 된다는 것은 고고학의 ABC이다. 왜냐하면 그 같은 심증을 뒷받침해 줄 만한 문헌적 근거가 전혀 없기 때문이다.

고대사 연구 과정에서 문헌에 나와 있는 유물, 유적에만 100% 의존해서 과거의 역사적 사실과 동일시하는 것은 아마추어나 하는 짓이다. 만일 보다 전문적이고 유능한 학자라면 문헌 기록만, 또는 고고 유물, 유적만 100% 신뢰하지는 않을 것이다. 고대사 연구에서 유능한 학자란 문헌적 근거와 고고적 유물, 유적의 상호 대조, 분석을 통하여 역사적 사실을 재구성하고, 그 작업을 통하여 궁극적으로 역사적 진실에 다가서는 사람들이다.

즉, 문헌과 유물을 절충해서 그로부터 답안을 도출해 내는 것이 가장 합리적이고 가장 안전한 접근 방법인 것이다. 낙랑 문제의 경우도 마찬가지이다. 평양에 중국계 유물들이 산더미처럼 쌓여 있다고 해도 '평양=낙랑'의 도식을 충족시켜 줄 수 있는 문헌적 근거가 단 한 줄도 확보되지 않았다면 그 땅은 당연히 낙랑군일 수 없는 것이다. 그런 문헌적 증거도 한 줄 없는 판국에 단순히 고고 유물, 그것도 '낙랑'이라는 글자도 찍혀 있지 않은 중국계 유물이 쏟아져 나왔다고 해서 거기가 낙랑이라고 우기는 것은 그야말로 어불성설일 뿐이다.

평양에서 발견된 유물들 중 다수가 중국계 유물들인 것은 분명하다. 그러나 그것들이 어떠한 경로를 거쳐 그 무덤들에 부장되었는지에 관해서는 누구도 섣불리 예단해서는 안 된다. 그 중국계 유물들이 정복이나 식민의 물증일 수도 있지만, 또 다른 시각에서 보자면 교류나 교역의 산물들일 수도 있기 때문이다.

동경(銅鏡), 즉 청동거울의 경우를 예로 들어 보자. 러시아 고고학자의 연구에 따르면, 동판 또는 철판의 한쪽 표면을 연마해서 제작하는 원형의

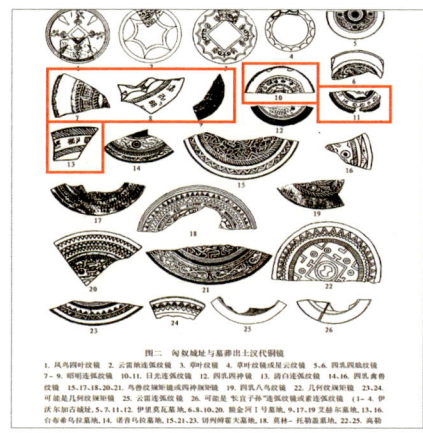

〈대표적인 중국계 유물인 청동거울은 중원 너머의 몽골, 러시아, 내몽고, 한반도 등지에서 광범하게 출토되고 있다. 오른쪽 것은 2017년 11월 경북 경산에서 출토된 청동거울〉

거울은 그 기원을 청동기시대의 이란 지역에서 찾을 수 있다고 한다. 그것이 청동기를 지나 철기시대에 접어들 무렵 동쪽으로 이동하여 중국과 한반도에까지 전파되었다는 것이다.

중국의 경우, 뒷면에 활 문양이 연속적으로 장식되어 있는 청동거울이 비교적 많다. 일반적으로 '연호문 동경(連弧紋銅鏡)'으로 일컬어지는 이 유형의 거울은 전국시대 중기부터 출현하기 시작한다. 최초에는 고조선계 청동거울의 최고 걸작으로 꼽히는 '다뉴세문경(多紐細紋鏡)'처럼 기하학적인 문양으로 제작되었다. 그러다가 전한대부터 연호문과 함께 고대 한자로 된 문구를 새긴 새로운 유형의 청동거울들이 등장한다. 한자가 들어간 청동거울로는 문구의 종류에 따라 "일광(日光)"연호문경, "소명(昭明)"연호문경, "청백(淸白)"연호문경, "동화(銅華)"연호문경, "일유희(日有熹)"연호문경 등이 있다. 이 중에서 연대가 전한대 중기까지 소급되는 초기의 청동거울은 "일광"연호문경과 "소명"연호문경 정도라고 한다.

이번에 경북 경산에서 발굴된 고조선계 소국인 압독국(押督國)의 고분에서도 청동거울이 출토되었는데, 국내 고고학 역사상 가장 온전하고 가장 큰 것이다.71) 현재 그 청동거울이 보존처리 중이어서 실물을 접할 수가 없다. 게다가 뒷면에 새겨진 것이 전한대 당시의 고문자이다 보니 그 문구가 정확하게 어떤 의미를 가졌는지 판독하기 어렵다. 그러나 중간중간에 "내(內), 청(淸), …", "일(日), 월(月), …", "광(光), 휘(輝), …" 등의 글자가 들어가 있는 것을 보면 "소명"연호경의 일종으로 보인다.

국내 학계는 고분에서 청동거울만 출토되었다 하면 그것을 무조건 중국계 유물로 단정하는 경향이 강하다. 더욱이 그 성격에 대해서도 거의 언제나 한나라의 정치적 지배와 결부시켜 해석하곤 한다. 그러나 대표적인 중국계 유물로 일컬어지는 이 청동거울은 중원 너머에서도 널리 확인되고 있다. 현재 러시아, 몽골, 중국 등 각국의 학자들은 청동거울에 대한 일련의 연구를 통하여 이 중국계 유물이 중국은 물론이고 러시아, 몽골, 내몽고, 한반도 등지에서 광범하게 출토되는 '국제적인' 부장품임을 입증해 주고 있다. 중국 학자가 이전에 흉노 지역에서의 청동거울 출토 상황을 연구한 책을 보면, 이번에 경산에서 출토된 청동거울과 거의 동일한 문양과 문구가 새겨진 중국계 청동거울이 몽골, 러시아 등지의 흉노 무덤에서도 이미 출토된 바 있다. 위의 자료 그림에서 10번 거울은 몽골 북부 에긴 골(Эгийн гол)에서, 11번은 러시아의 일모바야(Илмовая)에서 각각 출토되었는데72), 그 문양과 한자가 경산의 것과 대체로 일치하고 있다. 문제는 에긴 굴이나 일모바야가 고대에는 한나라의 영역이 아니라 흉노제국의 일부였다는 데에 있다. 이 청동거울의 연대를 1~2세기로 잡으면 더욱 이상해진다. 그 이전에 한 무제의 흉노 정벌이 강력하게 이루어졌지만, 그 이후에도 흉노는 비교적 광범한 영역을 활동무대로 삼고 있었다. 반면에 한나라는 한 무제의 잦은 대외 원정과 국내 정국의 혼란으로 국력이 오히려 위축되어 있었다. 그런 정

---
71) 신강문, 〈2천년전 '압독국 왕릉' 발견… "청동거울, 인골 출토"〉, 《KBS 뉴스》(인터넷판), 2017.11.23.
72) 선월영, 같은 책, 제40쪽.

황들을 감안할 때, 단순히 한자가 새겨진 청동거울이 출토되었다고 해서 그 발견지를 한나라의 영토 또는 식민지로 단정할 수는 없는 것이다. 한자가 새겨진 청동거울이 아무리 많이 출토되더라도 그것을 한나라의 영토 또는 식민지배의 물증이라기보다는 오히려 교류나 교역의 물증일 가능성이 더 높다는 뜻이다.

칠기, 화폐 등의 경우도 상황은 크게 다르지 않다. 중국의 몽골인 학자 개산림(蓋山林)과 개지호(蓋志浩)의 연구에 따르면, 러시아, 몽골, 내몽고 등지에서 확인된 다수의 흉노 무덤들에서는 이 밖에도 칠이배(漆耳杯), 오수전(五銖錢) 등의 중국계 유물들이 무더기로 출토된 사례가 적지 않다. 심지어 오르도스 고원의 서구반(西溝畔) 무덤에서는 "소부 2량 14주(小府二兩十四朱)"식의 문구가 들어간 은제 장신구들, 같은 지역의 와이토구(瓦爾吐溝) 무덤에서는 "좌현왕 제8자(左賢王第八字)"라는 문구가 새겨진 청동 주전자, 청해성(青海省) 상손가채(上孫家寨) 무덤에서는 "한흉노귀의친한장(漢匈奴歸義親漢長)"이라는 문구가 들어가 있는 청동제 관인 등이 잇따라 출토되기도 하였다.[73]

또, 몽골의 노인울라에서는 기년을 포함하여 "건평오년촉군서공조승여휴인화목황와목용일승십륙륜소공존사공포상공수동와황도공종공□□공봉청공백조공부조호공졸리순수장극승준탁봉수령사엄주(建平五年蜀郡西工造乘輿䋲印画木黄瓦木容一升十六侖素工尊肆工㪅上工壽銅瓦黄涂工宗工□□工豊清工白造工夫造護工卒吏巡守長克丞駿琢豊守令史嚴主)" 총 69자의 한자가 적힌 칠이배 등, 다수의 칠기들이 복수의 무덤에서 확인된 바 있다. "건평(建平)"은 전한 애제(哀帝: BC27-BC1)가 사용한 연호인데 "건평 5년"이라면 서기로는 기원전 2년에 해당한다.

그러나 노인울라 등, 몽골, 러시아에서 이 같은 중국계 유물들이 산더미

---

73) 개산림·개지호, 같은 책, 제7-97쪽.

 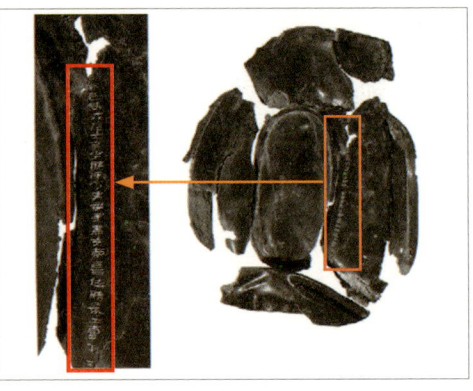

〈대표적인 중국계 유물인 칠이배. 평양에서는 온전한 모습으로 몽골의 노인울라 M6, M23 흉노 무덤에서는 파손된 채 출토되었다. 노인울라 칠이배에 69자나 되는 한자가 적혀 있는 것을 볼 수 있다〉

같이 쏟아졌다고 해서 그곳이 기원전 1세기부터 한나라의 영토 또는 식민지였다고 보기는 어렵다. 이 문제와 관련한 몽골 학자들의 시각은 대단히 합리적이고 명쾌하다. 한나라의 영향이 있기는 하지만 엄연한 흉노의 무덤이요 흉노의 땅이라는 것이다. 그리고 그 대량의 중국계 유물들은 정복이나 식민의 물증이 아니라 교류와 교역의 산물들이라는 것이다. 간혹 중국 학자들이 중국계 유물들을 근거로 한나라의 영향을 과대하게 강조하는 경우가 있다. 그러나 그 같은 주장들은 그저 참고 사항일 뿐이지 그 무덤들이 흉노의 것이라는 결론을 뒤집지는 못한다. 다음의 표를 보면 러시아, 몽골, 내몽고 지역의 무덤에서 중국계 유물들이 얼마나 다양하고 많이 쏟아져 나왔는지 확인할 수 있다.

〈표〉 개산림, 개지호가 소개한 러, 몽, 중 각지 흉노 무덤의 중국계 유물[74]

고분 명칭	지역	연대	중국계 유물 종류			
			청동거울	오수전	칠이배	버클
돈현요자	하북					+
도돈자촌	영하	기원전 1세기		+		+
이가투자	영하	기원후 1세기		+	+	+
상손가채	청해		+	+	+	
도홍파랄	내몽고					+
서구반	내몽고		+			+
보동구	내몽고		+		+	
노인울라	몽골	기원(전)후1세기	+		+	+
이볼가	몽골			+		+
흐약타	러시아	기원후 1세기	+	+	+	
일모바야	러시아					+
디레스투이	러시아			+		+

이 〈표〉에 언급된 지역들을 지도에 표시해 보면 그 분포가 대체로 다음

---

74) 여기에 언급된 유적 및 무덤들은 1기의 단일한 무덤뿐만 아니라 언급된 지점을 중심으로 발견된 복수의 고분'군'까지 모두 포함한 것이다. 예컨대, 몽골의 노인울라에서는 흉노 무덤이 총 212기, 러시아의 흐약타(Хягта)에서는 흉노의 일반 무덤 110기와 귀족 고분 몇 기, 중국 청해성 상손가채에서는 한대 이래의 흉노 무덤이 127기가 각각 확인되는 식이었다. 개산림과 개지호가 자신의 책(제94쪽)에서 낸 비공식적인 통계에 따르면, 2007년 현재까지 러시아의 외-바이칼지구에서는 20개소에서 약 99기가 발견된 후 377기가 발굴되었고, 몽골에서는 30개소에서 약 2,000기가 발견된 후 500여 기가 발굴되었으며, 중국에서는 7개소에서 50여 기가 발굴되었다. 이 중에서 대표적인 고분 유적으로는 러시아 외-바이칼에서는 일모바야, 디레스투이, 체레무호바야, 이볼가 무덤, 몽골에서는 노인울라, 골 모드, 텝시 울, 다르항 올 무덤, 중국에서는 내몽고의 서구반, 보동구, 영하의 도돈자 무덤 등이 있다고 한다. 이 표에 언급된 "버클"은 중국계 대구가 아니라 북방계 버클을 말한다. 중국계 유물은 아니지만 몽골, 러시아, 내몽고, 중국 변방에서 공통적으로 출토되는 주요 유물들 중의 하나이기 때문에 함께 언급하였다.

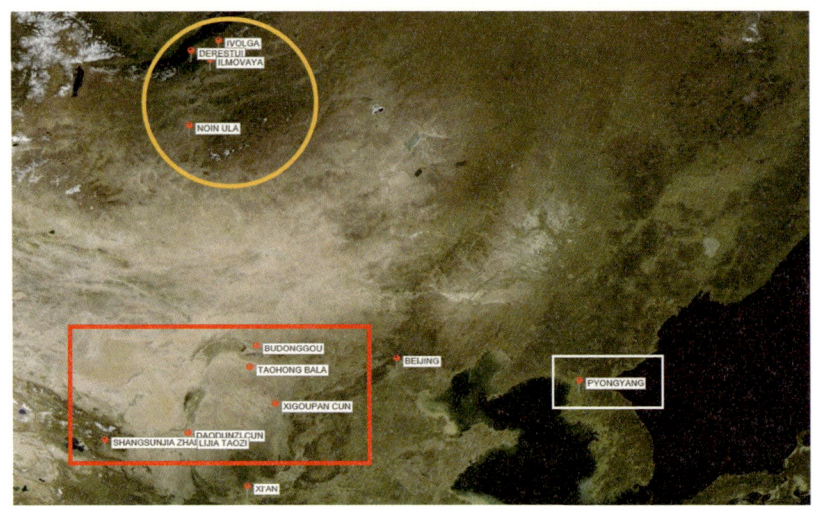

〈중국계 유물이 출토된 곳. 출토지가 모두 통상적으로 '중국'으로 알려진 중원 지역 너머에 위치해 있다. 유물이 출토되지 않은 서안과 북경은 각각 태행산맥과 연산산맥 안쪽, 즉 중원에 위치해 있는 것을 볼 수 있다〉

과 같다.

지도에서 확인할 수 있듯이, 서구반, 상손가채, 그리고 노인울라, 오르도스, 준가르 등지는 기원전 1세기에서 기원후 1세기 전후까지는 엄연히 흉노의 강역에 속해 있었다. 흉노는 멸망하는 순간까지도 한나라의 식민지였던 적이 단 한 번도 없었다. 게다가 당시의 흉노제국은 한나라조차 두려워할 정도로 막강한 국력과 영토를 보유하고 있었다. 중국 정사 어디에서도 그 지역이 한나라 영토라고 적시한 기록은 보이지 않는다.

역사적으로 한나라가 그 지역을 정복한 일도 없었다. 오롯이 흉노가 남긴 자신들의 무덤이요 땅인 것이다. 그런데 단순히 누가 보기에도 흉노제국의 땅이 분명한 이 지역에서 한나라에서 제작되고 한자가 씌어진 유물이 출토되었다는 이유만으로 그 지역을 전부 한나라 영토로 규정한다면 말이 되겠는가? 그것은 역사적 진실이 아닌 것이다. 그래도 막무가내로 그렇게 주장한다면 그것은 명백한 역사왜곡이다.

평양 지역 '중국계' 유물들의 성격 역시 이와 다를 것이 없다. 이 중국계 유물들이 출토된 흉노 무덤과 평양 지역 무덤들에 차이점이 있다면, 전자는 중국에서 가까운 내몽고는 물론이고 북몽골, 러시아까지 그 무덤들의 분포 밀도가 상당히 낮은 데 비하여 후자의 경우는 주로 평양 지역에서 집중적으로 확인되었다는 것뿐이다.

그러니 단순히 중국계 유물들이 쏟아져 나왔다고 해서 그것들을 낙랑군의 유물로 단정하거나, 나아가 그 지역을 한나라(낙랑군) 영토라고 주장하는 것은 대단히 아마추어적인 역사인식이고 대단히 위험한 역사왜곡이 아닐 수 없다. 만일 그런 소리를 대학 교수가 했다면 그 사람은 학자 대접을 받을 자격조차 없다고 생각한다.

결국 평양 지역 고분에서 중국계 유물이 아무리 많이 나온다고 해도 자연스레 그 땅이 한나라 영토 낙랑군이라는 증거는 되지 못한다는 결론에 도달하게 되는 것이다.

평양에서 발견된 그 수많은 유물들 중에서 '낙랑'이라는 딱지가 붙어 있는 것은 얼마 되지도 않는다. 일부 고분의 내부 또는 외부에서 '발견된' 와당, 전돌, 봉니에 "낙랑" 또는 "대방"이라는 글귀가 확인되었을 뿐이다. 그리고 그런 글귀가 박혀 있는 유물들은 거의가 위조 또는 조작의 의혹에 휩싸여 있는 것이 실정이다. 그런 상황에서 그런 중국계 유물들을 낙랑의 것이라고 하고, 평양지역을 한나라 낙랑군 땅이라고 강변한다면 그런 소리는 '학술 사기(academic fraud)'와 다를 바가 없다.

그 중국계 유물들은 정복과 식민의 산물일 수도 있지만, 넓게 보면 교류와 교역의 산물일 수도 있는 것이다. 단적인 예로 몽골 각지에서 흉노 무덤들을 조사한 결과 조사 대상이 된 무덤들 전부에서 칠기, 청동거울, 마구, 마차 등 평양 지역의 것들과 유사한 중국계 유물들이 쏟아져 나왔다. 무덤들의 매장 유구 역시 한나라의 것들과는 구분되는 현지만의 독특한 지역색을 강하게 드러내고 있다고 한다.

지금까지 조사한 흉노 무덤에서 한결같이 평양과 유사한 구성의 중국계 유물들이 쏟아져 나왔다는 것은 흉노가 한나라에 정복당하거나 식민지였다는 물증들이 아니라 두 나라 사이에 군사 충돌만큼이나 치열한 문화, 경제적 교류와 교역이 이루어졌다는 것을 증명해 줄 뿐이다.

실제로 몽골 울랑바타르 대의 에르덴 바타르는 흉노 무덤에서 중국계 유물들이 많이 출토된 것을 중국과의 문화적 교류의 결과로 해석하였다[75]. 평양의 그 수많은 중국계 유물들 역시 정복이나 식민의 물증들이 아니라 교역과 교류의 산물일 가능성을 배제하면 안 되는 것이다. 그런 의미에서 본다면 우리가 평양 고분들 속의 중국계 유물들을 연구하는 과정에서 주목해야 할 부분은 그것들의 '국적'이 아니라 그것들이 거기에 부장되게 된 '경로'가 아닐까 싶다.

9. '대방군' 관련 유물들에 대한 금석학적 검증

일본의 전돌 연구가 다니 도요노부(谷豊信)는 서기 1~907년, 즉 한대에서 당대 말기까지 중국에서 제작된 기년전의 명문과 출토지를 비교분석한 논문을 발표한 바 있다. 그 논문에 따르면, 왕망(王莽: BC45~AD23)의 신(新)나라와 후한의 기년전의 경우 요령성 개주(蓋州)의 구롱지촌(九壠地村) 전실묘의 2점과 한반도의 평안도, 황해도 일대에서 발견된 것 37점[76]을 제외하면, 모두가 한수(漢水) 및 장강(長江) 이남 지역, 즉 그것도 사천, 운남

---

75) D. 에르덴바타르, 〈흉노 귀족 무덤의 성격〉, 《초원의 대제국, 흉노》, 제171-172쪽.
76) 공석구, 〈평안, 황해도 지방 출토 기년명전에 대한 연구〉, 《진단학보(震旦學報)》, 제65호, 제2쪽, 1988. 이 통계치는 일본 학자 우메하라 스에지(梅原末治)가 《소화 7년도 고적조사보고(昭和七年度古蹟調査報告)》에서 밝힌 것을 근거로 한 것이다. 뒤의 표에 나와 있는 "33"은 기년전의 수량이 아니라 출토지를 나타낸 것이다.

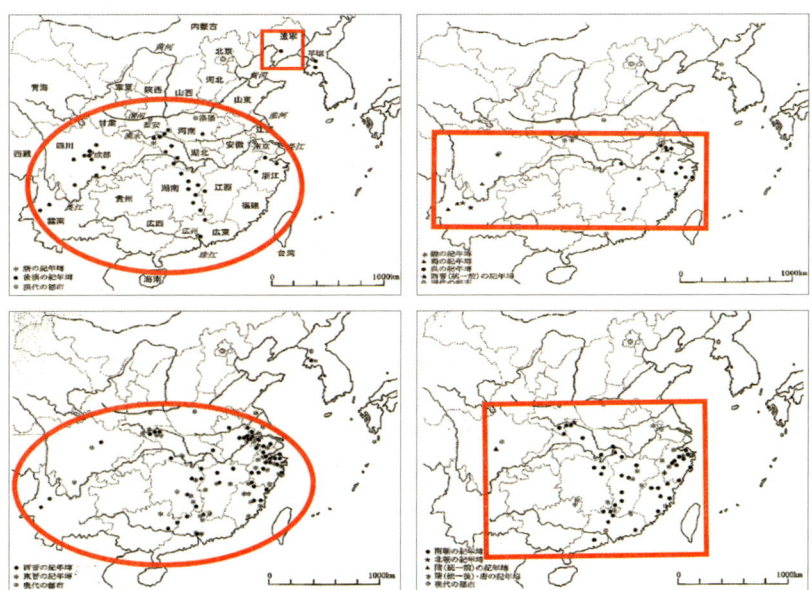

〈중국 역대 기년전 분포도. 평양 지역을 제외하면 거의 모두 중원의 중남부에 집중되어 있는 것을 확인할 수 있다〉

과 섬서, 호북, 호남, 광동 두 지구에서 집중적으로 분포하는 것으로 나타났다. 또, 전실묘(塼室墓)와 기년전의 관계와 관련하여 대다수의 기년전이 전실묘에서 발견되었지만, 정작 내몽고, 영하, 감숙, 북경, 천진, 산서, 산동, 강소, 안휘 등 중국 북부에서는 전실묘에서 기년전이 단 한 점도 확인되지 않았다고 밝혔다.77)

이는 곧 전실묘에 기년전을 사용하는 것은 남방 문화의 영향에 따른 것임을 의미한다. 북방에서는 그 같은 전통이 존재하거나 유행하지 않았던 것이다. 남부와는 달리 북부에서는 기년전이 "전혀 사용되지 않는" 상황은 당대 말기까지 계속된다. 기년전의 이 같은 특이한 분포 양상은 다니가 예시

---

77) 다니 도요노부(谷豊信), 〈중국 고대의 기년전 - 당말까지의 명문과 출토지 고찰(中國古代の紀年塼-唐末までの銘文と出土地の考察)〉, 《동경국립박물관기요(東京國立博物館紀要)》, 제34호, 제192~193쪽, 1999.

한 후한, 삼국, 서진, 동진, 남북조, 수당 등 각 시대별 분포도를 보면 분명히 파악할 수 있다.

그의 이 같은 연구 결과는 장무이묘 등 한반도 북부에서 발견된 기년전들의 정체를 제대로 인식하는 데에 대단히 중요한 단서를 제공해 준다. 즉, 그의 연구를 통하여 요령성 개주 구룡지촌과 한반도 평안, 황해의 전실묘에서 발견된 것을 제외하면 기년전이 거의 모두 회하(淮河) 이남, 즉 중국 중부 이남에서만 유행했음을 알 수 있는 것이다.

그러나 그가 평안, 황해 일대에서 기년전이 발견된 것에 대하여 당시 그곳이 위나라의 영토였기 때문이라는 식의 결론을 내린 것은 다소 실망스럽다. 그 같은 결론은 '황해도=대방군'이라는 선입견에서 비롯된 것이기 때문이다. 앞서 문헌 조사를 통하여 우리는 이미 대방, 낙랑 두 군이 한반도에 존재했다는 주장을 뒷받침해 줄 만한 어떠한 문헌적 근거도 존재하지 않으며, 오히려 그 이상적인 자리는 중국 요서 지역에서 찾는 것이 보다 합리적이라는 것을 확인할 수 있었다.

게다가 국내의 기년전들은 일제강점기에 불법적이고 비정상적인 고적조사를 통하여 확인된 것들로, 지금까지도 전반적으로 조작 또는 위조의 의심을 받고 있는 것이 실정이다. 그의 연구는 역설적으로 황해도가 대방군 자리가 아닐 가능성을 더욱 높여 주고 있는 셈이다. 요령성 개주와 평안, 황해 일대를 제외하고는 한반도는 물론 중국의 회하 이북 그 어디에서도 기년전이 발견되지 않았다는 것이 그 결정적인 증거이다.

〈중국 출토 기년전의 연대와 분포〉

	(요령 121~140)	국내	요령	하남	섬서	강소	안휘	절강	복건	강서	호북	호남	광동	광서	사천	운남
신	1~24	-	-	-	1	-	-	-	-	-	-	-	-	-	-	-
후한	25~200	2	2	2	9	-	-	9	-	2	14	12	6	-	13	3
삼국	201~279	8	-	-	17	10	1	7	1	1	3	-	-	-	3	8
서진	280~316	10	-	-	13	28	11	21	11	4	4	4	25	4	1	2
동진	317~420	11	-	-	4	24	2	38	19	9	6	5	19	1	2	-
유송	420~478	-	-	-	4	-	-	15	8	11	7	4	11	-	-	-
제	479~501	-	-	-	2	-	-	1	6	4	2	4	3	-	-	-
량	502~556	-	-	-	11	-	-	7	4	2	3	-	-	-	-	-
진	557~588	-	-	-	-	-	-	-	1	1	-	-	-	-	1	-
수	589~617	-	-	-	-	-	-	6	-	6	-	-	1	-	-	-
당	618~907	-	-	-	-	-	1	7	1	2	-	2	-	2	-	-
합계	1~907	31	2	2	62	62	15	111	50	45	40	31	65	7	20	13
		회하	이북		이남											
			33		523											

위의 표를 보면, 서기 1~907년 사이에 제작된 기년전들은 회하를 경계로 그 이남에서 발견된 것이 523건인 반면, 그 이북에서 발견된 것은 그 1/16배에 불과한 33건이다. 그 33건의 경우 요령성 전역에서 단 2건만 발견된 반면, 나머지 31건은 모두가 평안, 황해 일대에서 발견된 것임을 알 수 있다. 기년전을 빈번하게 사용했던 남방과는 달리 북방에서는 아예 사용하지 않은 것이다. 이것은 대단히 불가사의한 현상이 아닐 수 없다. 다니의 주장

처럼 황해도가 위나라 땅이어서 기년전이 발견된 것이라면 당시 위나라의 본토이자 실질적인 영토를 이루고 있던 그 넓은 지역에서 기년전이 단 한 점도 발견되지 않은 것은 어떻게 이해해야 할 것인가?

어째서 위나라의 변방이나 '식민지'에서는 무더기로 쏟아지는 기년전이 정작 그 본국의 전 지역에서는 단 한 건도 발견되지 않은 것인가? 위나라 때는 고사하고 그보다 이른 후한대나 이후인 서진, 동진, 남북조, 수당의 수백 년 동안에도 기년전이 전혀 발견되지 않은 것은 또 어찌된 영문인가? 이것이 얼마나 '기이'한 일인지는 위에 소개한 기년전 분포도들에서 평안, 황해와 타 지역을 대조해 보기만 해도 잘 알 수 있다.

《삼국지연의(三國志演義)》를 읽어 본 사람들은 누구나 다 알다시피 서기 220~266년 동안 존재한 조씨의 위나라는 그 영역이 지금의 내몽고, 하북, 하남, 안휘, 산동, 산서, 섬서, 호북, 감숙 일대까지 펼쳐져 있었다. 그런데 위의 표를 보면, 위나라가 존재한 46년 동안은 말할 것도 없고 그 이전인 신, 후한, 그 이후인 서진, 동진, 북조, 수, 당에 이르기까지 908년이나 되는 긴 기간 동안 이 광활한 영토에서 기년전이 단 한 점도 발견되지 않은 셈이다.

그나마 기년전이 발견된 곳이라고 해도 908년 동안 위나라 본국에서도 한참이나 동떨어져 있는 변방인 요령성의 개주(蓋州)와 '식민지'로 '추정'되는 황해, 평안 일대 뿐임을 알 수 있다. 더더욱 기이한 일은 개주에서는 단 1점만 발견되었을 뿐인데 정작 만리이역인 황해, 평안 단 한 지역에서 무려 37점이나 발견되었다는 사실이다. 위나라 본토에서는 기년전이 908년 동안 단 한 점도 발견되지 않았다. 그런데 그 변방과 이역만리 남의 땅인 한반도에서 수십 점이나 무더기로 쏟아졌다는 것은 도무지 불가사의한 일이 아닐 수 없다. 정상적인 사고방식을 가진 고고학자라면 유물 분포에 있어 이처럼 맥락을 벗어난 경우는 연대를 판정하는 과정에서 증거로 채택하지 않는 것이 보통이다. 왜냐하면 그 분포에 있어 보편성보다는 의외성이 더 강한 유물은 그 지역의 역사나 문화를 반영할 수 없으며, 결정적인 증거로도 사용할 수 없다는 것이 고고학계의 불문율이기 때문이다. 만일 평양이나 사리원에서 발견(?)된 기년전이나 명문전을 연대나 국적을 판정하는 데에 결정적인 증거로 간주한다면 그 사람은 학자로서는 실격이라고 하지 않을 수 없다. 그 유물들은 그 분포도에서뿐만 아니라 발견 주체, 출토 경위, 판정 근거 등에서 총체적으로 심각한 문제를 안고 있는 것들이기 때문이다.

고고학 전문가가 아닌 일반인이라도 위의 표와 분포도만 보면 얻어지는 결론은 단 두 가지이다. 즉, 기년전이 무더기로 쏟아져 나온 황해, 평안 일대가 중국의 식민지가 아니라 신라방(新羅坊), 차이나타운의 경우처럼, 고대부터 중국 그중에서도 남방과 물류 및 인적 교류가 빈번했던 일종의 특화된 무역기지였을 가능성, 그것이 아니라면 후세의 누군가가 모종의 의도를 가지고 그 다수의 기년전을 문화적 연고가 전혀 없는 그 지역에 '공간 이동' 시켜 놓은 결과일 가능성이다. 만일 전자일 경우 황해, 평안 일대의 기년전 및 전실묘들은 그 지역에 대한 정복자나 지배자가 아니라 이민, 귀화 또는 장기 체류 등의 목적으로 정착한 사람들이 남긴 고고적 흔적이었을 것이다.

다니가 일제강점기에 이 지역에서 발견된 기년전들을 "무역 활동 과정에서 중국의 영향을 받은 결과물"로 본 것도 바로 이 같은 가능성 때문이었다. 실제로 중국의 회하 이북 지역으로 유일하게 기년전이 발견된 개주는 요동반도 위쪽에 자리 잡고 있는 도시로, 연안항법으로 왕래하는 상인이나 사절들에게는 해상교통에서 대단히 중요한 거점 역할을 했을 것이다. 그러나 설사 그것들이 무역의 산물이었다고 하더라도 문제는 여전히 남는다. 과연 그렇다면 요동이나 한반도 기타 지역에서도 징검다리 식으로 띄엄띄엄 비슷한 사례가 확인되어야 정상이기 때문이다

하북, 내몽고, 요령, 길림 등지에서 기년전이 아예 발견되지 않은 사실도 이 같은 의문을 이상적으로 뒷받침해 주고 있다. 그런데 거리상으로 중원과 훨씬 가깝고 역사적으로도 교류, 이민, 전쟁 등이 훨씬 빈번하게 이루어졌던 이 지역에서조차 기년전이 전혀 확인되지 않는 상황에서 그보다 수천

리나 더 멀리 동떨어져 있는 한반도 내륙에서, 중국에서조차 좀처럼 찾아보기 힘든 기년전들이, 한 공간에서 그것도 한두 점도 아니고 몇 점씩 37점이나 발견됐다면 그것들의 정체는 자명하다. 진위 여부와는 상관없이, 그 유물들의 존재 자체가 명백히 후세의 누군가에 의한 의도적인 '공간 이동'의 결과물일 가능성이 높은 것이다.

지금까지 살펴본 것처럼, 국내에서 100년 사이에 발견된 한사군 관련 유적, 유물들에는 그 출처나 성격에서 문제가 많다는 것을 알 수 있었다. 이제부터는 황해, 평안 일대에서 발견된 기년전들을 심층적으로 분석해 보도록 하자.

10. 세키노가 발견한 '장무이묘' 전돌

장무이묘의 존재가 세상에 처음으로 알려진 것은 1911년 일본인 건축학과 출신 어용학자 세키노 다다시에 의해서였다. 당시 한반도 전역의 문화재에 대한 조사사업을 총지휘하고 있던 세키노는 마침 이왕가 박물관(李王家博物館)의 소장품을 관찰하던 중 유물들 속에서 "우연히" 황해도 봉산군에서 "채집된" 문자전(文字塼)을 발견하고 그 길로 봉산군으로 달려가 군청 관리들을 대동하고 현장을 답사하였다. 그 과정에서 사리원역 남쪽 2리 은파(銀波) 지역에서 다수의 낙랑시대 고분과 전돌 파편이 흩어져 있는 것을 발견하였다. 그런 다음 기차를 타고 사리원으로 가던 중 이번에는 역 동남쪽 1.5km 지점 철로변에 큰 고분이 있는 것을 "우연히" 발견하였다. "평소 고적과 관련된 문자 자료에 민감하게 반응하던" 그는 그 길로 기차를 내려 현장을 조사하다가 "봉분 위에서" "어양장…(漁陽張…)"이라는 문구가 찍힌 전돌을 발견하였다. 그것이 대단히 중요한 유물임을 "간파한" 그는 다른 조사 일정 때문에 일단 서울로 귀환한 후 "조사단원인 야쓰이를 사리원으로 대신 보내 문제의 전돌들이 출토된 고분을 1911년 10월 24~25일 이틀 동안 조사하게 하였다.78) 그 이틀 동안의 조사를 통하여 야쓰이 세이이치(谷井濟一: 1880~1959)는 그 장무이묘 연도(羨道)의 좌측벽과 감실(龕室)에서 다음의 전돌들을 발견하였다.

태세무 어양 장무이전(太歲戊漁陽張撫夷塼)	1점
대세재무 어양 장무이전(大歲在戊漁陽張撫夷塼)	1점
천생소인 공양군자 천인조전 이장부모 기호차견 전제기지	
(天生小人供養君子千人造塼以葬父母旣好且堅典齋記之)(2행)	
사군 대방태수 장무이전(使君帶方太守張撫夷塼)(2행) 1점	
애재부인 암배백성 자민순 숙야불녕 영측현궁 ?할인정	
(哀哉夫人庵背百姓子民徇夙夜不寧永側玄宮?割人情)(2행)	
장사군(張使郡)	1점
장사군전(張使君塼)	1점
조주부영전근의불와(趙主簿令塼勤意不臥)	1점79)

세키노의 조사는 야쓰이의 조사가 이루어진 후 거의 1년이 지나서야 이루어졌다. 그는 조사 과정에서 현실(玄室) 쪽에서 대형 판석과 함께 또다시 전돌 두 점을 발견하였다.

대세신 어양 장무이전(大歲申漁陽張撫夷塼)	1점
대세재무 어양 장무이전(大歲在戊漁陽張撫夷塼)	1점

---

78) 정인성, 〈대방태수 장무이묘의 재검토〉, 《한국상고사학보》 제69호, 제42-43쪽, 2010.
79) 이상 정인성, 같은 책, 제49쪽.

《〈조선고적도보〉에 수록된 전돌 사진》

세키노는 조사보고서에서 장무이묘의 구조를 바닥의 중앙에 판석이 놓이고 그 주변 공간에 전돌을 깔았지만 본질적으로 1909년에 자신이 조사한 대동강변의 전실묘와 똑같이 둥그런 천장을 가진 전실묘인 것으로 판단하였다. 그는 그 후로도 조선총독부와 일본인 학자들이 여러 차례 현장을 답사하고 조사했지만, 이 일련의 후속 조사의 내용은 일체 보고되지 않았으며, 발굴된 유물은 다수가 일본으로 반출되었다.[80] 그가 《조선고적도보(朝鮮古蹟圖譜)》에 관련 전돌 사진을 수록하고 해설부에서 소개한 대표적인 전돌들의 명문은 다음과 같다.

① "天人小人 供養君子 千人造塼 以葬父母 旣好且堅 典覺說文 使君帶方太

---

80) 정인성, 같은 책, 제46-47쪽.

守張撫夷"

"하늘이 소인을 낳으시어, 군자를 공양하게 하였도다. 1,000명의 사람들이 벽돌을 만들어, 부모 같은 목민관을 장사지내나이다. 이미 좋고 또한 견고하니, 이에 글을 새겨 예를 밝히노라. 사군 대방태수 장무이"

② "哀哉大人 奄背百姓 子民憂戚 夙夜不寧 永則玄宮"
"슬프다 대인이여, 홀연히 백성을 등지시니 백성들이 슬퍼하여, 주야로 편안하지 못하나이다. 길이 현궁 곁에서 원통한 마음을 다할 바를 모르나이다."

③ "趙主簿 令塼 懃意不臥□"
"조 주부가 벽돌을 만들기를 명하고 열의를 가지고 편히 자거나 □하지도 않았노라"

세키노 등 일본인 어용학자들은 이상의 유적과 유물, 명문을 근거로 다음과 같이 단정적으로 결론을 내렸다.

"이 무덤 벽돌에 대방태수라는 글자가 있으니 대방군 관련의 것, 즉 한족의 것이 명백하다. … 이때의 조사에서 모두 6가지 문자전을 획득했는데, 그중에서 '사군대방태수장무이전'이라는 명문 벽돌은 대단히 중요하다."

황해도 일대가 한대 대방군(帶方郡)의 영역이라는 결론을 내리고, 그 같은 논지의 내용을 담은 《조선고적도보》를 국내외에 유포하고 발굴 사실을 선전하는 데에 열을 올렸다. 그러나 세키노 등의 조사보고는 역사적 진실과 부합되는 것이었을까?

1) 세키노 보고서의 문제점

　국내 학계에서는 거의 모두 세키노의 조사보고를 100% 신뢰하고 있는 듯하다. 거의 모두가 황해도 일대가 대방군이었다는 식민사학자들의 주장을 정설로 신봉하고 있는 것이다. 겉보기에는 세키노의 발굴은 별다른 문제가 없는 것처럼 보인다. 그러나 그의 장무이묘 발견 경위와 조사 결과를 곰곰이 따져 보면 고고 전문가가 아니더라도 누구나 석연치 않은 점이 한둘이 아님을 간파할 수 있다.

　세키노는 당시 장무이묘를 1909년 역시 자신이 발굴한 석암리 낙랑 전실묘와 동일한 낙랑의 전형적인 둥근 천정의 전실묘라고 단정하였다. 그리고 그 후로 많은 연구자들이 장무이묘가 대방군을 대표하는 전실묘이며 그 축조연대도 대방군이 멸망하기 전인 288년이라는 주장을 맹목적으로 추종하였다. 학자들은 어째서 그 같은 주장을 맹목적으로 추종했던 것일까?

　'대방-황해설' 신봉자들이 결정적인 근거로 내세운 것은 놀랍게도 "당 토성(唐土城)"으로 일컬어지던 지탑리 토성과 그 인근에서 "채집"된(발굴이 아니다) 한대 양식의 토기와 기와 몇 점이었다. 정확한 조성연대를 알 수 없는 유적(지탑리 토성)과 얼마든지 공간 이동이 가능한 유물(한대 양식의 토기와 기와)이 황해도를 대방군으로 만들어 놓은 것이다. 세키노 일당은 장무이묘와 당 토성의 발견, 그리고 한대 토기와 기와 몇 점을 가장 중요한 고고학적 증거로 내세워서 황해도에 대방군이 실재했었다고 단정해 버린 것이다.[81]

　북한 현지 답사에 참여한 바 있는 정인성은 진파리 고분 1호분, 동 4호분,

---

81) 그 같은 판정에 결정적인 영향을 준 가장 유력한 물적 증거물이 고작 한대 양식의 토기와 기와, 그것도 고분 내에서 출토된 것도 아니고 지표면에서 채집된 것들이라는 사실 자체부터가 의도적인 조작의 결과라고 결론을 내리기에 충분한 정황을 가지고 있는 셈이다.

7호분, 덕흥리 고분 등과 같이 평양 주변에서 확인된 고구려 석실분에서는 대개 그 천장에 두꺼운 석회가 발려있는 경우가 많았다고 밝히고 있다. 또, 전돌로 현실을 구축하고 지붕에 돌덮개를 이는 양식은 4세기의 무덤인 동리(佟利)묘 이외에도 승리동 3호, 로암리 고분, 봉도리 송오 고분 등에서도 볼 수 있는 것이다. 이 때문에 정인성은 장무이묘의 조성연대를 기존의 288년이 아닌 348년으로 보고, 장무이묘가 4세기 중엽 이후의 고구려 무덤이며 고고학적으로 보아도 장무이묘의 피장자가 대방태수라는 것은 "허구의 자칭(自稱)"이라는 결론을 내렸다.[82] 그렇다면 고고학적 견지에서 보더라도 '장무이묘'와 대방태수와는 아무 상관이 없다는 뜻이다.

그런 점에서 볼 때 이 과정에서 세키노가 이룩한 최대의 업적은 고분 양식, 역사 기록, 지리 조건 등에서 아무 상관도 없는 유적과 유물들을 하나의 인과관계로 엮어 억지로 '황해=대방'이라는 결론을 내린 것이라고 해도 무방한 셈이다. 문제는 '장무이묘'의 성격과 그 조성연대를 둘러싸고 세키노의 조국인 일본에서조차 이미 1950~60년대부터 격렬한 논쟁이 벌어지고 있는 것과는 대조적으로 국내 학계에서는 이에 대한 검증은커녕 재검토조차 이루어진 적이 없다는 것이다. 국내학계는 2017년부터 현재까지도 세키노 일당이 100여 년 전에 무단적으로 내린 결론을 기정사실로 받아들여 정설로 신봉하고 있다. 실정이 이러니 남들이 학계를 식민사관의 추종자들이라고 비난해도 변명의 여지가 없는 것이다.

2) 기상천외한 '대방태수'의 이름

'장무이묘' 전돌에서 가장 사람들의 눈길을 끄는 것은 아무래도 '장무이(張撫夷)'라는 이름이 아닐까 싶다. 당시 발굴 주체이던 세키노 등은 현장에

---

[82] 정인성, 같은 책, 제63쪽, 제65-67쪽.

서 발견된 벽돌조각의 명문서 "대방태수" 다음에 등장하는 "장무이"를 대방 태수의 이름으로 해석하였다. 중국뿐만 아니라 한국이나 일본의 경우에도 직함 다음에 당사자의 이름을 쓰는 경우가 많으므로 '직함+성명'식의 배열 자체는 별로 문제 될 것이 없다.

정작 의심스러운 것은 "장무이"라는 이름이다. 이름 치고는 너무 작위적이기 때문이다. "무이(撫夷)"는 '동사+목적어' 구조를 취하고 있어서 '오랑캐를 포용하다' 또는 '오랑캐를 달래다' 정도로 번역된다. '오랑캐를 ~한다' 식의 구조는 고대 중국의 관직명에서 자주 찾아볼 수 있다. 삼국시대에 위나라 명제(明帝: 205~239)가 관중(關中)을 지키던 사마의(司馬懿)에게 무도군(武都郡)에서 이주해 온 저족(氐族)을 관리하는 업무를 전담하게 하면서 지금의 섬서성(陝西省) 순화현(淳化縣)에 있던 좌빙익(左馮翊)의 운양현(雲陽縣)을 철폐하고 신설한 '무이호군(撫夷護軍)'은 그 대표적인 사례라고 할 수 있다. 이 관직명은 진(晉)나라에 이르러 일시적으로 철폐되기도 했지만 16국시대에 한조(漢趙), 후조(後趙), 전진(前秦), 후진(後秦), 후량(後凉)으로부터 북위(北魏) 초기까지 계속 인습되었다. 이처럼 '동사+목적어' 구조의 수식어를 가진 관직명은 이 밖에도 여러 가지가 있다.

A. 보호하다 - 호강교위(護羌校尉), 호오환교위(護烏桓校尉), 호동이교위(護東夷校尉)
B. 편안하게 만들다 - 안이호군(安夷護軍)
C. 포용하다 - 무이호군(撫夷護軍)
D. 섬멸하다 - 진로호군(殄虜護軍)
E. 토벌하다 - 토이장군(討夷將軍)
F. 정벌하다 - 정동장군(征東將軍)

여기에서 보듯이, 이상의 관직명들은 각각 '보호하다[護]', '편안하게 만들다[安]', '포용하다[撫]', '섬멸하다[殄]', '토벌하다[討]', '정벌하다[征]' 등의 동사가 '강(羌), 오환(烏桓), 동이(東夷)' 등의 고유명사나 '이(夷)', '로(虜)', '동(東)' 등의 일반명사가 목적어로 사용된 동목구조를 이루고 있는 것이다. 반면에 중국의 '24사'를 통틀어 '무이'가 특정인의 이름으로 사용된 사례는 단 한 건도 없었다. 사람의 이름이라는 것은 자식들이 '미래에' 성공하고 출세하라는 뜻에서 부모가 좋은 의미를 붙여 지어주는 것이 관례이다. 실제로 자식이 귀하게 되라는 뜻에서 '장존귀(張尊貴)', 돈을 많이 벌라는 뜻에서 '장갑부(張甲富)', 오래 살라는 뜻에서 '장장구(張長久)' 식으로 막연하게 작명을 하는 사례는 얼마든지 찾아볼 수 있다. 그러나 "무이"처럼 상당히 구체적이고 단정적으로 작명한 사례는 전무하다 해도 과언이 아닐 것이다.

중국에서는 전통적으로 외자로 이름을 지었다. 《춘추(春秋)》나 《공양전(公羊傳)》에 따르면 고대 중국인들은 두 글자 이름을 쓰는 것은 예법에 어긋난다 하여 웃음거리로 여길 정도였다. 이 같은 작명 전통은 한대 이후에도 엄격하게 준수되었다. 심지어 왕망(王莽) 때에는 중국에서는 두 글자 이름을 사용하는 것을 오랑캐의 습속이라고 여겨 아예 금지할 정도였다. 그래서 전한에서 동진에 이르기까지 수백 년의 기간 동안 재위한 역대 황제들만 살펴보아도 94%에 해당하는 50명이 외자 이름을 쓴 것으로 확인된다. 또, 《삼국지》에 실명이 언급된 유흔(劉昕), 유하(劉夏), 궁준(弓遵)이나 《위서》의 모용현(慕容玄), 장무(張茂), 《자치통감》의 왕탄(王誕)(모용황) 등의 대방태수의 경우는 말할 것도 없고, 각종 중국 사서에 기록된 역대 낙랑군 태수 15명의 이름을 살펴보아도, 성씨가 두 글자인 선우사(鮮于嗣)의 경우를 제외하더라도 나머지 14명 전원이 외자 이름임을 확인할 수 있다.[83]

현토군의 경우도 마찬가지이다. 현재 확인된 15명의 현토군 태수들 중 두 글자 성씨이거나 이민족 출신인 공손역(公孫域), 공손도(公孫度), 오록충종(五鹿充宗)의 경우를 제외한 12명 전원이 외자 이름이다.[84] 전한, 후한

---

83) 조홍매, 〈낙랑군태수고(樂浪郡太守考)〉, 《통화사범학원학보(通化師範學院學報)》, 2010, 제1기, 제51쪽.

500년 동안 《사기》, 《한서》, 《후한서》에 기록된 역대 태수, 자사들의 이름들을 조사해 보아도 성씨가 두 글자인 경우를 제외하면 대부분이 외자 이름을 쓴 것으로 확인되었다.[85] 이런 상황에서 역시 시기적으로 거의 동일한 한대에 대방군의 태수를 지냈다는 인물의 이름이 당시 두 글자 성씨나 이민족 출신자들에게서도 좀처럼 찾아보기 어려운 두 글자 이름 "무이"를 가지고 있었다는 것은 충분히 의심을 살 수밖에 없는 것이다.

물론, 세월이 흘러 위진남북조 이후로 이민족이 대량으로 중국에 정착하면서 두 글자 이름이 늘어난 것은 사실이지만 그것은 어디까지나 이민족 출신자나 일반 백성들에만 국한된 현상이었을 뿐이었으며, 통치자나 뼈대 있는 명문세족에서는 여전히 외자 이름을 고수했다는 것은 중국 역사에 밝은 사람이라면 누구나 다 공지하는 사실이다. 현대 중국인들 중에는 지금도 우리나라 사람들이 두 글자 이름을 쓰는 것을 특이하게 여길 정도이니 수백 년 전, 나아가 수천 년 전에는 상황이 어떠했을지는 충분히 짐작하고도 남는다.[86]

백번 양보해서 그 당시에 1%의 확률로 정말 "장무이"라는 이름이 있었다고 치자. 그러나 그 사람이 다른 지역도 아니고 정말 매일같이 오랑캐들을 상대하는 대방군의 태수가 된다는 것은 확률상 거의 수십만, 아니 수천만 분의 1의 가능성도 없는 일이다. 세상에서 부모가 아무리 예지력이 뛰어나다고 해도 자식이 이름의 의미와 딱 맞는 벼슬을 하는 것은 현실적으로 불가능하다는 말이다. 설사 개방적인 사고방식을 가진 부모가 당시 사람들의 놀림에도 아랑곳하지 않고 이민족들을 잘 대해 주라는 뜻에서 "무이"라는

---

84) 조홍매, 〈현토군연구(玄菟郡硏究)〉, 동북사범대학 박사학위논문, 제61쪽, 2006.

85) 엄경망(嚴耕望), 《양한태수자사표(兩漢太守刺史表)》, 중앙연구원 역사어언연구소 전간(中央研究院歷史語言研究所專刊) 제30호, 1947.

86) ① 당시는 두 글자 이름은 거의 사용하지 않음, ② "무이"라는 특이한 의미의 튀는 이름, ③ 그런 특이한 이름에 "대방태수"라는 직함까지 더해지면서 작위적인 냄새가 강해짐. 이 세 가지 의심거리가 합쳐지면서 위조의 가능성을 더욱 높이고 있다

이름을 지어주었다고 치자. 아무리 그렇다고 하더라도 그 자식이 훗날 '무이호군'이나 '호이교위'같이 정말 이민족들과 관계하는 관리가 되기는 대단히 어려운 것이다. 역사적으로 정말 그런 일이 발생했다면 아마 정사는 몰라도 야사에서는 그 이름이 대서특필 되고 사람들의 입을 통하여 전승되었을 것이다.

'24사' 어디에도 그런 해외토픽 같은 '우연의 일치'는 찾아볼 수 없는 것이다. 그런데 장무이의 경우는 그 이름과 관직명이 100% 완벽하게 맞아 떨어진 셈이니 세상에 이 같은 우연의 일치가 있을 수 있는 것일까? "장무이"라는 이름 정도는 그럴 수도 있다고 넘길 수 있을지도 모르겠다. 그러나 "대방태수 장무이"라는 관직명과 이름의 조합에 이르러서는 누구나 너무도 작위적이라는 느낌을 떨쳐버리기 어렵다. 한대는 물론 위진대까지도 두 글자 이름은 거의 사용되지 않았다. 그런데 두 글자 이름으로도 부족해서 그 이름의 의미에서조차 대단히 '튀고' 작위적인 느낌이 물씬 풍긴다. 거기에 설상가상으로 다른 곳도 아닌 변방 태수까지 지냈다? 이쯤 되면 당사자가 아닌 누군가가 모종의 의도를 가지고 의도적으로 조작해 냈다고 보아야 정상이라고 본다.

3) 장무이에 대한 존칭 문제

'장무이'라는 인물에 대한 호칭 역시 마찬가지이다. 앞서 소개한 것처럼 야츠이와 세키노는 '장무이묘'에서 묘주의 신원을 나타내는 명문이 찍힌 전돌을 다수 발견하였다. '장무이묘' 전돌에 찍힌 장무이에 대한 호칭들을 유형별로 정리해 보면 다음과 같다.

    A. 관향 + 성명   어양 장무이(漁陽張撫夷)
    B. 성명 + 존칭   장사군(張使郡), 장사군(張使君), 장사(張使)

C. 존칭 + 직함 + 성명　사군 대방태수 장무이(使郡帶方太守張撫夷)

　　두 사람이 무덤에서 발견한 전돌은 단 8점에 불과함에도 불구하고, "장무이"라는 문구가 찍힌 전돌이 무려 6점으로 전체 전돌의 80%에 육박하고 있다. 이것뿐만이 아니다. 정인성에 따르면, 도쿄대에 소장된 세키노의 '장무이묘' 전돌 17점 중에서도 복수의 전돌에서 "장사군(張使郡)", "장사전(張使塼)", "사군 대방태수 장무이전(使郡帶方太守張撫夷塼)" 등의 명문이 확인되었으며, 문자의 자체는 서로 닮아 있지만 서로 다른 거푸집으로 만들어진 것으로 판단된다. 고분에서 발견되는 전들은 통상적으로 묘주의 명복이나 분묘 조성의 취지, 경위, 주체, 시점을 밝힌 전돌들이 대부분이다. 물론, 묘주의 신원을 밝히거나 제작 주체를 밝히는 사례가 전혀 없지는 않다. 그러나 그런 경우라고 하더라도 한 분묘에서 한두 점 정도만 수습되는 것이 보통이다. 그런데 장무이묘에서는 묘주의 신원을 소개한 전돌이 10점 이상 쏟아져 나온 것이다. 이런 사례는 한중일 세 나라는 물론이고 세계적으로도 그 유례(類例)를 찾기 어려울 것이다. 이 정도면 마치 이 무덤을 조성한 주체가 "이 무덤의 주인공은 장무이다!" 하고 광고를 내지 못해 안달하는 것은 아닐까 하는 생각이 다 들 지경이다.

　　점입가경인 것은 장무이에 대한 존칭인 "사군(使君)"이다. '사군'은 한대에 주나 군의 태수나 자사를 부르는 호칭으로, 우리가 통상적으로 사용하는 '~선생', '~각하' 등과 비슷한 어감을 가진 표현인데, 한대 이후로도 주나 군의 총책임자에 대한 존칭으로 인습되었다. '대방태수'가 그의 공식적인 관직명이라면 '사군'은 그에 대한 사적인 존칭인 것이다. '무이'가 이름인지 관직명인지는 불확실하지만 위의 "사군 대방태수 장무이전"을 보면 명문이 '존칭 + 직함 + 성명'의 순서로 배열되어 있는 것을 볼 수 있다. 그러나 '사군'은 사적인 또는 비공식적인 존칭이기 때문에 많은 경우 공식적인 직함 다음에 사용되어 '대방태수 장사군'식으로 배열되어야 정상이다. 이를 쉽게 예시하면 다음과 같은 관계이다.

직함＋성명＋존칭	북경대 교수 노신 선생	대통령 존 F. 케네디 각하
존칭＋직함＋성명	**선생** 북경대 교수 노신	**각하** 대통령 존 F. 케네디

여기서 '존칭＋직함＋성명'(b)식의 배열이 '장무이묘'에서 발견된 전돌에 찍힌 명문의 경우라면 '직함＋성명＋존칭'(a)식의 배열은 우리가 일상적으로 사용하는 호칭법의 경우이다. 우리가 누구를 부를 때에는 '북경대 교수 노신 선생', '대통령 케네디 각하'식으로 부르는 경우는 많다. 그러나 '선생 북경대 교수 노신'이나 '각하 대통령 케네디'식으로 부르는 경우는 전혀 경험한 적이 없을 것이다. 통상적으로 우리가 공식석상에서 특정인을 부를 때에는 상대방을 최대한 예우하기 위하여 사용할 수 있는 모든 존칭들을 다 동원한다.

평소에는 '김 선생님' 또는 '김 교수님'으로 부르다가도 공식석상에서는 상대방을 존경하는 뜻에서 이 두 가지 호칭을 동시에 사용하고 싶고 또 상대방도 그것을 원하는 경우가 있다. 그럴 경우 '김 교수선생님'이나 '김 선생교수님'은 어색하다 못해 우스꽝스럽기까지 하다. 따라서 아예 '선생'과 '교수'를 따로 분리하여 사용하기 마련이다.

즉, 공식적, 대외적 호칭인 직함을 당사자의 성명 앞에 놓고 비공식적, 사적인 존칭인 그 성명 다음에 놓아 '교수 김 선생님'식으로 부르는 것이다. 위의 용례에서도 볼 수 있듯이, (a)식 배열은 국내는 물론이고 중국, 일본에서도 널리 통용되고 익숙한 방식이다. '24사' 등 각종 사서, 금석 자료에서도 관련 사례들을 수시로 찾아볼 수 있다. 그러나 (b) 식 배열은 '24사'는커녕 현재의 중국, 일본에서도 관련 사례가 전무하다시피 하다. 즉, '대방태수 장(무이) 사군'은 수시로 접할 수 있지만 '사군 대방태수 장무이'는 어디서도 볼 수 없는 생뚱맞은 표현법인 것이다. 한중일 세 나라에서 수천 년 동안

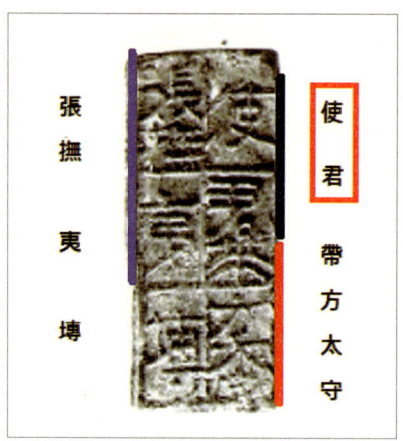

〈'사군대방태수장무이전'의 명문을 확대한 사진. 일제 식민사학자들은 이것을 무덤 안에서 발견했다고 보고하였다. 그러나 이 같은 호칭 배열은 어디서도 확인할 수 없는 이상한 사례이다〉

전혀 사용된 예가 없는 (b)의 방식으로 호칭이 배열된 것이 바로 '장무이묘'의 "사군 대방태수 장무이(使郡帶方太守張撫夷)" 전돌이라는 뜻이다.

"장사(張使)"의 경우도 기괴하기는 마찬가지이다. 언어적으로 따져보았을 때, '사군'에서 존경의 의미나 무게중심은 '군(君)'에 있다. 요즘은 '이군, 김군'식으로 '군'이라는 존칭이 하향평준화되어 사용되고 있지만, 100년 전만 해도 '군'은 '~선생님(sir)'과 동일한 존경의 의미를 담고 있었다. 따라서 그 같은 존경의 의미를 담은 글자를 임의로 다른 글자로 대체할 수는 없는 일이다. 역사 기록을 보더라도 '사군'은 한자로는 반드시 '使君'으로 표기하게 되어 있으며, 이 밖의 다른 글자로 표기한 전례가 없다.

그런데 '장무이묘' 전돌들에서는 특이하게도 '사군'의 '군'이 '군자 군(君)'이 아닌 '군 군(郡)'으로 되어 있거나, 그것조차 없이 덜렁 '-사(使)' 한 글자만 붙은 것까지 나왔다. '군자 군'을 '군 군'으로 쓴 것이 발견됐다는 것부터가 이해가 되지 않는 일이지만 '24사'를 조사해 본 결과 '군 군'을 쓰거나 '-사'만 사용한 사례는 전무하다시피 하였다. 고고학 분야에서 기피되는 고고적 특수성이 두드러지는 "장사"라는 기상천외한 용례가 '장무이묘' 전돌들 속에 끼어 있는 것이다.

위에서 말했듯이, "사군"에서 무게중심이 놓인 글자는 존경의 의미가 담긴 '군'이다. 반면에 '사'는 통상적으로 '사자(messenger)'식의 평범한 의미만 나타내는 단순명사로서, 이것 자체에는 어떠한 존경의 의미나 어감도 담겨 있지 않다. 그런데 핵심이 되는 '군'은 빠진 채 '사'만 써서 "장사"로 표시한 것은 5,000년 중국 역사상 이 전돌이 고고학과 역사학을 통틀어 전무후무할 것이다.

물론, 전돌이 "장사-"까지만 파손된 상태로 발견되었더라면 그 다음 부분('군')이 망실되는 바람에 그렇게 되었을 개연성도 없지는 않다. 그러나 정인성이 조사한 바에 따르면, 문제의 전돌은 "장사-"와 "-전" 부분이 "장사전"으로 붙은 상태로 온전하게 보관되어 있다는 것이다. 역사적으로 '군자군'을 '군 군'으로 적거나 '사군'을 '-사'로만 부른 사례가 전혀 없고, 고고유물들에서도 이와 유사한 사례가 전혀 없는 데다가, 문구가 파손되지 않은 온전한 전돌이? 그렇다면 그것은 누가 보더라도 후세의 누군가가 새로 만들어낸 위조품으로 단정해도 무방할 것이다.

일본 학자 오카자키 다카시(岡崎敬: 1923~1990)는 "무이"를 "무이교위" 같은 관직명의 일종이라고 보았다.[87] 그러나 여기서의 "무이"가 관직명이었을 가능성은 대단히 낮다. 만일 그것이 관직명이었다면 방금 위에서 예를 든 것처럼 '장무이묘' 전돌의 명문들은 어휘 배열이 모두 다음과 같이 바뀌어야 정상이다.

    a. 사군 대방태수 장무이 ⇒ 대방태수 무이(교위) 장(□□)사군
    b. 어양 장무이 ⇒ 무이(교위) 어양 장(□□)

---

[87] 오카자키 다카시(岡崎敬), 〈안악 제3호분(동수묘) 연구 – 그 벽화와 묘지명을 중심으로(安岳三號墳(冬壽墓)の – その壁畵と墓誌銘を中心として)〉, 《사연(史淵)》 제93집, 규슈대 규슈사학회(九州史學會), 1963.

실제로 지금까지 중국 각지에서 출토된 남북조시대의 각종 묘지명들을 살펴보아도 대부분이 위와 같은 순서로 묘주를 소개하고 있다.

ⓐ 위 고정로장군평주자사 원사군 묘지서명(魏故征虜將軍平州刺史元使君墓誌序銘)

ⓑ 위 사지절관군장군제주자사 최사군 묘지명(魏使持節冠軍將軍濟州刺史崔使君墓誌銘)

ⓒ 위 고화주별가 양부군 묘지명(魏故華州別駕楊府君墓誌銘)

ⓓ 둔기교위건위장군낙주자사창국자 봉사군 묘지명(屯騎校尉建威將軍洛州刺史昌國子封使君墓誌銘)

ⓔ 위 고남진주자사 사마사군지 묘지명(魏故南秦州刺史司馬使君之墓誌銘)

ⓕ 위 고안동장군광주자사 원사군 묘지(魏故安東將軍光州刺史元使君墓誌)

ⓖ 송 고원외산기시랑 명부군 묘지명(宋故員外散騎侍郎明府君墓誌銘)

ⓗ 위 고사공공연주자사 장군 묘지(魏故司空公兗州刺史張君墓誌)

ⓘ 위 고진원장군비서랑중 최군 묘지명(魏故鎭遠將軍秘書郎中崔君墓誌銘)

ⓙ 위 시중대사마 화산왕비 고공손씨 묘지명(魏侍中大司馬華山王妃故公孫氏墓誌銘)

앞에서도 설명했지만 중국에서는 특정인을 소개할 때 관직명이나 공식 직함들을 차례로 열거하고 그 뒤에 당사자의 이름을 배치하는 것이 보통이다. "무이(교위)"는 공식적, 대외적 직함이므로 당연히 맨 앞에 위치해야 하는데 여기서는 오히려 맨 뒤에 나오므로 관직명일 가능성은 자연히 낮아질 수밖에 없는 것이다.

게다가 "대방태수", "무이(교위)", "사군" 등의 관직명, 직함, 사적인 존칭들이 여러 점의 전돌에서 잇따라 등장하는 동안 정작 묘주의 이름은 단 한 번도 언급되지 않는다는 것은 말이 되지 않는다. '24사'를 통틀어 '무이교위'를 '장 교위'식으로 부르지 '장 무이'식으로 부른 사례는 어디서도 찾아 볼 수 없다는 것도 또 다른 증거가 될 것이다.

4) 혼란스러운 기년 표기방식

일본 학자 다니 도요노부(谷豊信)의 연구에 따르면 중국 고대의 '기년전 (紀年塼)'들 중 "태세(太歲)" 또는 대세(大歲)"가 들어가는 경우는 보통 다음 의 몇 가지 유형으로 나타난다.

A. 태세재(太歲在) + 간지	太歲在戊戌, 太歲在乙巳
B. 태세 + 간지	太歲庚子, 太歲己卯
C. 세재(歲在) + 간지	歲在辛丑, 歲在庚午
D. 세 + 간지	歲己酉
E. 세차(歲次) + 간지	歲次景子, 歲次甲申
F. 태세재 + □	太歲在甲, 太歲在西
G. 간지 + 세(歲)	庚寅歲, 己卯歲

이 중에서 가장 보편적으로 확인되는 것이 '태세 + 간지'(B)형이다. 그 다음이 '태세재 + 간지'(A)형, 그 다음이 '세재 + 간지'(C)형, '세차 + 간지'(E)형, '간지 + 세'(G)형이다. 반면에 '세 + 간지'(D)는 "세기유(歲己酉)" 단 한 건만 확인되었을 뿐이다. '태세재 + □'(F)형의 사례는 "태세재갑(太歲在甲)"과 "태세재서(太歲在西)"의 두 건이 보이는데, "태세재" 다음에 직접 천간(天干) 또는 방위(方位)를 가리키는 글자가 사용된 경우이다.

"태세"나 "세"와 간지 사이에는 원래 '위치하다', '있다'라는 의미를 담은 동사 '재(在)'가 사용되는 것이 원칙이지만, 새겨야 할 내용이 많을 때에는 생략되기도 한다. 이상의 기년 표기방식은 지금도 묘지명, 축문 등의 형태로 더러 사용되고 있으며 문법상으로도 큰 하자는 없다. "태세"가 들어가는 경우는 그 앞에 연호(年號)와 연차(年次), 월일(月日), 그 뒤에는 제작의 주체나 목적 등의 정보들이 추가되는 것이 보통이다. '장무이묘' 전돌의 기년 표기는 현재까지 다음의 네 가지 유형이 확인되고 있다.

    a. 대세무재(大歲戊在)…
    b. 대세재무(大歲在戊)…
    c. 태세무(太歲戊)…
    d. 태세신(太歲申)…

이 중에서 (a-b)의 "대세(大歲)"는 "태세"의 변형으로 다른 전돌에도 사례가 더러 보이므로 고고적 보편성을 잘 보여 주고 있다. 한대 이래로 중국에서 사용된 전돌들은 연차를 표기해야 할 때 통상적으로 천간과지지, 즉 '간지'를 함께 사용하거나 아예 (F)의 경우처럼 천간만 사용하는 것이 보편적이다. 실제로 '장무이묘'에서 수습된 전돌들의 거의 전부가, (a-d)의 경우처럼 천간인 '무(戊)'가 찍혀 있는 것도 바로 그 같은 관례를 잘 보여주고 있다.

그런데 다니의 연구에서 제시한 (F)의 "태세재갑"에서 유사한 사례가 확인되고 있는 것을 보면 (d)의 경우도 흔하다고 할 수는 없지만 특수한 경우는 아닌 셈이다. 또, '대세재무(大歲在戊)'(b)와 '태세무(太歲戊)'(c) 두 유형 역시 다니의 연구결과에서 볼 수 있듯이, 기년 표기가 '태세재(太歲在) + 간지'(A)와 '태세(太歲) + 간지'(B)의 전형적인 양식에 해당된다. 정작 문법적, 상식적으로 납득할 수 없는 것은 '태세무재(太歲戊在)'(a)의 경우이다.

"태세무재"는 문법적으로도 문제가 있을 뿐 아니라 기년 자체만 보더라도 위조의 혐의가 농후하다. 다니의 연구 결과에 근거할 때, '태세'라는 문구가 들어가는 전돌 명문들 중에서 문법적으로 가능한 유형은 (A-G) 정도이

〈문법적, 상식적으로 납득되지 않는 "태세무재" 전돌. 확대 후 반전시킨 네 글자에서 '무'자가 보인다〉

다. 특히 '태세' 다음에 동사 '재'가 오면 어김없이 '태세재 + □'(F) 구조를 취한다. 반면에 '태세□ + 재'(a)는 문법적으로 의미가 전혀 통하지 않는 비문(非文)이다. 이것이 문법적으로 말이 되지 않는 것은, 이 구조는 원래 고문에서 영어의 제3형식인 '주어 + 재 + 처소사'와 같은 경우로 'A가 B에 있다'라는 의미를 나타내는 것이다. 따라서 '재' 뒤에는 반드시 보어 성분이 오게 되어 있다는 말이며, 그런 보여 성분도 없이 '재'로 끝나는 경우는 절대로 있을 수가 없다는 말)이다.

따라서 '이번 해는 □□년이다'라는 의미를 담자면 그 뒤에 반드시 '~에(있다)', '~에(해당한다)'식으로 보어 역할을 하는 문법 요소가 추가되어서 '태세 + 재 + □(□)' 또는 '세 + 재 + □(□)'식으로 되어야지 '태세 + □(□) + 재' 또는 '세 + □(□) + 재'식의 문형은 문법적으로 아예 허용되지 않는다는 뜻이다. 그러니 당연히 지금까지 조사된 한대(漢代)에서 당대(唐代)까지의 고고 유물들 중에서 해당 사례가 단 한 건도 없을 수밖에 없다. 차라리 '태세무'(c)로 되어 있다면 (A)의 축약 구조이므로 고고학적으로도 이와 유사한 사례가 더 확인되고 있다. 그러나 '태세□ + 재'(a) 구조는 현재까지 "장무이묘" 전돌 이외에는 그 사례가 전무하다. 그런데 세키노가 소장한 전돌들에서 문법적으로 아예 용인되지 않는 '태세 + □(□) + 재' 명문이 찍힌 전돌들이 보란 듯이 발견된 것이다.

5) 기년이 전부 "무"로 끝나는 전돌들

또 하나 이해할 수 없는 것은 모든 '장무이묘' 전돌이 한결같이 천간 - "무"자만 노출되어 있다는 사실이다. 즉 "태세" 전돌의 기년들이 한결같이 "-무"로 끝나 있는 것이다. (A-E), (a-d)에서 본 것처럼, 체제나 표기에 있어 서로 다른 형태로 기록되고 있음에도 불구하고, 지지(地支)를 노출시킨 전돌이 하나도 존재하지 않는다. 그중에서 단 하나라도 '무자, 무오, 무신…' 식으로 지지까지 찍혀 있을 법도 한데 거기에 부합되는 사례가 전혀 존재하지 않는 것이다.[88]

오카자키 다카시는 장무이묘 전돌에 찍힌 천간 "무"와 지지 "신"을 근거로 장무이묘가 조성된 시점을 무신년, 즉 동진의 영화(永和) 4년(348)으로 추정하면서 이 묘가 대방군의 묘가 확실하다는 주장을 폈다. 그러나 역사 연구에서 그 같은 삼단논법식의 추론은 대단히 위험하다. 장무이묘에서 천간 "무"가 찍힌 전돌과, 지지 "신"이 찍힌 전돌이 발견된 것은 사실이다. 그러나 이 묘 어디에서도 '무신'식으로 천간과 지지가 조합된 명문의 전돌은 발견된 적이 없다. 혹자는 어떤 전돌에는 천간 '무'만 찍혀 있고 어떤 전돌

---

88) 이는 이 전돌들이 사전에 짜여진 각본대로 위조되지 않고서는 현실적으로 절대로 있을 수 없는 일이다. 오죽하면 장무이묘에 학술적으로 접근하고 그 조성연대를 밝히고자 하는 학자들에게 혼란을 일으키고 골탕을 먹이기 위하여 후대의 누군가가 의도적으로 장난을 쳤을지도 모른다는 생각까지 다 들 정도이다.

에는 지지 '신'만 찍혀 있다면 이를 조합해서 '무신년'으로 추정해야 옳지 않느냐고 반문할지도 모른다.

문제는 중국의 역대 정사나 기타 문헌, 금석문(묘지명) 등을 조사해 본 결과 천간과 지지를 따로 분리해서 각자 별개의 전돌로 제작한 사례는 찾아볼 수 없다는 데에 있다. 게다가 다니가 소개하는 전돌 명문에 근거할 때 한대 이래 당대까지 수백 년 동안 중국에서 제작된 전돌들 중 기년이 찍힌 것들은 100% 모두 '천간+지지'의 사례들만 보인다. '장무이묘' 전돌들처럼 양자가 따로 분리되어 찍힌 경우는 단 한 점도 없는 것이다. 정인성은 '장무이묘' 전돌들이 복수의 거푸집으로 다수의 주체에 의하여 제작되었을 가능성이 높다고 보았다. 그러나 그 모든 기년전들이 한결같이 천간 "무"에서 끝난다는 것은 그 전돌들이 특정한 각본에 따라 제작되었다는 의미는 아닐까?

6) 들쑥날쑥한 명문 체제

기년 표기의 균일성이라는 측면에서 보더라도 이상하기는 매 한가지이다. '장무이묘'에서는 행정 관청의 권위와 묘주의 위상을 감안하더라도 기년 표기는 (A-E)처럼 묘주에 대한 호칭, (A-d)처럼 기년 표기나 표현 방식 등에서 매우 혼란스럽다. 체제가 제각각인 전돌들이 수두룩한 것이다. 심지어 거푸집에서 찍어 낼 때 발생하는 한자의 반전으로 인한 좌서(左書)의 흔적이 완연한 경우도 다수 존재한다고 하니[89], 단일한 묘에 사용된 전돌들

---

89) 정인성, 같은 책, 제54쪽. 그러면서 정인성은 이 명문들에 근거하여 이 전돌들이 무신년(戊申年)에 제작된 것으로 보자고 제안하고 있으나, 엄밀하게 말하자면 이 전돌들에 '무'와 '신'이 사용된 것은 엄연한 사실이지만 그 제작시점을 무신년으로 보아야 할 근거는 대단히 박약하다. 만일 정인성의 주장처럼 전돌에서 '좌서', 즉 글자의 좌우가 뒤바뀐 사례가 적지 않다면 그 전돌은 위조의 가능성이 농후하다. 일반인들에게는 반전된 글자를 읽거나 새기는 과정에서 혼란을 겪는 경우가 없지 않다. 그러나 전돌이나 전각(篆刻)을 본업으로 하는 전문 장인들은 그런 작업이 일종의 일상이다. 따라서 글자의 좌우가

중에서 장무이 전돌의 경우만큼이나 체제, 호칭 및 표기에서 변동이 많고 어지러운 경우는 그와 유사한 사례를 찾아보기 어려울 정도이다.

장무이묘의 조성 주체가 고구려의 관리인 조 주부(趙主簿)라고는 하지만, 실제로 행정 관청(조 주부)이 제작과정에 직접 간여했다면 기년 표기는 한두 가지 방식으로 통일되는 것이 정상이다. 1,000명이 제작했다는 것이 각자 다른 1,000가지 방식으로 제작되었다는 의미는 아닌 것이다. 조 주부라는 관리의 감독은 곧 전돌 제작의 통일성, 균일성을 담보한다. 동일한 주체(대방군 조주부)가 동일한 목적(전돌묘 축조)으로 동일한 장소(장무이묘)에 사용하기 위하여 거푸집을 사용해서 제작했다면, 한대의 행정관청에서 공문을 작성할 때 그런 것처럼, 조정에서 정한 규정에 따라 규격에 맞추어 제작했을 거라는 의미이다.

그렇다면 다른 행정관청에서 제작한 전돌들과는 문구나 규격에서 다소 차이가 나타날 수 있으나, 동일한 행정관청에서 제작한 전돌에서 기년표기법은 말할 것도 없고 최고 행정장관을 일컫는 호칭에서조차 오락가락 하고 또 그것을 복수의 거푸집을 제작하여 제각각으로 찍어 내거나 한자의 반전조차 전혀 염두에 두지 않고 무성의하게 날림으로 마구 찍어 낼 수는 없다.

다니 도요노부는 동일한 묘에서 상이한 방식으로 기년을 표기한 복수의 전돌이 사용된 사례도 많다면서, 고대 중국인들이 기년전에는 그다지 주의를 기울이지 않았던 것처럼 보이는 사례도 많다는 의견을 개진하였다. 그러나 기년 표기방식이 상이한 것은 그 고분의 조성 기간이 1년 이상임을 의미하는 것이지 단순히 부주의의 산물로 치부하는 것은 옳지 않다. 개인이 전돌을 제작하는 과정에서는 체제나 표현에서 얼마든지 수의성, 변동이 개입할 수 있지만 행정 관청에서 직접 제작과정에 간여한 작업이라면 거기에는 통일성과 규격화의 논리에 지배될 수밖에 없기 때문이다.

뒤바뀌게 하는 실수를 할 가능성은 아주 낮기 때문이다.

7) 이유 없이 중단된 장무이묘 발굴조사

여기서 또 하나 반드시 짚고 넘어가야 할 것이 있다. 그것은 세키노가 발굴조사에서 보여 준 기이한 행태이다. 그는 보고서에서 "장무이" 문구가 찍힌 전돌을 '장무이묘'의 봉분 위에서 우연히 발견했다고 진술하였다. 물론, 세키노가 분묘를 당일 발견한 것은 분명하다. 그러나 전돌은 아마 추후에 조작했을 것이다. 모르긴 몰라도 세키노는 일단 평안도와 황해도 일대에서 고고 조작을 위한 범행의 장소를 물색한 후 관련 유물(진품이든 위조품이든 간에)을 갖고 가서 조작했을 것으로 보인다. 이런 식의 고고 조작은 고고학계에서는 너무도 고전적이고 전형적인 수법이기 때문이다.[90]

만일 그의 보고가 사실이라면 그 전돌들은 모두 위조품일 가능성이 크다.[91] 이러한 증거들은 '묘주가 누구인가'에 사람들의 이목을 집중시키고 그들의 뇌리에 그 문구의 내용을 각인시키려고 의도적으로 꾸민 교묘한 사기술이라고 본다. 중국 측 문헌 자료나 일본 측 연구를 보더라도, 다른 분묘에서는 지금까지 묘주의 신원을 명기한 전돌이 이처럼 많이 쏟아져 나온 전례가 없기 때문이다. 이상한 것은 이뿐이 아니다. 우리는 피장자의 신원을 소개하는 문구에서도 여러 가지 미심쩍은 점들을 발견하게 된다.

8) 장무이묘 전돌은 대방군의 증거가 될 수 없다

한중일 삼국 학계의 기존의 주장들대로 이 장무이묘가 한나라 대방태수

---

90) 장무이묘 자체가 오래전부터 누군가의 무덤임을 현지인들이 다 인지하고 있는 상태였으므로 엄밀하게 따지자면 발견조차 아닌 것이다.

91) 앞서 말한 것처럼 세키노는 건축학을 전공한 인물이었다. 따라서 그에게 조작의 의지가 있었는가 하는 문제는 일단 논외로 치더라도 전돌, 와당 등의 유물, 유적에 대한 조작은 기술적으로 얼마든지 가능했을 것이다.

의 묘가 확실하다면 이 전돌들은 모두가 대방군에서 일률적으로 제작된 것이었을 것이다. 중국의 전돌은 일반적으로 그 명문에 제작자, 발주자, 감독자, 피장자 이 네 주체에 관한 기본적인 정보를 담기 마련이다(물론 이 중 일부가 생략되거나 축약되기도 하지만 말이다). 그리고 신분이 높은 인물의 묘일 경우에는 피장자, 감독자, 제작자의 이름을 모두 열거함으로써 피장자의 마지막 순간을 위한 기념물이 아주 성대하고 엄숙하게 준비되었다는 것을 충분히 과시하기 마련이다.

피장자에 대한 존경심의 정도는 이 기념물들의 규모, 재료, 장식, 문구 등을 통하여 여실하게 표현되기 마련이다. 특히 망자에 대한 추념을 담은 문구들에서의 균일성, 정제미는 대단히 중요하다. 지금도 그렇지만, 고대에는 행정관청에서 그 이름을 걸고 제작하는 물품들은, 공문을 작성할 때 그렇듯이, 그 규격이나 문구에 있어 고도의 품격과 통일성을 강구하기 마련이다. 통일된 모습을 보여 줌으로써 국가기관의 위엄을 과시하고 이에 대한 백성들의 경외심을 강화할 수 있기 때문이다. 그런데 장무이묘 전돌들은 지금의 시장급 지방관청에서 자신들의 최고 상관인 태수를 호칭하고 기념하는 건축자재에서 너무도 혼란스러운 모습을 보여 주고 있는 것이다.

장무이묘 조성연대를 둘러싼 일본 학자들의 논쟁들이 "결정적인 고고학적 증거가 없음"[92]은 논쟁 참여자들이 모두 인정하는 바이다. 그리고 정인성도 인정한 바 있듯이, 결정적으로 이 무덤의 양식, 벽화, 판석 등 여러 가지 고고적 단서들이 이미 오카자키의 가설은 그저 주관적인 희망사항에 불과함을 방증해 주고 있다.

그렇다면 어디에 문제가 있는 것인가? 문제는 바로 조성연대를 알 수 없는 '장무이묘' 본체와 연대를 추정할 수 있는 당 토성의 한대 토기, 와당 및 '대방태수' 명문의 전돌 사이에 고고학적, 건축학적으로 불협화(不協和, 언

---

92) 정인성, 같은 책, 제41쪽.

밸런스)가 발생한다는 데에 있다. 아무리 그럴듯하게 포장을 하고 싶어도 서로가 물과 기름처럼 따로 놀기 때문에 이를 대방군의 증거로 삼기는 원천적으로 불가능하다는 뜻이다. 말하자면, 이 대방태수묘는 당초 학자들이 추정한 연대나 주체가 실제의 고고 유적과 일치하지도 않을뿐더러, 묘주 역시 정사는 물론 문헌 기록 어디에도 존재하지 않는 인물이다. 그렇다면 남는 가능성은 둘밖에 없다. 학자들이 추정한 연대가 틀렸거나 고고 유적이 의도적으로 조작되었거나 말이다.

게다가 무엇보다도 평양이나 사리원에서 발견된 전돌들은 누군가가 의도적으로 '공간이동'을 해 놓은 결과물일 가능성이 높다. 장무이묘는 고고학적으로 보더라도 ① 고분 양식(지붕의 돌덮개), ② 내부 장식(벽면의 석회칠), ③ 조성 주체(고구려) 등에서 한결같이 낙랑, 대방 등 중국의 전통적인 묘장제도나 행정기관과는 거리가 상당히 멀기 때문이다. 그렇다면 장무이묘와 관련된 세키노 일당의 최대의 업적은 고분 양식, 역사 기록, 지리 조건 등에 있어 사실상 서로 그다지 친연성이 없는 유적과 유물들을 마치 고고적으로 서로 밀접한 인과관계가 있는 것처럼 하나의 맥락으로 엮고 거기에 자신들의 희망사항('한나라 대방군')을 불어넣은 데에 있다고 보아도 무방한 셈이다.

여기서 심각한 문제는 세키노의 고국인 일본에서조차 이미 1950~60년대부터 장무이묘의 성격이나 조성연대를 놓고 학자들 사이에서 격렬한 논쟁이 벌어지고 있는 동안에도 한국 고대사 연구에서 대단히 중요한 쟁점이 되는 장무이묘의 연대 문제와 관련하여 국내 고고학계는 물론 역사학계조차 재검토나 검증이 '전혀' 이루어지지 않고 있다는 데에 있다.[93] 국내 학계는 그저 세키노 일당이 100여 년 전에 무단적으로 내린 결론을 기정사실로 받아들여 정설로 신봉하고 있을 뿐이다. 실정이 이러니 남들이 강단을

---

93) 정인성, 같은 책, 제42쪽.

식민사관의 추종자라고 비난해도 변명의 여지가 없는 것이다. 대방군 관련 유물, 유적을 둘러싼 이 같은 의혹들은 고고, 금석, 문자, 민속 등 전방위적으로 미심쩍은 흔적을 남기고 있다. 이상의 상황들을 종합해 볼 때 '장무이묘' 관련 유물들의 반출의 목적은 개인 소장이 아니라 진실의 은폐에 있었을 가능성이 높다고 하겠다.

11. '동수묘' 묵서명의 미스터리

일본 학자 오카자키 다카시는 '장무이묘'가 조성된 시기를 추정하는 과정에서 '무이'는 이름이 아니라 관직명이라고 주장하였다. 그의 이 같은 인식은 '장무이묘'와 가까운 곳에 위치한 안악 3호분의 벽면에 작성된 묵서(墨書)에 "호무이교위(護撫夷校尉)"라는 단어가 등장하는 데에서 착안한 것이었다. 현재 안악 3호분은 학계에서 장무이묘의 조성연대를 추정함에 있어 중요한 고고학 참조 자료로 활용되고 있다. 그러나 그 실상을 알고 보면 장무이묘만큼이나 조작의 혐의가 짙게 드러나는 유적이 바로 '안악 3호분(安岳三號墳)'이다.

1) 안악 3호분의 묵서명

안악 3호분은 1949년 황해도 안악군에서 발견된 3기의 고구려 고분들 중 하나이다. 이 묘는 규모가 비교적 큰 데다가 벽면에는 250여 명의 대행렬을 그린 그림 등, 당시의 습속을 다룬 벽화들이 화려하게 장식되어 있어서 "고구려 생활사 자료의 보고"로 평가받고 있다. 그러나 학계가 이 묘를 "해방 이후 북한 최고의 발굴"로 극찬하게 된 것은 벽화들과 함께 발견된 7행 68자의 묵서명(墨書銘) 때문이었다.[94]

1 □和十三年十月戊子朔廿六日
2 □丑|使持節都督諸軍事
3 平東將軍|護撫夷校尉|樂浪
4 □昌黎玄菟帶方太守|都
5 鄕侯|幽州遼東平郭
6 都鄕|敬上里|冬壽字
7 □安|年六十九|薨官

이 묵서의 내용을 우리말로 직역하자면 다음과 같다.

"□화 13년 10월 무자월의 삭일인 26일| □축일에 사지절 도독제군사이자 평동장군, 호무이교위, 낙랑(군)의| □이자 창려, 현토, 대방의 태수이며 도향후로 유주 요동(군) 평곽(현) 도향(촌) 경상리 출신인 동수는 자가| □인데 향년 69세로 벼슬을 하다가 돌아가시다"[95]

---

94) 임기환, 〈안악3호분을 해부한다(1) – 황해도 안악 3호분의 주인은?〉, 〈매일경제신문〉, 2017.2.2.

95) 〈한국금석문 종합영상시스템(http://gsm.nricp.go.kr/_third/user/main.jsp)에 소개된 《역주 한국고대금석문》(1992)의 번역문(번역자 서영대)은 다음과 같이 되어 있다. "영화(永和) 13년 초하룻날이 무자(戊子)일인 10월 26일 계축(癸丑)에 사지절(使持節) 도독제군사(都督諸軍事) 평동장군(平東將軍) 호무이교위(護撫夷校尉)이며 낙랑상(樂浪相)이며 창려(昌黎)·현토(玄菟)·대방(帶方)태수(太守)요 도향후(都鄕侯)인 유주(幽州) 요동군(遼東郡) 평곽현(平郭縣) 도향(都鄕) 경상리(敬上里) 출신 동수(冬壽)는 자는 ▨안(▨安)인데 나이 69세에 관(官)으로 있다가 사망하였다." 반면에, 최근 2017년 2월 2일자 〈매일경제신문〉에 임기환이 소개한 번역문은 이렇게 되어 있다. "영화(永和) 13년 초하룻날이 무자일(戊子日)인 10월 26일 계축(癸丑)에 사지절(使持節) 도독제군사(都督諸軍事) 평동장군(平東將軍) 호무이교위(護撫夷校尉)이자 낙랑상(樂浪相)이며, 창려, 현도, 대방태수(昌黎玄兎帶方太守)요 도향후(都鄕侯)인 유주(幽州) 요동(遼東) 평곽현(平郭縣) 도향(都鄕) 경상리(敬上里) 출신 동수(冬壽)는 자(字)가 □안인데, 나이 69세로 벼슬하다 죽었다."

이 묵서에서 소개하고 있는 인물이 동수(冬壽)이다. 이 묵서에서는 '동수'라는 인물의 일대기를 사망일자-작위-관직-관향-자-향년의 순서로 소개하고 있다. 묵서의 소개에 근거한다면 이 묘는 동수의 것인 셈이다. 따라서 국내외 학계는 이 묘를 '동수묘'로 별칭하기도 한다.

현재 한중일 삼국 학계에서는 동수를 중국 전연(前燕) 출신으로 모용황(慕容皝)과 그 동생 모용인(慕容仁)을 차례로 섬기다가 고구려로 망명한 동수(佟壽: ?~?)와 동일인물로 보고 있다. 《진서(晉書)》, 《자치통감(資治通鑑)》 등의 관련 기사에 따르면, 동수는 본래 전연의 왕 모용황의 수하에서 '사마(司馬)'로 있던 인물이다. 333년 모용인이 반란을 일으키자 진압에 나섰다가 오히려 대패하고 그 수하로 들어갔고, 몇 년 후인 336년 정월, 모용황이 모용인을 격파하자 배신의 대가를 치를 것이 두려워 고구려로 망명했다고 한다.96) 그런데 이 묘의 묵서명에서 그와 같은 이름이 발견된 것이다.97) 이 묵서의 존재로 말미암아 안악 3호분은 최근까지도 "해방 이후 북한 최고의 고고 발굴로 자리매김하게 한 최고의 명문 자료"이며 동수의 "문헌기록 이후를 메울 수 있게" 되었다는 극찬을 받고 있다.98) 동시에 이 묵서명의 존재가 황해도가 한대 이래로 대방군의 영역이었다는 한중일 삼국 학계의 그동안의 통설을 입증하는 결정적인 증거로 인식되었다. 그러나 우리가 묵서를 자세히 따져보면 크고 작은 파탄이 군데군데 도사리고 있는 것을 발견하게 된다.

---

96) 사마광, 《자치통감》 〈재기 9(載記九)〉 '모용황(慕容皝)'조.

97) 그러나 단순히 이름자 한 글자가 같다고 해서 두 사람을 동일인물로 보는 것은 다소 위험하다. 왜냐하면 《자치통감》 '모용황(慕容皝)'조에 등장하는 인물의 경우 송대에 간행된 판본에는 "동수(佟壽)"로 기재되어 있지만 그 이름이 "동도(佟燾)"로 나와 있는 판본도 있기 때문이다. 현재는 이에 관한 상세한 정보를 확보하지 못했기 때문에 일단 기존의 통설대로 "동수"로 보았다.

98) 임기환, 〈안악3호분을 해부한다(1) – 황해도 안악 3호분의 주인은?〉, 《매일경제신문》, 2017.2.2.

2) "영화 13년"의 미스터리

안악 3호분의 묵서명은 "□화 13년(□和十三年)"으로 시작되고 있다. 첫 글자는 형체가 모호해서 판독이 어렵지만 국내외 학계에서는 묵서에 등장하는 "동수"가 4세기에 실재했던 인물 동수인 것으로 보아 "□화(□和)"를 4세기 중반의 동진(東晉) 목제(穆帝) 사마담(司馬聃)이 345년에서 356년까지 12년간 사용한 첫 번째 연호 "영화(永和)"로 인식하고 있다. 말하자면 이 묘의 조성연대가 서기 357년으로 확정된 데에는 묵서에 등장하는 "□화 13년(□和十三年)"과 "동수" 단 7자가 결정적인 역할을 한 셈이다. 서기 357년이라면 고구려 고국원왕(故國原王) 27년에 해당한다. 당시 고국원왕은 모용씨의 전연과의 전쟁에서 환도성(丸都城)을 함락당하는가 하면 백제와의 경쟁에서도 수세에 몰려 있었다. 그처럼 긴박한 국제 정세 속에서 이 묘가 조성되었다는 것이다.

그러나 여기서 우리가 명심해야 할 사실이 있다. 그것은 학자들의 주장대로 "□화 13년"이 영화(永和) 13년이라면 이 묵서명은 후세의 누군가가 위조했을 가능성이 높다는 것이다. 역사적으로 목제가 '영화'라는 연호를 사용한 것은 345년에서 356년까지였다. 그 다음 해인 357년부터는 두 번째 연호인 '승평(昇平)'을 사용하기 때문이다. 따라서 영화 13년은 역사적으로 존재한 적이 없는 날조된 연호인 것이다.

임기환은 안악 3호분을 조성한 주체가 "아마도 연호가 바뀌었다는 사실을 몰랐던 모양"이라면서 이를 단순한 실수로 치부하고 있다. 그러나 고대 중국에서 연호는 새로운 황제가 즉위하거나 국가적으로 중요한 전기에 사용하곤 하였다. 절대권력자인 황제의 정통성과 권위를 상징하는 중요한 정치기호였던 셈이다. 중원의 왕조들이 주변 국가들에게 중국의 연호를 사용하도록 회유, 강압하면서 지속적으로 관리해 온 것은 연호의 사용이 곧 중국에 대한 복종을 의미했기 때문이다. 주변국들은 정확한 연호를 사용하기

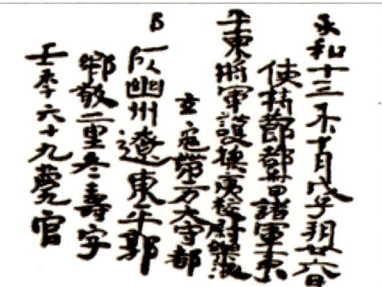

〈문제의 묵서명과 탁본〉

위하여 항상 예의주시해야 하였다.

이를 임의로 고쳐 사용한다는 것은 상상도 할 수 없는 일이었다는 뜻이다. 당시 고구려는 동진과 긴밀한 외교 관계를 유지하고 있는 상황이었다. 동수 역시 동진에서 하사는 관직들은 알뜰하게 챙기는 꼼꼼한 성격을 가진 인물이었다. 그런 상황에서 정작 그 왕조의 연호가 바뀐 사실만 깜깜하게 몰랐을 리는 없다. 동수 본인은 둘째 치고 그 주변의 수많은 사람들도 전혀 모르고 있었다는 것은 더더욱 말이 되지 않는다.

백번 양보해서 연호가 바뀐 사실을 동수와 그 주변 사람들이 정말 모르고 있었다고 해도 의문은 그대로 남는다. 묵서에서 동수의 관향을 "유주 요동군"이라고 한 것도 역사적 사실과 부합되지 않기 때문이다.

동수가 69세를 일기로 사망했다는 묵서의 소개가 사실이라면 그가 태어난 해는 서기 288년이었다는 말이 된다. 288년은 서진의 태강(太康) 9년에 해당한다. 그런데 《진서》〈지리지〉를 보면 그가 태어나기 8년 전인 태강(太康) 원년(280)에 다음과 같은 행정조치가 이루어지고 있다.

진나라 무제의 태강 원년에 손씨를 평정한 후 군국 23개(…)를 증설하고 사리를 없애는 대신 사주를 두고 양, 진, 영, 평 4개 주를 새로 설치하는 한편 오나라의 광주를 그대로 남겨 19개 주(사, 기, 연, 예, 형, 서, 양, 청, 유,

평, 병, 옹, 량, 진, 량, 익, 영, 교, 광)가 되면서 군국이 173개(오나라가 설치했던 25개소, 촉나라가 신설한 11개소, 위나라가 설치한 21개소, 한나라의 옛 군국 93개소와 신설 23개소)로 되었다.

晉武帝太康元年, 既平孫氏, 凡增置郡國二十有三(滎陽, 上洛, 頓丘, 臨淮, 東莞, 襄城, 汝陰, 長廣, 廣寧, 昌黎, 新野, 隨郡, 陰平, 義陽, 毗陵, 宣城, 南康, 晉安, 寧浦, 始平, 咯陽, 樂平, 南平), 省司隸置司州, 別立梁, 秦, 寧, 平四州, 仍吳之廣州, 凡十九州(司, 冀, 兗, 豫, 荊, 徐, 揚, 青, 幽, 平, 幷, 雍, 涼, 秦, 梁, 益, 寧, 交, 廣州), 郡國一百七十三(仍吳所置二十五, 仍蜀新置十一, 仍魏所置二十一, 仍漢舊九十三, 置二十三).

진나라 무제(武帝: 239~290)가 태강 원년에 진나라의 강역을 총 19주로 재편하면서 기존의 유주(幽州)에서 그 동쪽 일부 지역을 분할하여 '평주(平州)'라는 행정구역을 새로 설치한 것이다. 이것은 곧 서기 280년부터 평주와 유주가 각자 독립된 행정구역으로 존재하고 있었다는 의미가 된다. 그 후의 기사에서 도로 유주에 통합되었다는 언급이 보이지 않는 것을 보면 평주는 동수가 태어나던 288년까지 그대로 존속되었던 셈이다. 그렇다면 묵서 속의 동수의 본향은 "유주의 요동군"이 아니라 "평주의 요동군"으로 소개되어 있어야 정상인 것이다. 그런데 평주가 아닌 유주로 소개되어 있다는 것은 당시 상황에 어두운 후세 사람이 그의 본향을 조작했다는 의미로밖에 해석되지 않는 것이다.

이 같은 조작의 징후가 짙게 나타나는 것은 아무래도 그의 경력을 소개한 대목이 아닐까 싶다.

3) "낙랑상"의 미스터리

동수가 "낙랑상(樂浪相)"을 지냈다는 대목도 수상하기는 마찬가지이다.

이 부분에 관하여 임기환은 최근 다음과 같은 해석을 내놓았다.

> … '낙랑상(樂浪相)'이라고 우선 위 관직 중 창려, 현도, 대방은 '태수'라고 하면서도, 유독한 점이 의아하다. 상(相)은 태수와 별 차이가 없으나, 왕국(王國)이나 공국(公國)일 경우에 '상'으로 불리운다. 즉, 묵서명에 낙랑태수가 아닌 '낙랑상'으로 기록한 점은 동수가 낙랑왕(공)국의 태수직을 받았음을 의미한다. … 이 무렵의 '낙랑공'이라면 고국원왕이 355년에 전연으로부터 받은 '영주제군사(營州諸軍事) 정동대장군(征東大將軍) 영주자사(營州刺史) 낙랑공(樂浪公) 고구려왕'이란 책봉호가 떠오른다. 즉, 고국원왕이 낙랑공에 책봉되면서 동수는 낙랑상(樂浪相)이 되고, 고국원왕이 받은 정동대장군과 짝하여 동수도 평동장군을 전연으로부터 받았을 가능성도 배제할 수 없다. … 그 뒤에도 고국원왕은 왕모를 되돌려 받기 위해 전연과의 관계 개선에 무척 애를 썼으며, 이때 전연 출신인 동수 등을 외교 중개자로 활용했을 것이다. … 그 결과 355년에 왕모가 귀환하는 대신 고국원왕이 전연으로부터 책봉을 받는 형태로 양국 관계가 정리되었다. 이때 고국원왕의 책봉호에 맞추어 동수도 '평동장군 낙랑상'이란 관직을 받지 않았을까 추정해 본다. …99)

일견 그럴 듯해 보이는 해석이다. 그러나 한나라는 역사적으로 중앙 정부가 직접 관할하는 직속령으로서의 '군(郡)'과, 왕후들이 독립적으로 경영하는 영지인 '국(國)'을 이원적으로 통치하는 '군국 병행제(郡國竝行制)'를 끝까지 유지하였다. 그리고 임기환은 여기서 "상(相)"을 황실의 친왕이나 각급 제후들을 보필하는 재상을 일컫는 관직명으로 이해하였다. 실제로 한

---

99) 임기환, 〈안악3호분을 해부한다(2) – 동수의 관직에 숨은 비밀〉, 〈매일경제신문〉, 2017.2.16.

대의 경우, '군'에서는 최고 책임자인 녹봉 2,000석의 태수(太守)나 자사(刺史)가 그 보좌관인 군승(郡丞) 또는 장리(長吏)의 보좌를 받아 대소사를 처리하였다. 반면에 '국'에서는 최고 통치자인 친왕이나 제후를 녹봉 2,000석의 국상(國相)이 보필하여 대소사를 처리하곤 하였다.

여기서 우리가 명심해야 할 사실이 있다. '낙랑'은 중국 역사에서 제후국으로 존재한 적이 단 한 번도 없었다는 사실이다. 동수가 생존하고 활동했던 4세기 동진의 전장제도를 살펴보아도 요동이 '군'에서 '국'으로 승격된 일은 있었으나, 낙랑이 '군'에서 '국'으로 전환된 적은 서진과 동진을 통틀어 전혀 없었다. 그런데 안악 3호분에서는 동수를 "낙랑상", 즉 낙랑국(樂浪國)의 국상을 지낸 것으로 소개하고 있는 것이다. 역사적 사실을 복기해 볼 때 《진서》,《북사》등의 중국 정사에 심각한 문제가 있는 것이 아니라면 안악 3호분의 묵서는 "낙랑상"이라는 세 글자가 존재한다는 것 자체만으로도 조작 또는 위조의 혐의를 헤어날 수가 없게 된다.

더욱이 낙랑군은 역사적으로 서기 313년 고구려 미천왕에 의하여 멸망(축출?)한 것으로 알려져 있다. 그런데 동수가 낙랑국의 국상을 지냈다면 그 시점은 아무리 늦어도 낙랑이 멸망하기 이전, 즉 313년 이전의 어느 한 기간이었다는 말이 된다. 문제는 안악 3호분의 묵서에 근거할 때 313년은 그의 나이가 고작 25세밖에 되지 않던 해라는 데에 있다. 만일 재상을 지낸 시점이 그보다 빠르다면 그의 연령 역시 20대 초반까지 내려가게 된다. 한대에 한 제후국의 국상은 녹봉이 태수, 자사에 해당하는 2,000석이었으니 결코 낮은 벼슬이 아니었다. 그런데 이처럼 중량 있는 관직을 방금 약관을 넘긴 새파란 청년에게 맡긴다는 것은 상식적으로 말이 되지 않는다.

그가 지냈다는 다른 관직들도 이해가 되지 않기는 마찬가지이다. 묵서에서는 그가 낙랑군의 재상에 이어 창려, 현토, 대방 세 군의 태수를 차례로 역임했다고 소개하고 있다. 겉보기에는 제법 그럴듯해 보인다. 그러나 한 사람이 군사적으로 중요한 세 군의 태수를 차례로 거쳤다는 것도 믿기 어렵다. 그 정도로 대단한 관록의 소유자였다면 당연히 중국 정사에도 그의 화려한 경력이 비중 있게 다루어져 있어야 옳다. 그러나 그가 "사마"를 지낸 경력 말고는 중국 정사 어디에서도 그의 화려한 입신양명의 기록을 단 한 군데 단 한 줄조차 찾을 수가 없는 것이다.

만일 그가 세 군의 태수를 차례로 역임했다면 그는 낙랑군이 멸망하는 313년 이후부터 고구려에 망명하는 336년까지의 20년 기간 사이에 그 관직들을 거쳤을 것이다. 그러나 현토군의 경우만 해도 이 기간에 배무(裵武: ?~313), 고익(高翊), 유패(劉佩), 을일(乙逸: ?~352) 등 네 명이나 되는 인물이 정사 속에 그 이름을 남기고 있다. 그 사이에 동수가 현토군 태수, 나아가 나머지 두 군의 태수를 지냈을 가능성은 상당히 낮다는 뜻이다. 《자치통감》 권95 〈진기17(晉紀十七)〉에 따르면, 동수가 곽충(郭充)과 함께 고구려로 망명한 해는 서기 336년이었다. 이때는 동수가 고구려 안악에서 죽기 21년 전이다. 그의 나이가 48세 되던 해인 것이다. 그런데 이때까지 중국 정사에 기록된 관직명은 "사마"가 유일한 것이다. 도대체 묵서 속의 그 많은 벼슬들은 어디서 지냈다는 말인가? 상식적으로 도저히 이해할 수 없는 상황이 아닐 수 없다.

4) "도독제군사"라는 해괴한 직함

안악 3호분 묵서에 언급된 "도독제군사(都督諸軍事)"라는 직함은 이 묵서상의 경력들이 동수 본인이 아닌 후세의 누군가에 의하여 조작된 것임을 증명해 주는 또 다른 증거이다. 고대에는 특정 지역에 긴급 상황이 발생했을 경우에 황제 또는 조정이 특정인에게 해당 지역에서 한시적으로 군사를 징집, 지휘할 수 있는 전권을 부여했는데, 이때 비정규적, 한시적으로 부여되는 임시 직함이 바로 '도독제군사'이다. 이 직함은 통상적으로 그 군사권이 발동, 행사되는 범위를 명시하는 것이 상식이었으며, 주로 다음의 몇 가지 유형으로 사용되었다.

    A. 도독 + 지역 + 제군사

        도독유주제군사(都督幽州諸軍事)

        도독형주제군사(都督荊州諸軍事)

    B. 독 + 지역 + 제군사

        독중외제군사(督中外諸軍事)

    C. 감 + 지역 + 제군사

        감양익2주정토제군사(監梁益二州征討諸軍事)

    D. 도위 + 지역 + 제군사

        도위형상교엄등4주제군사(都尉荊湘交廣等四州諸軍事)

그런데 앞서 소개한 안악 3호분 묵서에서는 (A-D)의 경우처럼 군사권이 허용되는 지역을 명시하지 않고 막연히 "도독제군사"로만 적고 있다. 물론, "도독제군사"라는 직함이 이론적으로 전혀 불가능한 것은 아니다. 황제의 섭정이나 대리인의 경우라면 황제나 그 대리인일 경우에는 이론상으로 군사권을 행사할 수 있는 범위가 제국 전역까지 확장될 수 있으므로 굳이 지역을 밝힐 필요가 없기 때문이다. 다만, 묵서의 내용을 볼 때 이 묘의 주인공이 상당히 지체가 높은 인물인 것은 분명하지만, 황제의 대리인이라고 할 만큼 대단한 정치적 위상을 가진 인물은 아니었을 것이다.

실제의 동수만 해도 진나라의 중앙 권문세족 출신이 아니라 일개 선비족 출신 군벌인 모용씨의 막부에서 '사마'를 지낸 것이 고작으로, 《진서》 등의 정사에는 그의 일대기를 소개한 제대로 된 열전조차 없다. 그처럼 미미한 인물에게 군사권이 제국 전역에 미치는 중책을 맡길 리는 없다. 그렇다면 이 경우에는 당연히 한 주이든 두세 주이든 군사권의 행사가 보장된 지역명이 명시되어 있어야 정상이다. 그런데 그렇지 않은 데다가 '24사'를 통틀어 '도독제군사'식의 직함은 그 어디서도 찾아볼 수가 없다. 후세의 누군가가 당시 사용되던 직함들을 어설프게 짜깁기해서 날조해 낸 것이라는 뜻이다.

5) 듣도 보도 못한 "호무이교위"

오카자키 다카시(岡崎敬)는 '장무이묘' 벽돌에 새겨진 "무신년"을 동진의 영화(永和) 4년, 즉 기원후 348년으로 추정하였다. 아울러 고구려 벽화고분인 안악 3호분에서 발견된 묵서의 "호무이교위(護撫夷校尉)"를 근거로 '장무이'의 '무이'가 이름이 아니라 '호무이교위'식의 중국의 관직명이라고 주장한 바 있다.[100] 그러나 그 같은 주장은 고문의 문법에 조금만 조예가 있어도 감히 꺼내기 민망한 소리이다.

'교위(校尉)'는 중국 역사에서 빈번하게 등장하는 무관직으로, '교'는 고대의 군사편제 단위이고 '위'는 장교를 뜻한다. 지금으로 치면 '부대장(部隊長)'에 해당하는 벼슬인 셈이다. 진(秦)나라 때에는 중급 장교로 출발한 교위는 한대에 그 지위가 장군급으로 격상되면서 그 기능 역시 업무의 유형에 따라 다양한 분과로 세분되었다.

A. 돌기교위(突騎校尉), 호분교위(虎賁校尉), 동이교위(東夷校尉)
B. 호강교위(護羌校尉), 호오환교위(護烏桓校尉), 호동이교위(護東夷校尉)

---

100) 정인성, 같은 글, 제41쪽에서 재인용.

위의 관직명들을 문법적으로 따져보면, '돌기', '호분', '동이'는 대체로 '수식어 + 명사' 구조의 단일한 복합명사의 형태를 취한다. 반면에 '호강', '호오환', '호동이'는 '동사 + 목적어' 구조의 구문의 형태를 띠고 있어서 '무엇을 어떻게 하다'식으로 해석된다. 즉, "호강"은 '강족을 보호하는', "호오환"은 '오환을 보호하는', "호동이"는 '동이를 보호하는'이라는 의미를 각각 담고 있는 셈이다. 물론, 이 같은 명명 원칙은 당시 다른 무관직에도 비슷하게 적용된다.

안이호군(安夷護軍), 무이호군(撫夷護軍), 진로호군(殄虜護軍), 토이장군(討夷將軍), 정동장군(征東將軍)

여기서 각 '호군(護軍)'과 '장군(將軍)'은 각자의 분과와 역할을 나타내는 수식어 부분이 '보호하다[護]', '편안케 하다[安]', '포용하다[撫]', '섬멸하다[殄]', '토벌하다[討]', '정벌하다[征]' 등의 동사와 '이(夷)', '로(虜)', '동(東)' 등의 목적어가 연결된 동보구조를 이루고 있는 것을 볼 수 있다. 이와 비교할 때 안악 3호분의 묵서에 등장하는 교위 명칭은 통상적인 명명 원칙에서 비켜 서 있다.

호무이교위(護撫夷校尉)

이 관직명은 문법적으로 '동사 + 목적어' 구조의 목적어를 또다른 동사가 다시 한정하는 '동사'[동사' + 목적어]' 구조를 이루고 있다. "호무이"가 '[무이]를 보호하는' 즉 '[오랑캐를 포용하는 것]을 보호하는' 식으로 번역되는 셈이다. 그러나 이 경우는 문법적는 의미가 전혀 통하지 않는 '비문(非文)'이다. 만일 "호무이"가 문법적으로 비문이 되지 않으려면 '무이'가 일반 동사구가 아니라 '장무이'식의 특정인의 이름, 즉 고유명사여야 한다.

그렇다고 해서 그걸로 문제가 다 해결되는 것은 아니다. 무이가 개인의 이름이 되면 상황은 오히려 더 꼬인다. 그렇게 되면 이런 경우 "호무이교위"는 '(장)무이를 보호하는 교위'라는 의미가 돼 버리기 때문이다. '무이'라는 특정인을 지키는 경호원이라는 말인 셈인데, 그런 경호원이 한둘이 아닐 것을 감안한다면 그 모두에게 "호무위교위"라는 관직이 내려져야 하는 셈이다. 한나라 조정이 얼마나 할 일이 없기에 오환, 동이, 강(족) 등과 같은 집단도 아닌 한 개인을 보호하기 위하여 관직, 그것도 고위직을 특별히 설치할 리가 있겠는가? 따라서 "호무이교위"는 실제로 존재한 관직명으로 보기 어려우며 고문 지식이 천박한 누군가가 억지로 조작해 낸 허구의 산물일 수밖에 없다. 정리하자면, "호이교위"나 "무이교위"는 역사적, 문법적으로 전혀 문제가 없지만 "호무이교위"는 의도적인 조작의 가능성이 크다는 뜻이다.[101]

6) "훙관"의 수수께끼

안악 3호분의 묵서에서 또 하나 문제가 되는 대목이 "훙관(薨官)" 부분이다. 한중 고대사에 조예가 있는 사람들은 누구나 다 알고 있듯이, "훙(薨)"은 왕이나 제후의 죽음을 높여 부를 때 사용하는 글자이다. 그러나 '24사'를 찾아보면 승상이나 장군이 죽은 경우에도 이 글자를 사용한 사례가 매우 많이 확인되고 있어서 왕후(王侯)뿐만 아니라 장상(將相)에 대해서도 관용적으로 사용되었음을 알 수 있다. 따라서 전연의 고관 출신 망명자 또는 귀화자라는 동수의 죽음에 "훙"을 쓴 것은 여러 가지 관련 용례들을 근거로 할 때 무난한 표현인 셈이다.

---

[101] 안악 3호분 묵서의 수수께끼에 대한 문제 제기는 지면 관계로 여기서는 일단 생략하기로 한다.

저자가 정작 의심하는 대목은 이 묵서의 작성자가 하필이면 "훙"을 마치 복합어처럼 "관"과 하나로 연결시켜 놓았다는 점이다. 그런데 이 같은 용법은 문법적으로도 정확하다고 할 수가 없다. 차라리 작성자가 묵서를 "훙관"에서 끝내지 않고 "훙"으로 끝냈다면 저자도 깜빡 속아 넘어가고 말았을 것이다. "훙"은 고문에서 "돌아가다, 서거하다"라는 의미를 가져서 애초부터 목적어를 가질 필요가 없는 자동사이기 때문에 단독으로 사용했더라도 문법적으로 전혀 이상할 것이 없기 때문이다. 그러나 "훙관"의 경우는 상황이 다르다. 국내의 고대사학자들은 "훙관"을 다음과 같이 번역하고 있다.

a. 서영대 - "관(官)으로 있다가 사망하였다."
b. 임기환 - "벼슬하다 죽었다."

"관으로 있다가"는 곧 "벼슬하다"의 의미이므로 두 학자의 번역은 본질적으로 동일하다. 이처럼, 우리가 얼핏 생각하기에는 묵서 속의 "훙관"은 "벼슬을 하다가 죽었다"[102] 식으로 번역해도 상관이 없을 것 같아 보인다. 그러나 그것은 큰 착각이다. "훙관"은 문법에 맞추어 글자 그대로 직역하면 "벼슬이 돌아가셨다" 또는 "벼슬을 돌아가시게 만들다"식으로 변하기 때문이다. 작성자의 의도와는 전혀 다른 의미가 되어 버리는 것이다. 만일 "벼슬을 하다가 죽었다"라는 의미를 전달할 의도라면 "훙관"을 써서는 안 된다. "훙관"이 아닌 다른 표현을 사용해야 하는 것이다. 게다가 중국의 정사인 '24사'를 찾아봐도 어디에도 유사한 사례를 찾아볼 수 없다. 일단 '24사'를 검색해 본 결과 다음의 몇 군데에서 "훙관"의 용례가 확인되었다.

A. … 昭明太子薨官屬罷 ….《양서》〈은균전(殷鈞傳)〉

---

102) 임기환, 같은 기사.

B. … 昭明太子薨官屬罷 …. 《양서》〈육양전(陸襄傳)〉
C. … 及穎薨官属奔散 …. 《진서》〈노지전(盧志傳)〉
D. … 西平忠成公張駿薨官屬上世子重華爲 … 假涼王. 《자치통감》〈진기19 (晉紀十九)〉

'24사'를 조사해 본 결과 본문에 "훙관"이 사용된 사례는 총 4건 정도였다. 이 중 〈은균전〉과 〈육양전〉의 사례는 구문이 완전히 동일한 것이어서 엄밀하게 따지면 "훙관"의 용례는 총 3건인 셈이다. 문제는 이 3건의 사례에서 "훙"과 "관"이 연결되어 "훙관"이라는 단일한 복합어를 구성하는 것이 아니라 두 글자가 서로 별개의 구문에서 각자 다른 기능을 수행하고 있다는 점이다. 위의 기사들을 우리말로 옮기면 다음과 같이 번역된다.

a. … 소명태자가 서거하매 (그 예하) 관속들이 모두 면직되었다. ….
b. … 소명태자가 서거하매 (그 예하) 관속들이 모두 면직되었다. ….
c. … 영이 서거함에 이르자 (그 예하) 관속들이 뿔뿔이 흩어졌다. ….
d. … 서평 충성공 장준이 서거하매 (그 예하) 관속들이 세자 중화의 격을 … 가량왕 등으로 높였다.

이 예문들에서 "훙관"은 얼핏 단일한 단어로 사용된 것처럼 보인다. 그러나 그것은 일종의 착시이다. 실제로는 "훙"과 "관"은 의미나 맥락에 있어 각각 앞 구문의 마지막 글자와 뒷 구문의 첫 글자로 서로 분리된 별개의 두 글자, 즉 "훙|관"식의 단어이기 때문이다.[103]

---

[103] 즉, "훙"과 "관"이 문법적으로 함께 사용될 수도 없고 '24사'에서 함께 사용된 용례들도 사실은 맥락상 두 글자가 전혀 별개의 두 구문에 속한 것임을 제대로 파악하지 못한 후세의 누군가에 의한 섣부른 조작의 결과인 것이다.

7) "도향후"와 도향의 문제

안악 3호분의 묵서에는 묘주인 동수가 도향(都鄕) 사람으로 나중에 "도향후(都鄕侯)"에 봉해졌다고 소개하고 있다. 그가 도향 출신이어서 나중에 도향후로 봉해졌다는 의미일 것이다. 그런데 당시의 전장제도에 비추어 보면 이것 역시 앞뒤가 맞지 않는 소리이다. '24사'를 통틀어 당시 평곽현에 도향이라는 행정구역이 존재했다는 근거가 없다는 것은 논외로 치자. 그러나 "도향후"라는 작위를 '도향'과 결부시킨 것은 고대사에 무지한 사람이나 저지르는 실수이다. 청대의 학자 고염무(顧炎武)는 《일지록(日知錄)》에서 '도향후'를 다음과 같이 소개하고 있다.

> 후한대의 봉국제도에는 '향후'와 '도향후'가 있었다. 열전들 중에는 '도향후'를 언급한 경우가 매우 많은데, 황보숭도 괴리후에 봉해졌다가 중상시 조충과 장양에게 밉보여 6,000호를 깎이고 '도향후'에 봉해진 일이 있었다. 後漢封國之制, 有鄕侯, 有都鄕侯, 傳中言都鄕侯者甚多, 皇甫嵩封槐里侯, 忤中常侍趙忠, 張讓, 削戶六千, 更封都鄕侯.

말하자면, 황보숭은 원래 '괴리'를 녹읍으로 하는 괴리후로 봉해졌으나 내시들의 미움을 사서 그보다 못한 도향후로 강등되었다는 것이다. 그런데 "도향후"는 '도향'이라는 특정한 구역을 녹읍으로 받은 열후라는 의미가 아니다. 한대 말기에 여러 관리가 '도향후'로 봉해진 것이 그 증거이다. 당시의 '향(鄕)'은 현보다 작은 행정단위로 지금으로 치면 구나 면에 해당한다. 그런데 '도향'이 특정한 지역을 일컫는 고유명사라면 이들이 전부 하나의 구나 면에 집단으로 책봉되었다는 이야기가 된다. 중앙정부가 종로구라는 행정구역에 10명이 넘는 구청장을 임명하는 것과 다를 바가 없는 것이다.

그런데 묵서를 조작한 작성자는 이른바 동수라는 가공의 인물을 날조해

내는 과정에서 "도향후"가 그의 고향이라는 '도향'과 관계가 있는 것으로 지레 짐작하고 "도향후"를 들먹였다가 뜻하지도 않게 조작의 꼬리를 밟히고 만 셈이다.

한대에는 지방을 통치할 때 지금의 성(省)에 해당하는 '주(州)', 시나 군에 해당하는 '군(郡)', 읍에 해당하는 '현(縣)'을 중심으로 하되, 그 아래로는 구나 면에 해당하는 '향(鄕)'과 마을에 해당하는 '정(亭)'을 운영하였다. 이때 군을 식읍으로 받는 것을 '왕'으로 부르고 그 영지를 '국'으로 일컬었다. 그 다음부터는 '열후(列侯)'라 하여 식읍의 크기에 따라 현후(縣侯), 향후(鄕侯), 정후(亭侯), 도향후(都鄕侯), 도정후(都亭侯)의 다섯 등급으로 나누고 특정 지역의 지명을 따서 불렀다.

《삼국지연의(三國志演義)》의 경우를 예로 들어 보자. 제갈량(諸葛亮)은 무'향'후(武鄕侯)였고, 유비는 의성'정'후(宜城亭侯), 조조는 비'정'후(費亭侯), 관우(關羽)는 한수'정'후(漢壽亭侯), 장비는 서'향'후(西鄕侯)식으로 일컬은 것이 그 대표적인 예이다. 그런데《삼국지연의》를 자세히 읽어 보면 한 가지 특이한 점을 발견하게 된다. 위나라의 장료(張遼), 장합(張郃)이 도향후(都鄕侯), 위나라의 조인(曹仁)과 촉한의 마초(馬超)가 도정후(都亭侯)로 봉해진 것이 그것이다. 이러한 '도향후'와 '도정후'는 한대 이후의 삼국시대는 물론 서진, 동진, 남북조시대까지도 그대로 존속되었다.

서진 하충(何充)	여강군(廬江郡) 첨현(灊縣)	도향후에 봉해지다(封都鄕侯)
동진 저부(褚裒)	하남(河南) 양적(陽翟)	도향,정후에 봉해지다(封都鄕亭侯)
동진 기첨(紀瞻)	단양(丹陽) 말릉(秣陵)	도향후에 봉해지다(封都鄕侯)

《후한서》,《삼국지》,《진서》,《자치통감》,《북사》,《남사(南史)》등, 중국 역대 정사들을 조사해 보면 역대 왕조에서 '도향후'나 '도정후'에 봉해진 인물들은 조정의 중신이거나 나라의 공신인 경우가 많다. 중국의 지방행정사를

잘 모르는 사람들은 도대체 '도향'과 '도정'이라는 곳은 면적이 얼마나 크기에 두 사람 이상이 그곳을 식읍으로 삼았을까 하고 생각할지도 모르겠다. 심지어 조인과 마초는 각자 나라가 다른데 어떻게 같은 지역 - 도정을 식읍으로 공유할 수 있는가 하고 반문할지도 모른다. 그 궁금증은 《후한서》에서 '도정'과 관련하여 주석을 붙인 사마표(司馬彪)의 설명으로 풀 수 있을 것 같다.

　　무릇 '도정'이라는 것은 (낙양)성내의 정들을 아울러 일컫는 말이다.
　　凡言都亭者, 并城內亭也.

말하자면 '도정'은 위의 의성정, 비정, 한수정 같은 특정한 지역의 이름이 아니라 '도성에 있는 정'이라는 말인 셈이다. 화연준(華延俊)의 《낙양기(洛陽記)》에 따르면, 낙양성 안에는 모두 24개의 도정이 존재했다고 한다. 그렇다면 '도향' 역시 '도정'과 비슷한 개념으로 이해해야 하는 셈이다. 즉, 한대의 '도향후'란 '도향을 식읍으로 가진 열후'라는 의미가 아니라 '낙양성 안의 향을 식읍으로 가진 열후'라는 의미인 것이다.

따라서 '향후'나 '정후'는 특정한 향이나 정을 식읍으로 삼았으나 그보다 등급이 낮은 '도향후'나 '도정후'는 도성의 일부 구역을 나누어 식읍으로 분배하는 식으로 작위를 봉했던 셈이다. 그렇다면 안악 3호분의 묵서에 등장하는 "도향후" 역시 이와 같은 맥락에서 이해해야 할 것이다.

'도향후'가 '도성 인근의 식읍을 받은 향후'라는 의미를 가진다고 해도 문제는 여전히 남는다. "도향후"는, 그 명칭에서도 짐작할 수 있는 것처럼, 식읍이 도성과 그 인근에 소재해 있는 까닭에 주로 조정에 봉사하는 중앙 관리들에게 내려지는 것이 보통이기 때문이다.

실제로 《진서》, 《자치통감》 등을 조사해 보면, 도성 인근에 거주하거나 중앙 정부에 재직하는 관리들이 작위를 하사받고 있는 것을 확인할 수가 있다. 문제는 동수는 동진의 변방인 전연(前燕)의 일개 참모관에 불과했으므로 처음부터 "도향후"의 작위를 하사받을 만한 자격이나 관록이 없다는 데에 있다. 그런 그가 묵서에서는 버젓이 "도향후"라는 작위를 받은 것으로 소개되어 있는 것이다.

한대 이래의 전장제도가 이런 식으로 시행되었다면, 안악 3호분 묵서 속의 동수의 본향인 '도향'과 그가 봉해졌다는 "도향후" 사이에는 어떠한 상관관계도 존재하지 않는 셈이다. 그런 의미에서 후세에 이 묵서를 작성한 누군가가 이 같은 한대의 실정을 미처 알지 못한 채 '도향후'를 '도향을 식읍으로 가진 열후'라는 의미로 잘못 이해하여 이 중 한쪽을 조작했거나 어쩌면 양쪽 모두를 조작해 냈을 공산이 크다.

최근 안악 3호분에 관한 기획 기사를 연재한 임기환은 동수 묵서에서 나타나는 이 같은 이상한 관직명과 직함들에 대하여 "어색하다", "여러 모로 의문투성이다"라는 점을 인정하면서도 정작 "스스로 자칭한 관직이라고 보는 견해가 가장 유력하다"는 통설의 손을 들어 주고 있다.[104] 그러나 묵서에 등장하는 관직명과 경력사항들이 전부 임의로 자칭한 가공의 것일 수는 없다. 이는 명백히 후세의 누군가가 묵서를 조작해 썼다고밖에 해석할 수가 없는 것이다. 심각한 문제는 국내 학계가 안악 3호분의 묵서가 이상하다는 사실은 분명히 인식하고 있으면서도 정작 위조나 조작의 가능성을 인지하거나 제기하는 사람은 아무도 없다는 데에 있다.

---

104) 임기환, 〈안악3호분을 해부한다(2) – 동수의 관직에 숨은 비밀〉, 2017.2.16.

제5장
'갈석궁'과 '요서해침설'의 미스터리

일제 강점기 식민사학자들의 유물, 유적 조작에 못지않게 중국에서도 '동북공정'의 추진과 함께 유물, 유적을 조작하는 일이 많아지고 있다. 이른바 진 시황의 '갈석 행궁(碣石行宮, 또는 갈석궁)' 조작이나 요령성 태집둔(邰集屯)에 대한 잘못된 역사 고증 등은 그 대표적인 사례라고 할 수 있다. 흥미로운 사실은 고고학계를 포함하는 국내 사학계는 근래에 와서 정치논리를 앞세운 중국의 동북공정에 맞서 자기 역할을 하기는커녕 오히려 그들의 들러리를 서는 모습을 보이고 있다는 것이다.

1. 2016년 요서 답사 토론회 유감

저자는 2016년 이 책의 전작인 《한사군은 중국에 있었다》에서 진 시황은 산해관을 넘어간 일이 없으며, 따라서 중국 당국과 국내 강단에서 '진시황 행궁'이자 '갈석(산?)'의 소재지라고 주장하는 요령성 수중현(綏中縣)의 유적지는 진 시황과는 무관하다는 소견을 개진한 바 있다. 그 후 한가람역사연구소 이덕일 소장의 주선으로 2016년 8월 18일부터 3박 4일에 걸쳐 동북아역사재단이 지원한 국내의 강단, 재야, 언론의 고대사 관련 전문가들과 '중국 요서 답사 토론회'에 참여하였다.

이 기간 동안 일행은 낮에는 요서 각지의 고대사 현장을 '참관'하고 밤에는 강단과 재야가 쟁점들을 놓고 치열한 토론을 벌였다. 첫째 날 토론회에서 이덕일은 국내에서 정설로 받들어지는 '낙랑재평양설'을 부정하면서 "고대 요동(지금 요서 지역) 출신인 장통(張統)은 한반도는 구경도 못했다. 낙랑군과 낙랑 교군(僑郡)은 모두 고대 요동 내에 위치했으며 낙랑교군설이 한반도에 낙랑군이 있었다는 증거는 못 된다"라는 입장을 재확인하였다. 이에 대하여 역사학계를 대표하여 반론에 나선 윤용구는 강단, 재야, 언론의 관계자 수십 명이 참석한 자리에서 이렇게 이의를 제기하고 나섰다.

"… 중국 학계 연구에 따르면 이 지역은 전한(前漢) 무제부터 후한(後漢) 말까지의 유적·유물이 나오지 않는데 이는 당시 크게 범람한 바닷물에 200년 정도 잠겨 있었기 때문이다. 따라서 낙랑군이 이 지역에 설치됐을 수는 없다."1)

이튿날 문제의 요령성 수중현의 '갈석궁 터'를 둘러볼 때 강단 고고학계를 대표한 정인성은 진나라 강역 동쪽 끝에 갈석산이 있다는 재야 측 주장에 맞서 이렇게 단언하였다.

1984년 발굴된 이곳에서는 기원전 3세기 진나라 시대의 기와와 토기, 벽돌이 대거 발견돼 중국 고고학계는 진시황의 행궁으로 보고 있다. 천하를 통일한 진시황이 제국의 동쪽 끝을 순행하면서 갈석궁에 잠시 머물렀다는 것이다. 그러나 재야 사학자 한 명은 "당시 이곳은 진나라의 영토일 수 없다"며 "유적이 (중국 측에 의해) 조작됐을 가능성이 있다"고 주장했다. 갈석궁이 고조선의 영토인 갈석산 동쪽에 있기 때문에 진나라의 것이 될 수 없

---

1) 이선민, 〈"낙랑군은 중국 요서에 있었다" "이곳서 낙랑 유물 나온 적 있나"〉, 〈조선일보〉, 2016.8.22.

다는 논리였다. 이에 대해 정 교수는 건물 터 유적에 재연된 사격자 무늬의 공심(空心) 전돌을 보여 주며 "진시황 당시 함양궁 전각 터에서도 같은 양식의 전돌이 발견됐다. 오랜 시간 연구된 학술자료를 위조로 모는 것은 적절치 않다"고 반박했다.2)

여기에 거론된 "재야 사학자 한 명"은 저자를 가리킨 말이다. 저자는 당시 문제의 "갈석궁 터"의 입지환경을 근거로 "유적이 조작됐을 가능성"을 우려했었다. 그러자 정인성은 중국 측 주장을 좇아3) 그 터에서 발견된 공심전(空心磚) 등 다수의 유물, 유적을 근거로 그 일대가 진 시황의 갈석궁 터가 확실하다고 단언하였다. 동시에, 그는 갈석산이 하북성 창려현에 있다는 재야의 주장까지 일축하였다4).

---

2) 김성운, 〈갈석산 동쪽 요서도 고조선 땅" vs "고고학 증거와 불일치"〉, 〈동아일보〉, 2016년 8월 22일.

3) 여기서 '중국 측 주장'이란 수중현 일대를 조사, 발굴한 요령성 수중현 문물조사대의 주장을 말한다. 현재 중국에서는 고대사 속 갈석산의 정확한 위치가 어디냐를 놓고 전통적인 하북 창려(昌黎)설을 위시하여 하북 금산취(金山嘴)설, 산동 무체(無棣)설, 요령 수중(綏中)설 등 다양한 주장들이 치열한 경합을 벌이고 있다. 이처럼 여러 지역이 갈석산 논쟁에 뛰어든 저변에는 역사적 진실을 규명하겠다는 순수 학술적 목적보다는 많은 관광객을 유치하고자 하는 경제논리를 충족시키고자 하는 의도가 감추어져 있는 경우가 대부분이다. 물론, 무체는 역사적으로 갈석산과 전혀 무관한 곳이며, 진, 한대 유물, 유적이 발견된 금산취와 수중의 경우, 고고학계의 권위자들까지 동원하여 자기 지역을 진시황 '갈석궁 유적'으로 기정사실화하려고 시도하고 있으나, 적어도 역사, 지형적 측면에서 본다면 수중보다는 금산취가 더 신빙성이 높다. 왜냐하면 금산취의 유적은 수중의 것보다 훨씬 내륙에 위치해 있는 데다가 고도 역시 해발 15m 정도여서 진한대에도 육지였을 가능성이 훨씬 높기 때문이다. 그러나 국내 학계에서는 이 같은 논쟁들에 대한 최소한의 검증도 없이 일률적으로 수중설만 맹종하고 있는 것이 실정이다. 갈석산의 위치와 관련하여 중국에서 이처럼 다양한 학설들이 경합 중임에도 불구하고 국내의 강단 학계가 유독 수중설만 추종하고 있는 것은 모르긴 몰라도 자신들의 '낙랑평양설'의 생명력을 연장하는 데에 수중설이 보다 유리하다고 판단해서가 아닐까 싶다.

4) 강구열, 〈"요서 vs 평양 … 한무제가 세운 낙랑군 위치 놓고 열띤 토론"〉, 〈세계일보〉, 2016.8.22.

"… 이 '갈석궁 유적'에서 "진나라 궁궐에 쓰인 것과 비슷한 부재와 방식으로 만든 구조물이 확인됐다. (재야의 주장처럼 이 일대가 고조선 영역이었다면) 고조선 관련 유물이 나올 만도 한데 전혀 발견되지 않았다."

그러나 저자는 그날 답사 현장에서 요동의 차가운 8월 소나기를 맞으면서 강단 학자와 동행 기자들 앞에서 다음과 같이 반론을 제기하였다.

① 수중현이 진나라 영토였다는 것은 진한대 유물을 근거로 한 중국 측의 일방적인 주장일 뿐이다
② 평지에 있는 문제의 수중현 유적은 지형적으로 중국 사서들이 대대로 진 시황, 한 무제, 조조 등이 "올랐다(登)"고 소개해 온 것과는 달리 평지여서 역사적 기록과 전혀 다르다
③ 역대 사서에서는 진 시황, 한 무제, 조조 등이 "동쪽으로 발해를 굽어보았다"라고 적고 있는 것을 볼 때 발해의 서쪽에 있어야 정상인데 수중현 유적은 엉뚱하게도 발해의 '북쪽'에 있다
④ 수중현을 갈석산 또는 갈석궁으로 명시한 문헌기록이 지난 2,000년 사이에 전무하다
⑤ 고고적으로 100% 완벽해도 문헌적 뒷받침이 없는 주장은 공허한데 단순히 고고 유적, 유물에만 의존해서 수중현 유적지를 진시황의 갈석궁이고 진나라의 유물이라고 '단정'하는 것은 위험하다

이런 요지로 문제의 수중현 유적지가 어째서 진시황의 갈석 행궁이 될 수 없는지에 관하여 5분이 넘도록 반론을 폈다. 귀국 후 각 언론사가 기사화한 내용은 '강단 친화적인' 내용이 주종을 이루었고 재야 측 주장에 대해서는 변죽이나 올리는 정도에서 그쳤다. 자칭 '대한민국의 대표 언론'이라는 〈조선일보〉는 갈석궁이 진짜라는 강단 학자들의 주장은 몇 단락에 걸쳐

대서특필하였다. 그러나 정작 재야에게는 반론의 기회조차 주지 않고 딸랑 한 줄만 보도했을 뿐이었다.

"… 이에 대해 문성재 박사와 황순종 씨는 이곳이 '진시황 행궁이라는 분명한 증거는 없다'고 주장했다."[5)]

그날 저자가 차가운 빗속에서 5분 동안 반박한 ①-⑤까지의 그 긴 내용을 "분명한 증거는 없다고 주장했다", 이 한 줄로 일축해 버린 것이다. 저자는 당시 재야의 반론권을 묵살한 언론 기사를 탓할 생각은 없다. 다만, 당시 그 기자들 앞에서 수중현 일대가 진 시황이 개척한 중국 영토라고 주장한 두 학자의 주장들에 대해서는 장편의 글을 써서라도 반드시 시비를 가릴 필요가 있다고 본다. 왜냐하면 그들의 주장은 '역사적 진실'이 아니기 때문이다. 저자는 이 자리를 빌려 작년 여름 '요서 답사 토론회'에서 관련 보도에서 묵살된 저자의 반박 내용을 소상하게 개진하고 한중 양국 강단 학자들의 무지와 강변에 대하여 정식으로 문제를 제기하고자 한다. 그들이 은폐한 진실을 알리는 것이 이 책의 독자들, 나아가 우리 고대사의 진실을 알고 싶어 하는 국민들에 대한 최소한의 도리라고 생각하기 때문이다.

2. 갈석궁과 갈석산은 지리적으로 다른 장소이다

중국 사서들 중에서 '갈석궁(碣石宮)'에 관한 기록을 최초로 소개하고 있는 것은 전한대 역사가 사마천(司馬遷: BC145~?)이 편찬한 《사기(史記)》의 〈맹자, 순경열전(孟子·荀卿列傳)〉이다.

---

5) 이선민, 같은 기사.

… 어쨌든 이리하여 추자(추연)는 제나라에서 주목을 받았다. 양 땅 가서는 혜왕이 도성 근교까지 마중을 나와 귀빈을 맞는 예식까지 거행하였다. 조나라에 가서는 평원군이 그 곁을 따르면서 자리의 먼지를 닦아 주기도 하였다. 연나라에 갔을 때에는 소왕이 빗자루를 들고 앞장을 서고 제자의 자리에 서서 가르침을 받기를 간청하는가 하면, 갈석궁을 지어 자신이 몸소 가서 스승으로 섬기매 〈주운편〉을 지었다고 한다. 그가 여러 왕후들을 예방할 때마다 이처럼 존경과 예우를 받았으니 어찌 진, 채의 국경지대에서 허기조차 채우지 못하던 중니(공자)나 제, 량 땅에서 곤경에 빠졌던 맹가(맹자)와 같다고 하겠는가!

… 是以騶子重於齊. 適梁, 惠王郊迎, 執賓主之禮. 適趙, 平原君側行撤席. 如燕, 昭王擁彗先驅, 請列弟子之座而受業, 築碣石宮, 身親往師之, 作主運. 其游諸侯見尊禮如此, 豈與仲尼菜色陳蔡, 孟軻困於齊梁同乎哉!

그렇다면 중국사에 등장하는 '갈석궁'은 전국시대 연나라의 소왕(昭王: BC335~BC279)이 제나라 현자 추연(騶衍: BC324~BC250)을 스승으로 섬기며 가르침을 받기 위하여 지은 궁전이었던 셈이다. 8세기 당나라에서 학자로 명성을 떨친 장수절(張守節)은 갈석궁의 위치와 관련하여 이렇게 소개한 바 있다.

유주 계현 서쪽으로 20리 지점, 즉 영대의 동쪽에 있었다.
在幽州薊縣西二十里, 寧臺之東.

8세기 당시의 '계현'이라면 지금의 북경, 천진 일대이다. 그런데 그 계현에서 서쪽으로 20리 지점이므로 지금의 북경시 대흥구(大興區)에 해당하는 셈이다. 그 일대는 대체로 고도가 낮은 저지대의 충적평야 지역으로, 발해로부터 한참 안으로 들어와 있는 내륙 지역이다. 고대사에 등장하는 갈석산

(碣石山)과는 관련이 없는 곳인 셈이다.

   중국의 역대 학자들은 전통적으로 연나라 소왕이 지었다는 갈석궁이 갈석산과는 무관한 장소라고 인식해 왔다. 예컨대, 남송대 학자인 정대창(程大昌: 1123~1195)은 《우공론(禹貢論)》에서 '갈석궁'이 "그럴싸한 이름을 갖다 붙인 경우(借美名命之)"라고 보았다. 비슷한 시대의 왕응린(王應麟: 1223~1296)은 《통감지리통석(通鑑地理通釋)》에서 "여기서의 '갈석'은 단순히 궁전 이름일 뿐이다(此碣石特宮名耳)"라고 해명하기도 하였다. 16~17세기 명대의 장일규(蔣一葵)는 《대명일통지(大明一統志)》의 기록을 근거로 다음과 같이 주장하기도 하였다.

   도성 남쪽에는 예전에 '갈석관'이 있었는데 고찰해 보건대 바로 요나라 때의 '영평관'으로 조정 사대부들이 연회를 열던 장소였을 것이다. 어떤 사람은 계주 동쪽으로 무녕현에 가면 바다에 드러누운 돌이 오솔길처럼 수십 리나 펼쳐져 있다고 하는데 〈우공〉편의 '기주' 대목에 나오는 바로 그 갈석이다. 연나라 때의 옛 궁전은 어쩌면 이곳에 있었을 텐데 후세 사람들이 잘못 전하면서 결국 그 설을 좇게 되었을 것이다.
   都城南舊有碣石館, 考之乃遼時永平館, 朝士宴集之所也. 或謂薊州東去撫寧縣, 枕海有石, 如甬道數十里, 卽禹貢冀州之碣石. 燕時故宮疑在斯地, 後人承訛襲舛, 遂主其說.[6]

   그는 이 '갈석궁'의 내력을 이 책의 〈황도잡기(皇都雜記)〉 '갈석궁'조에서 소개하면서 그 근거로 당대 시인 진자앙(陳子昻)이 자신의 〈연소왕(燕昭王)〉시에서

---

6) 장일규(蔣一葵), 《장안객화(長安客話)》, 청 선통(宣統) 2년(1910) 판본.

〈'갈석궁'의 위치를 비정한 《장안객화》의 해당 대목. 청나라 선통(宣統) 2년(1910) 판본〉

| 남쪽으로 갈석궁에 올라 | 南登碣石宮, |
| 멀리 황금대를 바라보노라. | 遙望黃金臺. |

부분과, 6세기 명대 북경 출신의 가객 유효조(劉效祖)가 자신의 〈계문회고(薊門懷古)〉시에서

| 추연이 일찍이 머물렀다는 갈석궁, | 騶衍曾居碣石宮, |
| 사람들 말로는 바로 계문 동쪽에 있었다네. | 人傳只在薊門東. |

부분을 들어 그 궁전이 지금의 하북성 창려현, 무녕현 일대에 있었을 것이라고 보았다.

물론, 장일규의 이 같은 주장은 '일가견(一家見)'일 뿐이다. 몇 가지 기록을 근거로 그가 주관적으로 내린 결론일 뿐인 것이다. 전국시대 연나라 소왕이 나라를 부강하게 만들기 위하여 천하의 인재들을 다 끌어 모았지만

그 장소는 다른 곳이 아닌 연나라의 도성 안이었다. 추연이 소왕의 초빙에 응하여 찾아간 곳도 연나라 도성이고 소왕이 그를 위하여 '갈석궁'을 지은 곳도 연나라 도성 '안'이었다. 그렇다면 중국사에서 수시로 등장하는 '갈석궁'이라는 궁전은 전국시대 연나라의 도성이나 그 인근에서 찾아야 정상이다.

1) 차례로 발견된 두 곳의 '갈석궁'[7]

1960~1970년대에 중국에서는 다수의 학자가 당시 유행하던 '(요서)해침설'에 힘입어 갈석산이 바다에 잠겨 있었다는 이른바 '갈석윤해설(碣石淪海說)'이 기정사실화되어 주목받기 시작한다. 그 과정에서 중국 학자들은 1980년대부터 '갈석'을 산이 아닌 '천교주(天橋柱)' 즉 일종의 바위라고 멋대로 확대해석하고 그 조건에 어울리는 암초들을 하북성 동북부의 창려(昌黎), 악정(樂亭), 무녕(撫寧), 진황도 등지의 해변에서 뒤지기 시작하였다.

더욱이 1980년대 당시 등소평(鄧小平)의 '개혁, 개방' 정책이 활성화되면서 중국에서는 지자체가 앞장서서 문화유적을 관광수익산업과 연동시키려는 움직임들까지 맞물리면서 도처에서 '보물찾기' 열풍이 거세게 일어났다. 요령 지방의 경우도 예외가 아니었다. 1982년 요령성 금주시(錦州市)의 문물조사대는 호로도(葫蘆島) 수중현(綏中縣) 지묘만(止錨灣)의 앞 바다에 서 있는 이른바 '강녀석(姜女石)'을 고대사에 등장하는 '갈석'으로 단정하고 인근 지역에 대한 발굴조사를 진행하였다.

그 과정에서 그들은 남북 500m, 동서 300m 가량의 건축물 유적을 발견하고, 직경 54cm, 높이 37cm, 길이 68cm의 이른바 '와당왕(瓦當王)' 등의

---

7) 이 부분은 《하북학간(河北學刊)》(1987년 제6기) 등에 발표된 중국 학자 동보서(董寶瑞)의 〈'갈석궁' 질의 - 겸하여 소병기 선생께 이의를 제기함('碣石宮'質疑 - 兼與蘇秉琦先生商榷)〉을 토대로 작성하였다.

와당과 공심전(空心磚), 토기 등 다수의 유물을 수습하였다. 요령성 당국은 이때부터 당시 수습된 유물, 유적들과 인근 해상에 소재한 암초인 '강녀석'을 랜드마크로 삼아 그 유적지를 진시황이 조성한 '갈석 행궁' 터라고 대대적으로 선전하기 시작하였다.

현지 고고학자들은 수중현 현장에서 진, 한대 유적, 유물들이 출토되자 아무 문헌적 근거도 없이 근처 바다 속의 '강녀석'이라는 암초를 '갈석'으로 단정하고 그 지역 전체를 진 시황의 '갈석궁 터'로 날조하였다. 현지의 지방지 기자들도 마찬가지였다. 그들도 중국고고학회의 권위를 빌려 "만리장성 발견에 견줄 수 있을 정도"의 대발견으로 포장하고 대서특필하기에 바빴다. 그러나 그 과정에서 현지의 고고학자들은 유적의 진위에 대한 충분한 검증조차 이루어지지 않은 상태에서 경솔한 판정을 내리기 일쑤였다. 때로는 도굴범들과 결탁해서 현지의 고분이나 유적을 도굴하는 데에 가담하기도 하였다. 요령 지역 고고학자들도 마찬가지였다.

중원 지역에 비하여 고대 유적, 고분이 상당히 적은 이 지역에서는 역사적 사실에는 아랑곳하지 않은 채 지자체의 관광수익사업을 위하여 고고학자나 역사학자들이 현지에서 발견된 유적, 유물들에 멋대로 "연나라, 진나라, 한나라" 식의 딱지를 붙이는 일이 비일비재 하였다. '갈석(산)'과 관련된 역대의 각종 문헌기록들을 무시한 채 현장에서 출토된 유물이나 정체불명의 지형지물만을 근거로 진 시황의 행궁으로 둔갑한 수중현과 금산취의 유적지는 그 같은 유물, 유적 조작의 빙산의 일각일 뿐이다.

이 같은 수중현 '강녀석'에 대한 '갈석산 만들기'에는 국내 학자들도 한몫을 단단히 해냈다. 뒤늦게 그 소식을 전해 들은 국내 학계는 제대로 된 고고 검증이나 문헌 고증조차 없이 역사학계와 고고학계가 이구동성으로 그 같은 요령성 학자들의 주장에 일제히 장단을 맞추고 나선 것이다. 예를 들어, 역사학자인 송호정은 이 지역에 전해지는 '강녀석' 전설을 근거로, 고고학자인 정인성은 현장에서 수습된 유물, 유적들을 근거로 진 시황이 수중현

〈이른바 '갈석궁 터'에서 바라보는 바다 위의 강녀석. 그러나 맹강녀의 실제 활동무대는 산동(동그라미 부분)이었다〉

해안에 행궁을 조성했고 강녀석이 바로 진 시황이 올랐던 갈석이라고 주장하고 있다. 그러나 그 같은 주장은 역사, 고고, 지리적으로 전혀 근거도 없고 검증도 거치지 않은 자의적인 해석일 뿐이다.

중국에서 편찬된 역대 역사서, 지리서들 중에서 진시황의 갈석 행궁이 지금의 수중현에 있다고 명시하거나 양자를 동시에 언급한 사례는 어디에도 존재하지 않는다. 또, 역사적으로 진 시황은 전국시대 후기에 활동한 인물이지만 맹강녀(孟姜女)는 춘추시대 사람이어서 양자간에 300년 이상의 시차가 존재한다. 현지에서 전승되고 있는 '강녀석' 전설 역시 마찬가지이다. 그 기원은 아무리 높게 잡아도 당나라, 즉 6~7세기 위로 올라가지 못한다. 바꿔서 말한다면, 제주도 등 우리나라 각지에 서복(徐福)의 전승설화가 전해진다고 해서 "아, 서복이 정말 제주도까지 왔었구나" 하고 그것을 모두 역사적 진실로 믿어서는 안 된다는 것이다.

현재 중국에서는 1980년대 이래로 진 시황의 행궁이 있었던 곳으로 알려진 곳이 크게 두 군데 있다. 요령성 수중현 경내에 있는 지묘만(止錨灣)의 이른바 '진 시황 갈석궁 터[秦始皇碣石宮址]'와 하북성 진황도의 유명한 휴양지 북대하(北戴河) 금산취(金山嘴)의 이른바 '진 행궁 터[秦行宮址]'이다.

중국 고고학계는 서로 40km 정도 떨어져 있는 이 두 유적 중 어느 쪽이 진시황이 남긴 '진짜' 유적이냐를 놓고 지금까지도 논란이 그치지 않고 있다. 그런데 "흥미로운 것은 중국의 일부 고고학자들은 무슨 까닭에서인지 이 두 진대 행궁의 유적을 차례로 확인한 후 두 곳 모두를 역사 문헌들에 기록된 '갈석궁'이라고 주장하고 있다는 점"[8]이다. 30년 전으로 되돌아가 1984년 문제의 '갈석궁 터'가 확인된 후인 12월 16일 당시 요령성의 〈요령일보(遼寧日報)〉에 보도된 내용부터 살펴보도록 하자.

> "… 중국 고고학회 부이사장이자 고고학자인 소병기 교수는 대형 와당의 탁본, 강녀석 유적 등을 근거로 이곳이 문헌들에 기록된 '갈석궁'이며 이번 발견의 의의는 만리장성의 발견에 견줄 수 있을 정도라고 인정하였다."[9]
> 中國考古學會副理事長, 考古學家蘇秉琦教授看了大瓦唐拓片, 姜女墳遺址, 肯定這就是文獻上記載的'碣石宮', 其發現意義可與萬里長城相比.

말하자면, 중국에서 저명한 고고학자로 중국고고학회 이사장을 지내기도 한 소병기(蘇秉琦: 1909~1997)가 1984년 수중현의 이른바 '갈석궁 터' 현장에서 출토된 ① 대형 와당(현재는 '와당왕(瓦當王)'이라고 불리고 있음)과 ② 바닷속의 '강녀석'을 근거로 그 일대가 진 시황 시대에 조성된 '갈석궁'이라고 판정한 셈이다. 그것을 현지의 매체인 〈요령일보〉가 그의 '중국고고학회 부이사장'의 신분과 권위를 빌어 대서특필해 준 것이다.

그러나 강녀석은 어디까지나 민간에 전승되어 온 '맹강녀' 전설에 근거한 것이어서 역사적으로 진 시황과는 무관하다.[10] 따라서 이 지역을 진 시

---

8) 〈갈석궁(碣石宮)〉, '빠이뚜' 백과사전.
9) 〈요령일보(遼寧日報)〉, 1984.12.16. 동보서 논문에서 재인용.
10) 2016년에 저자가 분명히 밝힌 것처럼, 역사적으로 맹강녀와 진 시황 사이에는 300년이 넘는 시차가 존재하고 있다. 만리장성을 쌓는 노역에 강제로 끌려간 남편이 죽었다

황과 결부시킬 수 있는 근거는 '와당왕'이라는 초대형 와당뿐인 셈이다. 그러나 엄밀하게 따지자면, 이 와당조차 확실한 물증이 될 수가 없다. 유물은 얼마든지 조작, 즉 공간 이동이 가능하기 때문이다. '강녀석'을 '갈석'으로 둔갑시킨 요령 지역 지자체와 학자들의 공모는 완전범죄로 끝나는 듯하였다.

문제는 그로부터 2년 후에 발생하였다. 1986년에 이번에는 거기서 40km 정도 떨어진 금산취에서 역시 대규모의 진대 유적이 확인되었던 것이다. 당시 동료 고고학자 유위초(俞偉超: 1933~2003)와 함께 직접 현장을 둘러본 소병기는 이번에도 제대로 검증 절차를 거치지 않은 상태에서 일방적으로 그곳을 진 시황이 동방 순행 당시 머물렀던 '진짜' 행궁 즉 '갈석궁'으로 선포해 버렸다. 당시의 상황을 진황도에서 발행되는 같은 해 10월 25일자 〈진황도일보(秦皇島日報)〉에서는 다음과 같이 보도하였다.

"1986년, 하북성 고고조사단은 이곳에서 진대의 행궁 유적을 발굴하였다. 우리나라 고고학회 이사장인 소병기 교수와 우리나라의 저명한 고고학자인 유위초 교수는 북대하로 와서 직접 감정한 결과, 이곳이 진 시황이 동방 순행 도중에 머물렀던 '갈석궁'이라는 행궁임을 인정하였다. …"
一九八六年, 河北省考古隊在這裏發掘了秦代行宮遺址, 經我國考古學會理事長蘇秉琦教授和我國著名考古學家俞偉超教授來北戴河親自鑑定, 認爲這是秦始皇東巡時期的行宮, 名碣石宮.[11]

는 소식을 듣고 그녀가 진 시황 앞에서 통곡을 하면서 욕을 퍼부었다거나 그녀가 통곡을 하자 만리장성이 무너졌다는 이야기 역시 민간에 전승되는 설화일 뿐 역사적 진실이 아니다. 이에 관한 보다 자세한 사항은 문성재, 《한사군은 중국에 있었다》, 188쪽을 참조하기 바란다.

11) 〈진 시황이 동쪽의 갈석산을 순행하다(秦始皇東巡碣石)〉, 〈진황도일보(秦皇島日報)〉, 1986.10.25. 동보서 논문에서 재인용.

〈진 시황 행궁 터로 수중현 지묘만을 지목한 소병기(좌)와 진황도 금산취를 지목한 동보서(우)고고학을 모르는 사람이라도 어느 쪽이 수상한지 충분히 짐작할 수 있을 정도이다〉

    2년 후 중국고고학회 이사장이 된 소병기와 동료 고고학자 유위초가 현장으로 달려가 유물, 유적, 입지조건 등을 종합적으로 감정한 후, 이번에는 당시 새로 확인된 진황도시 금산취의 '진대 행궁 터'가 진정한 갈석궁이라고 선포하였다. 만일 〈요령일보〉 기자가 작성한 보도에 잘못된 부분이 없고 〈진황도일보〉에 발표된 글의 내용이 사실이라면 2년도 채 지나지 않은 상황에서 중국고고학회는 수중현과 진황도의 두 지역을 모두 '갈석궁'으로 판정한 셈이다.[12]

---

12) 《진황도일보》, 1986.10.25. 동보서 논문에서 재인용.

요령 지역의 사학자들이 수중현의 유적지를 진 시황의 갈석궁 유적지라고 주장하자 하북성의 사학자인 동보서(董寶瑞: 1949~2014)도 다음과 같이 반박하였다.

… ('갈석궁'에) 갈석산의 이름을 딴 것은 단순히 그 성세를 웅장하게 과장하기 위해서였다. 말하자면, 이 '갈석궁' 옆 부근에는 전혀 갈석산이 없고, 동쪽으로 500~600리 밖 역시 갈석산이 소재하거나 그 인근 지역이 아닌 것이다. 추연은 나중에 제나라로 돌아오고 만년에는 제나라를 위하여 조나라에 사신으로 가기도 하였다. 그가 당시 갈석궁에 얼마나 오래 머물렀는지는 이미 고찰하기 무척 힘들게 되었다. 추연이 머물렀다는 갈석궁이 설사 진 시황이 중국을 통일한 후에도 온존하게 보존되었다고 하더라도, 그 건축 규모나 역사 사실들을 감안할 때 진 시황이 순행할 때 머문 행궁이었을 가능성은 매우 낮다. 설사 (당초의 '갈석궁'이 진시황의) 행궁으로 개축되었다고 하더라도 그 소재지는 연나라의 옛 도읍지(북경)여야지 요서군 해변에 조성되어 있는 그 두 행궁과는 아무런 상관이 없다. 소선생은 이 같은 역사 사실을 잘 알고 있을 것이다. 그럼에도 불구하고 그는 석비지, 금산취의 진나라 때 행궁 유적지를 감정할 때 그 두 곳에 '갈석궁'이 있었다고 잇따라 판정했으니 그것은 도무지 납득할 수 없는 처사이다.

借碣石山山命其名, 是爲壯其聲威. 也就是說, 此"碣石宮"旁附近幷無碣石山, 也不在東去五六百里外的碣石山所在地或其鄰近地域. 騶衍後來又回到了齊國, 晚年他曾爲齊國使趙. 他當年究竟在碣石宮留居多久, 已很難考究. 其所居的碣石宮, 卽便安然保留到秦始皇統一中國之後 , 按其建築規模及其歷史狀況 , 也很難成爲秦始皇出巡的行宮, 卽使改建爲行宮, 也在燕故都地, 與建在遼西郡海邊的兩座行宮風馬牛不相及. 蘇先生對此史況當有所知曉, 但他却在鑑定石碑地, 金山嘴秦代行宮遺址時, 一連認定了兩個"碣石宮", 這就不能不讓人莫明其妙了.

동보서의 주장은 갈석궁은 갈석산의 명성을 땄을 뿐이지 갈석산과는 무관하고 그 소재지도 다르다는 것이다. 물론, 중원을 통일한 진 시황 정도 되는 인물이라면 그가 제국을 순행하는 과정에서 머물기 위하여 건설한 행궁이 중국에서 한두 군데는 아니었을 것이다. 그런 의미에서 본다면 중국의 학자들이 1980년대에 확인된 수중현, 금산취, 또는 그 밖의 지역에서 확인된 유적들을 진 시황 또는 그 당시와 결부시키려고 '애쓰는 것'도 충분히 이해한다. 그 유적들을 진 시황의 행궁이라는 중국 학계의 주장도 이론상으로는 전혀 불가능한 일이 아니라는 것이다.

그러나 그런 유적들을 진 시황의 업적을 새긴 갈석(산)이 있는 '갈석궁'이라고 주장한다면 이야기는 완전히 달라진다. 어떤 정체 모를 유적 근처에 암초가 하나 서 있다고 해서 그 암초를 '갈석'이라고 주장하고 그 지역 전체를 진 시황의 '갈석궁 터'라고 단정한다면 그것은 역사를 왜곡하는 짓이다. 위에서 이미 소개한 것처럼, 중국 역사에서 '갈석궁'은 단 하나뿐이었다.

그런 '갈석궁'이 수중현에서도 발견되고 금산취에서도 발견되었다면 둘 중 하나는 가짜라는 소리이다. 중국의 고고학계, 역사학계가 서구 학계로부터 매번 그 공신력을 의심받는 가장 큰 이유는 이처럼 학회의 권위를 빌어 이루어지는 고고적 판정이 역사적 진실과는 무관하게 국가기관의 압력, 지자체의 청탁 등의 학술외적 요인으로 말미암아 번복되는 일이 다반사이기 때문이다. 어쨌든 간에, 당시 소병기 등의 고고학자가 공개적으로 천명하지는 않았지만, 중국 고고학계는 결과적으로 요령성 수중현에서 발굴된 '갈석궁 터'가 진 시황의 갈석궁이라던 자신들의 2년 전 입장을 철회하고 최종적으로 하북성 진황도 학자들의 손을 들어 주는 해프닝을 벌인 셈이다.

그런 점들을 종합적으로 고려할 때, 진 시황 당시의 '갈석'은 산의 이름이었음이 분명하다. 그리고 그 산은 지금의 하북성 창려현에 있는 '갈석산'임이 분명하다. 물론, 현재까지 이 산에서 진나라 행궁의 유적이 발견된 적은 없다. 그러나 관련 유적이나 유물이 발견되지 않았다고 해서 그 일대에 진

〈갈석산은 진황도 금산취에서 40km 정도밖에 떨어져 있지 않다〉

시황의 행궁이 존재하지 않았다고 단정할 수 있는 사람은 아무도 없다. 실제로 진나라 유적, 유물이 다수 확인된 금산취의 진 행궁 터는 갈석산이 있는 창려현에서 불과 40km 떨어진 곳이기 때문이다.13) 고대에도 육로로도 몇 시간 정도면 얼마든지 도착할 수 있는 거리이며, 해로의 경우도 마찬가지이다. 만일 2,000년 전에 해안선이 갈석산 자락까지 진출해 있었다면 해로로 금산취까지 이동하는 것이 울퉁불퉁하고 꼬불꼬불한 육로보다 훨씬 편리했을 것이다. 육로교통 인프라가 발달하기 전에는 수로를 이용한 이동이 지금의 고속도로나 KTX 이상의 역할을 해냈을 것이다.

---

13) 동보서(董寶瑞), 같은 글, 《하북학간(河北學刊)》, 1987.제6기, 제77-80쪽, 하북대학교.

2) 수중현 '갈석'은 고대사의 '갈석'과는 무관하다

만일 진황도 금산취의 유적지가 진나라 행궁 터가 확실하다면 이로써 창려현의 '갈석산'도 당연히 진 시황 당시의 갈석산일 수밖에 없다. 반면에 수중현의 '갈석궁 터'는 진 시황이 남긴 유적지라고 보기에는 총체적으로 문제가 많다. 우선, 문헌적 측면에서 그 문제점들을 짚어 보도록 하자.

(1) '갈석'은 고도가 높은 곳이어야 한다

중국사에서 '갈석(碣石)'이라는 단어가 처음으로 등장하는 것은 《서경(書經)》의 〈우공(禹貢)〉편이다. 그 기록은 "기주(冀州)"와 "도산(導山)" 두 대목에 다음과 같이 소개되어 있다.

> A. 도이가 가죽을 걸치고 갈석산을 끼고 황하로 진입한다.
> 島夷皮服, 夾右碣石入于河.
>
> B. 견산, 기산을 이끌고 … 태행산, 항산을 이끌어 갈석산까지 와서 바다로 진입한다.
> 導岍及岐 … 太行恒山, 至于碣石入于海.

A, 즉 "기주" 대목의 경우 '도이(島夷)' 또는 '조이(鳥夷)'가 뱃길로 주나라 무왕에게 조공을 오는 경로를 설명하고 있다. 여기에 언급된 대로라면 고대 황하(黃河) 어귀에 위치한 '갈석(산)'은 뱃사람들이 바다를 항해하는 데에 일종의 등대나 이정표 역할을 한 셈이다. B, 즉 "도산" 대목의 경우는 중국 각지에 뻗어 있는 대표적인 산맥들의 산세와 방향을 설명한 부분으로, 여기서 '갈석(산)'은 태행산(太行山), 항산(恒山)으로부터 거침없이 뻗은 산맥이 바다(발해)에 이르러 수렴되는 과정에서 최종적으로 거치는 산으로 소개되

고 있다.

《서경》의 (A-B) 두 기록을 주요한 근거로 삼는다면, '갈석(산)'은 발해 북안에 자리 잡고 있는 큰 산이라는 말이 된다. 중국 북부에서 바다 근처에 산이 있을 만한 지역은 하북성 동부와 요령성 남부 정도뿐이다. 더욱이 뱃사람들이 바다를 여행하는 과정에서 멀리서도 그 존재를 식별할 수 있는 등대 역할을 할 정도라면 그 해발고도가 낮을 리가 없다.

고대 중국에서 고대사에 등장하는 '갈석'을 산으로 이해한 문헌은 한둘이 아니었다. 《산해경(山海經)》〈북산경(北山經)〉에서는 '갈석'을 이렇게 소개하고 있다.

> … 다시 북쪽으로 500리를 가면 '갈석'이라고 하는 산이 나오는데, 승수가 여기서 발원하여 동쪽으로 흘러 황하로 유입된다.
> … 又北五百里曰碣石之山, 繩水出焉而東流注于河.

황하는 화북평야로부터 발해에 이르는 중하류 구간의 물줄기가 역사적으로 70여 번이나 방향을 바꾸었다고 한다. 따라서 지금의 물줄기로 여기에 소개된 '갈석'이 지금의 어느 산인지 확인하기는 현실적으로 불가능하다. 다만, 이 기록을 통하여 우리가 분명하게 알 수 있는 것은 '갈석'이라는 산이 '승수(繩水)'라는 하천의 발원지라는 사실이다. 어떤 산이 하천의 발원지라는 것은 곧 그 산의 해발고도가 높다는 것을 의미한다. 고도가 높아야 하늘에서 내린 빗물이 흘러내리면서 하천을 이룰 수 있기 때문이다.

비근한 예로 서울의 도림천(道林川)은 안양천(安養川)으로 흘러드는 총 길이 14.2km의 아주 작은 지류이지만 이 하천의 발원지인 관악산(冠岳山)은 높이가 632m나 된다. 또, 경기도 용인 지역을 흐르는 탄천(炭川)은 한강의 지류들 중 하나로 총 길이가 35.6km이지만 역시 인근의 법화산(法華山)에 위치한 고도 340m의 응달길 고개에서 발원한다. 탄천이 도림천보다 발원지 고도가 낮으면서도 총 길이가 거의 3배나 되는 것은 도림천과 비교할 때 도중에 거치는 지역의 지형이 비교적 평탄하고 고도도 낮은 곳이 많기 때문이다.

같은 맥락에서, 위의 도림천과 탄천의 경우에서도 보았듯이, '승수'의 규모가 아무리 작더라도 그 발원지인 '갈석(산)'은 최소한 몇 백 m의 해발고도는 유지해야 한다. 저지대의 평지나 바다 속의 암초를 고대사 속의 '갈석'이라고 주장하는 것은 명백히 과학 법칙에 반하는 황당무계한 소리라는 뜻이다.

(2) 갈석은 면적이 넓은 공간이어야 한다

사마광(司馬光)은 《자치통감(資治通鑑)》〈시황제하(始皇帝下)〉'32년(BC215)'조에서 다음과 같이 기술하고 있다.

> 시황제가 갈석으로 가서 연 땅 사람 노생으로 하여금 (신선인) 선문, 고서를 찾고 갈석문에 (공적을) 새기게 한 후 성곽을 허물고 제방을 텄다. 시황제는 북쪽 변방을 순행하고 상군 방면으로 진입하였다.
> 始皇之碣石, 使燕人盧生求羨門高誓, 刻碣石門. 壞城郭, 決通堤坊. 始皇巡北邊, 從上郡入.

이 대목에서 우리가 주의해야 할 곳이 진 시황이 "갈석으로 갔다(之碣石)", "갈석문에 새겼다(刻碣石門)"라고 한 부분이다. "갈석으로" 갔다는 것은 이 '갈석'이라는 대상이 상당히 넓은 면적에 걸쳐 소재하고 있는 존재임을 시사해 준다. 이때 그 '존재'는 하천도 산도 도시도 모두 해당될 수 있을 것이다. 그것들은 공통적으로 면적이 적어도 몇 km에 걸쳐 형성되기 마련이기 때문이다. 다만, 중국 고대사 기록에서 '갈석'은 통상적으로 도시나 하천을 가리키는 경우는 없었다. 산으로 이해하는 것이 합리적이라는 뜻이다.

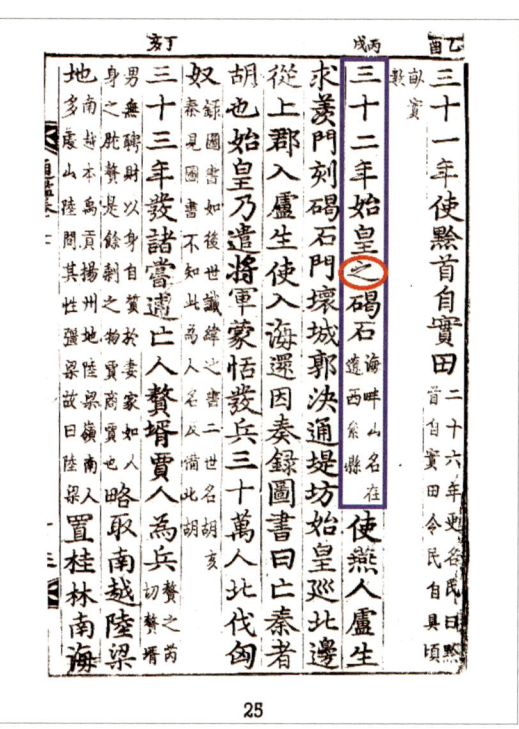

〈"갈석으로 갔다"는 갈석이 상당히 넓은 면적을 가진 공간임을 시사해 준다. 조선 세종 18년(1436)판 《자치통감》〉

    그렇다면 진 시황이 자신의 공적을 새기게 한 '갈석문'이라는 기념물도 아마 그 산 속이나 산으로 진입하는 입구에 세워졌을 가능성이 높다. 쉽게 말해서, 진 시황이 기원전 215년 갈석산 '국립공원'에 들렀다가 그 (국립공원에 속한) 정문에 자신의 공적을 새기게 한 것으로 이해해도 무방한 셈이다. 반면에, 여기서의 '갈석'을 수중현의 '강녀석'에 대입해 보면 여러 모로 부자연스럽다는 느낌을 갖게 된다. '강녀석'은 기껏해야 높이 몇십 m, 너비 몇 m의 암초에 불과하기 때문이다.

    중국 고문에서는 특정한 물체가 점유하는 면적이 1~2m밖에 되지 않을 경우에는 "갈석으로 갔다" 식으로 표현하는 일이 없다. 물론, "갈석에 올라갔다"거나 "갈석에 새겼다"라는 식의 표현은 가능할지 모른다. 그러나 "갈석으로 갔다"고 기록했다는 것은 그 대상이 상당한 면적을 점유하고 있는 '장소(place)'라는 전제하에서나 사용할 수 있는 표현이다. 그렇기 때문에 여기에 등장하는 '갈석'은 고작 몇 m짜리의 암초일 수가 없는 것이다.

그래도 그 수중헌 앞바다에 있는 암초가 고대사 속에 등장하는 바로 그 '갈석'이라고 우기는 사람이 있다면 직접 수중헌 또는 금산취 앞바다의 암초 위로 올라가서 고대에 새긴 글자의 흔적이 있는지 확인해 보기 바란다. 글자의 흔적이 있다면 '갈석'임을 주장하는 여러 후보들 중에 하나로 인정받을 수 있을 것이다. 그러나 그렇지 않다면 100% 날조된 가짜임이 분명하다.

(3) 갈석이 산이라는 사실에 이의를 제기한 학자는 없었다

고대사 속의 '갈석'이 산이라는 사실에 대해서는 진 시황으로부터 멀지 않은 한대에도 복수의 학자들의 증언을 통하여 증명되고 있다.

    C. 갈석은 바닷가에 있는 산이다.
    碣石, 海畔之山也.

    D. 동해(발해)에 갈석산이 있다.
    東海有碣石山.

C는 전한대 학자 공안국(孔安國: BC156~BC74)이 《서경》〈우공〉편에 붙인 주석이고, D는 후한대 학자 허신(許慎: 58~147?)이 《설문(說文)》에서 "비석 갈(碣)"자를 설명하면서 소개한 내용이다. 1~2세기 사람인 허신의 발언은 진 시황(BC259~BC210)보다 시차가 400년까지 벌어지기 때문에 신뢰도가 다소 떨어진다고 치자. 그러나 공안국은 고조선을 멸망시키고 갈석

산에 직접 올라가기도 한 한 무제와 같은 시대의 사람이다. 그가 언급한 "갈석"과 한 무제가 올라간 "갈석"은 동일한 산일 수밖에 없다는 뜻이다. 그런 그도 갈석이 바닷'속'[海中]이 아니라 바닷'가'[海畔]에 있다고 분명하게 못을 박았다. 해수면이 지금보다 몇 m나 높았던 한대에 "바닷가"에 있는 산이라면 해수면이 낮아진 지금은 당연히 해발고도가 "바닷가"보다 최소한 몇 m는 높은 지대에 자리 잡고 있다고 보아야 한다. 한중 학자들이 고대사 속의 '갈석'이라고 주장하는 요령성 수중현 앞바다 '속'의 '강녀석'이나 하북성 금산취의 '남천문(南天門)'은 아마 2,000여 년 전에는 바닷속에 꼭꼭 숨어서 아예 그 존재를 확인할 수도 없었을 것이다. 고대사 속의 '갈석'과는 하등의 관계도 없는 암초인 것이다. 지금 육안으로 볼 수 있는 바다의 암초는 해수면이 몇 m나 높았던 2,000년 전에는 바다 밑에 있었을 것이다. 그럼에도 불구하고 한중일 세 나라 학자들은 이 같은 과학 법칙조차 완전히 무시한 채 무작정 우기기에만 급급하다.

'갈석'이 산이라는 사실에 대해서는 한대 이래로 역대 학자들 중 그 누구도 이의를 제기한 적이 없다.

〈바다 위의 강녀석은 2,000년 전에는 바다 밑에 있었을 것이다. 사진은 해저에 가라앉아 있는 아틀란티스 유적〉

E. 후한 조조〈관창해(觀滄海)〉시:

동쪽으로 갈석에 서서 창해를 바라보노라.

東臨碣石, 以觀滄海.

F. 서진《진서(晉書)》〈선제기(宣帝紀)〉:

경초 2년, … 보병/기병 4만으로 도성을 출발하여, … 고죽을 거치고 갈석을 넘어 요수에서 행렬을 멈추었다.

景初二年, … 步騎四萬發自京都, … 經孤竹, 越碣石, 次于遼水.

G. 동진 곽박(郭璞)의《산해경주(山海經注)》:

갈석은 … 바닷가의 산이다.

碣石 … 海邊山.

H. 북위 역도원(酈道元)의《수경주》:

진 시황, 한 무제가 모두 거기에 오른 적이 있다. … (한 무제는) 거기에 올라 거대한 바다를 바라보고 그 돌을 여기서 새겼다.

秦始皇, 漢武帝皆嘗登之. … (漢武帝)登之, 以望巨海而勒其石于此

　(E-H)의 예문에 언급된 '갈석'들은 모두가 일종의 '처소(place)'로서 언급되고 있다는 것을 확인할 수 있다. 예를 들어 "갈석에 서다" 또는 "갈석에 오르다" 식의 표현은 간접적이기는 하지만 여기에 언급된 '갈석'이 상당한 고도와 면적을 가진 장소라는 점을 시사해 준다. 특히, 서진의 정사인《진서(晉書)》〈선제기(宣帝紀)〉에서 사마의(司馬懿: 179~251)가 군사를 이끌고 요동으로 가서 공손연(公孫淵)을 토벌하던 경초(景初) 2년(238)의 상황을 기술할 때 "고죽을 거치고 갈석을 넘어 요수에서 행렬을 멈추었다" 부분에서 '갈석'은 고죽, 요수와 마찬가지로 일종의 처소로 이해하는 것이 정

〈'갈석'이 강녀석이라면 사마의와 4만 명의 군사는 2D 슈퍼마리오 게임이라도 했다는 것인가〉

상이다.

상식적으로 "갈석을 넘는다" 식의 표현은 앞서의 "갈석으로 가다"의 경우처럼 '갈석'이 고도가 상당히 높고 보병과 기병 4만 명을 수용할 수 있을 정도로 넓은 면적을 가진 공간이어야 가능한 것이기 때문이다. 그렇지 않고 윤용구, 정인성 같은 학자들의 주장처럼 수중현 '강녀석' 같이 작은 물체를 두고 그런 식으로 표현했다?? 혹시 이 학자들은 갈석을 넘는 일을 무슨 닌텐도 2D 슈퍼마리오 게임 하는 것으로 착각한 것은 아닐까?

정말 그렇다면《진서》를 읽는 사람들은 아마 이 대목에서 실소를 금치 못할 것이다. '강녀석'이 바다 속에 있다면 굳이 그 바위를 넘어갈 필요가 없다. 어차피 그들의 목적지는 육지에 있었다. 따라서 해안선만 따라서 이동하면 되는 것이다. 배를 타야 하더라도 마찬가지이다. 어차피 사방이 바다이고 개방된 곳이다. 문제의 암초를 굳이 뛰어 넘어서 갈 것 없이 그냥 그 옆으로 배를 타고 우회하면 되는 것이다. 게다가 '강녀석' 같은 암초를 뛰어 넘은 것이 사마의 혼자뿐이라면 망중한으로 재미 삼아 그랬다고 웃고 넘길 수도 있다. 그러나 4만 명이나 되는 보병과 기병이 그 암초를 뛰어 넘는다

〈갈석궁 터에서 바라본 갈석(강녀석)과 간조 때의 갈석. 이런 바위를 수만 명이 굳이 바다까지 배를 타고 가서 넘어갔다는 것은 말이 되지 않는다〉

고 상상해 보라. 그런 웃기는 장면에서 폭소를 터뜨리지 않을 사람이 몇이나 되겠는가?

이 밖에도 《위서(魏書)》, 《북제서(北齊書)》 등의 정사에서도 북위(北魏)의 문성제(文成帝) 탁발준(拓跋濬: 440~465), 북제(北齊)의 문선제(文宣帝) 고양(高洋: 526~559)이 역대 제왕들을 발자취를 더듬어 갈석산에 올라간 일을 상세하게 소개하고 있다. 심지어 문성제의 경우, 갈석(산)에 올라가 창해(발해)의 풍광을 감상한 후 다음과 같은 기록까지 분명하게 남기고 있다.

> 산 아래에서 여러 신하들에게 잔치를 성대하게 열어 주고 … 갈석산의 이름을 '낙유산'으로 바꾸고 제단을 쌓은 후 바닷'가'에서 여정을 기록하였다.
> 大饗群臣于山下 … 改碣石山爲游樂山, 築壇記行于海濱.

연회와 제사, 공적 새기기, … 이 일련의 행위들이 '갈석'이라는 공간 내에서 이루어진 것이다. 몇 m짜리 바위에서 이것이 가능하기나 한 일들인가?

(4) 갈석을 바위라고 본 경우도 '산 위의 것'임을 전제하였다

물론, 중국의 역대 문헌들에서 '갈석'을 바위로 소개한 문헌이 없었던 것은 아니다. 예를 들어, 후한대 학자 문영(文穎)은《한서》에 "이 바위는 바닷'가'에 있다(此石著海旁)"라고 주석을 달고 있다. 또, 한대의 백과사전인《이아(爾雅)》〈석명(釋名)〉에서도 "갈석이라는 것은 바닷'가'에 비석처럼 서 있다(碣石者, 碣然而立在海旁也)"라고 소개하고 있다. 이 밖에도, 허신은《설문》에서 "동해에는 갈석산이 있다(東海有碣石山)"라고 한 대목 앞에서 "'갈' 이란 우뚝 선 바위를 말한다(碣, 特立之石也)"라고 소개하고 있다. 또 하나 지적해야 할 것은《수경주》에도 '갈석'을 바위로 소개하는가 하면 "세상 사람들이 그것을 '천교주'라고 불렀다(世名之天橋柱也)"라고 한 대목이 있다는 사실이다. 그러나 이런 경우조차 그 같은 갈석이 서 있는 위치가 바다가 아닌 산이라는 데에는 누구 하나 토를 단 적이 없다. 이에 대해서는 갈석을 "천교주"라고 표현한 역도원(酈道元)도 인정하고 있다.

> 산꼭대기에 기둥 같이 생긴 큰 바위가 있는데 간혹 큰 바다 한가운데에 서 있는 것처럼 보이기도 한다.
> 當山頂有大石如柱形, 往往而見立于巨海之中.

'갈석'을 바위로 소개하는 경우라 하더라도 그것이 서 있는 자리가 갈석산의 꼭대기라고 분명히 못을 박고 있는 것이다. 이와 관련해서는 중국의 고문사전인《사해(辭海)》(1979)에서도 잘 설명해 놓고 있다.

> (갈석)산은 남쪽으로 발해까지 대략 40~50리 떨어져 있다. 그런데 옛 사람들의 기록 중에서 어떤 경우는 바닷가에 있다고 적기도 하고 어떤 경우는 바닷속에 있다고 적기도 한 것은 산세가 가팔라서 바다에서 멀리 바라보면 마치 바닷가나 바닷속에 있는 것처럼 보였기 때문이다.
> (碣石)山南去渤海約四五十里, 但古人記載中, 或作在海旁或作在海中, 這是由于山勢兀立, 從海上遠望, 宛如在海邊或海中之故.

이 "기둥" 같거나 "비석" 같은 바위도 그 이름은 '갈석산'에서 유래한 것으로 보아야 하는 셈이다. 동보서는 "진황도 일대, 또는 산해관 안팎 연안 지역에서" 지금까지 소개한 사서나 문헌의 기록들과 정확하게 부합하는 유일한 산은 그 산꼭대기가 봉분처럼 생긴 데다가 해상에서 멀리 바라보면 마치 천교주같이 보이는 "지금의 하북성 창려현 북쪽의 갈석산 뿐"이라고 보았다.14) 이 점은 역대의 수많은 학자들이 대대로 고증하고 인정한 사실이므로 의심의 여지가 있을 수 없다.

이런 기록들은 수천 년 동안 여러 학자들의 연구를 통하여 고찰되고 검증된 사실들이다. 정인성, 윤용구 등 국내 학자들이나 요령 지역의 중국 학자들이 강변하는 것처럼 한두 군데에서 고고적인 유적이나 유물이 좀 발견됐다고 해서 멋대로 바꾸거나 날조할 수 있는 것이 아니다.

(5) 고고적으로도 풀리지 않는 의문들

수중현의 유물, 유적은 고고학적으로 보더라도 적지 않은 문제점들을 안고 있다. 사마천의《사기》에 의하면, 진 시황이 제국의 수도인 함양(咸陽)에 건설한 아방궁(阿房宮)은 전면의 궁전[前殿]만 해도 "동서로 500보(步), 남북으로 50장(丈)의 규모여서 그 안에 1만 명을 수용"15)할 수 있을 정도였다고 한다. 궁궐 전부가 아니다. 건물 하나가 그 정도로 컸다는 말이다. 다소 과장은 있겠지만, 진나라에 반기를 든 초패왕(楚霸王) 항우(項羽)가 아방궁에 불을 놓자 그 불이 3개월 동안 꺼지지 않았다는 이야기는 아방궁의 전체 규모가 어느 정도였는지 짐작할 수 있게 해 준다.

---

14) 동보서, 같은 논문.
15) 사마천,《사기》〈진시황본기(秦始皇本紀)〉.

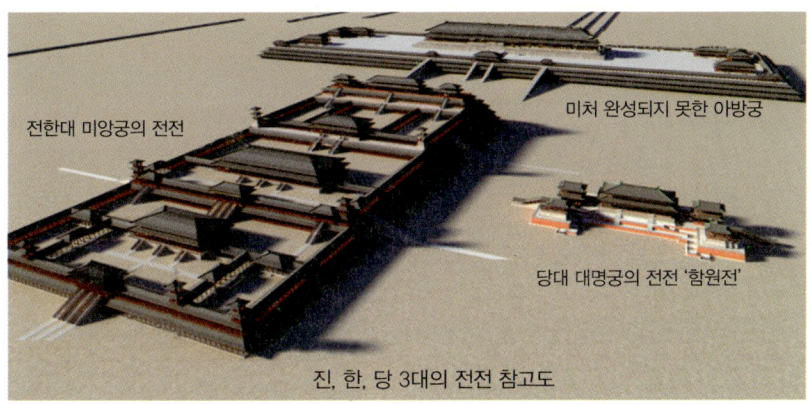

〈진, 한, 당 3대의 황궁 전전 규모 비교도. 아방궁 전전은 한나라 미앙궁 전전보다 2배, 당나라 대명궁 전전보다는 8배나 큰 규모였다〉[16]

    수도의 황궁이 그 정도였다면 행궁 역시 그 웅장함과 화려함에 있어 아방궁에 버금가는 규모를 자랑했을 것이다. 그러나 지금 수중현에 있는 이른바 "갈석궁 터"라는 곳은 전혀 그렇지 못하다. 규모 자체만 놓고 보더라도 "진 시황의 행궁"이라는 양국 학계의 주장이 민망스러울 정도로 작다. 진 시황 정도 되는 제국의 통치자라면 황제인 본인은 물론이고 내시, 궁녀 등 황실에 속한 수행원만 해도 최소한 100명은 넘었을 것이고, 이들을 호위하는 임무를 맡은 군사 역시 몇 백 명은 되었을 것이다. 거기에 각급 문무 관리와 그들이 거느린 종복들까지 합치면 결코 적지 않은 인원이었으리라. 게다가 그들이 휴대하거나 필요로 하는 각종 물품들과 식료품들까지 계산에 넣는다면 그 행궁은 최소한 축구장 대여섯 개 정도의 크기는 되었다고 보아야 한다. 그러나 현재 남아 있는 유적지는 축구장 하나 정도의 크기밖에 되지 않는다. 일개 말단 지방정부의 관청 정도의 규모밖에 되지 않는 것이다.

    발굴된 유물 역시 마찬가지이다. 현지에서 수습한 유물, 유적은 진시황

---

16) 전한의 미앙궁(未央宮) 전전(왼쪽), 당대의 대명궁(大明宮) 전전(오른쪽), 미완성 상태로 불 타버린 아방궁(阿房宮) 전전(맨뒤).

및 행궁의 것이라고 하기에는 너무도 빈약하다. 현지의 유적지(?)에서 발굴된 것은 파편화된 와당, 벽돌, 탄화된 목재 등이 고작이다. 질적으로도 제왕의 권세를 유감없이 과시하는 값진 금붙이나 사치품, 위세품은 하나도 출토되지 않았다. 중국과 국내의 고고학자, 역사학자들이 진 시황의 '갈석궁' 유적이라고 호언장담하는 것과는 왠지 앞뒤가 맞지 않는 상황인 것이다. 평양의 유물들도 그렇듯이, 이 지역에서 출토되었다는 유물들에 진 시황과의 관계를 명확하게 설명해 줄 만한 글자나 각문이 전혀 새겨져 있지 않은 것도 미심쩍기는 마찬가지이다. 게다가 명색이 진 시황의 갈석궁이라고 하면서 진나라 때의 유물은 정작 와당뿐이고 나머지 유물은 대부분이 한대 이후의 것들이다. 이 유적, 유물은 문헌적으로는 말할 것도 없고 고고적으로도 진 시황의 '갈석궁'과 결부시킬 수 있는 어떠한 인과관계도 성립하지 않는다. 이 점에 대해서는 앞서 언급한 동보서도 인정한 바 있다.

어디 그뿐인가? 중국의 여러 사서, 문헌은 갈석산을 언급할 때마다 어김

〈진대의 것으로 알려진 수중현 현장의 '와당왕'. 그러나 현장에서 발견된 유물은 대부분이 한대 이후의 것들이었고 만리장성의 흔적도 전혀 발견되지 않았다. 지구과학적으로 바다였던 것으로 추정되는 곳에서 이런 유물이 나왔다면 위조품으로 이해해야 할까 조작으로 이해해야 할까? 유물 조작을 하더라도 과학을 알아야 남을 속일 수가 있다〉

없이 만리장성을 함께 거론하였다. 고대에 갈석산과 만리장성이 지리적으로 한 구역에 병존했다는 뜻이다.

> 수성현에는 갈석산이 있으며, 만리장성이 시작되는 곳이다.
> 遂城縣有碣石山, 長城所起.[17]

> 갈석산은 한나라 낙랑군 수성현 땅에 있는데, 만리장성이 이 산에서 시작된다. 지금 따져 보니 만리장성이 동쪽의 요수를 가로질러 고(구)려로 들어가고 있고 유적도 그대로 남아 있었다.
> 碣石山, 在漢樂浪郡遂城縣, 長城起於此山. 今驗長城東截遼水而入高麗, 遺址猶存.[18]

이러한 기록들이 정확한 것이라면 수중현 현장에서는 당연히 만리장성과 관련된 유물, 유적들이 무수하게 쏟아져 나와야 정상이다. 그러나 이곳에서 이루어진 발굴작업을 소개한 어떠한 논문, 보고서에서도 만리장성 관련 언급이나 유물은 아예 찾아볼 수조차 없다[19]. 실상이 이렇다 보니 수중현의 "갈석궁 터"의 정체에 대해서는 중국 학계 내부에서조차 의혹의 눈초리를 보내고 있는 것이 실정이다.

---

17) 《진서(晉書)》〈지리지(地理志)〉 '수성현(遂城縣)'조.
18) 두우(杜佑), 《통전(通典)》〈주군전(州郡典)〉 '갈석산(碣石山)'조.
19) 이에 대해서는 요령성 문물고고연구소가 발행한 《강녀석 – 진행궁 유지 발굴보고서(姜女石-秦行宮遺址發掘報告書)》(문물출판사, 2010)를 참조하기 바란다.

3. '요서해침'은 실제로 일어났는가

윤용구는 2016년 기자들 앞에서 중국 학계의 연구 결과임을 내세워 요서 지역이 200년 동안 수몰되어 있었기 때문에 그곳에는 낙랑군이 존재하려야 존재할 수가 없었다고 단언하였다[20]. 그러나 저자가 직접 관련 기사, 논문, 자료들을 종합적으로 분석한 결과, 그의 주장이야말로 전혀 사실이 아니었다. 중국에서는 요서 지역 '전체'가 수몰되었다고 주장한 학자는 지금까지 단 한 명도 없었기 때문이다.

1) '요서해침설'은 30년 전에 폐기된 낡은 가설

중국 학계가 고대사 연구에서 '해침'에 주목한 것은 1950~1960년대부터이다. 우리가 살고 있는 지구에서는 기후가 변화하면서 해수면이 상승하거나 조류운동의 영향으로 지반이 꺼지면서 바닷물이 과거에는 육지였던 지역까지 전진하여 해안선을 형성하는 경우가 있다. 지구과학 분야에서는 이런 경우를 '해침(海侵, transgression)'이라고 일컫는다.[21] 중국 하북성 천진시(天津市)의 고고조사단은 1950년대에 경내의 백사령(白沙嶺) 연선의 패각층과 그 일대의 유적을 조사하고 그 유적들에서 보이는 '연대단절' 현상에 주목하였다. 그들은 전국시대 이전의 황하가 발해만 북안의 갈석산 부근에서 바다로 진입했으며, 또 갈석산이 바다에 잠겼다는 기록을 한대에 해침이 실제로 있었다는 근거로 간주하였다. 1965년, 천진시 문화국(天津市文化局)의 고고발굴단은 〈발해만 서안 고문화유적 조사(渤海灣西岸古文化遺址調査)〉를 통하여 다음과 같은 고고적 소견을 제출하였다.

---

20) 이선민, 같은 기사.
21) 한국지리정보연구회, 《자연지리학사전》, 제726-727쪽, 도서출판 한울, 2004.

> 발해만 서안에서는 전국시대와 전한대 유적, 유물만 발견될 뿐 전한 말엽에서 후한대까지의 유적, 유물은 보이지 않으며, 그 뒤로도 당송대 유물만 나타나서 연대상으로 연결되지 않고 중간에 두드러진 단절현상이 나타나고 있다.[22]

이 조사발표가 있은 후 한 동안 역사적으로 요서지역에서 해침이 발생했었는가를 놓고 학계에서 공방이 이어졌다. 그러다가 '반우파투쟁', '문화대혁명' 등 일련의 정치투쟁으로 정상적인 학술활동이 중단되면서 이에 관한 공방도 곧 잦아들었다. 그런데 '문화대혁명'의 광풍이 휩쓸고 지나간 후인 1982년, 과거 천진시 고고조사단의 일원이었던 한가곡(韓嘉谷)이 또다시 '해침'설을 거론하고 나섰다.

> 1963년 (필자가 관련 조사자료를 정리하기 시작했을 때) 대부분의 유적유물과 묘장이 전국, 전한대에 해당되고, 후한대의 것이 확실한 유적유물들은 보기 드물어서 천진의 북부인 계현 등지에 후한대 유적유물이 대단히 풍부하게 발견되는 현상과는 확연한 차이를 보인다.[23]

한가곡은 학계 일각에서 '해침'과 '연대단절'을 부정하는 데 대하여 이의를 제기하였다. 그는 자신이 제기한 "유물의 연대단절현상은 확실히 있었다", 이 같은 "단절현상은 해침에서 기인한 것이다"라는 입장을 재천명하였다.[24] 그의 주장을 정리하자면, 1960년대에 발해만 서안을 둘러싼 천진 동

---

22) 진옹(陳雍), 〈발해만 서안 한대 유적유물 연대 판별(渤海灣西岸漢代遺存年代甄別)〉, 《고고(考古)》, 제66쪽, 2001. 제11기에서 재인용.
23) 한가곡(韓嘉谷), 〈발해만 서안의 한대 해침 문제를 재론한다(再談渤海灣西岸的漢代海侵)〉. 진옹 논문에서 재인용.
24) 천진시 발굴조사단, 〈발해만 서안 고문화유적 조사(渤海灣西岸古文化遺址調査)〉. 진옹, 같은 논문, 제67쪽에서 재인용.

부, 황화(黃驊) 북부, 영하(寧河) 남부 일대에서는 전한대의 유적, 유물들만 발굴되고 전한대 말기부터 후한, 당송대까지는 고고학적으로 공백 상태에 있어서, 후한대의 유적, 유물들도 풍부하게 발견되는 천진 이북 각지의 상황과는 확연히 구분되는 연대단절 현상이 존재한다는 것이다.[25]

그 후로 그의 주장은 한동안 중국에서 역사학, 고고학적으로 제법 그럴싸한 학설로 치부되었다. 그러나 윤용구가 호언장담한 것과는 달리, '해침'설이 득세하던 당시조차 한대에 발해만을 넘어 요서 지역 즉 하북성 동북부까지 완전히 바닷물에 잠겼다는 주장을 한 사람은 아무도 없었다.

그러다가 극적인 반전이 일어나기 시작하였다. 개혁, 개방 이후로 고고발굴기술이 발전하고 각종 토목공사가 빈번해지면서 그동안 바닷물에 잠겨 있었던 것으로 여겨져 왔던 여러 지역에서 유물, 유적들이 속속 발견되기 시작한 것이다. 그러한 일들이 잇따르자 1994년, 천진(天津) 문사연구원(文史研究院)의 진옹(陳雍)은 한가곡 등의 '해침'설에 정식으로 문제를 제기하였다.

> 발해만 서안에서 전한대 말엽에서 후한대까지의 유물, 유적은 전혀 드물지 않다. 과거에 주장되었던 '연대단절 현상'은 당시의 인식과 작업상의 한계성에서 비롯된 허상에 불과하다. 따라서 발해만 서안이 전한대 말기에 바닷물에 잠겼다는 주장은 고고학적으로는 지지를 받기 어렵다.[26]
>
> 渤海灣西岸晚期至東漢時期的遺存, 并不罕見, 過去所說的'年代割裂現象',

---

[25] 여기서 우리가 주목해야 할 대목은 '연대단절' 현상이 나타나는 곳은 발해만을 둘러싼 천진 동부, 황화 북부, 영하 남부이며 천진 이북 지역에서는 그 같은 현상이 전혀 없었다는 점이다. 천진 이북 지역이라면 지금의 하북 북동부 즉 '경동(京東)' 전역에 해당하는데, 이 지역에서 연대단절 현상이 전혀 없었다는 것은 그 자체가 윤용구의 '요서 200년 수장설'이 전혀 사실무근의 낭설임을 입증해 주는 결정적인 증거이다. 중국 학자 어느 누구도 요서 전역의 침수를 떠든 적이 없고, '200년 수장'은 더더욱 황당무계한 소리라는 뜻이다.

[26] 진옹, 2001년 같은 논문, 제67쪽에서 재인용.

考古 2001 年第 11 期　　　　　　　　　　　　　○讨论与争鸣

渤海湾西岸汉代遗存年代甄别
——兼论渤海湾西岸西汉末年海侵

陈 雍

关键词: 渤海湾西岸　汉代遗存　西汉末年海侵
KEY WORDS: western shore of the Bohai Bay　Han period cultural remains　transgression of the late Western Han period
ABSTRACT: The present paper makes a chronological restudy of the controversial Han period cultural remains, and dates the Tianzhuangtuo remains to the early Eastern Han, the College of Physical Culture remains to the late Western Han, and the Wanjia Matou, Second Wuben Village, Xinanfeng, Liguanzhuang, Beixinzhuang and Beiwangman remains to the Eastern Han. On this basis the author comes to the following conclusions: Up to the present, more than 100 spots of Western Han, Eastern Han and Han Wei remains have been discovered on the western shore of the Bohai Bay; the previously-called chronological gap of ancient remains does not exist on the western shore of the Bohai Bay; the so-called "transgressions of the late Western Han period on the western shore of the Bohai Bay" must have been sea level changes which happened only in a few areas, in short periods and on a small scale of going up and down, and so should not taken as transgressions; and no transgressions happened in the late Western Han.

〈천진시 문사연구관의 진옹은 수십 년간 사학계를 지배한 '해침설'에 근본적인 문제를 제기하였다. 사진은 그가 발표한 논문〉

只不過是受當時的認識與工作的局限造成的假像. 因此, 渤海灣西岸西漢末年海侵的說法, 得不到考古學方面的支持.

기존에 논란이 되어 온 '해침' 문제에 대하여 그가 이처럼 단호한 입장을 보인 데에는 이유가 있다. 그 무렵 대동(大同)-진황도 구간 철로, 반산(盤山) 전기공장 등의 건설 현장에서 전, 후한을 아우르는 한대의 유적, 유물들이 잇따라 출토되었다. 게다가 1960년대에는 연대단절이 나타난다고 판단되었던 천진 동부, 영하 남부, 황화 북부 등의 저지대에서조차 연대가 확실한 후한-위진대의 유적, 유물, 묘장들이 줄줄이 쏟아져 나오기 시작하였다. 이 일련의 고고적 발굴들을 계기로 1960년대 이래 수십 년간 학계에 영향을 미쳐 왔던 '해침'설은 완전히 무너졌다.[27] 나올 턱이 없다던 한대 유적, 유물은 그 이후에도 계속 쏟아져 나왔다. 2001년 현재까지 발해만 서안에서는 한대 유적, 유물이 100여 곳 이상 확인되었다. 그중에서 천진시가 50여 곳, 황화시가 50여 곳 정도이다.

시대별로는 전한 후기, 후한 초-후기는 물론이고 삼국(위)시대의 것들까지 골고루 발견되고 있다.[28] 심지어 조개껍질 층들이 형성된 지대에서조차 대부분 전국, 한대의 유적, 유물들이 발견되었고, 어떤 곳에서는 위진, 당대의 것들까지도 확인되고 있을 정도이다. 중국 학계에서도 이제는 그 같은 발상 자체가 "당시의 인식과 작업의 한계가 빚은 허상"[29]이라는 최종결론을 내린 셈이다. 실제로 진웅도 1960년대에 천진시 고고조사단이 언급한 경동 지역에서의 침수를 일부 지역에 한정되고 침수폭도 작은 단기적인 해수면 변동이어서 '해침'이라는 표현조차 쓰기 민망할 정도라고 단언했을 정도이다.[30] 이 문제와 관련하여 진웅이 최종적으로 내린 결론은 다음과 같았다.

① 1970년대부터 (해발 3~3.5m 이상의) 발해만 서안에서 100개 소가 넘는 전한, 후한, 삼국(위)시대의 유적이 잇따라 발견됨
② 발해만 서안 고대 유적들에서 과거 통설처럼 떠들던 '연대단절' 현상은 전혀 존재하지 않음(幷不存在)
③ 전한대 말기에는 해침이 발생한 적이 없었다고 해도 무방할 정도임(단, 고도 3m 이하 지역에서는 당연히 침수가 발생했을 가능성이 없지 않음)

---

27) 진웅, 같은 글, 제72쪽.
28) 진웅, 같은 글, 제73-74쪽.
29) 진웅, 같은 글, 제67쪽.
30) 진웅, 같은 글, 제74쪽.

말하자면 '요서해침설'은 진옹의 연구를 통하여 2000년대 초기에 고고학설로는 이미 '사형선고'를 받은 셈이다. 윤용구 등이 2016년에 기자들 앞에서 호언장담한 '200년' 동안의 장기적인 침수는 전한대 말기부터 당송대에 이르기까지 요서 지역에서 단 한 차례도 발생한 적이 없었던 것이다.

우리가 역사적 진실에 다가서고자 할 때 때로는 고고학이 역사학보다 더 큰 역할을 한다. 그러나 이런 경우에는 우리를 역사적 진실에 보다 더 가깝게 데려다 주는 것은 고고학이 아니라 지형학이다. 자연 지형은 아무리 늦어도 수억 년 전에 완전히 고정된 것이기 때문이다. 따라서 우리는 고대사에 등장하는 장소를 고증하는 과정에서 최소한의 지리, 지질, 지형적 정보만 확보하고 있으면 고고적 유물, 유적이 없더라도 얼마든지 그 현장을 찾아낼 수가 있다. 저자가 지금까지 중국에서의 고고학 연구 동향 및 현지 지형을 면밀하게 비교, 분석해 본 결과로는 윤용구의 주장은 역사적으로 전혀 진실에 부합되지 않는다.

물론, 우리가 타임머신을 타고 2,000년 전으로 되돌아가 그 현장을 확인할 길은 없다. 그러나 천만다행으로 그 사이 비약적으로 발전한 과학기술 덕분에 그로부터 2,000년이 지난 지금 이들의 주장이 진실인지 거짓인지 정도는 확인할 수 있게 되었다. 고대사의 진실을 찾아나가는 데에 가장 유용한 과학기술이라면 단연코 위성사진을 꼽을 수 있겠다. 우리는 나사와 구글이 제공하는 위성사진을 활용하여 요서 지역의 지형과 해발고도를 비교, 분석하는 아주 간단한 작업만으로도 즉석에서 그 같은 주장들의 타당성을 과학적으로 판정할 수가 있게 되었다.

2) 요서 지역의 해발고도

요서 지역 전역이 200여 년 동안 바다에 잠겨 있었다는 윤용구의 주장이 얼마나 허황된 소리인지는 현지의 해발고도를 따져보면 금방 알 수 있다.

과거에 일부 중국 학자는 산해관을 기준으로 그 서쪽에 해당하는 북경 동쪽, 즉 '경동(京東)' 지역의 경우 해발고도 '4m' 이내의 지역만 침수가 발생했다고 한다. 그러나 진옹 등 최근 학자들이 확인해 본 결과, 천진 태평진(太平鎭)의 해발 3m 지역에서조차 한대 유물들이 쏟아져 나오고 있다. 이처럼 상당히 지대가 낮은 해발 3~3.5m 지역에서 고고 유적, 유물들이 쏟아져 나온다는 것은 무엇을 말해 주는가?

전한 후기 '해침'이 발생한 것은 사실이지만 당시 해수면의 상승폭은 지금보다 2~3m 높은 수준에 그쳤다는 뜻이다. 그렇다면 그보다 지대가 높은 지역 즉 해발 3m보다 높은 지역은 해침의 피해나 영향으로부터 완전히 자유로웠을 것이다. 경동 지역은 발해만과 접해 있는 저지대를 제외한 대부분 지역이 해발 5m 이상의 고지대이기 때문이다.

하북 지방이 언급된 원문 자료들을 토대로 현지의 연혁, 지형들을 재차 자세하게 분석해 보았다. 그 결과 당시 수몰된 것은 지금의 천진(天津) 지역과 당산(唐山) 이남 등 해발 2m도 채 되지 않는 일부 저지대뿐이었다. 해발 10m 이상의 창려(昌黎), 노룡(盧龍), 갈석산 등 경동의 2/3이 넘는 지역은 '해침'의 영향을 전혀 받지 않고 엄연히 해수면 위에서 육지로 존재했던 것이다. 특히, 그동안 고조선의 자리로 알려져 왔던 노룡이나 창려 같은 곳

〈중국 '경동', 요서 지역 주요 도시의 고도〉

은 해발고도가 20m가 넘는 고지대에 속한다. 지도를 보더라도 갈석산은 해발이 695m, 창려현은 평균 16m, 노룡현은 20m여서 해발 2~2.5m 남짓의 천진 지역이나 당산 이남보다 고도가 훨씬 높음을 확인할 수 있다. 그러니 이런 곳이 침수 피해를 당했을 리가 만무하다.

만일 윤용구의 주장대로 이 지역이 전부 바다 밑에 잠겨 있자면 해수면을 지금보다 60m 이상 상승시켜야 한다. 나사가 제공하는 데이터를 토대로 해수면이 60m 상승한 경우를 가정하고 시뮬레이션을 해 보았다. 그 결과, 고조선이 존재했다고 전해지는 해발고도 20m 정도의 노룡현의 경우도 해수면 위에서 육지로 존재하는 것으로 확인되었다. 이는 곧 고대 중국인들이 전, 후한대로부터 위, 진, 남북조, 수, 당, 송까지 1,000여 년이나 되는 오랜 기간 동안 지속적으로 이 지역을 삶의 터전으로 삼고 있었다는 것을 의미한다. 이 지역이 단 한 번도 역사 무대에서 사라진 적이 없었던 것이다. 이쯤에서 다시 문제의 〈조선일보〉 기사를 환기시켜 보도록 하자.

> … 한편 윤용구 박사는 "중국 학계 연구에 따르면 이 지역은 전한(前漢) 무제부터 후한(後漢) 말까지의 유적·유물이 나오지 않는데 이는 당시 크게 범람한 바닷물에 200년 정도 잠겨 있었기 때문이다."[31]

역사학자 윤용구는 지난 2016년 여름 기자들 앞에서 중국 학계의 권위를 빌어 당당하게 위와 같이 단언하였다. 고고학자인 정인성도 마찬가지이다. 그는 고고학과 교수로서 윤용구의 주장에 전적으로 힘을 실어 주었다. 그런데 두 사람이 2016년에 기자들 앞에서 호언장담한 '요서해침설'은 위에서 살펴본 것처럼 학술적으로 명백한 오류임이 밝혀졌다.

---

31) 이선민, 같은 기사.

3) 요서가 200년 동안 해침되면 벌어지는 현상들

중국 고고학계의 최종 결론이나 현지에 대한 지형적 분석으로도 수중현의 '갈석궁 터'가 가짜임을 믿지 못한다면 위성사진과 해침 시뮬레이션을 활용하면 그만이다. 위성사진은 고고학보다 훨씬 과학적, 객관적, 양심적이다. 어떠한 편견이나 사심도 끼어들 틈이 없기 때문이다. 이 최첨단 과학기술의 힘을 빌리면, 육지가 바다에 잠긴 상황을 시뮬레이션으로 관측함으로써 해수면이 지금보다 높아졌을 때 윤용구의 주장처럼 정말 요서 지역이 200년 동안 바다 밑에 잠겨 있었을지를 직접 확인해 볼 수 있다.

마찬가지로, 정인성이 고고학자로서의 명예를 걸고 '진짜'라고 단언한 수중현의 '갈석궁 터', 그리고 거기서 출토(?)되었다는 유물, 유적이 진품인지도 어느 정도까지는 검증이 가능하다. 또, 역사학, 고고학, 지형학적 소견들과는 별도로, 노룡현(요서), 수중현, 평양시를 대상으로 해수면을 단계적으로 높였을 때 표시되는 해침의 양상을 분석함으로써 과연 진짜 낙랑군이 존재한 곳이 어디였을지도 가늠해 볼 수가 있다.

〈해수면이 60m 높아졌을 때의 중국대륙과 한반도의 해안선 상황〉

인터넷의 '플러드(http://flood.firetree.net/)' 사이트에서는 미국 우주항공국(NASA)이 제공하는 최첨단 위성관측 시스템을 통하여 해수면이 높아졌을 때의 전 세계 육지의 해안선 및 해침의 양상을 직접 검증해 볼 수 있다. 윤용구는 중국의 요서 지역이 200년 동안 바다 밑에 잠겨 있었다고 단언한 바 있다. 그래서 '플러드' 사이트에서 NASA의 위성관측 시스템을 활용하여 요서 지역이 완전히 바닷물에 잠길 때까지 해수면을 높여 보았다.

그 결과, 해수면이 지금보다 60m 높아지면 앞의 지도에서 보는 것과 같이, 하북성과 강소성 대부분 지역, 하남성, 산동성, 안휘성, 절강성, 강서성 일부 지역, 그리고 북쪽으로는 요령성 동부가 완전히 바닷물에 잠기는 것을 확인할 수 있었다. 산동성의 태산(泰山) 지역도 섬처럼 바다에 떠 있는 것을 볼 수 있다. 또, 한반도, 일본열도, 필리핀군도, 중국 남부는 현재의 해안선에 거의 변동이 없다. 반면에 중국의 동북부와 동남부는 거의 모두가 바다에 잠기는 것으로 나타나 있다. 이러한 양상이 나타나는 것은 그 일대가 지형적으로 전형적인 충적평야(沖積平野)지대에 속하기 때문이다. 해발고도가 높아 봤자 60m 이하인 저지대 평지 지역인 것이다.

이 상황에서 윤용구가 바라는 결과, 즉 요서 지역을 전부 바다 밑에 가라앉히기 위해서는 위의 지도에서 보듯이 해수면을 60m 이상 상승시켜야 한다. 그는 요서 지역이 200년 동안 바닷물에 잠겨 있었다는 대담한 발언을 아무 생각 없이 무심코 했는지도 모른다. 그러나 60m의 해수면 상승은 요서 지역에서만 국지적으로 발생하는 현상이 아니다. 육지는 산이나 골이 있다 보니 지역에 따라서는 해발이 서로 다르게 나타나기 마련이다. 육지에서는 해발 8,848m로 가장 높은 에베레스트산으로부터 해발 -422m로 가장 낮은 사해(死海)에 이르기까지 고도가 들쑥날쑥 제각각이기 때문이다.

이에 비하여, 해수면은 전 세계 어디에서나 대체로 동일하게 나타난다. 제주도 앞바다든 필리핀 해역이든, 더 멀리 태평양 어느 바다이든 막론하고 해수면의 높이는 대체로 균일하게 측정된다. 물론, 지중해와 인도양, 대서

〈육지에서는 지역별로 해발고도가 다르지만 해수면은 전 세계 대부분 지역에서 동일하다. 해발고도 8,848m의 에베레스트산과 −422m의 사해를 다룬 우표〉

양과 태평양의 경우는 두 바다 중간에 육지가 가로막고 있어서 해수면 높이에서 양자 사이에 제법 큰 편차가 발생하지만 이런 경우는 어디까지나 예외적인 사례일 뿐이다. 중간이 막히지 않은 발해만(요서), 요동만(요동), 황해안(서북한) 해역은 경우가 다르다. 발해만에서 해수면이 60m 높아지면 요동만이나 황해안의 해수면도 자동으로 60m가 올라간다. 이 말은 곧 한반도나 일본, 심지어 필리핀, 연해주, 하와이, 동남아 등지에서도 해수면이 똑같이 60m 상승된다는 뜻이다.

4) '갈석궁 터'의 해발고도

요령성 수중현의 이른바 '갈석궁 터'는 과연 진 시황이 남긴 유적이 맞는가? 국내 강단의 강변과는 달리, 중국 내부에서는 이미 30년 전에 수상한

〈수중현 '갈석궁 터' 일대의 고도. 진시황의 행궁이 있었다는 터가 해발 5m 이하임을 확인할 수 있다. 노란 네모 부분은 2016년 동북아역사재단의 지원으로 국내 학자, 기자들이 참관한 문제의 '갈석궁'(?) 터. 현재도 해변에 있다면 해수면이 몇 미터나 높았던 2,000년 전에는 그 일대가 물바다였을 것이다〉

유적, 즉 '짝퉁'으로 잠정적으로 결론을 내린 것으로 보인다. 여기서는 지형학적 측면에서 그 진실 여부를 따져보도록 하겠다. 중국의 역사서들을 살펴보면 공통적으로 진 시황, 한 무제, 조조(曹操) 등이 갈석산을 "올라갔다"고 전하고 있다.

그런데 수중현 지묘만(止錨灣) 일대는 바다에서 멀지 않은 해안가 평지여서, 지형적으로는 역사 속의 갈석산과 전혀 별개의 장소라는 것은 삼척동자라도 알 수 있다. 마찬가지로, 조조는 오환(烏桓)을 정벌하고 허창(許昌)으로 귀환하는 길에 갈석산에 올라가 발해를 굽어보면서 시를 지어 갈석이 방위상으로 서쪽, 발해가 동쪽에 있는 것으로 소개하였다.[32] 그런데 수중

---

[32] 조조가 지은 〈창해를 바라보며[觀滄海]〉라는 시에서는 "동쪽의 갈석산에 올라, 푸르른 바다를 굽어보노라(東臨碣石, 以觀滄海)…"라고 분명하게 밝히고 있다.

현 현장은 '갈석'이 남쪽에 위치해 있어서 바다 경치를 보려면 남쪽을 바라보아야 하므로 방향에서부터 전혀 부합되지 않는 엉뚱한 장소라는 것도 납득이 되지 않는 것이다.

(1) 수중현 '갈석궁 터' 일대의 해발고도

경동 지역과 비교할 때, 이른바 '갈석궁 유적(?)'이 발견된 수중현 지묘만 일대는 발해만 서안을 둘러싸고 있는 천진 인근 지역처럼 해발고도가 2~4m에 불과하다. 위의 구글어스 위성지도를 보면 "0"으로 표시된 곳은 바다와 육지가 만나는 해발 0m 지점이다. 그리고 이른바 '갈석궁 터'와 유물이 출토된 지점은 "4" 또는 "5"로 표시된 해발 4~5m의 저지대 평지를 중심으로 분포해 있다. 육안으로 보기에도 해변에서 그다지 멀리 떨어진 곳에 자리 잡고 있음을 확인할 수 있다.

물론, 수중현 내륙으로 들어가면 고도는 10m 이상으로 올라간다. 그러나 정인성 등이 진 시황의 갈석궁 유적이 확실하다고 호언장담한 지묘만의 '갈석궁 유적' 일대는 평균 고도가 3~4m에 불과하다. 해수면이 지금보다 3m만 높아져도 그 일대가 대부분 바닷물에 잠겨 사람들이 거주하는커녕 일상생활을 영위하는 것조차 불가능해진다는 뜻이다. 더욱이 이 일대는 간조(干潮)와 만조(滿潮) 사이의 해수면 차이가 평균 3m까지 벌어지는 곳이다. 그렇다면 이른바 '갈석궁 터'는 그 일대가 갑자기 에베레스트 산 높이만큼 솟아오르는 대이변이 발생하지 않는 한 평소에는 대부분 바닷물에 잠겨 있었을 것이다.

어디 그 뿐인가? 백보 양보해서 그 '갈석궁 터' 일대가 고대에도 정말 해수면 위로 노출되어 있었다고 치자. 그렇다고 하더라도 그 지역은 수시로 밀물이 들어오고 파도가 강타하고 때로는 해일이 덮치는 위태로운 지대였을 것이다. 위성사진과 주변의 입지조건을 면밀히 따져볼 때 이 지역이야말로 200년, 어쩌면 그 이상 바다 밑에 잠겨 있었을 가능성이 높다는 말이다.

이러한 정황은 진황도(秦皇島)의 경우를 통해서도 충분히 짐작이 가능하다.

진황도 일대는 해발고도가 5m 정도의 저지대 평지이다. 원래 진황도는 청대 초까지만 해도 발해에 떠 있는 작은 섬에 불과하였다. 그러던 것이 청대 중기인 건륭(乾隆) 연간에 발해의 연안류(沿岸流)가 운반해 온 토사가 육지와 섬 사이에 퇴적되어 긴 모래기둥 즉 사주(砂洲)가 형성되면서 육지와 하나로 연결된 것이다. 지형학에서는 이런 경우를 '육계도(陸繫島)'라고 부르고 있다. 청대 말기인 광서(光緖) 연간(1871~1908)에 간행된《산해관지(山海關志)》에 따르면, 진황도는 당시까지만 해도 간조 때에는 육지가 되고 만조 때에는 섬으로 변하여 지금의 진황도 시내에까지 바닷물이 들어와서 배가 다닐 정도였다고 한다. 말하자면, 20세기 초만 해도 수시로 '모세의 기적'이 연출되는 곳이었던 셈이다. 이는 곧 100년 전만 해도 발해만 일대에서 해발 5m 이하의 지역은 바닷물이 들락거려서 사람들이 살 수가 없었다는 뜻이다. 그러니 진황도보다 고도가 1~2m 더 낮은 수중현 일대가 육지였을 리가 없는 것이다. 이른바 '갈석궁 터'라는 곳이 1980년대에 들어와서

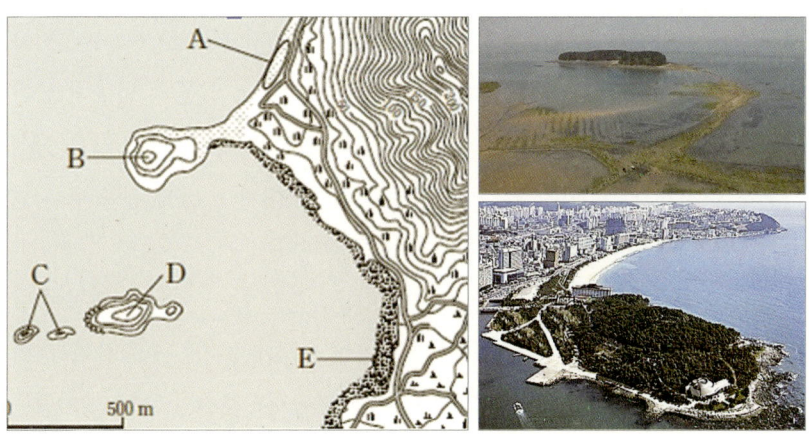

〈연안류가 육지 해안에 토사를 운반하면 사빈, 사구(A, E)가 형성되고 섬과 육지 사이에 토사를 퇴적하면 긴 모래기둥(사주)이 형성되고 섬과 육지가 하나로 연결되면서(B) '모세의 기적'이 연출된다. 사진은 국내의 대표적인 육계도인 보령군 무창포와 부산 동백섬. 진황도 역시 전형적인 육계도의 하나이다〉

누군가에 의하여 의도적으로 세팅된 '짝퉁'이라는 사실이 과학적으로 증명되는 셈이다.

'5욕7정(五慾七情)'을 가진 인간의 세계에서는 상대가 누구냐에 따라 잣대가 고무줄처럼 늘었다 줄었다 하는 경우가 적지 않다. 그러나 바다는 모두에게 공평하다. 바닷물은 발해니 황해니 인도양이니 할 것 없이 거의 모든 해역에서 동일한 고도를 유지하기 마련이다. 그렇다면 한대에 해수면이 높아져 해침이 발생했더라도 해발고도가 낮은 지역이 바다 밑에 가라앉아 있고 그보다 높은 지역이 육지로 존재할 수밖에 없다. 윤용구가 200년 동안 바다 밑에 가라앉아 있었다고 주장한 노룡, 창려 등 경동의 대부분 지역은 요동만 연안을 제외하고는 전부 해발고도가 15~20m가 넘는 지역이다.

게다가 이 지역에서는 7~9월에는 집중폭우가 잦아서 대릉하(大凌河) 등 수중현 주변을 흐르는 하천들이 범람하는 일이 많다. 그렇게 되면 그 강물이 지대가 낮은 해변까지 거침없이 밀어 닥쳐서 이 일대는 강물과 바닷물로 온통 물바다로 변했을 것이다. 설상가상으로 해변 가까이에는 육지내의 저지대에 늪이 형성되면서 모기, 파리 등 각종 곤충들이 왕성하게 번식하여 사람들이 한 순간도 마음 편하게 쉴 수가 없었으리라. 진 시황이 바보가 아닌 이상 집채만한 파도가 시시각각 덮쳐 오고 수시로 밀물과 썰물이 드나드는 바닷가 모래밭에 건축물, 그것도 거대한 행궁을 조성한다는 것은 상식적으로 도저히 말이 되지 않는다. 고고학을 들이대기도 전에 건축학, 지형학, 해양학 등 과학적으로 이미 어불성설인 것이다.

다시 한 번 상식적으로 생각해 보자. 고대에 정말 요서 지역에 해침이 발생했었다면 과연 어느 쪽이 먼저 바닷물에 잠겼겠는가? 수중현의 해발 4~5m밖에 되지 않는 해안가 '갈석궁 터'이었을까? 해발 15~20m가 넘는 고지대의 노룡, 창려 일대였을까?

강단 학자들이 그래도 없는 진 시황 '갈석궁'을 기어이 꾸며 내고 싶다면 해발 2~5m의 수중현 지묘만 쪽보다는 산해관 근처에 자리 잡고 있는 금산

〈진황도 진행궁지와 수중현 갈석궁지. 중간의 검은 별은 산해관 성이 있는 곳으로 그 서쪽이 하북성, 그 동쪽이 요령성이다. 서로 85km 떨어져 있으며 여기서 중요한 것은 산해관 안이냐 바깥이냐 하는 문제이다〉

취 쪽에서 찾아볼 것을 권한다. 차라리 그 편이 역사적으로나 지형적으로나 진 행궁(秦行宮)이었을 가능성이 훨씬 높기 때문이다. 금산취의 이른바 '진행궁' 유적은 해발 3~5m의 바닷가에 노출된 곳이 아니라 해발 18m 정도의 내륙에 자리 잡고 있다. 어쩌면 해수면이 지금보다 높았던 고대에도 해발고도가 최소한 몇 m는 되는 육지였을 것이다. 최소한 궁전 건물이 파도에 쓸려가 버리거나 온갖 잡벌레들로부터 시달릴 걱정은 없었을 것이다.

더욱이 통상적으로 진 시황과 함께 거론되곤 하는 만리장성과도 거리상 매우 가깝다. 진 시황의 '갈석궁'이라고 해도 남들이 속아 넘어가기 좋은 곳이라는 말이다. 그런데도 정인성, 윤용구 등의 강단 학자들은 현지에 대한 기본적인 지식조차 없이 청대 말기만 해도 바다 밑에 잠겨 있었을 해발 3~5m 높이의 '갈석궁 터'를 진시황의 행궁 터라고 강변하고 있는 것이다. 이러한 점들을 종합적으로 따져볼 때, 수중현 '갈석궁 유적'에서 발견되고 지금 국내외 학자들이 한결같이 진시황 당시의 '진품'이라고 주장하는 그 유물, 유적들은 '적어도 그 당시에는' 그 자리에 존재하려야 존재할 수조차 없었던 셈이다.

그렇다면 현재 그 '갈석궁 터'에서 출토(?)된 와당, 벽돌, 도기 등의 유물들은 어찌된 영문인가? 그것들의 진위 여부는 둘째 치고, 1984년 발굴조사가 이루어지기 이전에 누군가가 외지에서 몰래 반입한 후 그 자리에 감쪽같이 새로 '세팅'해 놓았다는 것이 저자가 최종적으로 내린 결론이다.

(2) 수중현 '갈석궁 터'의 해수면 상황

그렇다면, 윤용구, 정인성이 진시황의 갈석궁이 있었다고 주장한 수중현의 상황은 어떨까?

이 위성사진에서 보는 바와 같이, 해수면을 요서 지역만큼 60m로 높였

〈위성사진을 확대해 본 수중현 일대의 해안선 상황. 강단에서 진시황 갈석궁 터라고 주장한 지점(동그라미)은 물론 고도가 훨씬 높은 내륙의 수중현까지 완전히 바다 밑에 잠겨 있는 것을 확인할 수 있다〉

을 때 정인성, 윤용구의 '갈석궁 터'는 완전히 바다 밑에 잠기는 것을 확인할 수 있다. 오른편의 동그라미 지점에 위치한 '갈석궁 터'는 해발고도가 3~5m 수준이다. 따라서 위의 시뮬레이션 결과대로라면 지금의 '갈석궁 터'는 육지로부터 직선거리로 최소한 10km나 떨어진 바다 밑 50m 아래의 '용궁(龍宮)', 즉 물고기들의 놀이터였다는 소리가 된다. 만일 윤용구, 정인성 그리고 중국 학자들의 주장대로 요서 지역이 정말로 200년 동안 바닷물에 잠겨 있었다면 저 지역은 당연히 그보다 훨씬 깊은 해저에 그보다 더 오랫동안 잠겨 있었을 것이라는 뜻이다.

지형적으로 '갈석궁 터' 일대의 해발고도가 요서 지역보다 훨씬 낮은 것을 감안할 때, 요서 지역이 육지일 때에도 저 지역은 바다였던 셈이다. 이처럼, NASA의 최첨단 위성관측 시뮬레이션을 활용한 해수면 시뮬레이션 분석 결과는 현재 수중현에 보란 듯이 존재하는 이른바 '갈석궁 터'라는 유적지가, 윤용구, 정인성 등 강단 학자들의 희망과는 정반대로, 진 시황은고사하고 한 무제와도 전혀 상관이 없는 곳이라는 사실을 과학적으로 입증하고 있다. 만일 저 상태에서 2,000여 년 전에 진 시황이나 한 무제가 저 '갈석궁 터'까지 가려면 스킨스쿠버 복을 입고 산소통을 등에 짊어진 채 바다로 뛰어들어야 접근이 가능했으리라.

(3) 그렇다면 수중현 '갈석궁 터'의 정체는 무엇인가?

이제 화제를 다시 이른바 '갈석궁 터'로 돌릴 때가 되었다. 지금까지 우리는 세 지역에 대한 지형 상황 및 해수면 시뮬레이션 등의 분석을 통하여 수중현이 과거에는 바다 밑에 있었음을 알 수 있었다. 그렇다면 그 넓은 부지에 잘 정비된 그 유적지는 도대체 어떻게 된 것인가? 앞서 보았듯이, 그 유적지는 해발고도가 가장 높은 곳이 6m이지만 대부분이 4~5m 정도의 저지대였다. 정인성은 중국 고고학자, 보다 정확하게 말해서 요령 지역 고고학자들의 주장을 근거로, 주춧돌, 공심전 등의 유적, 유물들은 바로 그 자리에

〈해수면이 지금보다 4~5m 높아졌을 때의 '갈석궁 터'의 해안선 상황. 네모가 갈석궁 전체 부지이고 동그라미가 언론에 소개된 지점이다. 대부분 지역이 해수면이 4~5m만 높아져도 파도가 눈앞에까지 밀려드는 해변이었던 셈이다〉

서 나온 것들이고 '진품'이라고 단정하였다. 그 일대가 진 시황의 '갈석궁 터'임을 부정하는 저자의 항변이 도무지 이해가 되지 않는다는 투였다. 앞서 여러 번 강조했듯이, 나사가 제공하는 위성사진 데이터는 해수면이 요서 지역 수준으로 60m 상승했을 경우 '갈석궁 터'가 바다 밑 50m 지점에 가라앉아 있었음을 보여 주었다. 2,000년 전에 해수면이 단 5m만 올라갔다고 가정해도 결과는 마찬가지였다.

    수중현 일대의 해수면에 대한 시뮬레이션 분석 결과, 해수면이 지금보다 4m만 높아져도 정인성, 윤용구의 '갈석궁 터'는 대부분 바닷물에 잠긴다는 것을 알 수 있다. 빨간색 네모 부분은 '갈석궁' 유적의 부지 전체에 해당하고 왼쪽 아래의 하얀색 동그라미 부분은 저자가 정인성과 갑론을박을 벌인 '갈석궁 터' 현장이다. 육안으로 보기에도 그 일대 전체에 바닷물이 들어와 있는 것을 확인할 수 있다. 바닷물이 배꼽까지 들어와 있는 자리에 행궁, 그

〈해수면이 4~5m 높아졌을 때의 요서 지역 해안선 상황. 같은 조건에서 바다에 잠겨 있는 오른쪽의 수중현 '갈석궁 터'와 비교할 때 〉

것도 중원을 통일한 '위대한' 진 시황의 행궁을 건설한다는 것이 말이 되는가? 행궁이 무슨 방갈로라도 된단 말인가? 더욱이 저 지역은 위도가 높고 지대가 낮은 데다가 사방이 확 트여 있어서 9월만 되어도 내몽골의 찬바람이 엄습하는 곳이다. 난방시설조차 제대로 갖추어지지 않은 당시에 바다 옆도 아니고 바닷속에 행궁을 짓는다? 밀물이 들어 수위가 높아지거나 해일이 밀어 닥치기라도 하면 휴식은 고사하고 언제 어느 순간에 건물이 통째로 파도에 휩쓸려 사라지도 모를 위태로운 곳이 저곳이다.

게다가 저지대인 지묘만 인근의 지형적 속성상 그 인근에는 늪지대나 웅덩이가 군데군데 형성되어 있어서 봄, 여름에는 파리, 모기 등 온갖 벌레들이 들끓었을 것이다. 문제의 장소가 배가 정박하는 부두나 물류 보관창고가 있던 자리라고 해도 의심이 들 정도이다. 그런 판국에 수십 년 동안 고고학을 전문적, 체계적으로 배웠다는 전문 학자들이 유물, 유적이 다수 발견되었다고 해서 현지의 지형조건에 대한 분석조차 할 생각도 하지 않고 일방적으로 그 자리를 진 시황이 휴식을 취하던 '갈석궁 터'라고 강변할 수 있는가? 그렇다면 이제 마지막으로 이른바 '갈석궁 터'와 요서지역의 해수면 시뮬레이션 사진을 비교하면서 분석을 해 보도록 하자.

위의 위성사진은 해수면을 지금보다 4~5m 높였을 때의 상황이다. 오른쪽의 하얀색 동그라미는 이른바 '갈석궁 터'이고 왼쪽의 자주색 네모는 지금의 하북성 노룡현 지역이다. "요서 지역은 전한대부터 후한대까지 200년이라는 긴 세월 동안 바다 밑에 잠겨 있었다"라는 윤용구, 정인성 등의 호언장담과는 달리, 노룡현을 포함한 요서 지역의 상당 부분이 해수면 밖에 육지로 드러나 있는 것을 확인할 수 있다. 강단 학자들의 주장은 명백한 거짓말인 것이다.

역사적 진실에 다가가는 데에 있어 고고학은 역사학보다 유용한 학문인지 모른다. 그러나 고고학자는 단순히 유물 자체만 '믿고' 유물 위조나 유적 조작의 가능성을 '간과하고', 그 결과 엉뚱한 장소를 역사적인 사건의 현장으로 '오판'하거나 '포장'하는 '에러'를 범하는 경우가 다반사이다. 그조차도 연대를 확인할 수 있는 유물이 함께 출토되지 않으면 그들의 판정은 제각각이 돼 버리기 일쑤이다.

역설적이기는 하지만, 진 시황 병마용, 폼페이 유적, 신안 해저 유물 등, 유사 이래로 수많은 세기적인 대발견의 주역들이 고고학자가 아닌 농부나 어부 또는 도굴꾼이었던 데에도 다 그럴 만한 이유가 있었던 것이다. 또, 지난 200년 사이에 발생한 각종 고고 유물 조작사건들은 고고학자가 그 범죄에 연루된 경우가 많다는 것을 보여 주었다. 반면에, 지형학과 위성사진은 그 같은 오류나 비리가 발생할 가능성이 거의 없다. 어떤 장소가 하루아침에 사라져 버리거나 계기에 입력되는 데이터에 착오만 없다면 고고학조차 기대할 수 없었던 훨씬 정확하고 훨씬 객관적이고 이상적인 답안을 얻을 수 있는 것이다.

이른바 '갈석궁 터'의 진위 여부 판정작업에서도 마찬가지이다. 정인성 등은 현장에서 발견된 유적, 유물을 근거로 문제의 '갈석궁 터'가 진시황 당시 행궁이 서 있었던 곳이 맞다고 단언하였다. 그러나 최소한 수억 년 전에 형성된 두 지역의 지형과 나사의 최첨단 과학기술이 응집된 해수면 시뮬레이션은 그 일대가 모두 바다였다는 전혀 상반된 데이터를 내놓고 있다. 이 경우 우리는 어느 쪽의 결론을 믿어야 하겠는가? 정확도와 신뢰도 면에서 당연히 후자를 신뢰해야 옳다는 것은 삼척동자라도 알 수 있는 일이다.

5) 한반도 평양 지역의 해수면 상황

그렇다면 이번에는 내친 김에 평안도 지역의 해안선 상황은 어떨지 살펴볼 차례이다. 윤용구는 중국 학자들의 권위를 빌어 요서 지역이 200년 동안 바다 밑에 가라앉아 있었다고 단언하였다. 앞서 이미 말했듯이, 그들의 논리대로라면 요서 지역이 바다 밑에 있는 반면 낙랑군의 유력한 후보지라는 평양 지역은 육지에 있었다는 소리이리라. 그렇다면 일단 요서 지역이 거의 모두 바다에 잠기는 60m까지 해수면을 상승시킨 후 평안도 지역의 해수면 상황을 관찰하면 그만인 것이다.

그런데 해수면을 지금보다 60m 상승시켰더니 강단에서 낙랑군 치소의 소재지라고 주장해 온 평양 지역은 완전히 바다 밑에 가라앉는 것으로 나타났다. 즉, 시뮬레이션 결과 해수면을 60m 상승시키면 평양 지역도 요서 지역과 거의 비슷한 처지가 되어 버리는 셈이다.

위의 위성사진대로라면, '낙랑군(평양)'은 물론이고 그 아래의 이른바 '대방군(황해도)'까지 대부분 지역이 나란히 그 절반 이상이 200년 동안 물고기 놀이터였을 것임을 짐작할 수 있다. 이것은 세계적인 과학자들이 집중해 있는 나사에서 지형학, 수학적 연구를 통하여 얻어진 과학적인 데이터이다. 따라서 저 지역이 200년 동안 바닷물에 잠겨 있었다는 것은 막연한 '추정

〈위성사진을 확대해 본 평양 인근의 해안선 상황. 강단의 주장대로 요서 지역이 200년 동안 바닷물에 잠겨 있었다면 평안, 황해 서부는 물론 평양시 전역도 바다 밑에 있었다는 말이 된다. 즉 요서 지역이 바다로 변할 경우 낙랑군은 평양에도 존재할 수 없다는 뜻이다〉

(assumption)'이 아니라 분명한 '과학적 사실(scientific fact)'인 것이다.

강단에서 주장하는 낙랑군의 후보지인 평양 지역을 육지가 되게 만들다 보면, 그보다 고도가 높은 요서 지역은 자연히 그보다 일찍 육지로 존재할 수밖에 없다는 이야기이다. 그렇다면 지형학적 견지에서는 요서 지역과 평양 지역은 '운명공동체' 관계인 셈이다. 요서 지역이 바다면 평양 지역도 바다여야 하고, 평양 지역이 육지면 요서 지역도 당연히 육지여야 하기 때문이다.

그러나 두 지역의 '운명공동체' 관계는 해수면이 조금 낮아진 50m 상태만 되어도 끝이 난다. 해수면이 '60m ⇒ 50m'로 10m 낮아지면 평양 지역은 거의 전역이 바다 밑에 그대로 있는 반면, 윤용구 등이 200년 동안 바다에 잠겨 있었다고 주장하는 고조선의 자리 즉 요서 지역의 하북성 노룡현(盧龍縣)은 절반이 육지로 변한다. 평양 지역이 요서 지역보다 해발고도가

〈해수면이 50m 상승했을 때의 평양 인근과 요서 지역 일대의 해안선 상황. 평양 지역은 전부 바닷물에 잠겨 있지만 고조선 지역인 노룡현은 그대로 육지로 남아 있음을 확인할 수 있다〉

상대적으로 낮은 것이다.

　전 세계의 해수면이 지금보다 50m 상승했다고 가정하고, 나사의 해수면 시뮬레이션 시스템을 이용하여 두 지역의 해안선을 분석해 본 결과, 고조선이 자리 잡고 있었다고 전해지는 노룡현을 포함한 요서 지역은 상당 부분이 지상으로 노출되어 있는 것을 확인할 수 있다. 반면에, 평양 지역은 60m 상승 때와 큰 차이가 없어 보인다. 즉, 평양시 전역이 물바다가 된다는 뜻이다. 그렇다면 요서 지역이 200년 동안 바다 밑에 있었다는 강단의 주장을 전제로 할 때 낙랑군이 평양에 있었다는 강단의 주장은 절대로 성립할 수 없는 셈이다.

그렇다고 해서 윤용구의 주장에 일리가 있는 것은 전혀 아니다. 그의 주장은 역사학, 고고학, 지형학, 천문학적으로 전혀 근거가 없는 거의 완벽한 공상의 산물이다. 그런데 윤용구 등 강단 학자들은 가장 중요한 검증작업을 무시하였다. 그러면서 중국 학자들의 주장, 그것도 30년 전에 이미 자취를 감춘 터무니없는 가설을 관련 분야 각계 전문가들의 자문과 검증도 전혀 거치지 않은 채 그것이 마치 정설이고 역사적 진실인양 이야기한다.

학자는 특정한 연구 결과나 조사 내용을 대중에게 전달하기 전에 반드시 자신이 직접 그 사안들이 사실인지 객관적으로 검증할 의무가 있다. 그 결과 그것이 진실(truth)에 부합된다면 그제야 대중에게 그것을 소개하고 자기 주장을 피력할 수 있다. 그러나 만일 그것이 잘못된 데이터로 판명되면 그 학설은 즉각 파기하고 학계에도 그 같은 오류와 혼란을 야기한 데에 대한 해명을 하는 것이 도리이다. 그런 최소한의 검증조차 거치지 않는다면 그런 사람은 자신의 출세를 위하여 대중을 속이는 '학술 사기(academic fraud)'를 저질렀다는 지탄을 면하기 어렵다.

가설을 검증하는 의무에 있어서는 언론도 예외일 수가 없다. "고조선이 있었다는 요서 지역은 200년 동안 바다 밑에 잠겨 있었다"라는 어마어마한 폭탄발언을 했으면 지질학 분야의 전문가나 하다못해 그 같은 주장을 중국 학계에서 누가 언제 했으며 지금은 어떤 상황인가 등의 최소한의 사실 확인도 거치지 않고 문제의 발언을 한 학자의 주장만 100% 믿고 무턱대고 기사화해서 독자들을 오도했다면 거기에 연루된 언론들은 당연히 자신들이 대서특필한 '거짓 뉴스'에 대하여 도의적인 책임을 질 의무가 있다. 독자들에게 그런 확인, 해명조차 하지 않는다면 그런 언론은 '사회의 목탁'으로 불릴 자격이 없다.

4. 고조선이 요서에 있었다는데 유물, 유적은 왜 없나

정인성은 창려, 노룡에서 고조선 관련 유물, 유적이 전혀 발견되지 않은 점, 수중현에서도 진한대 유물, 유적만 확인되는 점을 들어 이 세 지역이 진, 한대에도 중국의 영토였다고 주장하였다[33]. 그러나 그것은 고고학자로서는 상당히 경솔한 결론이 아닌가 싶다. 왜냐하면 그것은 해당 지역의 지질, 지형에 대한 고려는 전혀 없이 단순히 지상에 노출된 유물, 유적만을 근거로 내려진 판단이기 때문이다. 그의 그 같은 발언은 발굴조사가 이루어지기 직전의 폼페이에 가서 이렇게 말하는 것과 같다.

"여기에 무슨 로마 유적이 있습니까! 유물 하나 나온 거 있어요?"

역사학자의 본분은 문헌고증이다. 마찬가지로 고고학자의 본분은 발굴하기이다. 발굴 한번 해 보지도 않고 지상의 상황만 보고 어떤 특정한 역사 사건에 대해서 입장을 표명하거나 결론을 내려 드는 것은 학자로서는 대단히 무모한 처신이다. 고대사를 연구하거나 고고 유적의 성격을 판정하는 과정에서 현지의 지형이나 지질에 대한 주목은 빼놓을 수 없는 중요한 절차이다. 그 절차가 왜 그렇게 중요한지에 대하여 고고 발굴의 ABC인 폼페이 이야기 몇 가지 사례를 들어볼까 한다.

---

33) 이선민 및 강구열, 같은 기사.

1) 화산재 속에 묻힌 폼페이 유적

이탈리아 수도 로마로부터 동남쪽으로 240km 떨어져 있는 폼페이는 원래 기원전 600년경에 이탈리아 강변에 형성된 작은 도시였다. 원래 그리스인과 페니키아인들이 항구로 사용되었던 이 도시는 기원전 80년 로마 군단에게 점령당하면서 로마제국의 식민지가 되었다. 폼페이는 제국이 전성기를 구가하는 것과 시기를 같이하여 육상은 물론 해상으로도 교통의 요지로 각종 교역활동의 중요한 거점으로 발전했고, 서기 1세기에는 인구가 2만 명이 이르렀다. 현장을 직접 찾아보면 2,000여 년 전의 폼페이가 경제, 문화적으로 얼마나 번영한 도시였는지 체감할 수 있다.

그러나 기원후 79년, 폼페이로부터 10km 떨어진 베수비오 화산이 여러 차례의 지진 끝에 폭발하면서 이 도시는 하루아침에 두꺼운 화산재 속에 묻혀 사람들의 뇌리에서 잊혀졌다. 1599년, 현지에서 수로공사가 진행되면서 일부 유적이 확인되었으나 큰 주의를 끌지 못하고 곧 사람들의 관심에서 멀어졌다. 제대로 된 이름조차 없이 버려져 있던 이 도시가 다시 역사 속으로 돌아온 것은 1738년 4월 베수비오 산 기슭에서 밭을 갈던 한 농부에 의해서였다. 그 소문을 들은 국왕은 스페인 출신의 나폴리 왕실 공병부대 기사이던 알쿠비에르(Roque Joaquín de Alcubierre: 1702-1780)에게 명령을 내려 베수비오 산 일대를 발굴하게 했는데 그 과정에서 다수의 유물이 출토되었다.[34] 당시만 해도 그 일대가 어느 시대의 어느 도시인지는 누구도 알아내지 못 하였다. 그렇게 막연하게 발굴만 계속하던 중 1763년 그가 현지에서 발견한 비석에서 '폼페이'라는 글자들을 확인하면서 비로소 원래의 이름을 되찾았다. 그 후 '학술활동'이라는 미명 아래 무절제한 발굴조사가 자행되는 것을 보다 못한 독일의 미술사가 요하임 빙켈만(Johann

---

34) 〈지하도시 폼페이 이야기〉 - http://m.reformednews.co.kr/2383

〈폼페이 유적 너머 솟아 있는 베수비오 산과 영화 포스터〉

Joachim Winckelmann: 1717~1768)이 발굴 현장의 난맥상을 비판하면서 비로소 폼페이의 실체가 유럽 전역에 알려졌다.

　폼페이에 대한 보다 체계적인 발굴조사는 인근의 나폴리가 프랑스에 실질적으로 지배되던 1806~1815년부터 이루어지기 시작해서 1860년부터 본격적으로 진행되었고, 20세기 초에는 폼페이 시 전체 면적의 2/3에 대한 발굴이 완료되었다. 그 과정에서 5km나 되는 성벽, 7개의 성문, 시가지와 극장, 주택, 원형극장, 사원, 분수대, 조각상, 심지어 사람 이름이 적힌 문패와 길바닥에 찍힌 바퀴 자국까지 다양한 유적, 유물들이 2,000여 년 전 폼페이의 모습이 고스란히 복원되었다.

　이처럼 폼페이의 유적지는 건물의 지붕과 벽들은 엄청난 화산재의 무게를 감당하지 못하고 무너져 버렸지만, 나머지 부분은 화산 폭발 당시의 모습을 고스란히 보존하고 있다. 오랜 세월이 지났는데도 이 고대 도시가 온전하게 옛 모습을 보존할 수 있었던 것은 아이러니하게도 엄청난 두께로 쌓여 있던 화산재 덕분이었다. 베수비오 산이 폭발하면서 분출된 돌과 화산재는 그 두께가 1m가 조금 넘는 곳부터 7m 넘게 쌓인 곳까지 있었는데 평균 높이가 6m나 되었다고 한다.[35]

---

35) 폼페이,《네이버 지식백과》. 출전《교과서에 나오는 유네스코 세계문화유산》, 시공주니어, 2011.

2) 일곱 왕조의 도읍지 개봉 – 충적지형의 전형

고대 도시가 지표면 아래에 묻히는 데에는 화산재 이외에도 토사도 중요한 요인으로 작용한다. 그 대표적인 사례로는 개봉시의 경우를 들 수 있다. 중국 하남성의 개봉시(開封市)는 해발이 58~78m 정도로, 화북(華北)평원과 황, 회(黃淮)평원이 만나는 지형이 낮고 평탄한 황하 충적대평원(黃河沖積大平原)의 서부 외곽에 자리 잡고 있다. 이 도시는 많은 사람들에게 1,000여 년 전 북송(北宋)의 수도로 널리 알려져 있다. 그러나 그 역사가 그보다 1,000년 더 오래된 전국시대까지 거슬러 올라간다는 사실을 아는 사람은 그다지 많지 않다.

개봉은 원래 기원전 364년 전국시대 위(魏)나라 혜왕이 천도하여 대량성(大梁城)을 건설하면서 그 역사가 시작되었다. 《맹자(孟子)》〈양혜왕(梁惠王)〉이나 《사기(史記)》〈위세가(魏世家)〉에 따르면, 기원전 336년, 위나라 양혜왕(梁惠王)이 천하의 인재를 구할 때 맹자가 그를 찾아가 '인의(仁義)'의 중요성을 설파한 역사적인 도시가 바로 이 개봉이다. 이곳은 그 후로도 오대(五代) 시기의 후량(後梁), 후진(後晉), 후한(後漢), 후주(後周), 그리고 북송(北宋)과 금(金)의 일곱 왕조의 도읍지여서 "일곱 왕조의 고도[七朝古都]"로 일컬어졌다.

아울러 위나라 이래로 2,200여 년 동안 당대에는 변주성(汴州城)이, 송대에는 변량성(汴梁城)이, 금대에는 변경성(汴京城)이, 명청대에는 각각 개봉성이 차례로 건설되는 등 역사적으로 대단히 유서가 깊은 도시이다. 그 중에서도 도시로서 최고의 영화를 누린 것은 단연 "인구가 100만이 넘고 부유하고 화려하기가 천하에서 으뜸이었다(人口上百萬, 富華甲天下)"고 일컬어지는 국제도시로 명성을 떨친 북송대의 도성 동경성(東京城)이었다. 북송대의 동경성은 25km 길이의 외성, 10km 길이의 내성, 2.5km 길이의 황성으로 성벽이 세 겹으로 둘러쳐져 있고 성문이 28개나 되었다고 전해진다.

⟨장택단이 그린 〈청명상하도〉 부분도. 여기에 묘사된 1,000년 전 송대 도읍지의 흔적은 지금은 개봉시 어디에서도 찾을 수 없다⟩

성 안의 도로는 황제만 다닐 수 있는 어가(御街)를 축으로 종횡으로 거미줄처럼 연결되어 있었다. 게다가 전국의 정치 중심지답게 상주하는 금위군(禁衛軍)만 해도 10여 만이 넘었고, 경제중심지답게 수공업과 상업이 번성하여 견직, 조선, 인쇄, 군수, 나염, 제약, 문구, 식품 등 다양한 업종에 종사하는 인원만 해도 8만 명을 넘고 상점이 2만 개가 넘으며 매년 국가에 납입

하는 상업세만 해도 55만 관(貫)36)으로 전국의 절반이나 되는 액수를 떠맡을 정도였다.37)

송대의 문헌기록은 168년 동안 도읍으로 존재한 개봉의 거대한 규모와 화려한 모습을 상세하게 소개하고 있다. 12세기 북송의 화가 장택단(張擇端)이 〈청명상하도(淸明上河圖)〉에 당시 경제적으로 번영을 구가하던 개봉성의 모습을 생생하게 재현해 낸 것이나, 후세 사람들이 "변경의 부유하고 화려함은 천하에서 더는 없다(汴京富麗, 天下無)"라고 칭송한 일은 그런 수많은 사례들 중의 하나였다.

그러나 혹시라도 위, 당, 송, 금, 원, 명, 청 등의 왕조의 유적과 유물들을 보면서 고대 개봉의 영화를 되새겨 보겠다는 사람이 있다면 일찌감치 포기하는 편이 나을 것이다. 유구한 역사를 가지고 있기는 하지만 지금의 개봉시는 1842년 청대 말기에 재건되면서 새로 탄생한 것이기 때문이다. 정확하게 표현하자면, 송대는 고사하고 200년 전의 유적이나 유물조차 단 하나도 찾을 수가 없는 곳이 바로 이 개봉인 것이다.

저자 역시 10여 년 전에 같은 목적을 가지고 개봉을 찾았었다. 그러나 고작 '포청천(包靑天)'의 관아를 재현한 모조 건축물과 청대에 지어진 개봉성 관아를 둘러보는 것으로 만족해야 하였다. 지금의 개봉시에는 1842년 이전의 유적이나 유물이 단 하나도 존재하지 않는 것이다. 이 말은 곧 고고학적으로는 이 도시가 13세기 이후로 1842년까지 거의 800여 년 동안 완전한 공백으로 남아 있었다는 뜻이다.

1,000여 년 전 번영을 구가하던 송나라의 '동경성'이 순식간에 지상에서

---

36) '관(貫)'은 원래 고대 중국에서 엽전을 꿰는 데에 사용하는 줄을 가리키는 말이었다. 나중에는 일정 양(일반적으로 1,000닢)을 한 꿰미로 꿰어 '관'으로 부르면서 엽전을 세는 단위로 굳어졌다.

37) 장묘제(張妙弟), 〈개봉성과 황하(開封城與黃河)〉, 《북경연합대학학보(北京聯合大學學報)》, 제134-135쪽, 2002. 제1기.

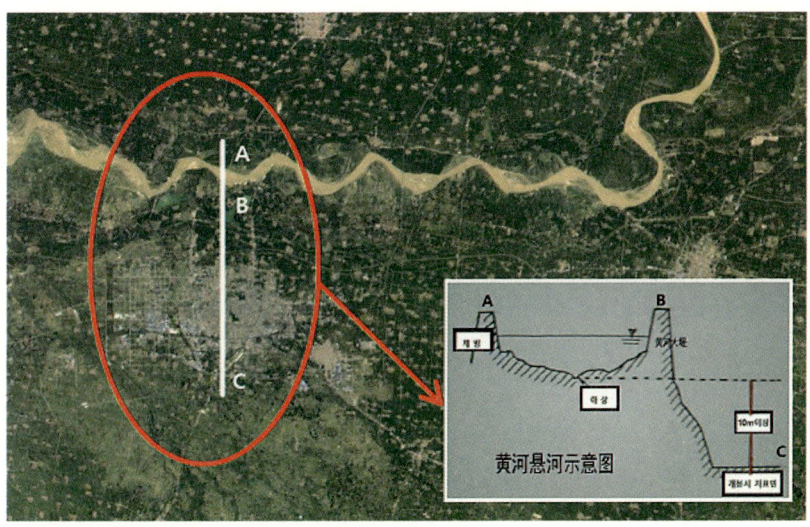

〈하남성 개봉시. 황하로부터 직선거리로 15km 남쪽에 있는 것이 보인다. 현재의 개봉은 해발고도가 황하보다 10m나 낮다〉38)

흔적도 없이 사라져 버린 것이다. 그래서 과거에는 중국 송나라 도읍 동경성의 위치와 유적을 찾아내는 것이 중국 고고학자들의 평생의 소원이자 목표이던 적도 있었다. 그 흔적과 자취를 찾아내는 일이 바다에서 바늘을 찾거나 사막에서 좁쌀을 찾는 것보다 훨씬 어려웠기 때문이다. 그렇다면 왕년의 화려하고 찬란하던 개봉성은 어디로 가 버린 것인가?

경제적, 문화적으로 큰 번영을 구가하던 개봉에 불운이 닥친 것은 금대

---

38) 지형적으로 볼 때 현재의 개봉은 황하보다 10m 정도 낮은 저지대에 자리 잡고 있다. 따라서 황하가 범람할 경우에는 거의 예외 없이 수해와 수몰의 피해를 입을 수밖에 없다. 그 점에 있어서는 북경 및 그 동쪽인 '경동' 대부분의 지역도 마찬가지이다. 왜냐하면 그 지역을 흐르는 영정하(永定河), 난하(灤河), 청룡하(靑龍河) 등은 모두가 하북성과 내몽고자치구의 경계에 자리 잡고 있는 연산산맥(燕山山脈)에서 발원하는 하천들인데 북경이나 천진, 계현, 노룡, 창려 등 고대사 속에 자주 등장하는 하북지방의 주요 도시들은 모두가 고도가 낮은 평지에 분포하고 있기 때문이다. 그래서 이 지역에는 지금도 성수기인 7~9월 여름철에는 대형 폭우로 인하여 갑작스럽게 증가한 강물이나 토사로 말미암아 침수, 수몰 등의 수해가 빈번하게 발생하곤 한다.

부터였다. 금나라 명창(明昌) 연간에 황하의 물줄기가 방향을 틀면서 바로 옆에 자리 잡고 있던 개봉이 해마다 수해를 당하기 시작한 것이다. 역사기록에 따르면, 금나라 대정(大定) 20년(1180)부터 1944년까지 764년 동안 황하는 2년에 한 번 꼴인 338번이나 범람하고 있다. 개봉시 지역이 물에 잠긴 횟수만 해도 7~8회, 홍수에 포위된 횟수만 해도 15차례나 된다고 한다.[39]

특히 명대 말기인 숭정(崇禎) 15년(1642)에는 역사상 최악의 수재를 당하여 개봉 지역이 완전히 수몰되고 30만 명이 넘는 주민이 익사하였다. 또, 청대 말기인 도광(道光) 21년(1841)에는 황하의 범람으로 개봉성을 제외한 인근 지역이 전부 물바다로 변했고, 그 위성도시인 인근의 주선진(朱仙鎭)은 8개월 동안이나 강물에 고립되어 있어야 했을 정도이다.[40] 이처럼 해마다 크고 작은 수해를 당하다 보니 청대 말기에는 개봉의 전체 인구가 16만도 되지 않을 정도로 몰락해 버렸다. 더욱이 그 사이에 원, 명, 청 세 왕조를 거치는 동안에도 수시로 전란이 잇따라서 지상에는 송대에 세워진 철탑만 덩그러니 남았을 정도로 철저하게 황폐해지고 말았다.

800년 동안 사람들의 뇌리에서 잊혀져 있던 동경성의 흔적을 현실 세계로 불러낸 것은 1981년의 우연한 사건이었다. 당시 개봉시 당국은 시내에 있는 용정호(龍亭湖)를 준설하다가 호수 바닥에서 명대의 주왕(周王)이 살았던 왕궁 터를 발견하였다. 당시 고고학자들은 중국의 사서에서 주왕의 왕궁이 송, 금대 황궁의 기반 위에 건설되었다는 기록을 토대로 그 일대를 기준점으로 삼아 발굴작업을 계속한 끝에 다른 왕조 시절의 유적, 유물들까지 속속 출토해 내는 데에 성공하였다.

고고학자들은 두텁게 쌓인 토사층을 20년 동안 인내심을 가지고 파 내려

---

39) 구강(丘剛), 〈개봉송성 고고술략(開封宋城考古述略)〉, 《사학월간(史學月刊)》, 제105쪽, 1999. 제9기.
40) 장묘제, 같은 글, 제135쪽.

〈개봉에서 북송대 유적으로는 거의 유일한 철탑. 높이 55.88m의 13층탑으로 900여 년 동안 그 자리를 지키고 있다〉

갔다. 그리고는 마침내 지하 8m 지점에서 동경성의 외성, 내성, 황성의 성벽, 성문, 주교(州橋), 어가(御街), 금명지(金明池) 및 변하(汴河), 채하(蔡河) 등 송나라와 관련된 주요한 유적들을 잇따라 발굴해 내는 쾌거를 올렸다. 그리고 당연한 이야기이겠지만, 이 발굴을 계기로 중국에서는 송대 도성에 대한 역사학, 고고학적 연구가 활기를 띠기 시작하였다.[41]

중국 학계의 발표에 따르면, 현재의 개봉시에서 청대 개봉성(開封城)의 유물, 유적을 찾아내려면 지상에서 아래로 1~3m를 더 파 내려가야 한다고 한다. 마찬가지로, 명대 개봉부(開封府)는 지하 5m, 원대 변량성(汴梁城)은 지하 6m, 금대 변경성(汴京城)은 지하 6m, 송대 개봉부는 지하 8m, 당대 변주성(汴州城)은 지하 10m, 전국시대 위나라 대량성(大梁城)의 흔적을 찾으려면 그보다 몇 m 더 아래인 지하 10수 m 지점까지 땅을 파야 한다. 북

---

41) 구강, 같은 글, 제105쪽.

〈토사가 7겹으로 쌓인 개봉의 '성라성' 성층 구조〉

송대 동경성의 유적은 현재의 개봉시 지표면에서 평균 6~8m 아래에 매몰되어 있으며, 외성 서벽은 0.30m로 가장 얕게 매몰되어 있지만, 가장 깊이 매몰된 내성 남북벽은 그 위치가 지표면에서 무려 11m 지점인 것으로 확인되었다.[42] 우리가 1,000년 전 송나라 도읍 개봉부의 유적, 유물들을 보려면 모두 일곱 겹으로 퇴적된 11m 두께의 토사층을 파내야 가능한 셈이다.

3) 북경 대흥 지역 - 또 다른 충적지형

그런 점에 있어서는 한현도(韓顯度)의 묘가 발견된 북경 지역의 경우도 마찬가지이다. 북경 교외 대흥구(大興區) 삼합장촌(三合莊村)에서는 2014

---

42) 구강, 같은 글, 제105쪽.

〈대규모 고분군이 발견되었을 당시의 대흥구 삼합장촌 현장과 현재 상태. 중국 문물국 당국이 재개발을 허가하여 곧 빌딩들이 들어설 예정이다〉

년 10월부터 2015년 6월까지 고대 고분이 무려 205기나 발굴되었다.[43] 발견된 고분을 시대순으로 분류하면, 후한대 고분이 9기, 북조시대 고분 4기, 당대 고분 94기, 요금대 고분 60기, 원대 고분 45기, 명대 고분 3기, 청대 고분 6기이다. 그런데 이 고분들에서 출토된 유적, 유물들은 중원문화와 북방문화가 융합되는 양상을 두드러지게 보인다. 물론, 이 같은 호-한(胡漢) 융합의 특징은 당시 중국 역사에서 중원과 북방의 접경지대로, 쌍방간의 교류, 충돌이 잦았던 북경의 역사적, 지리적 성격을 잘 반영해 주는 셈이다. 강단 학자들은 언급하기를 꺼리지만, 역사, 문화적으로 상이한 전통을 가진

---

43) 〈삼합장촌 고분 발굴 동영상〉 - http://me.cztv.com/video-2326335.html

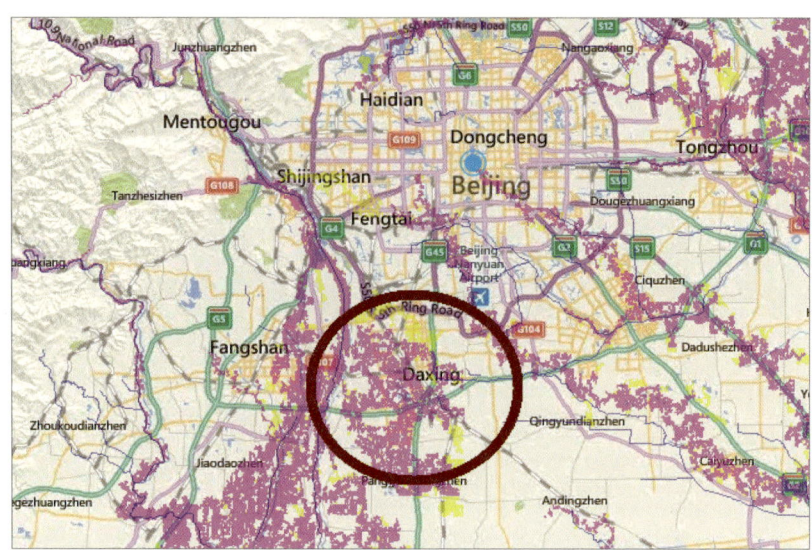

〈대규모 고분군이 발견된 북경 근교의 대흥구. 역사적으로 서북쪽에서 흘러드는 영정하는 고도가 낮은 대흥에서 광범하게 범람하면서 그 일대가 주기적으로 개봉과 유사한 '성라성' 구조를 형성하였다〉

 두 집단 사이의 이 같은 융합현상은 평양 지역 유적, 유물들에서도 두드러지게 나타난다.
 흥미로운 것은 대흥구 삼합장촌에서 발견된 고분군의 경우, 명, 청대에 조성된 9기를 제외하면 지난 1,000여 년 동안 조성된 고대, 중세의 고분 196기가 네 겹의 토사가 성층(成層)되어 있는 지표면 아래에 4~7m 지점에서 시대의 역순으로 차례로 출토되었다는 것이다.[44] 이 지역에서도 개봉, 상구 등지에서 볼 수 있는 전형적인 '성라성' 구조가 확인되고 있는 것이다. 대흥 지역에 이 같은 '성라성' 구조의 지층이 형성된 데에는 그 서북쪽에서 대흥을 경유하는 하천인 영정하(永定河)가 결정적인 역할을 하였다.
 영정하가 오랜 세월 동안 범람과 성층을 여러 차례 거듭한 끝에 이 같은

---

44) 이와 관련된 보다 자세한 정보들은 '빠이뚜' 사이트에서 "북경 대흥 고묘군(北京大興古墓群)"을 검색하면 확인할 수 있다.

복층 구조의 유적을 형성하기에 이른 것이다. 중국에서는 이처럼 특이한 지형을 도시 위에 또 다른 도시가 겹쳐져 있다는 의미에서 이른바 '성라성(城摞城)' 구조라고 부른다. 하남성의 개봉과 상구(商丘)의 경우, 황하가 일정한 주기를 두고 수시로 범람하면서 이런 구조의 지형을 갖게 된 경우라고 할 수 있다. 즉, 황하가 사방이 확 트인 저지대의 평지로 범람하고 그 토사가 성층된 상태에서 다시 오랜 세월이 흘러 후세 사람들의 뇌리에서 잊혀진 후 그 위에 다시 새로운 도시가 건설되는 과정을 여러 번 되풀이하면서 역대 왕조의 흔적이 켜켜이 포개졌던 셈이다.

중국의 저명한 역사지리학자인 주사광(朱士光) 교수의 고증에 따르면, 토사가 여타 하천들보다 훨씬 많이 함유된 황하의 독특한 특성 때문에 황하 유역에 소재한 크고 작은 도시들이 개봉성과 같은 운명을 맞았다고 한다. 실제로 같은 하남성의 상구(商丘) 역시 개봉시와 마찬가지로 은나라 때부터 여섯 왕조의 유적들이 켜켜이 겹쳐져 발견된 것으로 확인된 바 있다. 그럼에도 불구하고 개봉만큼 퇴적층이 많고 규모가 방대한 경우는 5,000년 중국문명사는 물론 세계 도시발전사나 고고학사에 있어 그 유래를 찾아보기 어려울 정도라고 한다.[45]

일반적으로 지상에 노출된 유적지인 경우에는 현장의 문화특성, 보존상태, 주변환경, 토양구조 등에 대한 사전 조사와 지표면 몇 군데를 간단히 조사하는 정도의 작업만으로도 고대의 건축, 비석, 고분, 벽화 같은 고대사의 단서들, 하다못해 석기나 도편 같은 고대인들의 흔적이라도 얼마든지 발견해 낼 수 있다. 그러나 벽화나 동굴 같이 깊은 산속에 소재한 유적, 유물들은 여간해서는 찾아내기 어렵다. 고대의 성벽은 보통 장기간에 걸친 파괴로 말미암아 기껏해야 지면에 약간 돌출된, 그것도 듬성듬성 남은 상태의 토담

---

[45] 황위(黃偉), 〈개봉 '성라성' 기관의 비밀(開封'城摞城'奇觀揭秘)〉, 《중국지명(中國地名)》, 제20쪽, 2005. 제5기.

만 어렴풋이 존재하는 경우도 있고, 고대의 비석은 한참 전에 이미 다른 건축물의 초석이나 다리널, 섬돌 등으로 오랜 세월 동안 방치될 수도 있다.

그런데 개봉, 상구, 북경의 경우는 지표 위에서 이 같은 고대 유적, 유물의 흔적을 거의 찾아볼 수 없다. 그 이유는 고고적인 견지에서 보았을 때, 하남성의 개봉과 상구, 하북성의 북경(대흥) 지역에서 발견된 고대 유적, 유물의 성격은 통상적인 고고 유적, 유물들과는 다소 차이가 있기 때문이다. 그것은 이 지역 유적, 유물 거의 모두가 지표면으로부터 최대 10m, 최소 4m 아래의 깊은 토사층에서 출토되었다는 것이다.

이들 지역은 공통적으로 중국 대륙의 내륙 깊숙한 곳에 자리 잡고 있다. 그럼에도 불구하고, 다른 지역들과는 달리 유적, 유물들이 4~10m 깊이의 토사층 아래에 1,000년 동안 묻혀 있었다. 물론, 그 유적, 유물들을 그렇게 깊은 곳에 묻히게 만든 주된 동력은 바로 하천이었다. 이들 지역의 인근을 흐르는 하천들이 주기적으로 범람하면서 그 유적, 유물들이 땅 속 깊은 곳에 묻혀 버린 것이다. 그리고 그 같은 '범람 ⇒ 수몰 ⇒ 범람'이 오랜 기간에 걸쳐 주기적으로 반복되면서 1,000년이 넘는 긴 세월동안 하천이 운반해 온 토사가 켜켜이 쌓여 4~7겹이나 되는 두꺼운 지층이 그 위를 덮어 버린 것이다.

4) 하북성 노룡, 창려 지역과 개봉, 북경의 지형적, 고고적 특징

하북성의 노룡현, 창려현 등, 이른바 '경동(京東)' 지역에서는 고조선 등 고대의 유적, 유물의 흔적을 좀처럼 찾아보기 어렵다. 그 같은 현상은 개봉, 상구, 북경의 경우와 같은 맥락에서 이해해야 할 필요가 있다. [46]

---

46) 저자가 이상에서 개봉, 상구, 북경의 경우를 예로 든 이유는 지상이 아닌 지하에서 고대의 유적과 유물을 찾아내는 발굴 작업이 대단히 어렵고 심지어 고통스럽기까지 하다는 점을 상기시키고 싶어서이다.

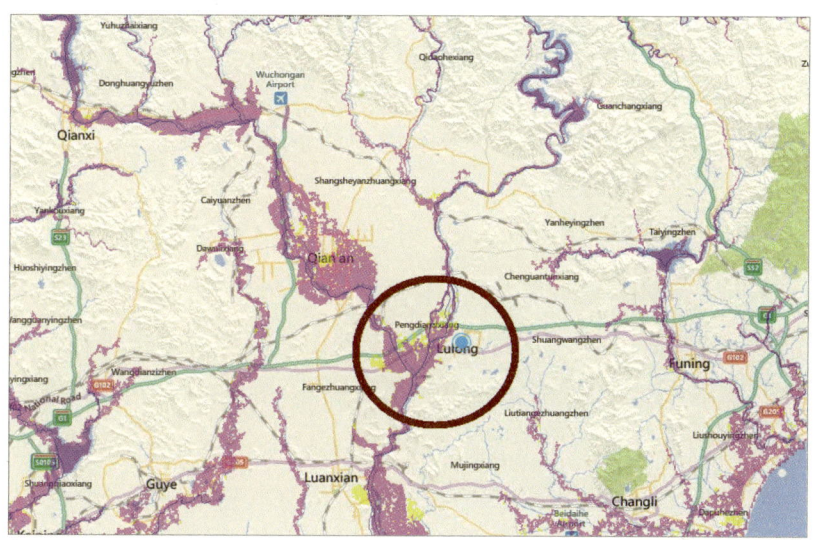

〈고조선 자리로 전해지는 노룡현의 홍수 시의 모습. 경동 지역은 하천이 많고 지대가 낮은 선상지, 범람원이 광범위하게 형성되는 전형적인 충적평야 지대이다. 따라서 상습적인 범람으로 개봉, 상구, 대흥의 경우처럼 '성라성' 지층이 형성되기 적합하다. 이 지역에서는 지하로 몇 m 이상은 파헤쳐야 고조선 유적, 유물을 찾을 수 있을 것이다〉

이 지역은 역사적으로 중원(한족)과 북방(오랑캐)을 자연적으로 분리시키는 천혜의 '만리장성'이다. 그래서 예로부터 고조선과 한사군 이후로는 중국 역사에서는 오랫동안 정치, 문화의 변방으로 치부되었다. 이 지역이 중국사의 무대로 재진입하고 그 인근에 위치한 북경이 정치의 중심지로 부상하는 것은 그로부터 1,000년이 흘러 요, 금, 원 등 북방민족의 중원 정복을 계기로 하북과 요령이 단일한 정치주체에 의하여 통합되면서부터이다.

그렇다 보니 위, 진, 남북조(魏晉南北朝)의 수백 년 동안 각종 전란, 재해가 수시로 발생하면서 토박이 원주민이 타지로 피난을 가거나 군벌들에 의하여 타지로 강제로 안치되는 경우가 많았다. 그렇게 되면서 이 지역은 대단히 신속하게 황폐해져 갔을 것이다. 그 과정에서 지상에 노출되어 있던 각종 유적, 유물들이 잇따라 훼손, 파괴, 강탈당하는 수모를 겪었으리라는 것은 누구나 충분히 예상할 수 있는 사태이리라.

그러나 고대의 유적이나 유물이 이 일대에서 모습을 감추는 데에는 지형적 특징도 톡톡히 한몫을 했을 것이다. 이 일대는 지형적으로 대부분 해발이 낮은 저지대 평지에 자리 잡고 있다. 게다가 중국의 알프스산맥이라고 할 만한 거대한 연산산맥(燕山山脈)으로부터 흘러내리는 크고 작은 하천들의 영향으로 지금도 여름철만 되면 범람, 침수, 매몰이 상습적으로 발생하고 있다. 그렇다 보니 개봉, 상구, 북경의 경우와 마찬가지로 '성라성' 구조의 지층이 형성되었을 것이다. 그리고 그 과정에서 그나마 지상에 남아 있던 유적, 유물들까지 완전히 지표면 아래로 매몰되었을 가능성이 높다.

5) 지하의 유적을 찾아내는 것이 고고학자의 본분

하북성의 '경동(京東)' 지역은 지형적으로 선상지(扇狀地), 범람원(汎濫原), 삼각주(三角洲)가 잘 발달된 거대한 충적평야 지대이다. 지금도 차를 타면 지형지물(landmark)이 될 만한 산 하나 솟아 있지 않은 넓고 평탄한 허허벌판이 몇 시간째 이어지는 곳이 이 지역이다. 대규모의 지각변동이나 토목공사 등으로 하부의 기층이 지표면으로 솟아오르거나 산사태 등과 같은 자연적인 붕괴나, 밭을 갈거나 묘혈을 파거나 토사를 채취하거나 도로공사를 하는 등의 인위적인 작업을 통하여 지층의 단면이 노출되는 돌발적인 상황은 언제나 고고학적으로 대단히 중요한 세기적 발견의 계기가 되어 왔다.[47]

그러나 이를 바꿔서 생각해 보면, 이 같은 계기들이 마련되지 않는 한, 그 속에 묻혀 있는 고대 유적, 유물들의 존재를 찾아낼 확률은 제로에 가깝다. 더욱이 이 지역은 역사적으로는 중원과 북방이 충돌하는 변방이었다. 그렇

---

[47] 풍은학(馮恩學) 주편,《필드 고고학(田野考古學)》, 제40쪽, 길림대학(吉林大學)출판사, 1993. 지표면 아래의 유적, 유물들은 주로 눈에 보이는 지상의 유적, 유물들을 통하여 그 성격이나 규모를 추정할 수 있다.

다 보니 북에서 남으로, 때로는 남에서 북으로, 어떤 경우에는 주거니 받거니 쌍방향으로 각종 방화, 약탈, 훼손, 파괴가 빈번하게 발생하였다. 따라서 지상에서 그 지역과 연고가 있는 역사, 문화, 고고적 흔적을 찾는다는 것은 기술적으로든 재정적으로든 불가능할 수밖에 없다.

관련 정보를 사전에 확보하거나 우연한 단층이 생기지 않고서는 지표면 아래에 감추어진 유적이나 유물의 존재를 확인하기란 불가능하기 때문이다. 도시가 몰락하면서 자연적으로 황폐해진 경우에는 지표면에서 그나마 도편 하나라도 찾아낼 수가 있다. 그러나 그게 아니라 경동 지역처럼 하천의 범람이나 해수의 침범으로 엄청난 토사가 도시를 덮친 경우에는 전지전능한 신이 아닌 이상 그 속에 무엇이 들어 있는지 전혀 알 길이 없다. 이런 상황에서는 아무리 대단한 고고학자가 달려든다고 해도 유물을 단 하나라도 찾아내자면 불도저로 도시를 온통 뒤집어엎는 수밖에 방법이 없다.

진 시황 병마용, 밀로의 비너스 등, '세계 8대 불가사의'의 경우도 그러하듯이, 전문적인 지식과 경험이 그토록 풍부한 베테랑 고고학자들이 세기적인 대발견의 영광을 번번이 낫 놓고 기역 자도 모르는 까막눈의 농부나 인부들에게 빼앗긴 것도 바로 이 같은 이유 때문이다.

역사학자의 본분이 문헌고증이듯이 고고학자의 본분은 발굴이다. 지상에 아무것도 없으면 발굴을 해서라도 미지의 유적, 유물들을 찾아내려고 노력하는 것이야말로 고고학자의 진면목이자 자부심이다. 사전에 조사를 하거나 땅을 파는 노력도 없이 그저 지표면 위의 상황만 보고 특정 장소의 역사적, 고고적 성격과 의의를 재단하려 든다면 그런 사람이야말로 '유사 사학자'로 지탄받아 마땅하다.

나오면서
동북아역사지도, 그리고 평양의 정체성

— 1 —

강단 사학계에서 이른바 "무서운 아이들"[1]이라는 애칭(?)을 듣고 있는 소장학자들 중 하나인 기경량은 국민 혈세 47억 원이 투입된 동북아역사지도(이하 '동북아지도')에 대하여 대단한 자부심을 가지고 이렇게 떠벌린 바 있다.

담기량이 이 지도집을 만든 게 1980년대이니, 당연히 동북공정 같은 건 없던 시절이다. 잘 알다시피 동북공정은 2000년대에 들어서 중국 정부가 시행했던 국가 프로젝트니까 말이다. … 아무튼 이 두 지도를 보면 알겠지만 표절이라고 하기엔 별로 닮은 구석이 없다. 특히 해안선을 보면 동북아역사지도는 약 2,000년 전의 지형을 충실히 구현하기 위해 해수면을 현재보

---

[1] 사실 "무서운 아이들(Les Anfant terribles)"이란 프랑스 소설가 쟝 꼭또(Jean Cocteau: 1889~1963)가 자신의 소설에 붙인 제목이다. 원래는 폐쇄적인 환경 속에서 사회적, 개인적, 정신적으로 자포자기 상태의 불안정하고 미성숙한 존재를 일컫는 말이다. 요즘 시쳇말로 "중2병 환자"나 "막가파" 정도의 의미로, 원래는 전혀 좋은 뜻으로 쓴 말이 아닌 것이다. 이것이 '물정을 모르는' 제3자에 의하여 나중에 '잘못 쓰여서' 기득권이나 고정관념에서 자유로운 젊은 세대를 가리키는 말로 전용되기 시작하였다. 요즘 "무서운 아이들"로 불리는 강단의 소장 학자들이 보여 주는 무지와 망언과 기행들을 보고 있노라면 결과적으로는 쟝 꼭또의 당초 의도와도 딱 맞는 "안성마춤"의 별명이라는 생각은 든다. 그러나 그런 한편으로는 생물학적으로는 젊지만 "천동설(天動說)"만큼이나 시대착오적인 "낙랑평양설"을 사수하는 데에 급급한 수구사상에나 매몰된 자들에게 되는 대로 마구 이런 별명을 헌정한 기자들이나, 또 그것을 무슨 대단한 계급장이라도 되는 양 의기양양하게 붙이고 다니는 강단 학자들을 보노라면 얼굴에 먹칠을 하고 다니는 꼴을 보는 것 같아서 절로 웃음이 난다. 이런 일련의 해프닝을 통하여 우리나라 학자들이 평소에 얼마나 공부가 부족하고 가소로운 자들인지 짐작할 수 있기 때문이다.

다 높게 설정하였다. 그 결과 현재와는 사뭇 다른 해안선이 지도상에 구현되었다(특히 대동강 하구 일대 주목). 아직 완성된 형태는 아니지만 발전된 정보 처리기술과 최근의 지리학 지식을 반영해 왼쪽 담기량의 지도보다 우월한 지도를 제작하고 있음을 짐작할 수 있다.

또한 왼쪽 담기량 지도에서는 만리장성이 청천강까지 내려와 연결되는 것으로 설정되어 있는데, 이것은 중국 학계의 일방적인 입장을 반영한 것으로 한국 학계에서는 부정되는 낭설이다. 한국 학계에서는 만리장성의 끝을 대략 요동 일대로 보고 있다. 당연히 동북아역사지도에도 만리장성이 한반도내로 들어오는 일 따위는 없다.

동북아역사지도에서 문제가 될 수 있는 부분은 붉은 색 동그라미로 표시한 평안북도 서해안 일대이다. 사실 이 일대가 어느 정치체의 관할이었는지는 불분명하다. 기록 자체가 존재하지 않는 공백지이기 때문이다. 다만 이 시기 평양 일대가 낙랑군이라는 것은 움직일 수 없는 분명한 사실이고,(이덕일의 망령된 주장과 달리 이건 신라의 수도인 서라벌이 지금의 경주라는 것만큼이나 자명하다) 압록강 하구 건너편 단동시 부근에 한나라의 서안평현이 설치되어 있었다는 것 또한 분명한 사실이다(압록강 하구에 서안평이 있다는 문헌 기록 및 이 일대에서 '안평'이라고 새겨진 기와가 출토).

상식적으로 생각했을 때, 인접한 중국의 군현인 낙랑군과 서안평 사이에 육지 연결로가 끊겨 있었을 가능성은 높지 않아 보인다. 동북아역사지도에서도 그러한 판단에 입각해 해당 지역을 낙랑군 관할로 처리한 듯하다. 물론 이 부분은 추론에 입각한 것이기 때문에 문제 삼을 여지는 있다. 하지만 개연성 자체는 성립하는 안이다. …2)

---

2) 기경량, 〈47억 짜리 지도? 독도가 없긴 왜 없나-이덕일의 사기가 먹혀들다〉, 《기량의 백지 채우기》= http://kirang.tistory.com/733?category=115988

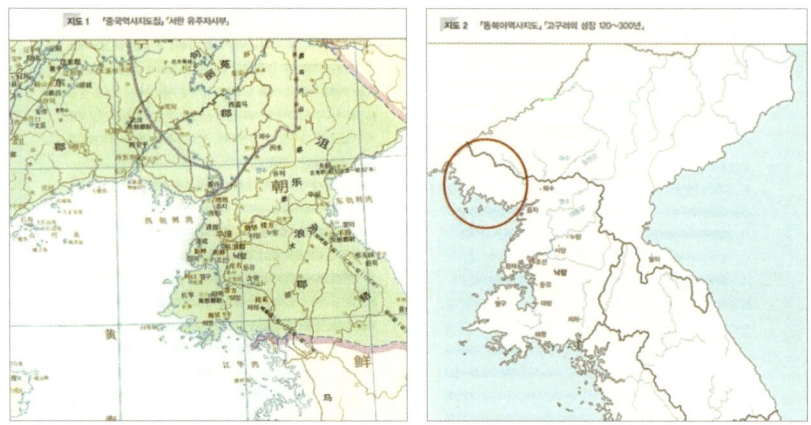

〈동북아역사지도는 역시 폐기되어 마땅한 엉터리 지도였다. 해안선이 저 정도면 자신들이 정설로 내세운 함자 등의 지역이 물바다가 된다. 어느 쪽이 문제인가 저 지도가 문제인가 아니면 강단의 평양설 자체가 문제인가〉

《중국역사지도집》 편찬을 총지휘한 중국 학자의 이름이 언제부터 담기량으로 바뀌었는지는 알 수가 없지만, 이 강단의 총아는 동북아지도에 대하여 대단한 자부심을 가지고 있는 듯하다. 49억 원이라는 엄청난 국민 혈세가 투입되고 강단의 쟁쟁한 학자 수십 명이 달라붙어 만든 지도이다. 그러니 그 자부심이야 오죽하겠는가? 그래서인지는 몰라도 그 글 군데군데에서는 동북아지도가 담기양의 중국역사지도(이하 '담기양 지도')를 표절했다고 폭로한 이덕일에 대한 적개심을 노골적으로 드러내고 있다.

문제는 '동북아지도=담기양 지도 짝퉁'이라는 비판이 전혀 "망령된 주장"이 아니라는 데에 있다. 강단 학계가 제작(?)한 이 역사지도가 담기양 지도를 거의 통째로 베낀 정황은 이덕일의 《매국의 역사학, 어디까지 왔나》를 읽어 보면 누구나 다 눈치 챌 수 있을 정도이다.

동북아지도의 문제점은 거기서 그치지 않는다. 문제의 지도를 가만히 뜯어보면 지리정보 데이터를 인위적으로 조작했다는 느낌을 받게 된다. 예를 들어, 담기양이 험독현을 요령성 대안현 손성자촌에 표시했는데 동북아역

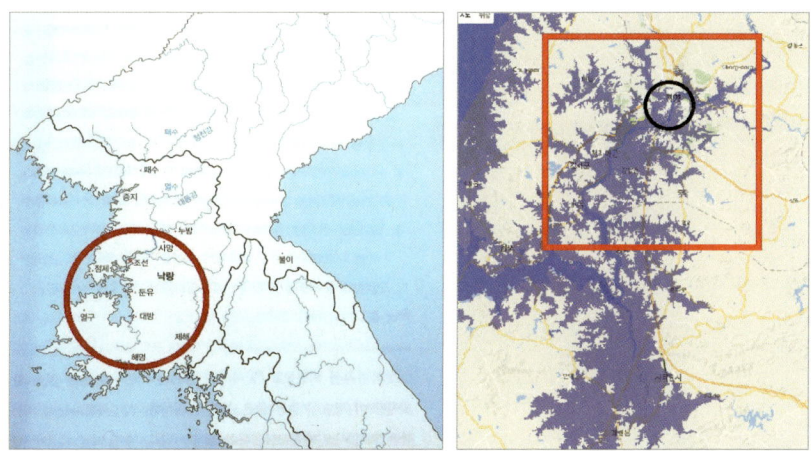

〈이덕일의 《매국의 역사학》에 공개된 동북아지도 속의 낙랑, 대방 지역. 동북아지도 수준으로 해안선이 형성되려면 해수면이 지금보다 13m 이상 높아져야 한다. 그렇게 되면 낙랑평양설은 성립될 수 없다. 심지어 요동군이 요동반도에 있었다는 주장까지 허물어진다. 험독현을 포함한 담기양이 비정한 요동군의 상당 부분이 물바다가 되기 때문이다〉

사지도는 그것을 평안도 평양시에 갖다 놓았다.3) 그뿐만 아니라. 대방현과 함자현의 위치 역시 바꿔치기 해 놓았다. 베낀 티를 내지 않기 위해서 살짝 머리를 쓴 것인지는 알 수가 없다. 문제는 그 같은 바꿔치기가 이루어진 공간이 글이 아니라 지도라는 데에 있다. 지도에서는 점을 한 칸만 잘못 찍어도 수많은 사람이 엄청난 피해를 볼 수도 있다.

동북아역사지도2 - 〈고구려의 성장 120~300년〉(왼쪽 지도)에 주목해 주기 바란다. 평안남도와 황해도 사이의 지역이 바다에 침수된 것으로 그려져 있다. 남포군과 안악군 사이의 간격, 그 일대의 해안선이나 침수 정도를 따져 볼 때, 동북아지도는 해수면이 20m 정도 상승했을 때의 상황을 지도에 반영한 것으로 보인다. 황해도 지역의 둔유, 대방, 열구가 육지에 있는 것으로 표시되어 있는 것을 확인할 수 있다.

---

3) 이덕일, 《매국의 역사학, 어디까지 왔나》, 제149쪽. 여기서 언급한 동북아역사지도는 모두 이덕일 책에서 차용하였다.

문제는 나사(NASA), 즉 미국항공우주국이 제공하는 위성사진(이하 '나사지도')의 해수면 시뮬레이션 결과는 이와는 상당히 다르다는 데에 있다. 나사 지도에는 해수면이 20m 상승했을 때 (낙랑군) 조선, 함자, (대방군) 대방, 둔유, (요동군) 서안평 등, 낙랑, 대방, 요동 세 군의 주요 현들이 바다에 완전히 침수되거나 대부분 침수된 것으로 나타난다. 평안남도와 황해도의 경계지역에서 해수에 의한 침수가 상당히 광범위하게 발생하는 것이다. 동북아지도에서 육지로 표시한 둔유, 대방, 열구 등의 현들이 사실은 바닷물에 잠겨 있었다는 뜻이다. 그런데도 그 위쪽으로는 침수가 거의 발생하지 않은 것처럼 그려 놓은 것이다. 이것은 명백한 데이터 조작이다. 이와 비슷한 사례는 한둘이 아니다.

① 낙랑군 "조선현(?)" – 평양지역

동북아지도에는 평양지역이 전부 육지로 표시되어 있다. 그러나 나사 지도에는 고도가 제법 높은 편인 만경대, 만수대 언덕, 개선청년공원, 그리고 남안에 있는 문수유희장 정도를 제외하면 상당 부분이 바다로 나타난다. 만일 2,000년 전의 평양이 저 상태였다면 한 무제가 파견한 양복의 수군은 복잡한 리아스식 해안을 지나는 동안 암초에 부딪쳐서 가뜩이나 균형을 잡기 어려운 누선(樓船)들이 반파되었을 것이다. 어디 그뿐인가? 도처에 잠복한 고조선 수군의 파상 공세에 왕험성에 접근하기도 전에 궤멸하고 말았을 것이다. 그런데 사마천은 양복의 수군이 순체의 육군보다 먼저 도착했다고 적고 있는 것이다. 장소가 다르다는 뜻이다.

다수의 고분이 발굴된 정백동, 정오동 등의 지역에도 주목할 필요가 있다. 대부분 바다 밑에 가라앉아 있거나 해변에 걸쳐 있는 것으로 나타나기 때문이다. 이 지역들이 수면 위로 드러나려면 해수면이 최소한 9~13m 정도는 더 떨어져야 한다. 이들 지역에서 많은 고분이 확인되고 있다는 것은 곧 2,000여 년 전의 해수면 상승이 아무리 높아 봤자 7~9m 이하였음을 뜻한다. 고대인들이 아무리 지력이 딸리더라도 이런 물바다에 무덤을 조성했을 리는 없다. 동북아지도가 엉터리 지도라는 뜻이다.

② "함자현(?)" – 황해도 안악읍

대방현과 함자현의 위치를 뒤바꿔 놓을 경우 해수면을 20m 높이면 함자현은 바다에 잠기는 신세가 되고 만다. 지도에는 아예 존재할 수가 없는 것이다. 물이 높은 데서 낮은 곳으로 흐른다는 것은 지구가 탄생한 이래 보편적으로 인정되는 과학적 법칙이다. 제1장, 제2장에서도 설명했듯이, 함자현은 대수가 발원하는 곳이다. 그렇다면 함자현은 지대가 높은 산지이고 대방현은 상대적으로 고도가 낮은 평지일 수밖에 없다. 담기양 지도는 80년대에 제작되고 역사인식에도 문제가 많지만 이런 과학법칙은 그대로 준수되고 있다. 그런 점에서 볼 때 명색이 21세기에, 그것도 쟁쟁한 학자 40명이 달라붙어 제작했다는 동북아지도는 정반대이다. 대수의 하류인 대방현이 산지에 표시되어 있고 상류인 함자현은 거꾸로 바닷속에 잠겨 있다. 한마디로 "만유인력(萬有引力)"의 법칙조차 완전히 무시한 엉터리 지도인 것이다.

어쩌면 강단 학계에서는 자신들의 지도가 담기양 지도를 표절한 것이 아님을 '보여 주기' 위하여 대방현과 함자현의 위치를 바꿔치기해 놓았는지도 모르겠다. 그러나 그 결과는 너무도 "웃프다"! 자신들의 지도가 역사학, 고고학적으로는 물론이고 지구과학적으로도 엉터리 지도라는 사실을 스스로 아주 잘 보여 주고 있기 때문이다.

③ "서안평현(?)" – 단동지역

그 지역이 서안평이 아니라는 사실은 지구과학을 통해서도 과학적으로 확인할 수가 있다. 단동은 지리적으로 압록강의 하구에 위치하여 바다를 마주하고 있다. 해수면이 9m만 상승해도 대부분 지역이 바다에 잠기게 된다. 실제로 나사 지도를 보아도 해수면이 그보다 높은 20m까지 상승하면 아예 바다 한가운데에 뜬 섬으로 변하는 것으로 나타났다. 2,000년 전 서안평현이 그 자리에 자리 잡고 있었다고 보기 어려운 것이다. 그러나 동북아지도에는 단동이 육지에 그려져 있다.

④ "대방현(?)" – 사리원지역

동북아지도는 2,000년 전의 해수면을 반영하여 많은 지역을 바다로 표시하였다. 그러나 정작 둔유, 대방, 열구 등 낙랑군과 대방군의 주요 도시들은 모두 육지였다고 보았다. 그러나 나사 지도에는 그 일대가 모두 바다에 잠기는 것으로 나타났다. "대방태수(?) 장무이"가 무슨 청개구리도 아닐진대 과연 이런 물바다에 자신의 무덤을 만들어 달라고 했을지 의문이다.

이처럼 나사 사진은 평양지역이 낙랑군이라거나 사리원지역이 대방군이라는 학계의 주장을 무색하게 만든다. 나사의 과학기술이 세계적으로 최첨단에 서 있다는 것은 공지의 사실이다. 그런데 그곳에서 수많은 지구과학정보들의 비교분석을 통하여 제공한 과학적 데이터가 우리에게 2,000년 전의 평양과 사리원이 물바다였다는 사실을 과학적으로 입증해 주고 있는 것이다. 판단상의 착오나 개인적 이해관계에 따라 결과가 오락가락 하는 역사학이나 고고학적 소견들보다는 나사의 첨단 우주과학적 데이터가 훨씬 믿음이 가는 것이 저자뿐일까?

동북아지도 문제와 관련하여 또 한 가지 분명히 짚고 넘어가야 할 문제가 남아 있다. 요동군의 위치 문제이다. 제2장 요동, 요수의 장에서 이미 살펴보았듯이, 고대 한, 위, 진대의 요동군은 요동반도가 아니라 지금의 요서와 '경동(京東)'지역을 아울러 일컫는 지리개념이었다. 그리고 중원왕조의 영토 확장과 함께 점차 요동반도까지 확장된 것이다. 재야의 요동인식이 정확하다는 뜻이다. 그런데 담기양 지도에는 요동군이 지금의 금주를 기준으

〈《매국의 역사학》에 공개된 동북아역사지도 《전한형세도》(BC208~BC2)의 각 지역 상황. 바다 밑에 있어야 할 요동군의 험독현, 방현, 요대현 등이 육지에 표시되어 있는 등 해수면 변동이 거의 반영되지 않았다〉

로 요동반도 동쪽에만 존재했던 것처럼 그려 놓았다. 연구에는 무관심하고 그저 '이삭줍기'에만 급급한 강단사학계는 '담기양'식 요동군만 유일한 정답으로 신봉하고 있다. 기경량의 블로그 글은 담기양에 대한 국내 학자들의 '신앙심'이 어느 정도인지 잘 보여 주고 있다.

  나사 사진이 보여 주는 요령지역은 육지로 표시된 지역이라도 고도가 상대적으로 높은 북진(北鎭) 이서지역을 제외하면 심양(瀋陽) 인근까지도 저지대 습지였다는 사실을 아주 훌륭하게 증명해 주고 있다. 그렇다면 학자들이 그동안 이구동성으로 요동군 자리로 지목해 온 문제의 지역에서는 수해는 물론이고 배수 문제, 각종 병해충 문제가 사시사철 재발되었을 것이다. 편하게 삶을 영위하기 어려웠을 거라는 뜻이다. 그렇게 본다면 지금까지 요동반도에 요동군이 있었다고 주장해 온 세 나라 학자들의 지리고증이 역사적 진실에서 너무도 멀리 동떨어져 있다는 것은 과학적으로도 충분히 입증되는 셈이다.

　이처럼 요동군의 절반에 가까운 땅이 바닷물에 침수되어 있거나 쓰지 못하는 땅이었다면 요동군이 들어가야 할 자리도 그곳일 수가 없다. 그 자리를 다른 곳에서 찾아야 한다는 뜻이다. 제2장에서 분석한 결과, 개인적으로는 요동군이 들어갈 수 있는 가장 적합한 자리는 대요수와 소요수, 즉 지금의 난하와 청룡하의 동북쪽뿐이라고 본다.

　나사 지도를 보면 이 지역은 해수면이 5m만 높아져도 모두 물바다로 변한다. 이 일대가 대부분 해발 3~4m의 저지대이기 때문이다. 게다가 이 일대에는 다수의 하천이 집중되어 있어서 내륙으로부터 강물이 대량으로 유입되면서 심양(瀋陽) 인근까지 배후습지(背後濕地)가 광범하게 발달해 있었다는 것이 최근 학계의 연구 결과이다.[4] 그런데 동북아지도 - 《전한형세도》(BC208~BC2)를 보면 고조선 왕험성의 후신인 요동군 험독현이 육지로 표시되어 있다. 요수의 경유지라는 요대현(遼隊縣)이나 요동군의 또 다른 현인 방현(房縣)의 경우도 마찬가지이다.

　거의 비슷한 수준으로 해수면을 높였는데 어째서 나사 지도와 동북아지도는 서로 다른 침수 양상을 보여 주는 것일까? 두 지도의 제작주체 중 어느 한쪽이 관련 데이터를 임의로 조작했기 때문이다. 지구과학에 근거할 때 당연히 바다로 표시되어야 할 지역들을 의도적으로 육지로 '조작'했다는 뜻이다. 그렇지 않고서야 똑같은 수준으로 해수면을 높였는데 한쪽은 침수되었는데 다른 한쪽만 멀쩡할 수는 없는 일이다. 그렇다면 지형 데이터를 조작한 쪽은 어느 쪽일까? 동북아역사지도를 제작한 강단일까? 위성지도를 제작한 나사와 이를 공유 중인 구글일까?

　과학적 실제와는 편차가 큰 이 같은 차이가 고의적인 '학술 사기'인지 무성의로 인한 단순 실수인지는 알 수가 없다. 그러나 국민혈세 47억 원이 투

---

4) 본문의 복기대, 윤선옥 등의 논문을 참조하기 바란다.

입된 동북아지도의 지리정보 데이터가 인위적으로 조작(tamper)된 것만은 확실해 보인다.

기경량은 자신의 블로그에서 이덕일이 《매국의 역사학, 어디까지 왔나》에 공개한 문제의 지도들이 동북아역사지도가 맞다고 인정하였다. 그러면서 "2,000년경의 지형을 충실히 구현한" "담기량의 지도보다 우월한" 지도라고 자화자찬하고 있다. 그러나 그의 말대로 그것이 동북아역사지도의 원도(原圖)라면 그건 정말 대형사고이다. 그 지도들은 2,000여 년 전 해수면 상황도 충실하게 반영하지 못하고 지리정보 데이터들도 정확하지 못한 데다가, 심지어 미관상으로조차 깔끔하지 못하기 때문이다.

강단의 동북아지도에서 개인적으로 느낀 점은 이 지도가 중국에서는 이미 폐기되다시피 한 "요서해침설"(제5장 참조)에 충실하게 제작되었구나 하는 것이었다. 2,000여 년 전에는 요서지역이 육지가 아니었다는 것이 그 주장의 요지이다. 도대체 강단에서 구태의연하게 이 낡은 가설에 집착하는 이유는 무엇일까? 그것은 바로 "낙랑평양설" 때문이다. 요서가 지도에 존재하지 않아야 "낙랑=평양"이라는 등식이 성립될 수 있기 때문이다. "낙랑=평양"이 성립되려면 가장 큰 장애요인인 요서지역이 지도에서 사라져야 하는 것이다. 문제는 그 요서지역은 평양과 비교할 때 해발 고도가 오히려 몇 십 m나 더 높은 곳이라는 데에 있다.

이렇게 볼 때 강단 학계가 동북아지도 같은 엉터리 지도에 애착을 가지면 가질수록 정작 낭패를 보는 쪽은 자신들이 될 것이다. 동북아지도처럼 해수면을 20m 수준까지 올리면 평양지역에 존재하는 대부분의 유적(고분), 유물들은 존재할 수 없기 때문이다. 평양지역의 유적, 유물들에서는 바닷물은 고사하고 강물에 의한 침수의 흔적조차 발견되지 않는다. 그 이유는 자명하다. 당시 해수면이 "요서해침설"이나 그 영향을 받은 것으로 보이는 동북아지도가 추정한 높이보다 훨씬 경미한 수준으로 상승되었었기 때문이다.

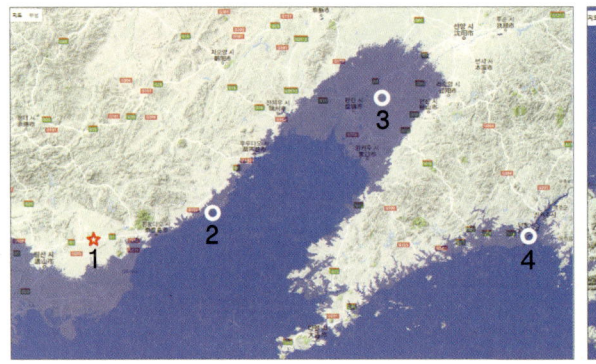

〈해수면이 20m 높아졌을 때 주요 지역 상황. 노룡현은 육지(1)이지만 수중현(2), 대안현(3), 단동시(4)는 모두 바다에 잠긴다. 평양 역시 대부분 지역이 물바다로 변해 있다〉

    수천 기나 된다는 그 고분들이 바다 밑에 조성되었을 리도 없다. 실제로 평양지역에서 발굴된 어떠한 고분에서도 바닷물은커녕 강물에 의한 침수의 흔적이 발견된 바가 없다. 그 고분들은 애초부터 바닷물이 범접할 수 없는 위치에 조성되었다는 뜻이다.

    그러나 해수면 변동 상황을 0m에서 60m까지 시뮬레이션 분석해 본 결과, 저자는 2,000년 전 해수면은 6~7m 수준의 소폭 상승에서 그쳤다는 결론을 내렸다. 그래야 평양지역의 각종 유적(고분), 유물들의 존재가 논리적, 과학적으로 해명되기 때문이다. 정백동, 정오동 등의 지역에 고분들이 존재한다는 것은 곧 2,000년 전 그 일대가 육지였다는 뜻이다. 그리고 이 고분들에서 전혀 침수 흔적이 없다는 것 역시 2,000년 전 해수면 상승이 의외로 미미했다는 뜻이다. 강단 학계가 이렇게 발상을 전환하면 그나마 평양은 '사수'할 수 있을지도 모르겠다.

    물론, 그 반대급부는 당연히 치러야 한다. 해수면 변동이 경미했다는 것은 곧 해발이 20m 이상이고 최대 100m가 넘는 요서지역은 거의 침수가 발생하지 않았다는 의미가 되기 때문이다. 실제로 "요서해침설"은 이미 10년 전에 진옹(陳雍) 등 자국 학자들에 의하여 현실성 없는 주장으로 부정되었다. 그렇다면 해수면을 한껏 높인 채 그린 탓에 2,000년 전 해수면 상황도 전혀 반영하지 못하고, 지리고증도 엉망이며, 미관상으로도 빵점인 동북아 지도의 폐기는 너무도 당연한 조치인 셈이다. 해수면 상승은 아무리 많아도 9m 이상은 되지 않았을 것이다. 그래야 모든 지역에서 발견되는 유적, 유물들에 대한 설명이 가능해진다.

—2—

저자가 지금까지 각 장에서 다룬 내용들을 토대로 분석한 결과, 고조선의 왕험성, 그리고 패수는 대략 다음 지점에 있었던 것으로 판단된다.

〈해수면이 30m 높아지면 평양은 전역이 바다가 된다. 반면에 '요서'지역은 절반이 그대로 육지로 남는다. 별표 부분은 고조선의 왕험성이 있었다고 주장하는 노룡현. 강단에서 지지하는 진 시황의 행궁 터(네모 옆 검은 동그라미)와 요동군(작은 갈색 동그라미)은 물바다임을 확인할 수 있다〉

평양성은 논외로 치더라도, 왕험성과 험독현의 위치는 별이 표시된 지점일 수밖에 없다. 그 지역을 "요서" 또는 "경동"으로 바꾸어 부르더라도 결과는 마찬가지이다. 강단의 주장처럼 2,000여 년 전 수준으로 해수면을 변경한다고 생각해 보자. 바다 위에 육지로 드러나는 곳은 아무래도 해발 고도가 높은 지대일 수밖에 없다. 그렇다면 요서, 요동, 한반도 북부 중에서 가장 먼저 바다에 잠기는 쪽은 진 시황의 갈석궁이 서 있었다는 수중현 지묘만 유적지이다. 해발이 평균 4~5m밖에 되지 않는 해안가 저지대이기 때문이다. 그 다음은 평균 고도가 20~30m 사이인 평양지역일 것이다. 해수면이 30m로 올라가면 평양시는 전부 물바다로 변하기 때문이다. 반면에, 하북성 노룡현 일대는 경우가 다르다. 그 지역은 평균 고도가 60~80m 이상이다. 따라서, 위의 지도에서 보듯이, 해수면이 30m까지 높아지더라도 그 현은 물론이고 그 이북의 지역은 변함없이 육지로 남는다. 다른 지역과는 달리 요서(또는 경동)지역은 이른바 "해침(海侵)"으로부터 상당히 자유롭다는 뜻이다. 문헌기록, 고고유물을 다 접어 두고, 지형구조만 따져 보아도 왕험성 또는 험독현의 가장 이상적인 후보지는 노룡현 등 이른바 "요서"지역 뿐인 것이다.

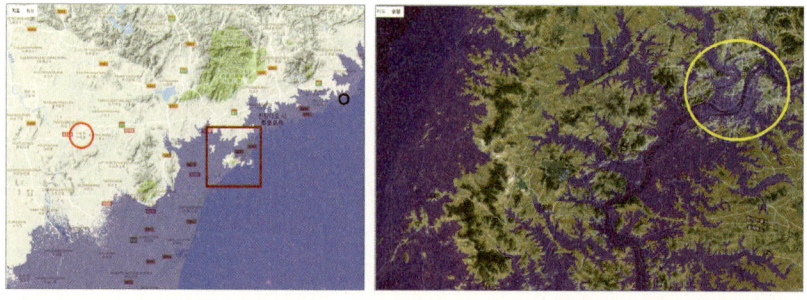

〈해수면을 20m 높였을 때 노룡현(왼쪽 동그라미)과 평양시(오른쪽 동그라미)의 상황. 노룡현은 육지이지만 평양, 사리원 등 낙랑, 대방 후보지들이 대부분 바닷물에 잠겨 있다〉

동북아지도의 수준만큼 해수면을 20m 정도 높여 보자. 노룡현(왼쪽 동그라미)은 바다에서 한참 멀리 떨어진 내륙에 안전하게 자리 잡고 있는 것을 확인할 수 있다. 반면에 평양시(오른쪽 동그라미)는 상당 지역이 물바다로 변해 있다. 강단에서 대방군의 치소로 주장해 온 사리원(沙里院), 둔유현이라는 황주(黃州) 등지도 예외가 아니다. 모두 절반 이상이 바다에 잠겨 있는 것이다. 이 데이터는 최첨단 과학기술을 자랑하는 나사의 위성지도와 해수면 시뮬레이션을 종합적으로 검토한 후 내린 "과학적이고 객관적인" 결론이다. 문헌기록을 아무리 왜곡해서 "낙랑평양설"을 주장하고, 고고유물을 아무리 조작해서 수중현에 진 시황의 갈석궁이 있다고 우겨도 수억 년 동안 누적되어 온 지질 정보의 결정체인 지구과학을 이길 수는 없다. 강단의 정인성, 윤용구가 진 시황 "갈석궁"이 분명하다고 장담한 수중현 유적지(?)(오른쪽 작은 동그라미)는 해수면이 3m만 올라가도 발해와 하나가 돼 버린다. 지금은 대도시가 된 진황도(네모 부분)도 섬으로 변할 정도이다. 하물며 몇 m만 걸어가면 거센 파도가 몰아치는 수중현 유적지야 더 이상 무슨 말이 필요하겠는가?

그렇다면 패수는 어디에 있을까? 제1장과 제2장에서 논의한 내용들을 상기해 보자. 요수가 있는 곳이 대요수와 소요수가 합류하는 'Y 구역', 즉 노룡현 서남쪽이었다. 그런데 《한서》에서 한 무제가 갈석을 지나 낙랑으로 갔다고 했고, 《진태강지지》에서는 낙랑군 수성현에 갈석산이 있다고 하였다. 그 수성현이 낙랑군의 서부라고 본다면 패수가 있을 곳은 갈석산을 지난 동쪽의 모처라는 소리이다. 갈석산 동쪽으로는 양하(洋河), 대하(戴河), 석하(石河) 등의 하천들이 흐르고 있다. 이 중에서 패수로 가장 유력한 후보는 갈석산 바로 옆의 양하뿐이다.

전체 길이가 100km 정도, 유역 면적이 1,110km³인 양하는 하북성 동북부 연해지역, 즉 진황도, 무녕현(撫寧縣) 일대에서 가장 큰 하천이다. 옛날에는 "양하(陽河)"라는 이름으로 불렸다. 그 옆의 무녕현이 그 북쪽에 있다

〈갈석산 동쪽에서 동남으로 흐르는 하북지역 하천들. 갈석산 옆이 양하(좌), 대하(중), 석하(우)〉

는 뜻에서 "양락(陽樂)"으로 불린 것도 그 이름 때문이었다.5) 이 하천은 하북성 청룡현(靑龍縣) 계령산(界嶺山) 아래 격하두향(隔河頭鄕, 왼쪽 네모 부분)에서 발원하여 양하 댐을 거쳐 남쪽으로 흐르다가 무녕현의 양하구촌(洋河口村) 부근에서 발해로 흘러든다. 저자가 제2장에서 난하(灤河)가 '대요수', 청룡하(靑龍河)가 '소요수'라고 주장한 일을 상기해 보자. 그럴 경우 갈석산을 지나 자리 잡고 있는 조선의 국경선 역할을 했다는 패수로는, 그 지리적 위치나 흐르는 방향을 감안할 때 양하일 수밖에 없는 것이다. 이 부

---

5) 이리봉(李利鋒), 〈무녕현 치소의 이전(撫寧縣治的遷徙)〉, 화기양 진황망(華祺洋秦皇網), 2014.6.20. = http://www.songshuyule.com/wenzhang/ToUKZb 현재 한중일 세 나라 학자들은 양락을 지금의 요령성 금주시의 의현(義縣) 일대로 비정하고 있다. 그러나 그 같은 고증은 무지의 소치이거나 의도적, 조직적인 사실 은폐일 가능성이 높다. 실제로 인터넷에서 "양락"을 이 경우처럼 지금의 하북성 무녕현으로 비정하는 글은 거의 찾아보기 힘든 것이 현실이다.

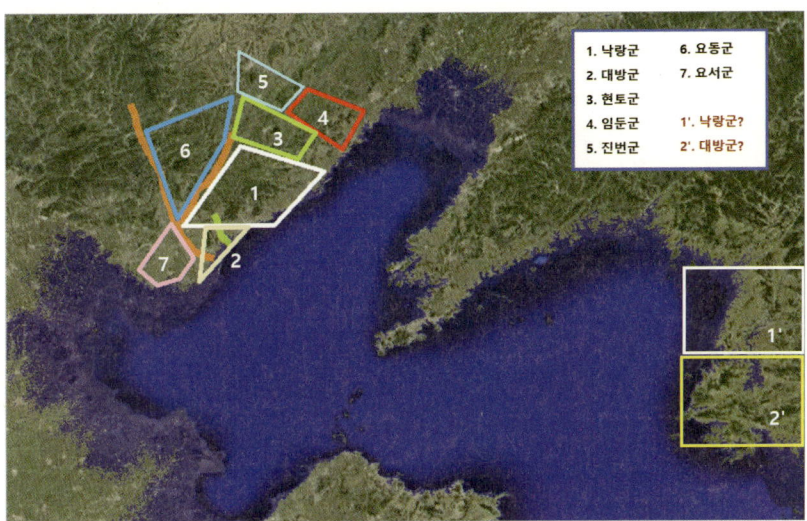

〈한사군과 요동군의 위치. 요동군은 동쪽으로 확장된 것이 아니라 요수를 따라 북쪽으로 전개되었을 것이다〉

〈담기양 지도에서의 요동군(갈색 표시 부분). 인구가 비슷한 김포, 파주, 평택과 비교할 때 면적이 거의 20배나 크다. 그러나 실제의 요동군은 하북성 동북부(왼쪽 네모), 즉 낙랑군 서북쪽에 있었을 가능성이 높다〉

분에 있어서는 한 무제 당시 섭하(涉何)가 고조선의 비왕(裨王) 장(長)을 살해하고 본국 요새로 도주한 지점이 평주(平州)의 유림관(楡林關)이라고 한 당나라 학자 장수절(張守節)의 고증과도 부합된다.6) 지금은 그 상류에 양하 댐이 건설되어 물줄기가 약하지만 고대에는 물줄기가 더 거세고 유역 면적도 넓었을 것이다. 그렇다면 이상의 정보들을 종합해 볼 때, 낙랑군은 대체로 아래 지도의 ①번 위치에 버티고 있었을 것이다. 그리고 이웃한 요동군 역시 그 서북쪽, 즉 ⑥번 위치에 자리 잡고 있었다는 이야기가 된다.

이제 우리가 해결해야 할 한 가지, 그러나 가장 중요한 숙제가 남아 있다. 지금까지 낙랑군으로 믿어져 온 평양지역은 무엇이라는 말인가? 그 역사적 성격을 어떻게 정의해야 할 것인가?

2,000여 년 전의 평양지역, 나아가 한반도는 북방민족의 활동무대였다. 이번 책의 각 장에서 다룬 현지의 문화적, 지리적 특성들에 주목할 때, 이 점은 부인할 수 없는 사실이라고 본다. 평양지역에서 출토된 황금 버클, 마차, 부속구, 각종 장신구들, 또 중원계 대구(帶鉤)가 아닌 북방계 버클이 다름 아닌 관 안에서 수습되었다는 것은 그 피장자는 물론 그 집단 전체의 문화적, 민족적 정체성을 너무도 극명하게 보여 준다. - 그런 점에서 최근 외국의(아이러니하게도!) 고고학자들을 중심으로 평양지역의 고고 유적, 유물들의 성격을 중국(한나라)이 아닌 북방(흉노 등)에서 찾으려는 움직임이 점점 늘어나고 있는 것은 대단히 고무적인 현상이 아닐 수 없다.

그럼에도 불구하고 평양지역은 여전히 미지의 세계로 남아 있다. 그곳은 과연 《삼국사기》에 등장하는 "최리의 낙랑국"이었을까? 아니면 그와는 다른 제3의 정치집단이 존재했던 것인가? 그렇다면 평양지역의 실체는 무엇일까? 역사학, 고고학, 지형학 등 다양한 분야의 증거들을 통하여 한나라의

---

6) 장수절,《사기정의(史記正義)》: "평주의 유림관을 통하여 들어갔다(入平州楡林關也)."

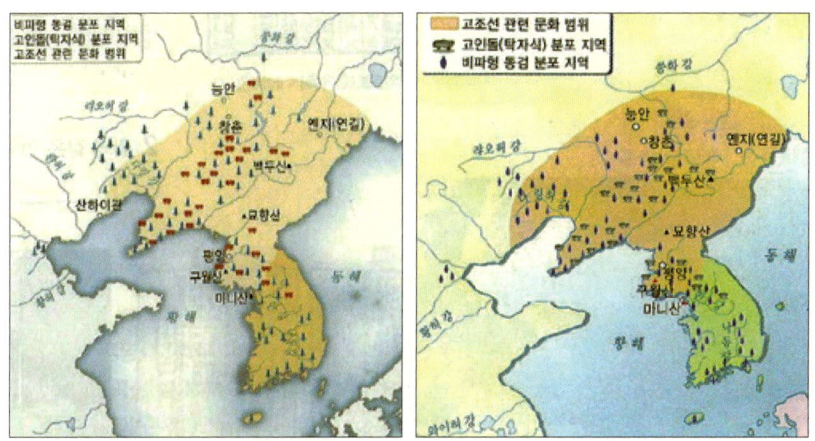

〈중고 한국사 교과서의 고조선 영역도. 비파형 동검과 세형 동검이 요서에서 한반도까지 고른 분포를 보인다는 것은 곧 요서-요동-한반도가 문화, 민족, 나아가 역사적으로도 하나였음을 의미한다〉

식민지 낙랑군, 또는 한사군이 아닌 것은 이제 거의 분명해 졌다. 그러나 "그렇다면 그 제3의 실체는 무엇인가?" 하고 반문한다면 현재로서는 그 성격을 분명하게 정의하기 어렵다는 것이다. 개인적으로 단군조선이 멸망하고 위만조선에서 역계경(歷谿卿) 등 조선의 일파가 이탈하여 삼한(三韓, 지금의 요동반도 및 한반도?)에 정착했다는 문헌기록에 주목할 때 평양지역은 그 삼한의 거점지역이었을 수도 있다고 본다. 어쩌면 가야, 신라 등 북방계 이주민들이 한반도에 정착하는 과정에서 건설된 중간 기착지였을 수도 있을 것이다.

물론, 한술에 배를 불릴 수는 없다. 저자는 우리 고대사의 진실을 담은 수많은 퍼즐 조각들 중에서 몇 조각만 맞추었을 뿐이다. 2,000년 전 평양 또는 한반도 전체의 역사적 성격, 정치적 정체성에 관한 암호를 푸는 역사적인 작업은 절대로 개인이 혼자서 해낼 수 있는 일이 아니다. 그렇다고 특정한 집단이 그 작업을 독점해서도 곤란하다. 그 악폐는 강단 사학계가 그동안 보여 준 '학술 파시스트'적 행태들을 보더라도 익히 짐작할 수 있는 바이다.

그 작업은 강단과 재야를 초월한 포함한 각계각층의 전문가들이 각자의 슬기와 노력을 하나로 모을 때 비로소 풍성한 수확이 보장된다고 본다.

그런 의미에서 저자는 개인적으로 고고학자들의 향후의 역할에 주목하고 있다. 고고학자들은 이제부터라도 시대착오적인 "낙랑평양설"의 미신에서 벗어나야 한다. 학자의 순수한 초심으로 되돌아가서 아무 의미도, 아무 성격도 부여되지 않은 '무명(無名)'의 상태에서 2,000년 전의 평양지역을 시작으로, 한반도의 역사적 성격과 의미에 대한 '정명(正名)', 즉 이름 바로잡기 작업에 매진해야 한다. 그런 헌신이야말로 학자들이 학교에서 수십 년 동안 전공을 공부하고 논문을 쓰고 학자로 성공하게 해 준 이 나라 사람들에 대한 최소한의 보답이자 학자로서의 양심을 지키는 최소한의 기여라고 생각한다.

찾아보기

번호

28수(二十八宿) / 217

3패수 / 143, 152, 153, 155, 166

4패수(四浿水) / 162, 163

9주 / 217

24사(廿四史) / 11, 270, 295, 330, 360, 394, 507, 511, 514, 536, 537

한국어

ㄱ

《가경일통지(嘉慶一統志)》 / 253, 254

갈석궁(碣石宮) / 12, 543, 545~549, 551, 552, 554~558, 560, 571, 572, 582, 586, 588, 592, 594, 628

갈석궁 터 / 544

갈석산 / 190, 225, 229, 387, 544, 545, 558~560, 563, 568~570, 573, 580, 581, 585, 629

갈석윤해설(碣石淪海說) / 551

감인(闞駰) / 41

감옥(嵌玉) / 446

강녀분 / 552, 555

강녀석(姜女石) / 551, 552, 554, 563, 565, 567

강인욱 / 433, 434

개봉성(開封城) / 605~607

개봉시(開封市) / 602, 604, 606

개산림(蓋山林) / 489

개지호(蓋志浩) / 489

거란(契丹) / 243

건덕(建德) / 398

건창(建昌) / 398

경동(京東) / 54, 80, 82, 193, 387, 392, 399, 580, 586, 588, 612, 614, 615, 622, 628

경산 / 487

계진(薊鎭) / 231

계현(薊縣) / 211, 316, 548

《고려사(高麗史)》 / 131

고려하(高麗河) / 51

고북구도(古北口道) / 243

고죽국(孤竹國) / 107, 197

고죽군(孤竹君) / 190, 195

고국원왕(故國原王) / 527

고양(高洋) / 568

고염무(顧炎武) / 539

고조선 / 53, 64, 98, 107, 108, 112, 114, 149, 154, 169, 179, 332, 471, 473, 478, 564, 580, 596, 613

고힐강(顧頡剛) / 102

곤토 요시로(近藤義郎) / 410

공손강 / 356

공손도(公孫度) / 391, 400, 507

공손연(公孫淵) / 395, 566

공심전(空心磚) / 545, 552

공안국(孔安國) / 564

곽물(郭物) / 475

찾아보기 **635**

곽박(郭璞) / 25, 184

관구검(毌丘儉) / 62, 76, 80, 99

관동 / 223, 235, 237

《관자(管子)》 / 207

광개토대왕(廣開土大王) / 74

광녕현(廣寧縣) / 103

광원시(廣元市) / 387

교구(鉸具) / 443

교군(僑郡) / 154, 317, 544

교위(校尉) / 534

교치 / 315, 334, 341, 395, 399, 400

교치설(僑治說) / 284, 285, 336

구글어스(google earth) / 78, 204, 218, 276, 586

구로시오 난류(黑潮暖流) / 350, 351

구로이다 가스미(黑板勝美) / 417

구야한국(狗邪韓國) / 366, 368, 374, 380~384, 390

구하(九河) / 218

구하(狗河) / 51

국내성(國內城) / 62~65, 81

귀장(歸葬) / 463

규슈설(九州說) / 372

극성(棘城) / 321

금강(錦江) / 71, 72

금산취(金山嘴) / 552, 553, 555, 556, 558~560, 564, 565, 589

금주(錦州) / 54, 86, 182, 243, 247, 252, 285, 294, 306, 313, 316, 321, 324, 334, 335, 339, 622

기내설(畿內說) / 372

기년전(紀年塼) / 494~500, 515, 519, 520

기리영 / 356

기양(冀陽) / 398

기자 / 116, 151

기자독서대(箕子讀書臺) / 116

기자동래(箕子東來) / 119, 133, 166

기자묘(箕子墓) / 116, 133, 148

기자성(箕子城) / 116, 133

기자조선 / 103, 107, 114, 135, 140, 334

김개(金鎧) / 230

김경선(金景善) / 150, 151, 167

김육불(金毓黻) / 102, 222, 419, 422

김정호(金正浩) / 165, 167

김한규 / 209, 223

ㄴ

〈낙랑고〉 / 163

낙랑교치(樂浪僑治) / 154, 155, 284, 337

낙랑교치설 / 12, 284, 290, 300, 338, 339

낙랑군 / 105, 147, 150, 154, 160, 165, 286, 288, 289, 292, 294, 296, 298, 299, 307, 308, 312, 314~317, 319, 320, 323, 326, 327, 334, 336, 338, 339, 353, 364, 371, 380, 384~386, 397, 399, 400, 404, 407, 464, 473, 476, 485, 486, 493, 532, 544, 574, 595, 598, 622, 629, 632, 633

낙랑문화(樂浪文化) / 328

낙랑상(樂浪相) / 530, 531

낙랑요동설 / 124

낙랑인(樂浪人) / 328, 330, 332

낙랑평양설 / 102, 112, 113, 117, 123, 124, 126, 127, 154, 163, 284, 290, 338, 339, 399, 407, 471, 625, 629, 634

낙랑호구부 / 10

낙랑군 / 313

난수(灤水) / 175

난수(濼水) / 151

난수설 / 148, 167

《낙양기(洛陽記)》 / 541

난하(灤河) / 11, 32, 59, 69, 151, 174, 186, 188, 189, 190, 196, 200, 225, 229, 341, 624, 630

난하설 / 109

〈남만서남이열전(南蠻西南夷列傳)〉 / 306

남만주철도 주식회사 / 415

남의현 / 78

남포(南浦) / 71

노관(盧綰) / 211

노룡도(盧龍道) / 243

노룡새(盧龍塞) / 199, 242, 245

노룡현(盧龍縣) / 107, 116, 193, 196, 197, 204, 248, 581, 582, 594, 596, 612, 628

노수(盧水) / 206

노선(櫓船) / 351, 352

노인울라 / 489, 492

노태돈 / 66, 68, 72

누금(鏤金, filligree) / 444, 451

누방현 / 34, 45, 56, 89, 90, 100

누선(樓船) / 324, 620

능원(凌源) / 398

ㄷ

다물(多勿) / 74

다니 도요노부(谷豊信) / 494, 515, 516, 519, 520

다키카와 마사지로(瀧川政次郎) / 435

단군왕검(檀君王儉) / 269

단군조선 / 140, 334

단동(丹東) / 228, 321, 379, 383, 403, 621

단리설(短里說) / 375~378

단옥재(段玉裁) / 174

단조(鍛造, forging) / 447

담기양(譚其驤) / 69, 90, 94, 95, 105, 215, 251, 261, 270, 272, 275, 276, 278, 282, 395, 396, 618, 621

당룡수 / 258

당취수 / 258

대구(帶鉤) / 443, 454~459

대동강(大同江) / 11, 32, 37, 39, 53, 65, 69~71, 96, 100, 102, 104~106, 111, 112, 117, 124, 126, 134, 139, 145, 148, 150, 155, 160, 162, 164, 166, 167, 169, 308, 394

대동강설 / 135, 147, 151, 154, 158

대릉하(大陵河) / 51, 104, 588

대마국(對馬國) / 370

《대명일통명승지(大明一統名勝志)》 / 256

대방군(帶方郡) / 286, 296, 326, 339, 340, 358, 363, 364, 366~368, 371, 374, 379~382, 384~386, 389~392, 397,

399, 400, 496, 503, 504, 508, 518, 523, 526, 622
대방태수장무이전(帶方太守張撫夷磚) / 12
대방현 / 93, 94, 95, 619
대수(帶水) / 93~97, 106
대요수(大遼水) / 32, 199, 200, 203
대흠무(大欽茂) / 419
도독제군사(都督諸軍事) / 532~534
도르지수렝 / 479
도하(屠何) / 250
도하산(徒河山) / 257
도하현 / 250, 254, 258, 260, 261
도향후(都鄕侯) / 539~542
동경성(東京城) / 602, 606, 608
《동국문헌비고(東國文獻備考)》/ 146
《동국사략(東國史略)》/ 101, 128
《동국통감제강(東國通鑑提綱)》/ 138
동리(佟利)묘 / 505
동방고고학협회(東方考古學協會) / 422
동보서(董寶瑞) / 557, 558, 570
동복(銅鍑) / 473, 474, 476, 478
동북공정 / 117, 120, 543
《동북역사지리(東北歷史地理)》/ 251, 252, 258, 272
《동사강목(東史綱目)》/ 147
동수(冬壽) / 526~529, 531~533, 536, 539, 542
동수(佟壽) / 526
동수묘 / 526

동수묘 묵서명(冬壽墓墨書銘) / 12
동아고고학회(東亞考古學會) / 415
동이교위 / 395
동천왕 / 62
동호 / 241, 470, 478, 484
두우 / 180
둔유현(屯有縣) / 356, 391
《등단필구(登壇必究)》/ 78, 83

ㄹ

리순진 / 465, 467, 469, 471, 481
리지린 / 109

ㅁ

마대정(馬大正) / 110
만선사관(滿鮮史觀) / 102
만리장성 / 11, 187, 212, 225, 246, 247, 573, 589, 613
말드리개 / 482, 483
맹강녀(孟姜女) / 553, 554
〈맹자, 순경열전(孟子·荀卿列傳)〉/ 547
모용외(慕容廆) / 10, 154, 285, 292, 293, 297, 305~308, 312, 317, 319, 321
모용황(慕容皝) / 76, 80, 526
묘위(苗威) / 112
묘도군도(廟島群島) / 347, 348, 350, 352
문영(文穎) / 569
《문헌통고(文獻通考)》/ 133
미나모토 요시쓰네(源義經) / 436
미천왕(美川王) / 284, 287, 531

미카미 쓰기오 / 420

ㅂ

박상(朴祥) / 135
박지원(朴趾源) / 148~151, 167
박천군(博川郡) / 180, 211
반고(班固) / 41, 47, 49, 199, 353
반금시(盤錦市) / 276, 281
반도사관 / 118, 123, 140, 168, 378
발해(渤海) / 86, 181, 185, 218, 343, 560, 561, 585
《방언(方言)》/ 344
방해도(傍海道, 해안도로) / 243
배억(裴嶷) / 306, 307
배후습지(背後濕地) / 182, 247, 281, 624
버클 / 445, 446, 449, 450, 451, 452, 453, 454, 455, 456, 457, 458, 462, 463, 476, 481, 482
범문란(范文瀾) / 102
보르항 톨고이 / 470
복기대 / 78, 80, 108, 182, 247
봉니(封泥) / 8
《봉니고략(封泥考略)》/ 8
봉산군(鳳山郡) / 94
부여(夫餘) / 75
《북사》/ 75, 76
《북사(北史)》〈왜전〉/ 370
북진시(北鎭市) / 103, 280
분려산(分黎山) / 91
불기현(不其縣) / 192

비여현 / 196
비파형 단검 / 472
비파형 동검 / 106
빠이뚜(百度) / 171, 180, 193, 197, 203, 218, 239, 250, 379, 383, 387

ㅅ

《사기》/ 146
《사기정의(史記正義)》/ 161
사군(使君) / 510, 512, 513, 514
사군 대방태수 장무이(使郡帶方太守張撫夷) / 511, 512
사군 대방태수 장무이전 / 510
사리원(沙里院) / 95, 340, 499, 500, 523, 622, 629
사마광(司馬光) / 294, 300, 305, 562
사마의(司馬懿) / 566, 567
사염해(史念海) / 102
사카키바라 히데오(榊原英夫) / 376
사코 가게노부(酒勾景信) / 412
《사해(辭海)》/ 569
산지하천 / 57
《산해경(山海經)》/ 181, 184, 185, 561
산해관(山海關) / 11, 50, 52, 72, 116, 170, 187, 189, 210, 213, 222, 226, 230~232, 235, 237, 239, 243, 246, 256, 352, 543, 580, 588
《산해관지(山海關志)》/ 587
《삼국사기(三國史記)》/ 12, 74, 264, 284, 286, 288, 290, 337, 338
《삼국유사(三國遺事)》/ 268

찾아보기 **639**

《삼국지(三國志)》〈위지동이전(魏志東夷傳)〉 / 43

삼한(三韓) / 326, 343, 345, 346, 347, 363, 365, 368, 390, 633

삼합장촌(三合莊村) / 608, 610

상감(象嵌, inlay) / 445, 446, 451, 483

상경(上京) 용천부(龍泉府) / 418

상구(商丘) / 611, 612

상하장(上下障) / 147

상흠(桑欽) / 25, 33, 36, 45, 46, 51, 63, 65, 87, 89, 164, 200

서복(徐福) / 553

서안평(西安平) / 62, 340, 403, 404, 621

〈석명(釋名)〉 / 569

석암리 9호분 / 442, 453, 456~458, 476, 482

석암리 고분군 / 442

선우사(鮮于嗣) / 346, 507

《설문해자(說文解字)》 / 34, 41, 63, 64, 88, 174, 277

《설문해자주(說文解字注)》 / 175

섭하(涉河) / 145, 146, 156, 161, 632

《성경지(盛京志)》 / 143

'성라성(城攞城)' 구조 / 610, 611, 614

성해응(成海應) / 155, 157, 167

《세종실록(世宗實錄)》〈지리지〉 / 132

세안례(稅安禮) / 400

세키노 다다시(關野貞) / 12, 154, 405, 406, 408, 409, 417, 430~432, 442, 444, 458, 500, 502~505, 509, 510, 518, 521, 523

세형동검(細形銅劍) / 472, 476

소병기(蘇秉琦) / 554, 556, 558

소요수(小遼水) / 32, 155, 156, 200, 202, 203

소요수(혼하)설 / 155, 167

소릉하(小凌河) / 51

손기(孫機) / 449

손성자촌(孫城子村) / 262, 267, 272, 275, 276, 278, 282, 618

손진기(孫進己) / 106, 251, 254, 258, 260, 273

송호정 / 125, 126, 162, 552

《수경(水經)》 / 25, 28, 31, 32, 40, 41, 45, 46, 49, 51, 56, 60, 61, 63~65, 67, 68, 80, 84, 85, 89, 115, 144

《수경주(水經注)》 / 11, 26, 29, 31, 39, 43, 49~51, 59, 60, 61, 63, 65, 68, 72, 82, 115, 119, 124, 164, 569

《수 도경(隋圖經)》 / 195

수안군 / 220

《수서(隋書)》〈동이전〉 / 370

《수서(隋書)》〈배구전(裴矩傳)〉 / 107, 108

《수신기(搜神记)》 / 191, 194

수중현(綏中縣) / 12, 543, 544, 546, 547, 551~554, 556~558, 560, 564, 565, 570, 573, 582, 584~588, 590, 592

승수(繩水) / 561

시라도리 구라키치(白鳥庫吉) / 417, 431

식민사관 / 505

신경준(申景濬) / 143, 145, 146, 165, 167

신도 고고학(神道考古學) / 438

신라방(新羅坊) / 499

신의주(新義州) / 228, 379, 383

《신증동국여지승람(新增東國輿地勝覽)》 / 134

신찬(臣瓚) / 48, 109, 274, 275

신채호(申采浩) / 188

《십삼주지(十三州志)》 / 34, 41, 89

십이대영자 문화(十二大營子文化) / 106

ㅇ

《아방강역고(我邦疆域考)》 / 110

아방궁(阿房宮) / 570

아사달(阿斯達) / 269

《아틀라스 한국사》 / 404

안사고(顔師古) / 47, 110

안시현(安市縣) / 199

안악 3호분(安岳三號墳) / 359, 524, 527, 531~536, 539, 542

안정복(安鼎福) / 135, 143, 147, 148, 153

압독국(押督國) / 487

압록강(鴨綠江) / 52, 99, 102, 105, 107, 112, 126, 134, 142~144, 148, 155, 157, 161~163, 168, 169, 228

압록강설 / 140

야마대국 / 372

양락 / 630

양락현(陽樂縣) / 198

양수경(楊守敬) / 98, 100, 101, 105, 112~114, 117, 120

《양자법언(揚子法言)》 / 176

양평(襄平) / 240, 246, 247, 248, 463

양평현 / 239, 248

양하(洋河) / 629, 630

어니 / 165

어니하(淤泥河) / 143, 146, 147

어니하설 / 143, 165, 167

에긴 골 / 488

에렉젠 / 464, 465, 470, 471, 473

에르덴 바타르 / 478, 480, 494

여사면(呂思勉) / 102, 117

여아하(女兒河) / 253

《여지도풍토기》 / 260

역계경(歷谿卿) / 633

역도원(酈道元) / 11, 26, 38, 40, 43~46, 49, 51, 55, 59~61, 63, 64, 66~73, 82, 85, 113, 115, 118, 124, 145, 147, 164, 194, 569

《역대지리지장도(歷代地理指掌圖)》 / 400

〈연산도(燕山圖)〉 / 226

연산산맥(燕山山脈) / 54, 60

연운 16주(燕雲十六州) / 225

연나라 소왕 / 550

연대단절 / 574, 576, 575, 577

연산산맥 / 86, 97, 183, 202, 212, 220, 243, 245, 392, 614

연안항법(coastal navigation) / 326, 352, 366, 382

연안류(沿岸流) / 244, 587

연운16주 / 256

연해류 / 350

열구(列口) / 91

찾아보기 **641**

열수(列水) / 91, 92, 96, 97, 100, 106, 111, 153

영성자(營城子) / 449, 451, 453

영정하(永定河) / 59, 610

오노노 다모리 / 427

오림(吳林) / 356, 358

오백창(吳伯昌) / 230

오소카(Осока), 이르쿠츠크 / 475

오수전(五銖錢) / 489

오식분(吳式芬) / 8

오영찬 / 139, 162, 164, 290, 292, 316, 328, 330, 336

오카우치 미쓰자네(岡內三眞) / 484

오카자키 다카시(岡崎敬) / 513, 518, 522, 534

오환(烏桓) / 245, 585

옹관묘(甕棺墓) / 471

와당왕(瓦當王) / 551, 554, 555

왕면후(王綿厚) / 106

왕배신(王培新) / 111, 470, 473

왕사탁(汪士鐸) / 98

왕선겸(王先謙) / 98, 101, 105, 112

〈왕온 묘지명(王溫墓誌銘)〉 / 12, 309, 316, 334, 336

왕응린(王應麟) / 549

왕준(王浚) / 305, 310, 316, 317, 319

왕험성(王險城) / 10, 36, 43, 66, 80, 98, 99, 101, 105, 112, 117, 133, 135, 145, 153, 163, 166, 274, 279

요대현(遼隊縣) / 202, 282, 624

요동(遼東) / 11, 110, 114, 138~140, 142, 150, 153, 154, 157, 170, 171, 189, 208, 213, 214, 222, 223, 235, 237, 248, 402, 566

요동군 / 323, 529, 622~624

요동반도 / 78, 83, 87, 96, 210, 216, 223, 227, 237, 245, 347, 402

요동반도-압록강 / 54

〈요동변도(遼東邊圖)〉 / 79, 83

요동설 / 165, 167

요동속국(遼東屬國) / 356, 358, 395

《요사(遼史)》 / 143, 145, 147, 150~152, 176

《요사(遼史)》〈지리지〉 / 140, 152~154

요산(遼山) / 202

요서(遼西) / 80, 81, 109, 114, 172, 180, 214, 236, 398, 400, 404, 574, 579, 583, 588, 625

요서설 / 109

요서해침설(遼西海浸說) / 12, 625, 626

요수 / 11, 28, 50, 52, 163, 170, 175, 177, 178, 180~182, 184~188, 193~196, 224, 226, 227, 237, 566

요양(遼陽) / 78, 79, 83, 108, 139, 140, 143, 147, 179, 184, 186, 248, 281, 463

요진(遼鎭) / 231

요택(遼澤) / 281

요하(遼河) / 11, 32, 51, 79, 96, 104, 139, 140, 163, 173, 178, 180, 186, 193, 200, 209, 223, 226, 229, 281, 282

요하설 / 138, 167

용흥강(龍興江) / 111

〈우공(禹貢)〉 / 560, 564
우공학회(禹貢學會) / 102
우북평 / 214
우회거리 / 368, 388
울돌목 / 350
〈원소전(袁紹傳)〉 / 248
위고산(衛皐山) / 181, 183
《위략》 / 146, 157
위만 / 43, 45, 99, 111, 145, 148, 161, 167
위만조선 / 102, 105, 114, 142, 146, 157
위백평산(衛白平山) / 200
《위서》 / 75, 76
《위서(魏書)》〈고구려전(高句麗傳)〉 / 73
《위서》〈지형지(地形志)〉 / 313, 314
위소(韋昭) / 109
〈위지 공손전(魏志公孫傳)〉 / 354
〈위지 동이전〉 / 378
〈위지 왜인전〉 / 390
〈위지 한전〉 / 364
《위토지기(魏土地記)》 / 59
유득공(柳得恭) / 135, 151
유림관(楡林關) / 632
유사(流沙) / 186
유수(濡水) / 174, 398
유자민(劉子敏) / 110
유주(幽州) / 60
유희령(柳希齡) / 135
유흔(劉昕) / 346, 507

육계도(陸繫島) / 587
육로거리 / 368
윤내현 / 109, 110
윤순옥 / 282
윤용구 / 316, 335, 544, 567, 570, 574, 576, 579, 581~583, 588~590, 592, 595, 596, 598, 629
응소(應劭) / 109, 274
의무려산(醫巫閭山) / 247, 280
의현(義縣) / 198, 357
이건재(李健才) / 106, 111
이긍익 / 143
이덕일 / 395, 396, 543, 618, 625
이문신(李文信) / 423, 427, 435, 440
이병도 / 154, 331
이볼긴스키 / 471
이오(李敖) / 74, 80, 83
이익(李瀷) / 140, 142
이종휘 / 143
이케우치 히로시(池內宏) / 417
이현(李賢) / 109, 249
일모바야 / 488
임기환 / 542
임둔태수장(臨屯太守章) / 120, 251, 260
임유관(臨楡關) / 401
임패현 / 34, 56, 89, 90, 97

ㅈ

《자치통감(資治通鑑)》 / 12, 284, 290, 300, 305, 308, 326, 337, 338, 397, 562

장당경(藏唐京) / 269
장박천(張博泉) / 104
장벽파(張碧波) / 111
장수왕(長壽王) / 61
장안(長安) / 79
장안성(長安城) / 62
장통(張統) / 10, 154
장무이(張撫夷) / 505, 506, 508, 509, 513, 520, 521, 535, 622
장무이묘(張撫夷墓) / 359, 496, 500~502, 504, 505, 510~513, 516, 518~524, 534
장무이전(張撫夷磚) / 408
장사(張使) / 512, 513
장수왕 / 63, 74, 76, 80~82, 108, 115
장수절(張守節) / 161, 548, 632
장안성 / 79, 80, 82, 83
장일규(蔣一葵) / 549
장통 / 284, 290~294, 296~299, 307, 308, 312, 321, 323~326, 338, 339, 394, 544
장효주(張曉舟) / 410
재령강(載寧江) / 95, 111, 112
저탄(猪灘) / 134, 142, 152
저탄수 / 163
《전국책(戰國策)》 / 207
전수행설(全水行說) / 374
전실묘 / 494, 495, 496, 499, 502, 504
《전한기(前漢紀)》 / 176
점선현 / 91

점제현 신사비 / 440
정겸(丁謙) / 98
정대창(程大昌) / 549
정명(正名) / 634
정약용(丁若鏞) / 46, 110, 115, 119, 124~127, 135, 158, 160~164
정인보(鄭寅普) / 9, 14, 188, 196, 198
정인성 / 504, 505, 510, 519, 544, 545, 552, 567, 570, 581, 582, 586, 589, 590~592, 599, 629
조선 / 187
《조선고적도보(朝鮮古蹟圖譜)》 / 431, 502, 503
《조선상고사(朝鮮上古史)》 / 188
《조선사략(朝鮮史略)》 / 100, 101, 114
《조선사연구》 / 9, 14
조선성(朝鮮城) / 107
〈조선열전(朝鮮列傳)〉 / 270
조선현 / 56, 66, 68, 72, 105, 106, 111, 112, 160, 163
조양(朝陽) / 245, 398
조양시(朝陽市) / 258
조조 / 245, 395, 585
조 주부(趙主簿) / 520
조학전(曹學佺) / 256, 258, 259
조홍매(趙紅梅) / 112
졸본(卒本) / 62
좌서(左書) / 519
주경미 / 447, 457
주발(周勃) / 211, 213, 214

주사광(朱士光) / 611

주조(鑄造, casting) / 447

주진학(周振鶴) / 106

《중간 인자수지(重刊人子須知)》 / 226

중국본부론(中國本部論) / 102

《중국역사지도집 석문회편-동북권(中國歷史地圖集釋文滙編-東北卷)》 / 270, 275

중심이동설 / 102, 108

증산(甑山) / 137

증산현(甑山縣) / 159

증지현(增地縣) / 50, 56, 90, 97, 137

《지리도(墜理圖)》 / 224

지탑리 토성 / 504

직선거리 / 368, 388

진개(秦開) / 102, 142, 241, 245

진개기(陳介祺) / 8

진례(陳澧) / 252, 254

진번 / 111

진번군(眞番郡) / 157

《진서지도지(晉書地道志)》 / 191, 194, 197

《진서》〈지리지〉 / 288, 298, 394, 528

《진서(晉書)》〈천문지〉 / 217

진옹(陳雍) / 576, 578, 579, 580, 626

진한 8국(辰韓八國) / 358

진황도(秦皇島) / 587

집안(輯安) / 77

찍어내기(stamping) / 447

ㅊ

차이나타운 / 499

책성(柵城) / 75

천산산맥(千山山脈) / 54

청동거울 / 455, 486~489, 493

청룡하(靑龍河) / 11, 203, 229, 624, 630

〈청명상하도(清明上河圖)〉 / 604

청천강(清川江) / 37, 71, 96, 105, 106, 110, 111, 117, 137, 145, 146, 148

청천강설 / 136

최흔(崔忻) / 438~440

최흔(崔忻) 착정기 각석(鑿井記刻石) / 438

추연(騶衍) / 548, 551

치헤르틴 적석무덤 / 479

칠이배(漆耳杯) / 489

ㅋ

카라샤르(Karashahr) / 450, 453, 456

ㅌ

타출(打出, beating) / 444, 446, 451

타출법 / 483

탁발도(拓跋燾) / 398

탁발준(拓跋濬) / 310, 312, 568

탄열현(呑列縣) / 91

탑수 / 59

태집둔(邰集屯) / 120, 251, 254, 543

태집둔진(邰集屯鎮) / 260, 261

태조왕(太祖王) / 75, 80, 402, 404

《태평환우기(太平寰宇記)》 / 107, 108, 194, 206, 254, 257

토성동(土城洞) / 106

토성리 / 110, 153

톡토(脫脫) / 176

《통전(通典)》 / 178, 179, 189

ㅍ

패수(浿水) / 11, 28, 29, 32, 36~38, 42~45, 50, 52, 53, 61, 63~65, 67, 69, 70, 72, 80, 84, 85, 87, 88, 90, 92, 96~98, 100, 101, 105, 112~114, 117, 124, 126, 128, 133~138, 140, 142, 143, 145, 146, 148, 150, 152, 153, 155, 156, 158, 160, 162, 164~166, 629, 630

패수대동강설 / 113, 124, 130, 135, 138, 146, 154, 158, 160, 163, 166, 167

〈패수변(浿水辨)〉 / 159, 163

패수요하설 / 124

패수현 / 34, 45, 55, 89, 90, 143, 146, 165

팽로수 / 258

평양 / 145

평양 석암리 금제 대구(平壤石巖里金製帶鉤) / 444

평양성(平壤城) / 11, 36, 61, 63, 64, 66, 68, 73, 76, 78, 80, 81, 82, 83, 85, 99, 100, 107, 117, 149, 152, 159, 164, 268, 269, 628

평양시 / 11, 68, 76, 107, 108, 148, 160, 164, 167, 187, 317, 320, 321, 326, 453, 463, 582, 598, 628

평원왕(平原王) / 62, 79, 82

평주(平州) / 225, 288, 395~397, 399, 400, 529, 632

평지하천 / 57

폼페이 / 600

풍홍(馮弘) / 398

플러드 / 583

ㅎ

하라다 / 422, 423, 431~435

하라다 고고학(原田考古學) / 418

하라다 요시토(原田淑人) / 416

하마다 고사쿠(濱田耕作) / 417

학술 사기(academic fraud) / 128, 441, 493, 598

한가곡(韓嘉谷) / 575, 76

한국육행설(韓國陸行說) / 375, 378, 390

한백겸(韓百謙) / 106, 136, 137

한사군 / 98, 128, 140, 147, 148, 150, 151, 154, 162, 165, 168, 179, 180, 275, 277, 353, 462, 471, 613, 633

《한서》 / 41, 43, 45, 49, 55, 92, 110, 159, 176

《한서주(漢書注)》 / 48

《한서》〈지리지〉 / 40, 42, 46, 47, 49, 56, 68, 88, 91, 93, 98, 150, 200, 213, 214, 250, 265, 277

한예(韓濊) / 356, 358

한진서(韓鎭書) / 135, 154

한치윤(韓致奫) / 154

한현도(韓顯度) / 608

함자현(含資縣) / 93~95, 198, 619, 621

〈해내동경〉 / 184, 186

《해동역사(海東繹史)》 / 154

해성현(海城縣) / 143

해로거리 / 368

해침(海侵, transgression) / 574~578, 580, 582, 588, 628

허신(許愼) / 35, 88, 564

험독(險瀆) / 264

험독현 / 10, 109, 262, 265, 267, 271, 272, 274, 275, 277, 278, 282, 618, 624, 628

현토(玄菟) / 7, 8

현토군 / 507, 532

현토태수장(玄菟太守章) / 8

호무이교위(護撫夷校尉) / 524, 534, 536

호태왕비(好太王碑) / 412

혼하(渾河) / 51, 79, 155

홍여하(洪汝河) / 138~140, 165, 167

화동개진(和同開珍) / 420, 423, 425~428, 433, 434

화룡(和龍) / 398

환도성(丸都城) / 62~65, 81, 99, 527

황국식민사관(皇國植民史觀) / 119

황상(黃裳) / 224

황윤석 / 142

황주(黃州) / 340

황하 / 57, 58

황헌(黃憲) / 230

《회남자(淮南子)》 / 176, 186

후루타 마사히코(古田武彦) / 375

《후위여지기(後魏輿地記)》 / 258

후지무라 신이치(藤村新一) / 406

후지이 가즈쓰구(藤井一二) / 427

《후한서》 / 385

《후한서》〈군국지5〉 / 356

《후한서》〈동이전〉 / 370

홍관(薨官) / 536, 537, 538

흉노 / 220, 456, 458, 462, 470, 474, 476, 478, 480~482, 484, 488~490, 492, 632

흥경(興京) / 157